陽明年譜手稿書箱

陽明年譜定本手稿書盒

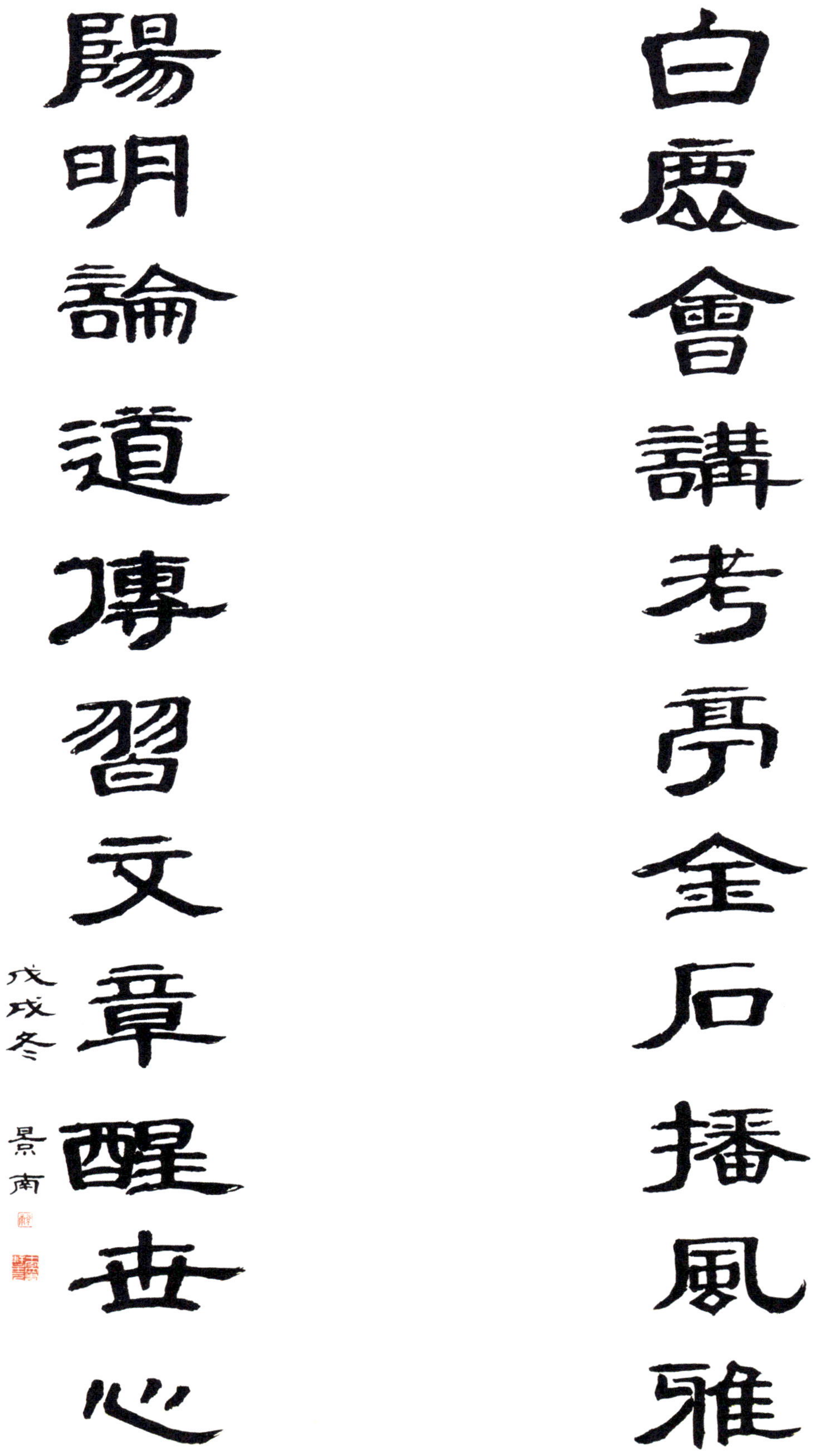
白鹿會講考亭金石播風雅
陽明論道傳習文章醒世心
戊戌冬
景南

作者手書爲陽明年譜之成所撰聯

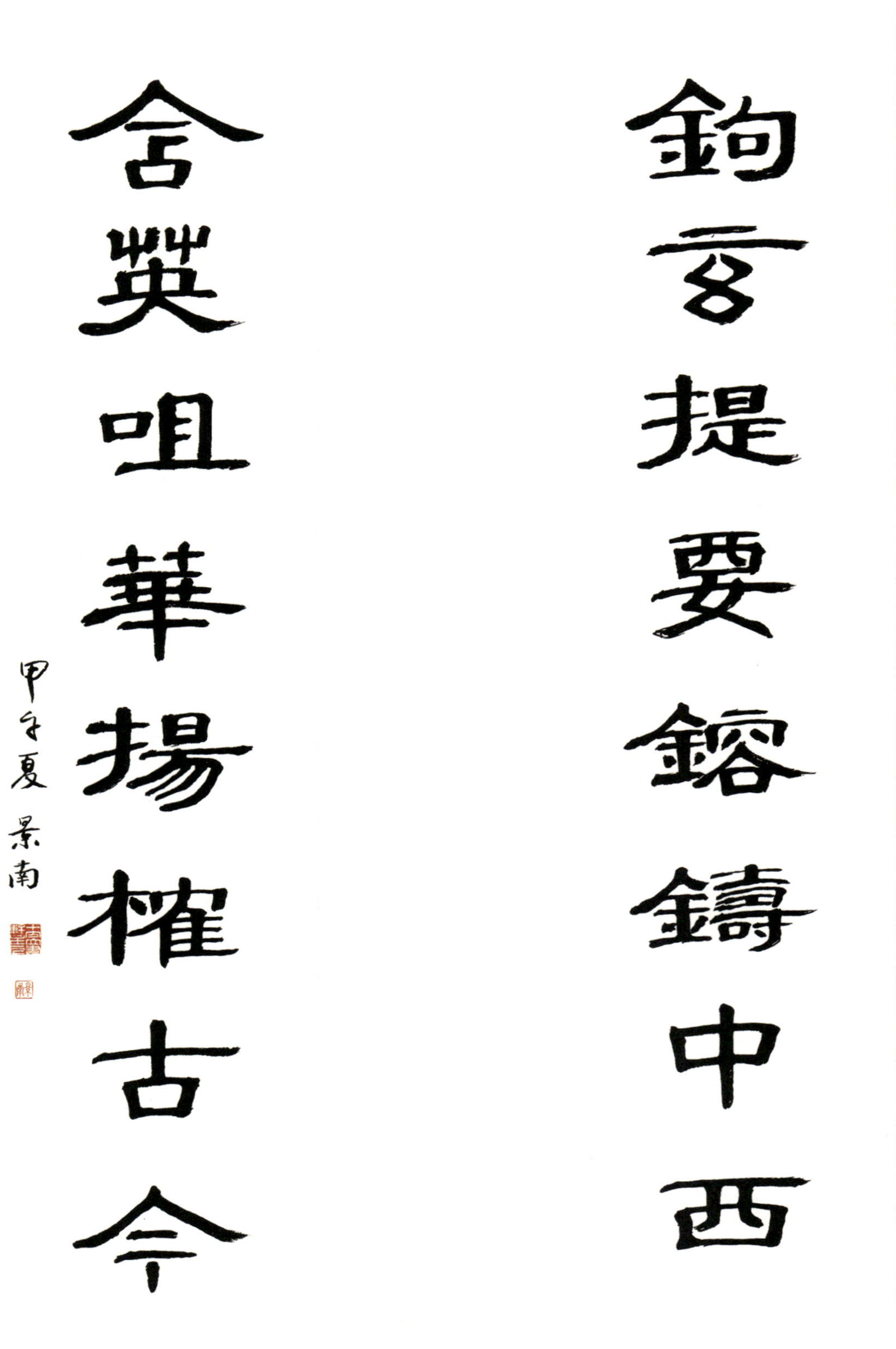
鉤玄提要鎔鑄中西
含英咀華揚榷古今
甲午夏 景南

作者書段玉裁名聯

作者扇面書法

作者扇面山水

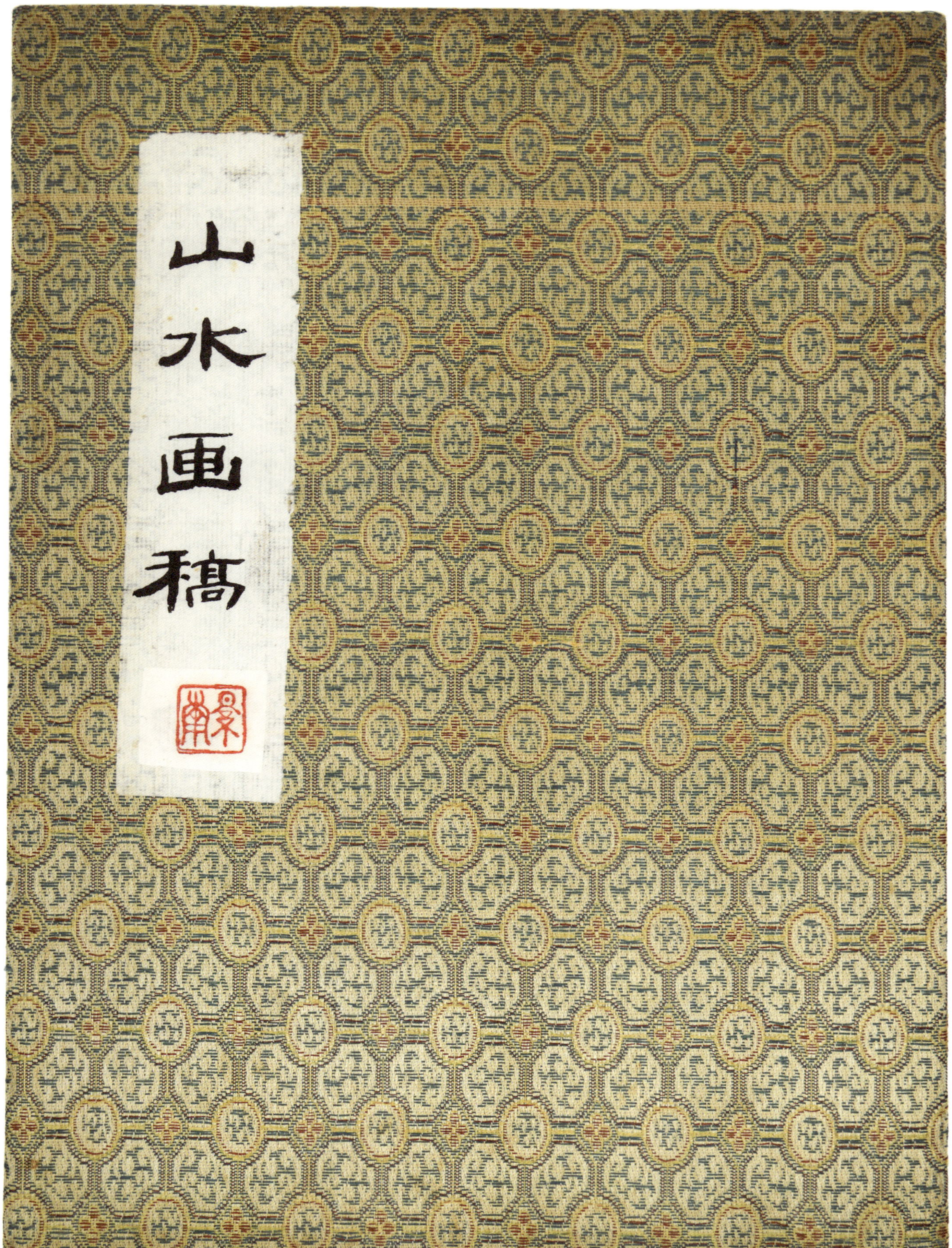

作者山水畫稿

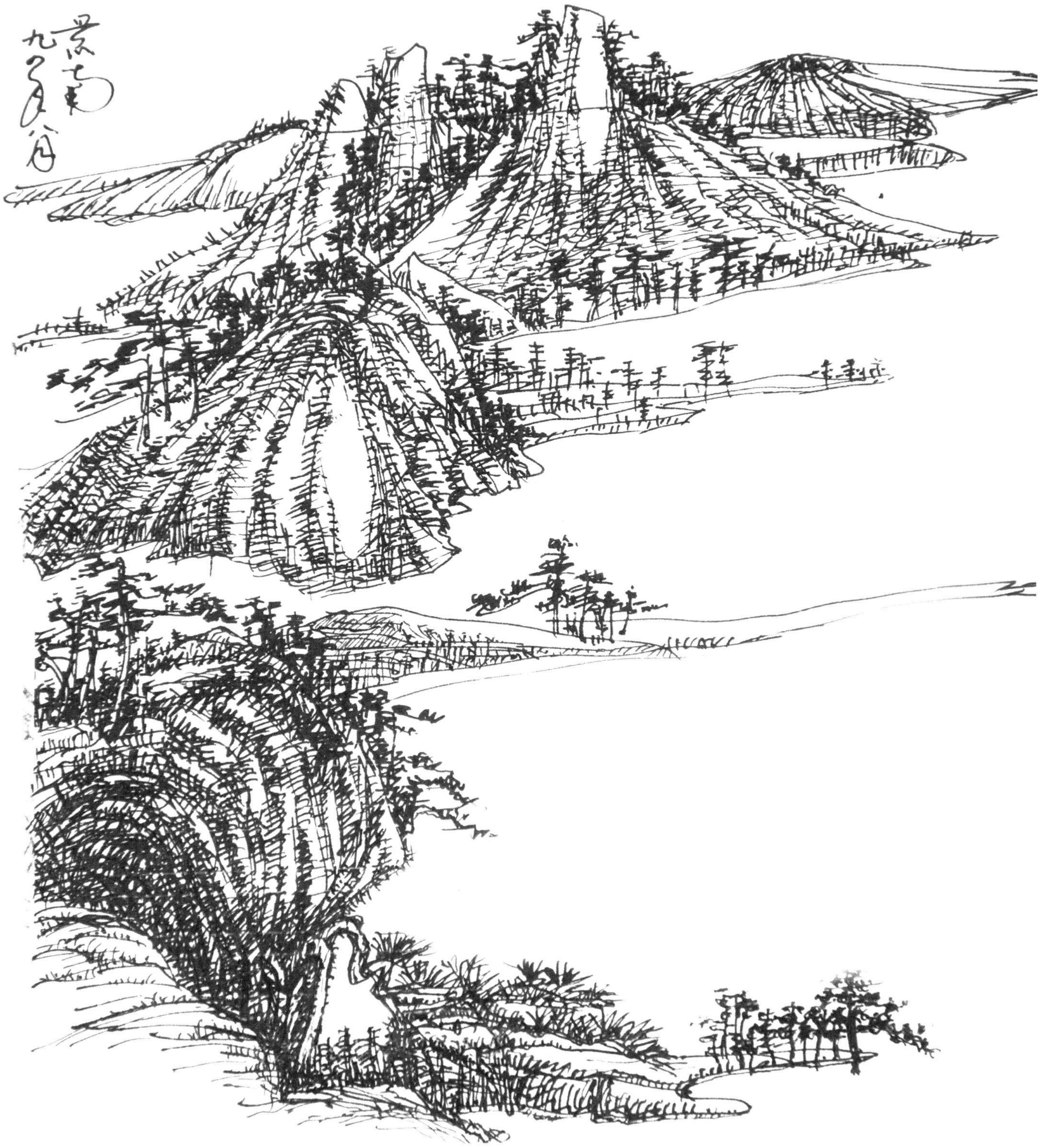

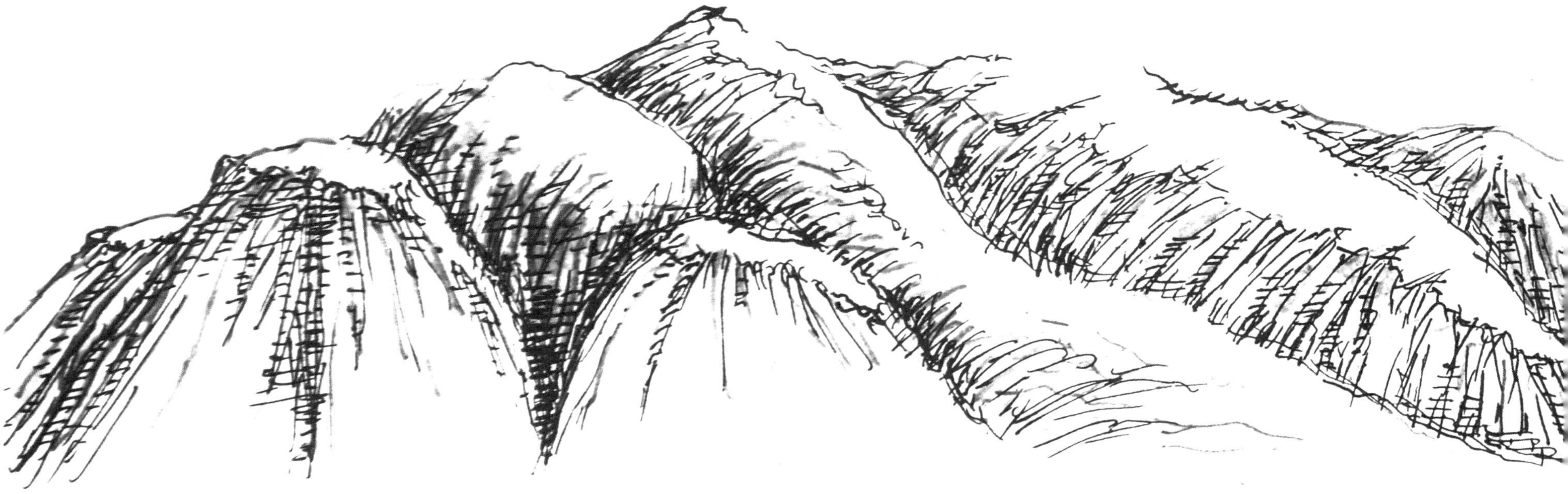

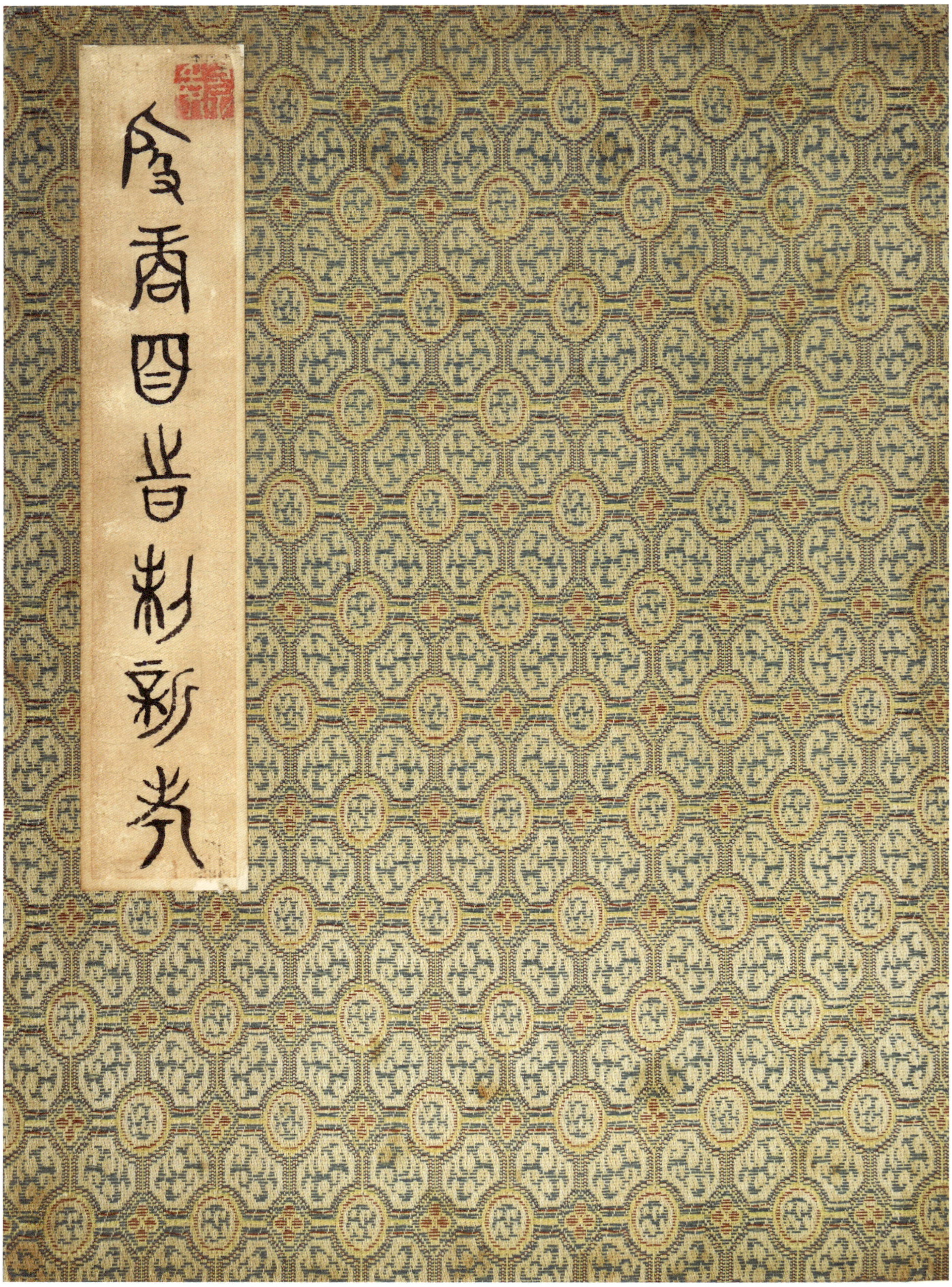

作者書法冊頁

殷商四時制新考

束景南

殷代有無春夏秋冬四時之分，三十年代以來曾有過很大爭論，但未有結果。(1)解放後陳夢家在《殷墟卜辭綜述》中對此作了綜合考察，結論認為殷代一年分上下歲，尚無四時觀念，卜辭只出現春秋二季。于省吾先生後又在《歲時起源初考》(《歷史研究》六一年四期)中對這一問題作了系統考證，也認為殷代和西周都只有二時制無四時制，「四時制發生于西周末葉」。此說似成定案，無人表示異議。(2)我認為，于先生的古代民族由二時制發展到四時制的看法確具卓識，但說這一轉變在我國古代遲至西周末才發生，因此殷商與西周還是二時制不是四時制，值得商榷。殷商天文曆法的先進舉世所知，以曆法言，使用了陰陽曆，月分大小，由年終置閏發展到年中置閏，以調節太陰曆與太陽運行的周率，殷人如尚無四時觀念，是不可思議的。郭沫若在《金文所無考》中就明確說：「卜辭中是否有四季之名，即殷代曆法是否已有春夏秋冬之分，尚無由論定也。惟卜辭及金文均屢見『十三月』，當是閏月之名，有閏月則有四季，蓋閏月之設，本在調劑年分十二月之太陰曆與年分四季之太陽曆之參差。卜辭及金文均有閏月，而乃無春夏秋冬之明文，殊為可異」。這是一個不可解之謎。我認為揭開此謎，不僅對進一步了解殷商時代的天文曆法具有重要意義，而且可以解決很多甲骨文字的考釋，而關鍵又在□這個字上。

一、釋□

卜辭常有表時間的「今□」、「來□」出現。此字別構多種，大致可分二種類型：

1. □(後 1.29.10)　□(鐵 184.3)　□(京都 615)　□(鐵 151.2)

2. □(前 7.6.2)　□(甲 2121)　□(林 2.9.9)　□(餘 13.2)

此字歷來家說紛紜。孫詒讓釋禾(《契文舉例》)，自不可信。葉玉森釋春(《殷契鉤沉》)，董作賓(《卜辭中所見之殷曆》)、唐蘭(《殷墟文字記》)皆從其說，然商承祚先生早已舉例證明釋春與卜辭所記月份明顯不合，推翻此說。于省吾以為「即條之古文也」，字借為秋(《殷契駢枝》)，但于省吾后又另釋甲文為秋，《甲骨文字釋林》不收前文，则其于早年之說亦未以為是。此外值得注意的還有三說：《古文字研究》第十五輯上發表劉釗同志《釋□》一文，釋此字為者。今按：郭沫若实早已有此說，郭沫若在《卜辭通纂》中以為「□為春，尚當存疑」。而在《殷契粹編考釋》中將□釋為者。劉文主要依據，以為此字字形與者字相同，恐非如此。考者字金文作□（者尊），□（邾公牼鐘），□（令甲盤）等，與□上部毫無相類之處，者字上部特点是均有點，其所象形與□上部顯非同一物，無從見兩字有相承演變之迹。且如釋□為助詞者，则甲文多有解釋不通，如：

丙寅卜，甲戌酌□歲，不□雨？（京3117、又鄴1.32.4）

于□酌鼓。（鐵181.2）

于□酌。（人121、又前6.56.3）

歸□女來，余其從？（丙24）

……取□……（金461）

……自□……（庫592反）

劉文以為「于者酌」的者為地名，但取無意義的助詞用作為地名，不合情理。至于「不者雨」就更不可解。楊樹達在《耐林庼甲文說》中曾釋□為載，其說云：「甲文才字作中，巛害之巛作□，𢦏傷之𢦏作□，□皆中之孳生字也。然甲文中𢦏字不□之一形，有作(一)□者，又有作(二)□者，《說文》𢦏本作𢦏，字作才聲，由此推知甲文之□□亦當從屮屮得聲。试問第二形所從之屮，非即吾人所討論□字省形屮乎？第一形所從之木，非即□字之所從乎？……则□屮之字音殆非如才不可矣。」由此他定□字為載，今載、來載即今年、來年。平心否定此說，認為：「殷人卜問外族入侵或征伐異族的吉凶，一般總是非常緊急的，不容以年為期。且在不同月份一律貞問今載之戎事，也于理不合。」于是他改釋為茲，說：「不論如何，□屮古必與𢦏茲二字同音，按聲義來說，當假為茲，今□今□當讀今茲，來□來□當讀來茲。」（《甲骨文及金石文考釋》）平心駁楊樹達說甚有力，但平心說仍不能成立：如□假借為茲，那麽□本身是什麽字呢？平心的說法等于沒有解決問題。何况卜今茲來茲，時間上含混不定，卜問吉凶也沒有實際意義，其「于理不合」正與楊樹達說同。最重要的是，楊、平的考釋無法解通「不□雨」、「于□彫鼓」等。但是，兩人考定□、□的字音應讀為才、之、茲，卻是至塙不移。本文考釋即從此出發。

我以為從形、音、義三方面考察，□當隸定為旹，即時字。時、之、茲同音。先看下部筆畫。□應即日字，甲骨金文多有此例，如旨作□，截作□，者作□，曆作□，曾作□，會作□，魯作□等等。再看上部筆畫。□又作□、□，演變為㞢、□(之)，楚王酓章鐘有「時」字作□，尤可看出其由□演變而來之迹。楊樹達以為□字有三種書法，□字從才得聲，□字從之得聲，□字從□得聲，故□應讀才聲、之(㞢)聲，平心進一步考證說：「□即屮字，屮即柴的本字，象小散木材，柴屬脂部，而柴從此聲……柴的象形字屮最初當在之部，㞢字即由屮小變而成。」並引《說文》為說：「屮，艸木初生也，象丨出形，有枝莖也。古文或以為艸字，讀若徹。」「㞢，出也，象草過屮，枝莖漸益大有所之也。」章太炎《文始》亦云：「屮本義與才同，才者，艸木之初也。」楊、平釋□為屮㞢，恰足以證明釋□為旹、旹(時)確不可移。然楊、平所考亦有誤。楊樹達只知□字從才得聲，□字從之字得聲，卻不知□字從穗得聲。考卜辭中凡作波浪飄曳之形的□，都表示一種穗狀之物，如戈字作□，□表示穗飾。若字作□，考字作□，妻字作□，□表示穗狀的頭髮。不字作□，表示穗狀的根鬚等。顯然，□字中的□是禾穗的放大，□為禾而特大其上部穗頭(按：穗、穗初本一字)。其形、音、義當同穗。因此□□實同于未。未字甲文作：

□(鐵120.3)　□(福30)　□(存2742)　□(戩25.10)　□(河822)

正是下為禾稈上特大其穗頭之形，與□同，其上部作㞢(之)，亦與□同。《說文》云：「未，味也，六月滋味也。」未者，即滋長而生穗，未字上部放大穗頭，正寓其中有味。郭沫若釋未為穗，說：「未者，采(穗)也，古音未采本同部。」(《釋支干》)今按：未字上為㞢(之)，象滋長生穗，則其初音應讀為滋為穗，實即□(制)之初文，《說文》刀部有制字，實即制字，其說曰：「制，裁也，從刀，從未。未，物成有滋味也。一曰：止也。」𢼸字亦云：「𢼸，坼也，從攴從厂，厂之性坼，果熟有味亦坼，故從未。」從未之字而讀音為裁，為止，為坼，為穗(采)，足證未字(□)實為滋味之滋的初文，應讀作芇(音制)。滋字乃後來假借字，兹從絲得聲，本無滋味義。因假借滋字起，后世遂漸滋、未相分，未、芇為二，而未初讀為滋聲並具有滋味本義的事實便湮沒無聞。

知□□與未字一樣象穗形，便進一步可看出□亦從穗得聲而讀作兹、止(之)、未(芇)，從音形義三方面完全證實□即□(今姑蘇方言穗、時聲同，猶存古音)。楊樹達已看出□上的□與戈字的□相同，實際戈字作□(後2.22.1)、□(佚26)、□(燕189)等，其上正象以戈斬下的穗狀一樣的頭髮，故從戈字的三種形体可以證明之、才、穗三字同音，而□字當也與之、才、穗三字同音。又屮(之)、中(才)象草木初生初滋，故從屮從中之字有始義，如「春日載陽」即春日始陽，「哉生魄」即始生魄等。才、戈、載、哉、始、兹之時皆同音，(3)更可證□應讀為旹。古人觀象授時，從禾稼的萌芽生長成熟可見歲時季節的變化，故很自然地用穗禾來作為歲時季節的象征，造字便合□日為旹，上部遂兼為聲符。

由于後人誤將足趾之「止」與㞢字之「之」混為一字，這里還需要考察一下□的上部□或□是怎样演變為止的(旹變成時)。只要用枼字同旹字相比較便一目了然。枼字甲文作□或□，省作□(前6.16.1)、□(粹586)，即卅字，與□省作□相似。□□兩字音形義相類，故從□的演變是可以說明□的演變的。枼到金文中已變作□(拍敦蓋)，更又上下訛裂成□(厲羌鐘)，□(王孫鐘)，上部已變而為止。金文又有將斷裂之木置于左旁者，如□(䚻伯簋)，□(趩簋)，再省變為□(師遽簋)，□(同簋)，形亦同止。□上的□演變為止正與此同：□漸變斷裂為二，上變為止，下變為屮(或木，木屮形通，如杞字作□，又作□)，屮再訛變為寸(寸)，就成了今天的「時」字。因为甲文□又作□，故時也演為「時」与「旹」兩種：「時」字由□訛裂作□三部分而成；而「旹」字則由□演變為□兩部分而成。金文中如中山王譽方壺時作□，楚王酓章鐘時作□，表明春秋戰國這兩種時是並存並用的。陳夢家已看出□與□兩字這種相同的演變過程，所以他徑直把□也釋為「世、㞢、枼、𦯧」，認為今□來□就是今世來世，這顯然有誤，因為甲文中分明另有作世枼的字，兩字不能混一；但他認為今□、來□「究其上下文，似有『今時』、『來時』之義。」(《綜述·歷法天象》)這已同我們把□釋為時相近了。《呂覽·誣徒》云：「世，時也。」乃是時世音同通假，時的本義不作

「世」解，更非一字。

《說文》：「旹，古文時字，從之日。」今人多誤以為甲文金文無時字，实際如麥尊、中山王譻壺、楚王酓章鐘及石鼓等均有旹或時字。《楚辭·九章》：「聊假日以須旹」，《補注》云：「旹，古文時字。」漢無極山碑、魏三體石經等時均作旹。考旹的本義原來並不是時間、時日、時常的意思，而是指四時的時，即四季的季，專門指季節。卜辭有季字，只用作人的名字，並無四季的季之義。殷人講四時而不講四季。《說文》：「時，四時也。」並無其他解釋，這把時的本義說得清清楚楚。段玉裁注曰：「本春秋冬夏之称，引申之為凡歲月日刻之用。」《爾雅》釋時，也是指四時。古籍中凡專講時的，從《夏小正》、《堯典》、《逸周書·時訓解》、《禮記·月令》，直到《呂氏春秋·十二紀》、《淮南子·時則訓》，都是說四時，即四季。古人有所謂「歲年時節氣候」的說法，「時」也指四季。時字訓時辰、時間等為後世引伸義。顧炎武就明確指出：「古無所謂時（按：指時辰），凡言時，若《堯典》之四時，《左氏傳》之三時，皆謂春夏秋冬也。故士文伯對晉侯，以歲時日月星辰謂之六物。荀子曰：『積微月不勝日，時不勝月，歲不勝時。』亦謂春夏秋冬也。自漢以下歷法漸密，于是以一日分十二時，蓋不知始于何人，而至今遵用不廢。」（《日知錄·古無一日分為十二時》）卜辭中的旹，只有季節義，而無時候義。卜辭另有表時候的字，這就是矦（候）（說詳見于省吾《甲骨文字釋林》），如：

王于黍矦受黍年。（乙5055）

癸丑貞，甲攸矦。（南北師1.117）

這里倒矦均作時候解（王侯之侯與時候之候初本一字）。可見殷代時、候兩字分家，義各不同，時候合称是殷代以後的事。時字指四時而不指時候，這在先秦古籍中也可找到充分證明，以至可以成為辨別古籍真偽的一條依據。這里只拿《堯典》與《皋陶謨》作比較。《堯典》有五處用時字，均作四時解：①「歷象日月星辰，敬授民時」。敬授民時即觀象授時，故下面分叙四时。②「以閏月定四時成歲」，此正與殷代曆法相合。③「若時登庸」，「若時」即順四時。④「食哉惟時」，食為民本，重農先在授時。⑤「協時月正日」，「協時」即協正四時。《堯典》自非堯時代的文字記載，但却保存了一些可信的原始史實資料，天文家根據其中四仲中星推算實際天象的年代，多在殷周以前。

[4] 竺可桢则算出為殷末周初的天象（《論以歲差定尚書堯典四仲中星之年代》），要更正確。《堯典》中時字的用法與卜辭中時字的用法若合符節，可給竺說佐一佳證。《堯典》中關于四仲中星的原始材料，其產生年代不会遲于西周早期。[5] 相反，《臯陶謨》中時字用的正是後世引伸義，如：「惟時惟几」，蔡《傳》云：「惟時者，無時而不戒敕也。」另有云「時而颺之」，「惟帝時舉」，「帝不時」，時義為「善」。今文《尚書》二十八篇，多有時字（多作「是」解），独有《臯陶謨》的時作「時時」解，表明此文是晚出的偽書。

[illegible]為四時之時，則凡釋為他字而說不通者，便無不迎刃而解。所謂「今時」，是卜問本季；所謂「來時」，是卜問下季，時間範圍十分明確。「于時酉彡鼓」，實際是指時祭，即一季之祭。神学觀念支配下的殷人，相信一年四季的風雨變化均由上帝安排，每季的時祭十分隆重。《爾雅·釋天》云：「春祭曰祠，夏季言礿，秋季言嘗，冬季曰蒸。」這種四時之祭，即從殷人那里發展而來。「甲戌酉彡彳歲，不時雨」，顯然是為農事卜問是不是有適宜的季節雨，今人猶有「时雨」、「及時雨」的說法。「于時酉彡鼓」，「酉彡彳歲不時雨」，均在祈一年四季的風調雨順。至于「歸時」、「自時」、「取時」等，可能時是地名，或是舉行時祭之地，是否時字假作茲，尚難肯定。卜辭中時作指示代詞音假為茲、此、是、之，未見其例。以文獻考之，大约始于西周初年。《尚書》中凡可信為周初的史篇，時字已當指示代詞用。如《康誥》「時乃不可殺」，《酒誥》「撫于時」，《召誥》「自時中乂」，《洛誥》「罔不若時」，《多士》「時惟天命」，《多方》「天降時喪」等。《詩經》也有相同反映，如可信為武王伐紂以後所作《大武》：「於皇時周」，「時周之命」等。

旹（[illegible]）從四時、四季之義引伸為時日、時時等，即時候兩字由分到合，約在西周中期前後。考麥尊有云：「侯乘于赤旂舟從，叔咸，旹王以侯内于寢。」旹字于省吾等釋為時是對的。郭沫若卻定為之日二字，以為「『之日』二字原連刻為一字，余舊釋旹（時），義亦可通，唯金文未見此例，故今分之日者，與下『已夕』為對。」（《兩周金文辭大系圖録並考釋》）此說不能成立。卜辭金文中已多見旹，不得謂「唯金文未見此例」，且銘文分明之日連刻在一起。郭沫若考定麥尊為周康王時器，則旹字開始由季節之義引伸為時候、時日等義約在此時。

旹（[illegible]）假為季，以四季為四時，時代更晚。季字卜辭作「[illegible]」（前5.40.3）、[illegible]（甲2263）、

從禾子聲，一說從禾已聲（《說文》從子之字，卜辭皆從已），與旹同音。春秋時的晉欒書缶，銘文有「季春」字样，表明此時已將一季三月配以孟、仲、季。年代約當戰國早中期的楚帛書（見《文物》六四年九期，商承祚《戰國楚帛書述略》），四周繪以十二種神獸圖像，表示四時循環往復。圖旁所注月名，與《爾雅·釋天》基本相同，茲列表對照如左：

爾雅月名	帛書圖象注
正月為陬	取于下
二月為如	女口武
三月為寎	秉司春
四月為余	余取女
五月為皋	欱出睹
六月為且	虘司顕
七月為相	倉莫得
八月為壯	咸口口
九月為玄	玄司秋
十月為陽	昜口义
十一月為辜	姑分長
十二月為涂	荃司冬

（表從左讀）

據欒書缶称「季春」，屈原《離騷》称正月為「孟陬」，此時一定也有「仲如」、「季寎」、「孟余」、「仲皋」、「季且」……的名称。再從「秉司春」、「虘司夏」、「玄司秋」、「荃司冬」看，秉、虘、玄、荃皆是季月而職司四時，可見至春秋戰國之交才將每一季的第三月称為「季月」，「四季」之名的產生更應在称第三月為「季月」以後。許慎《說文解字》尚不解季有四季義，至蔡邕《月令問答》方著「四季」之名，故可推斷四時称為四季應始于東漢後期，無怪人們長期以來從卜辭中找不到「四季」之名了。

二、釋春夏秋冬

既然卜辭中有表示四季的旹字，又有專門時祭的地方，那麼就應當有春夏秋冬四字。茲將四字分考如下。

(一) 秋與夏

唐蘭發現卜辭中的龜即秋字。甲文中多有「今龜」、「吉龜」以及卜「龜」、卜「今來龜」、卜「今歲龜」等。《說文》云秋字「從禾，𪏽省聲」，又有籀文秋作龝。卜辭龜為秋確不可移。但甲文實另有秋字：

王異戊，其射才[甲骨文]兕，弗毕。(甲3636)

王其射[甲骨文]兕，毕。(外54)

[甲骨文]，有釋為穆，實誤。[甲骨文]分明象穗秀下垂之態，應即秋字，其義為秀。《說文》云：「秋，禾穀熟也。」又：「卣，艸木實垂卣卣然，讀若調。」「逌，從乃，卣聲，讀若攸。」段玉裁釋「秀」，引《釋艸》「木謂之榮，艸謂之華」，以為「榮而實謂之實，桃李是也；不榮而實謂之秀，禾黍是也」。[甲骨文]正象不榮而實，禾穗實垂卣卣然，《說文》：「𥝌(穗)，禾成秀，人所收者也。」段注云：「𥝌與秀古互訓，如《月令注》『黍秀舒散』，即謂黍𥝌。」穗、秀互訓，[甲骨文]正是𥝌字下部[甲骨文]的放大，其音、義均同秀。秋字篆作[篆文]，實即[甲骨文]的變形，火乃是穗頭之譌。卜辭火字作[甲骨文]，燃火的燭燎作[甲骨文]，與穗頭[甲骨文]形似，故誤混。同此例者亦有，如𤇾字，上部乃是木華，後世誤為火字。[甲骨文]加乃為秀。秀上部的禾即[甲骨文]的簡化，下部的乃是人的譌變。人(𠆢)與乃形近，後世誤人為乃。人即仁，段玉裁注云：「秀……從禾人者。人者，米也。出于稃謂之米，結于稃內謂之人。凡果實中有人……」[甲骨文]加彡則又為穆：[甲骨文]。《爾雅》：「穆穆，美也。」穆訓為美，是秀義的引伸。秋([甲骨文])與龜同音通假，便代替龜而表示四時中的秋季。

下面考察夏。卜辭有夏字作[甲骨文]，篆訛作[篆文]。但卜辭夏字的意思只作夏人之夏解，而不作夏季之夏解，這是人們長期以來以為殷人無四時制的主要依據。實際夏字作夏季之夏，是後來同音的假借字，而夏季之夏的本字，應該是甲文中的[甲骨文]：

丁未卜，今[甲骨文]有事。(前8.10.3)

庚申子卜，貞今[甲骨文]月七口又事。(菁2.18)

今[甲骨文]月[甲骨文]又事。(續6.26.7)

今[甲骨文]又事。(拾7.6)

戊⿰卜東于盂，冓大雨。（京津385）

葉玉森誤釋⿰卜東為秋，郭沫若駁其說云：「⿰卜東字亦字書所無，葉玉森釋為秋，今與夏祭之雩共見，足證其謬。」（《殷契粹編考釋》）但他認為「余意當是稈之古文，從禾加束，以示莖之所在，指事字也。」由此認為稈借作旱，其說迂曲難通。⿰卜東分明為表時間之字。卜辭中作束形的筆画應作〇，如⊕，東，不作ㅂ。卜辭中並無旱字，凡表示乾旱者用「暵」而不用「旱」。且旱字乃由干字演化而來（可參見于省吾《釋戋》），實為後世孳乳之字，卜辭中又何能有指事為稈為旱之事？我以為由字形觀之，⿰卜東或⿰卜東的上部卜正象花垂之形，與《說文》「𠂹，草木華葉垂。」「𠌶，艸木華也。」「𦾔，榮也」相合，當是華字的初文。ㅂ象蕚托之形，後世𦾔、𦾔實由⿰卜東一字分化為二。在金文中，華字演變為𠌶（仲义父鼎），𠌶（華母壺），石鼓作𠌶，許慎篆作𠌶。其上𠂹均𠂹的變形（卜辭中𠂹與𠂹可通，如禾字作禾又作禾，邦中𠂹又作𠂹，𠌶字作𠌶又作𠌶等），其下部「二」應是ㅂ的簡化。草木禾蔬花葉茂長多在夏時，故用「華」表為夏季之象。《淮南子·時則訓》云：「秋行夏令則華」，高注：「象夏氣樹華茂」。可見古人是以華象征夏時，表示該季節万物華茂勃長。《爾雅》云「夏曰長贏」，卜辭称「風曰長」（按：風指南風，即夏風，詳後），華有華茂勃長義，而華茂勃長又正是夏天之景，故以華作為夏季的名称，殷人称華时而無称夏時。《大荒南經》云：「有神名曰因，因乎南方，曰因乎夸風，曰乎民。」「夸風」向來不明其義，實則夸風即華風，《說文》：「𠌶，艸木華也。從𠂹，亏聲。凡𠌶之屬皆從𠌶。𦾔，𠌶或從草從夸。」可見夸風即蕚風，亦即華風。《山海經》是以四方配四時，殷人也以四方配四時（詳見第三部分），因此南方華風也就是夏風。殷人称南風為華風，称夏季為華時，華、夏聲同，後世才以夏字音假為華，于是夏字才從夏人之夏兼而有夏季之夏的含義，而華字作為夏季的含義遂漸湮沒無聞。然而中原民族称「華夏」，「中華」，「諸夏」又称「諸華」等，犹是當初華夏相通之明證。華時轉為夏時当是周以後的事。再考卜辭多有⿰卜東時而𩁹（雩）之事：

翌日庚，其⿰卜東乃𩁹，祈至來庚又大雨。

翌日庚，其⿱个束乃⿱雨無，祈至來庚亡大雨。

來庚，剝⿱个束乃⿱雨無，亡大雨。（粹845）

⿱雨無即雩，舞而求雨之祭。夏季草木禾稼華茂動長，特別是禾稼需要充足水分，而夏季又多旱，⿱雨無即夏季之祭，每當仲夏之月，都要大雩上帝以祈穀實，一般夏季中遇旱也要雩祭求雨，故《說文》云：「雩，夏季乐于赤帝，以祈甘雨也。㝸，雩或從羽，雩舞羽也。」《周禮·鼓師》云：「教皇舞，帥而舞旱暵之事。」《月令》云：「仲夏之月，大雩帝，用盛樂。乃命百縣雩祀，百辟卿士有益于民者，以祈穀實。」⿱雨無為夏祭，更足證「今⿱个束」的⿱个束是華（夏季）無疑。

(二) 春與冬

于省吾發現卜辭中表時間的□、□為春字，此字從艸從日屯聲，《說文》春字正作萅，云：「從草，從日，草春時生也，屯聲。」于省吾考釋確不可易。卜辭中多有卜「今春」、「在春」、「來春」、「于春」等，此字以屯為聲符，以日為義符。陳夢家也主此字為春。但在他們把別構多種而統統歸為春字的甲文中，實際應分為兩類：

第一類有日字：□（拾7.5）□（前6.39.3）□（粹251）□（京1949）□（戩22.2）

第二類無日字：□（續3.34.1）□（乙5319）□（天62）□（菁97）

第一類有日是春字，第二類無日，卻是另外一個字：屯字。但于、陳因先已認定殷代只有春秋二季而無春夏秋冬四季，因此他們都把無日的□、□也釋為春字，這樣他們便遇到了不可解決的困難：

戊子卜，雀于□出。（續3.34.1）

王于來□伐□。（鐵4.4）

今□受年。九月。（前4.6.6）

今□亡禍。六月。（粹1388）

陳夢家承認「前4.6.6」一條卜辭「稱今春而系以『九月』，甚不可解。」（《殷墟卜辭綜述》）「甚不可解」正表明他看法的錯誤，可惜他未能從這里去修正自己的看法。實際今□系以九月和系以六月兩條卜辭，已推翻了于、陳的殷代二時制說。六月、九月的卜問不可能還說「今春」，唯一可以解釋通的，那就是承認殷代有四時制，把□(屯)和□(春)這兩個被他們誤混為一的字分開來，這個□應是冬，今□、來□就是今冬、來冬。

屯(□)是冬的初文，是殷人用的冬字。卜辭中有字作□，演變為後世的冬字，但在卜辭中□只作終字用，有終義而無冬義。□才是卜辭中的冬字，屯(□)冬(□)音近義同，後世才假□為冬，代替□，□作為冬的初義遂沒。從形、音、義上考察□、□，兩字本來是相同的。□，唐蘭說象一倒掛的小豕之形，郭沫若說象包裹之形，非是。今按：□象一束絲的末端：□，表示絲將盡，故有「終」義。□字作：

□(後2.30.10)　□(福36)　□(河900)　□(後2.27.10)　□(佚791)　□(乙4888)

卜辭另有迭字可作對照：

□(甲893)　□(師友1.168)　□(甲907)　□(京津4581)

可見其基本字形為□和□兩類。顯然，□字象一小束斷絲之形，同□相仿。考卜辭有字作：

□(乙4568)　□(乙4879)　□(前1.45.5)　□(甲2124)

此字應釋繼，有釋為編、織，象以緯絲織入經絲。對照之下，□□(屯)為一束斷絲其形尤顯：□象一截絲，這在卜辭多見，如紳作□，束絲作□等；其下或其上加「一」，表示絲斷為一截，指事之義。□正象□中截斷下的一段絲，而□則象其最末的一段。正如《說文》所云：「絕，斷絲也，從糸，從刀，從卩。□，古文絕，象不連體，絕二絲。」卜辭即有字作□(鐵272.1)，從屯從刀，孫海波《甲骨文編》作□，我以為從刀屯聲，實即斷字。卜辭另有字作□(後2.21.3)、□(續5.5.2)，亦釋為斷，象以斤斷絲

□。織帛時絲斷則以刀整治，卜辭中辭（治）有作□，□，□，其下絲形正與屯（□）同。又□在卜辭中作終字，□（屯）在卜辭中又作純字，而純也有邊緣、終斷之義。《說文》：「掾，緣也。」段注云：「緣者，衣純也。既夕禮注：飾衣領袂口曰純。」由此看來，屯字□象以「一」加于一束絲□上表示斷絕，實即斷字的初文，屯斷同聲，屯的本義應該是斷，斷有止、完、終（□）之義，故用作為冬季之冬，表示一年之終。可見□與□音、形、義均合。

屯（□）象一截斷絲，屯即斷。又屯象一段截斷的束絲，故屯又有段或端義。《說文》：「芚，蕭也。」又：「剬，斷齊也，從刀，耑聲。」顓與專同，《說文》剸字又作斷，這是屯、斷、段、端相通之證。故卜辭中屯又用作計量絲與帛的單位，稱為一段或一端。卜辭常見婦某幾屯，其義即言舍賜帛幾純，即帛幾段或幾端。《戰國策·秦策》：「錦綉千純」，注：「純，束也。」《穆天子傳》：「好献錦組百純，□組三百純。」注：「純，疋端名也。」又《史記·張儀列傳》：「乃以文繡千純」，《索隱》：「凡絲綿布帛等一段謂一純。」按《殷契粹編》自一四八〇片以下骨臼二十四片，均有屯（□）字，其義即作段或端，「示三□」，「示十□」即示三段，示十段。

屯、斷、段、端同音，均有完、盡、終等義，故屯又通殿。《周禮·地官·鄉師》：「凡四時之田，巡其先後之屯。」注云：「屯，或為臀，鄭大夫讀屯為課殿，杜子春讀為在後曰殿，謂先後屯兵也。」段玉裁《周禮漢讀考》云：「大夫易屯為課殿之殿者，謂殿謂課試居殿。《漢書音義》項代山曰：殿，負也。最，善也。韋昭曰：第上為最，極下為殿。又曰：下功曰殿，上功曰最。」殿有後、末、終義，屯殿音同。從屯從殿之字亦多有終止後末之義，如頓（停止）、迍（止不行貌）、囤（積居）、臀、澱等。

總之，□（屯）字從各方面分析，表明其基本字義為終義（終止、終斷、終末），與□字義完全相同，因此□（屯）只可能是冬字而不是春字。在春（□，□）中，□只是聲符，而以有日之草表示春日草長；在屯（□，□）中，□却是義符，織帛時絲斷則有難受阻，需要治理，故屯有難義，□標示着有難受阻、終然有難之義，用到農事季節上，则加無日之草表示冬季正是草木受阻（停止生長）艱難之時。《說文》云：「屯，難也。象草木之初生，屯然而難」。這雖是誤解了屯字字形所作的解說，但卻道出了屯字最初作冬字的事實（春象草木迎日生長，不得称屯難）。

三、殷人的四時觀

卜辭有旹和春夏秋冬，已足證殷商有四時制。殷人不僅有四時之分，而且有强烈的四時觀念；而四時觀又是在神學思想支配下同四方觀結合在一起，時空合一，因此從殷人的四方觀又可以反過來進一步證實四時制的存在，揭示出殷人四時觀的特點。于省吾認為「殷人對于各種事物，用『東西南北中』或『東西南北』來分別占卜者，習見于卜辭，這與四時無關」。這與卜辭所載事實並不完全符合。事實是四時的划分與四方的划分同步並行。人類辨別方向，最初據太陽的東升西落，故開始只識東、西兩個方向，即日出與日落兩個方向。如雲南佤族就只識東西兩個方向，東叫「里斯埃」，西叫「吉里斯埃」（即里斯埃的反方向）。故季節也只有春、秋二季。認識四方位是一個飛躍，季節也隨之划分為四季。在支配殷人的神學宗教觀念中，時間和空間都由萬能的上帝主宰，管四方之神同時也就是管四時之神，四時與四方的觀念統一，在四方觀中就强烈反映了他們的四時觀。這里就必須重新考察一下如下重要卜辭：

長沙子彈庫帛書有云：「認司□襄，咎天步□，乃上下□□。山陵不疏，乃命山川四海，□寮氣害氣，以為其疏，以涉山陵。瀧汨凼漫，未又日明，四神相弋，乃步以為歲，是惟四時」。是謂根據日月出入與四神相代，以定四時。每神主一時，四神即四方或四方風的代表，故四神即表示一年四季。

東方曰析，風曰劦。
南方曰炎，風曰[illegible]。
西方曰朿，風曰彝。（掇2.158 京津520）
[北方曰]宂，風曰役。

帝于東方曰析，風曰劦。
帝于南方曰[illegible]，[風曰炎]。
帝于西方曰彝，[風曰朿]。（合261）
帝于北方曰元，風曰役。

為便于弄清四方名和四方風名的含義，兹與《堯典》、《山海經》所載共列成下表以便對照：

以《堯典》同卜辭對照，尤可明顯看出卜辭所說的四方四方風具有強烈的四時內容，與其說是在說四方，不如說是在借四方說四時，茲分考如下：

	四方	四方風	四時	四方民
卜辭	東方曰析 南方曰炎 西方曰彝 北方曰勹	風曰劦 風曰𠃬 風曰𣎵 風曰役		
堯典	平秩東作 平宅南訛 平宅西成 平在朔易		以殷仲春 以正仲夏 以殷仲秋 以正仲冬	厥民析 厥民因 厥民夷 厥民奥
山海經	東方曰析 南方曰因 西方曰石夷 北方曰鵷	來風曰俊 來風曰夸 來風曰韋 來風曰狻		

1. 析—劦

析，這是借春時說東方。析字雖歷來解說不一，但卻都認為析是春季之象。楊筠如說：「高晉生謂：析，薪也。《說文》：析，破木也。一曰折也，從木從斤。……蓋古者析薪在春初，《周禮·山虞》：春秋之斬木不禁。是春時可以伐木之證。」《尚書覈詁》曾運乾說：「析，分散也。蔡《傳》云：先時冬寒，民聚于隩，至是則以民之散處而驗其氣之溫也。」《尚書正讀》楊樹達說更確：「東方曰析者，此殆謂艸木甲析之事也。《易·解·彖傳》云：天地解而雷雨作，雷雨作而百果草木皆甲析，解之時大矣哉！」《積微居甲文說》草木甲析，万物萌動滋生，正是春季之景。

劦，這是借春時說東方風，劦風即春風。論者多引《國語·周語》虢文公之說：「古者太史順時覛土，陽癉憤盈，土氣震發……陽氣俱蒸，土膏其動……先時五日，瞽告有協風至……」韋昭《解》：「協，和也，風氣和，時候至也。立春日融風也。」《禮記·月令》：「孟春之月，天氣下降，地氣上騰，天地和同。」協風即春風，但以和說協，非協的本義。所謂劦實即指劦田，耤田，乃春天農事，由劦田才附会而有劦風。卜辭多有劦田記載，劦通協，指協耕，同于後世耦耕。《呂覽·長利》：「協而耰」，《周禮》：「合耦而耕」，《詩·噫嘻》：「十千維耦」，《載芟》：「千耦其耘」。劦耤音同，西周令鼎：「王大耤農于諆田」，𢦏段：「官事耤田」。春風至則大規模劦田始，故称春風為劦風、

2. 炎——

炎，這是借夏時說南方。炎胡厚宣先生釋炏輔之炏。楊樹達釋𤇾之初文。陳邦懷釋為炎（《殷代社会史料征存》），其說為是。炎是夏天之象。《呂覽·有始》：「南方曰炎天」。《廣雅·釋天》：「南方赤天」，王念孫《疏證》：「《初學記》、《太平御覽》引《廣雅》赤天並作炎天。」夏季炎熱，故以炎熱的南方象征夏天。《月令》：「孟夏之月，其帝炎帝。仲夏之月，其帝炎帝。季夏之月，其帝炎帝」。《爾雅·釋天》：「春為蒼天，夏為昊天，秋為旻天，冬為上天。」昊、顥、皞、皓通，皆有光皇明亮之義，可與炎通。

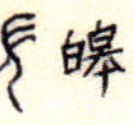，這是借夏時說南方風，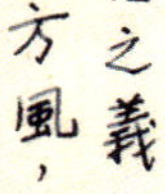風即夏風。胡厚宣讀為微。楊樹達解為豈。陳邦懷釋為長，以為「象人長髮形」，其說是。夏季炎熱，正是萬物華茂勃生、茁壯長大之時。《爾雅·釋天》：「春為發生，夏為長嬴，秋為收成，冬為安寧」。李巡注：「南方長養，萬物喜樂。」《詩·大雅》：「有卷者阿，飄風自南。」鄭《箋》：「有大陵卷然而曲，迴風從長養之方來入之。」夏季東南西北方的萬物都是長養的時候，何以單說南方風為長養之風呢？這顯然是殷人以南方風代表夏風。《山海經》称南方「來風曰夸」，夸即荂、即華、即夏，荂象「艸木華葉垂」，正與「長」義（長嬴）合。《堯典》說夏時「其民因」，《山海經》亦称「南方曰因」，因，古茵字，即席，卜辭席字正作[因]。《說文》：「茵，車席也。」席有大義，《爾雅》：「席，大也。」長養則壯大，長風即大風，《說文》：「南曰景風」，《北堂書鈔》引《春秋考異郵》云：「景，大也，言陽氣長養也。」故《堯典》、《山海經》的「因」與卜辭的「長」義同，《堯典》說「因」指夏時，故卜辭說「長」也指夏時。曾運乾說「因」為「因仍」，按：夏季「因仍」是就春季「發生」而言，即因之而長，進一步長養壯大，因即嬴。又長風即凱風，《廣雅·釋詁》：「愷，長也。」《爾雅》：「南風謂之凱風」，毛《傳》：「南風謂之凱風，樂夏之長養」。可見長風、凱風、南風均指夏風。

3. 彝——

先看朿，這是借秋時說西方風，朿風即秋風。朿自來多釋為束，說均引《說文》：「束，艸木垂華實也。」徐鍇云：「言束之，象木華實之相累也。」華實相累自然也是秋時之象，然釋朿為束實誤。考朿字分明象鐮銍割穗之形，上部屮象成熟的穗頭，中間丰象以刀切割狀，與契字的初文丰全同。契字初文卜辭作丰丰，《說文》作丰。戴侗《六書故》云：「丰即契也，又作㓞，加刀，刀所以契也。」《說文》：「栔，刻也。」卜辭金文丰(省作丰)均表示以刀契割之義。如割從丰。丰與介同，㤅又作忿。《說文》：「丰，讀若介。」介與割害通用。商代晚期金文有圖形文字作[illegible](祖壬觚)，[illegible](父乙鼎)等，于省吾說均為㓞的原始字。朿無疑象以鐮銍割禾穗形，應是剃字的初文，義同割、穫。《說文》：「剃，裁也，從刀、未。未，物成有滋味，可裁斷。一曰：止也。[illegible]，古文制如此。」[illegible]正與朿形同，上為穗頭以寓有滋味，中加「彡」，段玉裁謂「從彡者，裁斷之」，正指以鐮銍割穗。因此[illegible](制)實即銍，指秋季收穫之事。《說文》：「銍，穫禾短鐮也。」《周頌》「奄觀銍艾」，《傳》曰：「銍，穫也。」銍義又同刈、艾、夷，《堯典》「厥民夷」，也指秋季禾熟收穫，而《山海經》「西方曰石夷」，石夷切音為銍或剃。足證「風曰朿」正是以收穫季節的秋風說西方風(秋天多西風)。

再看彝，這是借秋時說西方。彝字甲文作[illegible]，[illegible]，[illegible]，象手持一困縛之豕或一困縛之鷄形。金文有字作[illegible]，[illegible]，象以○套縛[illegible]，尤可證彝字上為困縛豕形。手持困縛之豕，正象秋時饗帝報功之祭。《月令》：「仲秋之月，乃命宰祝，循行犧牲，視全具，案芻豢，瞻肥瘠，察物色，必比類，量大小，視長短，皆中度，五者備當，上帝其饗。」又云：「季秋之月，大饗帝，嘗犧牲，告備于天子。」注云：「養牛羊曰芻，犬豕曰豢。」疏云：「食草曰芻，食穀曰豢。」金文彝字作[illegible]，象以糸困縛，加：表示以米穀豢之，與《禮記》所說正合，故彝字從米從糸。初為手持以供，故從廾；後置器中，彝遂為器名。秋熟饗帝既以芻豢為犧牲，自不一定用豕，故甲文金文彝字上手持又有似鷄形者(古人已有說)。總之，彝象秋熟報功饗帝之祭，正是秋時豐收之象。(今人有以彝通夷，說亦可通)

4. 冂——役

□下有缺，對照其他卜辭及《山海經》等，知為夗（宛）字。《說文》：「宛，屈艸自覆也。」段注云：「宛與蘊，蘊與鬱，聲義皆通。」故宛有蘊藏義，和《堯典》所說「厥民隩」相合。隩又作奧、㜸，皆為藏義，正是冬季之象。冬季之隩，其義有二：一是修屋室處。《爾雅·釋宮》、《音義》引《尚書》、《說文》並云：「隩，室也。」《後漢書·梁冀傳》注：「隩，深室也。」《豳風·七月》：「穹室熏鼠，塞向墐户，嗟我婦子，曰為改歲，入此室處。」隩正指冬天修繕住屋以入室而處，宛字亦正象人屈處暗室之形。二是藏穀。《月令》：「孟冬之月，命百官謹蓋藏。」鄭《注》云：「謂府庫囷倉有藏物。」《說文》：「寏，宛也，室之西南隅，從宀，弄聲。」楊筠如謂：「寏弄聲不相近，奧之本義為藏穀，字當作寏，從廾持米內宀中，其義尤顯。」（《尚書覈詁》）此說發徐鉉以來所疑，可謂卓識。宛、奧是借冬時說北方。

□，胡厚宣以為「殳即役，從卜與從人同，役即役之古文」。其說是。《山海經》「來風曰狻」，狻役聲轉。前人均未能就役字本義作出滿意解說，楊樹達至謂「役字義不明」，「只得闕疑」。今按：役實亦借冬時說北風，役風即冬風。秋收農事畢後，便要忙于冬時的宮室勞役，由形觀義，□正象驅使奴隸服役之狀。以《七月》詩證之：如果說「北方曰宛」的宛是指「穹室熏鼠，塞向墐户，嗟我農夫，曰為改歲，入此室處」。那麼「風曰役」的「役」便是指「嗟我農夫，我稼既同，上入執宮功。晝爾于茅，宵爾索綯。亟其乘屋，其始播百穀」。兩者恰相呼應。鄭《箋》云：「既同，言已聚也，可以上入都邑之宅，治宮中之事矣。于是時男之野功畢。」《漢書·食貨志》亦云：「春令民畢出在野，冬則畢入于邑。」「冬，民既入，婦人同巷相從夜績。」民人服勞役、雜役、力役在冬季農功畢後，正是奴隸社会的特征，役字又作狻，即是對役民的蔑称，正如傜称作猺，僚称作獠，苗称作猫一样。冬季既以役為主，冬天經常刮的北風自然称為役風了。

由上考辨完全可看出，殷人是根據一年四季不同的天象和人事來命四方名與四方風名的，今人不管對卜辭四方名和四方風名作如何考釋，有一點可以肯定：四方名與四方風名離開四時去解釋，必然解釋不通。試舉一例：于省吾先生據聲訓把「役」釋為「洌」，並引《詩·四月》「冬日烈烈」等為證（《釋四方和四方風的兩個問題》）。但是夏天的北風却並不凜洌，只有冬天的北風才会凜洌，所以這样的解釋等于是以四時說四方風，已承認殷商有四時之分了。從殷人的四方觀中可以看到他們春生夏長秋收冬藏的四時觀已經完全確立，造成這種四時觀與四方觀緊密结合的認識特點的原因有二：

1. 天文知識水平的限制。古人對宇宙结構的認識最早是天圓地方的觀念，向來人們都引《周髀算經》記載的盖天說而認為天圓地方說始于周代。(4) 其實這種觀念至少在殷商已經形成，從卜辭中殷人已明確把大地分東南西北四方，以及天字作[囗大]（口象天圓）、旦字作[日口]（口象地方）等等，就可得到證明。在這種天圓地方观念下，他們自然還不知道一年四季的周期變化是地球繞太陽運轉造成的，但却完全可以根據日常生活經驗，如往南方走變暖，往北方走變冷，春風多來自東方，秋風多來自西方等等，會自然而然地把四時的變化同四方、四方風聯系到一起，以為其間有一種内在的聯系，而用一方、一方風代表一個季節了。在人們還未認識到大地是繞太陽轉動的球體的時代，四時觀念和四方觀念的結合為一是必然導致的一種樸素認識。後世陰陽家神秘化了的以五方配四時的神學體系，就是從殷人那里發展而來。

2. 神學宗教觀念的影响。由原始自然崇拜發展而來的宗教神學思想支配殷人的頭脑。萬能的上帝主宰一切，主管四方當然也就同時主管四時。所以卜辭的四方名析、炎、彝、宛是指四方之帝，而四方风名劦、長、夷、役又是指四方帝之使——四方風神，四方观與四時观的結合便具體表現為四方帝與四方鳳（風）的相配，四方鳳受四方帝命掌管四時。要弄清殷人的四時制和四時觀，還必須揭開這一重神學迷霧，考察一下四方鳳和帝五丰臣的問題。

卜辭多有「帝五丰臣」、「帝丰臣」、「帝五臣」的記載，丰字羅振玉釋玉，陳梦家釋工，郭沫若釋介（个），似皆難通。丰工並非一字。介字甲文作[?]或[?]，與丰顯非一字，而且以丰為个，則說「帝个臣」也不通。我以為「帝五丰臣」的「丰」字應讀為《詩經·鄭風·丰》的「丰」（[?]），實與豐所從之丰、琫所從之丰、朋（[?]）所從之丰相同，從貝得聲，當讀為朋。朋、鳳（即鵬）音同（古無輕唇音），五丰臣即五鳳臣。鳳為帝使，如說「于帝使鳳二犬」（卜通398），「王賓帝使」（別二），故称之為「帝五鳳臣」。鳳、鵬一字，鵬實即鳳，《說文》朋字作[?]，而鳳字古文作[glyph]，作[glyph]，可證鵬鳳為一鳥。鵬為後起字，與鳳字實為同音假借，《說文》誤以為字形相同，遂啟後疑。考古代玉或貝皆一系約貫五枚，字作丰，後遂分化為玨、朋二字。貝一系為丰，當也是朋的初文。故《菁菁者莪》鄭《箋》云：「二玉為玨，五貝為朋。」王國維以為玨、朋于古實為一字，「玨字殷虛卜辭作丰(后上26)……金文亦作丰(乙亥簋云玉十丰)，皆古字也。」又說：「蓋緣古者五貝一系，二系一朋。」這正是認丰為朋。丰為貫形，故讀貝聲、朋聲。王國維考定玨在之部，朋在蒸部，「之、蒸二部陰陽對轉，故音變為朋。」(《說玨朋》)我以為玨、朋古皆從貝得聲，從玨之瑊，《說文》瑊讀同「服」，服又讀同「葡」(葡，見《士喪禮》)，此為玨讀貝聲之證。(6)「帝五丰臣」的丰為朋字的初文，音假為鵬、鳳可無疑問。帝五鳳即五位帝使。鳳在帝左右為天帝使臣，分管四方之風雨，而卜辭中凡提到「帝五丰」時也正多卜問風雨之事，如「又于帝五臣，又大雨。」「王又歲于帝臣正，隹亡雨。」「于帝臣，又雨」等。也證明帝五丰即帝五鳳。但帝五鳳有五鳳，四方風只有四鳳，又如何理解呢？原來殷人以為四方各有一帝，四方帝之上又有一至高無上的上帝，居于四方之中。陳梦家在《殷墟卜辭綜述》中早有考說。四方帝之上有一上帝，則相应地四方鳳之上有一帝使鳳」，正好是帝五鳳。帝五鳳作為帝使掌管四時，布風行雨，《淮南子·天文訓》云：「四時者，天之吏也。」上帝總統四方，四帝分管一方；相應地帝使鳳總統四時，四鳳分管一季，這從《左傳》昭十七年郯子的一段話中犹可隐約看出：「郯子問焉，曰：『少皞氏鳥名官，何也？』郯子曰：『吾祖也，我知之……我高祖少皞摯之立也，鳳鳥適至，故紀于鳥，為鳥師而鳥名。鳳鳥氏，歷正也；玄鳥氏，司分者也；伯趙氏，司至者也；青鳥氏，司啟者也；丹鳥氏，司閉者也。』……」這里包含了殷人四時觀的古說遺存。鳳鳥氏就是「帝使鳳」，總管四時，故稱歷正；玄鳥氏、伯趙氏、青鳥氏、丹鳥氏分掌四季，溯其原始，實皆鳳鳥，五鳳即卜辭中說的「帝五鳳」：①玄鳥，即鶠。《商頌》：「天命玄鳥，降而生商。」燕鶠古本一字，《爾雅》：「鶠，鳳，其雌凰。」《離騷》「鳳凰既受詒兮，恐高辛之先我。」《思美人》則作「高辛之靈盛兮，遭玄鳥而致詒。」②伯趙，以上下鳥名觀之，伯趙疑是白鳥之變。《夏小正》述四時、《山海經》述四方皆為白鳥，可證。白、伯本一字，鳳為神化之雉，《山海經》：「其多白雉白翟」，「太行山有鳥，其狀如鵲，白身，赤尾，六足，名曰鶌，善驚，其鳴自詨。」鶌為白鳥，字從貝得聲。伯勞又稱鵙，《七月》：「七月鳴鵙」，《爾雅》：「鵙，伯勞也。」鵬亦從貝得聲，白鳥、伯趙即鵬鳳。③青鳥，即青鸞，後世正多以青鳥為使。鸞鳥當西方，《西山經》：「女牀之山……有鳥焉，其狀如翟而五采文，名曰鸞鳥。」《大荒西經》：「沃之野有三鳥，一名曰大鵹，一名曰少鵹，一名曰青鳥。」鵹即鸞。《說文》：「鸞，亦神靈之精也，赤色五彩，鷄形，鳴中五音。頌聲作則至。」鸞鳳實為一鳥，鸞自其歌者得名，鳳自其舞者得名，故《山海經》每說「鸞鳥自歌，鳳鳥自舞」。朱芳圃說：「蓋鳳之言蓬也，其飛蓬蓬然，故謂之鳳；鸞之言玲瓏也，其鳴玲瓏然，故謂之鸞。」（《殷周文字釋叢》）④丹鳥，即鷩，也是鳳。《南山經》：「丹穴之山……有鳥焉，其狀如鷄，五彩而文，名曰鳳皇。」《說文》：「鵔鸃，鷩也，從鳥敄聲。」朱芳圃說「鵔鸃即鷟鸑之轉音」，甚是。《說文》：「鸑鷟，鳳屬，神鳥也。」《國語》：「周之興也，鸑鷟鳴于岐山」，《河圖括地象》則作「周之興也，鳳鳴于岐山」。可見郯子所說五鳥均是鳳屬，源于殷人的帝五鳳。四方鳳分掌四時還可從《夏小正》中找到確證。夏緯瑛先生認為《夏小正》經的部分「所談到的農、牧、魚、猎生產及物候、氣象、天文等知識，肯定有很多是夏代傳下來的。」（《夏小正及其在農業史上的意義》）《夏小正》經中說春時的標志是：「時有俊風」，「時」指季節。但在《山海經》中，却是說東方「來風曰俊」。一說春時，一說東方，都是「俊風」，這是四方觀與四時觀結合為一的又一明證。「俊」字歷來訓「大」，顯非其本義。其實俊即鵔鸃，也即鸑鷟，鸞鳳。《離騷》：「鸞皇為余先戒兮」，應劭曰：「鸞皇，俊鳥也。」《山海經》說東方有「帝俊」，就同夏人的「俊風」、殷人的東方帝東方鳳有密切關系。《夏小正》經文證明，早在夏代人們已用風來做季節的标志，而這種表季節的風又是用與該季節有密切關系的鳥（物候之一）來命名的，「俊風」即用鵔鸃之鳥來名春風。不過這時飛鳥還是夏人測定天時變化的物候之一，可能還無神秘意義；到殷商時代雉神化為鳳，鵔鸃也變成神鳥，變成東方風神即帝五鳳之一了。

由上可見，卜辭所见四方帝與四方鳳的配合，也同样反映了包裹在神學外壳中的四方觀與四時觀的合一，透過這層外殼仍可曲折地看出殷人現實生活中的四時制。殷人四時觀的基本特點可以概括為二：①四時觀與四方觀緊密結合；②四時觀與神學觀緊密結合。後世陰陽家與儒家正是把這兩點加以繼承發展，構造了更龐大的天人合一體系。

最後需要解釋一下郭沫若提出的一個疑問：何以金文中不見春夏秋冬的紀時明文？周人雖繼承吸收了殷人文化，但畢竟存在有文化、思想、傳統習慣等多方面的不同。在紀時上，殷人重于觀察太陽，故多用紀日(干支)、紀時(季)、紀歲；卜辭可見春夏秋冬四字。而周人則重月相，采用獨特的一月四分法(初吉，既生魄，既望，既死魄)紀時，不重紀四時，故金文中不見用春夏秋冬紀時。但金文中卻是有春夏秋冬四字的。《堯典》中四仲中星天象的年代，最遲不會在西周初年以後，其中說「寅賓出日」、「寅餞納日」，也與卜辭的「又(侑)出日」、「又入日」正相合。《詩經》中提到春夏秋冬的《四月》一詩，其寫作年代也在西周後期以前。這些都證明西周還無四時制的說法是不能成立的。

注：

(1)叶玉森《殷契鈎沉》；商承祚《殷商無四時說》；鄭師許《讀殷商無四時說》；孫海波《卜辭曆法小記》；胡厚宣《殷代年代稱謂考》。(2)參見陳久金《曆法的起源和先秦四分曆》，《科技史文集》第一輯。(3)按：中山王譽鼎銘「哉」作「丝才」，可為一證。(4)如比約推算為堯時的真實天象。新城新藏同。橋本增吉推算為周代。能田忠亮推算為公元前二千年左右。惟飯島忠夫抱有成見，荒謬地以為戰國初年的天象。(5)見陳遵嬀《中國古代天文學簡史》。(6)按：從玨之字多讀貝聲，如班、斑、豐等。

一九八〇年草于復旦大學十樓

一九八七年修改于姑蘇十方立書軒

本書受浙江大學文科高水平學術著作出版基金資助

陽明年譜定本手稿

束景南　著

上

浙江大學出版社・杭州

目録

陽明年譜長編

自序

予自幼即酷愛書法繪畫，無師自習。猶記小學四年級時開設珠算課，珠算老師王老先生寫得一手好字，名聞全縣，每次進入課堂上課，下面學生都會齊聲高呼：「寫字！寫字！」於是王老先生先要在黑板上端正寫下幾個大字，然後再上課。一次王老先生來上課，下面學生又齊呼「寫字！寫字！」於是王老先生在黑板上寫下一個草字「[illegible]」，從此此草字永遠嵌在予腦中，激發起予一生學書法繪畫的興趣。初中畢業時，予嘗想考南京藝術學院附中班，手續均辦好，卻在赴鎮江考試前夕，被班主任勸回，要我繼續讀高中。但此後予一直自習書法繪畫不輟。文革中予分配至農村民辦中學當老師，忽然縣裏來電，云予會拉二胡，寫小說詩歌，又會書法繪畫，要將予調至西藏電臺工作，抓文娛活動云云。予不勝惶恐，以不符合條件辭。縣裏將予留在縣招待所檢查一個半月。予在招待所無事，每天取數紙練鋼筆魏體字。一個半月後回民辦中學，教師都奇怪予怎麽會寫起了鋼筆魏體字。七八年予考入復旦大學讀研究生，導師蔣天樞先生要求學生極嚴，一次予去蔣師家中受教，蔣師便取出陳寅恪大師的柳如是別傳手稿給學生看；又將自己校勘書稿拿出給學生傳閱，上面用紅筆、綠筆寫滿小楷批校語，楷字小得比現今出版書中的注釋字還要小。蔣師云研究先秦兩漢文學必須懂古文字，要學甲骨文、金文；並要予寫毛筆字，楷字要練到寫得比蠅頭小楷還要小的境地。以後予每次練習寫小楷字，送給蔣師審閱，蔣師都總是說：「還要寫得更小。」可惜直到畢業，予都未達到至小無內的境界，甲骨文、金文也未學成，但卻為予寫書法打下一個基礎。以後予每作書著文，都認真用鋼筆魏體字書寫，意在勤練書法，四十載於茲矣。這部一百五十萬字的王陽明年譜長編手稿，就是予花三年時間，以每日抄二千字的速度，用魏體字寫成的。現在有幸由浙江大學出版社慨與影印出版這部手稿，其意並非在炫示予書法已寫得如何好，而只在讓人看予當年是如何勤苦學書法練字，敝帚自珍而已。況予對此手稿又作了新的修訂。蓋予王陽明年譜長編自出版以後，為海內外學界所注目，予又陸續發現一些有關陽明之重要資料，遂對王陽明年譜長編作了增補考訂，補改手稿。大約增補了近二十萬字的考證文字，補改入手稿中，故將這部手稿定名為王陽明年譜定本手稿，實質是一部增訂本的王陽明年譜長編，又別具一番新的學術價值與意義，期諸將來能以此定本手稿再版。予作陽明大傳

：「心」的救贖之路（三卷），便是在這部增訂本王陽明年譜定本手稿的基礎上寫成的。

若從定本手稿的「書法意義」上言，則予又有說焉。予向以為漢字書法兼具實用與審美的功能，審美功能寓於實用功能中，方能兼二者之美，合二美之長。當今計算機時代，書法漸漸與實用功能脫離，書法實用功能漸趨弱化，書法盲目追求玄妙至上的藝術審美化境，反以寫醜書、大書、亂書為美，未免本末倒置矣。予不憚三年煩難日日抄寫陽明年譜長編，蓋亦欲為恢復漢字書法實用審美功能作一嘗試也，故將予此王陽明年譜定本手稿視為予之書法練習之作，亦無不可也。此部手稿也寄寓了予對漢字書法的自我審美追求。至於予對書畫藝術的審美觀及其審美之法的認識，反映在予給李鳳龍先生寫的不遠復齋印存序中。茲將此文寫在下面，姑作代序吧。

李鳳龍不遠復齋印存序

齊齋鳳龍子得一方宋「不遠復齋」銅印，而名其金石篆刻印集曰不遠復齋印存，斯深得畫學、書學、篆學三昧焉。蓋篆刻者，心畫也；篆法者，心法也。復者天地之心，屏山劉子言「不遠復」三字符，教人修厥身以復歸厥心。若搦管

操觚若修身養心，游目騁懷，鞠情繕性，轢往逴今，溯中彪外，溢為聲華，乃可通外師造化、中得心源之境。予觀鳳龍子搦翰三十載，自信操縵清商，游心大象，傾昧修身，惠音遺響。蓋操縵清商，乃得天籟；游心大象，鬱發心華。而操縵清商，游心大象，又非傾昧修身不能得，正劉子所謂修厥心不遠復者耶？故鳳龍子能以心運法，法為我用，縱横自如。畫學宋元，而超越宋元之法。篆學秦漢，而超越秦漢之矱。蓋能以心為法，諸方徧參，一法不執。涵融衆法，雕鏤萬態，力掃秕糠，畢歸陶鑄。予嘗謂有法無法，乃曰至法；似我非我，斯為真我。禪家云非法非非

法，東萊云活法悟入，苦瓜云無法而法，乃為至法。皆謂心法也，即心為法。法中有真我在，不為法脫，不為法縛，師心為法，鳳龍子蓋得之矣。觀其篆刻，千姿萬態，無不渾然天成。刀篆入神，如月到風來，雲生水起，出自天然。似羚羊掛角，無迹可求，一法也無。或蘊神韵，或擅意趣，或發絢爛而歸之澹泊，或出奇詭而臻於樸拙，又豈為秦漢之法所繩範耶？鳳龍子自謂湘中鳳農學人。沅湘自古人傑地靈，物華天寶。芙蓉國中，一株秀出，年四十，而已達縱心所欲之境，有我無法之域。予喜其兼善詩、書、畫、篆，熔鑄一爐，復古出新，四美並而藻葩發，三才兼而人文興。大匠運斤，玄宰潛翰。一代大師風流，期諸後進，鳳龍子其勉旃！

辛卯季春丹陽束景南書於杭城西湖葛嶺北麓

目録

叙

研究古代思想大家，年譜尤不可或缺，所繫大焉，所作難矣。陽明卒後，門人錢德洪即作陽明先生年譜，及時保存大量陽明生平及其思想之原始信息資料，錢氏所叙多為其所親見、親聞、親身經歷，道人所不知，發史所不載，故六百年來成為最權威最可信之年譜，雖後世陽明年譜、傳記紛出如雲，無一能出其右者。六百年來對陽明之研究都離不開錢德洪陽明先生年譜，六百年來之陽明學研究只成對錢德洪陽明先生年譜一書之「詮釋與印證」，將陽明塑造成一符合錢氏年譜所叙之「神奇聖人」形象。

然因錢德洪當時未能廣泛收集資料並加考辨甄別，門人尊師之見又重，故陽明先生年譜存在嚴重缺點：一是錯誤太多，譜叙失察失誤失考，大大小小錯誤幾貫穿全譜。祇就錢德洪在陽明全書中給陽明文所作繫年，有三分之一繫年錯誤，以如此錯誤繫年譜叙陽明生平，皆失誤也。特別是在不少重要大事上（如餘姚秘圖山王氏世系，陽明與陳白沙關係，正德二年陽明「遊海遇仙」，「龍場之悟」，陽明學道學仙學佛學禪真況，陽明何時始揭「良知之教」，「天泉證道」等等），錢德洪多掩飾事情真相，叙述失實有誤，留下不少

錯案、懸案、迷案，成為六百年來未解之謎。二是空白太多，全譜祇對平江西亂與征思、田有較詳譜叙，其它均甚簡略，連篇空白：或整年空白不叙；或一年中叙事一、二，餘皆付闕如；或叙一事，不究底裏，不明事件矛盾之來龍去脉；或叙一人，只言其名（或字），不知人事糾葛之前因後果。全譜有叙無考，任其空白、空闕，造成跳躍式叙述，譜叙間斷不全，支離破碎，留下一個個陽明生平謎團。三是門人之見過重。錢德洪站在門人立場叙寫師譜，維護師道尊嚴，未免神化乃師、誇美師說之習。凡不利於陽明之言論行事（如陽明作遊海詩，陸相作陽明山人浮海傳，陽明發「四無教」與「四有教」之判教），則力加掩飾回護；凡有利於陽明之言論行事（如陽明「遊海遇仙」，「龍場之悟」，平宸濠叛亂），則力加誇飾虛美；因懼朝廷「學禁」，至不敢直書其事；因顧忌當權大臣，至刪改陽明之文；因陽明說話過於直露，至為之曲說辯護（如謂陽明弘治十五年已悟仙、釋二氏之非，陽明反對大禮議，不答席書、霍韜、黄綰）。陽明被美化為一完美之「神奇聖人」形象，六百年來之神化陽明其人，其源蓋出於錢德洪之陽明先生年譜也。隨着近代以來陽明學研究之發展與深入，錢氏陽明先生年譜之問題盡皆暴露，用

新觀點、新方法作一部精密詳備之新年譜，已刻不容緩。當代陽明學研究要有新突破、新開拓，必須跳出錢德洪陽明先生年譜設定之思維框架，跳出六百年來將陽明神化為「神奇聖人」之慣性思維，澄清種種誤説，破除六百年來未解之誤案、懸案、迷案，唯此陽明學研究才能獲得新生與活力，此即余花十餘年時間給陽明作新年譜之初衷也。

余作陽明新譜，即從全面挖掘收集資料入手，積十餘年辛勤搜輯之功，查閲數萬種古籍，搜輯到大量陽明佚詩佚文與有關陽明之重要新資料，考辨真偽，考明史實，給陽明集中全部詩文重新繫年，考定陽明五百餘篇佚詩佚文，新考出二百餘名陽明門人弟子，全部探明陽明同朝内外達官名臣、文士詩友（前七子・茶陵派）、學者名人、門人弟子、禪僧道士交遊唱酬、論政講學、仕宦著述之一生行事，全面展現了陽明一生之思想發展演變歷程。余嘗以為，大凡一部新著作之「新」，必當貴在有新資料、新發現、新考證、新觀點。余作此陽明新譜，乃從三方面出「新」：

(一)在「陽明資料」之搜輯上有大量新發現，破除六百年來未解之錯案、懸案、迷案；

(二)在「陽明生平行事」之探考上有大量新發現，填補六百年來不明之陽明生平「空白」、「空闕」；

(三)在「陽明思想」之研究上有大量新發現，破除六百年來流行之誤説。

茲若以在「陽明思想」研究上之發現而論，本譜提出了十大「新説」：

(1)關於陽明與白沙之關係，向來不明。本譜考定白沙於成化十九年薦召至京師，住西長安街大興隆寺半年，與王華、陽明比鄰。陽明嘗親見白沙與林俊日日講論學問。以後陳白沙先生全集刻版，陽明精讀後，作評陳白沙之學語，高度評價白沙之學。乃選白沙「默坐澄心，體認天理」二語（上本李侗）為座右銘，與湛甘泉共定聖學。同白沙弟子張詡、王鎮、楊琠、陳聰、趙善鳴等多有交往。直到晚年，陽明還依據白沙之「古詩歌法」，創立九聲四氣歌法。陽明與白沙之學脉傳承由此明矣。

(2)關於陽明早年學仙學道，向來不明。本譜考定陽明弘治九年向南京朝天宮全真道士尹真人學道，修靜入窈冥之煉真空煉形法。尹真人性命圭旨中有一首陽明作「口訣詩」，便是陽明向尹真人學修「真空煉形法」之記録。弘治十年移家紹興後，陽明便築室陽明洞，於洞中修煉「真空煉形法」，自號陽明山人。陽明另有「坐功」、「無題道詩」等詩，皆為其修煉「真空煉形法」之體驗記録。陽明於陽明洞中導引修煉之秘由是揭開，陽明何以終生好靜坐靜觀之秘亦由是揭明矣。

（3）關於陽明早年學佛學禪，向來不明，錢德洪至謂陽明弘治十五年已悟仙、釋二氏之非。本譜考定陽明八歲始好佛、老，其在海鹽資聖寺作杏花樓詩，成為陽明八歲好佛老之最好證明與標志。弘治十五年居陽明洞與十六年居杭，乃陽明陷溺佛老之高峰期，陽明用佛教「種性」說喝悟坐關禪僧，正顯示陽明學佛已深得佛家三昧，而絕非是甚麼「悟仙、釋二氏之非」。直到卒前不久，陽明還仿佛教之「判教」，將己之「心學」判為「四無教」與「四有教」二教。終陽明一生，陽明不以仙、釋二氏之說為非（始終認為佛、道之說與儒家合），不存在「悟仙、釋二氏之非」之事。

（4）關於陽明貶謫龍場驛事，錢德洪、鄒守益均虛構了一劉瑾遣軍校追殺、陽明遊海遇仙、駕颶風入閩、上武夷山遇虎不食之神話，六百年來為人所篤信不疑，成為後人神化陽明為「神奇聖人」之重要依據。本譜考定所謂二校追殺、遊海遇仙云云，皆子虛烏有，荒誕捏造。事情真實經過本很簡單：陽明在八月中旬南遁，經廣信到武夷山，乘轎悠然上山游九曲溪，訪武夷精舍，登天遊峰，訪天遊觀道士，在天遊觀壁題詩，便順原路而返。陽明歸來後，神化其行，作遊海詩，虛構二校追殺、遊海遇仙、遇虎不食之神話，並口授陸相作陽明山人浮海傳，其意不過在學箕子

佯狂避禍，「癡人說夢」而已，陽明已自向湛甘泉說破。六百年來此一神秘莫解之陽明「神迹」終可抹去矣。

（5）關於「龍場之悟」，因陽明自己一句說得玄虛飄忽，神秘高妙，六百年來使人如墮五里雲霧之中。向來多以為「龍場之悟」即「大悟良知」（今人仍有信此說者）；今人論及「龍場之悟」仍多含混曲解，不得要領。本譜考明所謂「龍場之悟」，乃悟朱學之非之謂也。具體言之，「龍場之悟」包含三方面之「悟」：悟釋、老二氏之非，立儒家「簡易廣大」之心學；悟朱子向外格物之非，立古本大學向內格物、自求於心之旨；悟朱子「先知後行」之非，立「知行合一」之教。三「悟」一氣豁然貫通，「心即理」之心學大旨立矣。可見「龍場之悟」乃針對朱學而發，與「悟良知」無關，六百年來籠罩其上之玄秘迷霧可掃除矣。

（6）關於陽明山東鄉試錄二十篇文章，按隆慶刻本王文成公全書卷三十一收錄此山東鄉試錄二十篇文章，其為陽明所作本無疑問。今人竟毫無根據地定此二十篇文章為偽（以為山東鄉試舉子所作試卷？），有人新編陽明全集，更武斷將此二十篇文章從三十一卷中取出，作為「偽篇」附錄附入二十二卷，從此陽明此二十篇文章打入「冷宮」，無人研究。本譜考定此二十篇文章為陽明以山東鄉試主考官身份所作之科舉程文範本，正確名稱應作山東鄉試程文。鄒穆當

時一見此書，即譽為「新編」。錢德洪在陽明先生年譜附錄一中云：「山東甲子鄉試錄皆出師手筆，同門張峰判應天府，欲番刻於嘉義書院，得吾師繼子正憲氏原本刻之。」可見王正憲家藏有陽明山東鄉試錄手稿原本，張峰刻本山東甲子鄉試錄、隆慶刊本王文成公全書均據此陽明手稿本刊刻。陽明此二十篇科舉程文，是研究陽明早期思想、特別是由詞章之學向聖賢之學轉型時期思想最寶貴之資料，不可廢也。

（7）關於陽明朱子晚年定論一書，六百年來紛爭不已，或褒或貶，而皆不明陽明朱子晚年定論思想之出處與陽明作朱子晚年定論一書之真意。本譜考定陽明朱子晚年定論

思想早在龍場驛時已經形成，乃是其龍場之悟（悟朱學之非）之產物，其朱子晚年定論一書，則是陽明同南京程朱派進行朱陸之學論戰之產物，實際完全承襲程敏政之說。故陽明作朱子晚年定論，從資料到作書體例都完全仿效抄襲了程敏政之道一編。蓋程敏政首創發明「朱子晚年定論」之怪說，道一編一出，即遭尊朱學者程曈之輩攻擊批判。正德九、十年陽明在南都與魏校、王道、邵銳、程曈等人展開朱陸異同論戰，為回擊尊朱學者環堵攻之，乃拾程敏政之說，寫成朱子晚年定論，旁攻側擊，表面推崇朱子晚年定論，消泯朱陸異同；骨子裏否定朱學，尊崇陸學，隱然帶有戲嘲「朱子與」諷刺「尊朱」世儒之意味。故朱子晚年定論實是一部

論戰遊戲文字，未可認作嚴肅學術著作，與其作遊海詩如出一轍：在遊海詩中，陽明虛構了一二校追殺、遊海遇仙之神話，以暗諷那班當道昏君奸臣；在朱子晚年定論中，陽明虛構了一「朱子晚年定論」之神話，以暗諷那班尊朱學世儒；後來事過境遷，無須再隱瞞「遊海」真相，陽明晚年否定了遊海詩；後來提出「致良知」說，無須再掩飾己反朱學之立場，陽明晚年亦否定了朱子晚年定論。明乎此，六百年來關於朱子晚年定論之紛爭可以息矣。

（8）關於陽明之詩學思想與歌詩法，向來不明。本譜考定陽明發明「九聲四氣歌法」，晚年審訂「九聲四氣歌法」，作陽明九聲四氣歌法，以教門人，在書院、精舍以及社學中廣泛流行。陽明歌詩法創新，陽明九聲四氣歌法在詩歌史上之意義與地位，可併之謳曲旨要在詞曲史上之意義與地位，其詩學價值未可量也。

（9）關於陽明何時始揭「良知」之教，向來認為陽明在龍場驛已大悟「良知」，錢德洪認為陽明正德十六年始揭「良知」之教，皆誤。本譜考定陽明在正德十四年始悟「良知」之學。是年先是鄒守益來贛問學，陽明向其大闡「良知」之說，聶豹稱為「妙悟良知之秘」。稍後陳九川來南昌問學，陽明向其再發「良知」之教，乃至作論致良知心學文，不啻是其「致良知」心學誕

生之宣言書」。正如費緯祹在聖宗集要中云：「誅宸濠後，居南昌，始揭「致良知」之學……於是舉孟子所謂「良知」者，合之「大學致知」，曰「致良知」，以真知即是行，以心悟為格物，以天理為良知。」（王守仁）正德十四年是陽明平宸濠之年，也是其「妙悟良知之秘」之年，厥功偉矣。

（10）關於「天泉證道」與「王門四句教」，向來認為「王門四句教」是陽明心學之心傳心法，不二法門，「天泉證道會」上即是證「王門四句教」之道。本譜考定陽明在嘉靖五年正月提出「四句教」，但到嘉靖六年三月便開始用「四無教」修正「四句教」。到嘉靖六年九月天泉證道會上，陽明便揚棄「四句教」，提出了「王門八句教」（「四無教」與「四有教」）。所謂「四無」，是認為心體、意、知、物皆無善惡；所謂「四有」，是認為心體、意、知、物皆有善惡。陽明實是仿佛教之判教，按人將自己心學判為二教：「四無教」為上根之人所說，為頓教；「四有教」為中根以下人所說，為漸教。可見陽明在天泉證道會上乃是發「王門八句教」（「四無教」與「四有教」）新說，否定了「王門四句教」舊說。自天泉證道以後直至卒，陽明都是向門人大發「四無教」，不再說「王門四句教」。王畿論陽明生平學術思想五變，其最後一變，即是指陽明由「王門四句教」向「王門八句教」（「四無教」與「四有教」）之躍變也。

以上新發現（新說），一反六百年來流行之說，可謂「空谷足音」，顛覆了六百年來對陽明形成之傳統認識，顛覆了六百年來在人們心中形成之陽明形象，顛覆了六百年來陽明學研究中權威定說之條條框框，揭下六百年來罩在陽明身上之「神奇聖人」外衣，還陽明以本來面目。

本譜之特點，是注重考證，以考出叙，考叙結合，一切憑材料說話。在譜叙上，史論結合，將陽明一生行事經歷與陽明一生思想發展歷程結合起來考察，全譜展現了陽明從向尹真人學真空煉形法到天泉證道揭「王門八句教」（「四無教」與「四有教」）之思想演變全歷程。故本譜超越了一般年譜單純譜寫譜主事行之意義，而具有學術史與思想史之意義與價值，或可謂是真正「發生學」意義上之「思想史」或「心靈史」。

歷史不是任人打扮之「女子」。年譜之作無他，唯在求真、求實、求是。限於學識，深覺力有所不逮，恐考辨多有失誤，譜叙多有失實，尚祈海內外通人有以教我，匡所不逮，糾其謬誤，是所願也。乙未夏六月一日丹陽景南誌於西湖葛嶺北麓。

餘姚秘圖山王氏世系

餘姚秘圖山王氏世系之出，源遠流長。王華、陽明皆自謂餘姚秘圖山王氏源自紹興王羲之，由三槐王氏一脉播遷而來，其説向來無人有疑。今人始覺有誤，華建新作《姚江秘圖山王氏家族研究》，詳密考證王氏家族自王導「烏衣王氏世系」至「餘姚秘圖山王氏世系」之傳承流遷，揭開餘姚秘圖山王氏源自王導烏衣王氏世系之真相。蓋王羲之蘭亭王氏世系與王導烏衣王氏世系本自分派，涇渭分明，各自派系傳承播遷皆有歷史脉絡可尋。考王氏宗祖源自周太子晉，至王敬居家平陽，追尊其父為太原王氏宗祖，遂形成「太原王氏世系」。秦漢時，王威仍居太原，傳承太原王氏世系；王元則移家山東瑯琊，為瑯琊王氏始祖，形成「瑯琊王氏世系」。至西漢末年，王吉移家臨沂，為臨沂王氏始祖，形成「臨沂王氏世系」。至西晉末，王覽孫王導渡江居金陵，為烏衣王氏始祖，形成「烏衣王氏世系」；王覽曾孫王羲之居家紹興，為紹興王氏始祖，形成「紹興王氏世系」。王氏世系分派自此始分明矣。宋初，王祜植三槐於庭，命曰「三槐堂」，追尊其祖王言為三槐始祖，形成「三槐王氏世系」。宋室南渡，王

第12頁

祜六世孫王道遷居餘杭，為餘杭王氏始祖，形成「餘杭王氏世系」。王道子王補之遷居上虞達溪，為達溪王氏始祖，形成「達溪王氏世系」。王補之曾孫王季又遷居餘姚秘圖，為餘姚秘圖王氏始祖，形成「餘姚秘圖王氏世系」——是即餘姚秘圖山王氏世系淵源所出之大概也，兹作王氏世系源流分派圖如下：

- 太子晉
  - 王宗敬（太原王氏世系）
    - ⋮
    - 王離
      - 王威（太原王氏世系）
      - 王元（瑯琊王氏世系）
        - ⋮
        - 王襲
          - 王廣（太原王氏世系）
          - 王吉（臨沂王氏世系）
            - ⋮
            - 王覽
              - 王正
                - 王曠
                  - 王羲之（紹興王氏世系）
                    - 王獻之
              - 王裁（臨沂王氏世系）
                - 王導（烏衣王氏世系）
                  - ⋮
                  - 王祜（三槐王氏世系）
                    - 王道（餘杭王氏世系）
                      - 王補之（達溪王氏世系）
                        - ⋮
                        - 王季（餘姚王氏世系）
                          - ⋮
                          - 王華（光相橋王氏世系）

第13頁

可見餘姚秘圖山王氏世系源自王導烏衣王氏世系，與王羲之紹興王氏世系無涉，王華、陽明自認是書聖王羲之之後有誤。由此有三大源自王華、陽明之誤說亦可得到澄清：

(一)認為王祜三槐王氏是王羲之後裔。戚瀾槐里先生傳云：「其先世嘗植三槐於門，自號槐里子。」楊一清海日先生墓志銘：「王氏之先，有植槐於庭，蔭後三公者。」今人遂有以為王祜是王羲之後人。按在各種王氏宗譜中，王祜三槐王氏世系源自王導烏衣王氏世系，記載本自分明，今人王汝濤、王曉家都作了精密考證。王曉家瑯琊王氏傳承世系源流考云：「王汝濤先生在瑯琊王氏考信録中指出：……王綝明顯地是瑯琊王氏王導的十一世孫（不計王導本人），三槐堂一支應是瑯琊王氏的後裔。」對此，筆者翻閲大量有關文獻典籍，特别是始修於北宋太宗年間的新安瑯琊王氏統宗世譜和始於南宋孝宗年間的赤岸王氏分遷譜系殘譜和明瑞安對坑王氏族譜等，加以考證，確認三槐堂王氏的世系係東晉丞相王導的第三子王洽以下二十二代王祐、王祜兄弟。」

(二)認為餘姚秘圖山王氏是王羲之二十三代孫王壽自山陰（或上虞）遷徙而來。陸深海日先生行狀：「……右軍將軍羲之，由瑯琊徙居會稽之山陰。後二十三代孫迪功壽又

自山陰徙餘姚。」黄綰陽明先生行狀：「覽曾孫羲之……徙會稽……又徙達溪。有曰壽者，仕至迪功郎，乃徙居餘姚。」按所有王氏宗譜中都不載有「王壽」其人，均明言南宋末王季自上虞達溪徙餘姚秘圖，斷無王壽自山陰徙餘姚之事。可見王壽其人及其由山陰徙居餘姚之説，實為王華所想像虚構。至清有所謂御制太原王氏世榮悠遠譜系圖出，中記載由后稷至餘姚王氏始祖王壽以下五代玄孫達百世，實本王華之說妄續世系，其作偽造説一目瞭然。如該譜稱：王徹生三子：王祜、王祐、王祚。王祚傳五世孫王壽，開三槐堂王氏之餘姚王氏支派。按各種王氏宗譜中都明白載王徹只生二子王祜、王祉，何來三子王祚？又何來王祚五世孫王壽？王壽其人之為子虚烏有，由此概可見矣。

(三)認為上虞達溪王氏源自王羲之紹興王氏世系。陸深海日先生行狀：「先生素聞寧濠之惡……令家人卜地於上虞之龍溪，使其族人之居溪傍者買田築室，潛為棲遯之計。至是正德己卯，寧濠果發兵為變……盡室驚惶，請從龍溪。先生曰：『吾往歲為龍溪之卜，以有老母在耳。今老母已入土，使吾兒果不幸遇害，吾何所逃於天地乎？』……已而新建起兵之檄至，親朋皆來賀，並勸先生宜速逃龍溪。」按龍溪即達溪，名乃陽明所改。徐愛游雪竇因得龍溪諸山記云

「……乃徑如溪。先生曰：『吾遠族居也，往焉。』……午餔於族之新居，宗人咸來會。晚循溪上，止於祖居……世瑞鄙如溪之名，宜更名曰『文溪』。先生曰：『然。不如名龍溪。』衆僉曰：『善。』……次日，過祖居，西北有面溪地，稍平完，謀諸族人，乃定卜棲計。」如溪即達溪，所謂「祖居」，即王華指認其地為王羲之後人王壽在上虞所居之地，故陽明在正德八年特來尋訪王壽祖居，定下卜居上虞達溪之計。後人遂以為上虞達溪王氏源自王羲之紹興王氏世系。華建新根據姚江開元王氏宗譜、餘姚上塘王氏宗譜、上虞達溪虹橋王氏宗譜等可信資料，確考達溪王氏源自王導烏衣王氏

世系，並非王羲之後裔，所謂王羲之後人王壽自上虞徙居餘姚之說亦不攻自破。

總之，所謂王羲之紹興王氏世系—王祐三槐王氏世系—王道餘杭王氏世系—王成達溪王氏世系—王壽餘姚秘圖王氏世系，乃是王導世系後人所虛構偽造之一條王氏世系傳承源流，疑即達溪世系後人因忌「奸惡大憝」王導為自己世系之始祖，乃另虛構一條王氏世系傳承源流，攀附上書聖王羲之作為自己世系之始祖。關於真實可信之王氏世系傳承源流，現已有精密考定：先是王伊同在五朝門第中對瑯琊王氏世系之分派分流作了精密考定；王汝濤、王曉家對

整個瑯琊王氏世系之傳承源流作了精密考定；華建新更進一步對餘姚秘圖山王氏世系之傳承源流作了精密考定。茲即參照諸家所考，作餘姚秘圖山王氏世系圖與紹興光相橋王氏世系圖如下。

餘姚秘圖山王氏世系圖

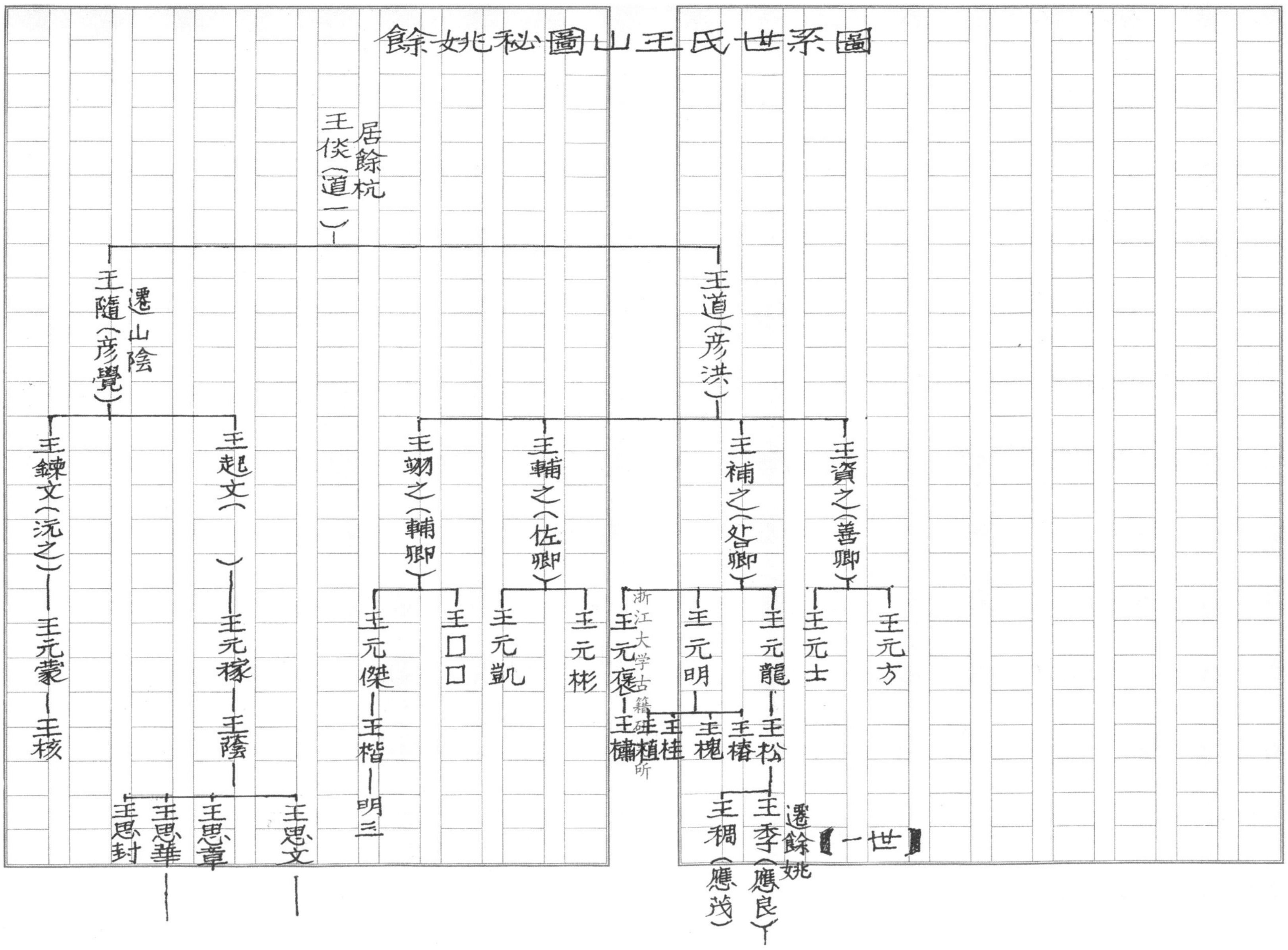

第18頁

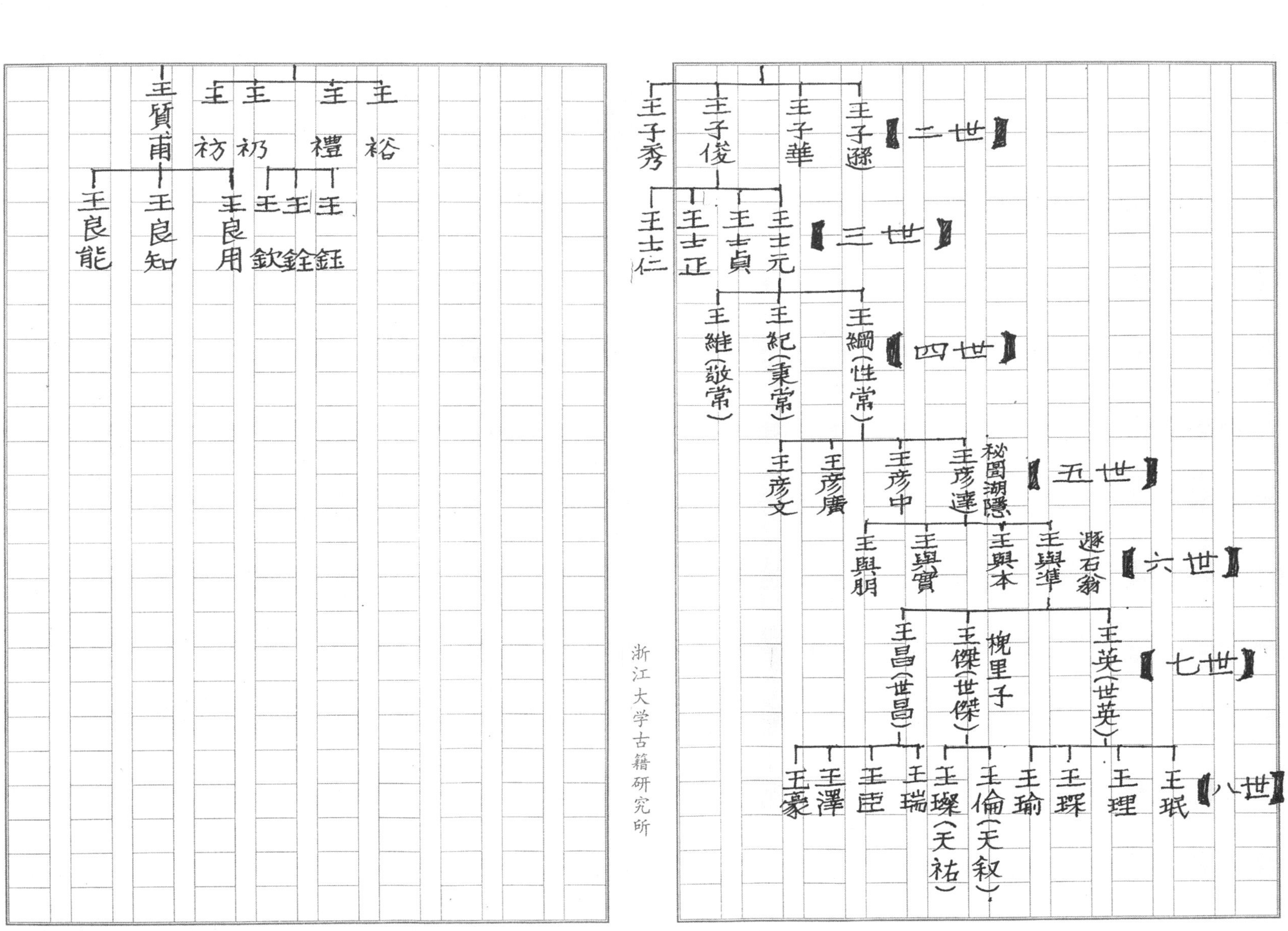

第19頁

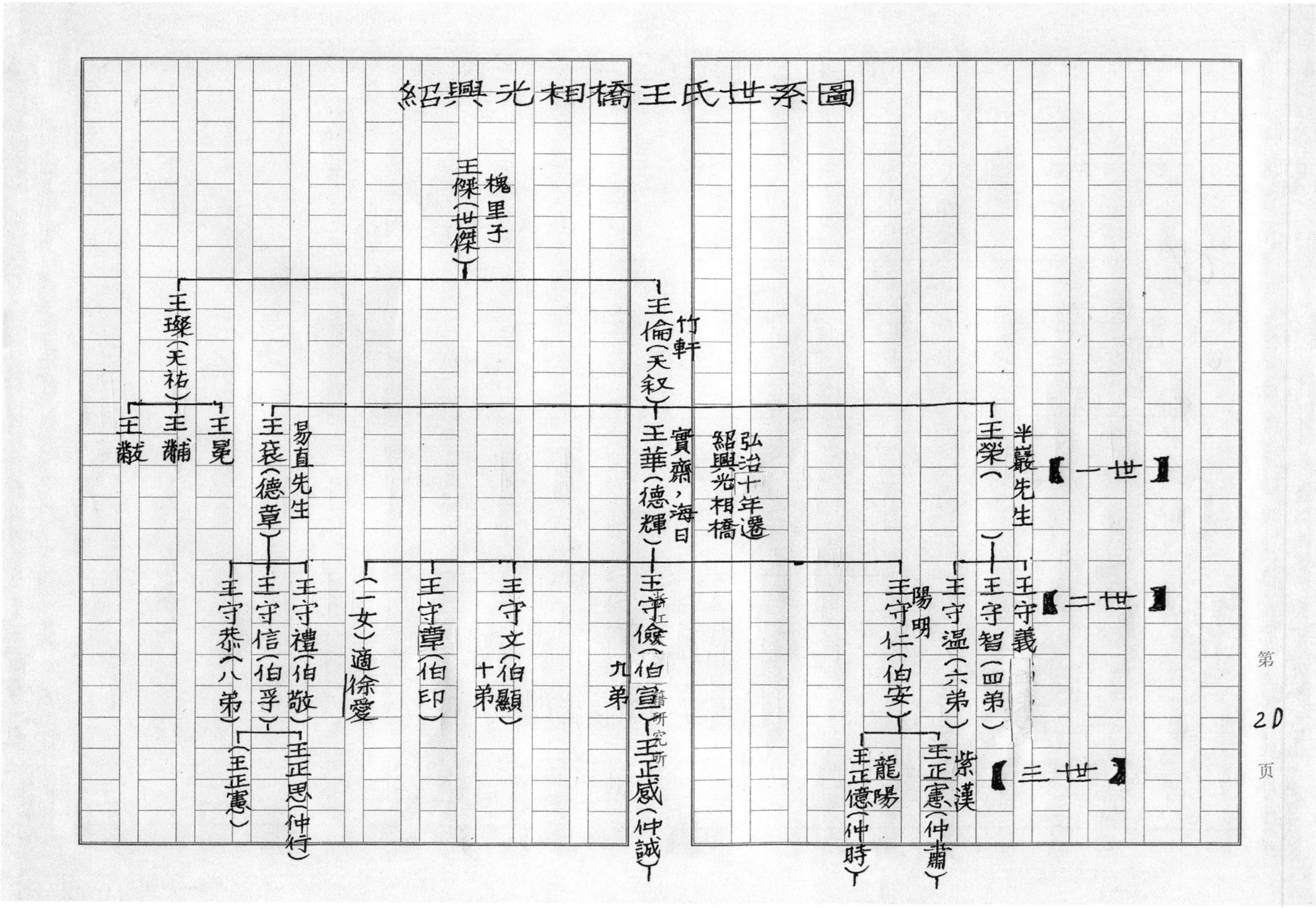
紹興光相橋王氏世系圖
王傑(世傑) 槐里子
王琛(天祐)
王倫(天叙) 竹軒
王黻
王黼
王冕
王衮(德章) 易直先生
王華(德輝) 實齋，海日
弘治十年遷紹興光相橋
王榮(　) 半巖先生
【一世】
王守恭(八弟)
王守信(伯孚)
王守禮(伯敬)
(一女)適徐愛
王守章(伯印)
王守文(伯顯) 十弟
王守儉(伯寬) 九弟
王守仁(伯安) 陽明
王守溫(六弟)
王守智(四弟)
王守義
【二世】
(王正憲)
王正思(仲行)
王正感(仲誠)
王正億(仲時) 龍陽
王正憲(仲肅) 紫漢
【三世】
第 20 頁

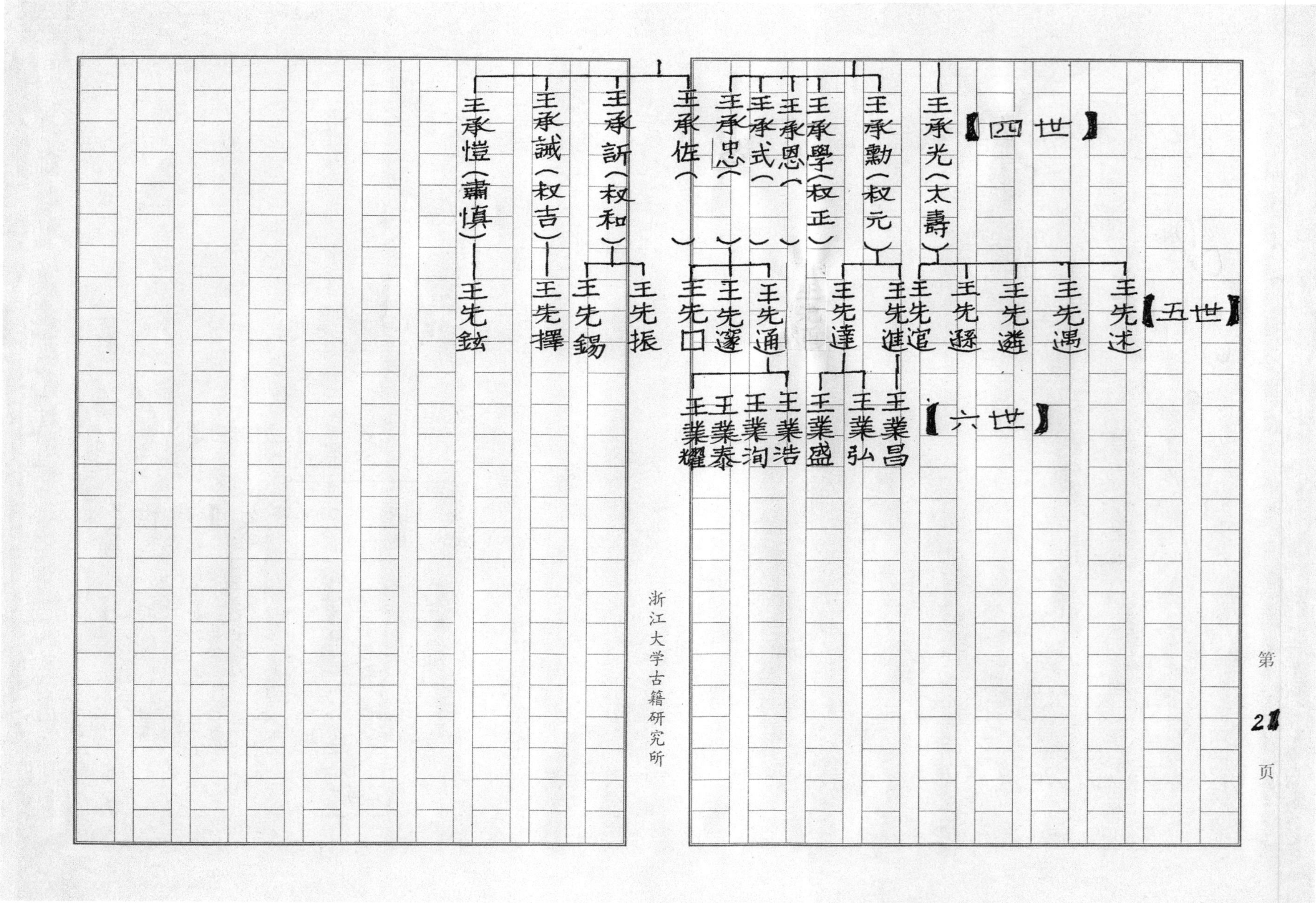
王承愷(肅慎)
王承誠(叔吉)
王承訴(叔和)
王承佐(　)
王承忠(　)
王承式(　)
王承恩(　)
王承學(叔正)
王承勳(叔元)
王承光(太壽)
【四世】
王先鋐
王先擇
王先錫
王先振
王先口
王先遼
王先通
王先達
王先進
王先宜
王先遜
王先邁
王先遇
王先述
【五世】
王業耀
王業泰
王業洵
王業浩
王業盛
王業弘
王業昌
【六世】
第 21 頁

紹興縣志資料第一輯民族氏族上：「光相橋王氏。始遷：明贈新建伯王華，字海日，由餘姚秘圖山遷居府城光相橋（今屬城西鎮）。 先世：王奇，二子：佽、作。佽二子：道、隨。道四子：資之、補之、輔之、翊之。補之三子：元龍、元明、元褒。元龍子松。松二子：應良、應茂。應良四子：子遜、子華、子俊、子秀。子俊二子：士元、士貞。士元三子：綱、紀、維。綱四子：彥達、彥中、彥廣、彥文。彥達四子：與準、與本、與實、與朋。與準三子：英、傑、昌。傑二子：倫、燦。倫三子：榮、華、袞。華三子：守仁、守儉、守文。 附記：考姚江王氏宗譜，佽子道，

第22頁

一名彥洪，南渡居餘杭仙宅界。子補之，家上虞達溪。補之曾孫應良由達溪遷餘姚秘圖山，為餘姚之祖。傳至華，由餘姚遷居府城山陰縣光相坊。」王華、陽明何時徙居山陰，向來不明。本譜考定王華、陽明乃在弘治十年由餘姚秘圖山遷居紹興光相坊。陽明集中言及一「克彰太叔」，王陽明全集卷二十六有與克彰太叔，注云：「克彰號石川，師之族叔祖也。聽講就弟子列，退坐私室，行家人禮」。按之王氏世系圖，此克彰太叔疑即王燦，蓋王燦字天祐，一字克彰也。明史卷一百九十五王守仁傳：「始守仁無子，育弟子正

憲為後。晚年，生子正億，二歲而孤。既長，襲錦衣副千户。隆慶初，襲新建伯。萬曆五年卒。子承勳嗣，督漕運二十年。子先進，無子，將以弟先達子業弘繼。先達妻曰：『伯無子，爵自傳吾夫。由父及子，爵安往？』先進怒，因育族子業洵為後。及承勳卒，先進未襲死。業洵自以非嫡嗣，終當歸爵先達，且虞其爭，乃誣先達為乞養，而別推承勳弟子先通當嗣，屢爭於朝，數十年不決。崇禎時，先達子業弘復與先通疏辨。而業洵兄業浩時為總督，所司懼忤業浩，竟以先通嗣。業弘憤，持疏入禁門訴。自刎不殊，執下獄，

第23-1頁

尋釋。先通襲伯四年，流賊陷京師，被殺。」按光緒餘姚縣志中有王先通傳與王業浩傳（卷二十三），李清三垣筆記卷上載：「因業浩之謀，使先通意外得嗣爵，而業弘受屈。業弘後即獲釋，死於清順治年間。福王弘光朝，先通子業泰襲封。待清兵過錢塘，被執，死於杭州。」王業泰乃最後一位伯爵，時明朝亦已傾覆，故業字輩以後光相坊王氏世系莫可考矣。

沈德符萬曆野獲編卷五嗣封新建伯：「新建伯王瑞樓承勳，文成先生冢孫也。為故大司馬吴環州兑婿，婚媾多年，無所出，乃納杭人沙相之女為妾。相故掾吏，

以宛平典史罷斥，因留京師，市井梟黠也。居久之，沙已孕，嫡不能容，至遣歸家。相乃上疏，謂吴氏曾親以誥券相授，自言身係石女，不知人道，許代為正室，且已生子，當襲爵為言。承勳力辨，謂沙實妾，且子產於沙氏，非真其遺體。上下兩疏勘議，竟離其妾，而還其子於沙氏。又十許年，而新建為漕帥，則吴夫人殁矣。追念沙氏不置，復招致淮陰署中，寵待有加。所生兒已長，亦遂留於舍。沙復與惡少通體，憎其子礙眼，以藥鴆之，人始曉然非王氏種，實沙相京師所抱假子矣。既鴆子不遂，又鴆厥夫，其迹彰露

第23-2页

。新建無計，謀之李中丞，中丞謬語之曰：「公為勳貴重臣，非他官比，宜聞之朝。」或謂中丞知新建橐中富有珍異及古玩不貲，惜以挾之，必飽所欲。新建疏上，得旨，果即命淮上撫按會問，則事在中丞掌握間矣。其間曖昧，不能盡知。初發郡邑共讞，不能決。乃以淮徐道臣鞫之，比拷訊，具如承勳所奏。乃擬沙極刑，轉詳中丞，至黄河中流，忽自沉洪波，不及正刑。撫按遂具獄上之朝，事得粗結。然聞沙氏故在人間，至今未死。其所斥假子，復有子，且將來爭茅土。蓋新建年將稀齡，尚未有血胤也。當讞此案時，苕上

卜養庵汝梁為淮徐道，為余詳言始末。沙氏色寢，且已衰，獨辨有口。卜叱問之曰：「人間獄夫雖惡極，然理亦有之。汝何忍自戕其兒？」沙曰：「爺爺錯了，從來自肉自痛，那有此理？」滿口俱杭州鄉談，令人撫掌不能已。」按此沙氏所生子即王先達。

第23-3页

世德紀

王性常先生傳

張壹民

王綱，字性常，一字德常。弟秉常、敬常，並以文學知名。性常尤善識鑒，有文武長才。少與永嘉高則誠族人元章相友善，往來山水間，時人莫測也。元末，嘗奉母避兵五洩山中。有道士夜投宿，性常異其氣貌，禮敬之，曰：「君必有道者，願聞姓字。」道士曰：「吾終南隱士趙緣督也

第24頁

。」與語達旦，因授以筮法。且為性常筮之曰：「公後當有名世者矣。然公不克終牖下，今能從吾出遊乎？」性常以母老，有難色。道士笑曰：「公俗緣未斷，吾固知之。」遂去。誠意伯劉伯溫微時常造焉，性常謂之曰：「子真王佐才，然貌微不稱其心，宜厚施而薄受之。老夫性在邱壑，異時得志，幸勿以世緣見累，則善矣。」後伯溫竟薦性常於朝。洪武四年，以文學徵至京師。時性常年已七十，而齒髮精神如少壯。上問而異之，親策治道，嘉悅其對，拜兵部郎中。未幾，潮民弗靖，遂擢廣東參議，往督兵糧。謂所親曰：「吾命盡茲行乎？」致書與家人訣，攜其子彥達以行。至則單

舸往諭，潮民感悅，咸扣首服罪，威信大張。回至增城，遇海寇曹真竊發，鼓譟突至，截舟羅拜，願得性常為帥。性常諭以逆順禍福，不從，則厲聲叱罵之，遂共扶舁之而去。賊為壇坐性常，日羅拜請不已。性常亦罵不絕聲，遂遇害。時彥達亦隨入賊中，從旁哭罵求死。賊欲并殺之。其酋曰：「父忠而子孝，殺之不祥。」與之食，不顧。賊憫其誠孝，容令綴羊革裹之，負之而出，得歸葬禾山。洪武二十四年，御史郭純始備上其事。得立廟死所，錄用彥達。彥達痛父以忠死，躬耕養母，麤衣惡食，終身不仕。性常之歿，彥達時年十六云。

第25頁

遯石先生傳

胡儼

翁姓王氏，諱與準，字公度，浙之餘姚人，晉右將軍羲之之裔也。父彥達，有隱操。祖廣東參議性常，以忠死難。朝廷旌錄彥達，而彥達痛父之死，終身不仕。悉取其先世所遺書付翁曰：「但毋廢先業而已，不以仕進望爾也。」翁閉門力學，盡讀所遺書。鄉里後進或來從學者，輒辭曰：「吾無師承，不足相授。」因去從四明趙先生學易。趙先生奇其志節，妻以族妹，而勸之仕。翁曰：「昨聞先生『遯世無

悶之誨，與準請終身事斯語矣。趙先生愧謝之。先世嘗得筮書於異人，翁暇試取而究其術，為人筮，無不奇中。遠近輻輳。縣令亦遣人來邀筮。後益數數，日或二三至。翁厭苦之，取其書對使者焚之，曰：王與準不能為術士，終日奔走公門，談禍福。令大銜之。翁因逃入四明山石室中，不歸者年餘。時朝廷督有司訪求遺逸甚嚴。部使者至縣，欲起翁。令因言曰：王與準以其先世嘗死忠，朝廷待之薄，遂父子誓不出仕，有怨望之心。使者怒，拘翁三子，使人督押，入山求之。翁聞益深遯，墜崖傷足。求者得之以出。部使見翁創甚，且視其言貌坦直無他。翁亦備言其焚書逃遯之故。使者悟，始釋翁。見翁次子世傑之賢，因謂翁曰：足下不仕，終恐及罪，寧能以子代行乎？不得已，遂補世傑邑庠弟子員。而翁竟以足疾得免。翁謂人曰：吾非惡富貴而樂貧賤，顧吾命甚薄，且先人之志，不忍渝也。又曰：吾非傷於石，將不能遂棲遯之計，石有德於吾，不敢忘也。因自號遯石翁云。翁偉貌修髯，精究禮、易，著易微數千言。嘗筮居秘圖湖陰，遇大有之震，謂其子曰：吾先世盛極而衰，今衰極當復矣。然必吾後再世而始興乎？興必盛且久。至是翁沒且十年，而世傑以名儒宿學膺貢，來遊南雍。大司成陳公一見，待以友禮，使毋就弟子

列，命六堂之士咸師資之。儼忝與同舍，受世傑教益為最多，而相知為最深，因得備聞翁之隱德，乃私為志之若此。昔人有言：公侯子孫，必復其始。王氏自漢吉至祥、覽，皆以令德孝友垂江左，聯縣數百祀，門弟之盛，天下莫敢望。中微百餘年，天道未為無意也。元末時，其先世嘗遇異人，謂其後必有名世者出，而翁亦嘗再世而興之筮。今世傑於翁亦再世矣，充世傑之道，真足以弘濟天下，而能澹然爵祿，不入其心，古所謂富貴不能淫，貧賤不能移，威武不能屈者，吾誠於世傑見之，異時求當天下之大任者，非世傑而誰乎？則異人之言，與翁之筮，於是始可驗矣。

槐里先生傳

戚瀾

先生姓王，名傑，字世傑，居秘圖湖之後。其先世嘗植三槐於門，自號槐里子，學者因稱曰槐里先生。始祖為晉右將軍羲之。曾祖綱性常與其弟秉常、敬常俱以文學顯名國初，而性常以廣東參議死於苗之難。祖秘湖漁隱彥達，父遯石翁與準，皆以德學為世隱儒。先生自為童子，即有志聖賢之學。年十四，盡通四書五經及宋諸大儒之說。

時朝廷方督有司求遺逸，部使者聞遯石翁之名，及門迫起之，不可得。見先生，奇焉，謂遯石翁曰：「足下不屑就，罪且及身，寧能以子代行乎？」不得已，乃遣先生備邑庠弟子員。時教諭程晶負才倨傲，奴視諸生，見先生，輒敬服，語人曰：「此今之黃叔度也。」歲當大比，邑有司首以先生應薦。比入試，衆皆散髮袒衣，先生嘆曰：「吾寧曳履衡門矣。」遂歸，不復應試。宣德間，詔中外舉異才堪風憲者，破常調任使之。時先生次當貢，邑令黃維雅重先生，為之具行李，戒僕從，强之應詔。先生固以親老辭，乃讓其友汪生叔昂。既而遯石翁殁，又當貢，復以母老辭，讓其友李生文昭，而躬耕授徒，以養其母，饔飧不繼，休如也。母且殁，謂先生曰：「爾貧日益甚，吾死，爾必仕，毋忘吾言！」已終喪，先生乃應貢，入南雍。祭酒陳公敬宗聞先生至，待以友禮，使毋就弟子列。明年，薦先生於朝。未報，而先生殁。先生儀觀玉立，秀目修髯，望之以為神人。無賢愚戚疏，皆知敬而愛之。言行一以古聖賢為法，嘗謂其門人曰：「學者能見得曾點意思，將灑然無入而不自得，爵禄之無動於中，不足言也。」先生與先君冷川先生友，先君每稱先生所著易春秋説、周禮考正，以為近世儒者皆所不及。與人論人物，必以先生為稱首。瀾時為童子，竊志之。然從先君宦遊於外，無因及門也。今兹之歸，先生殁已久矣。就其家求所著述，僅存槐里雜稿數卷，而所謂易春秋説、周禮考正者，則先生之殁於南雍，其二子皆不在侍，為其同舍生所取，已盡亡之矣。嗚呼惜哉！先君幼時，嘗聞鄉父老相傳，謂王氏自東晉來盛江左，中微且百數年，元時有隱士善筮者，與其先世遊，嘗言其後當有大儒名世者出，意其在先生。而先生亦竟不及用，豈尚在其子孫耶？

竹軒先生傳

魏瀚

先生名倫，字天叙，以字行。性愛竹，所居軒外環植之，日嘯咏其間。視紛華勢利，泊如也。客有造竹所者，輒指告之曰：「此吾直諒多聞之友，何可一日相舍耶？」學者因稱曰竹軒先生。早承厥考槐里先生庭訓，德業夙成。甫冠，浙東、西大家爭延聘為子弟師。凡及門經指授者，德業率多可觀。槐里先生蚤世，環堵蕭然，所遺惟書史數篋。先生每啟篋，輒揮涕曰：「此吾先世之所殖也。我後人不殖，則將落矣。」乃窮年口誦心惟，於書無所不讀，而尤好觀儀禮、左氏傳、司馬遷史。雅善鼓琴，每風月清朗，則焚香操弄數曲。弄罷，復歌以詩詞，而使子弟和之。識者謂其胸次灑落，方之陶靖節、林和靖，無不及焉。居貧，躬授徒以養母。母性素嚴重，而於外家諸孤弟妹，憐愛甚切至。先生每先意承志，解衣推食，惟恐弗及；而於妻孥之寒餒，弗遑恤焉。弟粲幼孤，為母所鍾愛。先生少則教之於家塾，長則携之遊江湖，有無欣戚，罔不與居。逮子華官翰林，請於朝，分祿以為先生養。先生復推其半以贍弟。鄉人有萁豆相煎者，聞先生風，多愧悔，更為敦睦之行。先生容貌環偉，細目美髯。與人交際，和樂之氣藹然可掬。而對門人弟子，則矩範嚴肅，凜乎不可犯。為文章好簡古而厭浮靡，賦詩援筆立就，若不介意，而亦未嘗逸於法律之外。所著有竹軒稿及江湖雜稿若干卷，藏於家。先生與先君菊莊翁訂盟吟社，有莫逆好。瀚自致政歸，每月旦亦獲陪先生杖履遊，且辱知於先生仲子龍山學士。學士之子守仁，又與吾兒朝端同舉於鄉。累世通家，知先生之深者，固莫如瀚，因節其行之大者於此，以備太史氏之採擇焉。

海日先生墓誌銘

楊一清

正德己卯，寧濠稱亂江西，鳩集群盜，發數千艘而東，遠近震動。巡撫南贛都御史王守仁伯安傳檄鄰境，舉兵討賊。時其父南京吏部尚書王公致仕居會稽，有傳伯安遇害者，人謂公曰：「盍避諸？」公曰：「吾兒方舉大義，吾安避之？」或曰：「伯安既仇賊，賊必陰使人行不利於公，避之是也。」公笑曰：「吾兒能棄家討賊，吾何可先去，以為民望？祖宗功澤在天下，賊行且自斃。吾為國大臣，恨老不能荷戈首敵。即有不幸，猶將與鄉里子弟共死此城耳。」因使人趣郡縣，宜急調兵糧為備；禁訛言，勿令動搖人心。鄉人竊視公宴然如常時，衆志亦稍稍定。蓋不旬月而伯安之捷報至矣。初，賊濠東下，將趨南都。伯安引兵入南昌，奪其巢。賊聞大恐，急旋舟。伯安帥吉安知府、今都憲伍君文定等大戰於鄱陽湖。賊兵風靡，遂擒濠，并其黨與數千人，獻俘於闕。嗚呼！自古奸雄構亂，雖有忠臣義士，必假以歲月，乃能削平禍難。伯安奮戈一呼，以身臨不測之淵，呼吸之間，地方大定。公聞變從容，群囂衆惑，屹然不為動。伯安得直前徇國，不嬰懷回顧以成懋績。公之雅量，伯安之忠義，求之載籍，可多見哉？及是武廟南巡，

權奸妒功，構飛語陷伯安，跡甚危。衆慮禍且及家，公寂
若無聞。辛巳，今皇帝入嗣大統，始下詔表揚伯安之功，
召還京師，因得便道歸省。尋論功封奉天翊運推誠宣力守
正文臣，特進光禄大夫、柱國、新建伯。又以廷推兼南京
兵部尚書，參贊機務。錫之誥劵，封公勛階爵邑如子，俾
子孫世其爵。適公誕辰，伯安捧觴為壽。公蹙然曰：「吾父
子乃得復相見耶？賊濠之亂，皆以汝為死矣，而不死；以
為事難猝平，而平之。然此仗宗社神靈，朝廷威德，豈汝
一書生所能辦？比讒構横行，禍機四發，賴武廟英明保全
。今國是既定，吾父子之榮極矣。然福者禍之基，能無懼

乎！古云：『知足不辱，知止不殆。』吾老矣，得父子相保牖
下，孰與犯盈滿之戒，覆成功而毀令名耶？」伯安跪曰：「謹
受教。」公自是日與姻黨置酒宴樂。歲暮，舊疾作。嘉靖壬
午春二月十二日，終於正寢，得年七十有七。未屬纊時，
使者以部咨將新命至，公尚能言，趣諸子曰：「不可以吾疾
廢禮，宜急出迎。」既成禮，優然而逝。訃聞，上賜諭祭，
命有司治葬事。伯安偕諸弟卜以卒之明年秋八月某日，葬
公郡東天柱峰之南之原，具書戒使者詣鎮江，請予銘公墓
。予曩官外制官太常，接公班行不鄙，謂予以知言見待。
予遷南京太常，辱贈以文。公校文南畿，道舊故甚洽。正

德丁卯，取嫉權奸，歸致仕。予亦避讒構，謝病歸，杜門
不接賓客。公直造内室，慰語久之。伯安又予掌銓時首引
置曹屬，號知己。公銘當予屬。顧以江西之變，關係公父
子大節，特先書之。乃按公門人國子司業陸君深所著狀，
摘而叙之曰：

公姓王氏，諱華，字德輝，號實庵，晚號海日翁。嘗
讀書龍泉山中，學者稱為龍山先生。上世自瑯琊徙居會稽
之山陰，又自山陰徙餘姚。四世祖諱性常，有文武才，國
初為誠意伯所薦，仕至廣東參議。峒苗為亂，死之。高祖
諱彥達，號秘湖漁隱。年十六，裹父屍自苗壤歸葬。痛父

死忠，布蔬終其身，人稱孝子。曾祖諱與準，號遯石翁。
學精於易，嘗筮得震之大有，謂其子曰：「吾後再世其興，
興其久乎？」祖諱世傑，號槐里子，以明經貢為太學生，卒
。父諱天叙，號竹軒。初以公貴封修撰，後與槐里公俱贈
嘉議大夫、禮部右侍郎，今以伯安功，俱追封新建伯。祖
妣孟氏，封淑人。妣岑氏，累封太淑人，進封太夫人。公
生正統丙寅九月。孟淑人夢其姑抱緋衣玉帶一童子授之曰
：「婦事吾孝，孫婦亦事汝孝。吾與若祖丐於上帝，以此孫
畀汝，世世榮華無替。」故公生以今名，長兄以榮名，符夢
也。公生而警敏，始能言，槐里公口授以詩歌，經耳輒成

誦。稍長，讀書過目不忘。六歲，與群兒戲水濱，見一客來濯足，已大醉，去，遺其所提囊。取視之，數十金也。公度其醒必復來，恐人持去，以投水中坐守之。少頃，其人果號而至。公迎謂曰：「求爾金耶？」為指其處。其人喜，以一錠為謝，却不受。年十一，從里師授業，日異而月不同。歲終，里師無所施其教。年十四，嘗與諸子弟讀書龍泉山寺。寺故有妖物為祟，解傷人，寺僧復張皇其事，諸生皆喪氣走歸。公獨留居，妖亦寖滅。僧以為異，假妖勢恐，且試之百方，不色動。僧謝曰：「君天人也，異時福德何可量！」弱冠，提學張公時敏試其文，與少傅木齋謝先生

相甲乙，並以狀元及第奇之，名遂起。故家世族爭禮聘為子弟師。浙江方伯祁陽寧君良擇師與張公。張公曰：「必欲學行兼優，無如王某者。」寧親造其館，賓禮之，請為子師，延至祁陽，湖湘之士聞而來從者踵相接。居寧之梅莊別墅，墅中積書數千卷，日夕諷誦其間，學益進。祁俗好妓飲，公峻絕之，三年如一日，祁士有化服者。歸，連舉不利。成化庚子，發解浙江第二人。明年辛丑，廷試第一甲第一人，授翰林院修撰。甲辰，充廷試彌封官。丁未，同考會試。弘治改元，戊申，與修憲廟實録，充經筵官。己酉，滿九載，以竹軒公憂去。癸丑，服闋，遷右春坊右諭

第 30-5 頁

德。丙辰，命為日講官，賜金帶四品服。公講筵音吐明暢，詞多切直，每以勤聖學，戒逸豫，親仁賢，遠邪佞為勸，孝廟嘉納焉。內侍李廣方貴幸，嘗講大學衍義，至唐李輔國結張后表裏用事，衆以事頗涉嫌，欲諱之，公朗然誦說，無少避忌，左右皆縮頸吐舌。上樂聞之不厭。罷講，遣中官賜尚食。皇太子出閣，詔選正人輔導，用端國本，公卿多薦公。自是日侍東宮講讀，眷賜加隆。戊午，命主順天鄉試。辛酉，再主鄉試應天，得士為多。壬戌，遷翰林院學士，食從四品祿，命授庶吉士業，修大明會典，為纂修官。書成，遷詹事府少詹事，兼學士，掌院事，與編

纂通鑑纂要。是歲遷禮部右侍郎，仍兼日講。武廟嗣位，遣祭江淮諸神，乞便道歸省。以岑太夫人年高，乞歸便養，不允。明年改元，丙寅，瑾賊竊柄，士夫側足立，爭奔走其門，求免禍。公獨不往，瑾銜之。時伯安為兵部主事，疏瑾罪惡。瑾矯詔執之，幾斃廷杖，竄南荒以去。瑾復移怒於公，尋知為微時所聞名士，意稍解，冀公一見，且將柄用焉。公竟不往，瑾益怒。丁卯，遷南京吏部尚書，猶以舊故慰言，冀必往謝，公復不行。遂推尋禮部舊事與公本不相涉者，勒令致仕。既歸，有以其同年友事誣毀之者，人謂公當速白，不然且及罪。公曰：「是焉能浼我？我

第 30-6 頁

何忍許吾友？後伯安復官京師，聞士夫論及此，將疏辨於朝。公馳書止之曰：「汝將重吾過邪？」公性至孝。初，竹軒公病報至，當道以不受當遷官，宜出受新命，公卧家不出，日憂懼不知所為。踰月，訃始至，慟絕幾喪生。襄葬穴湖山，遂廬墓下。墓故虎穴，虎時群至，不為害，久且益馴，人謂孝感。比致仕，岑太夫人年近百歲，公壽逾七十，猶朝夕為童子嬉戲以悅親，左右扶掖，不忍斯須去側。太夫人卒，塊苫擗踊，過毀致疾。及葬，徒跣數十里，疾益甚，竟以是不起。處諸昆弟篤友愛，禄食贏餘，恒與共之，視其子若己出。氣質醇厚，坦坦自信，不立邊幅。議論風生，由衷而發，廣廷之論，入對妻孥無異語。人有片善，亟稱之；有急，惻然赴之。至人有過惡，則盡言規斥，不少回曲，坐是多遭嫉忌。然人諒其無他，則亦無深怨之者。識宏而守固，百務紛沓，應之如流。至臨危疑震蕩，衆披靡惶惑，獨卓立毅然不為變若是，蓋有人不及知者矣。公之學一出於正，書非正不讀。客有以仙家長生之術來說者，則峻拒之曰：「修身以俟命，吾儒家法，長生奚為？」儉素自持，貨利得喪，不屑為意。樓居厄於火，貲積一空，親朋來救焚者，款語如常。為詩文取達意，不以雕刻為工，而自合程度。所著有龍山稿、垣南草堂稿、禮經大義

諸書，雜録、進講餘抄等稿，共四十六卷，藏於家。初配贈夫人鄭氏，淵靜孝慈，與公起微寒，同貧苦，躬紡績以奉舅姑。既貴，恭儉不衰。壽四十一，先公三十六年卒。繼室趙氏，封夫人。側室楊氏。子男四：長即伯安，守仁名，別號陽明子，其學邃於性理，中外士爭師之，稱陽明先生。次守儉，太學生。次守文，郡庠生。次守章。女一，適南京工部都水郎中同邑徐愛。初，鄭夫人祔葬穴湖，已而改殯郡南石泉山。石泉近有水患，乃卜今地葬公云。惟古賢人君子未遇之時，每以天下國家為己任。出而登仕，其所遭際不同，而其志有遂有不遂，非人之所能為也。公少負奇氣，壯强志存用世。顧其職業恒在文字間，而未能達之於政。際遇孝宗，講筵啟沃，聖心簡在，柄用有期。不幸龍馭上賓，弗究厥用。晚登八座，旋見沮於權奸，偃蹇而歸，豈非天哉！然有子如伯安，所建立宏偉卓犖，凡公之所欲為，噤而不得施用者，皆於其子之身而顯施大發之，公又親及見之，較之峻登大受既久且專、而泯然無聞於世者，其高下榮辱宜何如也？王氏之先，有植槐於庭，蔭後三公者，遯石翁大有之占，其類是乎？銘曰：

孰不有母，孰如公母壽？七十之叟，僛僛拜舞，百歲而終，歸得其所；孰不有子，公子天下士，亶其

忠勤，以死其事，不有其身，惟徇之義。是子是父，允文允武。勳在册府，帝錫之爵土。其生不負，而歿不朽，銘以要諸久。

陽明先生王公墓誌銘

湛若水

甘泉子挈家閉關於西樵煙霞之洞，故友新建伯陽明王先生之子正億以其岳舅禮部尚書久菴黄公之狀及書來請墓銘，曰：「公知陽明公者也，非公莫能銘。」甘泉子曰：吾又何辭焉？公知陽明公者也，非公莫能狀。公狀之，吾銘之。公狀其詳，吾銘其大，吾又何義之辭焉？乃發狀而謹按之。讀世系狀云云，曰：公出於龍山狀元大宗伯公華，大宗伯公出於贈禮部侍郎竹軒公天敘，竹軒公出於太學生贈禮部侍郎槐里公傑，槐里公出於遯石公與準，厥有禮、易之傳。遯石公出於秘湖漁隱公彥達，秘湖公出於性常公綱，有文武長才，與括蒼劉伯温友善，仕為廣東參議，死難也。推其華冑，遙遙遠派於晉高士羲之、光禄大夫覽焉。曰：「公其有所本之矣！夫水土之積也厚，其生物必蕃，有以也夫！讀誕生狀云云，曰：祖妣岑太淑人有赤子乘雲下

第 30-9 頁

界、天樂導之之夢，公乃誕焉。是名曰雲，蓋徵之矣。神僧言之，遂改今名。曰：然則陽明公殆神授歟？其異人矣。六年乃言，十一年有金山之詩，十七年聞一齋聖人可學之語。曰：其有所啟之矣。讀學術狀云云，曰：初溺於任俠之習，再溺於騎射之習，三溺於辭章之習，四溺於神仙之習，五溺於佛氏之習。正德丙寅，始歸正於聖賢之學。會甘泉子於京師，語人曰：「守仁從宦三十年（十三年？），未見此人。」甘泉子語人亦曰：「若水泛觀於四方，未見此人。」遂相與定交講學，一宗程氏仁者渾然與天地萬物同體之指。故陽明公初主格物之說，後主良知之說；甘泉子一主隨處體認天理之說，然皆聖賢宗旨也。而人或捨其精義，各滯執於彼此言語，蓋失之矣。故甘泉子嘗為之語曰：良知必用天理，天理莫非良知，以言其交用同也。讀仕進狀云云，曰：初舉己未禮闈第一，徐穆爭之，落第二，然益有聲。登進士，試工部，差督造王威寧墳，辭卻金幣，獨受軍中佩劍之贈，適符少時夢，蓋兆之矣。疏邊務朝政之失有聲，授刑部主事，審囚淮甸有聲。告病歸養，起補兵部主事，上疏乞宥南京所執諫官戴銑等，毋使遠道致死，朝廷有殺諫官之名。劉瑾怒，矯詔廷杖之。不死，謫貴州龍場驛，萬

第 31-1 頁

里矣，而公不少怵。甘泉子贈之九章，其七章云：「皇天常無私，日月常盈虧。聖人常無為，萬物常往來。何名為無為？自然無安排。勿忘與勿助，此中有天機。」其九章云：「天地我一體，宇宙本同家。與君心已通，別離何怨嗟！浮雲去不停，游子路轉賒。願言崇明德，浩浩同無涯。」及居夷，端居默坐，而夷人化惡為善有聲。人或告曰：「陽明公至浙，沉於江矣，至福建始起矣。登鼓山之詩曰：『海上曾為滄水使，山中又拜武夷君。』有徵矣。」甘泉子聞之，笑曰：「此佯狂避世也。」故為之作詩，有云：『佯狂欲浮海，說夢癡人前。』及後數年，會於滁，乃吐實。彼誇虛執有以為奇者，烏足以知公者哉！復起廬陵，臥治六月而百務具理，有聲。取入南京刑部主事，留為吏部驗封主事，有聲。陽明公謂甘泉子曰：「乃今可卜鄰矣。」遂就甘泉子長安灰廠右鄰居之。時講於大興隆寺，而久庵黃公宗賢會焉，三人相觀語合意。久庵曰：「他日天台雁蕩，當為二公作兩草亭矣。」後合兩為一焉，明道一也。明年，甘泉子使安南。後二年，陽明公遷貳南太僕，聚徒講學，有聲。甘泉子還，期會於滁陽之間，夜論儒釋之道。又明年，甘泉子丁憂，扶母柩南歸。陽明公時為南大鴻臚，逆弔於龍江關。尋遷南贛都憲矣。讀平贛之狀云云，曰：夫倡三廣夾攻之策，

第31-2页

收橫水、左溪、桶岡、浰頭之功，用兵如神矣。甘泉子曰：「雖有大司馬王晉溪之知，請授之便宜旗牌，以備他用；亦以陽明公素養銳士於營，以待不時之出也，迅雷呼吸之間也，又以身先士卒以作軍氣也。」讀平江西之狀云云，曰：甘泉子先是在憂，致書於公，幸因閩行之使以去也。蓋公前有宰相之隙，後有江西未萌之禍，不去，必為楚人所鈐，而不報。未幾，有寧府之變，公幾陷於虎口。然而贛兵素振，既足為之牽制；而倡義檄諸府縣，興兵會豐城。誓師分攻七門，七門大開，遂除留守之黨，封庫府之財，收劫取之印，安脅從之民，釋被執之囚，表死難之忠。據省城，絕其歸路，直趨樵舍，因成擒賊之功。是水也以淺見測淵謀也。然始而翕然稱為掀天揭地之功矣，既而大吏妒焉，內宰爭功者附焉，輾轉殫力竭精矣，僅乃得免。或未嘗不思前慮也，所以危而不死者，內臣張永護之也。於大吏同列，不亦愧乎？由是遂流為先與後擒之言，上下騰沸，是不足辯也。夫陽明逆知宸濠有異志，劉養正來說，必得公乃發。公應之曰：「時非桀、紂，世無湯、武，臣有伏節死義耳。」其猶使冀生元亨往與之語者，實欲誘其善，不動干戈，潛消莫大之禍也。使陽明公而實許養正，則宸濠殺孫都憲、許副使，必待陽明至乃發。陽明未至而發者

第31-3页

，知絕意於陽明之與己矣。使陽明實許之，必乘風直抵南
昌，必不於豐城聞顧佖告變，即謀南奔以倡大義，奪漁艇
，使如漁人然以奔吉安矣。其宸濠兵校追公者，非迎公也
，將脇公也。且宸濠之上不能直趨中原以北，中不能攻陷
金陵以據者，以陽明為之制其尾，兵威足以累之使不前也
。又取據省城，絕其輜重與歸路也，功莫大焉者也。若夫
百年之後，忌妒者盡死，天理在人心者復明，則公論定矣
。已而該部果題賜敕錫勞，封新建伯、奉天翊衛推誠宣力
守正文臣、特進光祿大夫、柱國，兼南京兵部尚書，參贊
機務，歲支米一千石。於時天其將定矣，而置之南者，有

人焉以參乎其間矣。公丁父憂，而四方從學者日衆，有迎
忌者意，致有偽學之劾者，人其勝天乎？或以浮語沮公，
六年不召。尋以論薦命為兩廣總制軍務，平岑猛之亂。或
曰：「其且進且沮，使公不得入輔乎？」讀思田之狀云云，曰
：公奏行剿之患十，行撫之善十。乃撤防兵，解戰甲，諭
威信，受來降，杖土目，復岑後，設流守，而思田平。夫
陽明公不革岑猛之後之土官，以夷治夷也。盧蘇等杖之百
而釋之，置流守以制焉，仁義之術也。人知殺伐之為功，
而不知神武不殺者，功之上也，仁義兩全之道也。讀八寨
之狀云云，曰：檄參將，會守巡，命指揮馬文瑞、永順宣

慰彭明輔、保靖宣慰彭九霄，分兵布哨，擒斬賊酋黨與，
遂破諸巢。移衛所，制諸蠻，貫八寨之中，扼道路之衝，
設縣治，增城堡，皆保治安民之要。或曰：「八峒掩襲村落以
以為功，無破巢之功也，無功以為有功也何？」則辯之曰：
「夫陽明之貪功，當取岑猛、盧蘇之大功，而不取焉，不宜
捨其大者，取其小者，其亦不智不武也，謂陽明公為之乎
？夫宣慰諸哨之兵，可襲則襲，出其不意，兵法之奇不可
預授者也，而以病陽明焉，將使為宋襄、陳儒之愚已耶？
非馭戎不測之威矣。」事竣而請歸，告病危矣，不待報而遽
行，且行且候命，其卒於南安途次而不及命下，亦命也。

江西輔臣進帖以譖公，上革之恤典，人衆之勝天也，亦命
也。百年之後，天定將不勝人矣乎？甘泉子始召入禮部，
面叩輔臣曰：「外人皆云陽明之事乃公為之乎？」輔臣默然，
然亦不以作怒加禍，猶為有君子度量焉，可尚也。公卒之
日，兩廣、江西之民相與弔於途，曰：「哲人其痿矣。」士夫
之知者相與語於朝曰：「忠良其逝矣。」四方同志者相與弔於
家曰：「斯文其喪矣。」久菴公為之狀，六年而後就，慎重也
。甘泉子曰：「吾志其大義銘諸墓，將使觀厥詳於狀也。」銘
曰：

　南鎮嶙嶙，在浙之濱。奇氣鬱積，是生異人。生

而氣靈，乘雲降精。十一金山，詩成鬼驚。志學踰二，廣信館次，婁公一言，聖學可至。長而任俠，未脫舊習，馳馬試劍，古文出入。變化屢遷，逃仙逃禪，一變至道，丙寅之年。邂逅語契，相期共詣，天地為體，物莫非己。抗疏廷杖，龍場煙瘴，居夷何陋，諸蠻歸向。起尹廬陵，卧治不庭，六月之間，百廢具興。入司驗封，衆志皆通，孚於同朝，執經相從。轉南太僕，鴻臚大畜，遂巡南贛，乃展驥足。浰頭桶岡，三廣交攻，身先士卒，屢收奇功。蓄勇養銳，隱然有待。云胡養正，陰謀來說。詐言尊師，公明灼知。寘

于往化，消變無為。閩道豐城，及變未萌，聞變遄返，心事以明。旌旗蔽空，聲義下江，尾兵累之，北趨不從。乃擒巨賊，乃親獻馘，爭功欲殺，永也護翊。彼同袍者，反戈不恨，隱之於心，以莫不戚。憂居六年，起治思田，撫而不戮，夷情晏然。武文兼資，仁義並行，神武不殺，是稱天兵。凡厥操縱，聖學妙用，一以貫之，同靜異動。

餘姚諸氏世系

餘姚諸氏世系，因資料缺乏，向來不明，多有誤說。如將諸揚伯誤作諸陽伯，將諸陽與諸揚伯（諸偁）誤混為一人，誤認諸陽字伯復等等。茲綜合成化十一年進士錄、弘治十八年進士登科錄、諸偁墓志銘、姚江諸氏宗譜及萬曆紹興府志、光緒餘姚縣志等記載，作餘姚諸氏世系圖如下。

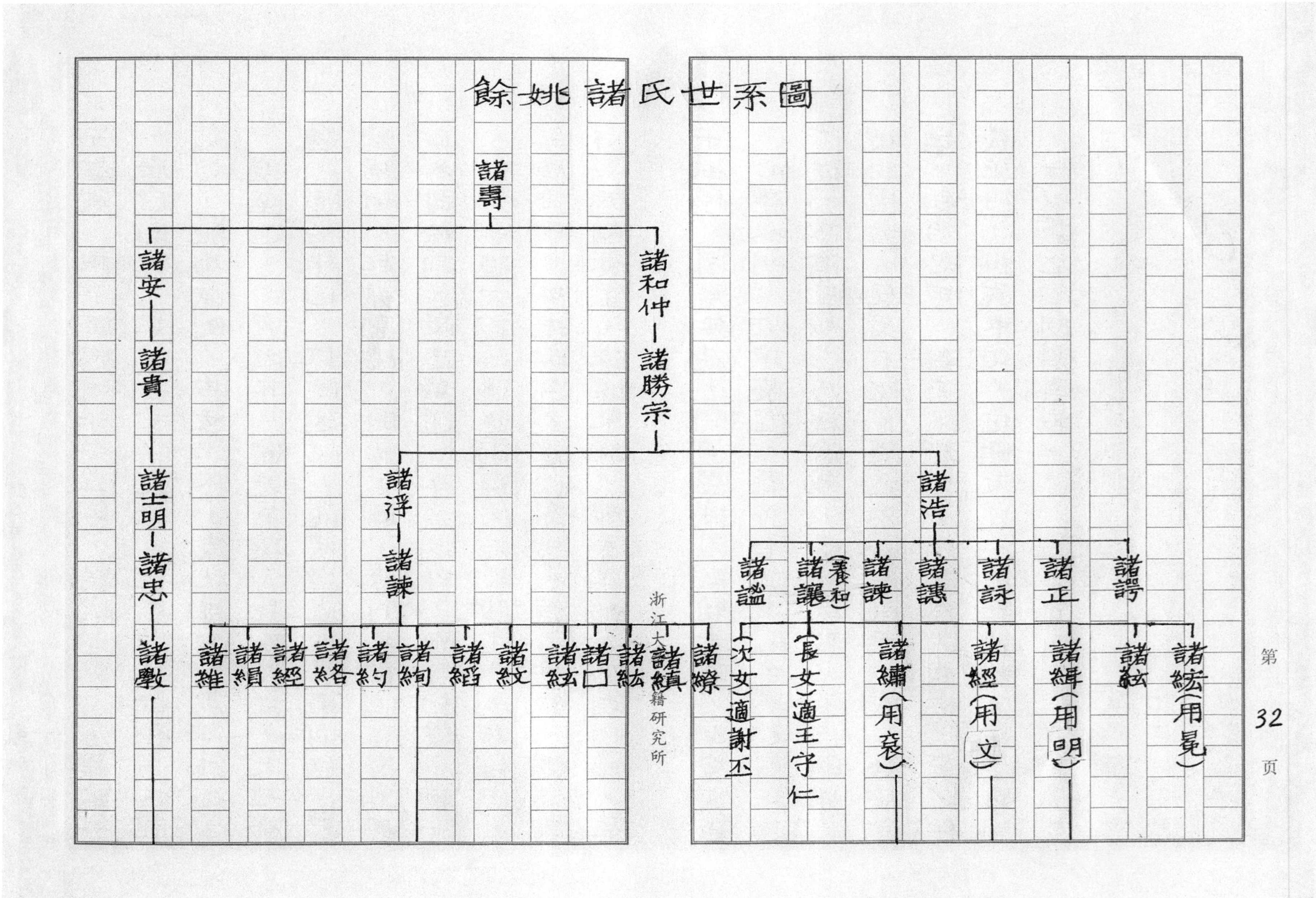
餘姚諸氏世系圖
諸壽
諸安
諸貴
諸士明
諸忠
諸敎
諸和仲
諸勝宗
諸浮
諸諫
諸浩
諸謐
諸讓(養和)
諸諫
諸讓
諸詠
諸正
諸謌
諸維
諸絹
諸經
諸絡
諸約
諸絢
諸縚
諸紋
諸紘
諸口
諸紘
諸績
諸繚
次女適謝丕
長女適王守仁
諸繡(用袞)
諸經(用文)
諸繹(用明)
諸紘
諸紘(用冕)
浙江大学古籍研究所
第32页

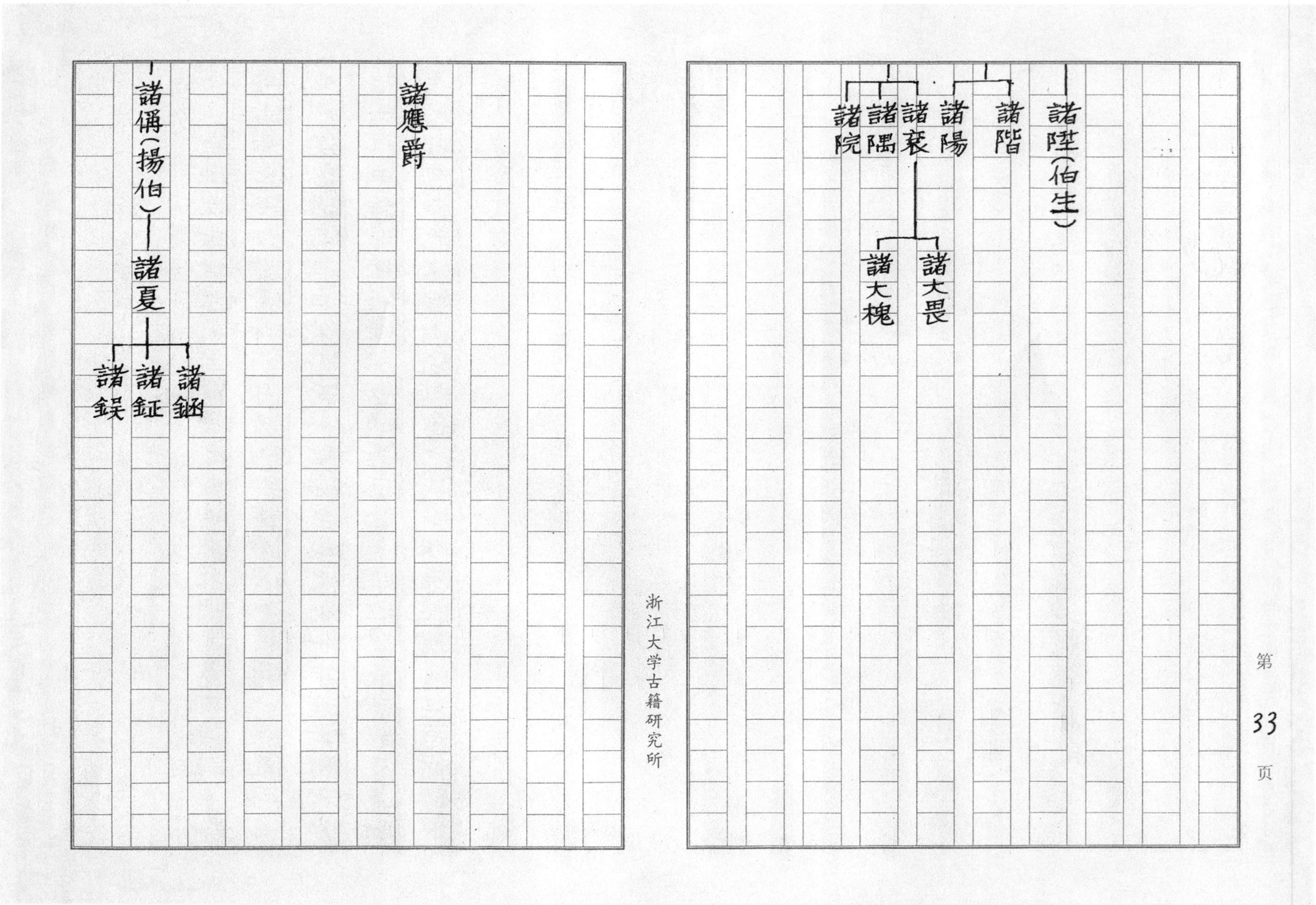
諸偁(揚伯)
諸夏
諸鋘
諸鉦
諸鏂
諸應爵
諸院
諸隅
諸袞
諸陽
諸階
諸陞(伯生)
諸大槐
諸大畏
浙江大学古籍研究所
第33页

成化十一年進士登科録：「諸讓，貫浙江紹興府餘姚縣官籍，國子生，治禮記。字養和，行十一，年三十七，七月十二日生。曾祖和仲，祖勝宗，父浩（封刑部主事）。母方氏（贈太安人）。繼母葉氏。嚴侍下。兄諤、正（按察司僉事）、詠、諰、諫（貢士），弟謐。娶張氏。浙江鄉試第三十四名，會試第五十六名。」

弘治十八年進士登科録：「諸絢，貫浙江紹興府餘姚縣匠籍，國子生，治禮記。字用晦，行十五，年三十六，二月初八日生。曾祖勝宗，祖浮，父諫（教諭）。母周氏，繼母毛氏。具慶下。兄繚（省祭官）、縝、紘、□、絃（□□）、紋、綰，弟約、絡、經、縜、維。娶張氏。浙江鄉試第二十二名，會試第二百六十七名。」

屠應埈屠漸山蘭暉堂集卷十一明中憲大夫貴州按察司副使致仕苧村諸先生墓志銘：「……先生姓諸，諱偁，字揚伯，號苧村子。上世由宋汴來徙紹興，已六世。祖壽，徙嘉興，遂為嘉興人。壽生安，安生貴，貴生士明，士明生忠，為梧州守。梧州生四子：仲子斆，好讀書，通陰陽家術，余童子時師之，贈按察僉事，寔生先生云。……先生生成化丁酉，卒嘉靖癸卯，壽六十有七。配俞氏，累封宜人。子一夏，庠生，娶馮氏。繼顏氏。

女二，長適周于德，次適張桐。孫男三：鋡，聘包汴女；鉦，聘鄭鑾女；鋘，聘陳詔女。孫女一，許聘沈茂完。子夏卜嘉靖乙巳年十一月十三日壬申，葬先生於永豐鄉祖塋。……」（另見戚元佐貴州諸觀察偁傳，國朝獻徵録卷一百零三）

姚江諸氏宗譜卷二：諸讓，字養和，號介庵。成化戊子科舉人，乙未科進士。歷任南京吏部文選司主事、本司員外郎、本司郎中、江西布政司左參議、山東布政司左參政，誥授中大夫。配張氏，誥封淑人。子綜、弦、緝、經。長女適新建伯王守仁，幼女字吏部侍郎謝丕。側室周氏，生子繡，字用袞，號南野，諸讓庶出，過繼兄諸正為嗣子。諸袞，諸繡長子，字世佳，號白野，邑庠生。子大褧、大槐。

諸家論陽明生平學術之變

陽明自論生平學術之變

别湛甘泉序：「某幼不問學，陷溺於邪僻者二十年，而始究心於老、釋。賴天之靈，因有所覺，始乃沿周、程之說求之，而若有得焉。顧一二同志之外，莫予翼也，岌岌乎仆而後興。晚得友於甘泉湛子，而後吾之志益堅，毅然若不可遏，則予之資於甘泉者多矣。」（王陽明全集卷七）

别黄宗賢歸天台序：「守仁幼不知學，陷溺於邪僻者二十年。疢疚之餘，求諸孔子、子思、孟軻之言，而恍若有見，其非守仁之能也。」（王陽明全集卷七）

朱子晚年定論序：「守仁早歲業舉，溺志詞章之習。既乃稍知從事正學，而苦於衆說之紛撓疲薾，茫無可入，因求諸老、釋，欣然有會於心，以為聖人之學在此矣！然於孔子之教間相出入，而措之日用，往往缺漏無歸，依違往返，且信且疑。其後謫官龍場，居夷處困，動心忍性之餘，恍若有悟。體驗探求，再更寒暑，證諸五經、四子，沛然若決江河而放諸海也。然後嘆聖人之道坦如大路，而世之儒者妄開竇徑，蹈荆棘，墮坑塹，究其為

，反出二氏之下，宜乎世之高明之士厭此而趨彼也。此豈二氏之罪哉？間嘗以此語同志，而聞者競相非議，目以為立異好奇，雖每痛反深抑，務自搜剔斑瑕，而愈益精明的確，洞然無復可疑；獨於朱子之說有所牴牾，恒疚於心。切疑朱子之賢，而豈其於此尚有未察？及官留都，復取朱子之書而檢求之，然後知其晚歲固已大悟舊說之非，痛悔極艾，至以為自誑誑人之罪不可勝贖。」（王陽明全集卷七）

傳習録卷下：「吾居滁時，見諸生多務知解，口耳異同，無益於得，姑教之靜坐。一時窺見光景，頗收近效。久之，漸有喜靜厭動，流入枯槁之病；或務為玄解妙覺，動人聽聞。故邇來只說致良知。良知明白，隨你去靜處體悟也好，隨你去事上磨鍊也好，良知本體原是無動無靜的。我這個話頭自滁州到今，亦較過幾番，只是『致良知』三字無病。」

傳習録欄外書：「吾良知二字，自龍場以後，便已不出此意。只是點此二字不出，於學者言，費却多少辭說。今幸見出此意。一語之下，洞見全體，真是痛快，不覺手舞足蹈。」

錢德洪刻文録叙說：「（陽明曰）予自鴻臚以前，學者用

功尚多拘局；自吾揭示良知頭腦，漸覺見得此意者多，可與裁矣。」

王畿先師畫像記後語：「（陽明曰）吾於平濠之後，致知格物之學愈覺明徹。良知不學不慮，天植靈根，無間於聖凡，人人所同具。但不能實致其知，牽泥攙和，自滑其靈，所以失之。」（王畿集卷十五）

鄒守益論陽明正德十四年的「妙悟良知之秘」

耿定向東廓鄒先生傳：「（守益）一日讀大學、中庸，訝曰：『子思受學曾子者，大學先格致，中庸首揭慎獨，何也？』積疑不釋。己卯，先生年二十九，就質王公於虔臺

，王公曰：『致知者，致吾心之良知於事事物物也；致吾心之良知於事事物物，則事事物物皆得其理矣。獨，即所謂良知也；慎獨者，所以致其良知也；戒謹恐懼，所以慎其獨也。大學、中庸之旨，一也。』先生豁然悟，遂肅贄師事焉。逾月，再如虔臺。未幾，宸濠反。」（耿天臺先生文集卷二十四）

鄒德涵文莊府君傳：「逾年，府君念易齋翁不置，亦請告歸。四方士即山房受學，府君曰：『前而黨知子思之學受於曾子乎？今朱氏解格物與慎獨異，何也？』諸生莫能解。己卯，謁陽明先生於虔，以其疑質之。王公大喜曰：

「吾求友天下有年矣，未有是疑，何子之能疑也！」因告之曰：『致知者，致吾之良知也。格物者，不離倫物，應感以致其知也，與慎獨一也。』府君翻然悟曰：『道在是矣！』遂執弟子禮。歸而與諸生言曰：『吾夢二十九年矣，而今始醒。而黨其勿復蒙也夫！』（鄒聚所先生文集卷三）

聶豹大司成東廓鄒公七十壽序：「已聞陽明先生講學虔南，牽舟往從之。一見相契，妙悟良知之秘，渙然自信，曰：『道在是矣！』反顧胸中所蓄數萬卷書，糟粕也。於是四拜北面，奉以終身，如蓍龜焉。先生贈之詩曰：『君今一日真千里，我亦當年苦舊迷。』蓋亦恨相契之晚也。（聶

豹集卷十三）

鄒守益龍岡書院祭田記：「往者嘗疑大學、中庸一派授受，而判知行，析動靜，幾若分門立。及接溫聽厲，反復詰難，始信好惡之真，戒懼之不外慎獨一脉。獨也者，獨知也。獨知之良，無聲無臭，而乾坤萬有基焉。」（鄒守益集卷七）

湛若水論陽明生平學術之變

叙別：「鄭子（鄭伯興）崇乎於白沙，而莫逆於予；朱子（朱節）莫逆於予，而學自陽明。陽明崇乎於白沙，白沙得自周、程。」（泉翁大全集卷十五）

陽明先生墓志銘：「初溺於任俠之習；再溺於騎射之習；三溺於辭章之習；四溺於神仙之習；五溺於佛氏之習。正德丙寅，始歸正於聖賢之學。會甘泉於京師……遂相與定交講學，一宗程氏『仁者渾然與天地萬物同體』之指。故陽明公初主格物之說，後主良知之說。……長而任俠，未脫舊習，馳馬試劍，古人出入。變化屢遷，逃仙逃禪。一變至道，丙寅之年。邂逅語契，相期共詣。天地為體，物莫非己。……」（王陽明全集卷三十八）

奠王陽明先生文：「嗟惟往昔，歲在丙寅。與兄邂逅，會意交神。同驅大道，期以終身。渾然一體，程稱識仁。我則是崇，兄亦謂然。……聚首長安，辛壬（按：當作辛未）之春。……存養心神，剖析疑義。我云聖學，體認天理；天理問何？曰廓然爾。兄時心領，不曰非是。言聖枝葉，老聃、釋氏。予曰同枝，必一根柢；同根得枝，伊尹、夷、惠；佛於我孔，根株咸二。……一晤滁陽，斯理究極。兄言迦聃，道德高博，焉與聖異？子言莫錯。我謂高廣，在聖範圍；佛無我有，中庸精微；同體異根，大小公私；斁叙彝倫，一夏一夷。……及踰嶺南，兄撫贛師。我病墓廬，方子來同，謂兄有言：學竟是空；求同講異，責在今公。予曰豈敢，不盡愚衷！莫空匪實，天

理流行。兄不謂然，校勘仙佛，天理二字，豈由此出？予謂學者，莫先擇術，孰生孰殺，須辨食物。……壬午暮春，予弔兄戚。云致良知，奚必故籍？如我之言，可行斯役。……遥聞風旨，開講穗石：但致良知，可造聖域；體認天理，乃謂義襲；勿忘勿助，言非學的。離合異同，撫懷今昔。……」（王陽明全集卷四十）

錢德洪論陽明生平學術三變

刻文錄叙說：「先生之學凡三變：少之時，馳騁於辭章；已而出入二氏；繼乃居夷處困，豁然有得於聖賢之旨。是三變而至道也。居貴陽時，首與學者為知行合一之說；自滁陽後，多教學者靜坐；江右以來，始單提致良知三字，直指本體，令學者言下有悟。是教亦三變也。……先生嘗曰：『吾始居龍場，鄉民言語不通，所可與言者，乃中土亡命之流耳。與之言知行之說，莫不忻忻有入。久之，並夷人亦翕然相向。及出，與士夫言，則紛紛同異，反多扞格不入，何也？意見先入也。』德洪自辛巳冬始見先生於姚，再見於越，於先生教若恍恍可即，然未得入頭處。同門先輩有指以靜坐者。遂覓光相僧房，閉門凝神淨慮，倏見此心真體，如出蔀屋而睹天日。始知平時一切作用，皆非天則自然。習心浮思，炯炯自照，毫

髮不容住著。喜馳以告。先生曰：「吾昔居滁時，見學者徒為口耳同異之辯，無益於得，且教之靜坐。一時學者亦若有悟，但久之漸有喜靜厭動、流入枯槁之病。故邇來只指破致良知工夫。學者真見得良知本體，昭明洞徹，是是非非，莫非天則，不論有事無事，精察克治，俱歸一路，方是格致實功，不落却一邊。故較來無出致良知話頭，無病何也？良知原無間動靜也。」（王陽明全集卷四十一）

陽明先生年譜序：「吾師陽明先生出，少有志於聖人之學。求之宋儒不得，窮思物理，卒遇危疾，乃築室陽明洞天，為養生之術。靜攝既久，恍若有悟，蟬脫塵坌，有飄飄遐舉之意焉。然即之於心若未安也，復出而用世。謫居龍場，衡困拂鬱，萬死一生，乃大悟「良知」之旨（按：此說與其認定陽明正德十六年始揭「良知」之教相矛盾）。始知昔之所求，未極性真，宜其疲神而無得也。蓋吾心之靈，徹顯微，忘內外，通極四海而無間，即三聖所謂「中」也。本至簡而求之繁，至易而求之難，不其謬乎？征藩以來，再遭張、許之難，呼吸生死，百鍊千摩，而精光煥發，益信此知之良，神變妙應而不流於蕩，淵澄靜寂而不墮於空，徵之千聖莫或紕繆，雖百氏異流，咸於是

乎取證焉。噫，亦已微矣！始教學者悟從靜入，恐其或病於枯也，揭「明德」、「親民」之旨，使加「誠意」、「格物」之功，至是而特揭「致良知」三字，一語之下，洞見全體，使人人各得其中。」（王陽明全集卷三十七）

答論年譜書十：「先生始學，求之宋儒，不得入。因學養生，而沉酣於二氏，恍若得所入焉。至龍場，再經憂患，而始豁然大悟「良知」之旨。自是出與學者言，皆發「誠意」、「格物」之教。病學者未易得所入也，每談二氏，猶若津津有味。蓋將假前日之所入，以為學者入門路徑。辛巳以後，經寧藩之變，則獨信「良知」，單頭直入，雖百家異術，無不具足。自是指發道要，不必假途傍引，無不曲暢旁通。」（王陽明全集卷三十七）

與滁陽諸生書并問答語：「滁陽為師講學首地……當時師懲末俗卑污，引接學者多就高明一路，以救時弊。既後漸有流入空虛，為脫落新奇之論。在金陵時，已心切憂焉。故居贛則教學者存天理，去人欲，致省察克治實功。而徵寧藩之後，專發「致良知」宗旨，則益明切簡易矣。」（王陽明全集卷二十六）

陽明先生年譜：「正德十有六年辛巳……是年，先生始揭「致良知」之教。……乃遺書守益曰：「近來信得「致良知」三字，

真聖門正法眼藏。往年尚疑未盡，今自多事以來，只此良知無不具足。……」

陳九川論陽明正德十四年始揭「良知」之教

傳習錄卷下：「正德乙亥（按：正德十年），九川初見先生於龍江，先生與甘泉先生論格物之説，甘泉持舊説。先生曰：『是求之於外了。』甘泉曰：『若以格物理為外，是自小其心也。』九川甚喜舊説之是。先生又論盡心一章，九川一聞，却遂無疑。後家居，復以格物遺質先生。答云：『但能實地用功，久當自釋。』山間乃自錄大學舊本讀之，覺朱子格物非是，然亦疑先生以意之所在為物，『物字

未明。

己卯（按：正德十四年），歸自京師，再見先生於洪都。先生兵務倥偬，乘隙講授，首問：『近年用功何如？』九川曰：『近年體驗得「明明德」功夫只是「誠意」。自「明明德於天下」，步步推入根源，到「誠意」上，再去不得，如何以前又有「格致」工夫？後又體驗，覺得意之誠偽，必先知覺乃可，以顏子有不善未嘗不知之、知之未嘗復行為證，豁然若無疑，却又多了「格物」功夫。又思來吾心之靈，何有不知意之善惡，只是物欲蔽了，須格去物欲，始能如顏子未嘗不知耳。又自疑功夫顛倒，與誠意不成片段。後問希顏。希顏曰：「先生謂格物致知是誠意功夫，極好。」九川曰：「如何是誠意功夫？」希顏令再思體看。九川終不悟，請問。』先生曰：『惜哉！此可一言而悟。惟濬所舉顏子事便是了，只要知身、心、意、知、物是一件。』九川疑曰：『物在外，如何與身、心、意、知是一件？』先生曰：『耳目口鼻四肢，身也，非心，安能視聽言動？心欲視聽言動，無耳目口鼻四肢，亦不能。故無心則無身，無身則無心。但指其充塞處言之，謂之身；指其主宰處言之，謂之心；指心之發動處，謂之意；指意之靈明處，謂之知；指意之涉着處，謂之物。只是一件。意未有懸空的，必着事物。故欲誠意，則隨意所在某事而格

之，去其人欲而歸於天理，則良知之在此事者無蔽而得致矣。此便是誠意的工夫。』九川乃釋然，破數年之疑。……

庚辰（按：正德十五年），再見先生。問：『近來功夫雖若稍知頭腦，然難尋個穩當快樂處。』先生曰：『爾却去心上尋個天理，此正所謂理障。此間有個訣竅。』曰：『請問如何？』曰：『只是致知。』曰：『如何致？』曰：『爾那一點良知，是爾自家底準則。爾意念着處，他是便知是，非便知非，更瞞他一些不得。爾只不要欺他，實實落落依着他做去，善便存，惡便去。他這裏何等穩當快樂！此便是格物的真訣，致知的實功。若不靠着這些真機，

如何去格物？我亦近年（按：指正德十四年）體貼出來如此分明，初猶只依他恐有不足，精細看無些小欠闕。」……先生曰：「人若知這良知訣竅，隨他多少邪思枉念，這裏一覺，都自消融。真個是靈丹一粒，點鐵成金。」……

……」

王畿論陽明生平學術五變

《滁陽會語》：「先師之學，凡三變而始入於悟，再變而所得始化而純。其少禀英毅凌邁，超俠不羈，於學無所不窺。嘗泛濫於詞章，馳騁於孫吳，雖其志在經世，亦才有所縱也。及為晦翁格物窮理之學，幾至於殞，時苦其煩且難，自歎以為若於聖學無緣。乃始究心於老佛之學，緣洞天精廬，日夕勤修煉，習伏藏，洞悉機要，其於彼家所謂「見性抱一」之旨，非惟通其義，蓋已得其髓矣，自謂：「嘗於靜中，內照形軀如水晶宮，忘己忘物，忘天忘地，與空虛同體，光耀神奇，恍惚變幻，似欲言而忘其所以言，乃真境象也。」（按：此指陽明向尹真人學「真空煉形法」之修煉，彼家者，道家也）。及至居夷處困，動忍之餘，恍然神悟，不離倫物感應，而是是非非天則自見，徵諸四子六經，殊言而同旨，始嘆聖人之學坦如大路，而後之儒者妄開逕竇，紆曲外馳，反出二氏之下，宜乎高明之士厭此而

趨彼也。自此之後，盡去枝葉，一意本原，以默坐澄心為學的，亦復以此立教，於《傳習錄》中所謂「如雞覆卵，如龍養珠，如女子懷胎，精神意思，凝至融結，不復知有其他」；「顏子不遷怒貳過，有未發之中，始能有發而中節之和」；「道德言動，大率以收斂為主，發散是不得已」。種種論說，皆其統體耳。一時學者聞之翕然，多有所興起。然卑者或苦於未悟，高明者樂其頓便而忘積累，漸有喜靜厭動、玩弄疏脫之弊。先師亦稍覺其教之有偏，故自滁、留以後，乃為動靜合一、工夫本體之說以救之。而入者為主，未免加減回護，亦時使然也。自江右以後，則專提「致良知」三字，默不假坐，心不待澄，不習不慮，盎然出之，自有天則，乃是孔門易簡直截根源。蓋良知即是未發之中，此知之前，更無未發；良知即是中節之和，此知之後，更無已發。此知自能收斂，不須更主於收斂；此知自能發散，不須更期於發散。收斂者，感之體，靜而動也；發散者，寂之用，動而靜也。知之真切篤實處即是行，真切是本體，篤實是工夫，知之外更無行；行之明覺精察處即是知，明覺是本體，精察是工夫，行之外更無知。故曰：「致知存乎心悟，致知焉盡矣。」逮居越以後，所操益熟，所得益化，信而從者益眾。

時時知是知非，時時無是無非，開口即得本心，更無假借湊泊，如赤日麗空而萬象自照，如元氣運於四時而萬化自行，亦莫知其所以然也。蓋後儒之學泥於外，二氏之學泥於内，既悟之後則内外一矣。萬感萬應，皆從一生，兢業保任，不離於一。晚年造履益就融釋，即一為萬，即萬為一，無一無萬，而一亦忘矣。」（王畿集卷二一）

陽明先生年譜序：「我陽明先師崛起絶學之後，生而穎異神靈，自幼即有志於聖人之學。蓋嘗泛濫於辭章，馳騁於才能，漸漬於老釋。已乃折衷於群儒之言，參互演繹，求之有年，而未得其要。及居夷三載，動忍增益，始超然有悟於良知之旨。無内外，無精粗，一體渾然，是即所謂未發之中也。其說雖出於孟軻氏，而端緒實原於孔子。」（王畿集卷十三）

黄宗羲論陽明生平學術六變

明儒學案卷十姚江學案文成王陽明先生守仁：「先生之學，始泛濫於詞章。繼而徧讀考亭之書，循序格物，顧物理吾心終判為二，無所得入。於是出入於佛、老者久之。及至居夷處困，動心忍性，因念聖人處此更有何道，忽悟格物致知之旨，聖人之道，吾性自足，不假外求。

其學凡三變，而始得其門。自此以後，盡去枝葉，一意本原，以默坐澄心為學的。有未發之中，始能有發而中節之和。視聽言動，大率以收斂為主，發散是不得已。江右以後，專提「致良知」三字，默不假坐，心不待澄，不習不慮，出之自有天則。蓋良知即是未發之中，此知之前，更無未發；良知即是中節之和，此知之後，更無已發。此知自能收斂，不須更主於收斂；此知自能發散，不須更期於發散。收斂者，感之體，靜而動也；發散者，寂之用，動而靜也。知之真切篤實處即是行，行之明覺精察處即是知，無有二也。居越以後，所操益熟，所得益化，時時知是知非，時時無是無非，開口即得本心，更無假借湊泊，如赤日當空而萬象畢照。是學成之後，又有此三變也。」

按：諸家之說，各有側重，唯王畿最得其實，揭開陽明早年向尹真人學「真空煉形法」修煉與晚年「天泉證道」發「王門八句教」（四有教與四無教）之秘。陳九川所論，乃是其親口所問，親耳所聽，親手所記，足以摧破歷來流行所謂陽明龍場悟「良知」之說及錢德洪所謂陽明正德十六年始揭「良知」之教之誤。湛甘泉所論，皆得自其與陽明講論學問所親見親聞，句句實有所指，無一句虚言也。本譜即以諸家之說為綫索，發覆抉誤，全面揭開陽明生平自早年向尹真人學道修煉至晚年發「王門八句教」之學術思想發展演變全歷程。

陽明年譜長編

王守仁，字伯安，號陽明，浙江餘姚人。其先出晉光禄大夫王覽之裔，本瑯琊人。至王覽孫東晉丞相王導，渡江居金陵烏衣。至北宋王祜居家汴城東和門外，嘗手植三槐於庭，號「三槐王氏」。王祜六世孫王道扈駕南渡，遂遷居餘杭。子王補之遷居上虞達溪。至王補之曾孫王季，自達溪遷居餘姚秘圖山，遂為餘姚人。王華後自謂是紹興王羲之之後，蓋出誤傳也。王季三世孫王綱，有文武才，誠意伯劉基薦為兵部郎中，擢廣東參議，死於苗難。其子王彥達，縋羊革裹尸歸，是為陽明五世祖。王彥達號秘湖漁隱，終身不仕。生子王與準，陽明高祖，精禮、易，嘗著易微數千言。朝廷舉遺逸，不起，號遯石翁。曾祖王傑，以先祖嘗植三槐於門，自號槐里子，以明經貢太學，著有易春秋說、周禮考正。祖王倫，號竹軒，菁齋魏瀚嘗為立傳，叙其環堵蕭然，雅善鼓琴，胸次灑落，方之陶靖節、林和靖。授徒鄉里，所著有竹軒稿、江湖雜稿行於世。封翰林院修撰。自槐里子以下，兩世皆贈嘉議大夫、禮部右侍郎，追贈新建伯。父王華，字德輝，號實庵，晚號海日翁。嘗讀書龍泉山中，又稱龍山公。

生於正統十一年丙寅九月甲午。成化十七年辛丑，賜進士及第第一人。仕至南京吏部尚書，進封新建伯。龍山公常思山陰山水佳麗，以為先世故居，乃於弘治十年自餘姚秘圖山徙紹興之光相坊居之。陽明遂築室陽明洞讀書修煉，自號陽明山人云。

一四七二 成化八年 壬辰 一歲

九月癸亥（三十日）亥時，陽明出生於餘姚莫氏樓，取名雲，莫氏樓後名瑞雲樓。

錢德洪陽明先生年譜：「憲宗成化八年壬辰九月丁亥，先生生，是為九月三十日。太夫人鄭娠十四月。祖母岑夢神人衣緋玉，雲中鼓吹，送兒授岑，岑警寤，已聞啼聲。祖竹軒公異之，即以雲名。鄉傳其夢，指所生樓曰『瑞雲樓』。」

按：曰「九月丁亥」乃誤，是年九月無丁亥。錢德洪後瑞雲樓記云「成化壬辰九月三十日亥時」，乃是。

湛若水陽明先生墓誌銘：「祖妣岑太淑人，有赤子乘雲下界，天樂導之之夢，公乃誕焉。是名曰雲，蓋徵之矣。」

黃綰陽明先生行狀：「鄭氏孕十四月而生公。岑太淑人夢天神抱一赤子乘雲而來，導以鼓樂，與岑。岑寤而公生，名曰雲。」

錢德洪後瑞雲樓記：「瑞雲樓者，吾師陽明先生降辰之地也。樓居餘姚龍山之北麓，海日公微時，嘗僦諸莫氏，以居其父竹軒公與母太夫人岑。海日公夫人鄭，妊先生既彌十四月，岑夜夢五色雲中，見神人緋袍玉帶，鼓吹導前，抱一兒授岑曰：『與爾為子。』岑辭曰：『吾已有子，吾媳婦事吾孝，願得佳兒為孫。』神人許之。忽聞啼聲，驚悟，起視中庭，耳中金鼓聲隱隱歸空，猶如夢中。蓋成化壬辰九月三十日亥時也。竹軒公異之，即以『雲』命名。後先生五歲尚未言，有道士至其家，戒竹軒公曰：『天機不可泄。』竹軒公覺之，乃更先生名。自是諱言夢矣。先生一日忽誦竹軒公所讀過書，公驚問之，曰：『聞公讀時，口雖不能言，已先默記矣。』及先生貴，鄉人指其樓曰『瑞雲樓』。他日公既得第，先子復僦諸莫氏居焉。弘治丙辰，某亦生於此樓。及某登第進士，樓遂屬諸先子。

先師之生協諸夢，天降至人，誠非偶然。某不肖，辱登先師之門，而生也又辱與諸樓。今幸遺址尚存，恐後世失所稽證，使先生弧矢之地泯焉無聞，是不可以無記。敢敘述遺事，謀諸左右，使行道之人過茲地者，指之曰：『此先生平鄉陬邑也。』庶其有睹宮墻而興思者矣，蓋亦公之餘教也。」（光緒餘姚縣志卷十四古迹）

羅洪先集卷五瑞雲樓遺址記：「瑞雲樓在餘姚龍山北麓，本莫氏居。尚書海日王公微時寓焉，而夫人鄭有身。既踰期，母岑太夫人夢緋袍玉帶貴人乘五色雲抱兒授之，驚覺，啼聲在耳，果得兒，成化壬辰九月三十日也。於是以『雲』為名，呼其名輒不應，亦不復言，如是者五年。一日，道士入庭，指兒謂家人曰：『天機慎勿洩也。』比出門，忽不見。亟易名，兒始能言，是為陽明先生。先生既貴，鄉人號樓曰『瑞雲』。其後錢心漁翁僦居之。弘治丙辰，緒山錢子生。錢子登進士，而莫氏以居來售，於是樓入於錢。嘉靖丙辰，錢子索予大書『瑞雲樓遺址』五字垂之後。記曰：『山川出雲，有開必先。』言氣機也，吾於瑞雲何疑？……樓入錢氏，今已改築，書『遺址』，蓋紀實云」。

鄒守益集卷十九瑞雲樓銘：「初，陽明先生之生也，海日公僦莫氏樓以居，太夫人鄭妊彌十有四月，祖母岑夫人夢神人自五色雲鼓吹抱一兒授之，聞啼聲，驚寤，遂以『雲』命名。先師功成道尊，煥然任天下萬世之重，鄉人指其樓曰『瑞雲』。其後心漁錢翁復僦諸莫氏，而吾友洪甫實生焉。洪甫第進士，專志師門之學，遂市是址，以無忘羹牆。同志歐陽子崇一、羅子達夫記而表之。某也敬為之銘。銘曰：

維先師之生，名世所鍾。龍山蓬蓬，姚江溶溶。神人授受，瑞雲蒨以蔥。緋袍玉帶，匪爵位是崇，曰以繼絕學，用牖於帝衷。

維先師之學，式自得師。逸氣神略，靈化陸離。百家孜孜，二氏熙熙，三變而至道，揭我良知。周流六虛，品物咸亨，俾萬古弗迷。

伊周往矣，豪傑林立。或峻其功，未周於德；亦有志道，未及展其積。先師兼之，為世作則。教溥善類，勳勒社稷。膏我稻粱，烝民罔不粒。

顯允洪甫，克踵其蹤。乃僦乃誕，靡有不同。羹墻炯然，繫責於厥躬。白衣蒼狗，時態忡忡。爰慶其始，爰祝其終。無忝爾考，維訓是崇，茲樓其永有融！」

光緒餘姚縣志卷十四古蹟：「瑞雲樓，在龍泉山北，王文成所生處也。父華未第時，嘗居是樓，一夕，夢雲中鼓樂幢蓋，送一小兒來，遂誕公。因名其行曰雲一，其樓曰瑞雲樓。」

按：陽明之誕生，諸家所說不同，越說越神，以訛傳訛，其源蓋出於錢德洪也。湛若水不信仙佛，故只云「有赤子乘雲下界」；至黃綰便添加「天神抱一赤子乘雲而來」；至錢德洪則更添加神人授受對話之描述，陽明神授說至是虛構乃成矣。按陽明父王華最好命相卜筮神仙之說，陽明神人授受之神話實始於王華，而成於錢德洪。此前王華已先神化己之誕生，與陽明神人授受說如出一轍。

陸深《海日先生行狀》:「正統丙寅九月甲午,先生生。先夕,孟淑人夢其姑趙抱一童子緋衣玉帶,授之曰:『新婦平日事吾孝,今孫婦事汝亦孝。吾與若祖丐於上帝,以此孫畀汝,子孫世世榮華無替。』故先生生而以今名名,先生之長兄半巖先生以榮名,夢故也。」(按:王華長兄王榮早先於王華生,如何據後來夢命王榮之名?匪夷所思)王同軌《耳談類增》進一步神化云:「餘姚王海日翁華,狀元宗伯。其先世皆貧儒,而皆好行陰德,其清謹皭然不滓。海日未第時,夢諸神奏天帝曰:『此人九世廉貧,一身之報未愬。』帝曰:『與他十世富貴。』乃令諸神以鼓樂導送文曲

星,與他作子。』覲見綵聯云:『守正承先業,垂謨裕後昆。』後生文成,名守仁。孫以下曰正,曰承,皆以神語十字定名序云。」(卷四《海日翁夢》)其說直以陽明為文曲星下凡,又在錢德洪之上矣。可見陽明誕生神人授受說皆仿之王華誕生神人授受說,皆王華所造也。明人演義小說多有異人出生時天上仙音嘹亮、彩雲降落、異香滿室之類之描述,以神化其人,王華亦不能免俗,固無足怪,然亦不足據信也。

瑞雲樓,本莫氏之居。王華約在成化七年來僦居,陽明遂誕生於樓。成化十八年陽明北上入京師居,此莫氏樓以後僦於錢蒙,弘治九年,錢德洪亦誕生於此樓。至嘉靖四年錢德洪登進士,此莫氏樓正式歸錢蒙、錢德洪。至嘉靖三十五年,錢德洪拆樓改築,不復存在,只留下遺址而已。可見此樓乃莫氏故居或錢氏故居,非陽明故居也(按:陽明故居在秘圖山,所謂秘圖王氏故居)。今人在此遺址上重建瑞雲樓,規模宏大,重樓疊屋,全不是當年瑞雲樓原貌,而題云陽明故居,不知何據耶?

祖王倫,字天叙,號竹軒。一生未仕,聘為子弟師。居家授徒養母。與菊莊魏瑶訂盟吟社,日嘯咏操琴於竹軒山水間。魏瀚《竹軒先生傳》:「先生名倫,字天叙,以字行。性愛竹,所居軒外環植之,日嘯咏其間。視紛華勢利,泊如也。客有造竹所者,輒指告之曰:『此吾直諒多聞之友,何可一日相舍耶?』學者因稱曰竹軒先生。早承厥考槐里先生庭訓,德業夙成。甫冠,浙東西大家爭延聘為子弟師。凡及門經指授者,德業率多可觀。槐里先生歿世,環堵蕭然,所遺惟書史數篋。先生每啟篋,輒揮涕曰:『此吾先世之所殖也。我後人不殖,則將落矣。』乃窮年口誦心惟,於書無所不讀,而尤好觀《儀禮》、《左氏傳》、《司馬遷史》。雅尚鼓琴,每風月清朗,則焚香操弄數曲。弄罷,復歌以詩詞,而使子弟和之。識者謂其胸次灑落,方之

陶靖節、林和靖，無不及焉。居貧，躬授徒以養母。母性素嚴重，而於外家諸孤弟妹，憐愛甚切至。先生每先意承志，解衣推食，惟恐弗及；而於妻孥之寒餒，弗遑恤焉。弟粲幼孤，為母所鍾愛。先生少則教之於家塾，長則挈之遊江湖，有無欣戚，罔不與居。逮子華官翰林，請於朝，分祿以為先生養。先生復推其半以贍弟。鄉人有萁豆相煎者，聞先生風，多愧悔，更為敦睦之行。先生容貌環偉，細目美髯。與人交際，和樂之氣藹然可掬。而對門人弟子，則矩範嚴肅，凜乎不可犯。為文章好簡古而厭浮靡，賦詩援筆立就，若不介意，而亦未嘗逸於法律之外。所著有竹軒稿及江湖雜稿若干卷，藏於家。先生與先君菊莊翁訂盟吟社，有莫逆好。瀚自致政歸，每月旦亦獲陪先生杖履遊。且辱知於先生仲子龍山學士。學士之子守仁，又與吾兒朝端同舉於鄉，累世通家……（王陽明全集卷三十八世德紀）

父王華，字德輝，號實菴。從里師錢希寵學，讀書龍泉山寺，入為餘姚縣學諸生。

陸深海日先生行狀：……先生生而警敏絕人。始能言，槐里先生抱弄之，因口授以古詩歌，經耳輒成誦。稍長，使讀書，過目不忘。六歲時，與群兒戲水濱。見一客來濯足，已大醉，遺其所提囊而去。取視之，數十金也。先生度其人酒醒必復來，恐人持去，投水中，坐守之。有頃，其人果號泣而至。先生迎謂曰：「求爾金邪？」為指其處。其人喜躍，以一金謝。先生笑却之曰：「不取爾數十金，乃取爾一金乎？」客且慚且謝，隨至先生家，無少長咸遍拜而去。岑太夫人嘗績窗下，先生從旁坐讀書。時邑中迎春，里兒皆競呼出觀，先生獨安讀書不輟。太夫人謂曰：「若亦暫往觀乎？」先生曰：「大人誤矣。觀春何若觀書？」太夫人喜曰：「兒是也，吾言謬矣。」年十一，從里師錢希寵學。初習對句；月餘，習詩；又兩月餘，請習文。數月之後，學中諸生盡出其下。錢公嘆異之曰：「歲終，吾無以教爾矣。」縣令呵從到塾，同學皆廢業擁觀，先生據案朗誦若無睹。錢奇之，戲謂曰：「爾獨不顧，令即謂爾倨傲，呵責及爾，且奈何？」先生曰：「令亦人耳，視之奚為？若誦書不輟，彼亦便奈呵責也？」錢因語竹軒公曰：「公子德器如是，斷非凡兒。」十四歲時，嘗與親朋數人讀書龍泉山寺。寺舊有妖為祟，數人者皆富家子，素豪俠自負，莫之信。又多侵侮寺僧，僧甚苦之。信宿妖作，數人果有傷者。寺僧因復張皇其事，眾皆失氣，狼狽走歸。先生獨留居如常，妖亦遂止。僧咸以為異。每夜分，輒衆登屋號笑，或瓦石擲臥榻；或乘風雨雷電之夕，奮擊門障。僧從壁隙中窺，先生方正襟危坐，神氣自若，輒又私相嘆異。然益多方試之，技殫，因從容問曰：「向妖為祟，諸人皆被傷，君能獨無恐乎？」先生曰：「吾何恐？」僧曰：「諸人去後，君更有所見乎？」先生曰：「吾何見？」僧曰：「此妖但觸犯之，無得遂已者，君安得獨無所見乎？」先生笑曰：「吾見數沙彌為祟耳。」諸僧相顧色動，疑先生已覺其事，因佯謂曰：「此豈吾寺中亡過諸師兄為祟耶？」先生笑曰：「非亡過諸師兄，乃見在諸師弟耳。」僧曰：「君豈親見吾儕為之？但臆説耳。」先生曰：「吾雖非親見，若非爾輩親為，何以知吾之必有見耶？」寺僧因具言其情，且嘆且謝曰：「吾儕實欲以此試君耳。君天人也，異時福德何可量！」至今寺僧猶傳其事。天順壬午，先生年十七，以三禮投試邑中。邑令奇其文，後數日，復特試之。題下，一揮而就。令疑其偶遇宿構，連三命題，其應益捷。因大奇賞，謂曰：「吾子異日必大魁天下。」……」（王陽明全集卷三十八世德紀）

按：所謂「縣令呵從到塾，同學皆廢業擁觀」云云，實即延入為餘姚縣學諸生；所謂「邑令奇其文，後數日，復特試之」云云，實即指餘姚縣學試。大致王華約天順中在餘姚縣學

為諸生，至景泰中由縣學出任子弟師，直至成化十七年中進士，任子弟師二十餘年，其間詳情不可知矣。成化十六年浙江鄉試録中稱王華為「餘姚縣儒士」，不稱為餘姚縣學生，蓋是因王華早已由縣學出任子弟師之故。

一四七三 成化九年 癸巳 二歲

居瑞雲樓，由母鄭氏撫育。

陸深海日先生行狀：「先生元配贈夫人鄭氏，淵靖孝慈，與先生共甘貧苦。起微寒，躬操井臼，勤紡績以奉舅姑。既貴，而恭儉益至。」

王華在外任子弟師。

楊一清海日先生墓誌銘：「弱冠，提學張公時敏試其文，與少傅木齋謝先生相甲乙，並以狀元及第奇之，名遂起，故家世族爭禮聘為子弟師。」

陸深海日先生行狀：「天順壬午，先生年十七，以三禮投試邑中……因大奇賞，謂曰：『吾子異日必大魁天下。』遠邇爭禮聘為子弟師。提學松江張公時敏考校姚士，以先生與木齋謝公為首，並稱之曰：『二子皆當狀元及第，福

德不可量也。」

按：故家世族來爭禮聘王華為子弟師之時間，楊一清云「弱冠」（天順三年），陸深云「天順壬午」（六年），均含混不確。按王華天順初方入餘姚縣學，天順三年年方十四歲，斷不可能世家來爭聘其為子弟師。以王華天順初入餘姚縣學推算，則王華出任子弟師至少當在天順末、景泰初以後。

一四七四　成化十年　甲午　三歲

居瑞雲樓。

是歲秋，王華鄉試下第。

王華瑞夢堂記：「成化甲午秋試，督學張時敏公首以華與謝公遷同薦。其年，謝發解，華見黜。」（程時用風世類編卷八）

一四七五　成化十一年　乙未　四歲

居瑞雲樓。

王華由浙江布政使寧良聘為子弟師，赴祁陽，客居梅莊書屋三載，課教寧良子寧竑。

王華瑞夢堂記：「成化甲午秋試……明年，謝公狀元及第。華時以方伯寧公良延課其子竑於梅莊書屋，夜夢歸家，如童稚時逐衆看迎春狀，衆舁白色土牛一，覆以赭蓋，旌纛幡節，鼓吹以導，方伯昌黎杜公肩輿隨，自東門入，至於家而止。既寤，與竑言之，竑曰：『牛，一元大武也；春，歲之首，而試之期也。狀元，亦謂春元也。金，白色，其神為辛；牛之神，丑也，中之歲，其辛乎？鼓吹前導者，謂華蓋儀從送歸第者也。送歸第而以杜公從，意者，是歲京兆尹其杜公乎？』余笑曰：『噫！有是哉？子之言，殆隍中之鹿也。』及歲庚子，始領鄉薦。辛丑，傳臚第一，承制送歸私第者，果杜公，始信夢中不誣。遂易『梅莊書屋』為『瑞夢堂』，而操觚為之記。」（程時用風世類編卷八）

橫山遺集卷上梅莊書院記：「予幼則聞父老言曰：成化間，左轄吾浙藩祁陽寧愛厥子竑，欲寘之於文章行德，以遠乃富貴侈驕之襲，而艱其師，乃謀諸董浙學政、故大司馬華亭張公。張公曰：「公誠欲求至業，固不當泛舉。」乃舉吾邑海日翁王先生。先生時家食，公乃卑辭厚幣，忘貴倨國，屈下巖士，敬心禮數，人莫不駭走，而先生眂獨邈然，方將以道自重，辭。再請三至，逾恭以懇，始從之。迎致公之鄉。先生抗顏師道，循循善誘，不詭不激，巽入而法成。竑後果大化，有文章，有行德。既遠富貴侈驕之襲，以世其家；又遂以膺貢選於鄉，復褒然魁廷試。人猶屈之，竑曰：「否。」獨崇節厲貪，竟弗就職退，要所得不淺矣。予稍長解事，每念及父老言，輒

第62頁

嘆曰：「寧公樂道忘勢，以成義方，善莫加焉，古之道也，弗可得矣；海日翁守道範物，以不素餐，德莫大焉，古之人也，弗可及矣。」後不意予辱舅海日翁，且叩門下。海日翁時為天子講官，啟沃輔弼，道行於朝，其不可及者，既得益徵服，恨寧公莫起九泉，世又衰薄，鮮踵其道者。茲何幸以使過其鄉，亟訪其家，則竑亦墓拱木矣，益感今昔。賴祁之人士，亡少長咸能身佩遺化不忘，乃知翁德不專寧氏。相導至梅莊瑞夢堂，即居業所。予因扁其門曰「梅莊書院」。夫浙距祁數千里，聲氣習尚，奚翅風馬牛之不相及。翁以介儒明道其間，化永弗替，

安知後不有考而求之者，將與石鼓、嶽麓並傳於世？則祁陽文化之日新，方伯公之闊節，海日翁之隆德，張公之哲信，竑之善學，舉於是乎在。予姑記之，俾守者毋淪於墮。」

陸深海日先生行狀：「方伯祁陽寧公良擇師於張公。張曰：「但求舉業高等，則如某某者皆可。必欲德行兼優，惟王某耳。」時先生甫踰弱冠，寧親至館舍講賓主禮，請為其子師。延至家，湖湘之士翕然來從者以數十。在祁居梅莊別墅。墅中積書數千卷，先生晝夜諷誦其間，不入城市者三年。永士有陳姓者，聞先生篤學，特至梅莊請

第63頁

益，間取所積書叩之，先生皆默誦如流。陳嘆曰：「昔聞「五經笥」，今乃見之。」祁俗好妓飲，先生峻絕之。比告歸，祁士以先生客居三年矣，乃秘兩妓於水次，因餞先生於亭上，宿焉。客散，妓從秘中出。先生呼舟不得，撤門為桴而渡。衆始嘆服其難。始，先生在梅莊，嘗一夕夢迎春，歸其家，前後鼓吹旛節，中導白土牛，其後一人輿以從，則方伯杜公謙也。既覺，先生以竹軒公、岑太夫人皆生於辛丑，謂白為凶色，心惡之，遂語諸生欲歸。諸生堅留之。寧生曰：「以紘占是夢，先生且大魁天下矣。夫牛，丑屬也，謂之一元大武；辛，金屬，其色

白；春者，一歲之首也，世以狀元為春元，先生之登，其在辛丑乎？故事送狀元歸第者，京兆尹也，其時杜公殆為京兆乎？」先生以親故，遂力辭而歸。舟過洞庭，阻風君山祠下，因入祠謁，祝者迎問曰：「公豈王狀元邪？」先生曰：「何從知之？」祝者曰：「疇昔之夕，夢山神曰：『後日薄暮，有王狀元來。』吾以是知之。」先生異其言，與梅莊之夢適相協，因備紀其事……」

周亮工書影卷十：「餘姚王海日公華，微時以儒士冠軍觀場，大為督學張公某所器異，輒以大魁期之。方伯祁陽寧公偉公才，延公至家，課其子焉。成化乙未，餘姚謝

文正公遷舉進士及第，謝亦張公識拔士也。寧公移書慰公，以謝大魁語相勖。公謂寧氏子曰：『尊公念我潦倒，故以是語相勸勉，豈謂我真能爾爾乎？』比夜，公夢里中迎春牛，至其家，牛色白，導引鼓吹，如王者儀從，後以方伯杜公某殿焉。公覺而異之，因語寧氏子。寧年方髫齔，凝眸移時，再拜手額曰：『此先生狀元兆也。』公詰所以，寧曰：『牛，謂一元大武。春牛者，春榜之元也。牛屬丑，白主金，當作辛丑狀元。』公曰：『王者儀從云何？』寧曰：『狀元賜宴，撤殿前儀從一半送之。』公曰：『後之杜公云何？』寧曰：『聞京兆應隨狀元遊街，意是年杜公其

為京兆乎？』公笑曰：『子言何誕也。』寧曰：『異日自驗。請為文以記之。』公笑曰：『驗而後記，未晚也。』比庚子，公首鄉薦；辛丑，成進士及第，亦不復記憶是夢矣。適游街，公馬上顧盼，後乘果係杜公，杜是時果為京兆。公忽悟前夢，因大異之。寧喜其言驗，題其齋曰『瑞夢堂』，索記於公。公因為瑞夢堂記以貽之。」

按：王華自言事在成化十一年，陸深竟謂「先生甫踰弱冠（成化二年）」，乃誤甚。蓋陸深於行狀中多不顧事實肆意誇大，揑造其說，皆虛妄誇飾之辭。即以王華所自記而言，老師作一夢，竟要由一童子來占夢破解，匪夷所思，顯

是其中狀元以後所造附會虛構故事，意在神化己之中狀元，一如〔與〕其作夢記謂陽明是文曲星下凡相類。

一四七六　成化十二年　丙申　五歲

居瑞雲樓。

王華在祁陽任子弟師。

是歲陽明始開口會說話，竹軒公改王雲名為王守仁。

鄒守益王陽明先生圖譜：「十二年丙申，先生五歲，尚未能言。一日，與群兒戲，見一異人過，熟目之而去。先生追躡里許，異人愕然。還見竹軒翁，曰：『好個小孩兒，可惜叫破了。』竹軒公悟，更今名，先生即能言。」

錢德洪陽明先生年譜：「先生五歲不言。一日，與群兒嬉，有神僧過之，曰：『好個孩兒，可惜道破。』竹軒公悟，更今名，即能言。一日，誦竹軒公所嘗讀過書，訝問之。曰：『聞祖讀時，已默記矣。』」

黃綰陽明先生行狀：「六歲不言。一日，有僧過之，摩其頂曰：『有此寧馨兒，却教壞了。』龍山公悟，改今名，遂言，穎異頓發。」

湛若水陽明先生墓誌銘：「神僧言之，遂改今名。曰：然則陽明公殆神授歟？其異人矣！六年乃言。」

按：是則神話有二說：一說為陽明六歲時，神僧摩頂，王華改名（黃綰、湛若水）；一說陽明五歲時，異人說破，竹軒公改名。按：成化十三年〔十二〕陽明〔五〕六歲時，王華均在祁陽，故此事當在成化十二年陽明五歲時，改名者必竹軒公也。此陽明〔五歲〕遇神僧點化故事當亦竹軒公所虛構，越說越玄。鄒守益尚只

泛泛曰「異人」，錢德洪則指實為「神僧」，至黃綰更加以神僧「摩頂」、呼為「寧馨兒」云云。後人皆由此進一步張大其說（見明史王守仁傳及各種年譜傳記）。按陽明五歲始言本不足怪，何須要神僧來摩頂點破？如王華亦自造緋衣玉帶童子降生說，取名王華，王榮亦已道破，為何不改名，而要陽明改名？此無他，實是竹軒公進一步神化陽明之手法也。蓋王華初造瑞雲降生說，只謂是「赤子乘雲而來」，而未明道是何方神仙，不免一大缺憾；故是次〔竹軒公〕再造神僧摩頂、陽明開口、改名守仁之神話，指實陽明是「石麒麟」下凡、「文曲星」降世也。今按陳書卷二十六徐陵傳云：「徐陵，字孝穆……母

臧氏，嘗夢五色雲化而為鳳，集左肩上，已而誕陵焉。時寶誌上人者，世稱其有道，陵年數歲，家人携以候之，寶誌手摩其頂，曰：『天上石麒麟也。』光宅惠雲法師每嗟陵早有成就，謂之『顏回』。八歲，能屬文。十二，通莊、老義。」（南史同）陽明祖母夢五色雲而陽明生，神僧摩其頂而稱其「寧馨兒」，八歲好佛老而作詩（見下），蓋皆是仿徐陵，而認其為「石麒麟」下凡矣。麒麟者，仁獸也，太平安世方出，竹軒公改其名守仁，字伯安，洩露此天機矣。又麒麟者，文獸也，「石麒麟」隱指文曲星，是將陽明認作文曲星下凡也，故耳談類增卷四海日翁云：「海日未第時，夢

諸神奏天帝曰：「此人九世廉貧，一身之報未恝。」帝曰：「與他十世富貴。」乃令諸神以鼓樂導送文曲星，與他作子……」可見王華早已於夢中知陽明為文曲星下凡（按：王同軌所引當出自王華所作紀夢文），竹軒公改王雲名為王守仁亦是王華本意，毋須神僧來點化也。

一四七七　成化十三年　丁酉　六歲

居瑞雲樓。

王華自祁陽歸，秋中赴浙江鄉試，下第。

楊一清海日先生墓誌銘：「……三年如一日，祁士有化服者。歸，連舉不利。成化庚子，發解浙江第二人。」

陸深海日先生行狀：「……自是先生連舉不利。至成化庚子，始以第二人發解。」

按：所謂「連舉不利」，即指成化十三年鄉試下第。王華在祁陽，其在成化十三年歸，即是要參加是年鄉試。蓋王華利用兩屆鄉試之間三年空閑外出任子弟師，三年一過，即趕回來赴鄉試。

與叔父王德聲同受王華家教。

王陽明全集卷二十送德聲叔父歸姚：「守仁與德聲叔父共學於家君龍山先生。叔父屢困場屋，一旦，以親老辭廩歸養。文遊强之出，輒笑曰：『古人一日養，不以三公易。吾豈以一老母博一弊儒冠乎？』……猶記垂髫共學年，於今鬢髮兩蒼然……」

按：陽明自稱與德聲叔父共受學於父王華在「垂髫」時，按陽明五歲（成化十二年）方能言，時王華遠在祁陽任子弟師，至成化十三年秋方歸餘姚，參加鄉試，故陽明與德聲叔父同受學於王華必在成化十三年秋八月王華鄉試落第歸餘姚以後。至次年（約下半年）王華又外出任子弟師。可知陽明與德聲叔同受學王華在成化十三年至十四年之間，時間不長。王德聲，無考，疑即王德盛。四明上菁李家塔王氏宗譜：王憎，字德盛，號養性，以易經補邑庠生。豪公長子。配方氏，合葬長龍。生一子：守緒。譜稱王德盛「補邑庠生」，與陽明稱王德聲「以親老辭廩歸養」合。

一四七八 成化十四年 戊戌 七歲

王華攜幼童守仁外出任子弟師，隨身受教受學。

按：王華成化十三年又鄉試落第後，因家貧不能坐家待食，故仍外出任子弟師。與以前不同者，王華在此前皆一人外出任子弟師；此後守仁漸大，王華則攜幼童守仁外出任子弟師，兼可隨身教守仁讀書作詩。如同治湖州府志卷二十六：「德清縣錦香亭，在大麻，明王守仁讀書處（李志）。又按：父王華未遇時，挈手公館於此。」道光婺志粹寓賢志：「王華，字德輝……先生微時，為塾師於東陽家，有小桃源詩諸作。後以訪舊至，為昭仁許氏作四傅堂記。」陽明後來亦訪東陽舊地，作萬松窩詩（道光東陽縣志卷二十六，見下），可證王華乃是攜守仁來任東陽家子弟師。又評釋巧對一書中，多載有陽明幼時巧對聯句事。卷

二：「百尺竿頭進步，千層浪裏翻身。」—王陽明八歲，父率往遊山，偶見擫戲高竿者，因出此對，公答之。其父出句，是比作工夫當如是也；王之對句，是言得功名將若是矣。不已見其志氣耶？」卷四：「藕花盈池，竹簡蕉書安可寫；苔衣滿地，秧針柳綫不能縫。」—王陽明幼時，一日隨父遊亭園，父命此對，陽明答之。」卷六：「雪壓孤舟，一葉載六花歸去；雁横遠塞，片箋寫八字出來。」—王陽明幼時，隨父狀元公遇雪，父命此對，陽明答之。」卷十五：「一年春長長春發，五月夏半半夏生。」—王華攜子外出賞花，其子王守仁對之。」凡此，顯可見多是王華攜幼童守仁外出任子弟師時兩人所對。

一四七九 成化十五年 己亥 八歲

居瑞雲樓，竹軒翁授以曲禮，過目成誦。

鄒守益王陽明先生圖譜：「十五年己亥，先生八歲。大父竹軒翁授以曲禮，過目成誦。一日，忽誦竹軒翁所嘗讀

書，翁驚問之，曰：「聞公公讀時，吾言雖不能出，口已默記矣。」翁於書無不讀，尤好觀儀禮、左氏傳、司馬遷史，浙東、西大家爭聘為子弟師。凡經指授，多有成見。「先生豪邁不羈，亦不甚繩束之。」

王華携守仁往海鹽任子弟師，守仁寓資聖寺，有詩咏懷。

陽明資聖寺杏花樓：「東風日日杏花開，春雪多情故换胎。素質翻疑同苦李，淡粧新解學寒梅。心成鐵石還誰賦？凍合青枝亦任猜。迷却晚來沽酒處，午橋真訝灞橋迴。」（天啟海鹽縣圖經卷三）

按：資聖寺在海鹽縣，中有杏花樓。天啟海鹽縣圖經卷三：「資聖寺，永樂志云：『在縣治西五十步，本晉右將軍戴威宅。一日，井中發五色光，威異之，遂捨為寺，名光興寺，威為伽藍神。事見吳郡陸崧塔記。乾祐中，改重光。宋祥符中，改普明院。天禧二年，賜改今名。元末兵燬。國朝定為教寺。洪武十年，僧法亮重建佛殿、山門、鐘樓。永樂九年，寺僧法亮又建方丈，重修觀音殿。』弘治志云：『洪熙元年，僧會法昶重建大雄殿、方丈、觀音殿。宣德十年，僧會宗玘以寺基為隣所占，奏復之。正統十七年，燬於隣火。宗玘與汝鉅、元暐重建鐘樓、輪藏及彌陀殿、山門、廊廡、方丈、僧寮，凡百十餘楹。』」是資聖寺亦一東南佛國名刹，儼然成為八歲幼童王守仁出入佛道、由儒入佛之起始站與出發地。天啟海鹽縣圖經於陽明此詩下特注云：「王守仁幼從海日公授徒資聖寺，寺有杏花樓。」所謂「授徒」即指王華來海鹽任子弟師。王華在成化十四年前尚不可能携幼童守仁外出任子弟師，而成化十六年即已由海鹽歸赴鄉試，故陽明此詩必作在成化十五年二月來海鹽寓居資聖寺時。天啟海鹽縣圖經於陽明此詩下又引張寧資聖古杏樓賞花詩：「何處招尋泛羽觴，高樓花近淨年芳。荒村暮雨曾沽酒，梵境春風不出牆。老我重思曲江院，是誰今卧午橋莊？相逢盡是憑闌者，莫道□閑過竹房。」按國朝獻徵録卷九十一有汀州府知府張公寧傳：「張寧，字靖之，浙江海鹽人。景泰甲戌進士……憲皇嗣位，首勸經筵……陞汀州知府……在任幾一年，以病歸，時年甫四十一……閑居三十年。」是張寧約在成化三年已告病歸居海鹽，王華、王守仁來海鹽當可見到張寧，或即在資聖寺相識。王守仁此詩，乃是模仿張寧詩而作。前引評釋巧對謂「王陽明八歲，父率往遊山，偶見撮戲高竿者，因出此對，公答之」，茲又有陽明成化十五年所作詩，愈加證明陽明八歲已會作詩，一如徐陵為「天上石麒麟」矣。

陽明寓資聖僧房：「落日平堤海氣黃，短亭衰柳艤孤航。

魚蝦入市乘潮晚，鼓角收城返棹忙。人世道緣逢郡博，客途歸夢借僧房。一年幾度頻留此，他日重來是故鄉。」

（萬曆嘉興府志卷二十九）

按：陽明此詩當亦作在其幼時寓居海鹽資聖寺受教時。「一年幾度頻留此」，一年數度來留海鹽資聖寺，此唯有陽明幼時因來海鹽資聖寺受教，方能作如是語；若是其後來訪遊海鹽資聖寺，則斷不可能一年數度來寓資聖僧房。「他日重來是故鄉」，顯然是告別資聖寺語，謂一年寓居資聖寺，如今告別歸去，他日重來海鹽，海鹽自便是其「故鄉」矣。可見陽明此詩乃是告別海鹽歸餘姚詩。由陽明此二詩，大致可知王華是年二月携守仁來海鹽任子弟師，其間守仁嘗幾度歸餘姚又來；至冬間守仁告別海鹽歸餘姚過年，王華亦結束海鹽子弟師任歸餘姚，以備明年之鄉試。

是歲，以作資聖寺詩為標志，八歲幼童守仁耽好佛、老，開始其三十年陷溺釋老、出入二氏之歷程。

王陽明全集卷二十一答人問神仙：「詢及神仙有無……僕誠生八歲而即好其說，今已餘三十年矣。」

查繼佐王守仁傳：「八歲，妄意神仙，嬉戲皆絕人。」（罪惟錄列傳卷十）

傳習録卷上：「吾亦自幼篤志二氏，自謂既有所得，謂儒者為不足學。其後居夷三載……始自歎悔錯用了三十年氣力。」

按：陽明謫居龍場驛，居夷處困，在正德三年至五年，上推三十年，正在其八歲上下時。

王陽明全集卷七別湛甘泉序：「某幼不問學，陷溺於邪僻者二十年，而始究心於老、釋。」

按：序云「二十年」疑當作「三十年」。是序作於正德六年，上推三十年，正在陽明八歲上下時。若上推二十年，為弘治五年，陽明已二十一歲，結婚舉鄉試，不得謂「幼」。

同上，卷十九贈陽伯：「……長生在求仁，金丹非外待。繆矣三十年，於今吾始悔！」

同上，卷七朱子晚年定論序：「守仁蚤歲業舉，溺志辭章之習。既乃稍知從事正學，而苦於衆說之紛撓疲薾，茫無可入，因求諸老、釋，欣然有會於心，以為聖人之學在此矣。……其後謫官龍場，居夷處困，動心忍性之餘，恍若有悟。」

按：陽明五歲始言，七歲王華始携之外出，八歲乃居海鹽資聖寺達一年之久，可見陽明八歲即好佛老當與其寓居海鹽資聖寺中受佛禪影響有密切關係。錢德洪、黄綰等均諱言陽明八歲已好釋老，遂掩蓋陽明三十年陷溺佛老之真相，尤不當。

一四八〇　成化十六年　庚子　九歲

居瑞雲樓，受竹軒公家教。

是秋，王華再赴浙江鄉試，中第二名。

陸深海日先生行狀：「至成化庚子，始以第二人發解。」

成化十六年浙江鄉試錄：「第一名，李旻，錢塘縣學增廣生，易；第二名，王華，餘姚縣儒士，禮記。」

蔣一葵堯山堂外記卷十八：「李旻，字子陽，號東崖，錢唐人。與王華同庚，而長三十五日。庚子，考官取華為解首，監臨謝御史嫌華白衣，乃更李。李、王皆營膳所正班，班主文者夢中得『一舉中雙元』之句，以為必無此事，後相繼首擢。」

按：國朝獻徵錄卷二十七有南京吏部左侍郎李公旻傳云：「南京吏部左侍郎李旻，字子暘，浙江錢塘人。成化庚子鄉試、甲辰廷試，俱第一。」「謝御史」者，成化十六年浙江鄉試錄：「監臨官，巡按浙江監察御史謝秉中（惟時，四川華陽縣人，己丑進士）。」

王華鄉試卷（成化十六年鄉試錄）：

四書

鄉田同井，出入相友，守望相助，疾病相扶持，則百姓親睦。方里而井，井九百畝，其中為公田，八家皆私百畝，同養公田。

大賢告滕臣以井田之善，必詳其體之之制也。蓋井田，王政之本，大賢之於滕臣，得不言其善，而復詳其制以告之哉？昔孟子因畢戰問井地，上文既告以九一而助矣，至此言助法之善，若曰：王政莫先於養民，養民莫善於助法。彼一鄉之田，八家同井，出而作也，聲應氣求，友而出入而息也。心孚形契，相友而入。或寇盜之不虞，同謀以防禦之；或疾病之不測，協力以扶持之。是則一鄉之民雖異姓也，而於出入守望之間，一恩愛之相結，何有於不親乎？同井之人，雖各家也，於疾病扶持之際，一情義之相維，何有於不睦乎？井田之善如此，苟不詳其形體之制，抑何使之有所據而行哉？是故方里之間

，畫為一井；一井之地，畫為九區。一區則為田百畝焉，九
區則為田九百畝焉。中百畝為公田，此公家所斂以為君子之
常祿也；外八百畝為私田，以八家所受以為野人之常產也
。然公田非自養也，必八家同力以養之，而東作方興，不
敢後焉；公田非自治也，必八家通力以治之，而西城載獲
，不敢緩焉。井田形體之制如此，此周之助法所以為善，
而滕之君臣所以當行也歟？大抵為治不行助法，則田賦
不均，而欲治也難矣。助法一行，則君子野人各有定業
而上下相安，此治之所以興也。孟子當法制廢壞之餘，因
滕文公使畢戰問井地，乃能因略以致詳，推舊而為新，
不屑屑於既往之迹，而能合乎先王之意，真可謂命世亞
聖之才矣。惜乎滕之君臣不能潤澤而行也，噫！
同考試官教諭吴批：此作發明井田之善，形體之制，
殆無遺蘊，蓋用心於本領之學者。
考試官教授徐批：孟子論助法處，善於形容，足見學
識。
考試官教授王批：說理詳明，無踰此篇。

禮記

有虞氏之祭也，尚用氣血腥爓，祭用氣也；殷人尚聲，

第78页

臭味未成，滌蕩其聲，樂三闋，然後出迎牲，聲音之號，
所以詔告於天地之間也；周人尚臭，灌用鬯臭，鬱合
鬯，臭陰達於淵泉，灌以圭璋，用玉氣也；既灌，然後
迎牲，致陰氣也；蕭合黍稷，臭陽達於墻屋；故既奠，
然後焫蕭合羶薌。凡祭慎諸此。
知歷代之致祭，各有所尚；當知歷代之致祭，各謹所尚。蓋
虞尚氣，殷尚聲，周尚臭，固各有所尚也，苟於致祭之時
，而一或不謹，又何以求神於陰陽乎？記郊特牲者，論天
子諸侯廟祭之禮如此，謂夫有虞氏之祭也，以鬼神之享，
在誠不在味，故以氣為尚焉。觀其先薦以血，而詔神於
室；次薦腥爓，而詔神於堂。是欲以誠敬之心交神於冥漠
，非尚氣而何？殷人之祭也，以聲音之感，無間乎顯幽，
故以聲為尚焉。觀其犧牲未陳，必先作樂於廟庭，樂音
三闋，然後迎牲於廟外，是欲以聲音之號，詔告於兩間，
非尚聲而何？以至周人之祭，則又尚乎臭焉。故夫方祭
之初，必灌地以鬯，而香氣為之芬芳；和鬯以鬱，而香
氣為之滋甚，使臭陰之氣下達於淵泉矣。然灌以圭璋，
而用玉之氣；灌後迎牲，而致氣於陰，非尚其臭之陰者
乎？既灌之餘，取彼香蒿，以雜夫牲牢之脂；合彼黍稷，

第79页

以焫於爐炭之上，使是陽之氣達於墻屋矣。然斯禮也，又必宗祝酌酒之既奠，然後蕭合黍稷之，是焫非尚其臭之陽者乎？是則尚氣、尚聲固所以求神於陰陽也，使或不謹，其何以格於神乎？故凡有事於太廟，莫不一謹乎此，而無慢易之心焉。周人尚臭，亦所以求神於陰陽也，使或不慎，抑何以交於神乎？故凡祀乎其先，莫不一慎乎此，而無怠忽之意焉。吁！古人致謹於宗廟之禮也如此，宜記者記之以示人也歟？抑考禮經言致祭之義，不一而足，有以求陰求陽，言之者有以正祭祊祭，言之者豈知神之所享於此乎？於彼乎？亦不過仁人孝子之心自盡其誠敬焉耳。故曰：鬼神無常享，享於克誠。其此之謂歟？

同考試官教諭吳批：此題頭緒頗多，作者類多冗泛，且「凡祭慎諸」此一句，或言卑者，或言群祀，殊無定見。此篇理明詞順，允宜高薦。

考試官教授徐批：見理明，行文暢，是用録出。

考試官教授王批：說出歷代廟祭之禮，可取。

第五問

問：窮經將以致用，識時在於俊傑。試以時務一二相折衷之。且如兩浙，素稱富庶之邦，而專水陸之利。近年以來，民窮財匱，或曰習尚過於侈靡，或曰徵斂傷於頻煩，孰為確論？浙東之地多高，不宜久晴；浙西之地多卑，不宜久雨。稍遇水旱，民輒告災。欲施賑濟之條，則恐公廩已乏陳餘；欲舉勸分之典，則恐私家亦無畜積，何為良法？又聞沿海軍士，糧餉有缺，雖給府庫羨財，慮恐後難相繼。錢塘地方，隄堰日坍，雖委有司專理，慮恐卒難成功。今欲使富庶復舊，倉廪有儲，隄堰能久，軍無怨嗟，民免勞役，必有鑿鑿可行者，幸為我言，將采而告之當道者。

或有之。朱子曰：自古救荒，只有二說：第一，感召和氣，以致豐穰；其次，只有儲蓄之計。誠能豐歲預為蓄積，而又召商販運而不抑其價，其有發粟未盡，官為收糴之，則倉廪之有儲也何難？至若沿海衛所，多有無賴之人，夤緣投軍，以苟月糧支給，典軍政者惟貪苞苴，一概濫收，以致軍士糧餉告缺。上司雖以公帑羨財資給，不過濟一時之急爾，烏能行之久遠哉？誠有如執事之慮也，為今之計，莫若嚴加清理，審其籍貫，無籍者，不許濫收入伍；驗其精壯，羸弱者，無使濫支月糧。

而又斟酌輸運，務使邊儲充積，以時給餉，則軍自無怨嗟矣。江挾海潮為患，自昔為然。錢塘之捍江塘，成於錢武肅，以保障生聚。自後潮水衝突不常，歷代修築不一。比來沙漲西興，潮擊隄岸，日漸坍壞。有司雖勤修理，卒難成功，誠有如執事之慮也。為今之計，莫若層立椿木，以殺水勢，然後修築石塘，遠稽王荊公修築定海塘法，不計其費，務圖堅久。近效侍郎周忱修築捍海塘例，以稅糧餘米雇募人夫，而又委官專制，如古之監堰官，遇有坍損，隨即修理。則隄堰能久，而民免勞役矣。然是數者，又皆本於得人焉。苟得其人，則事罔弗濟，功罔弗成。否則，因循玩愒，而欲事功就緒，亦難矣哉！愚見如是，惟執事折衷之。

同考試官教諭吳批：此篇有考據，有識見，其浙中之俊傑乎？宜録出，以俟當道者采。

考試官教授徐批：此策皆鑿鑿可行者，取之。

考試官教授王批：時務一策，處置得宜，可刊。

第82頁

一四八一　成化十七年　辛丑　十歲

居瑞雲樓。

王華赴京師參加會試。

三月，王華廷試第一甲第一人。

明憲宗實録卷二百十三：「成化十七年三月辛卯，上親閱舉人所對策，賜王華等二百九十八人進士及第、出身有差……癸巳，賜狀元王華朝服冠帶，諸進士鈔各五錠。甲午，狀元王華率諸進士上表謝恩……」

成化十七年進士登科録：「成化十七年三月十五日早，諸貢士赴內府殿試，上御奉天殿，親賜策問。三月十七日早，文武百官朝服侍班。是日，錦衣衛設鹵簿於丹陛丹墀內，上御奉天殿。鴻臚寺官傳制唱名，禮部官捧黃榜，鼓樂導引出長安左門外，張掛畢，順天府官用傘蓋儀從送狀元歸第。三月十八日，賜狀元朝服冠帶及進士寶鈔。三月二十日，狀元率諸進士上表謝恩。三月二十一日，狀元率諸進士詣先師孔子廟，行釋菜禮。禮部奏請，命工部於國子監立石題名。」

成化十七年進士登科録：「王華，貫浙江紹興府餘姚縣民籍，儒士，治禮記。字德輝，行二，年三十六，九月二

第83頁

十九日生。曾祖與準，祖傑（國子生），父天叙，母岑氏。具慶下。兄榮，弟褒、冕、黼、黻。娶鄭氏。浙江鄉試第二名，會試第三十三名。

王華廷試卷（成化十七年進士登科録）：

皇帝制曰：朕祇奉丕圖，究性化理，欲追三代，以底雍熙，不可不求定論焉。夫三代之王天下，必有紀綱法度，然後可以言治，而議者乃謂三代之治，在道不在法，豈法無所用乎？聖王立法，必有名以表實，然後可以傳遠，而議者乃謂三代之法，貴實不貴名，豈名非所先乎？治不在法，則繼以仁政之說似矣；法不貴名，則必也正名之說似迂。二者將何所從也？嗣是稱治者，莫過於漢、唐、宋。漢，大綱正，於父子君臣之道蓋得矣，而其治何以不能繼夫周？七制之君，知重道者，孰優乎？唐，萬目舉，如田賦兵刑之法近實矣，而其治何以不相遠于漢？三宗之內，能守法者，孰賢乎？至宋，則大綱正，萬目未盡舉，似於唐不及，然又謂其家法有遠過漢唐足以致太平者八事，而并指其君之賢，其說又何所據也？夫法不徒行，名不苟立，古之人必有處乎此者，而後世獲效之不同如彼，何也？茲朕於道，必欲探其精微之蘊；於法，必欲參其制作之詳；於所謂名與實者，必欲考求三代之所以相須而治，漢、唐、宋之所以不相須而治不古若者，庶幾取舍明，而躋世雍熙可期也。諸生學古通今，出膺時用，必審知之矣。其各殫心以對，毋略毋泛，朕將采而行焉。成化十七年三月十五日。

臣對：臣聞人君之治天下，有體焉，有用焉。體者何？道是也；用者何？法是也。道原於天，而不可易，所以根柢乎法者也；法因乎時，而制其宜，所品節乎道者也。道立而法未備，則民生未遂，民患未除，未足以言治；法具而道未立，則綱常淪斁，風俗頹靡，又奚足以為治哉！故善為治者，不徒恃乎法，以制天下之人，要必本於道；而善為法者，不徒徇乎名，以誣天下之人，要必求其實焉。夏、商、周之所以致天下於大治者，以其有得乎此也；漢、唐、宋之所以治不古若者，以其胥失乎此也。然則今日欲究化理而求定論，亦惟遵三王之道，行三王之法，務使全體大用之畢舉，而陋漢唐宋於不為可也，豈必外此而他求哉？書曰：監于先王成憲，其永無愆。此之謂也。欽惟皇帝陛下睿知聰明，根於天性，寬仁莊敬，見於躬行。
丕承一祖四宗之鴻圖，默契二帝三王之心學，涵養深
而天理明，歷閱久而世故熟，是以十有八年之間，聖
德日新，治效日隆，誠可謂大有為之君，不世出之主也
。然猶不自滿，假遹於萬機之暇，廷集諸生，諏咨治
道，且欲求一定之論，以追三代之隆。臣有以知陛下之
心，其即古帝王好問好察、謀及士庶之心也。臣以草茅
之微，獲與諸生之列，仰承明詔，敢不俯竭愚忠，茂
明大對，以少裨萬分之一乎？臣竊惟治之體，本於道
；治之用，存乎法；法之行，必有其名；而名之立，必
有其實。人君所以持一定之論而致雍熙之治者，端在
於斯矣。且道莫大於綱常，法莫大於田賦兵刑。三綱不
正，不足以言道；四事不舉，不足以語法。臣請先以家
喻之。今有鉅賓焉，父慈而子孝，夫義而婦聽，其家
道正矣。然而耕耨失其時，收斂無其術，仰不足以事父
母，俯不足以畜妻子，或門庭之寇不能御禦，或奴隸之肆
無所懲，如此而謂之家齊，不可也。其或家給人足，令
行禁止，而父子夫婦之間，或有所斁，如此而謂之家齊
，不可也。又或事事而為之名，以聳人之觀聽，而求其
實，則泯然無蹟之可舉，如此而謂之家齊，可乎？家

第86頁

之於天下，勢不同而理同，道也、法也、實也、名也，誠可
相有而不可相無也。昔者三代之王天下，蓋有法以輔其治
，非專恃乎法也。其立法也，蓋有名以表其實，非徒徇
乎名也。臣請略舉其槩。如成則三壤，以制井田，差為九
等，以定貢賦；六師以征，不序三千，而有贖條，此有夏
治天下之法也。八家各授一區，以為私田，八家同養公田
，以給賦稅；設六軍之制，制風愆之刑，此有商治天下
之法也。詳之為井牧溝洫，而田有所分；纖之為九府圜
法，而賦有所統；司馬掌九伐之法，以正邦國；司寇掌五
刑之制，以糾萬民，非成周治天下之法乎？其制田賦也，
實足以裕民而足國；其制兵刑也，實足以禦亂而禁
奸，豈徒為虛名而已哉！夏禹之治本於祗台德先，而率
由典常，則其法有道以為之體，故能文命誕敷，以臻聲
教四被之治。湯之治本於克寬克仁，而肇修人紀，則其
法有道以為之體，故能表正萬邦，以成兆民允懷之治。
文王純亦不已，而茲迪彝教；武王其建有極，而重民
五教，則周之法亦有道為之體，所以致有夏修和，四海
永清之治也。宋儒羅從彥謂三代之治，在道不在法；
三代之法，貴實不貴名。蓋言法之不可以離道，名之
不可以失實耳。夫豈謂法無所用，而名非所先乎？三

第87頁

代而後，稱善治者，莫過於漢、唐、宋，若秦、隋、五
季之流，皆無足齒矣。漢高祖用三老之言，而發義帝
之喪，赦季布之罪，而戮丁公之叛，則君臣之義以明。
因家令之言，而尊禮太公，高四皓之名，而割愛袵席
，則父子之倫無失，是大綱正而道得其槩矣。惜乎規
模雖宏遠，而多襲嬴秦之舊，詩書之不事，而未脫
馬上之習。故其時去成周雖未甚遠，而田賦兵刑之類多
缺典矣。果能如三代之治道法兼資者乎？漢有天下，
歷年四百，高祖而下，若文帝之躬修玄默，武帝
之雄才大略，宣帝之信賞必罰，光武之沉機先物，明

帝之遵守成憲，章帝之寬厚長者，亦皆一世之賢君，
王通取之為七制，宜矣。然以重道言之，則聖賢大學之
道，槩乎其未之有聞。臣未敢必其為孰優，此漢之治所以
止於漢也。唐太宗制口分世業之田，租庸調之法，彷彿
乎先王田賦之遺意，定上中下，符兵之制五覆，奏三
訊之刑，依稀乎先王兵刑之舊規，是萬目舉而法近乎
實矣。惜乎制度雖益詳，而不能自身推之於家；綱
紀雖益密，而不能自家達之於國。故其法視兩漢雖若
過之，而父子君臣之間多慚德矣。果能如三代之法，名
實相須者乎？唐有天下，傳世二十。太宗而後，若玄

宗之削平內難，勵精政事，幾致太平。憲宗之剛明果
斷，能用忠謀，克除僭叛。亦皆繼世之令主，史臣取之
為三宗，當矣。然以守法言之，則二帝三王之法，邈乎
其未之能及，臣未敢必其為孰賢，此唐之治所以止於
唐也。逮宋室之興，太祖開基，事周后如母，愛少帝如
如子，鞭朴不於殿陛，罵辱不及於公卿，慈闈一言，載
在金匱，舍子立弟，付託得人，其大綱可謂正矣。但
其兵雖有三衙四廂之制，而不足以禦外侮；刑雖有折杖
常刑之典，而不足以禁奸吏；天下之田雖二十稅一，而
未能合乎井牧溝洫之制；役民之法雖因乎唐制，而未

若租庸調法之詳，其萬目則未盡舉也。夫大綱雖正，
萬目未舉，似於唐不及也，而其家法之善，則有過於
漢唐者焉。呂大防嘗言：前代人主朝見母后有時，祖宗
以來，朝夕皆見，此事親之法也。前代大長公主以臣妾
之禮見仁宗，以姪事姑，此事長之法也。前代宮闈多
不肅，本朝宮禁嚴密，此治內之法也。前代外戚多預
政事，本朝不許預事，此待外戚之法也。前代宮室多
尚華侈，本朝宮殿止用赤白，此尚儉之法也。前代人主
在宮禁出輿入輦，祖宗步自內庭，出御後殿，此勤身
之法也。前代人主在禁中冠服苟簡，祖宗以來燕居

必以禮，此尚禮之法也。前代多深於用刑，惟本朝臣下有罪，止於罷黜，此寬仁之法也。凡此八事，信乎家法之過漢唐矣。太祖而下，如太宗之恭儉好文，真宗之寬仁慈愛，仁宗之力行恭儉，英宗之優禮大臣，庶幾其賢者歟？惜其仁厚有餘而剛斷不足，此宋之治亦止於宋而已。夫法非自行，必本於道而後行；名非自立，必有其實而後立。古之人皆有以處乎此，而後世獲效之不古若，豈非以其或有體而無用，或有用而無體歟？洪惟我朝，太祖高皇帝創業垂統，用夏變夷，大誥申明五帝之意，律令詳著萬法之條，養民有田，足國有賦，禦暴有兵，禁奸有刑

。大綱畢正，萬目具舉。其弘模否範，誠足以超越三王，垂示萬世矣。列聖相承，重光繼照。至於陛下，祖述憲章，克篤前列。大孝尊親，上隆懽於慈極；彝倫敦叙，下疏愛於天潢。分田賦民，惟祖宗之成憲是遵；練兵用刑，惟祖宗之舊典是式。總萬善於一身，光百王於千載。其於道法兼資之要，名實相須之義，固已洞燭於淵衷矣。然猶於道欲探精微之蘊，於法欲參其制作之詳，於所謂名與實者，欲考求三代之所以相須而治，後世之所以不相須而治不古若者，臣以為此無他，在陛下一心轉移間耳。蓋人之一心至虛至靈，所以具衆理者

在是，所以應萬事者在是，但為氣稟所拘，物欲所蔽，其全體大用始有不明矣。陛下誠能先明諸心，復其本然之正，去其外誘之私，不為後世駁雜之政所牽滯，不為流俗因循之論所遷惑，則於道也，必能探求其精微，而見於日用彝倫之間，莫不各有以盡當然不易之則矣。於法也，必能參詳其制作，而形於紀綱法度之際，莫不皆有以成其巍然廣大之業矣。至於考求其名實，則知夏商周之精詳，非若漢唐宋之闊略，而其得失之際，又豈待辯而明哉？程子曰：「必有關雎、麟趾之意，然後可以行周官之法度。」是知道與法必兼資，而後可以言乎治。孔子曰：「君

子名之，必可言。」是知名與實必相須，而後可以傳諸遠。然則道與法兼資，名與實相須，孰謂不在陛下方寸間耶？雖然，人君之治，固本於一心，而正心之要，尤在於意誠，大學曰：「欲正其心者，先誠其意。」使意有不誠，則無以正其心而推於治矣。臣願陛下窮理以致其知，存誠以立其本，而凡一念將發之頃，必察其天理人欲之幾：天理耶？必循之而造其極；人欲耶？必遏之而絕其根。大庭廣衆之中，固此誠也；深宮燕閑之地，亦此誠也。念念相承，無少間斷，則一理混融，萬機密勿，將見體用兼全，本末具舉。陛下今日之治道，與三王同一道心之精

微；陛下今日之治法，與三王同一時中之妙用，而盛治之效，亦將與三代比隆矣，區區漢唐宋之治何足言哉？昔宋儒朱熹入對，有戒其勿以正心誠意之說進者，熹曰：「吾平生所學，在此四字，豈敢隱默以欺吾君？」臣嘗誦此以自箴警。今承明詔，故於篇終直舉平昔所得於學者以為獻，亦何敢負所學，以欺吾君父邪？臣不勝惓惓之至。伏惟陛下留神察焉，則天下幸甚，萬世幸甚！臣謹對。」

按：王華之理學思想，向來不明，此王華廷試卷，可窺見王華理學思想之真貌，尤有重要意義。蓋王華於廷試卷中首次提出了「心學」，謂「默契二帝三王之心學」。此「心學」，即是王華卷後所云：「蓋人之一心至虛至靈，所以具衆理者在是，所以應萬事者在是。但為氣稟所拘，物欲所蔽，其全體大用始有不明矣。陛下誠能先明諸心，復其本然之正，去其外誘之私，不為後世駁雜之政所牽滯，不為流俗因循之論所遷惑，則於道也，必能探求其精微，而見於日用彝倫之間，莫不各有以盡當然不易之則矣。」「人君之治，固本於一心，而正心之要，尤在於意誠。大學曰：『欲正其心者，先誠其意。』使意有不誠，則無以正其心而推於治矣。臣願陛下窮理以致其知，存誠以立其本，而凡一念將發之頃，必察其天理人欲之幾。」王華即是用此「心學」答帝問，而陽明後來所建立之「心學」體系，於此幾可呼之欲出矣。陽明之「心學」亦有「家學」淵源，由此透露一綫消息。

顧鼎臣明狀元圖考：「狀元王華。成化十七年辛丑廷試趙寬等三百人，擢王華第一。按王華字德輝，號龍山，浙江餘姚人。華家素貧，嘗訪親於杭，同舟有五庠生講論，華哂之。庠生怪問，華破其講非是。衆初甚忽之，及聞其言，遂加敬，延於家教授，四方爭延講禮經。偶書宋朝家法過漢唐八事於扇，及殿試，命是題，敷衍詳悉，擢第一。」

施顯卿奇聞類記卷三得策擬魁：「國朝成化辛丑科，山東劉珝在內閣，其西席乃餘姚黃珣也。一日，劉使其子送策於黃曰：『漢七制，唐三宗，宋遠過漢唐者八事，亦可出乎？』黃答曰：『但刻本常有之。』蓋劉之意，欲西席詳考，答策擬魁，而黃則未盡領會也。他日，黃之鄉里王華來訪，見案間此策，意或為廷試策問也，歸即操筆成篇。至日，果問此策，王遂大魁天下，而黃居第二。黃固不當漏洩此策，而劉亦不意為他人所得也。此與東坡送策與李方叔而為二章所得事頗相類。」

黃宗羲姚江逸詩卷五：「黃珣，字廷璽，鄉舉第一，進士第二。歷官翰林，至南京吏部尚書，忤劉瑾致仕，謚文僖。太宰未遇時，授館於大學士劉珝。一日，珝書三宗七制事問之，同邑王華來訪，案上見此，遂默記而回。及殿試所問，即此事也。兩人條對詳明，連名及第。」

黃景昉國史唯疑卷四：「王華將廷試，偶書宋朝家法過漢八事於扇。或送朱希周，朱鑑云：『司馬公五規不可不讀也。』制策各以為問，兩公擢第一。」

三月二十四日，授王華為翰林院修撰。

明憲宗實録卷二百十三：「成化十七年三月……戊戌，授第一甲進士王華為翰林院修撰，黃珣、張天瑞為編修，其餘分送各衙門辦事。」

一四八二　成化十八年　壬寅　十一歲

王華迎養竹軒翁，竹軒翁攜守仁赴京師。舟過金山，見鎮江守，有咏金山與蔽月山房詩。

鄒守益王陽明先生圖譜：「十八年壬寅，竹軒公以龍山公

辛丑及第，携先生至京。過金山，與客酣飲，擬賦金山詩，先生即應聲曰：『金山一點大如拳，打破維揚水底天。醉倚妙高臺上月，玉簫吹徹洞龍眠。』客欲試之，命賦蔽月山房，即隨應曰：『山近月遠覺月小，便道此山大於月。若人有眼大如天，還見山小月更闊。』」

釋圓濟金山集卷上一形勝：「中流砥柱，郡志：『金山突出大江之中，高一百九十尺，廣六百二十步，東望大海，西控百川，南括吳越，北通淮揚。誠天下之大觀，東南第一勝概也。古今題曰「中流砥柱」。』……國朝王陽明公八歲（按：當是十一歲之誤）時，從海日翁過金山，適鎮江守命題，云：『金山一點大如拳，打破維揚水底天。醉倚妙高臺上月，玉簫吹徹洞龍眠。』（龍溪王兵部宿海岳樓，記誦之，命濟入集）。」

錢德洪陽明先生年譜：「十有八年壬寅……龍山公迎養竹軒翁，因携先生如京師，先生年纔十一。翁過金山寺，與客酒酣，擬賦詩，未成。先生從傍賦曰：『金山一點大如拳，打破維揚水底天。醉倚妙高臺上月，玉簫吹徹洞龍眠。』客大驚異，復命賦蔽月山房詩，先生隨口應曰：『山近月遠覺月小，便道此山大於月。若人有眼大如天，還見山小月更闊。』」

按：詩中所言妙高臺，即在金山妙高峰，盧見曾金山志卷一：「金山，在鎮江府城西北揚子江中。自城至山五里，脉接長山，迤邐為五州山，至下鼻浦，入江，突為此山……妙高峰，山之最高處。妙高臺，一稱曬臺，在（江天寺）伽藍殿後。宋元祐初主僧了元建。」又詩云「玉簫吹徹洞龍眠」，洞指龍洞，行海金山志略卷一：「龍洞，在朝陽之左，深不可測，俗呼珠洞。唐時常有毒龍吐氣，近者多病，因靈坦禪師降之即去。」蔽月山房，無考，應即在金山寺中。按金山寺有水月山房，而無蔽月山房，如周義伯金山志卷三著録甚多題水月山房詩：次司馬喬白巖韵，鳳山秦金題（水月山房）；漕竣登金山春望詩，柱下史楊一儁（水月山房）；登金山寺諸詩，白狼王毓科（水月山房）；登金山絶頂詩，嘉善丁鏞、丁鐄（水月山房）；題留玉閣詩，温陵周延鑨（水月山房）；金山吕公閣詩并序，關中李景廉（水月山房）。疑「蔽月山房」乃「水月山房」之誤。金山志卷四有云：「水月山房，額在客堂後院地上。」可見水月山房為金山寺客堂，接待香客騷人者。陽明此詩出口如禪家説禪，全類似「禪機」、「公案」禪偈，乃其少時習禪心態之流露也。

至京師，居長安西街，與文選郎佟珍為鄰。

王陽明全集卷二十九送紹興佟太守序：「成化辛丑，予來京師，居長安西街。久之，文選郎佟公實來與之鄰。」

按：王華時任翰林院修撰，翰林院在長安東街，天府廣記卷二十六翰林院：「翰林院，在東長安門外，北向，其西則鑾駕庫，東則玉河橋，元之鴻臚署也。正統七年四月，始建為院。」長安西街則多為京官居住之地。光緒順天府志京師志十三坊巷上：「西長安街，中有坊曰長安街，井一。街南曰河漕沿，下有枯渠，曰東溝……」明王世貞藝苑卮言：「崔子鍾好劇飲，嘗五鼓踏月長安街，席地坐。李文正（東陽）時以元相，朝天偶過早，遥望之曰：『非子鍾耶？』崔便趨至輿傍，揖曰：『吾師得少住乎？』李曰：『佳。』便脱衣行觴，火城漸繁始分手别。」明石珤熊峰集：「翰林編修李宗昜建亭於時雍坊居第之後，名曰午風，南城羅侍讀景鳴隸書其上。」……鄒守益王陽明先生圖譜云「一日，走長安街」，可見陽明確居長安街坊（即時雍坊），蓋王華居長安街乃是官舍，非僦居也。

居京師長安街，眼界大開，自是性格放逸，曠達不檢，喜好任俠，騎馬射箭，六博斗雞，常出入於佛道相卜之處。湛若水陽明先生墓誌銘：「初溺於任俠之習；再溺於騎射之習；三溺於辭章之習；四溺於神仙之習……」

黃綰陽明先生行狀：「性豪邁不羈，喜任俠……少喜任俠，長好詞章、仙、釋。既而以斯道為己任，以聖人為必可學而至，實心改過，以去己之疵……」

錢德洪陽明先生年譜：「先生豪邁不羈，龍山公常懷憂……先生接人故和易善謔，一日悔之，遂端坐省言。四子未信，先生正色曰：『吾昔放逸，今知過矣。』……」

徐愛傳習録序：「先生明睿天授，然和樂坦易，不事邊幅。人見其少時豪邁不羈，又嘗泛濫於詞章，出入二氏之說……」

吳肅公明語林卷九自新：「王伯安十一歲，奕奕神會，好走狗鬥雞六博，從諸少年遊。一日，入市買雀，與鬻雀者爭。相者異之，出錢市雀，送伯安曰：『自愛，自愛！異日萬户侯也。』伯安奮厲讀書，以經術自喜。」

褚人穫堅瓠集甲集卷一棋落水：「一人談王陽明幼時好棋，海日規之不止，遂將棋拋於水，陽明因作詩云：『象棋終日樂悠悠，苦被嚴親一旦丟。兵卒墮河皆不救，將軍溺水一齊休。馬行千里隨波去，象入三川逐浪遊。砲響一聲天地震，忽然驚起卧龍愁。』」

湛若水陽明先生墓誌銘：「長而任俠，未脱舊習。馳馬試劍，古人出入。變化屢遷，逃仙逃禪。……」

鄒守益集卷四叙雲山遐祝圖：「……方先生之幼失恃也，倜儻出常矩，龍山公欲夙其成，痛鈐勒之……」

呂柟涇野先生文集卷五壽誥封一品夫人王母趙内君六十序：「……柰陽明幼年倜儻，庭訓甚嚴，夫人曰：『此兒聰慧，後當大成。』……」

按：長安街乃是京師繁華熱鬧去處，佛剎道觀林立，三教九流雜聚，多有鬥雞走狗之輩，賣卦相命去處。少年陽明初來乍到，不免受京師花花世界習染。如長安西街一帶即有大興隆寺、五顯廟、文昌閣、土地廟、關帝廟、火神廟、馬神廟、張相公廟（河神）、城隍廟、鷲峰寺、靈濟宮、顯靈宮等等。其中如大興隆寺（又名雙塔寺），規模壯麗宏偉，為京城諸寺之最，譽為「第一叢林」，以至「帝親傳法稱弟子，公侯以下趨走如行童，改賜新額，樹牌樓曰『第一叢林』」。（明成祖實錄）陽明後來每次進京，多居大興隆寺，與湛甘泉講學。又如此城西城隍廟市，亦是京都廟市之最，孫國敉燕都遊覽志：「廟市者，以市於城西之都城隍廟而名也。西至廟，東至刑部街止，亘三里許。」廟市無奇不有，貨流通海外，劉侗於帝京景物略中有生動描述（卷四）。城隍廟市為三教九流、相卜巫祝、商販走卒、雜技戲耍、鬥雞玩鳥提供了最大交流活動市場，錢德洪、鄒守益稱少年陽明「走長安街，遇一相士」，「出遊市上」，必即指此等廟市寺觀去處也。錢德洪陽明先生年譜記叙陽明正德十六年歸餘姚省墓時，「鄉中故老猶執先生往跡為疑」，以至錢德洪須「乃排衆議」方能來執弟子禮。所謂「往跡」，即主要指陽明少時在餘姚及京師諸放逸不羈、荒唐不檢之行事也。

第100页

結識見素林俊兄弟。

王陽明全集卷二十七與林見素：「執事孝友之行，淵博之學，俊偉之才，正大之氣，忠貞之節，某自弱冠從家君於京師，幸接比鄰，又獲與令弟相往復，其時固已熟聞習見，心悅而誠服矣。第以薄劣之資，未敢數數有請……」

按：楊一清榮祿大夫太子太保刑部尚書見素林公俊墓誌銘：「……公俊名，待用字，見素其號……成化丁酉，舉於鄉。戊申，連得進士……授刑部主事，遷署員外郎……」（國朝獻徵錄卷四十五）是林俊成化十四年舉進士後即留京師任刑部主事，居長安街；至成化十七年王華中狀元任翰林院修撰，亦居長安街，兩人於是年比鄰相識。故陽明成化十八年入京來居長安街，即所謂「幸接比鄰」，遂得識林俊兄弟也。

一四八三　成化十九年　癸卯　十二歲

第101页

王華為少年陽明請塾師，讀書授經，收斂身心。鄒守益王陽明先生圖譜：「十九年癸卯，龍山公命就塾師。督責過嚴，先生鬱鬱不懌，伺塾師出，率同學曠遊。體甚輕捷，窮崖喬木，攀援如履平地。公知之，鎖一室，令作經書義，一時隨所授輒就，竊啟鑰以嬉。公歸，稽課無所缺。久而察而憂之。一日，走長安街，弄一黄雀，見衆擁聽相語，因失之，遂然相士鬚責償。相士償之，為之相曰：「鬚拂領，其時入聖境；鬚至上丹田，其時結聖胎；鬚至下丹田，其時聖果圓。」先生大笑，放其雀而歸。自是對書靜坐，思為聖學，而未得所入。公怪

問曰：「不聞書聲。」曰：「要做第一等事。」公曰：「舍讀書登第，又何事耶？」對曰：「讀書登第還是第二等事，為聖賢乃第一等事。」」

錢德洪陽明先生年譜：「明年，就塾師。先生豪邁不羈，龍山公常懷憂，惟竹軒公知之。一日，與同學生走長安街，遇一相士，異之曰：「吾為爾相，後須憶吾言：鬚拂領，其時入聖境；鬚至上丹臺，其時結聖胎；鬚至下丹田，其時聖果圓。」先生感其言，自後每對書輒靜坐凝思。嘗問塾師曰：「何為第一等事？」塾師曰：「惟讀書登第耳。」先生疑曰：「登第恐未為第一等事，或讀書學聖賢耳。」」

龍山公聞之，笑曰：「汝欲做聖賢耶！」」

黄綰陽明先生行狀：「公少從塾師讀書，出遊市上，與鬻雀者爭。有相者目而異之，以錢買其雀與公，送歸書館，謂塾師曰：「此子他日官至極品，當立異等功名。」因徧閲館中諸小生，第其官崇卑顯晦，後皆悉驗。」

按：今黄綰陽明先生行狀（王陽明全集卷三十八）缺此段，祇有「謂塾師曰：「此子他日官至極品，當立異等功名」」二句，上下敘述連接不起來，顯是有意刪節。茲據王世貞弇山堂別集卷二十九史乘考誤十中所引補。

觀黄綰所述，陽明乃是入塾館受學，故多有塾館同學生。

「塾師」，疑即吴伯通。按新刊陽明先生文録卷二書類中有陽明奉石谷吴先生書云：「生自壬子歲違函丈，即羈縻太學……居先生門下，為先生謀，則不宜致歎如此……且爾先伸數載間闊之懷，以請罪於門下。伏惟大賢君子……仍賜收録，俾得復為門下士，豈勝慶幸感激哉！」陽明自稱為「門下士」，則顯可見吴伯通為陽明少時業師。吴伯通字原明，號石谷，四川廣安人，亦當時一名儒。天順七年會試録：「第十五名，吴伯通，四川廣安州學增廣生，易。」嘉靖貴州通志卷九名宦：「吴伯通，弘治初，任按察使，明決剛毅，憲制嚴肅，尋暇，輒召郡學諸生講議經旨，多所發明

。政教兼舉，人共稱之。」按國榷卷四十一：「弘治元年二月壬寅，……廣西、貴州按察使許進、錢鉞為右僉都御史……」可見吳伯通在弘治元年二月來代錢鉞為貴州按察使。其從天順七年舉進士到弘治元年出任按察使，滯留京師二十餘年，其間或嘗被塾館聘為塾師。

白沙陳獻章應詔入京，居長安西街大興隆寺，與林俊、王華比鄰而居。林俊與白沙日日講學於大興隆寺中，少年陽明常往返出入於大興隆寺與林俊家中，對林俊與白沙兩人日日講學已熟聞習見。

國榷卷三十九：「成化十九年九月甲午，授貢士新會陳獻章翰林院檢討，許歸養。獻章弱冠舉鄉試，三上公車不遇，即師吳與弼。歸白沙，閉戶靜息十年，恍焉有得。游太學，祭酒邢讓使和楊時『此日不再得』詩，驚歎曰：『真儒復出矣！』羅綸、莊昶皆定交。給事中賀欽遂師之。南還，學徒益衆。廣東左布政使彭韶、巡撫右都御史朱英，各薦上。吏部以獻章聽選監生，檄致之入京。求回籍養母，特授檢討以歸。學者稱為白沙先生。」

阮榕齡編次陳白沙先生年譜：「成化十九年正月，白沙先生入京……三月三十日到京……九月初四日，奉旨……遂南歸。」

楊一清榮祿大夫太子太保刑部尚書見素林公俊墓誌銘：「……授刑部主事，遷署員外郎……陳白沙先生以薦至京，日與講學，大有所得。」（國朝獻徵錄卷四十五）

楊園集近古錄：「林司寇俊筮仕刑曹，陳白沙薦至京，公日與講學有得。」

林俊見素集附錄上編年紀略：「十八年壬寅正月，秩滿三載，敕進階承德郎，封父菊莊公如其官，母黄、配方，俱安人。與白沙陳獻章講明理學。獻章取至京師，久未有所處，公薦之尹冢宰旻，旻為具題，尋有檢討之命。……」

王陽明全集卷二十七與林見素：「執事孝友之行，淵博之學，俊偉之才，正大之氣，忠貞之節，某自弱冠從家君於京師，幸接比鄰，又獲與令弟相往復，其時固已熟聞習見，心悅而誠服矣。」

按：白沙是次應詔入京，在京待半載有餘，其所以能日日與林俊講論學問，蓋因白沙亦寓居長安西街之大興隆寺，與林俊、王華比鄰而居之故也。按張詡白沙先生行狀云：「先生不得已遂起，至京師……祭酒某先生，同省人也，素忌先生重名，及至京師，使人邀先生主其家。已而先生僦居慶壽寺某寓之後，因修述陰令所比誣先生，學士某（張元正）見之不平，為削去。」（陳獻章集附錄二）慶壽寺即大興隆寺，天府廣記卷三十八：「元慶壽寺，即雙塔寺。至元中建，今在西長安街……天順元年，禁大興隆寺僧，不許開正門鳴鼓……」光緒順天府志京師志十六：「金大慶壽寺，創於金章宗時……至正統中，王振重修，易名大興隆寺，又曰慈恩寺。」後來白沙作有懷故友張兼素回憶當年居京師情況云：「萬里長安看我病，夜闌兩馬出攜燈。如今只有西涯在，宿草江邊露滿塋。」（陳獻章集卷六）所謂「長安」即指長安街。由此可以確知白沙入京居在長安西街大興隆寺。前考林俊、王華亦住在長安西街大興隆寺畔，即陽明所云「幸接比鄰」，疑白沙先生行狀中所云「慶壽寺某寓」即指林俊寓所，蓋白沙居京師半載，若與林俊非比鄰而居，兩人斷不可能日日在一起講學。陽明云「幸接比鄰，又獲與令弟相往復」，即指陽明常往來出入於林俊兄弟家，多可見白沙與林俊兩人講論學問，日日耳聞目覩，故稱「已熟聞習見」也。林俊服膺白沙心學，講論

黃景昉國史唯疑卷三：「景泰初，勅大興隆寺不許開正門鳴鐘鼓，毀寺前『第一叢林』牌坊，及香爐旛竿……以寺在城西白虎方，不宜興旺，本陰陽家厭勝之說。稽寺初名慶壽，金章宗所創修。自王振費累鉅萬，既成，駕臨幸焉。」

多有得，故陽明對林俊「淵博之學」之「心悦而誠服」，實亦隱含了對白沙之學之心悦誠服。二十年後陽明作文高度評價「白沙先生學有本原，悳地真實，使其見用，作為當自迥別」（見下），如此心悦誠服即源於此時也；又五年後陽明入京師，亦寓居大興隆寺，與湛甘泉在大興隆寺中講學，蓋即有意仿當初白沙與林俊在大興隆寺中講學也。其實其時非惟陽明可見到白沙，王華更可見到白沙。蓋白沙是次應詔入都，海內矚目，抵京後，公卿大夫「日造其門數百，咸謂聖人復出」（阮榕齡編次陳白沙先生年譜）。王華任翰林修撰，白沙授翰林檢討，兩人豈會不見面？況王華與林俊關係密切，王華與白沙比鄰而居半年之久，豈能一無交往？更何況其時王華「心學」思想（見前引廷試卷）與白沙學相合，如今白沙萬里入京，王華與心學宗師密邇相居，兩人之間豈能一無講論交流？林俊後來在祭上宰王海日公中云：「某忝通家，道義薰炙。」（見素續集卷十一）所謂「道義薰炙」即指兩人在京比鄰而居時之往來講學交流，由此可以推斷當白沙與林俊在大興隆寺中日日講論時，王華亦必當來會也。白沙弟子湛甘泉在叙別中云：「陽明崇乎於白沙，白沙得之周、程。」（泉翁大全集卷十五）蓋已清楚揭出陽明與白沙之真實關係矣。

陳獻章集卷一書蓮塘書屋册後：「成化十九年春正月，予訪予友莊定山于江浦，提學南畿侍御上饒婁克讓來會予白馬庵，三人論學賦詩，浹辰而別。侍御之兄克貞先生與予同事吴聘君，予來京師，見克貞之子進士性及其高第門人中書蔣世欽，因與還往。居無何，侍御官滿來朝，予卧病慶壽寺，之數人者無日不在坐。師友蟬聯，臭味相似，亦一時之勝會也。侍御示予蓮塘書屋圖，山雲水石，竹樹陰翳，恍然若蓮塘之在目，藹然絃誦之聲盈耳也。予玩而樂之，謂侍御曰：地由人勝，不勝誰傳？周茂叔濯纓于濂溪而世濂溪，程叔子著書于龍門而世龍門，朱晦翁講道于考亭而世考亭，今婁氏居蓮塘宜世蓮塘。使蓮塘之名有聞于天下後世者，婁氏也。使婁氏有聞於天下後世者，婁氏自為之，非蓮塘也。蓮塘之遇，不其幸歟？濂溪以茂叔勝，龍門以叔子勝，考亭以晦翁勝，蓮塘以婁氏勝，古人今人無不同也。抑不知婁氏之所修而執之者，同於古人否歟？惡乎同乎？同其心不同其迹可也，同其歸不同其人可也。入者，門也；歸者，其本也。周誠而程敬，考亭先致知，先儒恒言也。三者之學，於聖人之道孰為邇，孰知之無遠邇歟？周子太極圖說：『聖人定之以中正仁義而主靜。』問者曰：『聖可學歟？』曰：『可。』『孰為要？』曰：『一為要。』一者，無欲也。遺書云：『不專一，則不能直遂；不翕聚，則不能發散。』見靜坐而嘆其善學曰：『性靜者，可以為學。』二程之得於周子也，朱子不言有象山也。此予之狂言也。婁氏何居焉？予以景泰甲戌遊小陂，與克貞先後至，凡克貞之所修而執之者，予不能悉也。書予說於蓮塘圖，侍御質諸克貞先生以為何如？」

同上，菊節後五日丁明府彦誠携酒來飲白沙賦補會：「此日還供酒，人情蓋亦難。暫隨明府醉，斷送菊花殘。極浦明秋日，臨流弄晚竿。遥憐張閫幕，相憶在長安。（去秋九日，與張兼素同飲慶壽寺）」（按：「長安」指長安街。）

按：婁諒字克貞，婁謙字克讓，婁性字原善。國朝獻徵録卷九十八四川左布政婁公謙：「公諱謙，字克讓，江西上饒人。成化丙戌進士，拜監察御史，督南畿學政。以躬行實踐為教，士類翕然風動。時中官汪直新幸，勢炙手可熱，公絕不與接，直甚銜之，使邏校文致其短，竟莫能得己。督北畿陜西學，其為教一如南都。弘治壬子，晋四川左布政使，提調鄉試，監臨者重其雅望，簾内外諸務盡歸之，以勞苦觸疾，卒。」

第108-1页

第108-2页

明清進士錄：「婁性，成化十七年二甲六十七名進士。江西上饒人。官至南京兵部武庫司郎中，與守太監蔣琮相識，坐除名。家有淵學，嘗輯太祖、太宗、宣宗、英宗五朝事，凡四百五十二條，成明政要，表進於朝。」婁諒與陳獻章同為吴與弼弟子。以陽明六年後即往蓮塘訪婁諒（見下）考之，陽明當亦是在成化十九年始識婁諒及婁謙、婁性等人，即在陳白沙應詔赴京居慶壽寺時。阮榕齡編次陳白沙先生年譜云：「其（吴與弼）門人最著者：胡居仁、陳獻章、婁諒……婁諒，字克貞，上饒人。少有志，絕學。聞吴與弼在臨川，往從之。一日，與弼治地，召諒往視，云：『學者須親切務。』諒素豪邁，由此折節，雖掃除之事必身親之。王守仁少時亦嘗受業於諒。」疑陽明即是在成化十九年在京受業於婁諒。陳白沙在慶壽寺日與學者講論「默坐澄心，體認天理」之學問大旨（主靜，靜坐，性靜，致知），陽明後來在弘治十八年亦立「默坐澄心，體認天理」為座右銘，作為與湛甘泉共倡「聖學」、共守「心學」之宗旨（詳見弘治十八年下考），尤可見白沙思想對陽明影響之深。

山陰貢生朱涎入京，與陽明相識。

王陽明全集卷二十五陳處士墓誌銘：「處士諱泰，字思易

……初，處士與同郡羅周、管士弘、朱張弟涎，以善交稱。成化間，涎以歲貢至京。某時為童子，聞涎道處士，心竊慕之。至是歸，求其廬，則既死矣。涎姪孫節與予遊，以世交之誼為處士請銘。……」

按：萬曆紹興府志卷三十一歲貢列成化十九年府學歲貢一人：「朱涎，訓導。學行為士所重，尤長於説理，士類多宗之。」

八月，介庵諸讓主考順天府鄉試，來見王華，以女許配陽明。

陽明祭外舅介庵先生文：「……公與我父，金石相期。公為吏部，主考京師。來視我父，他方兒嬉。公曰：『爾子，我女妻之。』公不我鄙，識我於兒。服公之德，感公之私。……」（姚江諸氏宗譜卷六）

按：陽明將諸讓以女妻之事叙在母鄭氏卒之前，則此諸讓「主考京師」必指成化十九年順天府鄉試，時諸讓任吏部郎中，故來主順天府鄉試。

諸讓，史書缺載。據姚江諸氏宗譜卷二載：諸讓字養和，號介庵，成化四年舉人，成化十一年進士（三甲第六十五名進士。歷任南京吏部文選司主事、吏部員外郎、吏部郎中，江西布政司左參議、山東布政司左參政。誥授中

大夫。配張氏，誥封淑人。諸讓有子縉、紘、緝、經，長女適王守仁，幼女配謝丕。側室周氏，生子績。諸讓正統己未七月生，弘治八年正月卒。按成化十一年進士登科錄：「諸讓，貫浙江紹興府餘姚縣官籍，國子生，治禮記。字養和，行十一，年三十七，七月十二日生。曾祖和仲，祖勝宗，父浩（封刑部主事）。母方氏（贈太安人），繼母葉氏。嚴侍下。兄諤、正（按察司僉事），詠、謙、諫（貢士），弟謐。娶張氏。浙江鄉試第三十四名，會試第五十六名。」

第109页

一四八四 成化二十年 甲辰 十三歲

二月，王華任廷試彌封官，陽明侍龍山公為考官，入場評卷。

楊一清海日先生墓誌銘：「甲辰，充廷試彌封官。」

陸深海日先生行狀：「甲辰，廷試進士，為彌封官。」

黃綰陽明先生行狀：「年十三，侍龍山公為考官，入場評卷，高下皆當。」

國榷卷四十：「成化二十年三月戊子朔，廷策貢士儲巏等三百人，賜李旻、白鉞、王敕等進士及第出身有差。」

陳白沙弟子東所張詡舉進士，與王華、陽明相識。陽明崇乎白沙之說從此始。

黃佐南京通政司左參議張公詡傳：「張詡字廷實……成化甲辰登進士……詡少從陳獻章講學，祖濂洛正派，為嶺南學者所宗，師友淵源，踐履純篤……詡嘗贊白沙遺像，有曰：『嗚呼噫嘻！大道堂堂，其顯也，鏡中鼻現；其隱也，海底金藏。』蓋其所見也類如此。」（國朝獻徵錄卷六十七）

按：張詡成化二十年中進士，時王華為廷試彌封官，陽明亦侍龍山公為考官，入場評卷。王華好心學，張詡可謂王華門生，王華、陽明當在是年與張詡相識。據陽明正德九年所作寄東所次前韻，弘治十八年張詡曾入京師將白沙先生全集贈王華、陽明，尤可見陽明與張詡早已相識（詳下）。蓋張詡可謂陽明生平最早相識之白沙弟子，自此陽明乃可從張詡接觸白沙之學矣。

湛若水泉翁大全集卷十五叙別：「甘泉生與友二人飲而別。其揚州推官鄭子伯興毅而和，黃州推官朱子守中（朱節）通而正……鄭子崇乎於白沙，而莫逆於予；朱子莫逆於予，而學自陽明。陽明崇乎於白沙，白沙得之周、程……」

第110-1页

按：湛若水此叙別作於正德六年。明以來學者皆謂陽明心學與白沙心學之間沒有直接之學脉淵源關係，找不到陽明崇信接受白沙心學思想之直接資料，殊不知甘泉湛若水早已道出陽明崇乎於白沙心學之真相，可謂石破天驚。蓋湛若水與張詡同為白沙弟子，相互熟識，故皆熟知陽明崇乎白沙心學之真況也。

第 110-2 頁

母鄭氏卒，諸讓致書來慰。

陽明祭外舅介庵先生文：「……憫我中年，而失其慈。慰書我父，教我以時。……」（姚江諸氏宗譜卷六）

錢德洪陽明先生年譜：「成化二十年甲辰……母太夫人鄭氏卒。居喪哭泣甚哀。」

陸深海日先生行狀：「先生元配贈夫人鄭氏……壽四十九，先先生三十六年卒……始鄭夫人殯郡南之石泉山，已而有水患，乃卜地於天柱峰之陽而葬先生焉。」

楊一清海日先生墓誌銘：「初配贈夫人鄭氏……壽四十一，先公三十六年卒……初鄭夫人祔葬穴湖，已而改殯郡南石泉山。石泉近有水患，乃卜今地（徐山）葬公云。」

錢德洪陽明先生年譜：「嘉靖二年九月，改葬龍山公於天柱峰、鄭太夫人於徐山……鄭太夫人嘗祔葬餘姚穴湖，既改殯郡南石泉山，及合葬公，開壙有水患，先生夢寐不寧，遂改葬。」

按：行狀與墓銘叙鄭氏年齡大異有誤。若鄭氏卒時四十九歲，時王華祇三十九歲，不可思議；又若鄭氏卒時四十九歲，則其成化八年生陽明時已三十六歲，其結婚時已三十五歲，亦不可思議。故正確說法或是壽四十一，先王華三十九年卒。然仍有疑問，即鄭氏年齡仍比王華大，何耶？

第 110-3 頁

或是王華少時家貧晚婚，靠當塾師養家糊口，乃娶一比己年齡大之女子；後來卒不將鄭氏與王華祔葬，或即因此緣故耶？姑記疑於此。

鄭氏初葬餘姚穴湖，則是年王華與陽明當均嘗歸餘姚，然均不守葬守孝，王華即娶繼室、側室，亦令人不解。餘姚鄉里故老執陽明「往跡」為疑，或即指此類事耶？

一四八五　成化二十一年　乙巳　十四歲

王華娶繼室趙氏、側室楊氏。

陸深海日先生行狀：「繼室趙氏，封夫人。側室楊氏。子四人：長守仁，鄭出，南京兵部尚書，封新建伯；次守儉，楊出，太學生；次守文，趙出，郡庠生；次守章，楊出。一女，趙出，適南京工部都水郎中同邑徐愛。」

呂柟涇野先生文集卷五壽誥封一品夫人王母趙內君六十序：「誥封一品夫人王母趙內君者，南京吏部尚書致仕、進封新建伯龍山先生餘姚王公之配，今新建伯、南京兵部尚書陽明伯安公之繼母也。六月十六日，夫人懸帨之期，是年蓋甲子一周矣。陽明之門人錢進士寬與其同志者走狀問壽，錢進士曰：「夫人受性孝謹，年甫及笄，不出閨閣，異姓兄弟鮮見其面，有古閨門之肅焉。既歸龍山先生，恭順日茂，相待如賓友，有古饁耨之敬焉。妾媵雖衆，恒事績紡，諸子勸沮，愀然不樂，深示戒辭，有古主績之儉焉。人苟非己子，絜蘆而守，奈陽明幼年倜儻，庭訓甚嚴，夫人曰：「此兒聰慧，後當大成。」委曲保育，無所不至，不慈而能之乎？苟欲利己，分荆而鬥禽，伯叔早逝，遺孤咸幼未大，夫人念之不置也，乃携入京師，撫若己出，不義而能之乎？苟欲私國，攝隱以俟桓，龍山先生為少宗伯時，例應蔭子入監，時守文幼，守儉雖長，庶出也，先生欲遲之，以屬守文，夫人曰：「守儉獨非吾子耶？」不公而能之乎？……」

鄒守益集卷四叙雲山遐祝圖：「……方先生之幼失恃也，倜儻出常矩，龍山公欲夙其成，痛鈐勒之；而委曲開諭，使充其量也，其慈慧有如此者。伯仲遺孤煢然，岑太夫人所閔也，携入京邸，分俸，俾自樹，以順適姑志，其孝愛有如此者。守儉，庶出也，而長；守文，夫人出也，而幼；蔭子之典，首以與儉也，其公有如此者。先生官南都，與學者講明先王之道，守文尚幼，亟遣游學焉，其深識有如此者。徐曰仁，志士也，以女女之，後為虞部郎，有令名，其卒也，撫女館粲之，立孤以續其祀，其明斷有如此者。初相龍山公為冢宰，繼以先生功，進開國一品之封，貴盛，逾四年矣，恒不廢紡績，以為子婦先，驕奢之戒，凜然斧鉞，其謙虛有如此者。……」

陸深《儼山集》卷四十《壽王母趙太夫人七十序》：「浙水之東，姚江之上，有壽母曰趙太夫人，先南京吏部尚書龍山先生王公之配，新建伯、兵部尚書守仁之繼母，今鄉進士守文之母也。行太常寺卿兼翰林學士陸深，於龍山公為鄉試座主，亦嘗從陽明游，而守文則督學時所校士，視太夫人猶母也。太夫人進封一品，今年壽七十，守文自京闈取捷，名在魁選，春試畢歸，及六月十六日初度之辰，謀捧觴而問壽於深。深憶往歲癸巳之春，持憲東巡，拜太夫人於紹興之里第。時太夫人出坐中堂，冠服雅飭，肅然語家門三數事，徐牽守文而囑之曰：『是兒或可教，以毋忘先尚書之德。』則又愀然曰：『守仁孤幼，老眼在望門户，事倘可經理，以無忘新建伯之功。』深唯唯，乃退自後寢，步履康和，神情安裕，有深思長慮之風，

有凝和兆祥之氣。深再拜堂下，跂而俟其逾閾，出而嘆曰：此天下之賢母也，亦天下之壽母也！是時蔡提學僉憲宗兗、汪提學應軫、鄭大行寅（時尚為貢士）與徐貢士建俱以宗親侍，郡守縣令、軍衛黌校之士皆從傍觀如堵，一時感動，摵摵有聲，非太夫人之賢，而能若是乎？初，尚書公例當蔭子，時守文有庶兄守儉，太夫人亟推與之，曰：『恩當自長受。』坐是守文居鄉校者數年，不與薦名。晚乃從太學得列天子畿內之英，為翰林先生之高弟子，使天下拭目而觀之，曰：『是狀元冢宰之子，而會魁勳臣之弟，不又將繼踵而起矣乎？』一時京師亦復感動有聲，非太夫人之賢，而能若是乎？閫德懿範，見於呂宗伯、鄒太史、姚學士之所敘述，皆可咏歌，又有他人之所不及知者尚衆，然即此二事，亦可以為太夫人壽矣。今守文歸，即深之辭以為祝，太夫人聞之，其有不樂乎？樂則壽不可量矣。深又聞之，賢於一鄉者，必享一鄉之福；賢於一方者，必享一方之福；賢於天下者，必享天下之福。今天下之廣，不知如太夫人者有幾人乎？有之，足以享天下之福矣。夫享福莫大乎得壽，使太夫人得壽，蓋天下是享；享以天下，而守文之心可慰也。守文行矣，書以為□。」

按：鄒守益敘雲山遐祝圖云「吾師陽明先生奉王命以殷南服」，乃指嘉靖七年陽明赴兩廣征思、田，知鄒守益、呂柟序皆作於嘉靖七年，嘉靖七年為趙氏六十壽辰。陸深序中云「守文自京闈取捷，名在魁選，春試畢歸」，按王守文嘉靖十六年舉鄉試（見萬曆紹興府志卷三十二舉人），次年赴會試，即所謂「春試畢歸」，知陸深此序作於嘉靖十七年，嘉靖十七年為趙氏七十壽辰。由此可知趙氏生於成化五年，成化二十一年嫁王華時方十七歲，時陽明已十四歲，二年後即結婚，故錢德洪謂趙氏對幼兒陽明「委曲保育，靡所不至」，恐系誇飾之辭。至於王圻稗史彙編卷八十九有陽明計化後母，馮夢龍編智囊全集雜智部有術制繼母等，更是荒誕無稽之説矣。

一四八六　成化二十二年　丙午　十五歲

在塾館受教。

出遊居庸三關，慨然有經略四方之志，經月始返。

第115頁

錢德洪陽明先生年譜：「先生出遊居庸三關，即慨然有經略四方之志，詢諸夷種落，悉聞備禦策，逐胡兒騎射，胡人不敢犯。經月始返。」鄒守益王陽明先生圖譜：「二十二年丙午，先生潛遊三關，經月不返。悉知諸夷種落及造堡備禦之策，逐胡兒騎射，慨然欲經略四方。」

按：「居庸三關」指居庸關、將軍石關、馬蘭峪關三關。明史卷三百二十八瓦剌：「（成化）二十二年，韃靼別部那孩擁三萬衆入大寧、金山，涉老河，攻殺三衛頭目伯顏等，掠去人畜以萬計。三衛乃相率携老弱，走匿邊圉。邊臣劉瀞以聞，詔於芻糧優卹之。」事傳入京中，陽明或即受此事激發，出赴居庸三關考察邊備之策。

夢中謁馬伏波廟，題辭賦詩。

董穀董漢陽碧里後集雜存銅柱夢：「陽明先生既受廣西田州之命，自言曰：『吾少時常夢至馬伏波廟，題之云：「銅柱折，交趾滅，拜表歸來白如雪。」又夢題詩云：「拜表歸來馬伏波，早年兵法鬢毛皤。雲埋銅柱雷轟折，六字銘文永不磨。」不意今有此行。』乃嘉靖四年（按：當作六年）一秋也。逾年功成，而疾亟矣。屢表乞致，不許，遂促歸。至南雄府（按：當作南安府）青龍鋪水西驛而卒。

第116頁

事聞，上怒，爵廕遂尼至今，夢之驗也如此。」

王陽明全集卷二十夢中絕句：「此予十五歲時夢中所作。今拜伏波祠下，宛如夢中。茲行殆有不偶然者，因識其事於此。

卷甲歸來馬伏波，早年兵法鬢毛皤。雲埋銅柱雷轟折，六字題詩尚不磨。」

鄒守益王陽明先生圖譜：「二十二年丙午……夢南征，謁馬伏波廟，題詩曰：『卷甲歸來馬伏波，早年兵法鬢毛皤。雲埋銅柱雷轟折，六字題文尚不磨。』及征田州，果驗。」

錢德洪陽明先生年譜：「一日，夢謁伏波將軍廟，賦詩曰：『卷甲歸來馬伏波，早年兵法鬢毛皤。雲埋銅柱雷轟折，六字題文尚不磨。』」

按：諸家之說有異，唯董穀言陽明又作有題辭。按董穀亦陽明弟子，其於嘉靖四年隨其父蘿石董澐來紹興問學受教，陽明與其談論尤多，其董漢陽碧里後集中疑存、雜存記録甚多陽明語録與陽明之事，皆得自在紹興親耳所聞。此「銅柱夢」條記在嘉靖六年，謂是陽明所「自言」，早於錢德洪編撰陽明先生年譜與編集陽明先生文録，當屬可信也。

時畿內石英、王勇亂起，屢欲上書宰輔，請於朝往征之。

第117頁

王華力止之。

黃綰陽明先生行狀：「畿內石英、王勇，湖廣石和尚之亂，為書將獻於朝，請往征之。龍山公力止之。」

鄒守益王陽明先生圖譜：「時石英、王勇亂畿內，石和尚、劉千斤亂湖湘，輒為書上宰輔，及請於朝往擒之。龍山公怒而止。」

錢德洪陽明先生年譜：「時畿內石英、王勇盜起，又聞秦中石和尚、劉千斤作亂，屢欲為書獻於朝。龍山公斥之為狂，乃止。」

按：諸家謂其時石和尚、劉千斤亂湖湘，誤甚。王世貞弇山堂別集卷二十九史乘考誤十：「衍狀與年譜俱云公少有大志，湖廣有石和尚、劉千斤之亂，輒為書欲獻之朝，請自討之。其父龍山公禁之，乃止。而譜則係於十五歲下。按石和尚、劉千斤以成化丙戌作亂，至明年滅；又五年而為壬辰，公始生。前所云云，大可笑也。」按石和尚、劉千斤之亂在成化元年至成化五年之間，詳可見憲章類編卷三十「各省寇盜」及國榷卷三十四、三十五。

學宋儒格物之學，遍求朱熹遺書讀之，思格天下之物。一日格庭前竹子，七日不得其理，勞思致疾。遂自委聖賢有分，乃轉就辭章之學與科舉之業。

第118頁

部永春皇明三儒言行要録陽明先生要録卷二語録下：「某年十五六時，便有志聖人之道，但於先儒格致之說，若無所入，一向姑放下了。一日，寓書齋，對數莖竹，要去格他理之所以然，茫然無可得，遂深思數日，卒遇危疾，幾至不起。乃疑聖人之道恐非吾分所及，且隨時去學科舉之業。既後心不自已，略要起思，舊病又發，於是又放情去學二氏之學。……（右續傳習録）」

按：此條語録原出續傳習録，由黃直（以方）於嘉靖中所記。今存黃直輯陽明先生遺言録下中有此條語録，「數莖竹」誤作「數笙竹」。

傳習録卷下：「衆人只說格物要依晦翁，何曾把他的說去用？我着實曾用來。初年，與錢友同論做聖賢，要格天下之物，如今安得這等大的力量？因指亭前竹子，令去格看。錢子早夜去窮格竹子的道理，竭其心思，至於三日，便致勞神成疾。當初說他這是精力不足，某因自去窮格。早夜不得其理，到七日，亦以勞思致疾。遂相與嘆聖賢是做不得的，無他大力量去格物了。……」

按：此條語録亦黃直所記，與前一條語録所述乃同一事。錢友同，無考，當為其時陽明在塾館同學。

錢德洪陽明先生年譜：「先生始侍龍山公於京師，遍求考亭遺書讀之。一日，思先儒謂『衆物必有表裏精粗，一草一木，皆涵至理』，官署中多竹，即取竹格之，沉思其理不得，遂遇疾。先生自委聖賢有分，乃隨世就辭章之學。」

按：此條錢德洪叙於弘治五年之下，乃是回憶追叙，非謂格竹事在弘治五年也。錢德洪先云「是年（弘治五年，在越），為宋儒格物之學」；然後追叙陽明成化間在京師格竹事。二事所叙了了分明。所謂「侍龍山公於京師」，即指成化十八年至二十三年陽明在京師侍王華、入塾館受學之時。錢氏於此實揭示了陽明早年一段思想曲折變化歷程：成化十八年，陽明入京師，讀宋儒書，要學做聖賢，以讀書學聖賢為第一等事，以科舉登第為第二等事；至成化二十二年，因格竹致疾失敗，懷疑宋儒格致之學，自以為做聖賢無分，求聖人大道無得，遂轉就辭章之學與科舉之業；至弘治五年，舉浙江鄉試，乃又轉為宋儒格物之學，即所謂「舊病又發」，直至又放情去學二氏之學也。

一四八七　成化二十三年　丁未　十六歲

在塾館受學。

二月，王華充會試同考官。

陸深海日先生行狀：「丁未，充會試同考官。」

成化二十三年會試録：「同考試官：翰林院修撰、儒林郎王華，德輝，浙江餘姚縣人，辛丑進士。」

國榷卷四十：「成化二十三年二月丁丑，太子少保、兵部尚書兼翰林學士尹直，右春坊右諭德吴寬，主禮闈。」

按：是科得人尤多，如文森、石瑶、劉春、吴廷舉、李堂、楊子器、楊廉、羅玘、費宏、夏鍭、傅珪、蔣冕、潘府等，皆因王華任是科同考試官（座主）而同王華、陽明相識，關係密切。

八月十九日，憲宗卒。九月六日，孝宗即位。

國榷卷四十一：「成化丁未八月，戊辰朔。戊子，憲宗賓天。己丑，頒遺詔。甲午，禮部右侍郎倪岳等卜山陵。九月丁酉朔。壬寅，上即皇帝位，大赦。」

陽明結束塾館學業，歸居餘姚。

按：錢德洪陽明先生年譜謂陽明弘治元年己「在越」，則陽明當是在成化二十三年冬間自京歸餘姚。蓋陽明在京

師塾館受學已滿五年，是年憲宗卒，新帝即位，明年改年號，王華欲想蔭一子入監以讓陽明踏入仕途之望遥遥無期，故乃遣陽明歸餘姚，蓋欲其從正常科舉入仕也。按其時陽明已自認做聖賢無分，隨世轉就科舉之業。然陽明民籍在餘姚，故其唯有回餘姚，作為餘姚縣學諸生參加浙江鄉試，才能脱穎而出，踏上仕途。此即是王華忽於是年遣陽明歸餘姚之真正原因。稍後吴伯通在弘治三年來任浙江提學副使，陽明遂得以餘姚縣學諸生身份參加浙江鄉試高中矣（見下）。

一四八八　弘治元年　戊申　十七歲

閏正月，王華與修憲宗實録，充經筵官。

陸深海日先生行狀：「弘治改元，與修憲廟實録，充經筵官。」

國榷卷四十一：「弘治元年閏正月戊辰，修純皇帝實録。太傅英國公張懋監修；少傅、大學士劉吉，尚書徐溥，禮部右侍郎劉健，總裁；禮部尚書丘濬，吏部右侍郎楊守陳，少詹事兼翰林侍講學士汪諧，副總裁；程敏政等，纂修。召南京翰林侍讀曾彥、楊守阯，予告諭德林瀚，侍講謝鐸，編修張元禎、江瀾，宅憂侍講學士李東陽，右諭德陸簡，編修梁儲、劉忠、鄧焲、張天瑞，檢討楊時暢；東陽俟服除至。……二月辛酉，敕太傅、英國公張懋，少傅、大學士劉吉，知經筵事；大學士劉健，同知經筵事；禮部右侍郎倪岳，少詹事汪諧、程敏政，太常寺少卿兼翰林侍讀傅瀚、陸釴、周經，祭酒費誾，左庶子兼侍讀學士李傑，左庶子兼侍讀張昇、謝遷、吳寬，右庶子兼侍講董越、王臣，直經筵侍講；太傅、保國公朱永，襄城侯李瑾，太子太保、吏兵部尚書王恕、余子俊，户部尚書李敏，太子少保、禮部尚書周洪謨，署太常寺、太子少保、禮部尚書劉岌，署詹事府、禮部尚書丘濬，工部尚書賈俊，左都御史馬文升，署通政司、工部右侍郎謝宇，大理寺卿馮貫，侍班；侍講王鏊，修撰王華、李旻，編修張澯、楊傑、劉忠、于材、徐鵬，展書。」

江西參議諸讓書來招親。

陽明祭外舅介菴先生文：「弘治己酉（按：當作戊申），公參江西。書來召我，我父曰：咨，爾舅有命，爾則敢遲。甫畢姻好……」（姚江諸氏宗譜卷六）

七月，親迎夫人諸氏於洪都。

黄綰陽明先生行狀：「年十七，至江西，成婚於外舅養和諸公官舍。」

錢德洪陽明先生年譜：「弘治元年戊申，先生十七歲，在越。七月，親迎夫人諸氏於洪都。外舅諸公養和為江西布政司參議，先生就官署委禽。」

黄綰陽明先生行狀：「配諸氏，參議養和公諱某女，不育。撫養族子曰正憲。」

按：所謂「官舍」、「官署」，指江西布政使司。南昌郡乘卷五官署：「江西布政使司，在章江門内，即明初南昌府治也。司治舊在子城内，宋隆興府、元行中書省故址。永樂元年

，以其地創寧府，遷司治於今處。正中帥正堂，後有經濟
堂，在紫微樓之南。公堂左為經歷司，右為照磨所。儀門
外之東為理問所，紫微樓北廨四，左布政使、右布政使、糧
儲道、守南道居焉。其理問、副理問、司獄、司廨，俱在理
問所內。經歷、都事、照磨、檢校，俱在儀門外之西。前為
同門，有樓街，左有攬秀樓，右有辯章樓（即章江門）」。
陽明只身赴南昌，於布政司官署中完婚，匪夷所思；其居
官署一年半，至弘治二年十二月方迎親歸，亦匪夷所思。疑陽
明是沈赴南昌，實是諸讓招親，而非迎親，故黃綰云「成婚於外舅養
和諸公官舍」，錢德洪「親迎」云云，恐係掩飾之詞。

成婚之日，走入鐵柱宮，與道士談養生之道，對坐忘歸
，次早始還。
錢德洪陽明先生年譜：「合卺之日，偶閑行入鐵柱宮，遇
道士趺坐一榻，即而叩之，因聞養生之說，遂相與對坐
忘歸。諸公遣人追之，次早始還。」
按：董穀董漢陽碧里後集雜存中鐵柱老僧云：「陽明先生
壯年受室時，以婦翁宦江西，因往焉。一日，獨遊鐵柱觀，至
一靜室中，見一老僧，坐與語相得。僧乃出書一編，授先生
而別，且曰：『三十年後再相見。』後平宸濠，入洪都，復往遊
焉。老僧尚在，以詩遺先生曰：『三十年前曾見君，再來消

息我先聞。君於生死輕毫末，誰把綱常任半分？窮海也
知欽令德，老天應未喪斯文。東歸若到武夷去，千載香
燈鎖白雲。』先生亦有和章，今失記。昔所授編，亦竟不知
何書也」。按董穀全本陸相陽明山人浮海傳立說，而陽明山
人浮海傳乃出陽明口授而作，所叙事全屬子虛烏有，皆為
陽明所虛構（詳見正德二年下考）。錢德洪所述，顯亦本自
陸相陽明山人浮海傳與陽明遊海詩，亦不足憑信。故謂陽
明在南昌一日入鐵柱宮與道士談道容或有之，謂陽明新婚之夜
入鐵柱宮與道士（僧人？）談道忘歸，次日被諸讓遣人追還
云云，皆誇飾虛妄之說也。

鐵柱宮在南昌城南，中有鐵柱，為奉祀淨明道派創始人許
遜（旌陽）而建，又名萬壽宮。南昌郡乘卷九：「妙濟萬壽
宮，在廣潤門左，故子城之南。晉建，祀旌陽令許真君
遜。宮左有井，與江水相消長。中有鐵柱，許旌陽所鑄，
以鎮蛟螭之害。唐咸通中，額曰鐵柱觀。宋大中祥符二年
，賜名景德觀。政和八年，改延真觀。嘉定間，御書額鐵
柱延真之宮」。明初壬寅春，駕至龍興，過鐵柱觀。嘉靖
間，賜今名。」談遷棗林雜俎卷六名勝引陸儼山豫章漫抄
云：「南昌鐵柱宮，東南隅方丈甃池，作石欄，鐵柱微露，
乃石耳，非鐵也。」蓋許旌陽鑄鐵柱亦傳說也。淨明道乃是

以南昌西山為中心、以倡行孝道為特徵之一大道派，該派吸收靈寶齋法，又重修煉法術，故為青年陽明所耽迷。陽明早年學仙好道之路徑由此可見。

在布政司官署讀書習字，書法大進。

錢德洪陽明先生年譜：「官署中蓄紙數篋，先生日取學書，比歸，數篋皆空，書法大進。先生嘗示學者曰：『吾始學書，對模古帖，止得字形。後舉筆不輕落紙，凝思靜慮，擬形於心，久之始通其法。既後讀明道先生書曰：「吾作字甚敬，非是要字好，只此是學。」既非要字好，又何學也？乃知古人隨時隨事只在心上學，此心精明，字好亦在其中矣。』後與學者論格物，多舉此為證。」

一四八九　弘治二年　己酉　十八歲

在南昌，學懷素字，臨懷素自叙帖於茶鐺書齋。

陽明書懷素自叙帖：「懷素家長沙，幼而事佛，經禪之暇，頗好筆翰。然恨未能遠睹前人之奇迹，所見甚淺。遂擔笈杖錫，西游上國，謁見當代名公，錯綜其事。遺編絕簡，往往遇之，豁然心胸，略無疑滯。魚箋絹素，多所塵點，士大夫不以為怪焉。顏刑部書家者流，精極筆法，水鏡之辯，許在末行。又以尚書司勳郎盧象、小宗伯張正言曾為歌詩，故叙之曰：『開士懷素，僧中之英，氣概通疏，性靈豁暢，精心草聖，積有歲時，江嶺之間，其名大著。』故吏部侍郎韋公陟，睹其筆力，勖以有成。今禮部侍郎張公謂，賞其不羈，引以游處。兼好事者，同作歌以贊之，動盈卷軸。　弘治二年，伯安王守仁臨僧懷素書於茶鐺書齋。」（陽明此書真迹在說寶網上公布）

按：陽明此書乃在洪都練習書法之作，「茶鐺書齋」當是其外舅諸讓之書齋。陽明居洪都一年有半載，日日練字，書法大進，即以此書為標志矣。觀此書乃臨蘇本自叙帖，得懷素狂逸之氣，尤可見陽明少時好佛老，不僅學懷素狂逸之書，更學懷素狂逸之人。陽明後來將弘治五年至正德元年宦遊京師所作詩文取名「上國游」，即本自懷素所謂「西游上國，謁見當代名公，錯綜其事」，可見懷素對陽明影響之深。

王華秩滿九載，當遷官，聞竹軒疾，遂移病不出。

陸深海日先生行狀：「己酉，秩滿九載，當遷。聞竹軒疾，即移病不出。當道使人來趣，親友亦交勸之且出遷官，若凶聞果至，不出未晚也。先生曰：「親有疾，已不能匍匐歸侍湯藥，又逐逐奔走為遷官之圖。須家信至，幸而無恙，出豈晚乎？」竟不出。」

楊一清海日先生墓誌銘：「己酉，滿九載，以竹軒公憂去……公性至孝，初，竹軒公病報至，當道以不受當遷官，宜出受新命，公卧家不出，日憂懼不知所為。踰月，訃始至……」

按：行狀稱「庚戌正月下旬，竹軒之訃始至」，以「踰月」算，則竹軒疾在十一月。

十二月，偕夫人諸氏歸餘姚。

錢德洪陽明先生年譜：「十二月，夫人諸氏歸餘姚」。

舟過廣信，拜謁一齋婁諒，教以宋儒格物之學，深契於心。

黃綰陽明先生行狀：「明年，還廣信，謁一齋婁先生。異其質，語以所當學，而又期以聖人，為可學而至，遂深契之。」

錢德洪陽明先生年譜：「是年，先生始慕聖學。先生以諸夫人歸，舟至廣信，謁婁一齋諒，語宋儒格物之學，謂『聖人必可學而至』，遂深契之。」

湛甘泉陽明先生墓誌銘：「志學踰二，廣信館次，婁公一

言：聖學可至。」

夏尚樸夏東巖先生文集卷五婁一齋先生行實：「先生諱諒，字克貞，姓婁氏，號一齋，世為廣信上饒人。幼有異質，弱冠，慨然有志於道。聞聘君吴康齋講學小陂，往從之遊。康齋一見器之，謂：『學者須帶性氣。老夫聰明性緊，賢友亦聰明性緊，小兒㻞聰明而性氣不逮賢友。』先生豪邁，不屑世務。康齋一日填地栿，召謂之曰：『學者須親細務。』由是益加下學之功。在館中，雖掃除之事必親，不以責備家僮。年若干領鄉薦，自以學不足，不急於仕，退而藏諸於家，往來師門者十有餘年。後為父兄強赴會試，至三衢，登舟風逆，飄然以歸。家人訝之，先生慰之曰：『此行非惟不中，必有奇禍。』未幾，春闈果災，死者不可勝計。由是皆其有神見。某年，以乙榜授成都府學訓導，先生嘆曰：『是殆天玉成吾也。』乃攜妻子赴任。朱子語録未刻，獨康齋族中有古刻一部，先生遣家人攜白金一斤購求未得，遂假以歸，募人抄完，攜往舟中翻閲，謂：『吾道盡在此矣！』到任兩閱月，即謝病而歸。因號病夫，杜門却掃，足跡不履公門，與弟蓮塘先生輩日以講學為事。時先生聲聞已著，前後郡守皆知其賢，往往偕僚佐候之，先生皆不報謁，惟俟其初至及

解任去時，往途次一拜而已。先生之學，以主敬窮理為主。早起，深衣幅巾拜於家廟。出御廳事，受家人諸生揖，唯二蒼頭侍焉。內外肅然，凜若朝廷，雖達官貴人至者，必整飾襟裾而入。應接之暇，即翻閱古書，有至言格論契於心者，吟諷不已，悉用朱筆圈點，紙弊墨渝，不能去手，至夜深，方入內寢，未嘗頃刻少懈。嘗謂：「孔子佩象環，取中虛之意。」因製象環佩之，終日不去身。或者謂：「非孔子意，然能虛中無我，如先生者，其去子絕四者幾矣，孰謂非孔子意耶？」議論慷慨，善開發人，聽者忘倦，賢士大夫有道信者，必造其廬請教，至

有終日不忍去者。先生雖退老於家，然愛君憂國甚誠切。每讀邸報，見行一善政，用一善人，則喜動顏色；若事有病於政治之大者，必憂形於色。不啻身立其朝，目擊其弊……歲有旱潦蝗蟲之災，先生憂嘆不已，籲天祈禱，輒有響應。樂道人善，鄉鄰有為不義，如迎神、搬戲、划船及建齋醮之類，必痛加禁止……先生之學，不事辭章之末，所作詩文，皆攄發胸中之蘊，取其達意而止。名寫心集，成化丁亥，始有日錄冊子紀其為學工程，間有所得，輒書數語其上，平正明白，多有補於世教……」

按：夏尚樸所謂「賢士大夫有道信者，必造其廬請教，至有終日不忍去者」，即包括陽明。又夏東巖先生文集卷五冰溪婁先生墓誌銘：「冰溪諱忱，字誠善。其先信陽人，元季有諱子福者，逃難南奔，遂家上饒之盈濟坊……父諱諒，字克貞，……國母之喪，類受衰服，獨冰溪以吊服從事，力陳古義卻之，幾為宸濠捶挫以死，賴都憲王陽明救解得免。」是婁諒、婁忱居上饒盈濟坊，陽明拜謁婁諒即在盈濟坊，婁忱或亦在焉。

經東陽，游萬松窩，有詩詠。

陽明萬松窩：「隱居何所有？云是萬松窩。一徑清影合，

三冬翠色多。喜無車馬跡，射兔麂鹿過。千古陶弘景，高風滿浙阿。」（道光東陽縣志卷二十六）

按：萬松窩為陶弘景在東陽隱居之地，東陽西峴門外水竹塢有萬松灣，道光婺志粹稱王陽明父王華微時在東陽任塾師，有小桃源詩諸作；仕顯後復來訪，陽明亦來游（見前引）。此詩云「三冬翠色多」，作在冬間，則當是陽明是年冬自南昌歸經東陽時所作。

十二月下旬，歸至餘姚。祖竹軒翁卒。

楊一清海日先生墓誌銘：「己酉，滿九載，以竹軒公憂去。」

陸深海日先生行狀：「己酉……聞竹軒疾，即移病不出……庚戌正月下旬，竹軒之訃始至，號慟屢絶，即日南奔……」

按：據此，知竹軒卒在十二月歲末，至次年正月訃至京，王華奔喪歸。按竹軒始疾在十二月，陽明乃是聞竹軒疾遂自南昌歸餘姚，居秘圖山王氏故居（時瑞雲樓已租賃於錢蒙），當親侍竹軒翁疾也。

一四九〇　弘治三年　庚戌　十九歲

正月，王華自京奔喪回餘姚，葬竹軒於穴湖山。

陸深海日先生行狀：「庚戌正月下旬，竹軒之訃始至，號慟屢絶。即日南奔，葬竹軒於穴湖山，遂廬墓下。墓故虎穴，虎時時群至。先生晝夜哭其傍，若無睹者。久之益馴，或傍廬卧，人畜一不犯，人以為異。」

按：穴湖在餘姚治山，萬曆紹興府志卷七：「穴湖，在縣東十里。夏侯曾先地志：是時，望氣者鑿斷山，因以名湖。水經：穴湖之水，沃其一鄉，并為良疇。」光緒餘姚縣志卷八：「穴湖，在治山一都，周七頃四十五畝二角四十步。東西南三面距山，北限本湖之塘，灌田三十頃。」蓋王華以為穴湖風水寶地，未被鑿破，故選為墓葬之地。

與姑父牧相、從叔王冕、王階、王宮同受王華家教課業，講析經義，勤讀經子史書。

錢德洪陽明先生年譜：「明年，龍山公以外艱歸姚，命從弟冕、階、宮及妹婿牧相，與先生講析經義。先生日則隨衆課業，夜則搜取諸經子史讀之，多至夜分。四子見其文字日進，嘗愧不及，後知之，曰：『彼已遊心舉業外矣，吾何及也！』先生接人故和易善謔，一日悔之，遂端坐省言。四子未信，先生正色曰：『吾昔放逸，今知過矣。』自後四子亦漸斂容。」

按：王華早年微時多任子弟師，童蒙課業。是次丁艱歸餘姚，守喪之餘，實即設教課督王氏宗人子弟，講經論學，習舉業。自是陽明居秘圖山王氏故居，受王華家教課業三年，收斂身心，乃在弘治五年舉鄉試矣。

牧相，陽明姑父，與陽明同學同年。王華以妹妻之約在其時。萬曆新修餘姚縣志卷十七：「牧相，字時庸。少受業於王尚書華，華器異之，與文成公同學。弘治己未，遂同舉進士，授南兵科給事中。武宗初政，奄瑾竊柄，言者禍且不測，相遣其室奉母歸，偕言官戴銑、薄彥徽等疏瑾不法數十事，忤旨，械繫至京，廷杖四十，絕而甦，下錦衣獄。文成時為刑部主事，上疏申救，並繫獄。三月，相褫職為民，文成謫龍場。相歸而孝養其母，課子授徒。聞民間有利病，則走白有司，行罷之。非是，徒門不出也。瑾誅，詔復其官。尋遷廣西參議，除書至，而相已卒三日矣。家貧，口葬十餘年，有孝廉使某捐俸，檄郡為營兆，始克襄事。敝屋數十楹，至今猶存其舊，過者咸式焉。」王華無妹，據餘姚上塘王氏宗譜等譜記載，王華乃是以王臣之女適牧相。王宮為王琛子，王冕為王璪子，王階為王澤子，俱王華從弟，陽明從叔。世系如下：

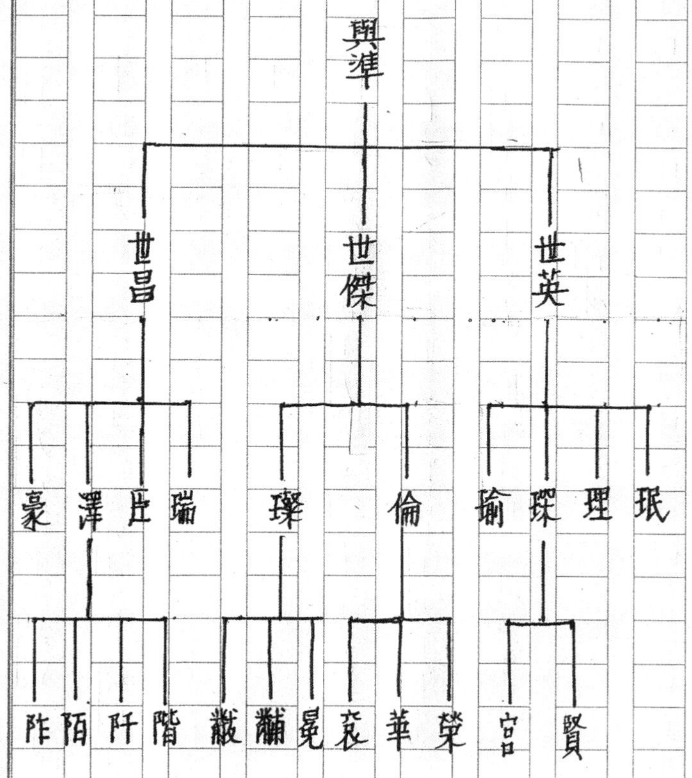

（據餘姚上塘王氏宗譜、姚江開元王氏宗譜、四明山上菁李家塔王氏宗譜，參見華建新姚江秘圖山王氏家族研究）

太叔王克彰、從叔王德聲亦與陽明共學於王華家教。王陽明全集卷二送德聲叔父歸姚序云：「守仁與德聲叔父共學於家君龍山先生。叔父屢困場屋，一旦，以親老辭廪歸養……」詩云：「猶記垂髫共學年，于今鬢髮兩蒼然……」

按：「德勝」即德盛。四明山上菁李家塔王氏宗譜著錄其人：王憯，字德盛，號養性，行春三十。以易經補邑庠生。豪公長子。配方氏，合葬長龍。生一子：守緒。

王陽明全集卷二十六與克彰太叔題下云：「克彰號石川，師之族叔祖也。聽講就弟子列，退坐私室，行家人禮。」

按：王陽明全集卷二十有別族太叔克彰，云「情深宗族誼同方」。又有與弟書云：「石川叔公，吾宗白眉。雖所論或不能無過，然其志向清脫，正可以矯流俗汙下之弊。今日又日夕相與，最可因石川以求直諒多聞之友，相與講習討論。」（辛丑消夏記卷五）按克彰疑即王瑞，參見四明山上菁李家塔王氏宗譜。

諸讓丁艱歸餘姚。

陽明祭外舅介庵先生文：「甫畢姻好，重艱外罹。公與我父，相繼以歸。」（姚江諸氏宗譜卷六）

石谷吳伯通來任浙江提學副使，提督學政，陽明拜為門下士。

新刊陽明先生文録續編卷二奉石谷吳先生書：「生自壬子歲拜違函丈，即羈縻太學，中間餘八、九年，動息之所懷仰，寤寐之所思及，其不在函丈之下者，有如白日：……居先生門下，為先生謀，則不宜致歎如此……自爾先仲數載間闊之懷，以請罪於門下……仍賜收録，俾得復為門下士，豈勝慶幸感激哉！……」

按：陽明是書作於弘治十四年（見下），所謂「壬子歲拜違函丈」，指陽明弘治五年秋中鄉試後拜別吳伯通赴京師。此前吳伯通來任浙江提學副使，主學政，與陽明關係密切，兩人有師生之誼，故陽明於書中反復稱己是「門下士」，「受知過深，蒙德過厚」。其間詳情今不可得知，頗疑吳伯通來杭任浙江提學副使，曾將陽明延入杭州府學受學，故陽明自稱為「門下士」；而三年後陽明得以參加浙江鄉試，一舉高中。蓋弘

治五年浙江鄉試由提學副使吳伯通主考，故陽明亦可謂是吳伯通「門生」也。

萬曆杭州府志卷六十二名宦：「吳伯通，字原明，四川廣安州人。天順甲申進士。弘治三年，擢浙江提學副使。覃精百家，尤粹於性命之學。嚴立科條以督諸士，諸士亦嚴事之。甄別精當，善獎進人，如胡端敏、孫忠烈、秦從簡輩，皆識拔於疇伍中，以國器期之，後皆樹忠節，以功德知名當世。」

按：吳伯通所獎進識拔之人，胡世寧、孫燧、秦文之外，遺漏最重要之陽明一人。

宣統廣安州新志卷二十四人物志：「吳伯通，字（號）石谷，榮祿鄉龍溪人。天順進士。少有奇質，過目成誦，學務明行，以聖道自任。嘗侍父學於州廨，知州柴良試之，大稱賞，因入學。壬午，以邃於易舉鄉薦。聯捷南宮，拜大理寺右評事。諳練刑理，亭決滯獄，轉寺副。成化乙未，陞河南按察僉事，振肅憲度，奸貪畏懾。建四書院於境內，酌白鹿洞規為條約，以教士。丁酉，監試汴闈，旋提督河南學政八載。校藝精密，請托不行。癸卯，丁外艱，家居，建甘棠書院以講學。起授副使，任浙江學政七年，轉雲南按察使。未幾，改貴州鎮巡，

第139页

内外臣工並列治狀，以忤權貴，久不遷官。戊午冬，上疏乞歸。家居三年，有星晝隕秀屏之陰，弘治壬戌之年三月卒，年六十有三。著述宏富，學者表其坊曰『當代真儒』，崇祀鄉賢。」

按：吴伯通為成化、弘治間一大儒，有「天下第一士子」、「當代真儒」之譽。郎瑛七修類稿卷四十五滚出來：「弘治間，浙省提學副使西蜀吴伯通，淳博而能約，天下推為『第一士子』，專取功夫。……」蔣一葵堯山堂外記卷八十六：「吴伯通，字原明，蜀順慶人。彭教榜士。吴伯通為浙江省提學副使，士子專取功夫。時初學作文，多不根，為其罷出者衆。群往御史臺求試，御史復發吴公。吴出題黿鼉蛟龍魚鱉生焉論，題乃一滚出來，文艱措辭，而論又涉於性理，取者無幾，甚為吴所辱。有嘲之者曰：『三年王制選英才，督學無名告柏臺。誰知又落吴公網，魚鱉蛟龍滚出來。』聞者絕倒。」所謂「專取功夫」即指為性理之學，陽明其時已「游心舉業外矣」，蓋亦深受吴伯通熏陶也。

第140页

一四九一　弘治四年　辛亥　二十歲

居秘圖山王氏故居，受王華家教。

五月二十七日，一齋婁諒卒。

國榷卷四十二：「弘治四年五月壬寅……前成都訓導婁諒卒。諒，廣信人，景泰癸酉貢士。篤學躬修，著日録四十卷，三禮訂訛四十卷。門人私謚『文肅先生』，張元禎志其墓。」

楊廉楊文恪公文集卷四十九祭一齋婁先生文：「嗚呼！先生投簪而歸，左書右圖；開口而譚，匪程則朱。使人知有道德之貴，而不屑亡於功利之趨；知有聖賢之學，而不局局於科舉之途。實先生一時之所倡，有不可得而誣。蓋其所承者，吴康齋之脉；其所友者，胡敬齋之徒。歲在庚戌，廉嘗拜先生於一齋之下，幸不鄙棄其愚，辱出示以春秋之注疏，而謂公、穀、左氏之可無。且極論出處之道與為學之功夫，悉取證以晦翁之語録，而一一堆疊於座隅，使人於親炙之際，若聆點瑟而風舞雩。違闊幾何，寒暑將徂，忽夢奠於兩楹，而士類為之驚呼！先生子俱已成儒，家學所托，可謂不孤。方先生觀化於暑天，初命門人以考諸，得濂溪與明道，皆六月而云徂，竟溘然以長逝，同淵冰之啟予。嗚呼！長江重湖，遠不可踰，千里緘辭，以侑來鄧。惟先生不忘疇昔之教愛，其鑒此區區！」

按：楊廉江西豐城人，成化二十三年進士，王華為成化二十三年會試同考官，於楊廉有「座主」之誼，兩人關係甚密。陽明弘治元年至二年在豫章，楊廉亦謝病家居，兩人或有往來。故陽明先在弘治二年十二月過訪一齋婁諒，楊廉旋在弘治三年亦來上饒謁婁諒，拜為弟子。

夏尚樸夏東巖先生文集卷六祭婁一齋先生文：「節彼靈山，大江之南。岷峨之英，萬古攸含。維北曰徽，朱子聿生。南則吾信，先生崛起。先生之學，朱子之道，二三百年，後先迭照。維昔康齋，講道小陂。先生弱冠，往而從之。領薦以起，分教西蜀。尋即告歸，了無拘束。洞視千古，以道自期。乃所願學，必曰仲尼。仲尼之學，具在六籍。濂洛關閩，以羽以翼。先生如此，沉潛有年，寥寥絕學，卒以言傳。禮樂性情，身心之學，表裏洞然，無所不樂。事物之幾，知止有定，唯善變通，隨感而應。剛大之氣，充塞天地，顧茲流俗，獨立不懼。逮茲晚歲，德學日充，輝光宣著，天下聞風。進不獲施，退未及傳。盡發所見，著之簡編。程朱緒論，必提其

要。刪述之功，往聖同調。六經奧旨，必解其疑。脫落訓詁，洞見精微。爰定三禮，以詔後世。繕寫未竟，先生已逝。予末小子，僻處窮鄉。進承杖屨，幾易星霜。方矢厥心，以卒所業，天喪斯文，竟此永訣！淵冰之戒，幸獲與聞，敢不黽勉，是行是尊。精爽在天，陰佑吾志，俾克有成，斯文罔墜。嗚呼尚饗！」

按：夏尚樸江西永豐人，正德六年進士，陽明為正德六年會試同考官，於夏尚樸亦有「座主」之誼，關係甚密。

一四九二　弘治五年　壬子　二十一歲

居秘圖山王氏故居，受王華家教。

諸讓服闋，起復赴京。

陽明祭外舅介菴先生文：「公既服闋，朝請於京。我濫鄉舉，尋亦北行。」（姚江諸氏宗譜卷六）

八月，赴杭參加鄉試，中鄉舉第六名。

劉世節劉忠宣公年譜：「弘治五年壬子，公（劉大夏）為

浙江左布政使……是年浙江鄉試，至期大雨如注，貢院號舍皆漂流。諸生避雨，悉奔公堂。按察使令逐之，諸生急，乃投瓦礫擲按察，按察走匿，堂階哄然。監臨大懼，欲易明日覆試。公曰：「非制也。且雨驟，勢必晚霽。」乃令一武官立案上傳言：「諸生宜各自度，拭目可決第者留，否者出。」諸生皆聽如公言，已而出者雲湧，監臨懼，以為遂空群矣。薄暮雨止，諸生請燭者尚八百餘衆，方喜公處分得宜。是歲就試者既少，主司精於檢閱，得人最盛，而王守仁、胡世寧、孫燧俱出門下云。」

按：是年秋浙江大雨成災，國榷卷四十二：「弘治五年八月乙卯，兩浙災，右僉都御史張文昭巡視賑濟……乙丑，水災，停浙直額外織造。」

第143頁

松窗夢語卷六感遇記：「胡端敏（世寧）為諸生，寄籍昌化。督學使（按：吳伯通）得公卷，奇之，曰：『小邑安得有此異才？』迺批云：『草裏靈芝，鳥中丹鳳。』後訊知為仁和人，乃曰：『吾固知非此中士。』因期以解首。胡云：『尚不如姚江之王守仁。』督學云：『王亦可首。』又云：『尚不如天台之秦文。』督學云：『此小有才，不能大用也。』後秦舉第一，胡第二，王第六。後秦無建立；王執宸濠，封新建伯；胡發宸濠姦，位至大司馬。」

王世貞弇山堂別集卷三壬子浙江三仁：「浙江壬子舉人為餘姚孫公燧、錢唐胡公世寧、餘姚王公守仁。宸濠之變，胡公以按察副使指其漸，孫公以巡撫右副都御史殉其節，王公以提督右副都御史戡其亂。胡至太子太保、兵部尚書，贈少保，謚端敏；孫贈禮部尚書，謚忠烈；王封新建伯，贈侯，謚文成。御史周汝員合而祀之，曰三仁祠。」

按：錢德洪陽明先生年譜云：「舉浙江鄉試。是年場中夜半見二巨人，各衣緋綠，東西立，自言曰：『三人好作事。』忽不見。已而先生與孫忠烈燧、胡尚書世寧同舉。其後宸濠之變，

第144頁

胡發其奸，孫死其難，先生平之，咸以為奇驗。」此皆門人誇飾虛妄之言，不足為信。

弘治五年浙江鄉試錄取舉人較少，然多與陽明關係密切。除孫燧、胡世寧外，今可考者如下：

秦文。松窗夢語卷六感遇記：「……後秦（文）舉第一，胡第二，王第六。」鄭度河南左參政秦先生文墓志：「先生諱文，字從簡，號蘭軒，後號雪峰。其先閩人也，自閩徙台之黃巖，再徙臨海，遂為臨海人……弘治壬子，以毛詩中浙江鄉試第一，士論服之。明年癸丑，登進士第。」（國朝獻徵錄卷九十二）

陳璠。王陽明全集卷二十九送陳懷文尹寧都序：「剡溪自昔稱多賢，而陳氏之居剡者，尤為特盛。其先有講過者，仕宋……
……至懷文之兄堯，由鄉進士掌教濮州。弟璟，蜀府右長史。珂，進士，刑曹主事。衣冠文物，輝映後先……懷文始與予同舉於鄉，望其色而異，耳其言而驚。求其世，則陳氏之産也。曰：「嘻！累哉，土地則爾，他時柱廊廟而致千里者，非彼也歟？」」既而匠石靡經，伯樂不遇，遂復困寂寞而伏鹽車者十有五年……」按萬曆紹興府志卷三十二具録弘治五年紹興府中式舉人，其中於嵊縣云：「嵊：陳璠（珂之兄，長史）。」可知陳懷文即陳璠。陳珂則為成化十六年舉鄉試，萬曆紹興府志卷三十二：「成化十六年，餘姚：王華（經魁）……嵊：陳珂（杭州衛籍）。」明清進士録：「陳珂，弘治三年二甲七十二名進士。浙江嵊縣人，字希凡，號東瀛，授刑部主事，官至大理寺卿，免歸。有孫子斷注。」

程文楷。光緒淳安縣志卷十文苑：「程文楷，字守夫。穎敏好讀書，督學吳伯通奇其文，擢冠兩浙。領弘治五年鄉薦。與王守仁、林庭㭿友善，賡和盈几。著有方丈集、松柏稿、春崖雜稿。」按程文楷在弘治五年舉鄉試後，即與陽明同入太學；林庭㭿在弘治八年舉鄉試後，亦入太學。三人賡和盈几即在太學中。

鄭滿。鄭滿勉齋先生遺稿後附録勉齋府君家傳：「府君諱滿，字守謙……其舉弘治壬子鄉試也，布政司使劉大夏，首拔入闈，文行與餘姚孫燧、王守仁等齊名。」

陳朝端。魏瀚竹軒先生傳：「學士之子守仁，又與吾兒朝端同舉於鄉。累世通家……」嘉靖池州府志卷六：「本朝教諭：魏朝端，餘姚人。由鄉舉，弘治六年任。有學行，善啟迪。擢知縣，行取赴部。時逆瑾用事，誣謝遷黨，外補同知。」

張文淵。張文淵字公本，號躍川，弘治五年舉鄉試，弘治十二年中進士，與陽明為同年（見上虞縣志）。明清進士録：「張文淵，弘治十二年二甲七名進士。浙江上虞人。由編修累官至南京禮部郎中。書法宗朱熹。」百川書志卷三：「糟粕集三卷，皇明進士江浙張文淵纂。」按張文淵疑即張體仁，與陽明關係甚密（見下）。

陸偁。明清進士録：「陸偁，弘治六年二甲八十二名進士。鄞縣人，字君美，號碧洲。授監察御史，陞福建按察副使，巡視海道。時海寇充斥，偁演水戰、火攻之法距擊之，邊徼肅然。親亡，躬負土以葬；兄疾，親為嘗藥，時人稱其孝友。子銓、鈛，皆舉進士。」

姚謨。明清進士録：「姚謨，弘治六年二甲七十六名進士。

浙江慈溪人，字英之，號東泉。除禮部主事，累擢右副都御史，巡按延綏，軍政大飭。嘉靖中，以右都御史提舉兩廣軍務，討岑猛，大破之。進左都御史，中飛語落職。尋復起兵部尚書，總制三邊軍務，謨辭不起，以規避落職，卒於家。有姚東泉文集、明山集等。」

按：萬曆紹興府志卷三十二具錄弘治五年紹興府中式舉人，當多在其時與陽明相識，玆著錄於下：

弘治五年

山陰：田惟立（知州），司馬公輊（訓導），吳昊，徐冕（運同），高臺，朱憲（同知），汪獲麟（順天中式）。

第147页

會稽：錢暉，胡悊（恩之弟，知縣），馬敬（推官）。

蕭山：錢玹，朱珙（知縣），張實（教諭）。

餘姚：孫燧（經魁），韓廉（經魁），姜榮，魏朝端（同知），吳天祐，諸文實（知縣），楊忭（教諭），陸唐，聞人才，朱曜，王守仁（華之子），楊祐，方壐（順天經魁），諸忠（順天經魁，知縣），楊梁（廣西中式，知州）。

上虞：張文淵，龔侃（通判），陳大紀（大經之弟）。

嵊：陳璠（珂之兄，長史），豐儉（通判），閻士充（知縣）。

陽明弘治五年鄉試卷（論語）：志士仁人一節：聖人於

心之有主者，而決其心，德之能全焉。夫志士仁人皆心有定主，而不惑於私者也。以是人而當死生之際，吾惟見其求無愧於心焉耳，而於吾生何恤乎？此夫子為天下之無志而不仁者慨也，故此以示之，若曰：天下之事變無常，而死生之所係甚大，固有臨難苟免而求生以害仁者焉，亦有見危授命而殺生以成仁者焉。此正是非之所由決，而恒情之所易惑者也。吾其有取於志士仁人乎？夫所謂志士者，以身負綱常之重，而志慮之高潔，每思有以植天下之大閑；所謂仁人者，以身會天德之全，而心體之光明，必欲有以貞天下之大節。是二人者，固皆事

第148页

變之所不能驚，而利害之所不能奪，其死與生有不足累者也。是以其禍患之方殷，固有可以避難而求全者矣。然臨難自免，則能安其身，而不能安其心，是偷生者之為，而彼有所不屑也。變故之偶值，固有可以僥倖而圖存者矣，然存非順事，則吾身以全，吾仁以喪，是悖德者之事，而彼有所不為也。彼之所為者，惟以理欲無並列之機，而致命遂志以安天下之貞者，雖至死而靡憾；心迹無兩全之勢，而捐軀赴難以善天下之道者，雖滅身而無悔。當國家傾覆之餘，則致身以馴過涉之患者，其仁也，而彼即蹈之而不避，甘之而不辭焉，蓋苟可以存吾

心之公，將效死以為之，而存亡由之不計矣；值顛沛流離之餘，則舍身以貽沒寧之休者，其仁也，而彼即當之而不懾，視之如歸焉，蓋苟可以全吾心之仁，將委身以從之，而死生由之勿恤焉。是其以吾心為重，而以吾身為輕，其慷慨激烈以為成仁之計者，固志士之勇為，而亦仁人之優為也，視諸逡巡畏縮而苟全於一時者，誠何如哉！以存心為生，而以存身為累，其從容就義以明分義之公者，固仁人之所安，而亦志士之所決也，視諸回護隱伏而覬覦於不死者，又何如哉！是知觀志士之所為，而天下之無志者可以愧矣；觀仁人之所為，而天下之不仁者可以思矣。

陽明弘治五年鄉試卷（中庸）：詩云鳶飛戾天一節：「中庸即詩而言，一理充於兩間，發費隱之意也。蓋盈天地間皆物也；皆物，則皆道也。即詩而觀，其殆善言道者，必以物歟？今夫天地間惟理而已矣，理御乎氣，而氣載於理，固一機之不相離也，奈之何人但見物於物，而不能見道於物；見道於道，而不能見無物不在於道也。嘗觀之詩，而得其妙矣，其曰：『鳶飛戾天，魚躍於淵。』言乎鳶魚，而意不止於鳶魚也；即乎天淵，而見不滯於天淵也。為此詩者，其知道乎？蓋萬物顯化醇之迹，吾道盈充周之機。感遇聚散，無非教也；成象效法，莫非命也。際乎上下，皆化育之流行；合乎流行，皆斯理之昭著。自有形而極乎無形，物何多也，含之而愈光者，流動充滿，一太和保合而已矣；自有象而極乎無象，物何頤也，藏之而愈顯者，彌漫布濩，一性命各正而已矣。物不止於鳶魚也，舉而例之，而物物可知；上下不止於天淵也，擴而觀之，而在在可見。是蓋有無間不可遺之物，則有無間不容息之氣；有無間不容息之氣，則有無間不可乘之理，其天機之察於上下者，固如此乎？」

陽明弘治五年鄉試卷（孟子）：子噲不得與人燕二句：「舉燕之君臣而各著其罪，可伐也。夫國必自伐，而人伐之也。燕也私相授，其罪著矣，是動天下之兵也。今夫為天守名器者，君也；為君守侯度者，臣也。名義至重，僭差云乎哉！故君雖倦勤，不得移諸其臣，示有專也；臣雖齊聖，不敢奸諸其君，紀臣道也。燕也何如哉？燕非子噲之燕，天子之燕也，召公之燕也。象賢而世守之，以永燕祀，以揚休命，子噲責也。舉燕而授之人，此何理哉？恪恭而終臣之，以竭忠藎，以謹無將，子之分也，利燕而襲其位，罪亦甚矣。堯舜之傳賢，利民之大也，噲非堯舜也，安得而慕其名？舜禹之受禪，天人之從也，之非舜禹也，安得而襲其跡？自其不當與而言，僭無王命也，墮先業也，子噲是矣；自其不當受而言，僭王章也，奸君分也，子之有焉。夫君子之於天下，苟非吾之所有，雖一毫而莫取也，況授受之大乎？於義或有所乖，雖一介不以與人也，況神器之重乎？夫以燕之君臣，而各負難逭之罪如此，有王者起，當為伐矣！」（欽定四書文化治四書文卷五，陽明文集失載）

按：欽定四書文所謂「化治四書文」，乃指成化、弘治年間科舉考試之四書文，故此卷必是弘治五年陽明浙江鄉試所作之四書文。梁章鉅制義叢話卷四云：「讀王文成公『子噲不得與人燕』篇，見擒宸濠手段……文成公『子噲不得與人燕』二句，尤如法吏斷獄，愈轉愈嚴……艾東鄉批王文成公『子噲不得與人燕』文後云：『古文須長短句法相間，此文純用短句，非法』。按：此文如此批論，東鄉之拘迂極矣。」可見陽明此三篇制義明清以來甚流傳，蓋為八股文之範文也。然觀其論語卷中論志士仁人，以心為體，立「心以為聖人之主」，反復論述「心有定主」，「心體光明」，「成吾心之公」，「全吾心之仁」，「以吾心為重」，「以存心為生」，蓋已顯露其心學思想之萌芽矣。

十二月，赴來年會試入京，見介庵諸讓。

陽明祭外舅介庵先生文：「公既服闋，朝請於京。我濫鄉舉，尋亦北行。見公旅次，公喜曰：『甥，爾質則美，勿小自盈』。……」（姚江諸氏宗譜卷六）

一四九三　弘治六年　癸丑　二十二歲

春正月，赴京途經蘇州，見太守佟珍。

王陽明全集卷二十九送紹興佟太守序：「成化辛丑，予來京師，居長安西街。久之，文選郎佟公實來與之鄰……弘治癸丑，公為貳守於蘇。蘇大郡，繁而尚侈，機巧而多偽。公至，移侈以樸，消偽以誠。勤於職務，日夜不懈。時予趨京，見蘇之士夫與其民之稱頌之也，於是始知公之不獨有其德器，又能循循吏職……」

二月，南宮下第。陽明作來科狀元賦以明志。

國榷卷四十二：「弘治六年二月庚子，太常寺少卿兼侍講學士李東陽、少詹事兼侍讀學士陸簡主禮闈。……三月庚辰，廷策貢士汪俊等三百人，賜毛澄、徐穆、羅欽順等進士及第出身有差」。

李東陽懷麓堂集卷二十八會試錄序：「弘治六年春二月，禮部當會試天下士。尚書臣耿裕、左侍郎臣倪岳、右侍郎臣費誾以考試官，請上命少卿臣李東陽、少詹事臣陸簡輟講事以往，同考則侍讀臣江瀾，侍講臣武衛、臣張天瑞，修撰臣錢福、臣楊時暢、臣涂瑞，編修臣白鉞、臣羅玘、臣靳貴，左給事中臣夏昂，右給事中臣李源，郎中臣談詔，主事臣唐弼、臣周東，監試御史臣王璟、臣周南，若提調印卷諸執事，惟擇惟謹，圜棘鎖院，糊名易書，百凡之務，以次舉行，合士之與試者幾四千，經分地析取其醇者三百人，文七萬有奇，刻其尤者二十二篇，而彙書為錄，皆如制。……」

錢德洪陽明先生年譜：「明年春，會試下第，縉紳知者咸來慰諭。宰相李西涯戲曰：『汝今歲不第，來科必為狀元，試作來科狀元賦。』先生懸筆立就。諸老驚曰：『天才，天才！』退有忌者曰：『此子取上第，目中無我輩矣。』……」

四月，介庵諸讓送陽明歸餘姚。

陽明祭外舅介庵先生文：「南宮下第，公弗我輕，曰：『利不利，適時之迎。屯蹇屈辱，玉汝於成。』拜公之教，夙夜匪寧。從公數月，啟我愚盲。我公是任，語我以情。

第 153 頁

此職良苦，而我適丁。予謂：『利器，當難則呈。公才雖屈，亦命所令。』公曰：『戲耳，爾言則誠。』臨行懇懇，教我名節。躑躅都門，撫勵而別。……」（姚江諸氏宗譜卷六）

閏五月，王華服闋，陞右春坊右諭德，充經筵講官。

國榷卷四十二：「弘治六年閏五月丙午，翰林修撰王華為右春坊右諭德。」

陸深海日先生行狀：「癸丑，服滿。陞右春坊右諭德，充經筵講官。」

秋九月，王華携陽明赴京供職。林俊有詩送王華還朝。

林俊送王德輝還朝：「西風息庭樹，落月在雙杵。攬衣候殘星，送別江之滸。岸楓葉赤天雨霜，日出未出江蒼涼。黃花白酒動春色，落霞孤鶩催歸航。客子流光一過鳥，別時轉多會轉少。健翮宜凌霄漢間，倦身祇愛風塵表。狀頭學士君不孤，千年文氣須人扶。六朝典籍要秦火，此語外激中非迂。平生獨得言可為，知者道完質變青。黃皇風薄麗藻君，歸語伯安浮豔輕。一掃商彝周鼎自有真，拽以萬馬酬千緡。聲名太早物所忌，未信今人非古人。」（曹學佺石倉歷代詩選卷四百十五）

按：詩云「岸楓葉赤天雨霜」，時在秋九月。所謂「歸語伯安浮豔輕」，「聲名太早物所忌」，乃是就是年陽明南宮下第慰勸之語

第 154 頁

。林俊字待用，號見素，莆田人，成化十四年進士。楊一清榮祿大夫太子太保刑部尚書見素林公俊墓志銘：「成化丁酉舉於鄉。戊戌，連得進士……授刑部員事，遷署員外郎……丁未，孝廟踐祚，廷臣交薦之……弘治辛亥，用薦擢按察使，調湖廣……」（國朝獻徵録卷四十五）按成化十七年王華授翰林院修撰，林俊任刑部員外郎，兩人約在其時相識。詩云「送別江之滸」，疑其時林俊任湖廣按察使在南都，王華赴京經南都，林俊作此詩相送。

十月，王華進上勸學疏。

陸深海日先生行狀：「癸丑，服滿。陞右春坊右諭德，充經筵講官。嘗進勸學疏，其略謂：『貴緝熙于光明。今每歲經筵不過三四御，而日講之設，或間旬而始一二行，則緝熙之功，無亦有間歟？雖聖德天健，自能乾乾不息；而宋儒程頤所謂涵養本原，薰陶德性者，必接賢士大夫之時多，而後可免於一暴十寒之患也。』上然其言，御講日數。」

入北雍，與程文楷、王寅之、劉景素、林庭㭿同遊太學，多有唱酬，馳騖於舉業詞章。

王陽明全集卷二十五程守夫墓碑：「吾友程守夫……君之父味道公與家君為同年進士，相知甚厚，故吾與君有通

家之誼。弘治壬子，又同舉於鄉，已而又同卒業於北雍，密邇居者四年有餘。凡風雪之晨，花月之夕，山水郊園之遊，無不與共。蓋為時甚久而為迹甚密也，而未嘗見君有憤詞怍色，情日益篤，禮日以恭。其在家庭，雍雍于于，內外無間。交海內之士，無貴賤少長，咸敬而愛之。雖粗鄙暴悍，遇君未有不薰然而心醉者。當是時，予方馳騖於舉業詞章，以相矜高為事，雖知愛重君，而未嘗知其天資之難得也。……」

按：程文楷卒於弘治十年，所謂「密邇居者四年有餘」，即指弘治六年至九年兩人在太學時。

王陽明全集卷二十一答儲柴墟書二：「往時僕與王寅之、劉景素同遊太學，每季考，寅之恒居景素前列，然寅之自以為講貫不及景素，一旦執弟子禮師之。僕每嘆服，以為如寅之者，真可為豪傑之士。使寅之易此心以求道，亦何聖賢之不可及？然而寅之能於彼，不能於此也……」

光緒淳安縣志卷十文苑：「程文楷……領弘治五年鄉薦，與王守仁、林庭㭿友善，賡和盈几。」

按：林庭㭿字利瞻，號小泉，弘治十二年進士，與陽明為同年。所謂「賡和盈几」即指三人在太學唱酬。龔用卿榮祿大

夫太子太保工部尚書贈少保謚康懿林公庭㭿墓志銘：「弘治乙卯，以春秋領鄉薦。己未會試第五人，主司宮保吳公一鵬、司空趙公璜稱曰：『天下士也。』以得人相慶。廷試登進士二甲第二人。」（國朝獻徵錄卷五十）林庭㭿當是在弘治八年舉鄉試後入太學（墓志銘失載），故得與程文楷、陽明共學唱酬，並在弘治十二年與陽明同舉進士。

一四九四　弘治七年　甲寅　二十三歲

在北雍。

五月，大暑，有懷作詩寄程文楷。

陽明毒熱有懷用少陵執熱懷李尚書韵寄年兄程守夫吟伯：「曉來梅雨望沾淩，坐久紅爐天地蒸。幽朔多寒還酷熱，清虛無語漫飛升。此時頭羡千莖雪，何處身倚百丈冰？且欲泠然從禦寇，海桴吾道未須乘。」（光緒淳安縣志卷十五，陽明文集失載）

按：前考程守夫即程文楷，其與陽明於弘治五年同舉於鄉，又

同入太學，故陽明稱其為「年兄」。所謂「幽朔多寒還酷熱」，即指兩人同在京師太學共學。

諸讓任山東布政司左參政，書來告往事南都，便道歸越。

陽明祭外舅介庵先生文：「別公半載，政譽日徹。士論歡騰，我心則悅。昨歲（按：弘治七年）書云，有事建業。五六月餘，音問忽絕。久乃有傳，便道歸越。……」（姚江諸氏宗譜卷六）

一四九五　弘治八年　乙卯　二十四歲

在北雍。

正月，諸讓卒，作祭文馳奠。

陽明祭外舅介庵先生文：「維弘治八年，歲次乙卯，夏四月甲寅朔，寓金臺甥王守仁帥妻諸氏南向泣拜，馳奠於故山東布政使司左參政岳父諸公之靈曰：嗚呼痛哉！孰謂我公，而止於斯！公與我父，金石相期。公為吏部，主考京師，來視我父，他方兒嬉。公曰：『爾子，我女妻

之』。公不我鄙，識我於兒。服公之德，感公之私。憫我中年，而失其慈。慰書我父，教我以時。弘治己酉，公參江西，書來召我，我父曰：『咨，爾舅有命，爾則敢遲。』甫畢婣好，重艱外罹，公與我父，相繼以歸。公既服闋，朝請於京。我濫鄉舉，尋亦北行。見公旅次，公喜曰：『甥，爾質則美，勿小自盈。』南宮下第，公弗我輕，曰：『利不利，適時之迎，屯蹇屈辱，玉汝於成。』拜公之教，夙夜匪寧。從公數月，啟我愚盲。我公是任，語我以情。此職良苦，而我適丁。予謂：『利器，當難則呈。公才雖屈，亦命所令。』公曰：『戲耳，爾言則誠。』臨行懇懇，教我名節。躑躅都門，撫勵而別。孰謂斯行，遽成永訣，嗚呼痛哉！別公半載，政譽日徹，士論歡騰，我心則悅。昨歲書云，有事建業。五六月餘，音問忽絕。久乃有傳，便道歸越。繼得叔問，云未起轍。竊怪許時，必值冗結。孰知一疾，而已頹折！西江魏公，訃音來忽，二月六日，後我叔問，一旬又七。往返千里，信否叵必。是耶否耶，曷從而悉；醒耶夢耶，萬折或一。韓公南來，匍匐往質，韓曰：『其然，我弔其室。』嗚呼痛哉！向也或虛，今也則實，孰謂我公，而果然也？天於我公，而乃爾耶？公而且然，況其他耶？公今逝矣，我曷望

耶？廷臣僉議，方欲加遷，奏疏將上，而訃忽傳。嗚呼痛哉！今也則然，公身且逝，外物奚言。公之諸子，既壯且賢。諒公之逝，復亦何懸。所不瞑者，二庶髫年。有賢四兒，必克安全。公曾謂予：『我兄無嗣，欲遣庶兒，以承其祀。』昔也庶一，今遺其二，並以繼絕，豈非公意？有孝元兒，能繼公志，忍使公心，而有不遂？令人悲號，蘇而復蹶。迢迢萬里，涯天角地，生為半子，死不能襚，不見其柩，不哭於次，痛絕關山，中心若刺。我實負公，生有餘愧，天長地久，其恨曷既！我父泣曰：『爾為公婿，宜先馳奠。』我未可遽，哀緒萬千，實弗能備，臨風一號，不知所自。嗚呼哀哉！嗚呼痛哉！尚饗！』（姚江諸氏宗譜卷六）

按：祭文所云「金臺」，指北京，時陽明在北雍求學。「叔」，指陽明叔父王袞（號易直），時居餘姚秘圖山王氏故居。「西江魏公」，指魏瀚，其以江西布政使致仕歸餘姚，故稱「西江魏公」（詳下）。「韓公」，指韓邦問，謝丕榮祿大夫刑部尚書謚莊僖韓公邦問墓志銘：「公諱邦問，字大經，別號宜庵……領成化戊子鄉薦，己丑登進士第……弘治辛亥，陞江西右布政使。癸丑，陞四川左布政使。時父長史公及繼母王夫人方自襄返越，公每以不得迎養為恨。甲寅七月，聞繼母夫人喪，冒漲即行，觸險若

平地，人以為孝感。乙卯，繼丁外艱。戊午，服闋。……」（國朝獻徵錄卷四十四）是韓邦問弘治七年已丁憂歸紹興，至弘治八年二月其有事赴京，乃見王華、陽明，告以訃音，即所謂「韓公南來」。按諸讓與韓邦問同為成化四年浙江鄉試舉人，弘治四年韓邦問任江西右布政使，諸讓則任江西布政使司左參議，兩人關係至密。又祭文所言諸讓「我兄」、「庶兒」者，按姚江諸氏宗譜，有諸繡字用褒，號南野，諸讓庶出，過繼於諸讓之兄諸正為嗣子。繡元配呂氏，生子褒、隅、院。諸繡成化丁未二月生，至弘治八年為九歲，故云「二庶髫年」。

高平縣令楊子器編高平縣志成，遣人走京師請陽明作序。

王陽明全集卷二十九高平縣志序：「高平志者，高平之山川、土田、風俗、物產無不志焉。曰高平，則其地之所有皆舉之矣。禹貢職方之述，已不可尚。漢以來地理郡國志、方輿勝覽、山海經之屬，或略而多漏，或誕而不經，其間固已不能無憾。惟我朝之一統志，則其綱簡於禹貢而無遺，其目詳於職方而不冗，然其規模宏大闊略，實為天下萬世而作，則王者事也。若夫州縣之志，固又有司者之職，其亦可緩乎？弘治乙卯，慈谿楊君明甫令澤之高平。發號出令，民既悅服。乃行田野，進父老，詢邑之故，將以修廢舉墜。而邑舊無志，無所於考。明甫慨然太息曰：『此大闕，責在我。』遂廣詢博採，搜秘闕疑，旁援直據，輔之以己見，遵一統志凡例，總其要節，而屬筆於司訓李英，不踰月編成。於是繁劇紛沓之中，不見聲色，而數千載散亂淪落之事，棄廢磨滅之迹，燦然復完。明甫退然若無與也。邑之人士動容相慶，駭其昔所未聞者之忽睹，而喜其今所將泯者之復明也。走京師請予序。予惟高平即古長平，戰國時秦白起攻趙，坑降卒四十萬於此，至今天下冤之。故自為童子，即知有長平。慷慨好奇之士，思一致其地，以弔千古不平之恨而不可得。或時考圖志，以求其山川形勢於仿佛間。予嘗思睹其志，以為遠莫致之，不謂其無有也。蓋嘗意論趙人以四十萬俯首降秦，而秦卒坑之，了無哀恤顧忌，秦之毒虐，固已不容誅，而當時諸侯，其先亦自有以取此者。夫先王建國分野，皆有一定之規畫經制。如今所謂志書之類者，以紀其山川之險夷，封疆之廣狹，土田之饒瘠，貢賦之多寡，俗之所宜，地之所產，井然有方。俾有國者之子孫世守之，不得以己意有所增損取予，夫然後講信修睦，各保其先世之所有，而不敢冒法制以相侵陵。戰國之君，惡其害己，不得騁無厭之欲也，而皆去其籍。於是强陵弱，眾暴寡，兼并僭竊，先王之法制蕩然無考，而奸雄遂不復有所忌憚。故秦敢至於此。然則七國之亡，實由文獻不足證，而先王之法制無存也。典籍圖志之所關，豈不大哉！今天下一統，皇化周流。州縣之吏，不過具文書，計歲月，而以贅疣之物視圖志。不知所以宜其民，因其俗，以興滯補弊者，必於志焉是賴，則固王政之首務也。今夫一家，且必有譜，而後可齊，而況於州縣？天下之大，州縣之積也。州縣無不治，則天下治矣。明甫之獨能汲汲於此，其所見不亦遠乎！明甫學而才優，其為政廉明，毀淫祠，興社學，敦倫厚俗，扶弱鋤強，實皆可書之於志，以為後法。而明甫謙讓不自有也。故予為序其略於此，使後之續志者考而書焉。」

按：陽明甫即楊子器。明清進士錄：「楊子器，成化二十三年三甲一百五十二名進士。浙江慈溪人，字名父，號柳塘。歷知昆山、高平、常熟諸縣，有惠政。擢吏部考功主事，陳邊務十二事。時孝宗大開言路，子器數有建白，多見施行。官終河南布政使。」邵寶河南左布政使楊公子器墓志：「君諱子器，字名父，世為慈谿人……舉浙省成化丙午經魁，明年丁未，成進士，除知崑山縣，以石田憂去。弘治甲寅，起復知山西之高平。復一二年，調常熟。」（國朝獻徵錄卷九十二）按楊子器成化二十三年進士，王華則於成化二十三年任會試同考官，於楊子器有「座主」之誼，陽明與楊子器當早識，故為其高平縣志作序也。

一四九六　弘治九年　丙辰　二十五歲

二月，會試下第。

國榷卷四十三：「弘治九年二月乙卯，詹事兼翰林侍讀學士謝遷、侍讀學士王鏊主禮闈。……三月癸巳，廷策貢士陳瀾等三百人，賜朱希周、王瓚、陳瀾等進士及第出身有差。」

錢德洪陽明先生年譜：「及丙辰會試，果為忌者所抑。同舍有不第為耻者，先生慰之曰：『世以不得第為耻，吾以不得第動心為耻。』識者服之。」

按：所謂「同舍」，乃指太學同上舍生。陽明自是卒業北雍，即其程守夫墓碑所云「弘治壬子，又同舉於鄉，已而又同卒業於北雍」。此所云「同舍」生，或即指程文楷耶？

三月，王華命為日講官。

陸深海日先生行狀：「丙辰三月，特命為日講官，賜金帶四品服。」

楊一清海日先生墓誌銘：「丙辰，命為日講官，賜金帶四品服。公講筵音吐明暢，詞多切直，每以勤聖學，戒逸豫，親仁賢，遠邪佞為勸，孝廟嘉納焉。」

四月，王華選為東宮輔導。

陸深海日先生行狀：「四月，以選正人端國本，公卿會推為東宮輔導。」

楊一清海日先生墓誌銘：「皇太子出閣，詔選正人輔導，用端國本，公卿多薦公。自是日侍東宮講讀，眷賜加隆。」

國榷卷四十三：「弘治九年四月甲午，翰林院侍讀學士王鏊，左春坊左諭德、侍讀楊廷和，侍講張天瑞，改左右中允。修撰費宏、楊時暢，改左右贊善。編修吳儼、靳貴，俱兼校書。左寺副周文通，右寺副劉棨，俱兼正字。少詹事兼侍講學士張昇，右諭德王華，洗馬楊傑，仍舊職供事。」

五月，户部郎中李邦輔出為柳州知府，陽明作序送之。

王陽明全集卷二十九送李柳州序：「柳州去京師七千餘里，在五嶺之南。嶺南之州，大抵多卑濕瘴癘，其風土雜夷徙，自昔與中原不類。唐、宋之世，地盡荒服。吏其土者，或未必盡皆以讁謫，而以讁謫者居多。士之立朝，意氣激軋，與時抵忤，不容於儕衆，於是相與擯斥，必致之遠地。故以讁謫而至者，或未必盡皆賢士君子，而賢士君子居多。予嘗論賢士君子，於平時隨事就功，要亦與人無異。至於處困約之鄉，而志愈勵，節愈堅，然後心跡與時俗相去遠甚。然則非必賢士君子而後至其地，至其地而後見賢士君子也。唐之時，柳宗元出為柳州刺史，劉蕡斥為柳州司户。蕡之忠義，既已不待言。宗元之出，始雖有以自取，及其至柳，而以禮教治民，砥礪奮發，卓然遂有聞於世。古人云：「庸玉女於成也。」其不信已夫？自是寓遊其地，若范祖禹、張廷堅、孫覿、高穎、劉洪道、胡夢昱輩，皆忠賢剛直之士，後先相繼不絕。故柳雖非中土，至其地者，率多賢士。是以習與化移，而衣冠文物，蔚然為禮儀之邦。我皇明重熙累洽，無間邇遐，世和時泰，瘴癘不興。財貨所出，盡於東南。於是遂為嶺南甲郡，朝廷必擇廉能以任之。則今日之柳州，固已非唐、宋之柳州，而今日之官其土者，豈惟非昔之比，其為重且專亦較然矣。弘治丙辰，柳州知府員缺，內江李君邦輔自地官正郎膺命以往。人皆以邦輔居地官十餘年，綽有能聲，為縉紳所稱許，不當遠去萬里外。予於邦輔，知我也，亦豈不惜其遠別？顧邦輔居地官上曹，著廉聲，有能績，徐速自如，優游榮樂之地，皆非人所甚難，人亦不甚為邦輔屈，不如其中之所存。今而間關數千里，處險僻難為之地，得以施其堅白於磨涅，則邦輔之節操志慮，庶幾盡白於人人，而任重道遠，真可以無負今日縉紳之期望，豈不美哉！夫所處冒艱險之名，而節操有相形之美，以不滿人之望，加之以不自滿之心，吾於邦輔之行，所以獨欣然而私喜也。」

靳貴戒庵文集卷七贈柳郡太守李君邦輔序：「余讀韓昌黎享羅池文，嘗嘆民之易使，不獨內地然也。夫子嚴父詔，婦順姑指，此齊魯之民之所難者，而柳民能之，雖子厚善政所及，而其民俗之美，亦不可誣已。及考郡志，則自子厚以還，稱良守者，才二三人而止。夫彼所居者，子厚之位；所食者，子厚之祿；所臨者，子厚之舊邦也。寥寥數百年，其繼子厚者，才二三人而止。則瘝官者多矣，柳民固不負守，而其為守者獨不負柳民哉？此其故吾知之。夫柳去京師幾萬里，在兩嶺間，風氣之陋，與內地殊。故為吏部鄙其地，不以賢者署其守；為其守者鄙其民，不以善政理其官。吏部曰：此遐方僻郡也，不可以居賢者；而不知遐方僻郡，非賢君則莫能理而安也。其守曰：吾已斥而官遐方，領僻郡矣，盡心於民，誰吾知？而不知君子之愛民，本非所以求知地也。朝廷子育萬國，一視同仁，未嘗以遠近殊，而顧如此，可乎？冢宰屠公為吏部之三月，會柳闕守，以户部郎中李君邦輔薦於上。命既下，朝士之知邦輔者，咸譁然。邦輔方且延賓客，會故舊，日講晝治柳事不輟。侍御史黃君鳴玉，邦輔鄉人也，間過余，求言為贈。且道屠公用君之意，在憐柳州之赤子，不得字於慈母也。謂邦輔賢者，與流俗不同，故屈邦輔以活柳人。蓋簡而援之，非斥而遠之也。予聞今天下之藩郡，莫澈於兩廣，弄潢池之兵，肆跳梁之侮者，在在有之，意者守令之不賢致之乎？今邦輔以賢者往，誠是也。然此一邦輔耳，使繼是而為守於他郡者，亦以賢者往；自守而上者，亦以賢者往；自守而下者，亦以賢者往，則兩廣之民，有不盡安其生，而易使如柳之昔時乎？雖然，屠公之所以賢邦輔者，特以其舊名之，亦以其名收之也；因其舊以圖其新，顧其名以謹其實，使公薦賢之意不衰，而遐方僻郡

之旨得賢也，不無有望於茲行為之肇」。（又見粵西詩載卷四十八）

按：序中所云「冢宰屠公」，指吏部尚書屠滽。國榷卷四十三：「弘治九年三月己卯朔，右都御史屠滽為吏部尚書。」由三月下推三月，則在五月，可知陽明此序作在五月中。陽明序云「邦輔居地官十餘年」、「予於邦輔，知我也」，按李邦輔即李文安，内江人，成化十七年進士（見廣西通志卷二十七），與王華為同年，故早與王華相識，與陽明相知。

諸暨駱瓏以左府經歷擢潮州太守，陽明作序送之。

王陽明全集卷二十九送駱蘊良潮州太守序：「昔韓退之為潮州刺史，其詩文間亦有述潮之土風物產者，大抵謂潮為瘴毒崎險之鄉；而海南帥孔戣又以潮州小，祿薄，特給退之錢千十百，周其闕乏。則潮蓋亦邊海一窮州耳。今之嶺南諸郡以饒足稱，則必以潮為首舉，甚至以為雖江、淮財富之地，亦且有所不及。豈潮之土地嗇於古而今有所豐，抑退之貶謫之後，其言不無激於不平而有所過也？退之為刑部侍郎，諫迎佛骨，天子大怒，必欲置之死。裴度、崔群輩為解，始得貶潮州。則潮在當時不得為美地，亦略可見。今之所稱，則又可以身至而目擊，固非出於妄傳。特其地之不同於古，則要為有自也。予嘗謂：牧守之治郡，譬之農夫之治田。農夫上田，一歲不治則半收，再歲不治則無食，三歲不治則化為蕪莽，而比於瓦礫。苟盡樹藝之方，而勤耕耨之節，則下田之牧與上等。江、淮故稱富庶，當其兵荒之際，凋殘廢瘠，固宜有之。乃今重熙累洽之日，而其民往往有不堪之嘆，豈非以其俗素習於奢逸，而上之人又從而重斂繁役之，刓剝環四面而集，則雖有良守牧，亦一暴十寒，其為生也無幾矣。潮地岸大海，積無饒富之名，其民貢賦之外，皆得以各安地利，業儉樸，而又得守牧如退之、李德裕、陳堯佐之徒相望而撫掬梳摩之，所以積有今日之盛，實始於此。邇十餘年來，富盛之聲既揚，則其勢不能久而無動。有司者又將顧而之焉。則吾恐今日之潮，復為他時之江、淮，其甚可念也。今年潮知府員缺，諸暨駱公蘊良以左府經歷擢是任以往。公嘗守安陸，至今以富足號，遂用是建重屏其地。繼後循其迹而治之者，率多有聲聞。及入經歷左府都督事，兵府政清，自府帥下迨幕屬軍吏，禮敬畏戴，不謀而同。其於潮州也，以其治安陸者治之，而又獲夫上下之心，如今日之在兵府，將有為而無不從，有革而無不聽，政績之美，又果足為後來者之所遵守，則潮之富足，將終保於無恙，而一郡民神為有福矣。夫為天子延一郡之福，功豈小乎哉？推是以進，他日所成，其又可論。公僚友李載暘輩請言導公行。予素知公之心，且稔其才，自度無足為贈者，為潮民慶之以酒，而頌之以此言。」

趙寬半江趙先生文集卷七送駱蘊良知潮：「領得魚符向海隈，凱風江上錦帆開。名邦出牧推賢守，宥府參謀識俊才。已覺藍關無雪擁，應從合浦得珠回。專城事業基臺鼎，未許霜華兩鬢催。」

按：駱蘊良即駱瓏，光緒諸暨縣志卷二十九：「駱瓏，字蘊良，成化辛丑進士……尋擢潮州府知府，臨行，餘姚王守仁送以序。」是駱瓏與王華為同年，兩人在朝甚相知。半江趙先生文集卷十四駱蘊良墓志銘：「弘治己未歲孟夏，余同年友潮州守諸暨駱君蘊良，朝覲南還，將歸省於鄉。余會於杭，越數日，余適有事諸暨，問君之廬而往焉，則有告者曰：『君卒矣。』……弘治丙辰，擢知廣東潮州府。……」駱瓏弘治十二年四月考滿入覲，則其擢潮州知府當在弘治九年四、五月中（按明孝宗實錄卷一百十二：「弘治九年四月壬寅，……廣東潮州府知府周鵬為雲南右參政。」此當是周鵬去任，駱蘊良來接任，時在五月。）。趙寬詩云「凱風江上錦帆開」，亦是指夏五月凱風吹拂之際，故陽明此序當作在是年五月中。趙寬亦與王華為同年，陽明半江趙先生文集叙云：「先生與家君龍山先生為同年進士，故辱通家之愛，亦以是為知先生矣。」即指其時兩人在京相知（見下）。

六月，上饒婁性掛冠歸，王華、陽明作白駒聯句詩餞行。

半江趙先生文集卷十二白駒聯句引：「白駒聯句者，春坊諭德王君德輝餞其友婁君原善於私第，席上諸公詁別往復之作也。詩凡十七首，題之曰「白駒」者，取詩人「縶之維之，以永今夕」之義，惜君之遂去，而幸君之少留也。蓋婁君以進士歷官南京兵部郎中，直道自將，勇於有為，權臣疾之，竟坐落職。久之，公論漸回，遂得冠帶歸田。而德輝，君之同年友，且同甲子，相善也，故有是會。在坐者，春坊中允張天瑞，贊善費子充，翰林編修徐某，檢討毛維之，刑部副郎傅日彰，吏部主事杭世卿，暨德輝之家器、鄉進士守仁也。而予亦以年家之末預焉。詩既成，德輝謂予宜書其篇首，遂述聯詠之由，為之引。弘治丙辰六月廿日。」

按：婁原善即婁性。明清進士錄：「婁性，成化十七年二甲六十七名進士。江西上饒人。官至南京兵部武庫司郎中，與守太監蔣琮相譏，坐除名。家有淵學，嘗輯太祖、太宗、宣宗、英宗、憲宗五朝事，凡四百五十二條，成明政要，表進於朝。」婁性被劾落職事在弘治七年，國榷卷四十二：「弘治七年五月戊戌，南京兵部郎中婁性削籍。初，南京守備太監蔣琮劾性立宿州生祠，又侵皂隸銀，遣官按之。琮又劾性飾牘，又南京兵部員外郎袁嫌侵船價，性疏辨。而廣洋衛指揮同知石文通劾琮傷聚寶山脉、甃商占軍匠諸不法，琮又屢訐，婁

引數百人，成大獄。又遣官，獄上，性坐贓免。南京兵部右侍郎王繼適入朝，以不舉，下臺獄，贖杖還任。」趙寬引中所言張天瑞，為成化十七年會試探花，與王華為同年。費子充即費宏，成化二十三年會試狀元，王華與有「座主」之誼。毛維之即毛紀，成化二十年進士。杭世卿即杭濟，弘治六年進士。由趙寬此引，可見陽明在科舉中進士以前，已在京中與達官公卿唱酬交遊，即其自謂「上國遊」也。（見下）

佟珍起復入朝，陞紹興知府，陽明作序送之赴任。

王陽明全集卷二十九送紹興佟太守序：「成化辛丑，予來京師，居長安西街。久之，文選郎佟公實來與之鄰。其貌頎然以秀，其氣熙然以和，介而不絕物，寬而有分劑。予嘗私語人，以為此真廊廟器也。既而以他事外補，不相見者數年。弘治癸丑，公為貳守於蘇。蘇大郡，繁而尚侈，機巧而多偽。公至，移侈以樸，消偽以誠。勤於職務，日夜不懈。時予趨京，見蘇之士夫與其民之稱頌之也，於是始知公之不獨有其德器，又能循循吏職。甲寅，移守嘉興。嘉興，財富之地，民苦於兼并，俗殘於武斷。公大鋤强梗，剪其蕪蔓，起嘉良而植之。予見嘉之民歡趨鼓舞，及其士夫之欽崇之也，於是又知公有剛

明果決之才，不獨能循循吏事，乃嘆其不可測識固如此。今年吾郡太守缺。吾郡繁麗不及蘇，而敦樸或過；財賦不若嘉，而淳善則踰。是亦論之通於吳、越之間者。然而邇年以來，習與時異，無蘇之繁麗，而亦或有其糜；無嘉之財賦，而亦或效其强。每與士大夫論，輒嘆息興懷，以為安得如昔之化蘇人者而化之乎？安得如昔之變嘉民者而變之乎？方思公之不可得，而公適以起復來朝；又懼吾郡之不能有公也，而天子適以為守。士大夫動容相賀，以為人所祝願，而天必從之意者，郡民之福亦未艾也。公且行，相與舉杯酒為八邑之民慶，又不能無懼也。公本廊廟之器，出居於外者十餘年，其為蘇與嘉，京師之士論既已惜其歸之太徐，其為吾郡，能幾月日？且天子之意，與其福一郡，孰與福天下之大也。雖然，公之去蘇與嘉，亦且數年，德澤之流，今未替也。公雖不久於吾郡矣，如其不得公也，則如之何！」

按：成化十一年進士登科録：「佟珍，貫山東青州府人，遼東定遼中衛軍籍。國子生，治書經。字時貴，行三。年三十四，十一月十二日生。曾祖威，祖壽，父清。母王氏，繼母熊氏。具慶下。兄瑄、珣，弟瑛、琺、玘、珮、理、璽。娶周氏。山東鄉試第十二名，會試第二百四十二名。」佟珍

第174頁

除紹興知府在弘治九年（見萬曆紹興府志卷二十六），時陽明猶在京師未歸餘姚。

七月，禮科都給事中呂獻陞應天府丞，陽明作序送之。

王陽明全集卷二十九送呂丕文先生少尹京丞序：「昔蕭望之為諫議大夫，天子以望之議論有餘才，任宰相，將觀以郡事。而望之堅欲拾遺左右，後竟出試三輔。至元帝之世，而望之遂稱賢相焉。古之英君，其將任是人也，既已納其言，又必考其行；將欲委以重，則必老其才。所以用無不當，而功無不成。若漢宣者，史稱其綜核名實，蓋亦不為虛語矣。新昌呂公丕文，以禮科都給事中擢少尹南京兆。給事，諫官也。京兆，三輔之首也。以給事試京兆，是諫官試三輔也。是其先後名爵之偶同於望之，非徒以寵直道而開讜言，固亦微示其意於其間耳。呂公以純篤之學，忠貞之行，自甲辰進士為諫官十餘年。其所論於朝而建明者，何如也？致於上而替可否者，何如也？聲光在人，公道在天下。聖天子詢事考言，方欲致股肱之良，以希唐虞之盛，耳目之司，顧獨不重哉？然則公京兆之擢，固將以信其夙所言者於今日，而須其大用於他時也。其所以賢而試之，有符於漢宣之於望

第175頁

之；而其所將信而任之，則吾又知其決非彼若而已也。君行矣，既已審上意之所在，公卿大夫士傾耳維新之政，以券其所言，且謂日需其效以俟庸也，其得無念於斯行乎哉！學士謝公華與公有同舉同鄉之好，飲以餞之。謂某也宜致以言。予惟君之文學政事，於平常既已信其必然，知言之弗能毫末加也。而超擢之榮，又不屑為時俗道。若夫名譽之美，期俟之盛，則固君子之所宜副，而實諸公飲餞之情也。故比而序之以為贈。」

費宏集卷十二送府丞呂公丕文之應天序：「新昌呂公丕文，以成化甲辰進士上第，授刑科給事中。尋轉右，歷左，遂陞禮科都給事中，出入禁闥者十餘年矣。累上封事言朝政闕失，軍民利病，然務存大體，不事矯矯，時論賢之。頃應天府丞缺，吏部推公及户科都給事中祝君質夫可任。有詔用公，談者竊謂今上綜核名實類漢宣帝。宣帝嘗察諫大夫蕭望之明經持重，論議有餘，欲詳試其政事。故既出為平原守，以其在郡日淺，復出為左馮翊。茲呂公自都諫往丞應天，亦何異於望之之試三輔耶？三輔蓋漢初都長安所置，秩皆中二千石。及光武都雒陽，更以河南郡為尹三輔，乃陵廟所在，仍其號而減其秩。我朝之順天，即東都之三輔也。其首京畿，承大化亦

第176頁

相類。然應天實國家根本之地，視東都之三輔尤重焉。蓋我太祖高皇帝，當群雄鼎沸之秋，率衆渡江，即居建業，屯兵於此者十有八年。凡城池之築鑿，芻粟之供億，甲仗之營辦，其民效力率先他郡。觀當時復租之優詔，懇切諄至，謂『子孫百世不忘江左之民』。則聖祖在天之靈，未嘗不以建業為沛鄉，而高祖之衣冠、孝陵之松柏固在也。今京府之秩，南北一體，九卿之外，此實要津，尊雖方岳，不得而並立。今尹、丞之補，必擇才而賢者任之，豈非以其地之重歟？公在諫職最久，侍上最近。畿邑之鄉老里正，每朔望來集闕下。上必詔順天府尹若丞，諭以樂生興事，奉法遠罪之指，公所熟聞而飫見也。由是推之，則聖祖所拳拳優恤之民，上心肯忘之哉？顧地里遼絕，尹若丞又不可時奉朝請，以口宣詔旨，則惟擇其才且賢者往，敬用治而已矣。擇丞而得公，固所謂才且賢者。廣上德意，懷遠為近，使畿民阜成，根本深固。此固公之所以報上，而亦吾黨之願也。公同寅若葉君廷縉，屈君引之，以公欲南，詣宏責贈言。宏敢以是告公，而賀畿民之遭。」

按：呂丕文即呂獻。民國新昌縣志卷十一：「呂獻，字丕文。生有異徵，大父奇之，植槐以識。既長，博極群書，張莊簡

第177頁

公稱其文，大類杜詩。從遊者數百人，遂魁鄉薦，登進士，授刑科給事中。校文南宮，得費公宏、蔣公冕，皆昭代賢相。孝皇登極，擇文學德望可使交趾者，命獻及劉戩，賜玉一品服以行。竣事歸，贈金，悉却不受，廉聲大振。太監李廣怙勢受金，以富兒為駙馬，獻劾罷之。又因災異陳八事，如策大臣以答天變，抑親貴以昭至公，尤人所不敢言者。及孝陵災，抗疏直陳闕失，上嘉納之。時壽寧侯張鶴齡兄弟倚公掖勢，熾炙一時，遊宴后庭，出入無禁。獻反覆極論之，上怒，廷杖三十，下錦衣衛獄。獻慷慨賦詩，既以其言直釋之，遷禮科給事中……」明清進士錄：「呂獻，成化二十年三甲八十三名進士。浙江新昌人，字丕文。授刑科給事中，出使交趾，欲贈金，不受。因災異陳八事，皆見納。壽寧侯張鶴齡兄弟怙勢擅權，獻反覆極論，杖闕廷。累官順天府丞，忤劉瑾，久不調。後以南京兵部侍郎致仕」按明孝宗實録卷一百十五：「弘治九年七月癸酉……陞禮科都給事中呂獻為應天府丞」。可見陽明此序作於弘治九年七月。

九月，歸餘姚，東山劉大夏、東江顧清、熊峰石瑤皆有詩送之。

劉大夏集卷三送王上舍南還：「右軍孫子富才猷，萬里青雲志未休。獻藝暫辭金闕去，束書還向辟雍遊。綠楊黄鳥離筵曉，碧渚紅菱故國秋。看取百花收老驥，鹽車未必久淹留」。

顧清東江家藏集卷七送王伯安下第還餘姚：「五十光中炫早曦，丹山秋日鳳南飛。常疑勁翮衝霄漢，未信中原結網稀。吴越天連雙闕回，蓬萊雲近一星輝。杏花江上春如海，莫待西風吹綠衣」。

石瑤熊峰集卷一送王伯安還江東：「吾欲歌吾詩，歌詩已盈卷。知君歸駕速，不作題橋炫。春蘭與秋菊，萬事類輪轉。未成山龍補，且息鵾鵬倦。人從日邊來，豹向山中變。長路多西風，看雲亦北面。誰垂見花淚，白鐵達

犀箭。國士稱無雙，數奇本能戰。況聞玉署翁，乍侍青宮燕。神驚兔穎出，目擊龍頭眩。君學有源委，文場許獨擅。高吟激青空，逸草翻白練。運斤忽成風，疾足詫追電。志屈藝乃奇，才高君不見。伏波窮益堅，淮陰多益善。木大須十圍，金精亦百鍊。巍巍蓬萊宮，郁郁白獸殿。看君來獻書，首被賢良薦」。

按：錢德洪陽明先生年譜祇云「歸餘姚」，時間不明。今據劉、顧、石三人詩，可以確知在弘治九年秋九月。時劉大夏任户部左侍郎，石瑤任檢討（成化二十三年進士），顧清任編修（弘治六年進士），均與王華關係密切。顧清詩明確云陽明

「還餘姚」，當是歸居餘姚秘圖山王氏故居，蓋其時紹興新居尚未落成，然則陽明是次歸餘姚，必是為移家紹興事也（詳下）。

十月，南歸經濟寧（任城），登太白樓，作太白樓賦咏懷。王陽明全集卷十九太白樓賦：「歲丙辰之孟冬兮，泛扁舟余南征。凌濟川之驚濤兮，覽層構乎任城。曰太白之故居兮，儼高風之猶在。蔡侯導余以從陟兮，將放觀乎四海。木蕭蕭而亂下兮，江浩浩而無窮。鯨敖敖而湧海兮，鵬翼翼而承風。月生輝於采石兮，日留景於嶽峰。蔽長煙乎天姥兮，渺匡廬之雪松。慨昔人之安在兮，吾將上下求索而不可。蹇余雖非白之儔兮，遇季真之知我。羌後人之視今兮，又烏知其不果？吁嗟太白公奚為其居此兮？余奚為其復來？倚穹霄以流盻兮，固千載之一哀。昔夏桀之顛覆兮，尹退耕乎莘之野。成湯之立賢兮，迺登庸而伐夏。謂鼎俎其要說兮，維黨人之擠詬。曾聖哲之匡時兮，夫焉前枉而直後？當天寶之末代兮，淫好色以信讒。惡來妹喜其猖獗兮，眾皆狐媚以貪婪。判獨毅而不顧兮，爰命夫以僕妾之役。寧直死以顑頷兮，夫焉患得而局促？開元之紹基兮，亦遑遑其求理？生逢時以就列兮，固雲臺麟閣而容與。夫何漂泊於天之涯兮，登

斯樓乎延佇。信流俗之嫉妬兮，自前世而固然。懷夫子之故都兮，沛余涕之湲湲。廟堂之偃蹇兮，或非情之所好。唯不合於斯世兮，恣沈酣而遠眺。進吾不遇於武丁兮，退吾將顏氏之簞瓢。奚麴蘖其昏迷兮，亦夫子之所逃。管仲之輔糾兮，孔聖與其改行。佐璘而失節兮，始以見道之未明。覩夜郎之有作兮，橫逸氣以徘徊。亦初心之無他兮，故雖悔而弗摧。吁嗟其誰無過兮，抗直氣之為難。輕萬乘於褐夫兮，固孟軻之所嘆。曠絕代而相感兮，望天宇之漫漫。去夫子其千祀兮，世益隘以周容。媒婦妾以馳騖兮，又從而為之吮癰。賢者化而改度兮，競規曲以為同。卒曰：嶧山青兮河流瀉，風颯颯兮澹平野。憑高樓兮不見，舟楫紛兮樓之下。舟之人兮儼服，亦有庶幾夫子之蹤者。」

按：此太白樓在濟寧，嘉靖山東通志卷二十一宮室：「李白酒樓，在濟寧州南城上。唐李白客任城時，縣令賀知章觴之於此。今樓猶存。……」元編修曹元用詩：「太白一去不復留，任城上有崔嵬樓。樓頭四望渺無際，草木黃落悲清秋。鳧嶧插天摩翠壁，汶泗迢迢展空碧。爭奇獻秀百年態，作意隨人來几席。諸老高會秋雲端，金壁照耀青琅玕。談笑不為禮法窘，酒杯更比乾坤寬。飲酣意氣橫今古，玉山傾倒忘賓主。謫仙人去杳何許，異代同符吾與汝。誰能跨海為一呼，八表神遊共豪舉。」（按：楊一清石淙詩稿卷三亦有濟寧登太白樓，蓋明時太白樓猶在，清以後傾圮，後世皆不知濟寧有太白樓矣。

經南都，向朝天宫全真道士尹真人學道，修真空煉形法，自作口訣詩以闡「真空煉形法」真訣之秘。

彭輅沖谿先生集卷十八尹山人傳：「……王文成公守仁試禮闈卷落，卒業南廱（按：應為北廱，蓋涉南都而誤），走從尹遊，共寢處百餘日。尹喜曰：『爾大聰明，第本貴介公子，筋骨脆，難學我。我所以入道者，危苦堅耐，世人總不堪也。爾無長生分，其竟以勳業顯哉！』文成悵然惋之。……」

尹從龍性命圭旨利集載陽明口訣：「閑觀物態皆生意，靜悟天機入窈冥。道在險夷隨地樂，心忘魚鳥自流行。」

第182頁

王畿集卷二滁陽會語：「（陽明）究心於老佛之學，緣洞天精廬，日夕勤修煉，習伏藏，洞悉機要，其於彼家所謂『見性』、『抱一』之旨非通其義，蓋已得髓矣。自謂：『嘗於靜中，內照形軀如水晶宮，忘己忘物，忘天忘地，與虛空同體，光耀神奇，恍惚變幻，似欲言而忘其所以言，乃真境象也。』……」

性命圭旨貞集煉形：「煉形之法，總有六門：其一曰玉液煉形，其二曰金液煉形，其三曰太陰煉形，其四曰太陽煉形，其五曰內觀煉形，若此者總非虛無大道，終不能與太虛同體；惟此一訣（按：指煉形第六法），乃曰真空煉形，雖曰有作，其實無為；雖曰煉形，其實煉神，是修外而兼內也。依法煉之百日，則七魄忘形，三尸絶迹，六賊潛藏，而十魔遠遁矣。煉之千日，則四大一身，儼如水晶塔子，表裏玲瓏，內外洞徹，心華燦然，靈光顯現。靈光者，慧光也。」

按：王畿所云「緣洞天精廬」，即指陽明洞；所云「日夕勤修煉」，即指陽明在陽明洞中修煉尹真人所教之真空煉形法。蓋陽明所云「水晶宮」，即尹真人所云「水晶塔子」；陽明所云「與虛空同體」，即尹真人所云「與太虛同體」；陽明所云「忘己忘物」，即尹真人所云「七魄忘形」；陽明所云「真境象」，即尹真人所

第183-1頁

云「靈光顯現」；陽明所云「恍惚變幻」，即尹真人所云「窈窈冥冥生恍惚，恍恍惚惚結成團」（即入窈冥）；陽明所云「內照形軀」，即尹真人性命圭旨元集內照圖所云「指使五臟六腑、二十四椎、任督兩脉，使內觀者知有下手處」；陽明所云「學道百日」，即尹真人所云「煉之百日」。可見乃是向尹真人學「靜入窈冥」之真空煉形法，而口訣一詩正為陽明山中靜坐修煉真空煉形法之體驗記錄。性命圭旨著錄此口訣詩，揭開了陽明早年向尹真人學道修仙之千古之謎。

按：陽明此口訣詩，乃是發尹真人「靜入窈冥」之真空煉

形法修煉之口訣，故詩云：「靜悟天機入窈冥。」按靜入窈冥正是尹真人獨家的根本修煉法門，其在性命圭旨開篇大道說中即揭示其靜入窈冥之修煉法門云：「赫赫法乎地，肅肅出乎天。我為汝遂於大明之上矣，至彼至陽之原也；為汝入於窈冥之門矣，至彼至陰之原也。」隨後在天人合發采藥歸壺中反復論述靜入窈冥云：「天地以混混沌沌為太極，吾身以窈窈冥冥為太極……混沌乃天地之郛郭，窈冥亦是大藥之胞胎也。大道有陰陽，陰陽隨動靜。靜則入窈冥，動則恍惚應。凡人動極而靜，自然入於窈冥……蓋動極而靜，真意一到，則入窈冥。窈冥所生，真精方無走失，所謂采取工夫。」由此可見，陽明之「靜悟天機入窈冥」乃本自尹真人，蓋從向尹真人問道學仙得來明矣。

又按：陽明此首口訣七絕詩，在正德五年增改成一首睡起寫懷七律詩：「江日熙熙春睡醒，江雲飛盡楚山青。閑觀物態皆生意，靜悟天機入窈冥。道在險夷隨地樂，心忘魚鳥自流形。未須更覓羲唐事，一曲滄浪擊壤聽。」（王陽明全集卷十九）其時正當劉瑾擅權、尹

真人內丹修煉學遭禁之時，陽明或欲掩飾自己早年向尹真人學道之事，故將口訣七絕增改為睡起寫懷七律，然由此睡起寫懷七律詩更可確證陽明「靜悟天機入窈冥」思想是得自尹真人無疑矣。鑒於歷來向不知尹真人為何人，不知性命圭旨之作者，更不知陽明與尹真人之關係，茲特作一總考如左，具體事件則分敘各年之下。

性命圭旨作者尹真人考

性命圭旨為明代著名道教內丹修煉著作，但其作者向來

不明。該書前有余永寧刻性命圭旨緣起云：「里有吴思鳴氏，得性命圭旨於新安唐太史家，蓋尹真人高弟子所述也。藏之有年。一日，出示豐干居士，居士見而悦之……因相與公諸同志，欲予一言為引……遂述緣起，質之有道。萬曆乙卯夏仲，新安震初子余永寧常吉書」。又有鄒元標題尹真人性命圭旨全書云：「是書出尹真人高弟手筆，蓋述其歸之意，而全演之……書既流通，真人師弟定必加持贊嘆。仁文主人鄒元標書」。此本述之甚明，然歷來皆無端以為此二序跋為僞文，定此「尹真人」為僞託，或指先秦尹喜，或指金末元初全真教道士尹志平，或指南宋道士尹清和，定性命圭旨為清人之書，僞託明人所作。今有人更將性命圭旨同文學名著西遊記聯係，認為性命圭旨在主題、人物、思想上均同西遊記相似，二書為同一作者，即新安「唐太史」其人。此說實本自清人陳文述西泠仙詠自序：「世傳西遊記，則邱祖門下史真人弟子所為，所言多與性命圭旨相合，或即圭旨之史真人弟子從而演其說也」。今人遂據此以為「性命圭旨是西遊記的文化原型」，「性命圭旨和西遊記同出安徽歙縣唐太史之手，成書的時間大致同步」。（李安綱性命圭旨與西遊記）「唐太史」即唐皋，字守之，號心庵，徽州巖鎮人（見新安唐氏宗譜）。今按：所謂性命圭旨出自唐太史，或認為是清人僞託之書，均是無根據之

誤說。明末清初黄虞稷千頃堂書目中已著録性命圭旨四卷（明史藝文志亦著為明人書），千頃堂書目乃是在其父黄居中所撰千頃齋藏書目録六卷之基礎上編定而成，故性命圭旨為明人所作毫無疑問。中國古籍善本總目子部道家類即著録國内所藏性命圭旨明代版本六種：

萬曆四十三年吴之鶴刻本

天啟二年程于亭（滌玄閣主人）重修本

崇禎三年朱在錫刻本

明胡虞濆刻本

醒翁誰是我删定本（明末刻本）

明抄本

其中萬曆四十三年吴之鶴刻本，足證性命圭旨初刻於萬曆乙卯四十三年，余永寧、鄒元標序、跋二文真實可信，絕非後人僞作。「尹真人」實有其人。原來性命圭旨中所言「尹真人」，都分明指明代當時之一「尹真人」，稱之為「吾師」，并無僞託為古代一「尹真人」之事。如元集邪正說云：「爰及唐宋，諸仙疊出，丹經燦然……名愈重而事愈繁，書愈多而道愈晦……幸吾師尹真人出，欲續大道之一絲，以復無名之古教。於是剪除繁蕪，撮其樞要，掃諸譬喻，獨露真詮……」又貞集本體虚空超出三界云：「此秘藏心

印……迄至六祖衣鉢，止而不傳……七祖如今未有人。直到
吾師尹公者出，以其夙植靈根，更得教外别傳之旨，忽一
旦禪關參透，豁然貫通，而千佛秘藏又復開於今日矣。」今
按伍守陽仙佛合宗語録卷六或問十三條云：「若不明宗旨
，唯蹈襲古人幾句糟粕。舊說惑世坑人者，元太虚、陽葆
真之作真議、真詮，尹蓬頭之作萬神圭丹等書是也。他如
盧丹亭之作廣胎息經，最邪妄、最淫惡，詐託旌陽，為
說僭瀆。」此所云萬神圭丹即性命圭旨（圭丹即圭旨），而「尹
蓬頭」即「尹真人」也。考性命圭旨之目録中，元、亨、利、貞
四集均題作「性命雙修萬神圭旨元集」、「性命雙修萬神圭
旨亨集」、「性命雙修萬神圭旨利集」、「性命雙修萬神圭旨
貞集」，而各集之「口訣」也都題作「性命雙修萬神圭旨第一節
口訣」、「性命雙修萬神圭旨第二節口訣」、「性命雙修萬神
圭旨第三節口訣」、「性命雙修萬神圭旨第四節口訣」、「性命
雙修萬神圭旨第五節口訣」、「性命雙修萬神圭旨第六節口
訣」、「性命雙修萬神圭旨第七節口訣」、「性命雙修萬神圭旨
第八節口訣」、「性命雙修萬神圭旨第九節口訣」。可見性
命圭旨原來全名為性命雙修萬神圭旨，簡稱性命圭旨或萬
神圭丹。無怪最早之萬曆四十三年吴之鶴刻本、天啟二年程
于廷重修本、胡虞濆本均題作性命雙修萬神圭旨。蓋性命

圭旨之大旨乃是講「性命雙修」之内丹修煉，認為「性命雙修」
為「萬神」所共修之内丹修煉法，此所謂「萬神」即衆神，指
儒、道、佛三教之「聖人」，認為儒道佛三教之聖人皆采用「性
命雙修」之内丹修煉法，性命圭旨一開始即在大道說中闡述
此三教同源之「性命雙修萬神圭丹」云：
三教聖人以性命學開方便門，教人熏修……儒曰存心養性
，道曰修心煉性，釋曰明心見性……聖得此而聖聖，玄得此
而玄玄，禪得此而禪禪，而聖、玄、禪之大道，原於此也：
：道之在天地間，成仙作佛者，歷歷不可以指數也。
此即是書名萬神圭丹之緣由。伍守陽明確說性命圭旨是「尹
蓬頭」所作，而非偽託之書。仙佛合宗語録之作年，據伍守陽
金丹要訣中丹道九篇緣起云：「沖虚子於萬曆乙卯初，傳吉王
太和殿下百日煉精口訣。越七載，至天啟壬戌，再傳以采大藥
口訣。又六年，至崇禎戊辰，三傳之以五龍捧聖口訣，復求傳
仙佛合宗全旨，未允。越四載，至壬申始允度之，遂將仙佛合
宗玄妙全旨盡洩……」可見仙佛合宗語録乃著録伍守陽萬曆
末年至天啟初年間之語録，其時距吴思鳴初刻性命圭旨不
過數年。伍守陽當是親見性命圭旨，故知其為「尹蓬頭」所
作。此「尹蓬頭」，正是明成化、弘治、正德年間之著名道士
尹從龍，彭輅沖谿先生集卷十八有尹山人傳云：

尹山人者，北地產也。元世祖時為天慶觀道士，懷一牒，綴之羊皮，久而尚存。成化間遊南都，髮累歲忘櫛，而自不團結，南都人呼為「尹蓬頭」云。得邸寓，輒閉關卧，多者逾月，少選亦五六日，而後起居。常不飯，人饋之食，亦不辭。嘗造一民家，會設餉客，麵近四十餘碇，客有戲尹者云：「公能盡噉之乎？」曰：「能。」取而噉之盡，無留餘也。孫秀才某曰：「某伯父接山人市中，而賣瓜擔停焉。」某伯父戲曰：「公能盡此一擔瓜乎？」曰：「能。」即買而饋之，噉瓜立盡，無留餘也。户曹員外郎李遣僕上病疏，一日辰刻，尹見其僕於北闕端門前，僕曰：「命已下，主人幸得告矣。」

是日午餐，尹報李曰：「今旦端門前見使者已得告，急束裝行耳。」後僕還，核問果合。南北迢遞三千里，驅返才一飯頃，人聞而大異之。其御史當中秋耗磨日，命其隸召尹來，隸曰：「昨昔之暮，尹登大中橋觀月，兩鼻孔垂涕尺許，尹殆死矣夫，何召？」御史笑曰：「此為鼻柱，非老病也。」隸甫行，而尹已扣門入，蓋就其召己也，御史亦異之。魏國館尹於居第，嘗偃大棹晝睡，寤而語魏國曰：「適游姑蘇洞庭湖山而返。」魏國愕不信，即出袖中兩橘畀之。其時南都尚未有洞庭橘也。南都一貴人之母敬事尹，數數修供，進衣饌甚虔。既而所愛孫少未冠而病，沉

綿亙瘵，諸醫擅時名者，皆謝不可治。乃邀尹，力懇之，尹曰：「此非藥物所能為，我以太夫人遇我厚，不得已，費我十年功，為爾一救。」令置兩榻相附，昏夜縛少年之足於尹足，連屬數重。尹鼓氣運轉，喉呼呼有聲，氣達涌泉，貫少年足大勢，遍體流汗如雨注，臭穢畢洩。詰朝，解其縛，而少年蘇蘇有生色。別授刀圭藥，徐服而愈。王文成公守仁試禮闈卷落，卒業南廱（一按：應為北廱，乃涉前南都而誤），走從尹遊，共寢處百餘日。尹喜曰：「爾大聰明，第本貴介公子，筋骨脆，難學我。我所以入道者，危苦堅耐，世人總不堪也。爾無長生

分，其竟以勳業顯哉！」文成悵然惋之。洛陽有野毛頭張姓者，售偽誑世，自務飾，而以聞見該洽，論述雄俊，引重薦紳間。客抵南都，士人慕而爭趨，軒車滿户外。尹識其偽，敝衣跣而往謁，隨衆稱老爺尊之。張方危弁高坐，側侍者肩摩，張傲岸不為尹禮，顧罵曰：「乞兒辱吾教！」尹乃據東面坐而謂曰：「爾欲談道耶？我一任爾問。」張曰：「爾乞兒，吾又奚問？」尹因刺之曰：「爾無我罵，爾注悟真篇，恐天下訕刺爾者無窮已。」張曰：「然則爾曉參同契與悟真耶？」尹張目朗音，為抽廣成、壺丘延曆度紀樞奧，稍論序柱下五千文暨內典

華嚴、楞伽、姬易艮卦彖象三教渾合之旨，翩翩千百言，衆驚異悚聽，皆俗耳所未聞。於是始知山人之辯慧不群，邃於玄學也。尹歸，倚墻立，自掌其頰者數十下，恨猶有勝心，且道非可言，言則與道遠，因鍵扉寢伏久之。終南黃山人過訪，值尹睡正熟，謂弟子曰：「謹貽爾師青衣鞋，我不能待，別矣。」又數日，伊起，問曰：「有友人黃來，渠何言？」弟子獻所贈，伊曰：「是豫料我將遐適也。」無何，逆閹瑾潛圖不軌，惡尹私有訕斥，羅而戍之關右。尹至戍所，偶遇鐵鶴觀，騎一鶴淩空飛去……彼仙者，豈遂凋三光，閱萬載無終極之期哉？入

我明，僅傳張邋遢、泠子敬、尹蓬頭三數公，一何寥寂也？張、泠迹無可稽，而南都人能歷歷道尹遺事，故論著焉。

此傳又載金陵玄觀志卷一，國朝獻徵録卷一百十八。彭輅為嘉靖丁未進士，沖谿先生集刻於萬曆三十八年，此尹山人傳約作於嘉靖末，時去尹蓬頭之卒不遠，而性命圭旨尚未印刻。此尹蓬頭，顯即伍守陽所云作性命圭旨之「尹蓬頭」，據金陵玄觀志，尹蓬頭為南都朝天宮一全真道士，故稱尹真人（尹山人），民間俗呼「尹蓬頭」。在當時十分有名，被奉為與張邋遢、泠子敬齊名之明代三大「瘋道」之一，廣為人知，因其行事詭異怪癲，在當時已被神化，明清史書筆記方志對尹真人多有記載，如所見偶鈔、萍野纂聞、獪園、寄園寄所寄、皇明世説新語、名山藏、續吴先賢贊等。

羅洪先集卷十一有水崖集序云：

弘治間，京師多傳尹蓬頭。尹善絕粒，每食輒又數升。不畏寒暑，或雜乞丐宿閭閻下。人無疑者，而士大夫爭邀致之，不去。顧時時假館於水崖彭公。公是時為南京刑部，尹來必索食；食已，相對危坐，間出幻術相調，復示以隱語。後公出守兗州，尹涕泣別去，於是人皆疑公得仙……

水崖彭傑親見尹蓬頭，並向尹蓬頭問道學仙，羅洪先親聆彭傑講述，所記乃是實録。尤值得注意者，楊儀高坡異纂卷下録有尹真人傳：

尹蓬頭，名繼先，臨洮人……弘治末，復在南京接命。浙江鎮守太監劉璟召之，夜過無錫高橋，巡司詰問，不答，被縛。明日，出度牒示之，得釋。未幾，將還南都，道經蘇州，從而拜禮者日無算。知府林世遠收繫獄月餘，璟聞，遣使至，釋之。正德初，太監賴義掌東廠，召至入京。劉瑾時方竊權，欲以威劫其術，尹終無言。瑾怒，遂以妖言惑衆，緝送司法議死。時閔公珪為刑書，止令

招年九十，免死，押發原籍鉗束。後居鐵鶴觀中。一日，土民修殿發土，土中得鐵鶴，士女悉觀之，尹笑撫之曰：「自我埋沒，忽復二百年矣，幸再相見也。」跨鐵鶴背，飛上殿脊，對衆高揖而去。守臣懼，秘其事。初在刑部，問官叩其術合用婦人否，頷之而已。或再三問之，自言每一接命，必得奇禍，是獄也，豈有餘殃乎？對問官惟請死期，略無懼色。一食能盡胡餅數十，酒數斗。或數日不與，亦未嘗告饑。平居惟單衣袍，隆冬不寒。及遣發日，忽向人求纊襖，或給之。甫出門，脫付解人，且曰：「秦地苦寒，特求此贈耳。」前所佩羊皮度牒，劉璟收之。璟死，用以殉葬。

第192頁

又褚人穫堅瓠集丙集卷四亦録有尹真人傳：

尹蓬頭，名從龍，華州人。懷有宋理宗時度牒。弘、正間至金陵城，成同朱公供養之甚虔。能出陽種，分身數處。赴齋，朱公問尹曰：「我欲一見洞賓呂祖，可乎？」尹曰：「可。公於朔日出水西門外劉公廟拈香，當約洞賓來一會」。及拈香歸，寂無所見，乃責尹以說謊，尹曰：「公曾見路上一道人醉枕酒瓶而睡者乎？」公曰：「有之。」尹曰：「道人枕瓶，兩口相對，分明『呂』也，公自不悟，那敢說謊？」復遣人四路覓之，皆云才去未遠耳……府廠見尹仙迹太露，恐惑亂人心，押使歸華州。監押軍人云：「每押發，皆有常例安家，今你料無銀錢，妻子何以過活？」尹曰：「汝家所需，不過柴米，有何難辦乎？與你兩符，一貼灶上，一貼米桶，用時自足也。」後果然。及華州歸，要用柴米，俱不能得矣。蓬頭住華州鐵鶴觀，騎鐵鶴飛升。

可見尹真人名從龍，字繼先，臨洮人。其大致生於永樂中（據正德初「年九十」算），卒於正德中。弘治間尹真人來南都朝天宮，當時著名理學家與文士多來向其問道修煉（詩多載性命圭旨中）。以尹山人傳中所言及王陽明為例，按性命圭旨利集中録有王陽明口訣一詩：「閑觀物態皆生意，靜悟天機入窈冥。道在險夷隨地樂，心忘魚鳥自流行。」此詩不見今王陽明全集，實即陽明早年向尹真人學靜坐修煉之一首體道詩。陽明卒業北雝與禮闈落榜在弘治九年，王陽明全集卷二十五程守夫墓碑云：「弘治壬子，又同舉於鄉，已而又同卒業於北雝，密邇居者四年有餘。」錢德洪陽明先生年譜云：「及丙辰（弘治九年）會試，果為忌者所抑……歸餘姚，結詩社龍泉山寺。」陽明於弘治九年十月落榜南歸，途經南都，可以往朝天宮訪尹真人，向其學道修仙。至次年陽明由餘姚北上京師，又途經南都，向其學道百餘日，然後北上入京師。陽明此口訣詩，應是其歸餘姚結詩社

第193頁

浙江大学古籍研究所

唱酬、山中靜坐修煉所作，必是陽明後來經南都時將此詩面贈尹真人，為尹真人所得，故後來編入性命圭旨中。錢德洪陽明先生年譜云：「弘治十一年，是年先生談養生……偶聞道士談養生，遂有遺世入山之意。」此所云「談養生」之「道士」，亦指尹真人。蓋自弘治九年至弘治十一年之間，陽明每年往返於餘姚、紹興、京師之間，皆經南都，可見尹真人，談道論仙。考王畿集卷二滁陽會語詳記陽明此時學靜坐修煉云：「（陽明）究心於老佛之學，緣洞天精廬，日夕勤修煉，習伏藏，洞悉機要，其於彼家所謂『見性』、『抱一』之旨，非通其義，蓋已得髓矣。自謂：『嘗於靜中，內照形軀如水晶宮，忘己忘物，忘天忘地，與虛空同體，光耀神奇，恍惚變幻，似欲言而忘其所以言，乃真境象也。』……」王畿此說，乃得自陽明親口所言。按性命圭旨貞集有煉形亦云：「煉形之法，總有六門：其一曰玉液煉形，其二曰金液煉形，其三曰太陰煉形，其四曰太陽煉形，其五曰內觀煉形，若此者總非虛無大道，終不能與太虛同體；惟此一訣乃曰真空煉形，雖曰有作，其實無為；雖曰煉形，其實煉神，是修外而兼內也。依法煉之百日，則七魄忘形，三尸絕迹，六賊潛藏，而十魔遠遁矣。煉之千日，則四大一身，儼如水晶塔子，表裏玲瓏，內外洞徹，心華燦然，靈光顯現。靈光者，慧光也。」陽明所云

「水晶宮」，即尹真人所云「水晶塔子」；陽明所云「與虛空同體」，即尹真人所云「與太虛同體」；陽明所云「忘己忘物」，即尹真人所云「七魄忘形」；陽明所云「真境象」，即尹真人所云「靈光顯現」；陽明所云「學道百日」，即尹真人所云「煉之百日」。由此可以確知陽明向尹真人乃是學「真空煉形法」，而口訣一詩便是陽明修真空煉形法「洞悉機要」之體驗記錄。真空煉形法之特點，是內外兼修，煉形煉神合一，故能煉神返虛，與太虛同體，身軀如一真空「水晶宮」。真空煉形可以慧光顯現，可以感應，可以預知先知（見尹山人傳），陽明亦自謂已達如此修煉境界，錢德洪陽明先生年譜云：「築室陽明洞中，行導引術。久之，遂先知。一日坐洞中，友人王思輿等四人來訪，方出五雲門，先生即命僕迎之，且歷語其來迹。僕遇諸途，與語良合。眾驚異，以為得道。」此更可見陽明是向尹真人學「真空煉形」之法，性命圭旨與尹山人傳所載不虛，陽明早年如何學道修仙及其心學如何受道教影響之謎，由此可以完全揭開矣。

至於余永寧、鄒元標稱性命圭旨為「尹真人高弟子所述」，尹真人弟子史無記載，唯葛寅亮金陵玄觀志卷一著錄葛寅亮作朝天宮重建全真堂記云：

考之國初，聖祖曆圖，一時周顛仙、冷協律、張三丰、尹

蓬頭，皆以霞綃雲佩之姿，從駕臨陣，浮波立浪，測角占粉，徵奇刻應……是堂也，即未稔有繼尹而起者，乃全真之學，近有趙教常其人，實先斯堂三年結茆閑地，四面甃壁，止開隙牖通飲食，客至，稍問答，無多語。藉非心無所持，即飲食亦且為四體病，其何能枯坐且三年哉？姑無論教常能尹也，謂教常而非清淨之業也耶？今之遊焉息焉，寢處於斯者，能人人為教常，庶亦可無愧茲堂矣。

葛寅亮金陵玄觀志成於天啟七年，其中朝天宮重建全真堂記約作於萬曆末。在金陵玄觀志卷一中，錄有「冶城山朝天宮」、「歷代真人祠堂」、「全真堂」，錄有朝天宮道士「尹蓬頭」，並全文著錄彭輅之尹山人傳，可見葛寅亮對朝天宮尹真人及其弟子十分熟悉。記中提到此「繼尹而起」之趙教常（趙真人），即是尹真人之唯一高弟子，亦即余永寧、鄒元標所云作性命圭旨之尹真人高弟子。此趙教常居於全真堂，習全真之學，其正是利用全真堂中尹真人之遺圖、遺訣、遺文、遺偈，作性命圭旨以述尹師之意，此在性命圭旨中都有自述。如性命圭旨元集邪正說：

予之本懷……故作此說，而挽邪歸正，並吾師所授諸圖、訣竅，明明指出，俾諸學者印證丹經。

元集內照圖：

吾師尹公開佛之正智見，等衆生如一子，繪此四圖，接迎後之迷者，意在普度有緣，同出生死苦海。

亨集臥禪圖：

昔尹師靜室中有一聯云：「覺寤時切不可妄想，則心便虛靈；紛擾中亦只如處常，則事自順遂。」

利集天人合發采藥歸壺：

昔聞尹師曰：「欲求大藥為丹本，須認身中活子時。」又偈云：「因讀金丹序，方知玄牝竅。因讀入藥鏡，又知意所到。大道有陰陽，陰陽隨動靜。靜則入窈冥，動則恍惚應。真土分戊己，戊己不同時。己到但自然，戊到有作為。烹煉坎中鉛，配合離中汞。鉛汞結丹砂，身心方入定。」

貞集本體虛空超出三界：

直到吾師尹公者出……故悟道偈曰：「把個疑團打破時，千佛心華今在茲。百尺竿頭重進步，虛空真宰天人師。」

按性命圭旨元集邪正說中自述性命圭旨寫作經過云：

幸吾師尹真人出，欲續大道之一絲，以復無名之古教。於是剪除繁蕪，撮其樞要，掃諸譬喻，獨露真詮，標摘正理，按圖立象，不可施於筆者筆之，不可發於語者語之，直指何者是鉛汞，何者是龍虎，何者是鼎爐，何者是藥物，何者謂之采取，何者謂之抽添，何者謂之溫養，何者謂之火候，何者是真種子，何者是真性命，何者是結胎，何者是了當。歷歷發明，毫髮無隱。……尹真人曰：「九十六種外道，三千六百傍門，任他一切皆幻，只我這些是真。」……吾之本懷，正欲乘此皇極昭明之世，……並吾師所授諸圖、訣竅，明明指出，俾諸學者印證丹經，一覽而無遺矣。

據此，可見尹真人實已先作有性命圭旨草稿，此或即是伍守陽所云萬神圭丹，其全名為性命雙修萬神圭旨。後來其高弟子趙教常得到此本尹真人遺稿，便在此遺稿基礎上再加補充，演述尹師之意而成完書，改名性命圭旨，但在書中目錄仍保留「性命雙修萬神圭旨」之原名。大致趙教常在弘治、正德中來從尹真人，學全真之學。尹真人卒後，其授得尹師萬神圭丹遺稿，約在嘉靖中依據此遺稿演述尹師之意而成性命圭旨，當時未能刊刻，以後此書稿輾轉流落到新安唐太史（唐皋）處，才得以在萬曆四十三年刊刻，傳播於世，而已不知此「尹真人高弟子」為何人矣。

歸餘姚，居秘圖山王氏故居，結詩社於龍泉寺，與魏瀚、韓邦問、陸相、魏朝端諸人唱酬交遊。

錢德洪陽明先生年譜：「歸餘姚，結詩社龍泉山寺。致仕

方伯魏瀚平時以雄才自放，與先生登龍山，對弈聯詩，有佳句輒為先生得之，乃謝曰：『老夫當退數舍。』」

王陽明全集卷二十九雨霽遊龍山次五松韵：「晴日須登獨秀臺，碧山重疊畫圖開。閑心自與澄江老，逸興誰還白髮來。潮入海門舟亂發，風臨松頂鶴雙迴。夜憑虛閣窺星漢，殊覺諸峰近斗魁。嚴光亭子勝雲臺，雨後高憑遠目開。鄉里正須吾輩在，湖山不負此公來。江邊秋思丹楓盡，霜外緘書白雁迴。幽朔會傳戈甲散，已聞南檄授渠魁。」

同上，雪窗閑臥：「夢迴雙闕曙光浮，懶臥茅齋且自由。巷僻料應無客到，景多唯擬作詩酬。千巖積素供開卷，疊嶂迴溪好放舟。破虜玉關真細事，未將吾筆遂輕投。」

同上，次魏五松荷亭晚興：「入座松陰盡日晴，當軒野鶴復時鳴。風光於我能留意，世味酣人未解醒。長擬心神窺物外，休將姓字重鄉評。飛騰豈必皆伊呂，歸去山田亦可耕。

醉後飛觴亂擲梭，起從風竹舞婆娑。疏慵已分投箕潁，事業無勞問保阿。碧水層城來鶴駕，紫雲雙闕笑金娥。摶風自有天池翼，莫倚蓬蒿斥鷃窠。」

按：陽明詩所云「魏五松」即魏瀚。餘姚魏氏宗譜：「魏瀚，字五松，景泰甲戌進士。歷仕北京僉都御史，知州、知府

，江西方伯。」光緒餘姚縣志卷二十三：「魏瀚，景泰五年進士。授御史，歷巡雲南、福建、遼東，才名藉甚。左遷，歷知州、知府。所至為民興利，在嘉定有魏公隄，在雷州有捍海隄。終江西右布政。著有嘗齋稿、江湖唱和集。」古今圖書集成明倫彙編氏族典諸姓部：「張琦，按萬姓通譜，琦字廷珍，慈溪人……正統辛酉中浙江鄉試……時海鹽張寧、餘姚魏瀚、嘉興姚綬俱有才名，人稱『浙江四才子』。」按景泰五年進士登科録（見天一閣藏明代科舉録選刊登科録）謂魏瀚字九淵，浙江餘姚人，浙江鄉試第五十五名，景泰五年甲戌科會試第二百零四名，殿試第三甲第一百

五十三名，父魏瑶。乾隆餘姚縣志謂魏瀚字孔源，號嘗齋。綜合以上諸資料，應是魏瀚字九淵，一字孔源，號嘗齋、五松。按陽明弘治八年所作祭外舅介庵先生文猶云「西江魏公」，是魏瀚尚在江西布政使任上；至弘治九年，錢德洪陽明先生年譜已云「致仕方伯魏瀚」，可見魏瀚當在弘治九年致仕歸餘姚。據明孝宗實録卷一百零八：「弘治九年正月丙戌……南京六科十三道劾奏布政使魏瀚、王進、伍希淵、葉萱、鄭銘，按察司副使胡漢、司馬垔、馬隆、向榮，僉事史俊、李元鎮、舒玠、葛萱、王經、吴淑，運使李釗，知府毛泰、劉英等三十一員，皆不職，請罷黜之。吏部覆奏，

請仍會都察院照例考察，議擬以聞。命從公考察，不許任人。」據此，魏瀚約在弘治九年下半年致仕歸，去陽明十月歸不遠，故陽明詩反覆云「湖山不負此公來」、「歸去山田亦可耕」、「疏慵已分投箕潁，事業無勞問保阿」，皆咏嘆魏瀚歸居田園也。

所謂「龍泉山寺」，指餘姚龍泉山之龍泉寺。萬曆紹興府志卷二十一：「餘姚龍泉寺，在龍泉山。晉咸康二年建。唐會昌五年廢，大中五年重建，咸通二年賜今額。宋建炎間毁。元貞改元重建，有彌陀閣、千佛閣、蟠龍閣、羅漢院、上方寺、中天院、東禪院、西禪院、鎮國院、喚仙亭、更好

亭、龍泉亭，自山麓至絶頂，殿閣儼然，背山面水，為一邑佳處。寺額三字作歐陽率更體，或云即歐書。」陽明結詩社唱酬，詩社成員皆餘姚文士，大致可考者為魏瀚、魏朝端（魏瀚子）、韓邦問（亦歸餘姚）、謝迪（謝遷弟）、倪宗正、馮蘭、陸相、牧相（王華妹夫）、宋冕、于震、嚴時泰以及王冕、王階、王宫（均陽明從弟、同學）等。

山陰蕭鳴鳳來問學。

薛應旂廣東提學副使蕭公鳴鳳墓表：「會稽之陰有大儒曰靜庵先生者，稟賦不凡。少即穎異，甫踰十齡，修詞藝文，已卓然成章。年十七，即厭棄之，從陽明王先生遊

，講明聖學，窮極指歸，體認踐履，不務口耳。在諸生中，甚為提學副使趙公寬所賞識。弘治甲子，楊文恪公廉為浙江鄉試考官，得先生文，大驚，謂：『學有本原，才堪經濟。』取置第一。自是遂以文名四方。」（國朝獻徵錄卷九十九）

明清進士錄：「蕭鳴鳳，正德九年二甲二十名進士。浙江山陰人，字子雝，號靜庵。少從王守仁遊。授御史，督學南畿，士人以其與前御史陳選并稱『陳泰山，蕭北斗』。歷官河南、廣東兵備副使，督學政，廉潔無私，然性剛狠。後生調，遂不起。有靜庵文錄。」

按：墓表云：「嘉靖甲午，以疾卒於家，距生成化庚子，年五十有五。」則蕭鳴鳳十七歲在弘治九年。蕭鳴鳳為蕭文明之子，其時蕭文明亦已歸居山陰，蕭鳴鳳之來問學，或出其父所命。

請魏瀚作竹軒先生傳。

魏瀚竹軒先生傳：「……先生與先君菊莊翁（按：魏瑤）訂盟吟社，有莫逆好。瀚自致政歸，每月旦亦獲陪先生杖履遊，且辱知於先生仲子龍山學士。學士之子守仁，又與吾兒朝端同舉於鄉。累世通家，知先生之深者，固莫如瀚，因節其行之大者於此，以備太史氏之採擇焉。」

（王陽明全集卷三十八世德紀）

按：魏瀚於傳中只言「守仁又與吾兒朝端同舉於鄉」，而不言及陽明舉進士，則此傳應作在弘治九年魏瀚致仕歸居餘姚後不久，時魏瀚與陽明結龍泉詩社唱酬，魏朝端當也預其中。陽明請魏瀚作王倫傳，或是為來年正月祭王倫墓與祭家廟之用。魏朝端為魏瀚子，嘉靖池州府志卷六：「本朝教諭：魏朝端，餘姚人，由鄉舉弘治六年任。有學行，善啟迪。擢知縣，行取赴部。時逆瑾用事，詆謝遷黨，外補同知。」

一四九七　弘治十年　丁巳　二十六歲

二月，春晴桃開，行春散步，有詩感懷。

王陽明全集卷二十九春晴散步：「清晨急雨過林霏，餘點煙稍尚滴衣。隔水霞明桃亂吐，沿溪風暖藥初肥。物情到底能容懶，世事從前且任非。對眼春光唯自領，如誰歌咏月中歸。

祇用舞霓裳，巖花自舉觴。古崖松半

杇，陽谷草長芳。徑竹穿風磴，雲蘿繡石牀。孤吟動梁甫，何處臥龍岡？」

程文楷卒，林庭棉為作墓表。

王陽明全集卷二十五程守夫墓碑：「吾友程守夫以弘治丁巳之春卒於京……其後君既殁，予亦入仕，往往以粗浮之氣得罪於人。……君之子國子生烓致君臨沒之言，欲予與林君利瞻為之表、誌。林君既為之表，而君之葬已久，誌已無所及……」

三月，與行人秦文遊紹興蘭亭，有詩唱酬。

陽明蘭亭次秦行人韻：「十里紅塵踏淺沙，蘭亭何處是吾家？茂林有竹啼殘鳥，曲水無觴見落花。野老逢人談往事，山僧留客薦新茶。臨風無限斯文感，回首天章隔紫霞。」（沈復燦山陰道上集，出自張元忭蘭亭遺墨）

按：詩所云「秦行人」，指南京行人秦文。鄭度河南左參政秦先生文墓志：「先生諱文，字從簡，號蘭軒，後號雲峰。其先閩人也，自閩徙台之黃巖，再徙臨海……弘治壬子，以毛詩中浙江鄉試第一，士論服之。明年癸丑，登進士第。觀政二年，授南京行人司行人三年，轉司副，四方從游之士，户外屨恒滿……正德中，服闋，始選刑部廣西司郎中。時逆瑾之亂……先生以身殉法，不少貸……瑾竟不能害。未幾，遷貴州提學副使……改陝西……在陜二年，遷河南布政司左參政……武宗巡游，調度日急，慨然告病以歸……於是先生年五十有六矣……後先歷官三十年……嘉靖己丑卒，年六十有七。」（國朝獻徵録卷九十二）秦文弘治五年中浙江鄉試第一，陽明亦於是年中浙江鄉試，故二人當在弘治五年已識。秦文弘治五年至六年在京師觀政某部，陽明亦在京師受業北雝，兩人當有交往。至弘治七年至十年秦文在南京任行人，陽明於此數年常往返於京師、南都、餘姚之間，亦可多與秦文相見。陽明弘治九年十月方歸餘姚，而秦文弘治十年以後已不任行人，由此可以確知陽明此詩應作於弘治十年春間。按此詩云「啼殘鳥」、「見落花」、「山僧留客薦新茶」，當作在暮春三月。又詩云「十里紅塵踏淺沙」、「曲水無觴見落花」，顯是三月上巳踏青來遊蘭亭，見曲水無流觴，有感而作此詩，故可知此詩即作在三月上巳日也。蓋秦文為臨海人，由南都來回臨海必經紹興，疑秦文乃是弘治九年歲末嘗一歸臨海過年，至弘治十年正月回南都經紹興，遂得與陽明同遊蘭亭唱酬，而陽明其時亦往紹興，則必是為移家紹興事也（見下）。按蘭亭在紹興府城西南，萬曆紹興府志卷九：「蘭亭，在府城西南二十七里。越絕書：勾踐種蘭渚田。晉右軍將軍、會稽内史王羲之與同志太原孫綽、陳留謝安及其子獻之等四十二人修禊於此。水經注：湖南有天柱山，湖口有亭，號曰蘭亭，亦曰蘭上里。太守王羲之、謝安兄弟數往造焉。……陸相詩：『追陪冠蓋及芳時，倦倚籃輿赴隴遲。自剪荒榛開鶴徑，少分流水入鵝池。文工尚掩孫郎序，酒盡曾無子敬詩。他日重來今是昔，此懷唯有此君知。』」陸相

詩云「及芳時」，亦作在春間，疑即是次陪陽明來遊蘭亭所作。陽明詩所云「天章」指天章寺，萬曆紹興府志卷八：「山陰右軍墨池，在府城西南二十五里，蘭亭橋東。宋華鎮記云：『聞右軍上巳日修禊在天章寺，有墨池、鵝池，皆遺迹。』」卷九：「天章寺前，舊有蘭亭書院。」又陽明詩云「十里紅塵踏淺沙，蘭亭何處是吾家？」蓋王華、陽明自謂是王羲之後裔，而王羲之故居在山陰，槐里先生傳云「始祖為晉右將軍羲之」，錢德洪陽明先生年譜云「至曾孫右將軍羲之，徙居山陰……龍山公常思山陰山水佳麗，又為先世故居」，故陽明是次來蘭亭實為尋訪王羲之之故居，十里踏沙尋訪未得，不禁發出「蘭亭何處是吾家」之嘆。陽明是次為移家紹興之事而來紹興，由此更可見矣。

秋後，由餘姚移家紹興光相坊，遂自號陽明山人。

錢德洪陽明先生年譜：「龍山公常思山陰山水佳麗，又為先世故居，復自姚徙越城之光相坊居之。先生嘗築陽明洞，洞距越城東南二十里，學者咸稱陽明先生云。」嘉慶山陰縣志卷十四鄉賢：「王守仁，字伯安。本籍山陰，遷居餘姚，後復還山陰。詳壇廟卷。」卷二十一壇廟：「王文成祠，在府北二里東光坊。明嘉靖十六年，御史周汝員建，祀新建伯王守仁。初名新建伯祠，後改為

陽明先生祠。……案：世皆知文成公為餘姚人，越中人士則知公已遷居山陰。讀馬方伯如龍碑記，又知公世居山陰，後徙姚江。然則公之不忘山陰，即營邱反葬之誼。碑記又云：其里居舊有建祠，太守李君修之。是今之東光坊即公舊第，發祥有自。俎豆允宜，高山景行，彌深嚮往焉。」

按：王華、陽明乃是移家紹興之東光相坊。東光相坊之方位，萬曆紹興府志卷一：「府城內四隅。西二隅隸山陰，東二隅隸會稽。西南隅領坊九……西北隅領坊十四，曰西光相，曰迎恩，曰戒珠，曰東中正，曰筆飛，曰西中正，曰東光相，曰東如砥，曰朝京，曰下和豐，曰昌安，曰萬安，曰西如砥，曰承恩。……」至嘉靖中建伯府，則由東光相坊擴建到承恩坊一帶（詳下）。

關於陽明洞之方位，錢德洪祇云「洞距越城東南二十里」，今人至有陽明洞是否在會稽山之無謂爭論。按萬曆紹興府志卷六山川志對陽明洞有詳明考說：「會稽陽明洞，在宛委山。洞是一巨石，中有罅，長絙龍瑞宮旁。……龜山白玉上經：會稽山，周回三百五十里，名陽明洞天，皆仙聖天人都會之所，則第十一洞天，蓋會稽諸山之總名，不獨此石罅也。石名飛來石，上有唐宋名賢題名。洞或稱禹穴，

唐觀察使元稹以春分日投金簡於此，有詩，白居易和焉。明王新建守仁以刑部主事告歸時，結廬洞側，因以為號，今故址猶在。……禹穴之稱，蓋自司馬子長始……水經注：會稽山東有硎，去禹廟七里，深不見底，謂之禹井云，東遊者多探其穴。然自舊經諸書，皆以禹穴繫之會稽宛委山，今里人蓋即以陽明洞為禹穴云。……明鄭善夫禹穴記：「禹穴在會稽山陰，昔黃帝藏書處也。禹治水至稽山，得黃帝水經於穴中，按而行之，而後水土平，故曰禹穴，世莫詳其處，或曰即今陽明洞是也。……」卷四山川志：「會稽會稽山，在府城東南十二里……宛委山，在府城東南十五里……山下舊有棲神觀，唐改為懷仙館，今為龍瑞宮，有洞曰陽明洞天。……」是所謂陽明洞天，大而言之指會稽諸山之總名，小而言之指宛委山中一石罅。陽明所居之陽明洞，即此石罅也。蓋此洞處於會稽山與宛委山兩山交界之中，故既可稱陽明洞在會稽山，又可稱其在宛委山中，古人本難定指也。如康熙會稽縣志卷四云：「陽明洞，是一巨石，中有罅，在會稽山龍瑞宮旁……王文成為刑部主事時，以告歸結廬洞側……」此即與萬曆紹興府志所云「陽明洞在宛委山」不同。

關於陽明何時自號陽明山人，向來不明。今人皆據錢德

洪陽明先生年譜記弘治十五年陽明告病歸越，築室陽明洞中，行導引術，以為陽明自號陽明山人在弘治十五年以後，乃非。今按陽明弘治十二年所作墜馬行即題「八月一日書，陽明山人」，弘治十四年所作和九柏老仙詩亦題「陽明山人王守仁識」，足證陽明當是弘治十年移家紹興後即自號陽明山人。蓋其時陽明方向尹真人學得真空煉形修行法，移家紹興後便首先要尋訪一修煉洞天，故其在冬冬間多次往遊會稽山（見下），遂相中陽明洞，修煉其中，而自號陽明山人矣。由此可見陽明築室陽明洞修煉始於弘治十年，斷非始於弘治十五年。錢德洪於年譜中只言及陽明弘治十五年築室陽明洞中

修煉，給後人造成錯覺，遂使誤說流傳至今。

關於王華、陽明何時移家紹興，向來不明，衆說紛紜，有以為在王華成化十七年中狀元後，有以為在嘉靖中建成伯府以後，乃至有以為事不可考。今茲特作一總考如下，以定王華、陽明移家紹興在弘治十年，相關行事則分敘各年之下。

王華移家紹興考

錢德洪陽明先生年譜敘陽明家世云：「其先出晉光祿大夫覽之裔，本瑯琊人。至曾孫右將軍羲之，徙居山陰。又二十三世迪功郎壽，自達溪徙餘姚，今遂為餘姚人……龍山公常思山陰之水佳麗，又為先世故居，復自姚徙越城之光相坊居之。」餘姚王氏故居在秘圖山，故遯石先生傳云王與準「嘗築居秘圖湖陰」，槐里先生傳云王傑「居秘圖湖後」。王華即出生於秘圖湖王氏故居。約在成化七年，王華為結婚租賃下餘姚莫氏樓寓居，於次年生下陽明，此樓後名瑞雲樓。據錢德洪瑞雲樓遺址記云：「先生既貴，鄉人號樓曰『瑞雲』。其後錢心漁翁僦居之。弘治丙辰，緒山錢子生。錢子登進士，而莫氏以居來售，於是樓入於錢。」所謂「先生既貴」，指王華成化十七年中狀元，按錢德洪陽明先生年譜云：「成化

十有八年壬寅……龍山公迎養竹軒翁，因携先生如京師。」是成化十八年陽明與竹軒皆赴京師居，不再租賃莫氏樓，其後莫氏樓為心漁錢蒙僦居，至嘉靖五年錢德洪舉進士，莫氏樓遂歸錢德洪所有。故瑞雲樓只是陽明誕生地，並非陽明故居，而是莫氏故居或錢氏故居。自成化十八年直至弘治九年，王華、陽明每次歸自京師歸餘姚，均是歸居秘圖山王氏故居，而斷非歸居瑞雲樓。今有人認為王華成化十七年中狀元後即移家紹興，顯非。王華家貧，靠當子弟師養家糊口，成化十七年剛中狀元入仕，一時還無財力造新屋移家；況次年陽明、竹軒均北上入京居，亦無必要無端再往

紹興造屋建家。考成化十七年至弘治九年，王華、陽明每次歸家，均是歸餘姚（秘圖王氏故居），絕無歸紹興者，足可證其時王華尚未移家紹興（山陰）。如：

弘治元年至二年：陽明先生年譜：「弘治元年……在越。七月，親迎夫人諸氏於洪都……二年己酉……十二月，夫人諸氏歸餘姚。」

按據後面云「夫人諸氏歸餘姚」，知前面所云「在越」之越乃指餘姚。蓋餘姚縣屬紹興府，在越地，故可稱在餘姚為在越。陽明多有此種說法，如祭外舅介庵先生文：「久乃有傳，便道歸越。」此「越」即指餘姚（按：諸讓為餘姚人，自歸餘姚，非歸山陰）。陽明是次迎婚是來自餘姚，歸至餘姚。

第212页

弘治三年：陽明先生年譜：「明年（弘治三年），龍山公以外艱歸姚，命從弟冕、階、宮及妹婿牧相，與先生講析經義。」按竹軒公居在餘姚，卒在餘姚，故王華乃歸餘姚，將竹軒公葬在餘姚，自己守喪在餘姚，陽明亦受家學在餘姚（按：王冕、王階、王宮及牧相皆餘姚人）。

弘治五年：陽明先生年譜：「弘治五年壬子……在越。舉浙江鄉試。」今有人將是年「在越」之越強解為紹興（山陰），乃大誤。按王華守喪在餘姚，至弘治六年方服闋起復；陽明在餘姚受家學，至弘治五年九月方舉鄉試，故可知此「在越」之越必指餘姚無疑。況是年陽明乃是以餘姚縣學諸生參加鄉試，豈能在其時跑到山陰去住？

弘治九年：陽明先生年譜：「丙辰會試，果為忌者所抑……歸餘姚，結詩社龍泉山寺。」陽明會試下第，乃自京歸餘姚，結詩社於龍泉寺，與餘姚文士唱酬交遊，此是王華、陽明直到弘治九年尚未移家紹興（山陰）之確證。

然而自弘治十年開始，便有陽明歸居紹興（山陰）之記載。首先在弘治十年三月，陽明與行人秦文往遊蘭亭，陽明有蘭亭次秦行人韵云：「十里紅塵踏淺沙，蘭亭何處是吾家？……」（山陰道上集）蓋因王羲之家在山陰蘭亭，故陽明特來蘭亭尋訪，十里踏沙尋訪不得，不禁發出「蘭亭何處是吾家」之悵問。陽明此詩充分表明，陽明是次實是為移家紹興之事而來山陰，尋訪王氏故居；王華在弘治九年九月忽遣落第之陽明歸居餘姚，亦必是付託陽明歸餘姚處理移家紹興之事也。至是年冬，陽明果已來居紹興新居，並數往會稽山、陽明洞、鏡湖訪遊。王陽明全集卷二十九有來雨山雪圖賦云：「昔年大雪會稽山，我時放迹遊其間。巖岫皆失色，崖壑俱改顏……鑑湖萬頃寒濛濛，雙袖拂開湖上雲……朝回策馬入秋臺，高堂大壁寒崔嵬，恍然昔日之湖山，雙目驚喜三載又一開……」按陽明此賦作於弘治十三年，上推三年，則在弘治十年，陽明是年冬已來居紹興，並

第213页

往遊會稽山（中有陽明洞）、鑑湖等。陽明賦明云「我時放迹遊其間」，可見陽明往遊會稽山非止一次，乃是就近隨意往遊。若其時陽明仍居餘姚而未移家紹興，其豈能在冬間數次往遊會稽山？又若其時陽明仍居餘姚而未移家紹興，其又豈能在寒冬冒大雪迢迢往遊會稽山？僅此足可見陽明其時已移家紹興，方能作如是大雪遊會稽山也。由此大致可推斷紹興新居在秋中落成，陽明在冬初正式移家紹興來居。緊接而來者又有秦望山之遊。弘治十一年春，陽明又往遊秦望山、雲門山、峨嵋山等，留下登秦望山用壁間韵（雲門志略卷五）、登峨嵋歸經雲門（同上）諸韵。王陽明全集卷二十有詩云：「嘉靖甲申冬二十一日，再登秦望，自弘治戊午登後二十七年矣。」可見陽明乃是弘治十一年春二月遊秦望諸山，觀詩中云「久雨初晴真可喜」，亦不似遠從餘姚來遊秦望山，而是近從紹興來遊秦望山；且如其時陽明仍居餘姚而未移家紹興，豈能在數次往遊會稽山（按：經過秦望山）後不到一個月又迢迢往遊秦望山？可見陽明弘治十一年春遊秦望山及其登秦望山用壁間韵諸詩，亦是陽明其時已移家紹興之確證。

自弘治十一年以後，因已移家紹興，陽明乃自號陽明山人，每次南歸，均歸居紹興，在紹興居住活動，講學修煉，

再無歸居餘姚之事，此後終其一生，陽明只是為省墓祭祖或處理秘圖山王氏故居家事一往餘姚而已。如：

弘治十二年：陽明舉進士南歸，毛紀作詩送之，鼇峰類稿卷二十二有送王伯安南還云：「地臨禹穴遊偏勝，雲近龍樓夢獨清……」按禹穴即陽明洞，在會稽山。龍樓指臥龍山之靈臺，蓋越城標志性樓臺，萬歷紹興府志卷四：「臥龍山，舊名種山……州之子城因種山之勢，盤旋回抱，若臥龍形……龜山，在臥龍南三里……越起靈臺於山上，又作三層樓以望雲物。」可見陽明乃歸紹興，而非歸餘姚，蓋毛紀知陽明已移家紹興，並自號陽明山人，故作如是語也。陽明是年作墮馬行，即題「八月一日書，陽明山人」，可見陽明已居陽明洞修煉矣。

弘治十四年：陽明是年作和九柏老仙詩，題作：「弘治辛酉仲冬望日，陽明山人王守仁識。」

弘治十五年：陽明是年告病歸紹興，築室陽明洞中修煉。

弘治十六年：陽明是年乃自紹興北上遊蘇州，王陽明全集卷二十九豫章都先生八十受封序：「弘治癸亥冬，守仁自會稽上天目，東觀於震澤。」

弘治十七年：是年王華歸省回紹興，祝母岑夫人壽，懷麓堂集卷五十三有壽王德輝侍郎母壽八十詩時德輝奉

使歸省云：「鑑湖綠水光如帶，堂上長眉動光彩。」鑑湖在紹興，可見王華乃是歸紹興祝壽，時陽明亦在紹興，尚未赴山東主鄉試。

弘治十八年：是年陽明在京師懷念故鄉，作故山詩云：「鑑水終年碧，雲山盡日閑。故山不可到，幽夢每相關。」（王陽明全集卷十九）「鑑水」即鑑湖，「雲山」即會稽山，中有陽明洞，人去洞閑，故云「雲山盡日閑」。可見陽明早已將紹興視為自己家鄉故里，日思夜夢歸居紹興故山。今人認為陽明到嘉靖中建伯府後才移家紹興，蓋亦誤甚矣。

綜上所考，大致可知如下：王華自弘治六年服闋起任

以後，手頭積蓄漸豐，乃起移家紹興之念。先在弘治九年上半年在紹興東相坊開始造屋起房，至下半年（九月）更遣陽明歸餘姚處理移家紹興一應事務。其往返奔走於餘姚、紹興之間，至弘治十年秋中紹興新居落成，陽明遂在冬初正式移家居紹興，築室陽明洞中修煉，遂自號陽明山人矣。

歲暮大雪，屢往遊會稽山，尋訪陽明洞。

王陽明全集卷二十九來雨山雪圖賦：「昔年大雪會稽山，我時放迹遊其間。巖岫皆失色，崖壑俱改顏。歷高林兮入深巒，銀幢寶纛森圍圜。長矛利戟白齒齒，駭心慄膽如穿虎豹之重關。澗溪埋沒不可辨，長松之杪，修竹之下，時聞寒溜聲潺潺。沓嶂連天，凝華積鉛。嵯峨嶄削，浩蕩無顛，嶙峋眩耀，勢欲倒；溪迴路轉，忽然當之，却立仰視不敢前。嵌竇飛瀑，忽然中瀉，冰磴崚嶒，上通天罅，枯藤古葛，倚巖薮而高掛，如瘦蛟老螭之蟠糾，蛻皮換骨而將化。舉手攀援足未定，鱗甲紛紛而亂下。側足登龍虬，傾耳俯聽寒籟之颼颼，陸風蹀躡，直際縹緲，恍惚最高之上頭。乃是仙都玉京，中有上帝遨遊之三十六瑶宮，傍有玉妃舞婆娑十二層之瓊樓。下隔人世知幾許，真境倒照見毛髮，凡骨高寒難久留。劃然長嘯，天花墜空，素屏縞障坐不厭，琪林珠樹窺玲瓏。白

鹿來飲澗，騎之下千峰。寡猿怨鶴時一叫，彷彿深谷之底呼其侶，蒼茫之外爭行聲陣排天風。鑑湖萬頃寒濛濛，雙袖拂開湖上雲，照我鬚眉忽然皓白成衰翁。手掬湖水洗雙眼，回看群山萬朵玉芙蓉。草團蒲帳青莎蓬，浩歌夜宿湖水東。夢魂清徹不得寐，乾坤俯仰真在冰壺中……」

按：陽明此賦作在弘治十三年（詳下），該賦云「朝回策馬入秋臺……恍然昔日之湖山，雙目驚喜三載又一開」，由弘治十三年上推三年，則為弘治十年，可見賦中所云「昔年會稽山之遊」，乃指弘治十年冬遊會稽山。賦云「我時放迹遊

其間」，可見陽明冬間屢次往遊會稽山。陽明何以在寒冬冒大雪、踏冰磴屢次上會稽山？唯一可解釋之原因，即是上山尋訪陽明洞，於洞中進行修煉。按賦云「乃是仙都玉京，中有上帝遨遊之三十六瑶宫」，其中實隱指有陽明洞。蓋陽明洞本為道家之第十一洞天，萬曆紹興府志卷六山川志：「會稽陽明洞……舊經：道家之第十一洞天也。一名極玄太元之天。龜山白玉上經：會稽山，周回三百五十里，名陽明洞天，皆仙聖天人都會之所，則第十一洞天。」可見陽明此賦所云「三十六瑶宫」必包括此陽明洞天，陽明為急於尋訪修煉之所而冒雪上山探陽明洞也。

是歲，留情武事，學兵法，凡兵家秘籍，莫不精究。

錢德洪陽明先生年譜：「弘治十年丁巳……是年先生學兵法。當時邊報甚急，朝廷推舉將才，莫不遑遽。先生念武舉之設，僅得騎射搏擊之士，而不能收韜略統馭之才。於是留情武事，凡兵家秘書，莫不精究。每遇賓宴，嘗居果核列陣勢為戲。」

王陽明全集卷九陳言邊務疏：「……何謂蓄材以備急？臣惟將者，三軍之所恃以動，得其人則克以勝，非其人則敗以亡，其可以不豫蓄哉？今者邊方小寇，曾未足以辱偏裨；而朝廷會議推舉，固已倉皇失措，不得已而思其次，一二人之外，曾無可以繼之者矣……萬如虜寇長驅而入，不知陛下之臣，孰可使以禦之？若之何其猶不寒心而早圖之也。臣愚以為，今之武舉僅可以得騎射搏擊之士，而不足以收韜略統馭之才。今公侯之家雖有教讀之設，不過虛應故事，而實無所裨益。誠使公侯之子皆聚之一所，擇文武兼濟之才，如今之提學之職者一人以教育之，習之以書史騎射，授之以韜略謀猷；又於武學生之內，歲升其超異者於此，使之相與磨礱砥礪，日稽月考，別其才否，比年而校試，三年而選舉；至於兵部，自尚書以下，其兩侍郎使之每歲更迭巡邊，於科道部

屬之內，擇其通變特者二三人以從，因使之得以周知道里之遠近，邊關之要害，虜情之虛實，事勢之緩急，無不深諳熟察於平日。則一旦有急，所以遙度而往莅之者，不慮無其人矣。……」

按：國榷卷四十三：「弘治十年六月辛未朔，南京吏部尚書倪岳上修省二十事：法祖宗，謹好尚，併差遣，恤軍民，罷工作，選武將，嚴操江，防要害，減添設，積邊儲，整邊備，均吏役，處軍糧，禁奸弊，定輸納，省淹禁，寬貧囚，清軍丁，審營繕，廣言路。上從之。……十月乙酉，起左都御史王越總制甘涼各邊兼巡撫，進太子太保。召巡

撫甘肅都御史吴琛」。此即錢德洪所云「當時邊報甚急，朝廷推舉將才，莫不遑遽」。其時將才之人，朝廷唯有起用王越為統馭之將，引起陽明關注，其留情武事，究習兵法，或即受朝廷起用王越之激發。二年後陽明上陳言邊務疏，陳便宜八事，全仿倪岳，其中所陳兵法蓋已在弘治十年究讀兵書時形成，可見其武經七書評（實為讀兵書之批語）、歷朝武機捷録（實為讀兵書之歷史資料摘録）等，皆是在弘治十年以來讀兵書、習兵法中寫成。

一四九八　弘治十一年　戊午　二十七歲

春二月，遊秦望山、雲門山、峨嵋山，有詩韵刻山壁。

陽明登秦望山用壁間韵：「秦望獨出萬山雄，縈紆鳥道盤蒼空。飛泉百道瀉碧玉，翠壁千仞削古銅。久雨忽晴真可喜，山靈於我豈無以？初擬步入畫圖中，豈知身在青霞裏。蓬島茫茫幾萬重，此地猶傳望祖龍。仙舟一去竟不返，斷碑千古原無踪。北望稽山懷禹跡，却嘆秦皇為斷色。落日凄風結晚愁，歸雲半掩春湖碧。便欲峰頭拂石眠，弔古傷今益惆然。未暇長卿哀二世，且續蘇君觀海篇。長嘯歸來景漸促，山鳥山花吟不足。夜深風雨過溪來，小榻寒燈卧僧屋。」（雲門志略卷五，陽明文集失載）

陸相登秦望次陽明韵：「會稽山水東南勝，秦望崒嵂摩蒼空。洞府靈光翳丹壑，鑑湖高影懸青銅。山花似見遊人喜，脱略塵機良有以。溪女曾歌菡萏中，仙人只在煙霞裏。絶壁雲開錦繡重，懸巖古樹蟠虬龍。秦碑埋没不可見，自鎸苔石留奇踪。可憐望海成陳迹，今古雲山空黛

色。蓬萊何處矗金鰲，一笑茫茫海天碧。松顛白鶴猶未眠，空山無人思悄然。不知凡骨未可住，野翁招我歸來篇。暝雲帶雨如相促，萬壑千巖探未足。殷勤傳語採芝人，豈必求仙向林屋。」（雲門志略卷五）

高臺登秦望次陽明韵：「我登秦望氣獨雄，彷彿插翮凌太空。峰巒面面列屏障，日月近近懸青銅。憑高兀立聊自喜，莫嘆明時不吾以。腰間長劍倚天外，幾曾飛步青雲裏。仰天一顧意萬重，直欲隻手攀蛟龍。於今笑與鹿麋伍，特來此地尋仙踪。蓬萊原有天仙迹，玉樹金枝迷日色。始皇望斷舟不還，潮落潮生接天碧。滇南太守醉欲

第222頁

眠，會稽別鶴猶飄然。相逢塵慮總脱落，底用莊生秋水篇。僕夫頻報暮鐘促，吊古傷今情未足。下來佛子煮新茶，助我燒燈吟竹屋。」（雲門志略卷五）

按：陽明此詩刻在秦望山石壁。萬歷紹興府志卷四：「秦望山，在府城南四十里，宛委山南，高出群山表。秦始皇登之，以望東海。其東南隸會稽，西北隸山陰。十道志：秦始皇登秦望山，使李斯刻石，其碑尚存。」張元忭雲門志略於陽明此詩前録有宋陸游醉書秦望山石壁：「秋雨初霽開長空，夜天無雲吐白虹。擘波浴海出日月，拔山卷地驅雷風。崑崙黃流瀉浩浩，太華巨掌摩穹穹。平生所懷政如此，拜賜虛皇稱放翁。放翁七十飲千鍾，耳目不廢頭未童。向來楚漢何足道，真覺萬古無英雄。行窮禹跡亦安在，聊借曠快洗我胸。濤瀾屢犯鮫鰐怒，澗谷或與精靈逢。黃金鑄盡決河塞，俘獻頡利長安宮。不如翠華掃清嶂，一寸毫健驚天公。」陽明詩即用陸游此韵。按陽明生平嘗兩遊秦望山，一在嘉靖三年冬，一在弘治十一年春，王陽明全集卷二十有詩題云：「嘉靖甲申冬二十一日再登秦望，自弘治戊午登後，二十七年矣。」陽明此詩云「歸雲半掩春湖碧」，作在春間，則必是弘治十一年春二月遊秦望山所作。

第223頁

陽明登峨嵋歸經雲門：「一年忙裏過，幾度夢中遊。自覺非元亮，何曾得惠休。亂藤溪屋邃，細草石池幽。回首俱陳迹，無勞説故丘。」（雲門志略卷五）

按：雲門志略於陽明此詩下又著録無名氏次陽明韵：「溪頭新雨過，印屐入山遊。餘溜依巖落，歸禽到樹休。僧眠松榻淨，花落洞門幽。臺閣通宵夢，何曾到此丘。」疑亦陸相作。按「峨嵋」指會稽峨嵋山，萬曆紹興府志卷四：「峨嵋山，在火珠山下百餘步，石隱起土中，狀如峨嵋，有峨嵋庵。」「雲門」指雲門山，嘉泰會稽志：「雲門山，在（會稽）縣南三十里。舊經云：『義熙二年，中書令王子敬居此，有五色祥雲見，詔建寺，號「雲門」。』」雲門山在秦望山北數里，陽明遊秦望山來回必經雲門山、峨嵋山，故陽明此詩當亦是弘治十一年春遊秦望山經雲門山所作。

三月，命王華兼東宮講讀。

國榷卷四十三：「弘治十一年二月甲午，太常寺卿兼翰林侍講學士程敏政，翰林院侍講學士楊守阯，左春坊左諭德李旻，司經局洗馬梁儲，東宮侍班；太常寺少卿兼翰林侍讀學士李傑、焦芳，侍讀學士兼左諭德王鏊，右諭德王華，洗馬楊傑，侍讀劉機、江瀾、白鉞，侍講武衛；左中允楊廷和、張天瑞，左贊善費宏，直講讀；編修兼校書吳儼、靳貴，禮部員外郎兼正字周文通，大理寺右寺副兼正字劉棨，俱爆直。」

陸深海日先生行狀：「戊午三月，又命兼東宮講讀，眷賜日隆。」

赴南都往見尹真人。經嘉興，登金粟山，有詩題金粟寺。

陽明留題金粟山：「獨上高峰縱遠觀，山雲不動萬松寒。飛霞瀉碧雨初歇，古澗流紅春欲闌。佛地移來龍窟小，僧房高借鶴巢寬。飄然便覺離塵世，萬里長空振羽翰。」

（嘉興府圖記卷六，天啟海鹽縣圖經卷三，金粟寺志歷代金粟詩）

按：陽明此詩之出處由來，金粟寺志中有說。吳麟徵金粟寺志序云：「本朝王陽明、董蘿石、張芳洲、王沂陽題壁隱隱然，亦不過單山秀麗、復水回蕩而已。至萬曆、天啟，名師宿耆始涉經之……崇禎癸未七月吉旦，武原吳麟徵拜書。」又金粟寺志續集序：「嘉靖壬辰重陽日，王沂陽子南游海上諸山，記節略云：登舟次茶院，游金粟山，登僧樓，觀陽明先生詩，賡之，書左方。……」可見陽明此詩原題於金粟寺壁，壬辰為嘉靖十一年，去陽明卒僅四年。嘉興府圖記撰於嘉靖二十六年，去陽明卒亦僅十九年。其著録陽明此詩句多有異：「金粟峰頭縱遠觀，山峰不動萬峰寒。飛崖瀉碧雨初歇，古澗流紅春欲闌。佛地移來龍窟小，僧房高借鶴巢寬。飄然悞却離塵想，一笑天風振羽翰。」此或即題金粟寺壁原詩。金粟寺在海鹽縣金粟山，金粟寺志卷上：「金粟山，距嘉興府海鹽城西一舍餘。循用里山左旋而入，即招寶橋。逾橋數百武，再歷小橋進，是為金粟寺門。……山形象金粟若空洞，足踐其地，音響鏗然；且來脉結局，亦主兑位，兑屬金，此『金粟』之名所由來也。吳赤烏中，康僧會三臺法師構亭施茶，久而建寺，迄今千百餘載。」金粟寺由名僧康僧會所建，規模宏麗，素有「東南第一刹」之名。劉獻廷廣陽

雜記謂：「金粟寺乃吳大帝赤烏年康居僧會所建。僧會於江南建三刹，一金陵之保寧，一太平之萬壽，一海鹽之金粟也。」陽明少時嘗在海鹽資聖寺受學，以後出仕每往返於京師、紹興之間，亦常順道往遊海鹽。此詩云「古澗流紅春欲闌」，作在暮春三月，則當是弘治十一年三月往南都經嘉興時所作（見下）。

至南都，見尹真人，談養生修煉，遂有遺世入山之意。

錢德洪陽明先生年譜：「弘治十一年戊午……是年，先生談養生……偶聞道士談養生，遂有遺世入山之意。」

按：錢德洪叙陽明早年耽迷道教修煉多有意隱晦不露，含

混不明。如此所云「道士」，實為尹真人；所云「養生」，實指道教「真空煉形法」修煉；所云「遺世入山」，實即入陽明洞修煉也。蓋陽明其時方移家紹興，入陽明洞修真空煉形法，當恰修煉百日有得，自必急於往見尹真人，交流修煉心得。陽明乃是以「陽明山人」之弟子身份往金陵見尹真人，以陽明其時落第歸山之處境言，此一能說動陽明遺世入山修煉之「道士」，亦非尹真人莫屬也。錢德洪皆有意隱去其人其時其地其事，使人看了莫名所以。按尹真人正是將其靜入竅冥之真空煉形法修煉稱為是一養生修心之修煉體條，性命圭旨開篇即曰：「庖羲上聖，畫八卦以示人，使萬世之下，知有養生之道。」所謂「養生」，即是涵養本原，救護命寶，其養生修煉要訣即要「靜坐少思寡欲，冥心養氣存神」（靜入竅冥），書中特作涵養本源圖，專門論述此種養生修煉。故陽明自認其在陽明洞中乃是進行尹真人所教導引養生之術之修煉，而錢德洪亦早看出箇中「養生之術」修煉之秘密。如其在陽明先生年譜序中云：「吾師陽明先生出，少有志於聖人之學。求之宋儒不得，窮思物理，卒遇危疾，乃築室陽明洞天，為養生之術。靜攝既久，恍若有悟，蟬脫塵坌，有飄飄遐舉之意焉。」答論年譜書十云：「先生始學，求之宋儒

第226-1页

，不得入，因學養生，而沉酣於二氏，恍若得所入焉。」刻文錄敘說云：「德洪自辛巳冬始見先生於姚，再見於越，於先生教若恍惚可即，然未得入頭處。同門先輩有指以靜坐者，遂覓光相僧房，閉門凝神淨慮，倏見此心真體，如出蔀屋而睹天日。」由此看來，錢德洪所云「是年，先生談養生」，「偶聞道士談養生」，當指尹真人無疑矣。

自南都歸，讀宋儒書無所得，益委聖賢有分。

錢德洪陽明先生年譜：「弘治十一年戊午……是年，先生談養生。先生自念辭章藝能不足以通至道，求師友於天下又不數遇，心持惶惑。一日，讀晦翁上宋光宗疏，有曰：『居敬持志，為讀書之本；循序致精，為讀書之法。』乃悔前日探討雖博，而未嘗循序以致精，宜無所得；又循其序，思得漸漬洽浹，然物理吾心終若判而為二也。沉鬱既久，舊疾復作，益委聖賢有分。」

按：所謂「益委聖賢有分」，實指陽明不信儒家「聖賢之學」，而信道家修煉之術；所謂「不足以通至道」，實指陽明不信儒家聖賢之道，而信道家之道術。故陽明所以「益委聖賢有分」，乃是因其沉迷佛道之故，非是因讀宋儒書無所得

第226-2页

所致也。錢德洪於此皆含混言之，乃至將陽明「舊疾復作」、「物理吾心終若判而為二」歸因於讀宋儒書，亦使人看了莫名所以。

八月，命王華主順天府鄉試。

陸深海日先生行狀：「戊午三月，又命兼東宮講讀……是歲，奉命主順天府鄉試。」

弇山堂別集卷八十二科試考二：「弘治十一年戊午，命右春坊諭德王華、左春坊左中允楊廷和主順天試。」

八月廿三日，易直先生王袞卒，歸餘姚哭祭。

王陽明全集卷二十五易直先生墓誌：「先生姓王，名袞，字德章……叔母葉孺人，先叔父十有三年卒，生二子：守禮、守信。繼孺人方氏，生一子守恭。叔父之生以正統己巳十月戊午，得壽四十有九，而以弘治戊午之八月廿三卒。」

冬間，北上回京師，以備來年會試。

按：陽明當在八、九月祭奠叔父王袞以後歸京師。錢德洪陽明先生年譜謂「弘治十一年戊午，先生二十七歲，寓京師」，不確。以弘治十二年牧相、謝迪亦同中進士，疑陽明乃是與牧相、謝迪同赴京師。

一四九九　弘治十二年　己未　二十八歲

二月，會試舉進士出身。中南宮第二人，賜二甲進士出身第六人。

國榷卷四十四：「弘治十二年二月丙申，太子少保、禮部尚書兼文淵閣大學士李東陽，禮部右侍郎兼翰林學士程敏政，主禮闈。……丁巳，户科給事中華昶奏程敏政鬻題，貢士江陰徐經、吴縣唐寅賄得之。特命正考李東陽覆閱，至三月二日放榜。……三月甲戌，廷策貢士倫文叙等三百人，賜倫文叙等進士及第出身有差。」

弘治十二年會試録：「中式舉人三百名，第二名王守仁，浙江餘姚縣人，監生，禮記。」（天一閣藏明代科舉録選刊會試録）

湛若水陽明先生墓志銘：「初舉己未禮闈第一，徐穆爭之，落第二。」

按：徐穆為會試同考試官，侍讀學士徐穆傳：「徐穆，字舜和，江西吉水人。弘治癸丑進士第二人，授翰林編修。秩滿，遷侍讀，與修歷代通鑑纂要，宋元論斷多出其手。同考會試者，再得倫文叙、董玘，皆為榜首，及其他名士尤多。」（國朝獻徵録卷二十）

錢德洪陽明先生年譜：「弘治十二年，是年春會試，舉南宮第二人，賜二甲進士出身第七人。」

按：謂「第七人」乃誤。據明清進士題名碑錄索引，陽明為二甲第六名。明清進士錄謂「二甲二十六名進士」，亦誤。

陽明會試卷禮記：「樂者敦和，率神而從天；禮者別宜，居鬼而從地。故聖人作樂以應天，制禮以配地。」

「惟禮樂合造化之妙，故聖人成制作之功。蓋禮樂與造化相為流通者也，然非聖人為之制作，抑何以成參贊之功哉！且禮樂之所以合乎造化者，果何以見之？是故絪緼化醇，此造化自然之和，乃氣之伸而為神，天之所以生物者也；樂之為用，則主於和，而發達動盪，有以敦厚其和於亭毒之表，豈不循其氣之伸而從天乎？高下散殊，此造化自然之序，乃氣之屈而為鬼，地之所以成物者也；禮之為用，則主於序，而裁節限制，有以辨別其宜於磅礴之際，豈不斂其氣之屈而從地乎？禮樂之合乎造化如此，故聖人者出，因其自然之和也，而作為之樂，凡五聲六律之文，或終始之相生，或清濁之相應者，皆本之，豈徒為觀聽之美哉，於以應乎造化之和，使陽不至於過亢，而生物之功與天為一矣；因其自然之序也，而制為之禮，凡三千三百之儀，或制度之有等，或名物

之有數者，皆法之，豈徒為藻飾之具哉，於以配乎造化之序，使陰不至於過肅，而成物之功與地無間矣。然則聖人制作之功所以參贊乎天地也，一何大哉！抑當究之天地之靈，不外乎陰陽，而鬼神者，陰陽之靈也；聖人之道，不外乎禮樂，而和序者，禮樂之道也。其實則一而二，不知者乃歧而二之。故知陰陽禮樂之所以為一，則可以識聖人制作之功矣。彼竊天地之靈，瀆幽明之分者，蓋非所謂鬼神，而亦焉用其所謂禮樂哉！」（弘治十二年會試錄）

按：陽明是會試卷下有多名考官批語：

同考試官都給事中林廷玉批：「近時經生率以此禮樂為造化自然，恐但云禮樂，便涉制作上說；不然，則敦和別宜，造化豈自敦且別邪？此作是也。」

同考試官修撰劉春批：「作此題者，多體認欠明，徒務敷演，浮冗可厭，蓋時習之弊也。是卷說理措辭精深典雅，而其氣充然，豈拘拘摹倣之士哉！」

考試官學士程敏政批：「究本之論，涉造化處便難措筆。若辭理溢出類此篇者，鮮矣。」

考試官大學士李東陽批：「詞達無滯，樂記義僅得此耳。」

陽明會試卷論：

「君子中立而不倚。」

「獨立乎道之中，而力足以守之，非君子之勇，不能也。蓋中固難於立，尤難乎其守也。中立而有以守之，必其識足以擇理，而不惑於他岐；行足以蹈道，而不陷於僻地；力足以勝私，而不誘於外物。天下之事紛紜轇轕乎吾前，而吾之中固在也，使徒立之，而力不足以守之，則執於此或移於彼，植於前或仆於後，矜持於旦夕無事之時，而顛蹶於倉卒不備之際，向之所謂中者，不旋踵而已失之矣。此中立而不倚者所以見君子之強而為天下之大勇歟？且君子之所以自立者，何中而已，是道也，原於帝降，著於民彝，其體本不倚也；然一事有一事之中，一時有一時之中，有定理而無定在焉。今夫人之所自立也，譬之地焉，高者或亢，遠者或曠，皆過乎中；卑者或汙，近者或局，皆不及乎中。是蓋擇之不精，而其守也不足言矣。君子則存養之熟，有以立乎中之體；省察之精，有以達乎中之用。故能事事而擇之，時時而處之，履道於至正之區，而特立乎流俗之外；置身於至當之地，而標見乎衆目之表。自卑者視之，以為太高，而不知其高之為中也；自高者視之，以為太卑，而不知其卑之為中也，以至於近遠亦然。當出而出，當處而處，

出處之立乎中也；當辭而辭，當受而受，辭受之立乎中也，以至於動靜語默皆然。則君子之立也可謂中矣，又何以見其不倚邪？譬之物焉，有所憑則易以立，無所恃則易以倚，吾之所立者中，則或前或後無可恃之人，或左或右無可憑之物。以外誘言之，則聲色之私有以眩吾中，貨利之私有以撼吾中，苟吾力不足以勝之，其不至於顛仆者寡矣；以己私言之，則辨或倚於私辨而非中，智或倚於私智而非中，苟吾之力不足自勝，其不至於欹側者亦寡矣。故中立固難，立而不倚尤難。君子則以一定之守持一定之見，不必有所憑也，而確乎有不可拔之勢；不必有所恃也，而屹乎有不可動之力。激之而不能使之高，抑之而不能使之卑；前之而不能引，後之而不能掣。聲色自美耳，吾之中終不為其所眩；貨利自靡耳，吾之中自不為其所撼。辨有所不當施，則不倚於辨；智有所不當擇，則不倚於智。於所當處也，雖迫之使出，而有所不從；於所當辭也，雖強之使受，而有所不屑。以至於天下之事，莫不皆然。事之在天下者，萬有不齊，而吾之所立者，固未嘗失也。是雖處乎人人之中，而其所守，實有過乎人者，天下之勇，豈復加於此哉！由是觀之，所以擇者，智也；所以行者，仁也；所以守之

者，勇也。勇所以成乎智仁而保此中者也。然亦有辨焉，南方之强，不及中者也；北方之强，過乎中者也；惟和而不流，中立而不倚，國有道無道而不變，為君子之强，蓋所謂中庸之不可能者。」孔子因子路問强，而告之所以抑其血氣之剛，而進之以德義之勇也。彼子路者終倚於勇焉，何哉？君子誠因是而求之，所謂中立不倚者，尚當以孔子為的。」（弘治十二年會試録）

按：陽明是會試卷下有衆多考官批語：

同考試官都給事中林廷玉批：「中立處，學者類能言之，一到不倚上，便茫然不知；所謂間有知者，又拘於筆力，不能盡寫其義，說理之文最難也。此篇議論滔滔自胸中流出，若不經意焉者；且理致精深，言辭深厚，脱去時俗氣息。噫！吾於是有以知子之所養矣。」

同考試官修撰劉春批：「論場佳者固多，但初讀似辨博可喜，徐而點檢，皆時中之義，未有的然着題者也。此亦習尚使然，主司命題，不為無意。及得是卷，歷論中立不倚之旨，節節俱有原委，而抑揚曲折，無不在題中。蓋深於性理之學者，即是而觀，子豈獨為文不受變於俗耶？」

考試官學士程敏政批：「論場中文字，豐者多失之弱，簡者又失之晦，未有滿人意者。忽得此卷，其辭氣如水涌山出，而

第233頁

義理從之，有起伏，有歸宿，當豐而健，當約而明，讀之惟恐其竟也。四方傳誦，文體將為之一變乎！」

考試官大學士李東陽批：「近來士習多厭平易，喜奇恢，論場尤甚，至有泛濫千餘言，而終篇不及本題正義者，其所得意，非雕蟲之字，則聱牙之句也。沿是以往，亦將何所底極乎？此篇見理真切，措辭條暢，亦何嘗無開合起伏於其間，而終不出乎繩準之外，為論學者可以觀矣。」

按：是歲大比取士三百名，遂多與陽明相識，其中與陽明以後關係密切者有：

伍文定，弘治十二年三甲一百一十九名進士，字時泰，號松月，松滋人。

劉茝，弘治十二年二甲七十八名進士，字惟馨，號秋佩，涪州人。

朱應登，弘治十二年二甲八十一名進士，字升之，號凌溪，寶應人。

江潮，弘治十二年二甲十九名進士，字天信，號鐘石，貴溪人。

余祐，弘治十二年二甲九十四名進士，字子積，號訒齋，鄱陽人。

陳伯獻，弘治十二年二甲六十七名進士，字惇賢，號峰湖，莆田人。

宗璽，弘治十二年三甲一百九十五名進士，字朝用，號竹谿，

第234頁

建平人。

杭淮，弘治十二年二甲五十七名進士，字東卿，號復溪，宜興人。

牧相，弘治十二年三甲三十一名進士，字時庸，餘姚人。

羅僑，弘治十二年三甲一百七十六名進士，字維升，號東川，吉水人。

羅欽德，弘治十二年二甲十六名進士，字允迪，號毅軒，泰和人。

鄭瓛，弘治十二年三甲八十八名進士，字信卿，號思齊，平陽人。

徐璉，弘治十二年二甲九十三名進士，字宗獻，號玉峰，武邑人。

都穆，弘治十二年二甲八十八名進士，字玄敬，號南濠，吴縣人。

謝迪，弘治十二年二甲三十七名進士，字于吉，號石崖，餘姚人。

熊桂，弘治十二年三甲一百四十四名進士，字世芳，號石崖，新建人。

兵科給事中王鎮出使安南，陽明與父王華相送於都門。

陽明梧山先生集序：「憶弘治己未歲，余舉進士，居京師，公時以給諫充安南冊封使。於時先君子承乏秩宗，與同朝，諸薦紳餞送都門，余始獲欽儀豐采，見其温温恪恪，岸然有道之容，倘所謂和順積中而英華發於外焉者耶？」（見王鎮梧山王先生集前，陽明文集失載）

王華題贈梧山出使安南使省：「別却雙親過十秋，主恩持節使交州。誰知膝下一杯酒，不博人間萬户侯。驛使先驅迎鳳詔，蠻酋引領望仙舟。此行端的全忠孝，豈是尋常汗漫遊。」（見梧山王先生集卷二十附贈言）

按：王鎮字文哲，號梧山，東莞人，陳白沙弟子。梧山王先生集前有大司徒梧山王先生政績記云：「南海東莞有梧山焉，公東莞人，因自號……父淡軒翁，嘗治寶慶郡有聲，以故節操相承。少從白沙遊，推明理學……」據國榷卷四十三：「（弘治十一年十二月壬辰朔）司經局洗馬梁儲、兼翰林侍講兵科給事中王鎮，往封黎暉安南國王。」黄佐梁文康公傳亦云：「戊午，主試應天。是歲冬，冊封安南國王，充正使，禮成亟返。」（國朝獻徵録卷十五）梧山王先生集前有梧山年譜載：王鎮弘治十一年戊午勅命十二月初六日使安南，十二年己未同梁儲出使安南，十三年庚申自安南歸。據上可知，此當是朝廷先在弘治十一年十二月命下王鎮出使安南，直到弘治十二年二月，王鎮才啟程出發，適逢陽明中進士，得以隨父相送於都門。王鎮為白沙弟子，故尤為王華、陽明所重。其在弘治六年中進士，入翰林，即與王華、陽明十分相知。陽明在梧山王先生集序中云：「余嘗式公之德矣，佩公之勳伐猷為矣，且十數年世講宗盟，得親公之謦欬風儀，非朝伊夕矣。」可見王鎮思想對陽明影響之深。

三月，登第榮歸紹興，黄珣、毛紀有詩賀送。

姚江逸詩卷五黄珣賀年姪王伯安登第：「羡我同年老狀頭

，賢郎名位頗相侔。龍山佳氣重重見，舜水恩波滾滾流。調味查梨同入鼎，濟川橋梓共為舟。相看盡道登科樂，却合同擔廊廟憂。」

按：姚江逸詩卷五：「黄珣，字廷璽，鄉舉第一，進士第二。歷官翰林，至南京吏部尚書。忤劉瑾，致仕。謚文僖。太宰未遇時，授館於大學士劉珝。一日，珝書三宗七制事問之，同邑王華來訪，案上見此，遂默記而回。及殿所問，即此事也。兩人條對詳明，連名及第。」國朝獻徵錄卷二十七有南京吏部尚書黄珣傳。黄珣與王華為同年，故稱陽明為「年姪」。又黄珣任國子司業、祭酒，而陽明卒業北雍，以「監

生」舉進士，故尤為黄珣所賞識也。

毛紀鼇峰類稿卷二十一送王伯安南還：「一代騷壇早著聲，時人盡識子安名。地臨禹穴遊偏勝，雲近龍樓夢獨清。槐樹百年重世蔭，桂香二月滿春城。長亭一笑幽懷在，未信乾坤負此生。」

按：毛紀字維之，號鼇峰，掖縣人。王華成化二十三年任會試同考官，而毛紀於成化二十三年舉進士（見嚴嵩毛公紀神道碑，明清進士錄將毛紀列為成化二十年進士乃大誤），故王華與毛紀有「座主」之誼。又毛紀中舉後入翰林，陞修撰，充經筵講官，選侍東宮講讀，與王華同官相好，熟知王華、陽明。詩

第237页

中所云「桂香二月滿春城」，即指陽明高中進士（蟾宮折桂）。所謂「槐樹百年垂世蔭」，即指陽明舉進士乃出三槐王氏庇蔭。

五月，返京師，觀政工部。與羅欽順、羅欽德相識，三人多有唱酬論學。

黄綰陽明先生行狀：「己未登進士，觀政工部。」

錢德洪陽明先生年譜：「舉南宮第二人，賜二甲進士出身第七人，觀政工部。」

按：陽明觀政工部當在五月自紹興返京師以後（見下）。觀政工部，即下到工部下屬部門試事。憲章類編卷十七進士觀政：「洪武十八年三月，上以諸進士未更事，俾觀政諸事，各照出身次第資格，月給俸米。按進士每科大約三百名，分試九卿衙門觀政。每衙門大約三十餘人，堂長司僚與之朝夕而試之事。」陽明觀政工部向不知下到工部何部門試事，按明史卷七十三職官志：「工部……營繕、虞衡、都水、屯田四清吏司。……屯田，典屯種、抽分、薪炭、夫役、墳塋之事。凡軍馬守鎮之處，其有轉運不給，則設屯以益軍儲。其規辦營造、木植、城磚、軍營、官屋及戰衣、器械、耕牛、農具之屬。……凡墳塋及堂碑、碣獸之制，第宗室、勳戚、文武官之等而定其差。」屯田清吏司下有典簿等職，陽明觀政工部，當是試屯田司下典簿之職，故有督造王越墳塋、出

第238页

使邊徼視察軍屯及上陳言邊務疏、於中專論邊戍軍屯之事，而陽明在墜馬行中亦自稱「濫名且任東曹簿」（見下）。

羅欽順整菴存稿卷十七送王伯安入朝：「危鑪聯句佛燈前，雲散風流頓十年。」

整菴履歷記：「弘治十一年戊午，春三月，釋服。四月，始出邑城謝諸親友。冬十一月，北上。十二年己未，春二月，至京，隨復原職（國子助校）。二弟同中進士，遂同居。」（困知記附録）

整菴存稿卷十五祭大司馬王陽明先生文：「弟兄夙欽風義，交遊以世，氣味似同。官邸論文，不在盈尊之酒；歸途講學，猶存隔歲之書。」

按：羅欽順此送王伯安入朝詩作在正德六年（見下），上推「十年」，正在弘治十二年。是年羅欽順復職入京，羅欽德亦與陽明同舉進士，三人在京相處，官邸論文，是所謂「弟兄夙欽風義，交遊以世，氣味似同」。

五月十七日，岑太夫人八十壽誕，在京公卿親友祝岑太夫人壽，亦賀陽明舉進士。

劉春東川劉文簡公集卷十二壽王母岑太夫人八十序：「宮諭王先生母岑太夫人今年壽八十，五月十七日，寔衣裼之辰也。是日，自公卿而下，凡知先生者，各舉禮為夫

人壽，錦紱珠翟，充牣堂室，絃管琴瑟之音，諠溢衢巷，一時盛事，鮮克儷者。蓋夫人，封春坊諭德竹軒公之配，含和蘊淑，克相於家。先生舉成化辛丑進士第一，為翰林修撰，進今秩。日以古帝王及周、孔之道德政事，敷陳講說於天子左右，啟沃深至。退則侍皇太子受經，弘諒端直，善隱然負公輔之望。而夫人則自先生筮仕，恒就養官邸，由太安人封太宜人。龍章輝赫，象服在躬。凡天廚之饌，上尊之醴，遠方珍果，咸時荷寵，賜以享焉。先生又日承歡順志，定省左右，無少違離之憂。諸孫服習詩書，森侍膝下。如守仁者，則又舉進士，

器識不凡。夫人之獲福，其可量哉！則諸縉紳之所以趨賀者，固將出於欣慕愛悅之誠，不容自已也。嘗觀古昔賢哲之士，雖以濟世行道為榮，而尤以祿逮其親為喜，故一檄動顏，君子不以為非；而榮宦忘親者，人人得而詆讓之。則仕者豈徒志於行道而已哉！顧世之荷厚祿，躋膴仕者，嘗溥暮年，未有不懷陟岵陟屺之思。或幸而遭時遇主，躐致津要，二親具慶，則蹈險乘危，自詒伊戚，如溫太真者，往往而然。若張師亮、富彥國、陳唐夫輩，既大拜，而其母猶安享祿養，以膺殊寵，異數之典，於當時則僅有者，史氏載之，至今傳為美談。如夫

人者，其福故未易言，而先生之所以榮養其親，抑豈獨於今為不可及哉？是先生之門人仕於京師者，相率拜夫人於堂下，舉觴稱壽如儀。某忝從先生後，紀事之詞僉以諉焉。爰集古詩句為八章，歌以致祝壽之意。凡在列者，其愛慕揄揚之念，固不謀而合也。詩曰：

五月鳴蜩，而有長庚。母氏聖善，式月斯生。

母氏劬勞，長發其祥。宜爾子孫，邦家之光。

有斐君子，教之誨之。在帝左右，維其令儀。

緜緜瓜瓞，施於孫子。溫其如玉，德音不已。

肆筵設席，籩豆有楚。君子至止，式歌且舞。

載錫之光，吹笙鼓簧。獻酬交錯，濟濟蹌蹌。

公言錫壽，介爾景福。萬壽無期，受天百祿。

既多壽祉，則篤其慶。是用作歌，永錫祚胤。」

同上，卷二十二壽王太夫人狀元母：「禁城西去管絃諠，朱紫紛紛欲塞門。共為慈闈稱壽喜，護得福履向人論。大魁天下方推子，甲榜年來又賀孫。白髮怪看常轉黑，名郎無日不承恩。」

按：陽明正德十年所上乞養病疏云「鞠於祖母岑，今年九十有六」，知岑太夫人生於永樂十八年，弘治十二年為其八十壽秩。詩所謂「甲榜年來又賀孫」，即指是年陽明舉進士，祝岑太

夫人壽兼有賀陽明中舉之意也。劉春字仁仲，成化二十三年進士，王華於劉春有「座主」之誼，蓋劉春實為王華門人也。

明清進士錄：「劉春，成化二十三年一甲二名進士。四川巴縣人，字仁仲。授編修。正德時，歷禮部尚書，專典誥敕，掌詹事府事。時諫官各言鎮守內臣入貢之害，春列上累朝停革貢獻詔旨，乞一切停罷。掌禮部三年，宗藩請封、請婚及文武大臣祭葬贈謚，多所裁正。卒謚文簡。有劉文簡集。孫起宗、四世孫世曾，舉進士。」

在京師，學古詩文辭章，與李東陽、李夢陽、何景明、顧璘、徐禎卿、邊貢、喬宇、汪俊諸公以才名相馳騁，開始「上國遊」時期。

黃綰陽明先生行狀：「己未登進士，觀政工部。與太原喬宇、廣信汪俊、河南李夢陽、何景明、姑蘇顧璘、徐禎

第241页

卿、山東邊貢諸公以才名爭馳騁，學古詩文。」

錢德洪陽明先生年譜：「弘治十有五年……先是五月復命，京中舊遊俱以才名相馳騁，學古詩文。先生嘆曰：『吾焉能以有限精神為無用之虛文也！』遂告病歸越，築室陽明洞中，行導引術。」

湛若水陽明先生墓志銘：「初溺於任俠之習；再溺於騎射之習；三溺於辭章之習；四溺於神仙之習；五溺於佛氏之習；正德丙寅（元年），始歸於聖賢之學。」

按：湛甘泉所云「三溺於辭章之習」，即指陽明弘治十二年至正德元年（八年）在京學古詩文、與茶陵派及「前七子」輩以詩文相馳騁之時，即陽明自謂「上國遊」之時期也。

李夢陽空同集卷五十九朝正倡和詩跋：「詩倡和莫甚於弘治，蓋其古學漸興，士彬彬乎盛矣，此一運會也。余時承乏郎署，所與倡和，則揚州儲靜夫、趙叔鳴，無錫錢世恩、陳嘉言、秦國聲，太原喬希大，宜興杭氏兄弟，郴李貽教、何子元，慈溪楊名父，餘姚王伯安，濟南邊庭實；其後又有丹陽殷文濟，蘇州都玄敬、徐昌穀，信陽何仲默。其在南都，則顧華玉、朱升之其尤也。諸在翰林者，以人眾不敘。自正德丁卯之變，縉紳罹慘毒之禍，於是士始皆以言為諱，重足累息，而前諸倡和者亦

第242页

各飄然萍梗散矣。」

錢德洪上國遊稿序：「是卷師作於弘治初年，筮仕之始也，自題其稿曰上國遊。洪葺師録，自辛巳以後文字釐為正録；已前文字則兼採外集，而不全録者。蓋師學靜入於陽明洞，得悟於龍場，大徹於征寧藩。多難殷憂，動忍增益，學益徹則立教益簡易，故一切應酬諸作，多不彙入。是卷已廢閣逸稿中久矣，茲刻續録，復檢讀之。見師天稟夙悟，如玉出璞，雖未就追琢，而闇闇内光。因歎師稟夙智，若無學問之全功，則逆其所造，當只止此。使學者智不及師，肯加學問之全功，則其造詣日精，當亦莫禦；若智過於師，而功不及師，則終無所造，自負其質者多矣。乃復取而刻之，俾讀師全録者，聞道貴得真修，徒恃其質，無益也。嘉靖辛酉，德洪百拜識。」

按：錢德洪所云「筮仕之始」，指弘治十二年。陽明自訂稿名「上國遊」，乃本自懷素自敘：「然恨未能遠睹前人之奇迹，所見甚淺。遂擔笈杖錫，西遊上國，謁見當代名公，錯綜其事，遺編絶簡，往往遇之，豁然心胸，略無疑滯。」「上國」者，京師也。青年陽明以懷素自許，將弘治十二年中舉入仕赴京任職視為北遊上國，在都下與當代名公遊，與文士以才名相馳騁，直到正德元年（正德二年出京赴謫），陽明視此一段在京仕宦經歷為自己生平之一次「上國遊」，將此八年在京所作詩文彙編定名為上國遊，從中清晰反映陽明從溺於「詞章之學」到歸本「聖賢之學」之心路歷程。今王陽明全集卷二十九中尚存上國遊一卷，大致收録陽明自弘治十二年至正德元年在京所寫詩文（按：兼收有若干弘治十二年以前在京所寫詩文），然已殘缺不全，陽明與茶陵派、前七子交遊唱酬之作多不可見，蓋錢德洪嘉靖四十年刻録上國遊時，稿已多散佚故。（下多有輯考）

刑部員外郎黄肅陞廣西按察僉事，陽明作序送之。

王陽明全集卷二十九送黄敬夫先生僉憲廣西序：「古之仕者，將以行其道；今之仕者，將以利其身。將以行其道，故能不以險夷得喪動其心，而惟道之行否為休戚；利其身，故懷土偷安，見利而趨，見難而懼。非古今之性爾殊也，其所以養於平日者之不同，而觀夫天下者之達與不達耳。吾邑黄君敬夫，以刑部員外郎擢廣西按察僉事。廣西，天下之西南徼也。地卑濕而土疏薄，接境於諸島蠻夷，瘴癘鬱蒸之氣，朝夕瀰沍，不常睹日月，山僮海獠，非時竊發，鳥妖蛇毒之患，在在而有，固今仕者之所懼而避焉者也。然予以為中原固天下之樂土，人之所趨而聚居者；然中原之民至今不加多，而嶺廣之民至今不加少，何哉？中原之民，其始非必盡中原者也，固有從嶺廣而遷居之者矣；嶺廣之民，其始非必盡皆嶺廣者也，固有從中原而遷居之者矣。久而安焉，習而便焉，父兄宗族之所居，親戚墳墓之所在，自不能一日捨此而他也。古之君子，惟知天下之情不異於一鄉，一鄉之情不異於一家，而家之情不異於吾之一身。故視其家之尊卑長幼，猶家之視身也；視天下之尊卑長幼，猶鄉之視家也。是以安土樂天，而無入不自得。後之人視其兄之於己，固已有間，則又何怪其險夷之異趨，而利害之殊節也哉！今仕於世，而能以行道為心，求古人之意，以達觀夫天下，則嶺廣雖遠，固其鄉閭；嶺廣之民，皆其子弟；郡邑城郭，皆其父兄宗族之所居；山川道里，皆其親戚墳墓之所在。而嶺廣之民，亦將視我為父兄，以我為親戚，雍雍愛戴，相眷戀而不忍去，況以為懼而避之耶？敬夫，吾邑之英也。幼居於鄉，鄉之人無不敬愛。長從於南畿之六合，六合之人敬而愛之，猶吾鄉也。及舉進士，宰新鄭，新鄭之民曰：『吾父兄也。』入為冬官主事，出治水於山東，改秋官主事，擢員外郎，僚寀曰：『吾兄弟也。』蓋自居於鄉以至於今，經歷且十餘地，而人之敬愛之如一日。君亦自為童子以至於為今官，經歷且八九職，而其所以待人愛眾者，恒如一家。今之擢廣西也，人咸以君之賢，宜需用於內，不當任遠地。君曰：『吾則不賢。使或賢也，乃所以宜於遠。』嗚呼！若君者可不謂之志於行道，素養達觀，而有古人之風也歟？……」

按：黃敬夫即黃肅，祖籍餘姚。光緒六合縣志卷五：「黃肅，字敬夫，東二圖人。成化戊戌進士，授河南新鄭縣知縣，賑濟饑民，多所全活。陞工部都水司主事，進刑部貴州司員外郎，擢廣西按察司僉事。土官黃紹反，肅率兵討之，紹尋以憂死。思恩知府岑濬謀作亂，預作丹良城以截行舟。肅討之，曰：『是賊咽喉也。』即被甲先登，士皆蟻附，賊遂焚營壘遁。東塞蠻叛，肅從間道破其巢，蠻潰。尋進湖廣兵備副使，猶上言廣右事宜，朝廷多見允行。正德初，以軍功陞三品，致仕。嘉靖中，進階二品。年八十六卒。有靜庵集。」按明孝宗實錄卷一百五十二：「弘治十二年七月甲申，廣西按察僉事黃肅奏：『廣西土官襲職時……』」黃肅七月已在廣西任上，則其擢廣西按察僉事當在五月（四月陽明尚未赴任，六月陽明已出使關外）。

是月，奉檄出使關外，視察邊戍軍屯，歸上陳言邊務疏，獻安邊八策。

王陽明全集卷九陳言邊務疏：「邇者竊見皇上以彗星之變，警戒修省；又以虜寇猖獗，命將出師，宵旰憂勤，不遑寧處。此誠聖主遇災能警，臨事而懼之盛心也。當茲多故，主憂臣辱，孰敢愛其死！況有一二之見而忍不以上聞耶？臣愚以為今之大患，在於為大臣者外託慎重老成之名，而內為固祿希寵之計；為左右者內挾交蟠蔽塞之資，而外肆招權納賄之惡。習以成俗，互相為奸。憂世者，謂之迂狂；進言者，目以浮躁。沮抑正大剛直之氣，而養成怯懦因循之風。故其衰耗頹塌，將至於不可支持而不自覺。今幸上天仁愛，適有邊陲之患，是憂慮警

省，易轅改轍之機也。此在陛下，必宜自有所以痛革弊源，懲艾而振作之者矣。新進小臣，何敢僭聞其事，以干出位之誅？至於軍情之利害，事機之得失，苟有所見，是固芻蕘之所可進，卒伍得所言者也，臣亦何為而不可之有？雖其所陳，未必盡合時論，然私心竊以為必宜如此，則又不可以苟避乖剌而遂已於言也。謹陳便宜八事以備採擇：一曰蓄材以備急；二曰舍短而用長；三曰簡師以省費；四曰屯田以足食；五曰行法以振威；六曰敷恩以激怒；七曰省小以全大；八曰嚴守以乘弊。

「何謂蓄材以備急？臣惟將者，三軍之所恃以動，得其人

則克以勝，非其人則敗以亡，其可以不豫蓄哉？今者邊防小寇，曾未足以辱偏裨，而朝廷會議推舉，固已倉皇失措，不得已而思其次，一二人之外，曾無可以繼之者矣。如是而求其克敵致勝，其將何恃而能乎！夫以南宋之偏安，猶且宗澤、岳飛、韓世宗、劉錡之徒以為之將，李綱之徒以為之相，尚不能止金人之衝突；今以一統之大，求其任事如數子者，曾未見有一人。萬如虜寇長驅而入，不知陛下之臣，孰可使以禦之？若之何其猶不寒心而早圖之也！臣愚以為，今之武舉僅可以得騎射搏擊之士，而不足以收韜略統馭之才。今公侯之家雖有教

讀之設，不過虛應故事，而實無所裨益。誠使公侯之子皆聚之一所，擇文武兼濟之才，如今之提學之職者一人以教育之，習之以書史騎射，授之以韜略謀猷；又於武學生之內歲升其超異者於此，使之相與磨礱砥礪，日稽月考，別其才否，比年而校試，三年而選舉。至於兵部，自尚書以下，其兩侍郎使之每歲更迭巡邊，於科道部屬之內擇其通變特達者二三人以從，因使之得以周知道里之遠近，邊關之要害，虜情之虛實，事勢之緩急，無不深諳熟察於平日，則一旦有急，所以遙度而往蒞之者，不慮無其人矣。孟軻有云：『苟為不畜，終身不得。』臣

願自今畜之也。

「何謂舍短以用長？臣惟人之才能，自非聖賢，有所長必有所短，有所明必有所蔽；而人之常情，亦必有所懲於前，而後有所警於後。吳起殺妻，忍人也，而稱名將；陳平受金，貪夫也，而稱謀臣；管仲被囚而建霸，孟明三北而成功，顧上所以駕馭而鼓動之者何如耳。故曰：用人之仁，去其貪；用人之智，去其詐；用人之勇，去其怒。夫求才於倉卒艱難之際，而必欲拘於規矩繩墨之中，吾知其必不克矣。臣嘗聞諸道路之言，曩者邊關將士以驍勇强悍稱者，多以過失罪名擯棄於閑散之地。夫

有過失罪名，其在平居無事，誠不可使處於人上；至於今日之多事，則彼之驍勇强悍，亦誠有足用也。且被擯棄之久，必且悔艾前非，以思奮勵；今誠委以數千之衆，使得立功自贖，彼又素熟於邊事，加之以積慣之餘，其與不習地利，志圖保守者，功宜相遠矣。古人有言：『使功不如使過。』是所謂『使過』也。

「何謂簡師以省費？臣聞之兵法曰：『日費千金，然後十萬之師舉。』夫古之善用兵者，取用於國，因糧於敵，猶且日費千金；今以中國而禦夷虜，非漕輓則無粟，非征輸則無財，是故固不可以言『因糧於敵』矣。然則今日之師可

以輕出乎？臣以公差在外，甫歸旬日，遥聞出師，竊以為不必然者。何則？北地多寒，今炎暑漸熾，虜性不耐，我得其時，一也；虜恃弓矢，今大雨時行，觔膠解弛，二也；虜逐水草以為居，射生畜以為食，今已蜂屯兩月，邊草殆盡，野無所獵，三也。以臣料之，官軍甫至，虜迹遁矣。夫兵固有先聲而後實者，今師旅既行，言已無及，惟有簡師一事，猶可以省虛費而得實用。夫兵貴精不貴多，今速詔諸將，密於萬人之內取精健足用者三分之一，而餘皆歸之京師。萬人之聲既揚矣，今密歸京師，邊關固不知也，是萬人之威猶在也，而其實又可

以省無窮之費，豈不為兩便哉？況今官軍之出，戰則退後，功則爭先，亦非邊將之所喜。彼之請兵，徒以事之不濟，則責有所分焉耳。今誠於邊塞之卒，以其所以養京軍者而養之，以其所以賞京軍者而賞之，旬日之間，數萬之衆可立募於帳下，奚必自京而出哉？

「何謂屯田以給食？臣惟兵以食為主，無食，是無兵也。邊關轉輸，水陸千里，踣頓捐棄，十而致一。故兵法曰：『國之貧於師者遠輸，遠輸則百姓貧；近師貴賣，貴賣則百姓財竭。』此之謂也。今之軍官既不堪戰陣，又使無事坐食以益邊困，是與敵為謀也。三邊之戍，方以戰守

，不暇耕農。誠使京軍分屯其地，給種授器，待其秋成，使之各食其力。寇至則授甲歸屯，遥為聲勢，以相犄角；寇去仍復其業，因以其暇，繕完虜所拆毀邊墻亭堡，以遏衝突。如此，雖未能盡給塞下之食，亦可以少息輸餽矣。此誠持久俟時之道，王師出於萬全之長策也。

「何謂行法以振威？」臣聞李光弼之代子儀也，張用濟斬於轅門；狄青之至廣南也，陳曙戮於戲下。是以皆能振疲散之卒，而摧方强之虜。今邊臣之失機者，往往以計倖脱。朝喪師於東陲，暮調守於西鄙，罰無所加，兵因縦弛。如此，則是陛下不惟不置之罪，而復為曲全之地也，彼亦何憚而致其死力哉？夫法之不行，自上犯之也。今總兵官之頭目，動以一二百計，彼其誠以武勇而收録之也，則亦何不可之有；然而此輩非勢家之子弟，即豪門之夤緣，皆以權力而强委之也。彼且需求刻剥，騷擾道路；仗勢以奪功，無勞而冒賞；懈戰士之心，興邊戎之怨。為總兵且復資其權力以相後先，其委之也，敢以不受乎？其受之也，其肯以不庇乎？苟戾於法，又敢斬之以殉乎？是將軍之威，固已因此輩而索然矣，其又何以臨師服衆哉！臣願陛下手敕提督等官，發令之日，即以先所喪師者斬於轅門，以正軍法。而所謂頭目之屬，

悉皆禁令發回，毋使潰擾侵冒，以撓將權，則士卒奮勵，軍威振肅。克敵制勝，皆原於此。不然，雖有百萬之衆，徒以虚國勞民，而亦無所用之也。

「何謂敷恩以激怒？」臣聞殺敵者，怒也。今師方失利，士氣消沮；三邊之戍，其死亡者非其父母子弟，則其宗族親戚也。今誠撫其瘡痍，問其疾苦，恤其孤寡，振其空乏，其死者皆無怨尤，則生者自宜感動。然後簡其强壯，宣以國恩，喻以虜讎，明以天倫，激以大義；懸賞以鼓其勇，暴惡以深其怒；痛心疾首，日夜淬礪，務與之俱殺父兄之讎，以報朝廷之德。則我之兵勢日張，士氣日奮，而區區醜虜有不足破者矣。

「何謂捐小以全大？」臣聞之兵法曰：『將欲取之，必固與之。』又曰：『佯北勿從，餌兵勿食。』皆捐小全大之謂也。今虜勢方張，我若按兵不動，彼必出鋭以挑戰；挑戰不已，則必設詐以致師，或捐棄牛馬而偽逃，或掩匿精悍以示弱，或詐潰而埋伏，或潛軍而請和，是皆誘我以利也。信而從之，則墮其計矣。然今邊關守帥，人各有心，虜情虚實，事難卒辨。當其挑誘之時，畜而不應，未免必有剽掠之虞。一以為當救，一以為可邀，從之，則必陷於危亡之地；不從，則又懼於坐視之誅。此王師之

所以奔逐疲勞，損失威重，而醜虜之所以得志也。今若恣其操縱，許以便宜，其縱之也，不以其坐視；其捐之也，不以為失機。養威為憤，惟欲責以大成；而小小挫失，皆置不問，則我師常逸而兵威無損，此誠勝敗存亡之機也。

「何謂嚴守以乘弊？臣聞古之善戰者，先為不可勝以待敵之可勝。蓋中國工於自守，而胡虜長於野戰。今邊卒新破，虜勢方劇，若復與之交戰，是投其所長而以勝予敵也。為今之計，惟宜嬰城固守，遠斥候以防奸，勤間諜以謀虜，熟訓練以用長，嚴號令以肅惰，而又頻加犒享，使皆畜力養銳。譬之積水，俟其盈滿充溢，而後乘怒急決之，則其勢并力驟，至於崩山漂石而未已。昔李牧備邊，日以牛酒享士，士皆樂為一戰，而牧屢抑止之；至其不可禁遏，而始奮威并出，若不得已而後從之，是以一戰而破强胡。今我食既足，我威既盛，我怒既深，我師既逸，我守既堅，我氣既銳，則是周悉萬全，而所謂不可勝者，既在於我矣。由是，我足，則虜日以匱；我盛，則虜日以衰；我怒，則虜日以曲；我逸，則虜日以勞；我堅，則虜日以虛；我銳，則虜日以鈍。索情較計，必將疲罷奔逃，然後用奇設伏，悉師振旅，出其所不趨，趨其所不意，迎邀夾攻，首尾橫擊。是乃以足當匱，以盛敵衰，以怒加曲，以逸擊勞，以堅破虛，以銳攻鈍。所謂勝於萬全，立於不敗之地，而不失敵之敗者也。……」

錢德洪刻文録叙説：「昔門人有讀安邊八策者，先生曰：『是疏所陳，亦有可用。但當時學問未透，中心激忿抗厲之氣。若此氣未除，欲與天下共事，恐于事未必有濟。』」（王陽明全集卷四十一）

按：錢德洪陽明先生年譜將陽明上陳言邊務疏叙在陽明往濬縣督造王越墳之後，定陽明上陳言邊務疏在十月間，乃誤（黃綰陽明先生行狀、明史王守仁傳誤同）。按陳言邊務疏明云「北地多寒，今炎暑漸熾，虜性不耐」，顯可見此疏上在夏五月，斷不可能上在冬十月。考陽明上此疏之背景，疏云「邇者竊見皇上以彗星之變，警戒修省；又以虜寇猖獗，命將出師」。按孝宗因彗星之變下詔修省、求直言在弘治十一年十月，國榷卷四十三：「弘治十一年十月壬申，曉刻，大星自東北流東南，小星數十隨之（按：此即「彗星之變」）……十二月壬子，詔曰：『累歲以來，災異相仍……已敕文武群臣同加修省……』」明史卷十五孝宗本紀：「弘治十一年十月丁亥，敕群臣修省，求直言，罷明年上元燈火。」陽明正是利用孝宗是次下

詔求直言之機會而上是疏。所謂「虜寇猖狂，命將出師」，事
在弘治十二年四、五月，國榷卷四十四：「弘治十二年四月癸巳，虜連寇遼東
寧遠、義州、廣寧、瀋陽……丙午，虜數寇遼東瀋陽等堡
……己酉，虜入遼東鐵嶺衛……壬子，虜入大同左衛……五月
癸亥，火篩入大同。火篩者，脫羅干之子，小王子支部也，狡黠
善用兵，劫諸部，屢寇邊，獲財畜日强，遂與小王子爭雄
長，邊患復熾」。朝廷即在火篩入寇大同後決議出兵。陽明
顯即是受火篩入寇、朝廷倉促出兵之激發而上是疏。蓋在陽明
上疏之前，已先嘗出差邊徼，查視軍屯邊務，即陽明此疏
云「臣以公差在外，甫歸旬日」。陽明在墜馬行中亦云：「我

第255页

昔北關初使歸，匹馬遠隨邊檄飛。涉危趨險日百里，了
無塵土沾人衣。」（見下）即指是次出使邊徼，實地考察，
於邊務已然了如指掌，故歸來即上此邊務疏也。

七月，騎馬墜傷，西涯李東陽多來探望，陽明作墜馬行倡
和。

陽明墜馬行：「我昔北關初使歸，匹馬遠隨邊檄飛。涉危
趨險日百里，了無塵土沾人衣。長安城中乃安宅，西街
却倒東山屐。疲騾歷塊誤一蹶，啼鳥笑人行不得。伏枕
句不下庭，扶携稚子或能行。斷誤尋方於油皮，同窗藥
果羅瓶罌。可憐不才與多福，步履已覺今全輕。西涯先
生真繆愛，感此慰問勤拳情。入門下馬坐則坐，往往東
來須一過。詞林意氣薄雲漢，高義誰云在曹佐？少頃夷
險已秦越，幸而今非井中墮。細和丁丁伐木篇，一杯已
屬清平賀。拂拭牀頭古太阿，七星寶拔金盤陀。血誠許
國久無恙，定知神物相撝訶。黃金臺前秋草深，不須感
激荊卿歌。嘗聞獻納在文字，我今健筆如揮戈。獨慚著
作非門戶，明時尚阻康莊步。却向驊騮索惆悵，俛首風
塵誰復顧？昆侖瑤池事茫惚，善御未應逢造父。物理從
來有如此，濫名且任東曹簿。世事紛紛一芻狗，為藥及
時君莫誤。憶昨城東兩月前，健馬疾驅君亦仆。黃門宅裏

第256页

按：兹據周清魯先生所藏墜馬行真迹錄入。

赴延時，殿屎共惜無能助。轉首黃門大顛蹶，倉遑萬里滇
南路。幻泡區區何足驚，安得從之黃叔度。佩擷馨香六
尺軀，婉娩青陽坐來暮。余墜馬幾一月，荷菊田先生
下問，因道馬訟故事，盡出倡和。奉觀間，錄此篇求教
萬一，走筆以補笑談，甚幸。賦在玉河東第。八月一日書。
陽明山人（印）。（蓬累軒編姚江雜纂，陽明文集失載）（按：原釋多誤）

李東陽懷麓堂集卷八墜馬後東蕭文明給事長句并呈同遊
諸君子：「我在黃門夜燕歸，徑驅健馬疾若飛。馬蹄翻空
身墮地，豈獨塵土沾人衣。徒行却叩黃門宅，主翁醉睡
驚倒屐。東軒大牀許借我，筋骨屈强眠不得。二郎擁臂

下中庭，左曳右挈蹣跚行。西鄰乞藥走僮僕，東家貰酒來瓶罌。大郎慰問不停口，以手熨抑重復輕。黃門對牀卧答語，獨夜沉沉何限情。黃門朝回我起坐，南屏潘郎跨驢過。西臺驄馬隨東曹，復有同官兩寮佐。周郎哭子涕未乾，聞疾赴予如拯墮。群嗟衆唁增我憂，獨喜南屏向余賀。憶當墮馬城東阿，前有深渠後坡陀。置身隙地不盈丈，或有鬼神相撝訶。茲行未必不為福，對酒盡醉且復歌。詩成臂病不能寫，黃門健筆如操戈。庭空客散日在戶，夜踏肩輿代徐步。道逢東曹送我歸，舉袂卻之猶返顧。入門強作歡笑聲，實恐衰顏驚老父。閉門穩卧病經月，幸是閑官寡書簿。高吟朗諷猶舌存，欹坐仄看書屢誤。故人入坐時起迎，拄杖徐行轉愁仆。黃門父子時過問，愛我情多豈予助。平生骨肉欣戚同，世上悠悠幾行路。宦途夷險似有數，墮馬為君今兩度。作詩病起謝黃門，各保千金向遲暮。」

按：陽明詩中所云「我昔北關初使歸，匹馬遠隨邊檄飛，涉危趨險日百里」，即指其出使關外，考察邊戍軍屯。「濫名且任東曹簿」，指陽明觀政工部屯田司。詩跋云「余墮馬幾一月」，則陽明墮馬在七月。李東陽詩中所云「黃門」為蕭顯，字文明，號履齋（子為蕭鳴鳳）；「潘郎」為潘辰，字時用，號

南屏；「東曹」為邵珪，字文敬，號半江、東曹隱者。按李東陽墮馬事在成化十七年，懷麓堂集卷八十七有蕭顯墓銘云：「公諱顯，字文明，號履齋，更號海釣……（成化）甲午，擢兵科給事中……辛丑，遷鎮寧州同知。」又卷二十五送履齋詩序云：「比者擢佐鎮寧，當遠涉荒服萬里外，命下之日，即飭妻子治行。」此即陽明詩中所云「轉首黃門大顛蹶，倉遑萬里滇南路」，蓋李東陽墮馬與蕭顯遷鎮寧先後同時，故李東陽文敬攜疊韵詩見過且督再和去後急就一首亦云「宦途顛蹶亦有之，不見黃門已州佐」，陽明詩「大顛蹶」云云，乃用李東陽原墮馬行中字句也。陽明詩跋云「荷菊田先生下問，因道馬訟故事」，此「菊田先生」應即李士實。李士實字若虛，號白洲，時為刑部侍郎（見國朝獻徵錄卷四十六刑侍李士實傳），李東陽稱其為「李秋官」（按：李東陽集中和李秋官詩特多），陽明則稱其為「菊田先生」（或李士實一號菊田）。蓋李東陽墮馬時，亦有潘蘭（字佩之，號雪湖，餘姚人）、邵珪墮馬，三人墮馬同時發生，李士實亦寫來和詩，評論三人墮馬得失，即所謂「馬訟故事」。懷麓堂集卷八有若虛詩來欲平馬訟五疊韵答若虛并柬文敬佩之：「潘郎墮馬長安歸，身病在牀思奮飛。我時病墮忽兩月，幾度為渠驚倒衣。邵郎近墮橋頭宅，右足獨拳愁躡屐。三人墮馬渠

最傷，畢竟墮同誰失得？」西涯書屋東曹庭，詩筒絡繹東西行。不緣詩墮不為酒，玉山自倒非金罍。馮郎談虎色獨變，閉口不問重與輕。吾宗白洲不墮馬，亦作墮語真多情。喧爭浪謔兩當坐，頗覺風流成罪過。向來曲折未分明，旁引諸家為證佐。訟當坐人不坐馬，勝負在詩寧在墮？馮郎欲作旁觀人，負汝何悲勝何賀？白洲老吏直不阿，手持三尺無坡陀。欲令虞芮成禮讓，不遣秦越相譏訶。不然健訟化勁敵，祇恐吳儂圜楚歌。南山一判不可改，昨夜東壇聞止戈。詩家紛紜各門戶，爾我不須分畦步。世間險夷自有途，騄駬駑駘竟誰顧？、古來相馬獨孫陽，有子分明不如父。

白洲乃欲賣我馬，卻付東鄰酒家簿。人雖千慮有一失，我馬雖駑亦應誤。君看三馬二馬良，馮馬最良先我仆。白洲有馬誇健強，縱免墮傷為盜助。詩成我亦判渠歸，良馬勿與駑爭路。佳晨美景亦有數，莫遣閑情翾襟度。急呼邵李招馮郎，下馬共醉西涯暮。」李士實亦一著名文士，後投靠寧王宸濠，助其叛亂，事敗被殺，陽明此詩卒未入陽明文集中，或因此耶？此詩後署「在玉河東第」，按玉河在順天府西北，此即是陽明觀政工部所居住處。西涯李東陽上朝多經其地，故陽明詩云「往往東來須一過」。又詩末署「陽明山人」，可見陽明弘治十一年移家紹興後即自號陽明山

人矣。李東陽當時墮馬詩有五疊唱韵，懷麓堂集卷八另尚有文敬墮馬用予韵見遺再和一首、文敬携疊韵詩見過且督再和去後急就一首、得文敬雙塔寺和章招之不至四疊韵奉答三首，可見李東陽墮馬詩唱酬與「馬訟故事」詳況。另邵珪邵半江詩卷五有墮馬歌，可參看。

按：邵珪邵半江詩卷五有墮馬歌云：「我昔北關初試歸，匹馬遠隨邊鴈塞飛。涉危趨險日百里，了無塵土沾人衣。長安城中乃安宅，西街却倒東街屐。羸駿歷塊誤一蹶，啼鳥笑人行不得。伏枕兼旬不下庭，稚子扶携或可行。勘譜尋方抱孤鬱，閑窗藥物羅瓶罌。天憐

不才與多福，步履已覺今全輕。西涯先生謬知愛，慰問感此勤拳情。入門下馬坐則坐，往往來來須一過。詞林意氣薄雲漢，古道誰云在曹佐？須臾夷坦幾顛蹶，幸而今非井中墮。細和停雲伐木篇，一杯已屬清平賀。拂拭牀頭古太阿，七星寶拔金盤陀。微軀許國久無恙，定知神物相撝呵。黃金臺前秋草闊，不須感激荊門歌。嘗聞獻納在文字，我今健筆如揮戈。獨慚著作非門戶，明時尚阻康莊步。却對驊騮索惆悵，俛首風塵誰復顧？崑崙瑤池事茫忽，善御未應逢造父。吁嗟物理有如此，濫名且注東曹簿。世事紛紜等芻狗，

為樂及時君莫誤。憶昨城東兩月前，健馬疾驅君亦仆。黃門宅裏赴燕時，殿屎共惜無能助。回首黃門墮千尺，倉皇萬里滇南路。眼底區區何足數，安得從之黃叔度？佩擷馨香六尺軀，婉娩青陽坐來暮。」又有墮馬歌二疊云：「七月五日城西歸，至今猶覺驚魂飛。纔回中夜坐嘆息，不知零露沾人衣。憶昨高卧山中宅，消得瘦筇兼短屐。風璺雲泉一枕安，夢到於今安可得。自昔挾書來舜庭，日騎瘦馬街頭行。偶把閑心對棋局，還將高興付尊罍。豪來富貴等何物，太山直比毫毛輕。中舍君家真好事，官清地僻多閑情。欲行被止復停坐，門騶忽報街西過。踉蹌趨出上馬走，鞭韁獨持天與佐。西垣侶和笑未已，豈料今番我遭墮。人言為我重堪駭，自擬塞翁仍可賀。一軒止息如丘阿，飽飫脫粟羹酥酡。回頭倒數十年事，宦轍未嘗遭遣呵。三峽九坂當折挫，扶携起唱踏踏歌。且須寄賞為擊節，詎肯沉憂懷枕戈。休笑病夫卧水户，蕭條彷彿三家步。跛而能履出逢迎，時有高軒一來顧。釀茆有莫不為豐，却愧周人速諸父。詩豪日日在郵筒，併付家兒入新簿。與君俱是覆轍人，百年誰保能無誤？昨夜來章極浪謔，一笑燈前幾欲仆。君才真似海瀾翻，縱橫百怪鯤鯨助。但期各保千金軀，顛危不獨長安路。世上駑駘亦無數，看取行空天馬度。倚醉放歌聲激冽，雲合關山日西暮。」由是觀之，陽明墮馬行實乃化取邵珪之墮馬歌，疑是次陽明墮馬之經歷與處境，與邵珪最為相似，故乃仿邵珪墮馬歌而作墮馬行，少變其句，抄贈白洲李士實（李乃「馬訟故事」當事人），亦以自況也。

八月，赴濬縣督造威寧伯王越墳，董山李堂有詩送之。黃綰陽明先生行狀：「欽差督造威寧伯王公墳於河間，馭役夫以十五之法，暇即演八陣圖，識者已知其有遠志。少日嘗夢威寧伯授以寶劍，既竣事，威寧家以金幣為謝，辭不受，乃出威寧軍中佩劍贈之，適符其夢，受焉。」錢德洪陽明先生年譜：「先生未第時，嘗夢威寧伯遺以弓劍。是秋，欽差督造威寧伯王越墳，馭役夫以什伍法，休食以時，暇即驅演八陣圖。事竣，威寧家以金帛謝，不受。乃出威寧所佩寶劍為贈，適與夢符，遂受之。」

按：徐昌祚新刻徐比部燕山叢録卷四：「王太保越督三邊，密疏哈密事，逾月不下，憂其計泄，得疾薨。屬其子曰：『吾劍得之夢中，留此無益。王守仁來謁墓，當授之。其人功業當過於我。』有頃卒。守仁時為禮部郎，果以諭葬至。其子吝，弗予劍。後新建果立大功。」據此，所謂陽明夢劍受劍恐皆妄造不實之事。

李堂堇山文集卷一贈進士王伯安使大名：「習懶欲成愚，
養拙遂達道。無閒空盛强，有覺恐遲老。屈教藉高明，
分攜徒鬱懆。讀書氣未充，懷賢跡如掃。百慮填胃腸，
一宵便華皓。將隨魂夢飛，致語輸懷抱。把酒臨清流，
種花舞晴昊。解纜指天津，揚帆破秋顥。明珠照先驅，
威弧穿魯縞。去日風露寒，衛水濯煩懊。大名實雄邦，
使君富文藻。馬首拜衣冠，陌上垂桑棗。蹇衣覯好顏，
闌户乞墅草。泰華入霜眸，祥雲護仙島。為憑老脚稚，
遼蹩危峰倒。佳處引詩奚，燁然張羽葆。王惟王事終，
我囑歸期早。異擢需賢豪，時評息幽討。又維觀海篇，
已屬退聽稿。漸識厭珍羞，庶幾味粱稻。終焉為指迷，
幸矣備庸保。述贈自汗顏，願言收行潦。」

按：李堂字時升，號堇山，鄞縣人，成化二十三年進士。雷禮
工部侍郎李堂傳：「大對成進士……謁選授工部屯田司主事
……尋陞營繕司員外郎，猶以是司雖劇，剸而不咸，奏調
屯田司……守正不動。陞營繕司郎中……」（國朝獻徵錄卷
五十二）是李堂舉進士後一直在工部下屬屯田司、營繕司
任職。陽明觀政於工部屯田司時，李堂方任工部營繕司
郎中（見堇山文集卷七辭陞第一本），故與陽明關係尤密
，後來至謂「孰如執事親炙之深哉」（見下）。

第261页

九月，督造王越墳成，窆王越於大伾山西麓。遊大伾山，
作遊大伾山賦、遊大伾山詩。

陽明遊大伾山詩：「曉披煙霧入青巒，山寺疏鐘萬木寒。
千古河流成沃野，幾年沙勢自平端。水穿石甲龍鱗動，
日繞峰頭佛頂寬。宮闕五雲天北極，高秋更上九霄看。
大明弘治己未仲秋朔，餘姚王守仁。」（正德大名府
志卷二，陽明文集失載）

第262页

按：陽明此詩鎸刻於大伾山大石佛右側，濬縣金石録著録（卷下），此詩刻今猶存。「水穿石甲龍鱗動」指龍洞（後名陽明洞），「日繞峰頭佛頂寬」指石佛。觀此詩，知陽明在八月上旬來濬縣。

遊大伾山賦：「王子遊於大伾之麓，二三子從焉。秋雨霽野，寒聲在松。經龍居之窈窕，升佛嶺之穹窿。天高而景下，木落而山空。感魯衛之故迹，吊長河之遺踪。倚清秋而遠望，寄遐想於飛鴻。於是開觴雲石，灑酒危峰。高歌振於巖壑，餘響遞於悲風。二三子慨然嘆息曰：『夫子之至於斯也，而僕右之乏，二三子走，偶獲供焉，兹山之長存，固夫子之名無窮也；而若走者襲榮枯於朝菌，與蟪蛄而始終，吁嗟乎！亦何異於牛山、峴首之沾胸？』王子曰：『嘻！二三子尚未喻於向之與爾感嘆而吊悲者乎！當魯衛之會於兹，車馬玉帛之繁，衣冠文物之盛，其獨百倍於吾儕之聚於斯而已耶？而其囿於麋鹿，宅於狐狸也，既已不待今日而知矣，是故盛衰之必然。爾尚未觀夫長河之决龍門，下砥柱，以放於兹乎？吞山吐壑，奔濤萬里，固千古之經瀆也。而且平為禾黍之野，築為邑井之墟，吁嗟乎！流者而有湮，峙者其能無夷？則斯山之不蕩為沙塵而化為煙霧者幾稀矣！况吾與子集

露草而隨風葉，曾木石之不可期，奈何忘其飄忽之質而欲較久暫於錙銖者哉！吾姑與子達觀於宇宙，可乎？』二三子曰：『何如？』王子曰：『山河之在天地也，不猶毛髮之在吾軀乎？千載之於一元也，不猶一日之於須臾乎？然則久暫奚容於定執，而小大未可以一隅也。而吾與子固將齊千載於喘息，等山河於一芥，遨遊八極之表，而往來造物之外，彼人事之倏然，又烏足為吾人之芥蒂乎？』二三子喜，乃復飲。已而夕陽入於西壁，童僕候於巖阿。忽有歌聲自谷而出，曰：『高山夷兮，深谷嵯峨。將胼胝是師兮，胡為乎蹉跎？悔可追兮，遑恤其他。』王子曰：『夫歌為吾也。』蓋急起而從之，其人已入於煙蘿矣。大明弘治己未重陽，餘姚王守仁伯安賦并書。」（正德大名府志卷二，陽明文集失載）

按：陽明此賦刻於大伾山壁，至今猶在。濬縣金石録著録此賦，云：「刻於山房之壁，歲久漸剥……宛而摹之，樹石高明之堂。」又禹王廟内亦有此賦刻石。正德大名府志刊於正德元年，此賦正德大名府志題「刑部主事餘姚王守仁遊伾山賦」，陽明任刑部主事在弘治十三年六月至十七年九月間，蓋正德大名府志著録大伾山壁遊大伾山賦時，正當陽明任刑部主事，可信確為陽明所作。陽明八月上旬來大伾山，李東陽

浙江大学古籍研究所

王越墓志銘云：「公生於宣德丙午十一月五日，壽七十有三，己未九月四日窆於大伾之西麓，從先墓也。」九月四日窆於大伾山西麓，是所謂「事竣」，故五日後即重陽日陽明登遊大伾山而作此賦。大伾山為佛道勝地，陽明時方耽佛老神仙，故必往訪佛寺道觀，多留遊迹。正德大名府志卷二載：「大伾山……即此山東南，因崖石鑱佛像，高八丈餘，以鎮河流……西有三穴，深邃陰翳，名陽明洞，龍窟也。」此即陽明賦中所云「經龍居之窈窕，升佛嶺之穹窿」。曹學佺大明一統名勝志北直隸名勝志卷十云：「陽明洞，去佛巖北百步，一曰龍洞，大小穴八三，天欲雨，穴中雲氣蒸蒸出焉。洞傍建豐澤廟……我明正德間（按：當作弘治間），陽明王公守仁登茲山，有賦，故洞以名之。」觀陽明此賦刻意用莊子語，作老莊齊物之論，尤可見其時陽明出入佛道之情狀，而陽明在「上國」「學古詩文」之真面目亦由此遊大伾山賦可見矣。

十月，在濬縣，作吳冠墓碑。

陽明樂陵司訓吳先生墓碑：「墓必有表，所以表其行也；表不以譽，所以操董狐筆也。予恭承上命詣黎陽，再越兩月，而事綜理尚未竣。官署無聊，值濬之士人吳國臣衰絰踴踏，時鄉進士王綖、任書抱鄉進士李一之狀及湖藩方伯王公所撰銘，詣予表其墓。愧予譾材，叨名進士

第265頁

，非立言者，辭之，弗獲。緬惟唐之女奴抱嬰兒請銘於昌黎，猶不拒以與之，矧斯文一脉，詎可默焉？謹按狀之所述，吳君諱冠，字進賢，遠出臨川之裔，兵燹後蔓延。祖有諱欽者，北徙於濬，治地墾田，遂占籍於開之歸仁坊。父諱海，字朝宗，豪俠好義，與物無競。母郭氏，生先生於正統九年三月一日。自幼聰警秀發，有老成態。長從施槃榜進士萊庵王先生遊，勤力不倦，學問淵源。尋補郡庠弟子員，累科弗第，志不少懈。天性純孝，雖囊篋屢空，而菽水之養母，每盡其歡心焉。成化癸巳，父疾革，憂形於色，每夜稽顙北辰，求以身代，左右扶持，不憚終夜，湯藥必親嘗之而進。及卒，哀毀踰禮，幾滅其性。凡送終之具，極其誠信。乙未，母亦繼歿，慎終之誠，一如父儀，寢苫枕塊，不御酒肉者，終三載。至今鄉邦亦見化，而以吳孝子稱之。君材瑰偉，謀慮深遠，負氣凜凜，通於有為。臨大義，慨然有闊度，雖遇事急，未嘗有窘容。其處己待人，曲盡其意。御家人以嚴，交朋友以義。始家道未裕時，躬率子弟力耕且讀，不屑卑屈。及底殷富，樂善循禮，尤不矜肆，處之澹如也。弘治乙卯，以明經貢，入大廷試中式，除山東樂陵司訓。抵任後，嚴約規度，誨集生徒，以次授

第266頁

業，隨人材器而造之，宛有蘇湖風度，後進悅服。雖貴富習俗悉知矯飭自勵，所造人材濟濟成立，皆將奮科而起，一時同膺郡博者，未能或之先也。欒之尹蘭陽邱君珙器重之，恒委以攝縣治，皆隨事克舉，坐收實效。當道者察知，期以大用。無何，遽染沉痾，載寢兩月，而解組以歸，欒之生徒隨送數十里外，相向而哭，皆失聲。行及南欒，而自度不起，乃囑其子曰：「吾受國恩，而未得報，死亦覺有憾焉。汝輩當勉於為善，以繼我志。」言訖而卒，聞者惻然，莫不為之掩泣。時弘治十二年八月二十三日也，距其生正統甲子，享年五十有六。娶馬氏，有淑德，萊陽縣尹致遠公之女。子三人：國臣、國卿、國相，讀書有進，能繼書香。女三人，長適郡庠生張天祿，次適士人王佩，次適進士王縱，皆同郡人。孫男一：賀兒。國臣以是年十一月二十八日葬先生於郡城北府隄口崗。予雖未識荊，即其狀之行，皆鑿鑿可信，是豈溢美也耶？是豈可以不表行也耶？昔黔婁有言：「不戚戚於貧賤，不汲汲於富貴，惟安貧守道以自適。」而君子韙之，人皆惜先生有抱負而未之用；用之又投閑置散，未盡其長也。守仁獨不然，蓋君子輕去就，隨卷舒，富貴不可誘，故其氣浩然，勇過乎賁育，先生何以異於

是哉！故書以勒夫珉，樹於墓，且以告夫先生未稔者。」

（光緒開州志卷八，陽明文集失載）

按：陽明此文中言「上命詣黎陽」，黎陽即濬縣，黎陽為古縣名，濬縣東北有黎山，濬縣在黎山之南，故稱黎陽也。陽明八月來濬縣，此文稱「再越兩月」，則作在十月中，蓋其時尚有一些相關事務要綜理，陽明仍在濬縣官署未去。其離濬縣回京約在十月中旬以後。文中所及之人，多可得考。如吳海，明史卷二百九十三有傳，稱其「為文嚴整典雅，一歸諸理，後學咸宗仰之。有聞過齋集行世」。萊庵王先生，即王銳，明清進士錄：「王銳，正統四年三甲二十九名進士。河北遷安人。授崇明知縣，擢彰德知府。為政嚴厲，吏民畏之。巡撫延綏有功，終副都御史。」王縱，光緒開州志卷六有傳。明清進士錄：「王縱，弘治十八年二甲十一名進士。開州人，字遂伯，號龍湫。授戶部主事，拜戶部郎中。時劉瑾用事，群閹倚勢請托，縱皆不顧。遷湖廣副使，累遷大理卿。」

是歲，武經七書評成。

胡宗憲陽明先生批武經序：「余諸生時，輒艷慕陽明先生理學勳名，前無古，後無今，恨不得生先生之鄉，遊先生之門，執鞭弭以相從也。通籍來，幸承乏姚邑，姚邑

第269頁

故先生桑梓地，因得瞻先生之遺像，與其門下士及子若侄輩遊，而宿念少償，可知也。一日購求先生遺書，猶子二千石龍川公出武經一編相示，以為此先生手澤存焉。啟而視之，丹鉛若新，在先生不過一時涉獵以為游藝之資，在我輩可想見先生矣。退食，丙夜讀之，覺先生之教我者，不啻面命而耳提也。敬為什襲，以識不忘。時嘉靖二十有二年歲在癸卯暮春之初，新安梅林山人胡宗憲漫識於舜江公署。」（王陽明全集卷四十一）

按：武經七書評實為陽明早年學兵法、讀兵書所作筆記批語，即興評批而成。前考陽明於弘治十年始學兵法，至弘治十二年已學兵法有成，其五月上陳言邊務疏實主要論兵戰之事，故疏中多引「兵法曰」，可見陽明對兵書兵法已非常熟諳；至八月督造王越墳，遂能馭役夫以什伍法，驅演八陣圖。大致可見陽明學兵法、讀兵書主要在弘治十年至十二年之間，其武經七書評、兵志、陽明兵筴等書皆作在其時。胡宗憲字汝貞，號梅林，績溪人。此序作在嘉靖二十二年，時王正億、王正憲猶在人世，所云「猶子龍川公」即指王正思。王正思為王袞次子王守信之長子，王正憲之兄，陽明之侄，號龍川，嘗知建寧府，故稱其「猶子二千石」。陽明於家書中多提及其人。武經七書評當是經王正

第270頁

憲存之餘姚王守信家，王正思將此書贈胡宗憲，後為鹿門茅坤所得，至天啟年間刊刻，遂傳於世。

孫元化陽明先生批武經序：「余非知武者，然能讀武書。少好奇，已而捐却一切嗜好，獨於武事猶時思簡練，以為揣摩，不以後於舉子業也。頃者將圖北上，辭友人於苕水，偶從通家弟生生氏案頭，見武經一編，不覺踴躍神動，輒展而閱之，則王文成公所手批，而胡襄懋公參閱者也。大都以我說書，不以書繩我；借書揣事，亦不就書泥書；提綱絜要，洞玄悉微，真可銜官孫、吳而奴隸司馬諸人者矣。因思文成當年討逆藩，平劇寇，功名蓋天地，智略冠三軍，不過出此編之緒餘而小試之耳。即歿後襄懋公誅徐海、擒汪直，幾與文成爭烈者，亦安知不從此編得力哉？余遂欲請而讀之，生生不許，曰：『先大夫鹿門先生與襄懋公同榜，相友善，入其帳中贊謀畫而得此，傳至今四世矣，相誡秘不示人。』予曰：『否！否！方今遼事未息，川禍又遍，當局者恨不能起文成、襄懋兩公於九泉而用之，然兩公不可得，猶幸之兩公秘授在，則廣傳之，未必無讀其書即繼其人者，而文成不死於昔，襄懋再見於今也。』因請以付剞劂。龍飛天啟改元辛酉歲之冬日，古膠孫元化撰並書。」（王陽明全集卷

四十一）

一五〇〇　弘治十三年　庚申　二十九歲

二月十日，白沙陳獻章卒。

國榷卷四十四：「弘治十三年二月……歸養翰林檢討陳獻章卒。獻章字公甫，新會人。正統丁卯貢士，再下第，絕意進取。其學專超悟，不主故常。嘗曰：學在明道，六經皆我註腳。成化癸卯，薦入朝，授檢討，乞終養，不拜。學者稱白沙先生，謚文恭。」

按：張詡白沙先生行狀云：「弘治庚申，給事中吳世忠以先生及尚書王恕、侍郎劉健、學士張元正、祭酒謝鐸等八人同薦與二三儒臣，入內閣柄用。上方敕吏部查勘，命將及門，而先生歿矣，是年二月十日也。」其時陽明在京任職，與吳世忠傾心相交，必定知道吳世忠舉薦白沙與朝廷將起用白沙之事，關注白沙其人。陽明對白沙學之傾仰注目即從此始，其後陽明遂究心閱讀白沙著作，乃至對白沙之

學有崇高評語，推動其由「詞章之學」歸正於「聖賢之學」矣。（見下）

三月，紹興守張思孔考滿進京，考績最上，還治紹興，陽明作序送之。

王陽明全集卷二十九送張侯宗魯考最還治紹興序：「膠州張侯宗魯之節推吾郡也，中清而外慎，寬持而肅行，大獲於上下，以平其政刑，三載而績成，是為弘治十三年，將上最天曹。吾父老聞侯之有行也，皆出自若耶山谷間，送於錢清江上。侯曰：父老休矣。吾無德政相及，徒勤父老，吾懼且怍。父老休矣，吾無以堪也。父老曰：明府知斯水之所以為錢清者乎？昔漢劉公之去吾郡也，吾儕小人之先亦皆出送，各有所贈獻。劉公不忍違先民之意，乃人取一錢，已而投之斯水，因以名焉。所以無忘劉公之清德，且以志吾先民之事劉公，其勤如此也。今明府之行，吾儕小人限於法制，既不敢妄有所贈獻，又不獲奔走服役，致其惓惓之懷，其如先民何？固辭不可，復行數十里，始去。三月中旬，侯至於京師，天曹以最上。明日遂駕以行。鄉先生之仕於朝者聞之，皆出餞，且邀止之曰：侯之遠來，亦既勞止。適有司之不暇，是以未能羞一觴於從者，是何行之速耶？侯俯而謝

。復止之曰：『侯之勞於吾郡，三年有餘，今者行數千里，無非為吾民，其勤且劬也。事既竣矣，吾黨不得相與為一日之從容，其如吾民何？』侯謝而起。守仁趨而進曰：『諸先生毋為從者淹，侯之急於行也，守仁則知之矣。』僉曰：『謂何？』曰：『昔者漢郭伋之行部也，與諸童為歸期。及歸，而先一日遂止於野亭，須期乃入曰：『懼違信於諸兒也。』吾聞侯之來也，鄉父老與侯為歸期矣。而復濡遲於此，以徇一朝之樂，隳其所以期父老者，此侯之所懼，而有不容已於急行也。毋為侯淹！』侯起拜曰：『正學非敢及此，然敢不求承吾子之教？』」

按：張思孔字宗魯，龍泉人。其任紹興守之時間，萬曆紹興府志缺載，卷二十六郡守祇云：「佟珍，定遼中衛籍，清州人，（弘治）十年。劉麟，新淦人，（弘治）十八年。」弘治十年至十八年紹興郡守缺，今據陽明此序，可知即為張思孔。

六月，授刑部雲南清吏司主事。

錢德洪陽明先生年譜：「弘治十有三年庚申，授刑部雲南清吏司主事。」

王陽明全集卷九乞養病疏：「臣原籍浙江紹興府餘姚縣人，由弘治十二年二甲進士，弘治十三年六月除授前職。」

同上，給由疏：「臣見年四十六歲，係浙江紹興府餘姚縣民籍，由進士，弘治十三年二月內除授刑部雲南清吏司主事。」

按：陽明觀政工部一年，故此「二月」當是六月之誤。

在刑部，與同僚名士陳鳳梧、潘府、鄭岳等講學論文，結成「西翰林」文士群體。

韓邦奇都察院右都御史贈工部尚書靜齋陳公鳳梧傳：「公姓陳，諱鳳梧，字文鳴，號靜齋……丙辰，登進士，選入翰林，讀中秘書。戊午，授刑部廣西司主事……辛酉，主事三年，進階承德郎。壬戌，陞浙江司員外郎。二月，上副榜舉人疏，曰『寬副榜之額』，曰『弛限年之禁』。七

月，上嚴祀典以尊先師疏。癸亥，奉命江南審錄重囚，多所平反……公嘗曰：『仕優則學，必先審刑獄，精律例，方可及考。』一時主事王守仁、潘某、鄭某，皆名士也，講學論文，或至分夜，當時或稱『西翰林』云。九月，陞湖廣按察司提學僉事。……」（國朝獻徵錄卷五十九）

按：陳鳳梧弘治十一年至十六年在刑部任職，陽明弘治十三年至十七年在刑部任職。可見大致自陽明弘治十三年來刑部任職後，「西翰林」文士集團開始形成，其核心成員多為新進文士與新科進士，非僅「潘某」（潘府）、「鄭某」（鄭岳）一二人也。今茲可考者如下：

潘府。萬曆紹興府志卷四十二鄉賢：「潘府，字孔修，上虞人。自為諸生，讀濂洛書，即慨然有志。成化丁未，成進士。憲廟賓天，敬皇踐祚，哭臨二十七日，禮官請如制易服，敬皇素服如故。朝臣服吉者皆趨出，易素百日，又如之，禮官愈請從吉，府乃毅然抗疏，勸行通喪，其略曰：『仁莫大於父子，義莫大於君臣。子為父，臣為君，皆斬衰三年，仁之至，義之盡也。堯舜以來，自天子至於庶人，一用此道。漢文帝事不師古，遺詔短喪，景帝苟從，綱常墮地。晉武帝欲之不能行，魏孝文行之不能盡。宋孝宗銳志復古，易月之外猶執通喪，然能行於上，不能行於下，未足為聖王達孝也。憲宗皇帝奄棄四海，臣庶銜哀，陛下至愛由衷，痛切肝肺，柩前即位，三請始從，麻衣示朝，百日未改，此一念天理之發也。伏乞力排群議，斷自聖心，定為三年之喪，詔禮官博士參考載籍，使喪不廢禮，朝不廢政，合於古不戾於今，行於上可通於下，則大本以立，大經以正，子化於孝，臣化於忠，使天下萬世仰為三綱五常之共主，豈不偉哉！』剴切數千言，親友疑懼，阻以皇明祖訓：勸行三年之喪者斬。府不聽，疏竟上，衰絰待罪。詔輔臣看詳，并泥成說，禮部侍郎倪岳獨贊決之，定儀注：三年不鳴鐘鼓，不受朝賀，朔望宮中素服。舉奠梓宮發引，府獨衰絰哭送，衆皆目之。由是敬皇孝德感動中外，而府名重海內矣。出知長樂五年，有惠政。遷南兵部主事，陳軍民利病七事。父憂，服除，補刑部。值旱蝗星變，虜深入，孔廟災，上內修外攘以謹天戒疏，又上救時十要，所陳并關國體，切時宜，多見采納。……以母老乞南，再疏得請，改南兵部，歷武選郎中，宿弊盡洗。尚書馬公文昇去兵部掌銓，素知其賢，超拜廣東提學副使，奉母以往。值歲大比，考校嚴明，士習大振。……尋以母老乞歸……歸無何，母卒。會逆瑾亂政，遂堅卧不起。嘉靖改元，臺省交薦，進太僕寺少卿，致仕，兩上疏謝，因言修明聖學及中興治要，惓惓忠愛，老而不衰。卜居南山，逾二十年，辟南山書院，聚徒講學，遠邇嚮慕。布衣蔬食，足不入城市，唯修正五經、四書傳注及周程四子之集，參互考訂，凡為書二十餘種。所著素言士類，競傳誦之。……」按潘府為成化二十三年進士，是年汪華充會試同考官，於潘府有「座主」之誼，故陽明與潘府早識。潘府在刑部任職約在弘治十二年至十五年之間，與陽明關係至密。

鄭瓛。鄭瓛為弘治十二年進士，與陽明為同年。明清進士錄：「鄭瓛，弘治十二年三甲八十八名進士。浙江平陽人，一作江寧人，字信卿，號思齊。授刑部郎中，出知南昌府。宸濠反，械繫之。尋得脫，奪馬潰圍，馳赴贛撫王守仁，備陳賊勢。守仁使為巡徼，俘賊三十餘人。宸濠亂平，擢山東鹽運使」。鄭瓛在刑部任職約在弘治十四年至十七年間，劉龍山東都轉運鹽使司運使鄭君瓛墓志銘：「己未，登進士第，授新喻令。下車，即課農桑，均徭役，平獄訟，民賴以安。乃葺修廟學，作興士類，文化蔚然。以治行被旌，召為刑部主事。疏乞養母，改南京刑部，遷郎中。……」（國朝獻徵錄卷一百零四）

杭淮。杭淮為弘治十二年進士，與陽明為同年。明清進士錄：「杭淮，弘治十二年二甲五十七名進士。江蘇宜興人，字東卿，號雙溪。授刑部主事。正德間，歷雲南提學副使，累官副都御史致仕。秉明平恕，以志節著。有雙溪集。兄濟，舉同進士」。杭淮弘治十四年授刑部主事，亦為「西翰林」中中堅人物，陽明春郊賦別引云：「錢君世恩之將歸養也……先行三日，會於天官郎杭世卿之第，以聚別。明日，再會於地官秦國聲，與者六人：守仁與秋官徐成之、天官楊名父及世卿之弟東卿也」。陽明此文作於弘治十四年二月（見下），杭淮即在此後授刑部主事。其兄杭濟（世卿）任吏部郎官，皆與陽明講學論文唱酬，即李夢陽所云「詩倡和莫甚於弘治……余時承乏郎署，所與唱和，則……宜興杭氏兄弟……

……餘姚王伯安……」

徐守誠。萬曆紹興府志卷四十一鄉賢：「徐守誠，字成之，餘姚人。少刻苦自樹，潛心理學。弘治中，登進士，授南兵部主事，嚴於稽核，戎伍以清。尋執父喪，廬於墓，有馴虎甘露之異，鄉人名其山曰慈山。服除，補刑部，日與四方名士相討論，學益進。嘗陳時政十餘事，多見採納。出為湖廣僉事，理獄糾墨，不避權勢。遷山東參議，以疾歸，逾年而卒。守誠孝友廉介，非其義一介不取，歷官二十年，室廬僅蔽風雨。有慈山雜著數十條，為學者所誦」。徐守誠餘姚人，弘治三年進士，與陽明早識，其來刑部任職在弘治十三年，故陽明春郊賦別引所云「與者六人：守仁與秋官徐成之、天官楊名父及世卿之弟進士東卿也」。所謂「補刑部，日與四方名士相討論」，即指在「西翰林」中講學論文也。

方良永。明清進士錄：「方良永，弘治三年二甲二十九名進士。福建莆田人，字壽卿，號松崖。授刑部主事，歷官至浙江左布政使。錢寧以鈔二萬鬻於浙江，寧方得志，公卿臺諫無敢出一語。良永訟言誅之，聞者多震悚。世宗朝，拜右副都御史。卒謚簡肅。著有方簡肅文集」。方良永任刑部主事在弘治十年冬至十三年冬之間，彭澤南京刑部尚書謚簡肅方公良永墓志銘：「是冬，授刑部廣東司主事。訊鞫詳明，斷決平恕，事干權貴，略不撓屈，大為司寇惠安彭公、恭敏白公所知。三載考績，進階承德郎，轉本部廣東司員外郎。庚申，擢廣東按察司僉事。」（國朝獻徵錄卷四十八）按方良永寄都憲王陽明公二云：「生於執事有舊寅之雅。」（方簡肅文集卷九）即指兩人弘治十三年同在刑部任職。又寄都憲王陽明公一云：「三十年舊愛，曾不能一再通書問。」是書作於正德十四年，上推三十年，為弘治二年，是陽明與方良永在弘治二年已相識。

楊孟瑛。萬曆杭州府志卷六十：「楊孟瑛，字溫甫，四川酆都縣人。成化丁未進士。弘治十五年來知杭州，遷順天府丞去。以在任浚西湖多靡官帑被劾，復降知府，事語具事紀中。瑛當事敢任，如奏安溪竹木關，卻福建進貢之借艘於杭，減免旱災糧七萬石，定水馬驛夫之徵，皆便民美政。其浚復西湖，俾水有蓄洩，實利益下塘諸田。而論者或謂其斂怨生謗，此其故不可詳究。要之，亦一時敏幹吏云。」按楊孟瑛弘治十五年以前在刑部任職，與陽明同僚相好，陽明平山書院記：「……溫甫始為秋官郎，予時實為僚佐，相懷甚得也。……既而某以病告歸陽明，溫甫尋亦出守杭郡。」（王陽明全集卷二十三）可見楊孟瑛任職刑部在弘治十三年至十五年之間，亦「西翰林」之重要成員也。

鄭岳。明清進士錄：「鄭岳，弘治六年二甲四名進士。福建莆田人，字汝華。為戶部主事，累官江西左布政使。宸濠侵奪民田，民立寨自保，宸濠欲兵之，岳持不可，後為李夢陽所訐，奪官。世宗初，起撫江西，尋詔為大理卿。上疏請遵聖祖寡欲勤治之訓，以養壽命之源。又陳刑獄失平八事，遷兵部左侍郎，以議大禮乞休去。有莆陽文獻、山齋集。」按鄭岳在弘治十年至十六年任刑部主事、員外郎，與陽明關係密切。柯維騏兵部左侍郎鄭公岳傳：「登弘治癸丑進士……起補刑部主事。錦衣千戶張福同監市因，福恃勢越坐，岳奏論，語涉中貴。孝宗怒，下詔獄。堂官疏救，以免。（按：事在弘治十二年十月，見國榷卷四十四）轉員外郎。時邊事孔棘，侍郎許進督師大同，貴近惡其剛，方議代前副總兵趙景，僨事坐廢。謀起京軍，屢出無功，又議再遣。岳抗疏論列，人咸稱允。擢湖廣按察僉事。……」（國朝獻徵錄卷四十）鄭岳在弘治十六年陞湖廣按察僉事而去，陽明親送之，其在答陳文鳴中有云：「因鄭汝華去，草率申問。」（見下）可見兩人關係非同一般。

陳鳳梧。按陳鳳梧在弘治十一年至十五年任刑部主事，與陽明情好日密。韓邦奇靜齋陳公鳳梧傳稱「一時主事王守仁、潘某、鄭某，皆名士也，講學論文，或至分夜，當時或稱「西翰林」云」，乃是認陳鳳梧為「西翰林」領袖人物矣。陽明後在答陳文鳴中云：「別後，企仰日甚。文鳴趨向端實，而年茂力强，又當此風化之任，異時造詣何所不到，甚為吾道喜且慶也。」由此亦可見陳鳳梧在「西翰林」中地位之高。

吴世忠。國朝獻徵錄卷六十三都察院右僉都御史吴世忠傳：「吴世忠，字懋貞，江西金谿縣人。弘治庚戌進士，授兵科給事中。歷吏科右給事中，陞湖廣布政司左參議。劉瑾時，坐累降山東按察司僉事。入為尚寶寺少卿，陞大理寺丞、右少卿。正德癸酉，擢都察院右僉都御史，巡撫延綏。世忠鯁介，有文學，在諫垣，遇事敢言，凡薦劾皆愜公論。嘗論方孝孺、練子寧之忠，宜表祀，聞者韙之。」按吴世忠在弘治十年至十四年任刑科給事中，與陽明關係至密。掖垣人鑑卷十一：「吴世忠……十年，復除刑科。十四年，陞户科右。」陽明後在答懋貞少參中云：「別後，懷企益深。朋友之内，安得如執事者數人，日夕相與磨礱砥礪，以成吾德乎？」即懷念當初在刑部講學論文、磨礱砥礪之歲月。

宋冕。按宋冕為著名「姚江三廉」之一，與陽明同鄉早識。顧鯨都察院右僉都御史胡公東皋傳：「姚之仕宦而清貧如寒士者，獨公與副都御史宋公冕、府尹胡公鐸，時號為『姚江

三廉』云。」（國朝獻徵錄卷五十六）宋冕在弘治十五年至正德三年任刑部主事，唐胄都察院右副都御史宋公冕墓志銘：「公諱冕，字孔瞻，別號滸山……弘治壬戌，登進士第。乙丑，授刑部河南司主司。」（國朝獻徵錄卷六十一）一直到陽明晚年，陽明與宋冕都保持關係（見下）。

八月八日，新科進士牧相授南京兵科給事中。國榷卷四十四：「弘治十三年八月庚寅，進士牧相為南京兵科給事中。」

九月，兵部主事李永敷受命出使南直隸州，便道歸省，陽明與在京大臣文士李東陽、楊一清、鍾文俊、王恩諸人賦詩贈行。陽明送李貽教歸省圖詩：「九秋旌旆出長安，千里軍容馬上看。到處臨淮驚節制，趨庭萊子得承歡。瞻雲漸喜家山近，夢闕還依禁漏寒。聞說閭門高已久，不妨冠蓋擁歸鞍。」（嘉慶郴縣志卷三十七）

按：李貽教即李永敷，號鶴山，永興城關石屏村人。生於天順六年，弘治九年進士。李永敷為李東陽弟子，懷麓堂集卷三十八有喻戰送李永敷南歸云：「永興李生貽敎從予遊，見其文奔放不可羈馽，心甚愛之。」弘治中李永敷在京任職，與茶陵派、前七子唱酬，甚為活躍，與陽明亦多有往來唱酬。李

夢陽朝正倡和詩跋云：「詩倡和莫甚於弘治……余時承乏郎署，所與倡和，則……郴李貽教……餘姚王伯安……」陽明在對菊聯句序中亦云：「李貽教為正郎……署花盛開且衰，而貽教尚未之知也。一日，守仁與黄明甫過貽教語，開軒而望……相與感時物之變衰，歎人事之超忽，發為歌詩，遂成聯句。」（王陽明全集卷二十九）此為弘治十八年唱酬事，陽明聯句詩亦亡佚。按弘治九年進士登科録：「第二甲九十五名賜進士出身，李永敷，貫湖廣永興縣民籍，國子生，治詩經。字貽教，行八，年三十五，十二月二十一日生。曾祖崇德，祖思寬，父秀實（前知縣）。前母劉氏，母張氏。具慶下。兄永富、永資、永莊、永昌、永奈（貢士），弟永哉（貢士）、永春（除陽訓□）、永□。娶陳氏。湖廣鄉試第四十名，會試第六十名」。弘治九年陽明亦參加會試下第，其或即於其時在京與李永敷相識。嘉慶郴縣志中有李永敷傳，稱弘治十三年，李永敷任兵部武選司主事，受命出使南直隸州，傳湖廣武臣所受誥命，便道歸省，離京時，大臣文士李東陽、楊一清、王陽明等賦詩為文作畫贈行。按志於陽明詩下又著録翰林修撰錢文俊送李貽教歸省圖詩：「使軺此日向南都，便道高堂學鯉趨。喜溢庭闈看舊采，壽稱山海獻新圖。人間榮樂雙鸞誥，天上騫騰一鳳雛。從此門闌春似海，更於何處覓蓬壺？」又著録御史王恩送李貽教歸省圖詩：「嚴君堂上壽筵開，令子天邊奉使回。恩命重沾新雨露，祥光高燭舊亭臺。秋香已足娱元亮，晝錦還應勝老萊。試問遐齡高幾許？南山相對碧崔嵬。」又石倉歷代詩選卷四百二十九著録有儲巏李貽教席上留别次韵：「詩名此日滿儒紳，酒畔重翻楚調頻。歸思暗驚紅樹晚，交情真笑白頭新。飛鴻跡寄千門雪，老驥心馳萬里塵。曾是荆南懷橘客，一杯分我洞庭春」。可見當時賦詩為文贈行者甚多，皆書於歸省圖上，故稱「圖詩」。

兵部主事李源陞刑部郎中，陽明與李夢陽皆有賀詩唱酬。陽明奉和崇一高韻：「懶愛官閑不計陞，解嘲還計昔人曾

。沉迷簿領今應免，料理詩篇老更能。未許少陵誇吏隱
，真同摩詰作禪僧。龍淵且復三冬蟄，鵬翼終當萬里騰
。」（朱東器全集游宦餘談獻吉伯安和韵）
按：朱孟震云：「給諫李宗一，名元，祥符人，而獻吉業師也。
獻吉年十四，隨其父教授公寓汴，從宗一學毛詩。不數年，宗
一以解元登第，為夕郎。獻吉以解元登第，為户部主政。同立
於朝，每相倡和。宗一有詩得能字，獻吉和之云：『奉和高韵，
兼申賀忱。　春風白髮拜新陞，舊署重來有夢曾。官服更
饒詩酒興，病餘甘遜簿書能。吏人掃閣將移竹，賓客臨軒或
過僧。他日門墻三鱣在，媿從雲路接飛騰。』集偶不載。惟時
王伯安為主政，與獻吉莫逆，併善宗一，亦和之云：……獻吉
又和宗一韵云：『奉次高韵，語意縱放，忱惟恕而進之。
坐使涼爽入西齋，天末黄雲送晚霾。蠅虎技微空守户，葡萄
陰重欲翻堦。瘦餘子夏非關病，醉後陽城不為懷。古往今來
共回首，世人猶自巧安排。』以上三詩，皆和韵，或謂唐人早朝
諸篇，止和其意，近世和韵，非唐人指。然李、王二公與關中
王允寧往往和韵，亦未為不可也。宗一先名源，後易元，平
臺其别號也。」按李源其人，史籍無載，明清進士録亦無其人
，即李夢陽亦未之言及，唯空同集卷二十八有謁平臺先生
墓：「豈説嬉遊路，今成昔雍門。平生馬公帳，四海孔融尊。

劍舄收殘草，山河抱古原。黄昏不忍去，白日下蒿原。」以「平
生馬公帳」一句觀之，李源確為李夢陽業師。朱孟震稱李夢
陽「為户部主政」，乃指李夢陽任户部主事、户部郎中，時在
弘治七年至十八年間（見崔銑李夢陽墓志銘）；所謂「王伯安
為主政」，乃指陽明任刑部雲南清吏司主事，時在弘治十三年
至十四年間（弘治十五年以後陽明歸越養病）。今按國榷卷
四十四：「弘治十二年十二月己酉，兵部主事李源、黄清按閲
遼東、陝西馬牧。」可見弘治十二年李源任兵部主事，大約
次年陞刑部郎中，李夢陽作此和韵詩即在祝賀其陞官，
觀其言「兼申賀忱」、「春風白髮拜新陞」可見。時在秋間，故
有「坐使涼爽入西齋」之句。而陽明已於六月授刑部雲南清吏
司主事，故亦得作和詩賀其陞官。由此可確知陽明此詩當
作在弘治十三年秋間。蓋其時正當陽明在京師與文士以才
名相馳騁，與茶陵派、前七子交遊唱酬之際，朱孟震稱陽明
己「與獻吉莫逆，併善宗一」。李源其時陞為刑部郎中，與陽
明論文唱酬，蓋亦一「西翰林」人物也。

十月十三日，刑部員外郎方良永陞廣東按察司僉事，陽明
作序送之。

王陽明全集卷二十九送方壽卿廣東僉憲序：「士大夫之仕
於京者，其繁劇難為，惟部屬為甚；而部屬之中，惟刑

曹典司獄訟，朝夕恒窘於簿書案牘，口決耳辯，目證心求，身不暫離於公座，而手不停揮於鉛槧，蓋部屬之尤甚者也。而刑曹十有三司之中，惟雲南以職在京畿，廣東以事當權貴，其劇且難，尤有甚於諸司者。若是而得以行其志，無愧其職焉。則固有志者之所願為，而多才者之所欲成也。然而紛揉雜沓之中，又從而拂抑之，牽制之。言未出於口，而辱已加於身；事未解於倒懸，而機已發於陷阱。議者以為處此而能不撓於理法，不罹於禍敗，則天下無復難為之事，是固然矣。然吾以為一有惕於禍敗，則理法未免有時而或撓；苟惟理法之求伸，而欲不必罹於禍敗，吾恐賢人以下，或有所不能也。訟之大者，莫過於人命；惡之極者，無甚於盜賊。朝廷不忍一民冒極惡之名，而無辜以死也，是俗之論皆然。而壽卿獨以僉事為樂，此其間夫亦容有所未安，是以寧處其薄與淹者，以求免於過愆歟？夫知其不安而不處，過愆之懼而淹薄是甘焉，是古君子之心也。吾於壽卿之行，請以此為贈」。

按：方壽卿即方良永。明孝宗實錄卷一百六十七：「弘治十三年十月甲午，陞刑部署員外郎主事方良永為廣東按察僉事」。方良永赴廣東任已在十一月中。

十五日，重修提牢廳成，陽明來值提牢廳主事，作提牢廳壁題名記。

王陽明全集卷二十九提牢廳壁題名記：「京師，天下獄訟之所歸也。天下之獄分聽於刑部之十三司，而十三司之、獄又并繫於提牢廳。故提牢廳，天下之獄皆在焉。獄之繫，歲以萬計。朝則皆自提牢廳而出，以分布於十三司。提牢者目識其狀貌，手披其姓名，口詢耳聽，魚貫而前，自辰及午而始畢。暮自十三司而歸，自未及酉，其勤亦如之。固天下之至繁也。其間獄之已成者，分為六監。其輕若重而未成者，又自為六監。其桎梏之緩急，扃鑰之啟閉，寒暑早夜之異防，饑渴疾病之殊養，其微至於箕箒刀錐，其賤至於滌垢除下，雖各司於六監之吏，而提牢者一不與知，即弊興害作，執法者得以議擬於其後，又天下之至猥也。獄之重者入於死，其次亦皆徒流。夫以共工之罪惡，而舜姑以流之於幽州。則夫拘繫於此，而其情之苟有未得者，又可以輕棄之於死地哉？是以雖其至繁至猥，而其勢有不容於不身親之者，是蓋天下之至重也。舊制，提牢月更主事一人，至是弘治庚申之十月，而予適來當事。夫予，天下之至拙也，其平居無恙，一遇紛擾，且支離厭倦，不能酬酢；況茲多病之餘，疲頓憔悴，又其平生至不可強之日。而每歲決獄，皆以十月下旬，人懷疑懼，多亦變故不測之虞，則又至不可為之時也。夫其天下之至繁也，至猥也，至重也，而又適當天下至拙之人，值其至不可強之日，與其至

、不可為之時，是亦豈非天下之至難也？以予之難，不敢忘昔之治於此者，將求私淑之。而廳壁舊無題名，搜諸故牒，則存者僅百一耳。大懼泯沒，使昔人之善惡無所考徵，而後來者益以畏難苟且，莫有所觀感。於是乃悉取而書之廳壁。雖其既亡者不可復追，而將來者尚無窮已，則後賢猶將有可別擇以為從違。而其間苟有天下之至拙如予者，亦得以取法明善，而免過愆，將不為無小補。然後知予之所以為此者，固亦推己及物之至情，自有不容於己也矣。弘治庚申十月望。」

金汝諧新編歷代名臣芳躅卷下王守仁：「新建伯文成王先生筮仕刑曹，適輪提牢，覩諸吏豢豕，惻然恚曰：「夫囚以罪繫者，猶然飯之，此朝廷好生浩蕩恩也。若曹乃取以豢豕，是率獸食人食矣，如朝廷德意何！」欲督過之，群吏跪伏請寬，且諉曰：「相沿例也，亦堂卿所知。」先生曰：「豈有是哉？汝曹援堂卿以自文耳。」即日白堂卿，堂卿是其議。先生遂令屠豕，割以分給諸囚。獄吏到今不豢豕之。先生晚年在告家居，同里有官刑部主政管姓者，習其事，一日，侍先生，喟然咨歎曰：「先生平生經世事功，亡論諸掀揭之大，即筮仕刑部時，屠豕事至今膾炙人口云。」先生聞己，顰蹙曰：「此余少年不學，作此欺天

，罔人事也。茲聞之，尚有餘慚，子乃以為美談，謏我耶？管不達曰：上宣朝廷之德惠，下軫囹圄之罪人，本至德事也。先生顧深悔之，以為罪過，何也？先生復蹙然曰：比時憑一時意見，揭揭然為此，置堂卿於何地耶？只此便不仁矣。

十九日，重修司獄司成，作重修提牢廳司獄司記。

王陽明全集卷二十九重修提牢廳司獄司記：弘治庚申七月，重修提牢廳工畢。又兩越月，而司獄司成，於是餘姚王守仁適以次來提督獄事，六監之吏皆來言曰：惟茲廳若司建自正統，破敝傾圮且二十年。其卑淺隘陋，則草創之制，無尤焉矣。是亦豈惟無以凜觀瞻而嚴法制，將治事者風雨霜雪之不免，又何暇於職務之舉而奸細之防哉？然茲部之制，修廢補敗，有主事一人以專其事，又壞不理，吾儕小人，無得而知之者。獨惟拓隘以廣，易朽以堅，則自吾劉公實始有是。吾儕目睹其成，而身享其逸，劉公之功不敢忘也。又曰：六監之囚，其罪大惡極，何所不有，作孽造奸，吏數逢其殃，而民徒益其死。獨禁防之不密哉？亦其間容有以生其心。自吾劉公始出己意，創為木閑，令不苟而密，奸不弭而消，桎梏可弛，縲絏可無，吾儕得以安枕無事，而囚亦或免於法

外之誅。則劉公之功，於是為大。小人事微而謀窒，無能為也。敢以布於執事，實重圖之。於是守仁既無以禦其情，又與劉公為同僚，嫌於私相美譽也，乃謂之曰：吾為爾記爾所言，書劉公之名姓，使承劉公之後者，益修劉公之職；繼爾輩而居此者，亦無忘劉公之功。則於爾心其亦已矣。皆應曰：是小人之願也。遂記之曰：劉君名璉，字廷美，江西鄱陽人也。由弘治癸丑進士，今為刑部四川司主事云。弘治庚申十月十九日。

二十六日，戶部郎中邵寶赴江西按察司副使任，陽明作時雨賦送之。

陽明時雨賦：二泉先生以地官正郎擢按察副使、提轄西江。於時京師方旱，民憂禾黍。先生將行，祖帳而雨，土氣蘇息，送者皆喜。樂山子舉觴而言曰：先生亦知時雨之功乎？群機默動，百花潛融，摧枯僵槁，茀蔚蒙茸，惟草木之日茂，夫焉識其所從？先生曰：何如？樂山子曰：升降閉塞，品彙是出。尪羸蹇澀，痿痺扞格。地脈焦焉，因茲土膏，竭而靡澤。勾者矛者，莢者甲者，莖者萌者，頹者鬣者，陳者期新，屈者期伸。而乃火雲嵂屼，湯泉沸騰。山甕鑠石，溝澮揚塵。田形赭色，塗坼龜文。苗而不秀，槁焉欲焚。於是乎豐隆起而效駕，

屏翳輔而推輪。雷伯渙汗而頒號，飛廉行舛而戒申。川英英而吐氣，山油油而出雲，天昏昏而改色，日霏霏而就曛，風翛翛於蘋末，雷殷殷於江濆。初沾濡之脉脉，漸飄灑之紛紛。始霢霂之無迹，終滂沱而有聞。方奮迅而直下，倏橫斜以旁巡。徐一一而點注，隨渾渾而更新。乍零零而斷續，忽冥冥而驟幷。將悠悠而遠去，復深深而雜陳。當是時也，如渴而飲，如飲而醺，德澤漸於蘭蕙，寵渥被於藻芹，光輝發於桃李，滋潤洽於松筠，深恩荸於禾黍，餘波及於蒿蕡。若醉醒而夢覺，起精矯於邅迍；猶閭里之多士，沾聖化而皆仁。濟濟翼翼，侃侃誾誾，樂簞瓢於陋巷，詠浴沂於暮春者矣。今夫先生之於西江之士也，不亦其然哉！原體則涵詠諸子，灌注百氏，渟滀仁義，鬱蒸經史；言用則應物而動，與時操縱，神變化於晦明，壯江河之洶湧。發為文詞，霧滃霞摛；赫其聲光，雷電翕張。仰之嶽立，風雲是出；即之川騰，旱暵攸憑。偃風聲於萬里，望雲霓於九天。嘆爾來之奚後，怨何地之獨先。則夫西江之士，豈必漸漬沐沃，滌滌沉潛，歷以寒暑，積之歲年，固將得微涓而已穎發，霑餘滴而遂勃然。詠菁莪之化育，樂豐芑之生全，揚驚瀾於洙泗，起暴漲於伊濂。信斯雨之及時，將與

第293頁

先生比德而麗賢也夫！」先生曰：「是何言之易也？昔孔子太和元氣，過化存神，不言而喻，固有所謂時雨化之者矣，而予豈其人哉？且子知時雨之功，而曾未睹其患也。乃若大火西流，東作於休，農人相告，謂將有秋，須堅須實，以獲以收。邇迺庭商鼓舞，江鶴飛翔；重陰密霧，連月瀰茫；淒風苦雨，朝夕淋浪。禾頭生耳，黍目就盲。江河溢而泛濫，草木淺而衰黃。功垂成而復敗，變豐稔為凶荒。汩泥塗以何救，疽體足其曷防？空呼號於漏室，徒咨怨於頹墻。吁嗟乎，今之以為凶，非昔之以為功者耶？烏乎物理之迴絕，而人情之頓異者耶？是知長以風雨，斂以霜雪，有陰必陽，無寒不熱；化不自興，及時而盛，教無定美，過時必病。故先王之愛民，必仁育而義正，吾誠不敢忘子時雨之規，且慮其過而為霪以生患也。」於是樂山子俯謝不及，避席而起，再拜盡觴，以歌時雨歌曰：激湍兮深潭，和煦兮沍寒。雨以潤兮，過淫則殘。惟先生兮，實如傅霖。為雲為霓兮，民望於今。吞吐奎壁兮，分天之章。駕風騎氣兮，挾龍以翔。沛江帝之澤兮，載自西方。或雨或暘，一寒一暑，隨物順成兮，吾心何與。風雨霜雪兮，孰非時雨。

刑部主事姚江王守仁書。（邵增、吳道成邵文莊公年譜

第294頁

按：邵文莊公年譜云：「（邵寶）弘治十三年四月四日，除江西按察司副使、提調學校……十月二十六日啟行……陽明王公送行，時雨賦……」「邵文莊公」即邵寶，字國賢，號二泉，無錫人，李東陽弟子，茶陵派詩人。邵熷為邵寶侄，吳道成為邵寶曾外孫，兩人編邵文莊年譜乃依據邵寶家藏遺文遺編，邵熷於文莊公年譜跋云：「嘉靖壬戌，通家秦汶山公錄公對客語數葉，門人莫迂泉公叙公平生亦數葉，熷并得之。繼以家藏遺書，隨事編入，公之歷履大略已具。」吳道成於邵文莊公年譜引中亦云：「我先大父胥巖先生，公之仲子壻，嘗手掇公行事，藏之家塾，迄於今五十有七年。道成於是因其歲月，列以詩文，叙

次成編。」可見陽明當時手書此時雨賦送邵寶，賦真迹為邵家所得，歸入邵寶家藏遺編中，遂為其侄邵熷嘉靖中編邵文莊公年譜所取用。賦設二泉先生與樂山子對答，「二泉先生」即邵寶；「樂山子」者，陽明自號，蓋陽明名守仁，仁者樂山，故號「樂山子」也。

十二月，赴刑部，驚見來雨山雪圖，作賦大贊之。

王陽明全集卷二十九來雨山雪圖賦：「昔年大雪會稽山，我時放迹遊其間。巖岫皆失色，崖壑俱改顏。歷高林兮入深巒，銀幢寶纛森圍圜。長矛利戟白齒齒，駭心慄膽，如穿虎豹之重關。澗溪埋沒不可辨，長松之杪，修竹

之下，時聞寒溜聲潺潺。沓嶂連天，凝華積鉛，嵯峨嶄削，浩蕩無顛。嶙峋眩耀勢欲倒，溪迴路轉，忽然當之，却立仰視不敢前。嵌竇飛瀑，忽然中瀉，冰磴崚嶒，上通天罅，枯藤古葛倚巖藪而高掛，如瘦蛟老螭之蟠糾，蛻皮換骨而將化。舉手攀援足未定，鱗甲紛紛而亂下。側足登龍虬，傾耳俯聽寒籟之颼飀。陸風蹀躞，直際縹緲，恍惚最高之上頭。乃是仙都玉京，中有上帝遨遊之三十六瑤宮，傍有玉妃舞婆娑十二層之瓊樓，下隔人世知幾許，真境倒照見毛髮，凡骨高寒難久留。劃然長嘯，天花墜空，素屏縞障坐不厭，琪林珠樹窺玲瓏。白

鹿來飲澗，騎之下千峰。寡猿怨鶴時一叫，彷彿深谷之底呼其侶，蒼茫之外爭行鴈陣排天風。鑑湖萬頃寒濛濛，雙袖拂開湖上雲，照我鬚眉忽然皓白成衰翁。手掬湖水洗雙眼，回看群山萬朶玉芙蓉。草團蒲帳青莎蓬，浩歌夜宿湖水東。夢魂清徹不得寐，乾坤俯仰真在冰壺中。幽朔陰巖地，歲暮常多雪，獨無湖山之勝，使我每每對雪長鬱結。朝回策馬入秋臺，高堂大壁寒崔嵬，恍然昔日之湖山，雙目驚喜三載又一開。誰能縮地法，此景何來？石田畫師我非爾，胸中胡為亦有此？來君神骨清莫比，此景奇絕酷相似。石田此景非爾不能摸，來君來君非

爾不可當此圖。我嘗親遊此景得其趣，為君題詩，非我其誰乎？」

按：此賦向來不知作年及「來雨山」為何人。今按賦中所云「秋臺」指刑部，「幽朔」指陽明居京師任職，「昔年」指弘治十[illegible]年遊會稽山。故所謂「恍然昔日之湖山，雙目驚喜三載又一開」，乃指陽明三年以後於刑部見到來雨山之雪圖，可見陽明此賦當作於弘治十三年歲暮。「來雨山」當是來雨山之誤，指來天球，字伯韶，號雨山，蕭山人。（乾隆蕭山縣志卷二十四人物：「來天球，字伯韶，號雨山。弘治庚戌進士，授工部主事。調刑部郎，擢山西僉事。宗藩子弟多不循法，天球罪

其尤者，諸宗肅然。武宗立，劉瑾用事，天球入覲，與抗禮，瑾銜之。適儀賓韓璃扞文網，天球繩以法，瑾因嗾璃劾天球，以王室親不得擅捕治，下其事於撫按，凡一再勘，俱直天球。瑾旋敗，璃奪祿，天球調屯田陝西，加按察司副使。時流賊入漢中，天球率鎮將閻綱討之，擒賊帥藍五等。捷聞，陞陝西按察使。巨璫廖堂自豫遷陝，所至驛騷，天球發其奸，直指欲以聞，廖先馳訴，直指反被逮。天球慨然曰：『西賊易破，廖賊難平也！』後總制、巡按交章薦推延綏巡撫，不報；推河南左布政，又不報。天球因入覲，遂乞休，里居二十五年卒。（來雨山傳）」（另見兩浙名賢錄卷四十二陝西按察使來伯韶天球）來天球之號「雨山」，蓋以蕭山有「雨山」之說也。蕭山北幹山上有吳越雨山亭，貝廷臣吳越雨山亭記云：「蓋自天目而來，其支別為岸江之山，凡屬於吳者，飛舞欄楯之外；自秦望而來，其支別為岸海之山，凡屬於越者，環繞窗户之間……顧欲不出跬步，而坐挹雨山之雄秀。」（嘉靖蕭山縣志卷二）楊維楨吳越雨山亭記亦云：「以浙江西為吳郡，以東為會稽郡……自天目南下，支為吳山；秦望東下，支為越山。」（同上）故劉宣吳越雨山亭云：「朝挹東山雲，暮看西山雨。」（乾隆蕭山縣志卷三十四）徐貢尹明府吳越雨山亭云：「長江接海門，一水限吳越。雨山鬱相對，峰巒各羅

列。」（同上）由此足可見來天球號「雨山」為是，號「甬山」為非矣。按來天球任刑部員外郎在弘治十一年至十四年間，正與陽明任刑部主事同時，明孝宗實錄卷一百七十五：「弘治十四年六月乙丑，陞刑部員外郎來天球、浙江寧波府同知官賢俱為按察司僉事，天球，山西；賢，陝西。」其時來天球在刑部任職，故秋臺懸掛其畫雪圖。來天球與陽明同在刑部講學論文，吟詩作畫，蓋亦一「西翰林」人物也。來天球，畫史、書史不載其人，然康熙蕭山縣志卷十八來天球傳稱其「詩翰入能品，秦蜀多存其石刻」，可見來天球確精書畫也。刑部掛雪圖，蓋以寓刑部為嚴刑峻法、清明肅霜之地也。

一五〇一　弘治十四年　辛酉　三十歲

二月，户部郎中錢榮以疾歸養錫山，陽明與秦金、徐守誠、楊子器、杭濟、杭淮賦詩聚別，並作賦引贈之。王陽明全集卷二十八春郊賦別引：「錢君世恩之將歸養也，厚於世恩者皆不忍其去，先行三日，會於天官郎杭世卿之第，以聚別。明日，再會於地官秦國聲，與者六人：守仁與秋官徐成之、天官楊名父及世卿之弟進士東卿也。世恩以其歸也，以疾告也，皆不至。於是惜別之懷，無所於發，而託之詩，前後共得詩十首。六人者，以世恩之猶在也，而且再會而不一見，其既去也，又可以幾乎？乃相與約為郊餞，必期與世恩一面以別。至日，成之以候旨，東卿以待選，世卿、名父以各有部事，皆勢不容出。及餞者，守仁與國聲兩人而已。世恩既去之明日，復會於守仁，各言所以，相與感嘆咨嗟，復成二詩。世卿曰：『世恩之行也，終不及一餞。雖發之於詩，而不以致之世恩，吾心有缺也。盍亦章次而將之，何如？』皆曰：『諾。』國聲得小卷，使世卿書首會之作；國聲與名父、東卿分書再會；成之書末會；謂守仁弱也，宜為諸公執筆硯之役以敘。嗟乎！一別之間，而事之參錯者凡幾。雖吾與世恩復期於來歲之秋，以為必得重聚於此，然又何可以逆定乎？惟是相勉以道義，而相期於德業，沒之污塗之中，而質之天日之表，則雖斷金石，曠百世，而可以自信其常合。然則未忘於言語之間者，其亦相厚之私歟？考功正郎喬希大聞之，來題其卷端曰『春郊賦別』。給事陳惇賢復為之圖。皆曰：『吾亦厚於世恩也，聊以致吾私。』」

按：此文所言「給事陳惇賢」，即陳伯獻，弘治十二年進士，與陽明為同年。明清進士錄：「陳伯獻，弘治十二年二甲六十七名進士。福建莆田人，字惇賢。歷南京吏科給事中，廣西提學副使。善畫，宗王維。嘗疏逆黨罪狀，未幾，以母老乞歸。有峰湖集。」陳伯獻授南京吏科給事中在二月，國榷卷四十四：「弘治十四年二月癸巳，進士陳伯獻為南京吏科給事中。」時方初授，尚未赴南京，故為春郊賦別作圖。可見陽明此文作在弘治十四年二月。又文中稱「進士東卿」，杭淮亦弘治十二年進士，一直未授官，候命待選，故陽明稱「進士東卿」，「東卿以待選」。杭淮於三月授刑部主事，此更可見陽明此文作於二月也。錢世恩即錢榮，號百川，無錫人。毛憲毗陵人品記卷八：「錢榮，字世恩，無錫人。弘治癸丑進士，為戶部郎，以介直著聲。武廟駕自南郊還，百官迎道左，邏者忽執榮下詔獄，訊鞫無所得，乃免。時逆瑾亂政，榮三疏乞歸養，家居，數年不入城府，恂恂文雅，人稱長者。其居官大節，又凜不可犯云。」秦國聲即秦金，號鳳山，無錫人，時為戶部員外郎，見嚴嵩秦公金神道碑（國朝獻徵錄卷四十二）。楊名父即楊子器，號柳塘，慈溪人，時為吏部考功主事，見邵寶楊公子器墓志（國朝獻徵錄卷九十二）。杭世卿即杭濟，號澤西，杭淮兄，弘治六年進士，時為吏部考功員外郎，見湛甘泉杭公濟墓表（國朝獻徵錄卷九十）。

戶部員外郎秦金來請陽明為無錫崇安寺僧淨覺性天卷詩作序。

王陽明全集卷二十九性天卷詩序：「錫之崇安寺，有浮屠淨覺者，扁其居曰『性天』。因地官秦君國聲而請序於予。予不知淨覺，顧國聲端人也，而淨覺託焉，且嘗避所居以延國聲誦讀其間，此其為人必有可與言者矣。然『性天』既非淨覺之所及，而『性與天』又孔子之所罕言，子貢之所未聞，則吾亦豈易言哉？吾聞浮屠氏以寂滅為宗，其教務抵於木槁灰死，影絕迹滅之境，以為空幻。則淨覺所

謂『性天』云者，意如此乎？淨覺既已習聞，而復予請焉，其中必有願也，吾不可復以此而瀆告之。姑試與淨覺觀於天地之間，以求所謂『性與天』者而論之。則凡赫然而明，蓬然而生，訇然而驚，油然而興，凡蕩前擁後，迎盼而接睇者，何適而非此也哉？今夫水之生也潤以下，木之生也植以上，性也；而莫知其然之妙，水與木不與焉，則天也。激之而使行於山巔之上，而反培其末，是豈水與木之性哉？其奔决而仆夭，固非其天矣。人之生，入而父子、夫婦、兄弟，出而君臣、長幼、朋友，豈非順其性以全其天而已耶？聖人立之以紀綱，行之以禮樂，

使天下之過弗及焉者，皆於是乎取中，曰『此天之所以與我之所以為性』云耳。不如是，不足以為人，是謂喪其性而失其天，而況於絕父子，屏夫婦，逸而去之耶？吾儒之所謂性與天者，如是而已矣。若曰『性天之流行』云，則吾又何敢躐以褻淨覺乎哉？夫知而弗以告，謂之不仁；告之而躐其等，謂之誣；知而不為焉者，謂之惑。吾不敢自陷於誣與不仁。觀淨覺之所與，與其所以請，亦豈終惑者耶？即以復國聲之請，遂書於其卷。」

六月，南京兵科給事中牧相上疏援救羅泰，不報。

明孝宗實錄卷一百七十四：「弘治十四年六月庚辰，南京

給事中牧相及監察御史王倬等各上疏，言前巡撫宣府都御史雍泰為邊人所持賴，不宜因邊將李稽私忿之怨，遽致仕而去。」

國榷卷四十四：「弘治十四年閏七月辛卯，前宣府巡撫、右副都御史雍泰，劾分守順聖川參將李傑侵餉，逮治。又嘗撻參將李稽，稽訐奏泰虐下。命給事中徐仁、錦衣千户李瓚勘上，泰竟削籍。傑，大學士東陽從子也。」

閏七月，王華任應天府鄉試考試官。

陸深海日先生行狀：「辛酉，又奉命主應天鄉試。」

明孝宗實錄卷一百七十七：「弘治十四年閏七月己卯，命右春坊右諭德王華、翰林院侍講劉忠為應天府鄉試考試官。」

楊一清石淙詩稿卷六送龍山王諭德先生主南畿鄉試還：「帝都論秀兩京同，無限英才入彀中。科第早魁多士選，文章今擅一家雄。門墻桃李春生色，藥籠參苓晚奏功。歸路江山莫留滯，東朝勸講正須公。」（按：楊一清時任南京太常卿）

同僚侯守正赴川，陽明有書致石谷吴伯通，重溫師生之誼。

新刊陽明先生文錄續編卷二奉石谷吴先生書：「生自壬子歲拜違函丈，即羈縻太學，中間餘八、九年，動息之所懷仰，寤寐之所思及，其不在函丈之下者，有如白日。然而曾無片簡尺牘致起居之敬而伸仰慕之私者，其敢以屢黜屢辱，有負知己之故，遂爾嘶沮哉？實以受知過深，蒙德過厚，口欲言而心無窮，是以每每伸紙執筆，輒復不得其辭而且中止者，十而二三矣。坐是情愈不達，而禮益加疏。姑且逡巡，日陷於苟簡澆薄，將遂至忽然之地而不自覺。推咎所因，則亦誠可憫也。蜀士之北來者，頗能具道尊候，以為動履益康，著述益富，身閑而道愈尊，年高而德彌劭。聞之，無任忻慰慶躍。嗟乎！古之名儒碩德如先生者，曾亦多見也，夫今之人，動輒歎息咨嗟，以為曾不得如古之名儒碩德者處之廟堂，以輔吾君；至如先生，乃復使之優游林下，烏在其能思古之人也？居先生門下，為先生謀，則不宜致歎如此；立吾君之朝，為斯世謀，則斯言也實天下之公論，雖以俟後賢無惑也。生近者授職刑部雲南司，才疏事冗，惟日擾擾於案牘間而已。於同僚侯守正之行，思其閑暇時，猶不能略致起居之問，今且日益繁冗，是將終不得通一問也。是以姑置其所願陳者，以需後便，且爾先伸數載間闊之懷，以請罪於門下。伏惟大賢君子，不以久而遂絶，不以微而見遺，仍賜收録，俾得復為門下士，豈勝慶幸感激哉！杳怕將遠，誠萬一，伏惟尊照。不宣。」

按：前考石谷吳伯通為陽明業師，所謂「生自壬子歲拜違函丈」，乃指陽明弘治五年舉浙江鄉試，在杭拜別吳伯通（時為浙江提學副使），赴京參加次年會試，下第，乃入太學。由弘治五年下推九年，則為弘治十四年，時陽明將赴南畿審囚，諸事繁冗，故陽明此書云「今且日益繁冗，是將終不得通一問也」。按吳伯通自陽明去後，亦陞雲南按察使，於弘治十一年乞歸家居，弘治十五年卒。明孝宗實錄卷一百二十二：「弘治十二年二月戊寅，……吳伯通，六科言其才力不及，例應調用；而十三道言其老懦無為，例應致仕……調除……吳

伯通為貴州按察使。從之。」宣統廣安州新志卷二十四人物志：「吳伯通……起授副使，任浙江學政七年，轉雲南按察使。未幾，改貴州鎮巡，內外臣工並列治狀。以忤權貴，久不遷官。戊午冬，上疏乞歸，家居三年。有星晝隕秀屏之陰，弘治壬戌三年三月辛，年六十有三。著述宏富。學者表其坊曰『當代真儒』。」吳伯通著述有石谷韵語十二卷、聞見錄二十卷、策問答七卷、甘棠文稿四卷、十齋銘一卷等。侯守正字廷觀，號平泉，南皮人，見民國南皮縣志卷九。

柴墟儲巏起復太僕少卿入京，與陽明相識。兩人講論學問甚洽。

顧璘通議大夫南京吏部左侍郎儲公巏行狀：「公諱巏，字靜夫，別號柴墟。本昆陵茂族，元末始徙海陵……癸卯，舉應天鄉試第一……甲辰，會試禮部第一，廷試賜二甲第一。觀政吏部……丁巳，擢太僕少卿。次年，遭董淑人喪。辛酉，起服，仍補舊職。行部禁吏迎送，除民苛費及馬政積弊。……」（國朝獻徵錄卷二十七）儲巏柴墟文集卷十四與黃綰秀才：「……獨足下超然，攻古文詞，邁往之氣，特立之操，間見諸楮墨間……近世士大夫如蔡君介夫，王君伯安，皆趣向正，造詣深，講明義理，不專為文字之學。今介夫致仕歸泉州。伯安雅

有山水之樂，計不久亦歸越中。以足下卓識高才，服閱後間出，往從之游，所得當益勝矣。……」

按：儲巏弘治十四年起復太僕少卿，與陽明相識當在是年。儲巏此與黃綰書，據其中云「計不久亦歸越中」，則作在弘治十五年六、七月間（見下），從中可見儲巏與陽明弘治十四年至十五年兩人在京交遊講學之況，其時已認為陽明「造詣深」，乃至薦黃綰往從之遊。至正德五年，黃綰則因儲巏來見陽明矣。

八月，奉命往直隸、淮安等府審決重囚，杭淮、何孟春、李堂等眾在京僚友賦詩送之。

黃綰陽明先生行狀：「授刑部主事，差往淮甸審囚，多所

平反，復命。」

王陽明全集卷九乞養病疏：「……弘治十四年八月，奉命前往直隸、淮安等府，會同各該巡撫、御史審決重囚……切緣臣自去歲三月，忽患虛弱咳嗽之疾，劑灸交攻，入秋稍愈。遽欲謝去藥石，醫師不可，以為病根既植，當復萌芽。勉强服飲，頗亦臻效。及奉命南行，漸益平復。遂以為無復他慮，竟廢醫言，捐棄藥餌，衝冒風寒，恬無顧忌，內耗外侵，舊患仍作。」

杭淮雙溪集卷一八月十六夜飲王陽明館：「素月殊未缺，皎皎銀漢光。照見庭中席，浮杯宛清揚。對此輒復醉，高歌激清商。時節忽已邁，白露霑衣裳。人生有離別，此樂不可常。月高更起舞，庶終清夜長。」

按：時杭淮已授刑部主事，所謂「人生有離別」，即指陽明出京往淮甸審囚，知陽明赴南畿決囚在八月十七日。

第307頁

何孟春何燕泉詩集卷一送王伯安南都審刑席上分得二十韻：「秋雨彌天來，秋風動地發。秋官方用權，暑氣掃七月。四牡復何之？時當奉天罰。黃紙下青冥，欽哉惟帝曰。罪無脫秦黥，法勿加楚刖。三覆五覆間，務使事情核。宸衷一寸丹，載拜書之笏。年來民俗漓，肯長其告訐？年來吏事冗，肯聽其唐突？持此直如弦，何人行請謁？持此平如衡，何人得乾沒？莫將五德鳳，擬以獨擊鶻。筆端有造化，還解肉冤骨。山川幾經歷，歲月去飄忽。簿書盈几席，肯作塵勞咄？夜分燈火孤，清興諒難汩。檢點紀行篇，浮踪遍吳越。歸朝擬何時？欲及衆芳歇。民物哀矜餘，轉覺心如齕。好為萬言書，伏奏蒼龍闕。」

李堂堇山文集卷一秋官王伯安南畿決囚席上分韻得室字十四韻：「良夜碧澄秋，燈光滿虛室。筵高四座嚴，搆思惟贈述。主人戒使期，囊橐三尺律。平生萬卷心，試兩丹吾筆。明允自儒傳，致君此其術。案牘庸錦成，口碑無乃實。懲戒繫化原，邦教藉毘弼。萬里今發程，千鈞方彀率。牧潦菊潭清，揚飈掛帆疾。月皎鳥停啾，鷹奮狐藏窟。三山二水奇，遐興公餘逸。形勝佇登臨，盈緗富篇帙。尚憐傾渴私，郵筒幸毋失。」

第308頁

南下淮甸，一路沿淮安、鳳陽、南京、和州、蕪湖、廬州、池州審囚，多有詩咏。九月，至鳳陽府，登譙樓，有詩感懷。

陽明登譙樓：「千尺層欄倚碧空，下臨溪谷散鴻蒙。祖陵王氣蟠龍虎，帝闕重城鎖螮蝀。客思江南惟故國，雁飛天北礙長風。沛歌却憶回鑾日，白晝旌旗渡海東。」（光

緒鳳陽府志卷十五，陽明文集失載）

按：陽明此詩為登鳳陽譙樓所作。光緒鳳陽府志卷四：「中都譙樓，即鼓樓。新書云：在雲濟街之東。洪武五年建中都，八年建是樓。築臺，下開三闕，上有樓九間，層簷三覆，棟宇百尺，巍乎翼然，敻絕塵埃。制度宏大，規模壯麗。登之，則江淮重湖縈紆渺瀰，中都諸山空濛杳靄，隱見出沒於煙雲之外。上置銅鼓滴漏，銅點更鼓，以警朝夕。鳳陽中等衛所，撥軍餘一百六十四名守樓，并習鼓吹，公私應用。」詩中所云「祖陵」，即鳳陽皇陵，光緒鳳陽府志卷十五：「明陵，在府治南十八里，明太祖父陵……明史禮志：仁祖墓，在鳳陽縣太平鄉……後改稱皇陵。」詩中所懷「沛歌卻憶回鑾日，白晝旌旗渡海東」，即指當年明太祖自金陵返鳳陽故鄉事，光緒鳳陽府志卷二十引鳳陽新書所述云：「明高帝自金陵幸濠州，父老經濟等來見，帝與之宴，謂濟曰：『我與諸父老不相見久矣。今還故鄉，念鄉人遭罹兵難以來，未遂生息，吾甚憫焉。』濟對曰：『久苦兵爭，莫或寧宇。今賴主上威德，各得安寧，勞主上垂念。』帝曰：『濠，吾故鄉，父母墳墓所在，豈得忘之？然吾不得久留此。父老宜教導子孫為善，立身孝悌，勤儉養生，鄉有善人，田家有賢父兄也。』濟等頓首謝，皆歡醉而去。翌日

第309页

浙江大学古籍研究所

，帝謁陵還邸舍，謂博士許存仁曰：『吾昔微時，自謂終身田畝耳；又遭兵亂，措身行伍，亦不過為保身之計，不意今日成此大業。自我去鄉里十餘年，今乃得歸省陵墓，復與諸父老子弟相見。追思向時，良可感也。』越日，還金陵，謁辭陵，召汪文、劉英謂曰：『鄉里親故愛厚者，惟足下二人。先世陵墓所在，公等善為守視。』仍賜英、文綺帛米粟。又蠲鄉縣租賦，父老皆歡悅再拜曰：『感主上恩德，無以報也。』」陽明當是來鳳陽審囚之暇登覽譙樓。

至南京，審決重囚。

都穆都公譚纂卷下：「陽明王公為刑部主事，決囚南畿。有陳指揮者，殺十八人，繫獄，屢賄當道，十餘歲不決。王公至，首命誅之。巡撫御史反為立請，而王公竟不從。陳臨刑呼曰：『死而有知，必不相舍！』公笑曰：『吾不殺汝，十八人之魂當不舍吾。汝死，何能乎？』竟斬於市，市人無不嚙稱快。陳之父死於陣，而其子又以御賊失機伏誅，三世受刑，亦異事也。」

按：都穆與陽明為同年，關係至密，兩人在京任職，多有往來。都公譚纂中所言事，多得自陽明親口所告。

至無為州，適逢米公祠秋祭，有書致侍御王璟。

陽明與王侍御書：「侍生王守仁頓首敬啟，侍御王老先生

第310页

浙江大学古籍研究所

大人執事：昨承頒胙，兼錫多儀。生以丁日感微寒，迄今未敢風，不能參謝，感荷之餘，可勝惶悚。先遣門人越榛、鄒木謝罪，尚容稍間面詣。侍生守仁再拜啟上。」（書有手迹刻石藏安徽無為縣米公祠，陽明文集失載）

按：陽明此書當與無為州米公祠歲祭有關。嘉慶無為州志卷四云：「寶晉齋，今為米公祠，在州治內。本米芾建以藏晉人法書，因名。」又卷十云：「米公祠，即寶晉齋，在州署墨池上，每歲春、秋致祭。」又卷二十八引趙範重修墨池記云：「郡治故有墨池，公廨後西北偏十數弓許，乃宋熙豐知軍米公芾遺迹也。」陽明是書所云「昨承頒胙，兼錫多儀」，即指米

第311页

公祠致祭事。書稱「先遣門人越榛、鄒木謝罪，尚容少間面詣」，可見陽明其時留在無為州（廬州府），正當米公祠秋祭時。或是陽明初未關心米公祠致祭事，王御史乃來頒胙錫儀，故陽明遣門人往謝罪也。此王御史當為王璟，國榷卷四十四：「弘治十四年四月丙午，南京鴻臚寺卿王璟為右僉都御史，清理兩淮鹽法。時宗室宦戚假賜鹽為私，大同無市納者，故敕璟。」又明史卷一百八十七王璟傳：「弘治十四年，以南京鴻臚寺卿拜右僉都御史，理兩淮鹽政。」王璟以右僉都御史來兩淮清理鹽政，打擊私鹽罪犯，正同陽明來淮甸審囚密切相關，且陽明來南畿本即是欲會同各巡撫、御史審決重囚，王璟亦必來協助陽明審囚也。越榛、鄒木，蓋為陽明生平所收最早弟子矣。

按：據陽明瀏府泮讀曹先生墓志銘，越榛為曹霖子曹軒妹婿（均貴陽人），越榛或初與軒一起隨曹霖出遊問學，遂在京認識陽明，拜為弟子。

至池州府，審囚事竣，往遊九華山，作九華山賦以咏其遊。

錢德洪陽明先生年譜：「先生録囚多所平反。事竣，遂遊九華，作遊九華賦，宿無相、化城諸寺。」

陽明先生年譜附録一：「九華山在青陽縣，師嘗兩遊其地，與門人江口口、柯喬等宿化城寺數月。寺僧好事者，爭持紙索詩，通夕灑翰不倦。僧蓄墨跡頗富，思師風範，刻師像於石壁，而亭其上。」

陽明九華山賦（并序）：「九華為江南奇特之最，而史記所録，獨無其名，蓋馬遷足迹之所未至耳。不然，當列諸

第312页

天台、四明之上，而乃略而不書耶？壬戌正旦，予觀九華，盡得其勝，已而有所感遇，遂援筆而賦之。其辭曰：『循長江而南下，指青陽以幽討。啟鴻蒙之神秀，發九華之天巧。非效靈於坤軸，孰構奇於玄造。遷史缺而弗録，豈足迹之所未到？白詩鄙夫九子，實兹名之所肇。予將秘密於崔嵬，極玄搜而歷考。涉五溪而徑入，宿無相之窈窕。訪王生於邃谷，掬金沙之清潦。陵風雨乎半霄，登望江而遠眺。步千仞之蒼壁，俯龍池於深窅。弔謫仙之遺迹，躋化城之縹緲。飲鉢盂之朝露，見蓮花之孤標。扣雲門而望天柱，列仙舞於晴昊。巖雙椒之闢門，真

人駕雲而獨蹻。翠蓋平臨乎石照，綺霞掩映乎天姥。二神升於翠微，九子臨於積稻。炎熇起於玉甑，爛石碑之文藻。回澄秋於枕月，建少微之星旄。覆甌承滴翠之餘瀝，展旗立雲外之旌纛。下安禪而步岩嶢，覽雙泉於松梢。踰西洪而憩黃石，懸百丈之灝灝。瀨流觴而縈紆，遺石船於澗道。呼白鶴於雲峰，釣嘉魚於龍沼。倚透碧之峗屼，謝塵寰之紛擾。攀齊雲之巉峭，鑑琉璃之浩溔。沿東陽而西歷，餐九節之蒲草。樵人導余以冥搜，排碧雲之瑤島。群巒豁其嵺霩，失陰陽之昏曉。垂七布之沈沈，靈龜隱而復佻。履高僧而履招賢，開白日之杲杲。試胡茗於春陽，吸垂雲之淵湫。陵繡壁而據石屋，何文殊螺髻之蟠糾。梯拱辰而北盼，躡遺光於拾寶。緇裳迓於黃匏，休圓寂之幽悄。鳥呼春於叢篁，和雲韶之鷴鷴。喚起促予之晨興，落星河於檐橑。護山嘎其驚飛，怪遊人之太早。攬卉木之如擢，被晨暉而爭姣。靜鑱聲之剝啄，幽人劚蕨於冥杳。碧雞嘰於青林，白鷳翻雲而失皓。隱搗藥於樛蘿，挾提壺餅僬而翔繞。鳳凰承盂冠以相遺，飲沆瀣之仙醪。羞竹實以嬉翱，棲梧枝之嫋嫋。嵐欲雨而霏霏，鳴瀑瀑於蘴葆。躐三遊而轉青峭，拂天香於茫渺。席弘潭以濯纓，浮桃瀉而揚縞。淙澌澌

而絡蔭，飲猨猱之捷狡。睨斧柯而昇天」，還望會仙於雲表。

「憫子京之故宅，款知微之碧桃。倏金光之閃映，睫異景於穹坳。弄玄珠於赤水，舞千尺之潛蛟。並花塘而峻極，散香林之迴飆。撫浮屠之突兀，泛五釵之翠濤。襲珍芳於絶巘，褭金步之搖搖。莎蘿躑躅芬敷而爍燿，幢玉女之妖嬌。搴龍鬚於靈寶，墮鉢囊之飄飄。開仙掌之嶔嵌，散清磬之迢迢。披白雲而踸崇壽，見參錯之僧寮。日既夕而山冥，掛星辰於蓬蔽。宿南臺之明月，虎夜嘯而羆嘷。鹿麋群遊於左右，若將侶幽人之岑寥。迴高寒其無寐，聞冰壑之洞簫。溪女厲晴瀧而曝衣，雜精苓之春苗。邀予觴以仙液，飯玉粒之瓊瑤。遜辭予而遠去，颯霞裾之飄飄。復中峰而悵望，或仙蹤之可招。西下見陵陽之蜿蜒，忽有感於子明之宿要。逝予將遺世而獨立，採石芝於層霄。雖長處於窮僻，迺永離乎湫囂。彼蒼黎之緝緝，固吾生之同胞。苟顛連之能濟，吾豈靳於一毛。矧狂寇之越獗，王師局而奔勞。吾寧不欲請長纓於闕下，快平生之鬱陶？顧力微而任重，懼覆敗於或遭。又出位以圖遠，將無誚於鷦鷯。嗟有生之迫隘，等滅沒於風泡。亦富貴其奚為，猶榮蕣之一朝。曠百世而興感

，藏雄傑於蓬蒿。吾誠不能同草木而腐朽，又何避乎群喙之呶呶？已矣乎！吾其鞭風霆而騎日月，被九霞之翠袍。搏鵬翼於北溟，釣三山之巨鰲。道崑崙而息駕，聽王母之雲璈。呼浮丘於子晉，招句曲之三茅。長遨遊於碧落，共太虛而逍遥。

「亂曰：蓬壺之邈邈兮，列仙之所逃兮。九華之矯矯兮，吾將於此巢兮。匪塵心之足攪兮，念鞠育之劬勞兮。苟初心之可紹兮，永矢弗撓兮。」（乾隆池州府志卷八。按：王陽明全集卷十九有此賦，但無序，且缺「遷史缺而弗録」以下一段，字句亦多異）

按：陽明秋九月審因到池州，事竣遂往遊九華山。賦云「回澄秋於枕月，建少微之星旒」，可見陽明乃秋九月來遊九華山。又王陽明全集卷十九載陽明是次遊九華山所作詩，多明著在秋間（見下），此尤可見陽明乃是秋九月來遊九華山。至於此九華山賦，則作於弘治十五年春正月，蓋是陽明遊九華山歸後深思熟慮寫成。

遊化城寺，吊地藏塔。

王陽明全集卷十九化城寺六首：「化城高住萬山深，樓閣憑空上界侵。天外清秋度明月，人間微雨結浮陰。鉢龍降處雲生座，巖虎歸時風滿林。最愛山僧能好事，夜堂燈火伴孤吟。

雲裏軒窗半上鈎，望中千里見江流。高林日出三更曉，幽谷風多六月秋。仙骨自憐何日化，塵緣翻覺此生浮。夜深忽起蓬萊興，飛上青天十二樓。

雲端鼓角落星斗，松頂袈裟散雨花。一百六峰開碧漢，八十四梯踏紫霞。山空仙骨葬金椁，春暖石芝抽玉芽。獨揮談麈拂煙霧，一笑天地真無涯。

化城天上寺，石磴八星躔。雲外開丹井，峰頭耕石田。月明猿聽偈，風靜鶴參禪。今日揩雙眼，幽懷二十年。

僧屋煙霏外，山深絕世譁。茶分龍井水，飯帶石田砂。香細雲嵐雜，窗高峰影遮。林棲無一事，終日弄丹霞。

突兀開穹閣，氤氳散曉鐘。飯遺黃稻粒，花發五釵松。金骨藏靈塔，神光照遠峰。微茫竟何是？老衲話遺蹤。」

陽明地藏塔：「渡海離鄉國，辭榮就苦空。結第雙樹底，成塔萬花中。」（光緒青陽縣志卷十，陽明文集失載）

按：化城寺云「天外清秋度明月」，可見作在秋九月。地藏塔為安葬金地藏全身之肉身塔，民國九華山志卷三：「金地藏塔，在化城寺西之神光嶺，即菩薩一期應化安葬全身之肉身塔。金地藏者，唐時新羅國王金憲英之近族也，自幼出家，法名喬覺。於二十四歲時，航海東來，卓錫九華。初棲東巖，土雜半粟，苦行多年。逮至德初，有諸葛節等見之，遂群相驚歎曰：「和尚苦行如此，某等深過已。」乃買僧檀公舊地，建化城寺請居之。貞元十年，壽九十九歲，跏趺示寂。兜羅手軟，金鎖骨鳴，靈異昭著，識者知為是地藏王菩薩化身，乃稱其本姓為金地藏。依浮屠法，斂以缸，建塔於此。凡三級，俯仰以鐵為之，冪以殿，南向，石階八十四級，峻甚，引以金繩。因其地時發光彩，故號神光嶺。其塔院，人即稱肉身殿。」按化城寺本為金地藏所建，地藏塔即在化成寺側，故遊化城寺必吊地藏塔。陽明化成寺云「金骨藏靈塔，神光照遠峰」，可見陽明此地藏塔當與化城寺作在同時。

遊雙峰、蓮花峰、列仙峰、雲門峰，均有詩咏懷。

王陽明全集卷十九雙峰：「淩崖望雙峰，蒼茫竟何在？載拜西北風，為我掃浮靄。」蓮花峰：「夜靜涼飆發，輕雲散碧空。玉鈎掛新月，露出青芙蓉。」列仙峰：「靈峭九萬丈，參差生曉寒。仙人招我去，揮手青雲端。」雲門峰：「雲門出孤月，秋色坐蒼濤。夜久群籟絕，獨照宮錦袍。」

按：詩云「秋色坐蒼濤」，「參差生曉寒」，「夜靜涼飆發」等，知均作於秋九月。

吊李太白祠。

王陽明全集卷十九李白祠二首：「千古人豪去，空山尚有祠。竹深荒舊徑，蘚合失殘碑。雲雨雖文藻，溪泉繫夢思。老僧殊未解，猶自索題詩。」「謫仙棲隱地，千載尚高峰。雲散九峰雨，巖飛百丈虹。寺僧傳舊事，詞客吊遺蹤。回首蒼茫外，青山感慨中。」

按：九華山賦云「吊謫仙之遺跡」，即指陽明吊李太白祠。

訪長生庵實庵和尚，為作像贊。

陽明實庵和尚像贊：「從來不知光閃閃的氣象，也不知圓陀陀的模樣。翠竹黃花，說什麽蓬萊方丈。看那山裏金地藏，好兒孫，又生個實庵和尚。噫！那些兒妙處，丹青莫狀。」（民國九華山志卷七）

按：民國九華山志卷三云：「長生庵，明弘治間，有實庵和尚，與王文成公相談，甚契。曾題贈曰……」又卷四：「明實庵，為長生庵僧。明弘治間，王陽明來遊，實庵與語，有契。陽明題贈曰……」陽明此像贊，即其遊九華訪實庵和尚即興口占，信筆抄贈寺僧之作。錢德洪陽明先生年譜附錄一：「九華山在青陽縣，師嘗兩遊其地，與門人江口日、柯喬等宿化城寺數月。寺僧好事者爭持紙索詩，通夕灑翰不倦。僧

蓄墨跡頗富。」陽明如此等像贊之類即興所寫所題，當時皆不留底稿，多為寺僧所有，後來皆入於九華山志，而陽明集中反不載也。

訪道士蔡蓬頭，談仙論道，有詩唱和。

錢德洪陽明先生年譜：「弘治十四年，奉命審錄江北……事竣，遂遊九華……是時道者蔡蓬頭善談仙，待以客禮請問。蔡曰：『尚未。』有頃，屏左右，引至後亭，再拜請問。蔡曰：『尚未。』問至再三，蔡曰：『汝後堂後亭禮雖隆，終不忘官相。』一笑而別。」

陳蔚九華紀勝卷八引九華散録：「蔡道士，不知所自來。

常蓬首不櫛，人以『蓬頭』稱之。弘治中居九華之東巖下，後不知所往。」

陽明和九柏老仙詩：「石澗西頭千樹梅，洞門深鎖雪中開。尋常不放凡夫到，珍重唯容道士來。風亂細香留無韵，夜寒清影衣生苔。於今踏破石橋路，一月須過三十迴。」

九柏老仙之作，本不可和，詹煉師必欲得之，遂為走筆，以塞其意，且以彰吾之不度也。弘治辛酉仲冬望日，陽明山人王守仁識。（此詩有手迹拓本，計文淵收藏。又正德嘉興志補卷九著録此詩）

按：「九柏老仙不知何人。按弘治十四年陽明遊九華山，其訪

佛僧甚多，而訪道士則唯有一蔡蓬頭。疑此九柏老仙即蔡道士。蓋蔡道士見陽明談命相，謂其「終不忘官相」，難度成仙；故陽明此詩答云「且以彰吾之不度也」，此尤可見九柏老仙即蔡道士也。九華散録稱蔡道士居東巖洞中，陽明稱九柏老仙「洞門深鎖雪中開」，亦可見兩人即一人。又九華散録稱蔡道士「不知所自來」、「後不知所往」，今按于鳳喈、鄒衡正德嘉興志補卷九亦録有陽明此詩，題作梅潤，並有曹時中和詩：「道士種桃兼種梅，靈源一派夾山開。影橫淺碧月初照，香滿上清風正來。三朵花開原有本，太虛天近不生苔。絶憐紙帳蓬壺夜，遮莫潺潺夢未迴。」另又著録陽明崇新作

玄道院詩，仍用和九柏老仙詩韵，表明此「九柏老仙」後來隱居到嘉興崇玄道院，而陽明將當年作和九柏老仙詩改名為梅澗，與新作崇玄道院一併贈九柏老仙。按正德嘉興志補乃于鳳喈撰於正德六年，時于鳳喈正任嘉興知府，而陽明亦於是年過嘉興見于鳳喈（見下），于鳳喈當是當面向陽明求得此二詩，著錄於正德嘉興志補中，可信不偽也。據和九柏老仙詩後題，知陽明此和九柏老仙詩作於十一月望日，然陽明訪九柏老仙則在秋九月也。

十二月，審囚事竣，北上回京。

按：前考陽明和九柏老仙詩作於十一月十五日，知陽明十一月猶在池州府。據陽明遊齊山賦序云：「弘治壬戌正旦，守仁以公事到池，登茲山，以弔二賢之遺迹。」（見下）陽明弘治十五年正月初一已在齊山，則其離池州北歸當在弘治十四年十二月下旬。

一五〇二　弘治十五年　壬戌　三十一歲

春正月，（道經貴池縣，）遊齊山，作遊齊山賦以紀其遊。

第321页

陽明遊齊山賦（并序）：「齊山在池郡之南五里許，唐齊映嘗刺池，亟遊其間，後人因以映姓名也。繼又以杜牧之詩，遂顯名於海內。弘治壬戌正旦，守仁以公事到池，登茲山，以弔二賢之遺迹，則既荒於草莽矣。感慨之餘，因拂崖石而紀歲月云。

「適公事之甫暇，乘案牘之餘輝。歲亦徂而更始，巾余車其東歸。循池陽而延望，見齊山之崔嵬。寒陽慘而尚濕，結浮靄於山扉。振長飆以舒嘯，麾綵現於虹霓。千巖豁其開朗，掃群林之霏霏。羲和闖危巔而出候，倒回景於蒼磯，躡晴霞而直上，陵華蓋之葳蕤。俯長江之無極，天風颯其飄衣。窮巖洞之幽邃，坐孤亭於翠微。尋遺躅於煙莽，哀壑悄而泉悲。感昔人之安在，菊屢秋而春霏。鳥相呼而出谷，雁流聲而北飛。嘆人事之倏忽，晞草露於須斯。際遙矚於雲表，見九華之參差。忽黃鵠之孤舉，動陵陽之遐思。顧泥土之溷濁，困鹽車於櫪馬。敬長生之可期，吾視棄富貴如礫瓦。吾將曠八極以遨遊，登九天而視下。餐朝露而飲沆瀣，攀子明之逸駕。豈塵網之誤羈，嘆仙質之未化。

「亂曰：曠視宇宙，漠以廣兮。仰瞻卻顧，終焉仿兮。吾不能局促以自污兮，復慮其謬以妄兮。已矣乎！君親不

第322页

可忘兮，吾安能長駕而獨往兮？」（乾隆貴池府志卷六，陽明文集失載）

按：賦序云「以公事到池」，指陽明審囚到池州。賦云「適公事之甫暇，乘案牘之餘輝」，指審囚結束來遊齊山。「歲亦徂而更始，巾余車其東歸」，是謂新歲伊始來遊齊山，然後東歸，返京師。由此賦可知陽明審囚事竣後，乃由池州齊山東歸，經九華山、寧國府、太平府、應天府、鎮江府、揚州府、淮安府回京師，蓋一路皆有遊觀詩吟也。

經青陽縣，再遊九華山，訪無相寺，登芙蓉閣，均有詩詠。

按：王陽明全集卷二十有詩云：「弘治壬戌嘗遊九華，值時陰霧，竟無所睹……昔年十日九華住，雲霧終旬竟不開……」即指陽明弘治十五年春經青陽再遊九華山，蓋住九華十日也。

王陽明全集卷十九無相寺三首：「老僧巖下屋，繞屋皆松竹。朝聞春鳥啼，夜伴巖虎宿。　坐望九華碧，浮雲生曉寒。山靈應秘惜，不許俗人看。　靜夜聞林雨，山靈似欲留。只愁梯石滑，不得到峰頭。」　夜宿無相寺：「春宵卧無相，月照五溪花。掬水洗雙眼，披雲看九華，巖頭金佛國，樹杪謫仙家。彷彿聞笙鶴，青天落絳霞。」　芙蓉閣二首：「青山意不盡，還向月中看。明日歸城市，風塵又馬鞍。　巖下雲萬重，洞口桃千樹。

終歲無人來，惟許山僧住。」　題四老圍棋圖：「世外煙霞亦許時，至今風致後人思。卻懷劉項當年事，不及山中一著棋。」

按：以上諸詩，云「朝聞春鳥啼」，「春宵卧無相」，「洞口桃千樹」等，可見作在春間，均是次再遊九華山所作也。

經蕪湖，往龍山訪舫齋李貢，有書賀其陞遷。

陽明與舫齋書：「□□園可□□□□城之期□此□矣。進謁仙府，無任快悒。所欲吐露，悉以寄於令侄光實，諒能為我轉達也。言不盡意，繼以短詞：別後殊傾渴，青冥隔路歧。徑行懼伐木，心事寄庭芝。拔擢能無喜，瞻依未有期。胸中三萬卷，應念故人饑。　侍生王守仁頓首，舫齋先生寅長執事。小羊一牽將賀意耳。正月十三日來。」（截玉軒藏宋元明清法帖墨迹，陽明文集失載）

按：舫齋即李貢。李貢字惟正，號舫齋，蕪湖人。成化二十[illegible]年進士，累官右都御史，以忤劉瑾罷官。瑾誅，歷兵部右侍郎。有舫齋集。國朝獻徵錄卷四十有兵部右侍郎李貢。歐陽德集卷二十六贈尚書李公偕配合葬墓表云：「蕪湖龍山之東，艾蒿之原，有碑穹然當神道，是為贈尚書舫齋李公偕配蕭淑人合葬之墓。公諱貢，字惟正，別號舫齋。起家進士，戶部主事員外郎，刑部郎中。嘗視災兩浙，按事岐王府，還報，俱稱旨。大臣名薦公，擢山東按察副使，歷福建按察使，陝西右布政使，進山西……（瑾）誣公山西邊餉，矯詔致仕，罰輸邊粟千斛。瑾誅，起撫畿甸……公卒正德丙子五月，享年六十有一。」陽明此書題「正月十三日」，按陽明在弘治十五年正月初遊九華山十日而去，至蕪湖正當正月十二、三日。時李貢任刑部郎中，陽明任刑部雲南清吏司主事，故陽明書中稱李貢為「寅長」（按：疑李貢亦是「西翰林」人物）。「進謁仙府」者，當是陽明經蕪湖往龍山訪李貢。時李貢歸居，有山東按察副使之擢，故書中稱「拔擢能無喜」，「小羊一牽將賀意耳」。

登覽清風樓。

陽明清風樓：「遠看秋鶴下雲皋，壓帽青天礙眼高。石底蟠蟯吹錦霧，海門孤月送銀濤。酒經殘雪渾無力，詩倚新春欲放豪。勸賦登樓聊短述，清風曾不愧吾曹。」（太平三書卷四，陽明文集失載）

按：詩云「酒經殘雪渾無力，詩倚新春欲放豪」，可見作在初春。清風樓在太平府蕪湖縣，乾隆太平府志卷二：「蕪湖縣驛磯山，在縣北八里，臨大江。南宋時設館驛，立市肆於此，故名。江滸有清風樓，建自明成化間，樓故突兀險峻，為樓僧之舍。俯視樹濃藤護，寒翠撲面，遐矚清敞，則煙炊黑浮

空，泬寥無際。」又卷十三：「清風樓，明成化間建。御史黃讓居縣北驛磯，星沙劉憲知縣事，建樓於此，以東坡『清風閣』名美之。弘治二年，粵東林世遠續修，邱濬記。」按驛磯山下設館驛，陽明當是來往驛館時登覽清風樓。

經當塗縣，登采石磯，咏謫仙樓。

陽明謫仙樓：「攬衣登采石，明月滿磯頭。天礙烏紗帽，寒生紫綺裘。江流詞客恨，風景謫仙樓。安得騎黃鶴，隨公八極遊。」（乾隆太平府志卷四十一，陽明文集失載）

按：謫仙樓在當塗縣，乾隆太平府志卷二：「當塗縣采石，在郡治西北，去城二十里，高百仞，周一十五里，西臨大江……

唐李白披宮錦泛月，勝事稱最，故山麓構謫仙樓。樓對長江，千里一目。上而北巖石突出者，聯璧臺，巉露陡峭，瞰者肌栗；其下牛渚磯，至山頂三里，三臺閣冠其上，傑出松雲間，一切峰岫皆作陪隸觀。」又卷十三：「謫仙樓，在采石江口，唐元和間，以太白舊遊建。宋、明遞有修復。」據詩云「寒生紫綺裘」，作在初春，當亦是陽明弘治十五年初春審囚歸經蕪湖、當塗時所作。

二月，至鎮江府，往丹陽訪雲谷湯禮敬，遂偕湯禮敬往遊茅山道教勝地。登三茅山，探華陽洞，多有詩咏。

王陽明全集卷二十二壽湯雲谷序：「弘治壬戌春，某西尋

句曲，與丹陽湯雲谷偕。當是時，雲谷方為行人，留意神仙之學，為予談呼吸屈伸之術，凝神化氣之道，蓋無所不至。及與之登三茅之巔，下探華陽，休玉宸，感陶隱君之遺迹，慨歎穢濁，飄然有脫屣人間之志。」

按：「湯雲谷」即湯禮敬，字仁甫，號雲谷，丹陽人，弘治九年進士。明清進士錄：「湯禮敬，弘治九年三甲六十六名進士。直隸丹陽縣人，字仁甫。授行人，擢刑科給事中。正德初，上言陛下踐祚以來，上天屢示災譴，由於幸臣竊權、忠鯁疏遠之應。又偕九卿伏闕請誅『八黨』。劉瑾怒，謫薊州判官。瑾敗，屢召不起，卒。有諫垣遺稿。」重修丹陽縣志卷十七有

湯禮敬詳傳。湯禮敬中進士後授行人，與陽明關係尤密。是次遊茅山，陽明自謂「飄然有脫屣人間之志」，故遂在八月告病歸越，築室陽明洞中行導引術矣。

陽明遊茅山：「山霧沾衣潤，溪風灑面涼。薜花凝雨碧，松粉落春黃。古劍時聞吼，遺丹尚有光。短才慚宋玉，何敢賦高唐。」

靈峭九千丈，窮躋亦未難。江山無遯景，天地此奇觀。海月迎峰白，溪風振葉寒。夜深凌絕嶠，翹首望長安。」

蓬萊方丈偶書：「興劇夜無寐，中宵問雨晴。水風涼壑驟，巖日映窗明。石竇窺澗黑，雲梯上水清。福庭真可住，塵土奈浮生。

仙屋煙飛外，青蘿隔世譁。茶分龍井水，飯帶玉田砂。香細嵐光雜，窗虛峰影遮。空林無一事，盡日卧丹霞。」（茅山全志卷十三，陽明文集失載）

按：茅山全志於陽明諸詩下又著錄方豪和詩：山中夜晴用王陽明韻：「遊騎寒愁雨，山人靜樂晴。迴林風欲定，濕障月微明。幽興天能助，深宵地轉清。來朝遍巖壑，端欲見茅生。

深山元自靜，入夜更無譁。細論三茅事，空懷九轉砂。雨餘幽澗響，月出淡雲遮。松栢香茶熟，悠然適紫霞。」蓋陽明前二詩為遊茅山作，後二詩為居蓬萊方丈所作，遂將詩題蓬萊方丈壁上，故後來方豪來遊茅山有和詩也。

為湯禮敬殿試策問題跋。

王陽明全集卷二十四題湯大行殿試策問下：「士之登名禮部而進於天子之廷者，天子臨軒而問之，則錫之以制，皆得受而歸，藏之於廟，以輝榮其遭際之盛，蓋今世士人皆爾也。丹陽湯君某登弘治進士，方為行人，以其嘗所受之制，屬某跋數語於其下。嗟夫！明試以言，自虞廷而然；乃言底可績，則三代之下，吾見亦罕矣。君之始進也，天子之所以咨之者何如耶？而君之所以對之者何如耶？夫矯言以求進，君之所不為也；已進而遂忘其言焉，又君之所不忍也。君於是乎朝夕焉顧諟聖天子之明

命，其將曰：『是天子之所以咨詢我者也。』始吾既如是其對揚之矣，而今之所以持其身以事吾君者，其亦果如是耶？抑其亦未踐耶？夫伊尹之所以告成湯者數言，而終身踐之；太公之所以告武王者數言，而終身踐之。推其心也，君其志於伊、呂之事乎？夫輝榮其一時之遭際以誇世，君所不屑矣。不然，則是制也者，君之所以鑑也。昔人有惡形而惡鑑者，遇之則掩袂却走。君將掩袂却走之不暇，而又烏揭之焉日以示人？其志於伊、呂之事奚疑哉？君其勉矣！』上帝臨汝，毋貳爾心。某亦常繆承明問，雖其所以對揚與其所以為志者，不可以望君，然亦何敢忘自勗！」

按：國榷卷四十四：「弘治十五年十月己酉……進士孫楨、潘鐸、趙鐸、湯禮敬為給事中。」陽明此跋文作在二月，故云「方為行人」，稱其為「湯大行」。

在潤州，遊北固山，訪屋舟錢組，有詩咏。

陽明遊北固山：「北固山頭偶一行，禪林甘露幾時名？枕江左右金焦寺，面午中節鐵甕城。松竹雨崖青野兵，人煙萬井暗吟情。江南景物應難望，入眼風光處處清。王守仁。」（詩真迹在「博寶藝術拍賣網」上公布）

陽明屋舟為京口錢宗玉作：「小屋新開傍島嶼，沉浮聊與

第329頁

漁舟同。有時沙鷗飛席上，深夜海月來軒中。醉夢春潮石屏冷，櫂歌碧水秋江空。人生何地不疏放，豈必市隱如壺公。　陽明王守仁次。」（穰梨館過眼續錄卷七屋舟題詠卷。按：此詩真迹今藏美國紐約大都會博物館）

按：錢宗玉即錢組，號屋舟，潤州人，有屋舟詩草。靳貴戒庵文集卷九有屋舟詩序云：「予姻友致仕醫學正科錢君宗玉，買大桴而屋其上，乃以『屋舟』自號。一日，問之曰：『君所謂屋舟云者，其效歐陽公舫齋而為之，亦別有取義也？……』君笑曰：『吾意豈是哉！歐公文人也，榜於齋以為坐遷卧遊之，所以異夫江山之助；予之道醫也，非歐公比……』錢組與靳貴為姻親，年齡同輩，則其歸隱築屋舟當在弘治中。費宏集卷二有屋舟為潤人錢宗玉作：「身世悠悠水上萍，高人棲泊傍巖扃。浮生甫里從無宅，擇勝坡翁別有亭。意匠經營殊雀舫，心機忘盡對鷗汀。推蓬小酌江天碧，下矴遙連海嶼青。豈必侵星遊別渚，不妨撐月吸冷波。鷲帆隱隱當窗起，魚艇飄飄倚檻停。雨灑春波鶬欲没，潮回秋浦酒初醒。危檣颭浪吾何恐，擊櫂成謳客喜聽。京洛塵纓思一濯，長風借便可揚舲。」詩亦作在弘治中。陽明此詩云「小屋新開傍島嶼」，蓋是錢組初築屋舟歸隱之時，則當是陽明弘治十五年審囚北歸經潤州時所作。

第330頁

是月，王華陞翰林院學士。

明孝宗實録卷一百八十四：「弘治十五年二月辛酉，陞右春坊右諭德王華為翰林院學士，支從四品俸，以九年秩滿也。」

三月，北上至揚州，因病滯留三月，至五月回京覆命。

王陽明全集卷九乞養病疏：「……及事竣北上，行至揚州，轉增繁熱，遷延三月，尫羸日甚。心雖戀闕，勢不能前，追誦醫言，則既晚矣。」

王華任庶吉士教習，命與纂修大明會典。

陸深海日先生行狀：「壬戌，陞翰林院學士，從四品俸。尋命教庶吉士魯鐸等，繼又命與纂修大明會典。踰年書成。」

國榷卷四十四：「弘治十五年三月戊戌，選翰林院庶吉士胡煜、魯鐸、薛金、温仁和、李時、滕霄、吉時、趙永、李貫、畢濟川、何塘、張禬、李元吉、周禎、王廷相、顧燁、潘希曾、盛端明、朱衮、王萱，以翰林學士梁儲、王華教習。」

按：大明會典在十二月纂成，國榷卷四十四：「弘治十五年十二月己酉，大明會典成，獨中官職守不書。談遷曰：孝皇時，閹尹失權，又洛陽、餘姚為之領袖，庸有所嫌忌乎哉？竟攬筆不書，安望其破司隸之柱也。噫，康陵而後，益無論矣。」陸深謂「踰年書成」，不確。

五月回京，日事案牘，苦讀經史，過勞成疾。八月，上乞養病疏，乞歸越養病，就醫調治。

黃綰陽明先生行狀：「……差往雒甸審囚，多所平反。復命，日事案牘，夜歸必燃燈讀五經及先秦、兩漢書，為文字益工。龍山公恐過勞成疾，禁家人不許置燈書室。後龍山公寢，復燃，必至夜分，因得嘔血疾。養病歸越……」

錢德洪陽明先生年譜：「八月，疏請告。是年，先生漸悟仙、釋二氏之非。先是五月復命，京中舊遊俱以才名相馳騁，學古詩文。先生嘆曰：『吾焉能以有限精神為無用之虛文也！』遂告病歸越……」

按：是年陽明乃悟陷溺「詞章之學」之非（觀上下文意可知），錢德洪謂「是年，先生漸悟仙、釋二氏之非」，尤誤。蓋是年歸越，陽明先是往茅山訪道，竟後，更陷溺於神仙禪佛之習矣，此即湛甘泉言其「三溺於辭章之習，四溺於神仙之習，五溺於佛氏之習」也。

王陽明全集卷九給由疏：「弘治十五年八月内告回原籍養病。弘治十七年七月内病痊赴部。」同上，乞養病疏：「臣原籍浙江紹興府餘姚縣人，由弘治十二年二甲進士，弘治十三年六月除授前職。弘治十四年八月奉命前往直隸、淮安等府會同各該巡按、御史審決重囚，已行遵奉奏報外，切緣臣自去歲三月，忽患虛弱咳嗽之疾，劑灸交攻，入秋稍愈。遽欲謝去藥石，醫師不可，以為病根既植，當復萌芽。勉强服飲，頗亦臻效。及奉命南行，漸益平復。遂以為無復他慮，竟廢醫言，捐棄藥餌。衝風冒寒，恬無顧忌，内耗外侵，舊患乃作。及事竣北上，行至揚州，轉增煩熱，遷延三月，尪羸日甚。心雖戀闕，勢不能前，追誦醫言，則既晚矣。先民有云：『忠言逆耳利於行，良藥苦口利於病。』臣之致此，則是不信醫者逆耳之言，而畏難苦口之藥之過也

。今雖悔之，其可能乎！臣自惟田野豎儒，粗通章句，遭遇聖明，竊禄部署，未效答於涓埃，懼遂填於溝壑。螻蟻之私，期得暫離職任，投養幽閑，苟全餘生，庶申初志。伏望聖恩垂憫，乞敕吏部，容臣暫歸原籍就醫調治。病痊之日，仍赴前項衙門辦事，以圖補報。臣不勝迫切願望之至！」

八月下旬，離京歸越。經潤州，再遊金山、焦山、北固山，有詩贈三山僧。

陽明金山贈野閑欽上人：「江靜如平野，寒波漫綠苔。地窮無客到，天迴有雲來。禪榻朝慵起，松關午始開。月明隨老鶴，散步妙高臺。」題蒲菊鈺上人房：「禪扉雲水上，地迥一塵無。碉有千年菊，盆餘九節蒲。濕煙籠細雨，晴露滴蒼蕪。好汲中泠水，飧香嚼翠腴。」贈雪航上人：「身世真如不繫舟，浪花深處伴閑鷗。我來亦有山陰興，銀海乘槎上斗牛。」贈甘露寺性空上人：「片月海門出，渾如白玉舟。滄波千里晚，風露九天秋。寒影隨杯渡，清暉共梗流。底須分彼岸，天地自沉浮。」（張萊京口三山志卷五，陽明文集失載）

按：張萊京口三山志成於正德七年四月（見前顧清序），故陽明此四詩必作於正德七年以前。四詩皆咏晚秋景色，

在正德七年以前，陽明唯有在弘治十五年晚秋時節自京歸越經鎮江京口者，陽明此四詩即作在弘治十五年八、九月間。欽上人，行海金山志略卷二著録有贈欽上人號野閑：「自從幽處結茅堂，塵事紛紛徹底忘。門外有雲依水石，案頭無曆紀炎涼。雨肥蕨菜厨添供，風老松花廩受糧。知笑飛黃浮鷁者，此身終日為誰忙？」又著録惠欽沈王世賞韵：「好山如畫明雙眸，中流奇跡真天留。搜吟暢興倚松立，尋幽陟險穿雲遊。鯨濤澎湃忽作雨，蜃氣變化時成樓。個中景物道不得，品題當讓岑嘉州。」知欽上人為惠欽，號野閑，乃一金山寺僧。蒲菊鈺上人，釋圓濟金山集

卷一著録段金（字子辛，武進人，户部主事）贈蒲菊上人：「達人高隱地，幽事未堪倫。剌水蒲芽淨，含霜菊囗新。禪心空色相，慧眼破諸塵。已結東林約，來遊莫厭頻。」又著録方豪除夕蒲菊山房：「年年此日總風塵，此夕金山客未貧。把酒聽潮談近事，與僧分石伴閑身。爆聲燈影江邊市，竹色梅香方外春。況有蕭生供筆硯，不妨打坐苦呻吟。」京口三山志於陽

第335页

明詩下著録沈周題蒲菊鈺上人：「蒲瘦如天台山之絶粒聖僧，菊清似彭澤縣超世傲吏。二物不生桃李場，草木千年同臭味。」知鈺上人乃一金山寺僧。雪航上人，盧見曾金山志稱其「號月舟」，亦一金山寺僧。性空上人，以陽明贈其詩載北固山志，知性空上人為北固山甘露寺僧。

經蘇州，登覽吴江塔、仰高亭，有詩感懷。

陽明登吴江塔：「天深北斗望不見，更躡丹梯最上層。太華之西目雙斷，衡山以北欄獨憑。漁舟渺渺去欲盡，客子依依愁未勝。夜久月出海風冷，飄然思欲登雲鵬。」

仰高亭：「樓船一別是何年？斜日孤亭思渺然。秋興絶憐紅樹晚，閑心併在白鷗前。林僧定久能知客，巢鶴年多亦解禪。莫向病夫詢出處，夢魂長繞碧溪煙。」（徐崧、張大純百城煙水卷四，陽明文集失載）

按：吴江塔即吴江華嚴寺中之塔。仰高亭亦在吴江縣，百城煙水卷四：「仰高亭，宋開禧中，知縣羅勳作亭奉之，額以『仰高』。」二詩作在秋間，必亦是陽明弘治十五年秋間自京歸越經蘇州時所作。蘇州為陽明生平仕宦往返京師、南都、杭州、紹興所常過之地，故此詩有「樓船一別是何年」之句。陽明是年乃因病告回原籍養痾，故此詩又有「莫向病夫詢出處」之句。

第337页

經嘉興，有詩贈三塔寺芳上人。
陽明贈芳上人歸三塔：「秀水城西久閉關，偶然飛錫出塵寰。調心亦復聊同俗，習定由來不在山。秋晚菱歌湖水闊，月明清磬塔窗閑。毘盧好似蒿山笠，天際仍隨日影還。」（萬曆秀水縣志卷八，陽明文集失載）
按：三塔寺在秀水縣，萬曆秀水縣志卷二：「景德寺，在縣西三里。舊梵化院，五代錢氏賜額『保安』，宋景德間改今額。相傳寺下有白龍潭，遇風濤甚險，或晴霽，有白光三道起自潭中。唐季僧行靈者，積土填潭，造三塔以鎮之，遂呼為三塔灣，亦名三塔寺。」芳上人，應是三塔寺僧，觀詩意，乃是芳上人先在縣西三塔寺閉關修煉，後出遊，歸途與陽明相遇，陽明乃作此詩送歸。嘉興、秀水為陽明由餘姚、會稽往返京師、南都必經之通道，以此詩作在秋晚考之，當亦是弘治十五年秋自京歸越經嘉興時所作。詩云「習定由來不在山」，芳山人於三塔寺閉關習定修煉，陽明歸越亦築室陽明洞行導引習定修煉，或亦受芳上人影響。
經海寧，遊審山，有詩詠。
陽明審山詩：「朝登硤石巔，霽色浮高宇。長岡抱迴龍，怪石馘奔虎。古剎凌層雲，中天立鰲柱。萬室湧魚鱗，晴光動江滸。曲徑入藤蘿，行行見危堵。寺僧聞客來，

第338頁

袈裟候庭廡。登堂識遺像，畫繪衣冠古。乃知顧況宅，今為梵王土。書臺空有名，湮埋化煙蕪。葛井雖依然，日暮飲牛羖。長松非舊枝，子規啼正苦。古人豈不立，身後杳難覩。悲風振林薄，落木驚秋雨。人生一無成，寂寞知何許？」（乾隆海寧州志卷二，陽明文集失載）
按：審山在海寧，乾隆海寧州志卷二：「沈山，一名審山，土人呼為東山。在縣北六十五里，高三十五丈，周回七里三百步。漢審食其墓其間，故名。上有崇惠庵……宋臨海、南陽二郡太守沈景葬於此，故名沈山。顧況讀書臺，在山下。」詩中所云「寺」為崇惠庵，「臺」為顧況讀書臺。所云「硤石」，指東峽山，嘉慶峽川續志卷一：「峽山，古稱夾谷。初本兩山相連，秦始皇東遊過此，以此山有王氣，發囚徒十萬鑿之，遂分為兩，一曰東山，一曰西山。」詩所云「葛井」，指東山葛洪煉丹井，嘉慶峽川續志卷一：「葛洪煉丹井，在東山大悲閣後斑竹園中，有五穴通硤石湖。」詩云「悲風振林薄，落木驚秋雨」，作在晚秋，則當亦是弘治十五年秋自京歸越經海寧時所作。
九月，歸至紹興。築室陽明洞中，行導引術，靜坐習定，究極道經秘旨。
黃綰陽明先生行狀：「養病歸越，闢陽明書院，究極仙經

第339頁

秘旨。靜坐，為長生久視之道，久能預知。」
錢德洪陽明先生年譜：「遂告病歸越，築室陽明洞中，行導引術。久之，遂先知。」
鄒守益王陽明先生圖譜：「遂告病歸，闢陽明洞舊基為書屋，究仙經秘旨。久之，忽能預知。」
萬曆紹興府志卷四：「宛委山，在府城東南十五里。……遁甲開山圖：『禹治水至會稽，宿衡嶺，宛委之神奏玉匱書十二卷。禹開宛委山，得赤珪如日，碧珪如月，各長一尺二寸。』……山下舊有棲神館，唐改為懷仙館，今為龍瑞宮。有洞曰陽明洞天。山巔有飛來石，其下葛仙翁井，山南則葉天師龍見壇。」
萬曆會稽縣志卷二：「陽明洞。洞是一巨石，有罅長絙，在會稽山龍瑞宮旁。舊經：『三十六洞天之第十洞天也。一名極玄太元之天。』龜山白玉上經：『會稽山週迴二百五十里，名陽明洞天，皆仙聖天人都會之所據。』此則陽明洞天不止龍瑞宮之一石矣。唐觀察使元稹，以春分日投金簡於此，詩曰：『偶因投秘簡，聊得泛平湖。』其後王文成公守仁為刑部主事時，以告歸結廬洞側，默坐三年，了悟心性，蓋始於此。」
陽明坐功：「春噓明目夏呵心，秋呬冬吹肺腎寧。四季常呼脾化食，依此法行相火平。」（游日升臆見彙考卷三，陽明文集失載）

第340頁

耿定向新建侯文成王先生世家：「壬戌，秋，請告歸越，年三十二，究心二氏之學，築洞陽明麓，日夕勤修。習靜中，內照形軀如水晶宮，忘己忘物，忘天忘地，混與太虛同體，有欲言而不得者。」（耿天臺先生文集卷十三）

按：陽明生平好靜坐習定，調息吐納，運氣導引，其法蓋源於尹真人之「真空煉形法」（見前）。此詩所謂「坐功」，即指陽明靜坐導引、真空煉形之功也。蓋陽明以為致知存乎心悟，而心悟來自心靜，以為「君子之學，貴於得悟……入悟有三：有從言而得者，有從靜而得者……得於靜坐者，謂之證悟，收攝保聚」（西園聞見錄卷七）。王畿嘗詳敘陽明在陽明洞中靜坐修煉云：「（陽明）究心於老佛之學，緣洞天精廬，日夕勤修煉，習伏藏，洞悉機要，其於彼家所謂見性、抱一之旨，非通其義，蓋已得其髓矣。自謂：『嘗於靜中，內照形軀如水晶宮，忘己忘物，忘天忘地，與空虛同體，光耀神奇，恍惚變幻，似欲言而忘其所以言，乃真境象也。』」（王畿集卷二滁陽會語）所謂「洞天精廬」，即指陽明洞天；所謂「內照形軀如水晶宮」，即「真空煉形法」也。錢德洪所云「導引術」，此詩所云「坐功」者，皆即尹真人所云「真空煉形法」；而此坐功詩，則為陽明在陽明洞中行導引、勤修煉、習伏藏之真實寫照矣。
與會稽「抱道之士」王文轅、許璋諸人講道論仙，習靜勤修。
錢德洪陽明先生年譜：「……久之，遂先知。一日，坐洞

第341頁

中，友人王思輿等四人來訪，方出五雲門，先生即命僕迎之，且歷語其來蹟。僕遇諸途，與語良合。衆驚異，以為得道。」

鄒守益王陽明先生圖譜：「……久之，忽能預知。王思裕四人自五雲門來訪，先生命僕買果殺以候，歷語其過淵摘桃花踪跡，四人以為得道。」

王光劍氣集卷三十雜記：「王文成審獄淮甸，過勞成疾，告病歸越。即陽明洞舊觀闢為書院，靜坐，習長生導氣之術，靜中頓悟。一日，友人王思裕等四人往訪於洞中，方出門，文成已知，命僕出山買果殺以候，且歷語其

來跡。僕遇四人於途，語悉合，皆驚異，遂師事之。」

堯山堂外記卷九十：「王文成養痾陽明洞時，與一布衣許璋者相朝夕，取其資益。璋，上虞人，淳質苦行，潛心性命之學。嘗躡蹻走嶺南，訪陳白沙，其友王司輿以詩送之曰：『去歲逢黃石，今年訪白沙。』璋故精於天文、地理、兵法、奇門九遁之學。文成後擒逆濠，多得其力，成功歸，贈以金帛，不受。文成每乘筍輿訪之山中，菜羹麥飯，信宿不厭。歿後，文成題其墓曰處士許璋之墓。」（又見西園聞見錄卷二十二）

季本說理會編卷十六：「陽明之學由王司輿發端。予少師黃轝子，黃轝子姓王，名文轅，字司輿，山陰人。勵志力行，隱居獨善，鄉人薰其德者，皆樂親之。少學為古文，絕類莊、列，詩偪唐人。讀書不牽章句，嘗曰：『朱子註說多不得經義。』成化、弘治間，學者守成說，不敢有非議朱子者，故不見信於時。惟陽明先師與之為友，獨破舊說，蓋有所本云。及陽明先師領南、贛之命，見黃轝子，黃轝子欲試其所得，每撼激之不動，語人曰：『伯安自此可勝大事矣。』蓋其平生經世之志於此見焉。其後黃轝子沒，陽明先師方講良知之學，人多非議之，嘆曰：『使王司輿在，則於吾言必相契矣。』（另見季彭山先

生文集卷三王司輿傳）

季彭山先生文集卷三祭王黃轝先生文：「……先生之志，凌厲千古；先生之學，治心為主。遠通天元，究極章蔀；近察人情，區文條縷。淡然之懷，溫然之語。小大嬉嬉，無物不煦。果試州邑，民之父母；果登廟廊，德施斯普。志弗外求，乃甘退處。山林養高，歲月攸阻。理亂不聞，榮辱何與。紛彼迷途，孰可為伍？嗚呼！先生葛天之侶，還丹既成，眇視塵土。蟬蛻其形，飄然遐舉。惟我後生，師資焉取？卧龍之巔，耶溪之滸，緬懷高風，涕泗如雨……」

萬曆紹興府志卷四十三王文轅傳：「王文轅，字司輿，山陰人。七歲時，拾遺金一鍰，坐待失者歸之，其人欲畀以半，卻弗受。既長，多病，遂習靜隱居，勵志力行，鄉人咸樂親之。每讀書多自得，不主陳言，故其說多與時左，惟王文成與之友，莫逆也。文成領南、贛之命，文轅語其門人曰：『陽明此行，必立事功。』問其故，曰：『吾觸之不動矣。』及文轅歿，文成講學多訕之者，嘆曰：『安得王司輿復作乎？』所著有茹澹稿、猶遂皇極●經世律呂諸書云。」　卷四十六許璋傳：「許璋，字半圭，上虞人。淳質苦行，潛心性命之學，其於世味泊如也。嘗躡屩走嶺南，訪陳先生獻章，其友王司輿以詩送之，曰：『去歲逢黃石，今年逢白沙。』歸途遇一方伯，重其人，留之旬月，至忘形骸，旦夕引妻子出見。既別去，人問方伯夫人何狀，璋答曰：『都不省記矣。』王文成公初養痾陽明洞，唯與璋輩一二山人兀坐終日，或共參道妙，互有資益。其後擒逆濠成功歸，每乘筍輿訪璋山中，菜羹麥飯，信宿不厭。璋歿後，文成題其墓曰『處士許璋之墓』，屬知縣楊紹芳立石焉，時嘉靖四年也。璋於天文、地理及孫吳韜略、奇門九遁之術，無不精究。正德中，與文成遊，嘗西指曰：『帝星今在楚，數年後，君自見。』又謂

其所居北山里當大發祥，顧吾子孫無當之者，北鄰陳氏兄弟非凡人，強委之去。陳今子姓蕃衍，甲第蟬聯，人稱『半縣陳』。其占卜奇中，多類此。」

光緒上虞縣志卷八：「許璋，字半珪。淳質苦行，潛心性命之學，白袍草履，挾一衾而出，欲訪白沙於嶺南，王司輿送之詩曰：『去歲逢黃石，今年訪白沙。』至楚，見白沙之門人李承箕，留大崖山中者三時，質疑問難。大崖語之以『靜坐觀心』，曰：『拘拘陳編，曰居敬窮理者，予不然；嗒嗒虛跡，曰旁花隨柳者，予不然；罔象無形，求長生不死之根者，予不然。』璋亦不至嶺南而返。陽明養病洞中，惟璋與王司輿數人，相對危坐，忘言冥契……於天文地理、壬遁孫武之術，靡不究心。正德中，嘗指乾象謂陽明曰：『帝星今在楚矣。』已而世宗起於興邸。其占之奇中，類如此。山陰范瓘嘗師事之。璋與潘、陸諸公後先講明理學，世以其精曉術數，語多不傳，傳璋奇行。」　卷四十：「許半珪璋，為王文成塾師，教以奇門遁甲諸書及武侯陣法。文成撫江右，屬曰：『勿錯認帝星』。及兵機未露，遣子遺以棗梨、江豆、西瓜，文成驚悟，出查亂兵，遂不及難。後得誅反擒王，皆先生力。（張岱三不朽圖）」

萬曆會稽志卷十五：「雷鼓五雲門，古雷門也。西漢王尊傳：『毋持布鼓過雷門。』註云：『會稽有雷門，舊有大鼓，聲聞洛陽……』王文轅詩：『東方有奇器，音響一何口。殷殷南山側，雷霆奮雷門。隨風揚遠道，千里安足口。憶狆雙飛鶴，曠世不再聞。故為人所羨，今為人所論。太息古夔堅，相逢及黃昏。一鼓驚絕世，再鼓聲聞君，三鼓起視夜，玉衡回乾坤。初倡清廟瑟，變宮三避尊。徘徊廿九歌，妙曲盈十分。擊石舞百獸，此調傷不存。此調寧足惜，知音諒難群。但恐別君久，終棄如浮雲。』……五雲梅舍，林景熙記：『越城為浙左雄，八山四水在焉。城之東曰五雲門，去城東南三十里，曰五雲村……』」

按：由上可見，王文轅、許璋諸人，乃道家術士者流也，隱居山林不仕（處士、山人），究心學道修仙。會稽山中此輩「山人」、「處士」甚多，陽明在陽明洞中導引修煉，即主要與此輩處士山人交往講論，談道說仙。錢德洪謂「友人王思輿等四人來訪」，此四名抱道處士，王文轅、許璋外，疑即王琥（世瑞）、孫允輝（見下）。

白浦朱節來從遊問學。

王陽明全集卷二十五陳處士墓誌銘：「初，處士（陳泰）與同郡羅周、管士弘、朱張弟延友，以善文稱。成化間，延以歲貢至京。某時為童子，聞延道處士，心竊慕之……延姪孫節與予遊，以世交之誼為處士請銘。且曰：『先生於處士心與之久矣，即為之銘，亦延陵掛劍之意耶？』予曰：『諾。』明日，與琢以狀來請。」

嘉慶山陰縣志卷二十四寺觀：「法源庵，在縣北塗山。明弘治間，白洋朱和妻矢節撫子，設宅延王文成守仁為之師，其子姪篚、簦、篪、節等，俱成名。」

同上，卷十四鄉賢：「朱導，字顯文。弘治己酉領鄉薦，仕終通江知縣。敦孝友，以義方訓子弟。子篚、篪及猶子節、簦，並登第入官。居鄉儉約，非公事不入城府。邑中孝義之族，多稱『白洋朱氏』云。」

按：陽明此墓誌銘作於弘治十六年正月（見下），其稱朱節「與予遊」，則必是陽明弘治十五年九月歸越，朱節即來問學從遊。後人皆以為朱節正德二年始來問學，顯誤。據陽明所述，朱節為朱張孫，朱和子，與陽明有「世交之誼」，當是受父命來受學，為陽明所收最早弟子之一。朱篚、朱簦、朱篪，亦皆陽明弟子也。

十月，浙按察僉事陳輔罷歸，陽明作兩浙觀風詩序送之。
王陽明全集卷二十二兩浙觀風詩序：「兩浙觀風詩者，浙之士夫為僉憲陳公而作也。古者天子巡狩而至諸侯之國，則命太師陳詩，以觀民風。其後巡狩廢而陳詩亡。春秋之時，列國之君大夫相與盟會問遺，猶各賦詩以言己志而相祝頌。今觀風之作，蓋亦祝頌意也。王者之巡狩，不獨陳詩觀風而已。其始至方岳之下，則望秩於山川，朝見兹土之諸侯，同律曆禮樂制度衣服納價，以觀民之好惡；就見百年者而問得失，賞有功，罰有罪。蓋所以布王政而興治功，其事亦大矣哉！漢之直指、循行，

唐、宋之觀察、廉訪、採訪之屬，及今之按察，雖皆謂之觀風，而其代天子以行巡狩之事。故觀風，王者事也。陳公起家名進士，自秋官郎擢僉浙臬，執操縱予奪生死榮辱之柄，而代天子觀風於一方，其亦榮且重哉！吁，亦難矣！公之始至吾浙，適歲之旱，民不聊生。饑者仰而待哺，懸者呼而望解；病者呻，鬱者怨，不得其平者鳴；弱者、強者、蹶者、嚚者，梗而孽者，狡而竊者，乘間投隙，沓至而環起。當是之時，而公無以處之，吾見其危且殆也。賴公之才，明知神武，不震不激，撫柔摩剔，以克有濟。期月之間，而饑者飽，懸者解，呻者歌，怨者樂，不平者申，蹶者起，嚚者馴，孽者順，竊者靖，滌蕩剖刷而率以無事。於是修廢舉墜，問民之疾苦而休息之，勞農勸學，以興教化。然後上會稽，登天姥，入雁蕩，陟金娥，覽觀江山之形勝，慨然太息。吊子胥之忠諠，禮嚴光之高節，希遐躅於隆龐，把流風於彷佛，固亦大丈夫得志行道之一樂哉！然公之始，其憂民之憂也，亦既無所不至矣。公唯憂民之憂，是以民亦樂公之樂，而相與歡欣鼓舞以頌公德。然則今日觀風之作，豈獨見吾人之厚公，抑以見公之厚於吾人也。雖然，公之憂民之憂也，其惠澤則既無日而可忘矣；民之

樂公之樂，其愛慕亦既與日而俱深矣。以公之才器，天子豈能久容於外乎？則公固有時而去也。然則其可樂者能幾？而可憂者終誰任之？則夫今日觀風之作，又不徒以頌公之厚於吾人，將遂因公而致望於繼公者亦如公焉。則公雖去，而所以愛其民者，尚亦永有所託而因以不墜也。」
明孝宗實録卷一百九十二：「弘治十五年十月丙午，初，監察御史任文獻清軍浙江，有閑住通判沈徵者，錢塘人，其户名與絶軍沈三同，文獻特之及也。名同而軍絶者尚十餘家，徵因群聚而喧於外，文獻聞之，遽下令有枉

者徐辦之，澂等不為止，因共毀其告示牌及柬栅闌。時澂等黨聚者百餘人，市民過而觀者復以千計，一城盡譁。文獻乃枷總甲九人者出，將以警衆，澂等復破其枷而釋之。又以李貴者常書冊軍，疑為所中，因群至其家，捕貴不得，遂毀其門及地器物而去。鎮巡官聞變，捕澂等數十人送獄，俱擬充軍，仍治澂前事，令補絕户軍，乃以其事聞。澂亦令男訟冤闕下，并告文獻在浙私淫民婦，狎比侍童，多貸人金，致市恩出入人罪及他不法十餘事。有旨徵文獻還，而遣給事中張弘至、郎中楊錦往按之。還言澂在軍籍可疑，又率衆肆行，宜如原擬。所訴文獻事，署對多言誣者；而文獻常與閑住郎中許綸有故，令驛夫為之役；又善大官廚役沈玉，為其妻斂助役。今二事得實。事下刑部議。澂復訴按事者徇情偏枉，為文獻隱。於是再命大理寺寺副林正茂往會巡按監察御史夏景和覆驗，且令械繫澂及諸證佐至京，逮文獻會官治之。已而澂復奏辯不已，文獻亦奏按事者以臣代還，故入其罪，刑部尚書閔珪乃澂鄉人。於是下都察院，會刑部、大理寺、錦衣衛廷鞫之。議以澂户名雖同沈三，而年遠籍亡，宜免僉補。其倡衆縱恣，欺辱憲臣，誣奏多官，亂常梗化，輒生厲階，坐以充軍。乃比聚衆棄毀器

物例，原情猶重，宜在不赦。文獻事雖不盡如澂奏，實於憲體未諳，以致奸豪肆侮，宜坐奏事不實，贖徒送吏部奏處。獄上，皆準擬。是獄黨澂充軍者九人，承勘者布政使孫需、按察使朱欽、參政歐信、副使呂璋、參議吳玘、僉事陳輔，俱以失於參詳，贖杖還職。所連逮千餘人，考驗再逾年。諸司雜治文獻事，有無竟不能明，調陝西藍田知縣。」

按：陽明序中所言「僉憲陳公」，向來不知何人，今據明孝宗實錄所叙，知此「僉憲陳公」為陳輔，而事之真相亦大白於天下矣。按嘉慶宜賓縣志卷三十八：「陳輔，弘治庚戌（按：原作壬戌，誤）進士，歷刑部郎中，剛介不屈，執法明允。以勘戚畹事忤旨，就逮。後上知其直，擢荆襄兵備。乞休歸田，為朝野所重。」（民國富順縣志卷十一陳輔傳同）陳輔以刑部郎中陞浙江按察僉憲，正同陽明序云「自秋官郎擢僉浙臬」相合。國榷卷四十四：「弘治十五年十月丙午，浙江清軍監察御史任文獻，被錢塘通判沈澂訐辱，謫藍田知縣。」沈澂大案驚動朝廷，陳輔無辜受牽連被罷，陽明深知其情，此序明言「可憂者終誰任之」，「則公雖去，而所以憂其民者，尚亦永有所託而因以不墜也」，顯是陳輔被罷別去，陽明乃作此序送之。然陽明却有意隱去沈澂大案與陳輔被罷事，而着意

寫陳輔在浙之政績，實對朝廷處置泌澂大案有微詞，同情陳輔無辜罷去，故序中充滿憤激之言也。

胡瀛來任浙按察僉事，陽明為作胡公生像記。

陽明胡公生像記：「弘治十年，胡公孟登以地官副郎謫貳興國。越二年，擢知州事。公既久於其治，乃奸鋤利植，而民以大和。又明年壬戌，擢浙之臬司僉事以去，民既留公不可，則相率像公祀之，以報公德。先學宮之北有疊山祠，以祠宋臣謝君直者，敝矣，卜於左方，撤而新之，其士曰：「合祀公像於是。嗚呼！吾州自胡元之亂以入於皇朝，雖文風稍振，而陋習未除，士之登名科甲

以顯於四方者，相望如晨天之星，數不能以一二。蓋至於今，遂茫然絕響者，凡幾科矣。公斬山購地，以恢學宮，洗垢磨鈍，以新士習，然後人知敦禮興學，而文采蔚然於湖湘之間，薦於鄉者，一歲而三人。蓋夫子之道大明於興國，實自公始。公之德惠，固無庸言；而化民成俗，於是為大。祀公於此，其宜哉！」民曰：「不可。其為公別立一廟。公之未來也，外苦於盜賊，內殘於苛政，魚課及於濱山之民，輸賦者，擔負走二百里之外。自公之至，而盜不敢履興國之界，民離猛虎危鰲之患，而始釋戈而安寢，徙倉廩之地，免於跋涉。公之惠澤，吾獨不能出諸口耳。於戲！公有大造於吾民，乃不能別立一廟，而使並食於謝公，於吾心有未足也。」士曰：「不然。公與謝公，皆以遷謫而至吾州。謝公以文章節義為宋忠臣，而公之氣概風聲相輝映，祀公於此，所以見公之庇吾民者，不獨以其政事；吾民之所以懷公不忘者，又有在於長養恩恤之外也。其於尊嚴崇重，不茲為大乎？」於是其民相顧喜曰：「果如是，吾亦無所憾矣！」然其誰紀諸石而傳之？士曰：「公之經歷四方也久矣，四方之人其聞公之賢，亦既有年矣。然而屢遭讒嫉，而未暢厥猷，意亦知公深者難矣。公嘗令於餘姚，以吾人之知公，則

其人宜於公為悉。」乃走幣數千里而來請於守仁，且告之故。守仁曰：是姚人之願，不獨興國也。公之去吾姚已二十餘年，民之思公如其始去。每有自公而來者，必相與環聚，問公之起居飲食，及其履歷之險與夷，豐采狀貌鬚髮之蒼白與否，退則相傳告以為欣戚。以吾姚之思公，知興國之為是舉，亦其情之有不得已也。然公之始去吾姚，既嘗有去思之碑以紀公德，今不可以重復其說。如興國之績，吾雖聞之甚詳，然於其民為遠，雖極意揄揚之，恐亦未足以當其心也。姑述其請記之辭，而詩以系之。公名瀛，河南之羅山人，有文武長才，而方向

未用。詩曰：於維胡公，允毅孔直。惟直不撓，以來興國。惟此興國，實荒有年。自公之來，闢為良田。寇乘於垣，死課於澤。公曰吁嗟，茲惟予譴。勤爾桑禾，謹爾室家。歲豐時和，民謠以歌。乃築泮宮，教以禮讓。弦誦詩書，溢於里巷。庶民諄諄，庶士彬彬。公亦欣欣，曰惟家人。維公我父，維公我母。自公之去，奪我恃怙。維公之政，不專於寬。雨暘誰節，時其燠寒。維公文武，亦周於藝。射御工力，展也不器。我拜公像，從我父兄。率我子弟，集於泮宮。願公永年，於百千祀。公德既溥，公壽曷涘。父兄相謂，毋爾敢望。天子國公，訓於四方。」（嘉靖湖廣圖經志書卷二）

光緒餘姚縣志卷二十二名宦：「胡瀛，字孟登，羅山人。以進士知餘姚時，日本來朝，騷動鄞慈間，瀛備之堅，益市瓦器，實魚菜糗糧，至，即入與數器，夷得飽殊歡。已輒就道，縣得無擾。歲饑，盡發廩以振。弗給，則節量溫飽，令饑民得備食其家，多所全活。又奏免田租，已賜之半，復為請折所弗免者，又許之。乃監司督折銀甚急，瀛罷弗徵。坐罰俸，又弗徵。明年，有秋，始下令，民爭輸恐後，曰：『弗復我公也。』民爭燭湖水利，積年不決，至集眾逞兵。瀛量其磽，灌邱畝為塘，分其湖

，爭遂息。瀛均徭，多右細民，細民無不得其情者，豪右猶畏之，莫敢肆。以憂去，百姓思之，為立碑。」

按：胡瀛字孟登，羅山人，成化十一年進士。其任餘姚縣令在成化十二年以後，故陽明此記云「公之去吾姚已二十餘年」。胡瀛乃是繼陳輔來任浙按察僉事，沈翼機等纂修浙江通志卷一百十八於「按察司僉事」下，即將陳輔、胡瀛并列一起，「陳輔，宜賓人；胡瀛，羅山人。」陽明兩浙觀風詩序所云「繼公者」，即指胡瀛。由此可以確知陽明此胡公生像記作在十月中。按王陽明全集卷二十三有興國守胡孟登生像記，即此胡公生像記，但字句出入甚大，蓋嘉靖湖廣圖經志書成於正德十六年，此記乃直接從興國胡公祠石碑錄入；而王陽明全集中

此記則經過後來潤色修改。

是月二十五日，葬叔父易直王袞於穴湖山，為作墓誌。

王陽明全集卷二十五易直先生墓誌：「易直先生卒，鄉之人相與哀思不已，從而纂述其行以誄之曰：嗚呼！先生之道，諒易平直。內篤於孝友，外孚於忠實。不戚戚於窮，不欣欣於得。剪徹崖幅，於物無牴，于于施施，率意任真，而亦不干於禮。藝學積行，將施於邦，六舉於鄉，竟弗一獲以死，嗚呼傷哉！自先生之沒，鄉之子弟無所式，為善者無所倚，談經究道者莫與考論，含章秘迹，林棲而澤遁者，莫與遨遊以處。天胡奪吾先生之速耶！先生姓王，名袞，字德章。古者賢士死，則有以易其號，今先生沒且三年，而獨襲其常稱，其謂鄉人何！盍相與私謚之曰易直。於是先生之姪守仁聞而泣曰：『叔父有善，吾子姪弗能紀述，而以辱吾之鄉老，亦奚為於子姪？請得誌諸墓。』嗚呼！吾宗江左以來，世不乏賢。自吾祖竹軒府君以上，凡積德累仁者數世，而始發於吾父龍山先生。叔父生而勤修砥礪，能協成吾父之志。人謂相繼而興以昌王氏者，必在叔父，而又竟止於此，天意果安在哉！叔母葉孺人，先叔父十有三年卒，生二子：守禮，守信。繼孺人方氏，生一子：守恭。叔父之生以正統己巳十月戊午，得壽四十有九，而以弘治戊午之八月廿三卒。卒之歲，太夫人岑氏方就養於京，泣曰：『須吾歸，視其柩。』於是壬戌正月，太夫人自京歸，始克以十月甲子葬叔父於邑東穴湖山之陽，南去竹軒府君之墓十武而近，去葉孺人之墓十武而遙。未合葬，蓋有所俟也。」

浙參政羅鑒來請為其祖羅履素詩集作序。

羅鑒履素詩集序：「詩凡二百二十餘首，先公履素翁之所作也。先公少隨父汶仕北平都司斷事。洪武初年歸，以孤貧力學，恬退自守，不慕聞達。嘗名其軒曰履素，蓋取素位而行，不願乎外之意也。性好吟咏，感時撫景，意到即落筆。既沒，多失其稿。今所存，蓋十之一二爾。比得之敝篋中，讀之，憮然興嘆。其間辭意雄渾，溫醇精到，惟可與知音者道也。嘗聞之故老，極言先公為人，孝友天成，敦睦宗族，賑恤貧困，親賢樂善，有古人風。鄉人敬服，稱為長者。雖其履歷行實之詳，今不可考，然即其言之形於詩者如此，而其所存可知矣。鑒與先君郎中公先後叨致顯庸，而子姓繩繩，為衡湘望族，未必不由先公積慶之致也。今特次其所遺詩，授諸梓，將與鄉之知言者共之，俾不晦於前而泯於後云。」（同

治茶陵縣志卷二十二藝文）
王陽明全集卷二十二羅履素詩集序：「履素先生詩一帙，為篇二百有奇。浙大參羅公某以授陽明子某而告之曰：『是吾祖之作也。今詩文之傳，皆其崇高顯赫者也。吾祖隱於草野，其所存要無愧於古人，然世未有知之者，而所為詩文又皆淪落止是，某將梓而傳焉。懼人之以我為僭也，吾子以為奚若？』某曰：『無傷也。孝子仁孫之於其父祖，雖其服玩嗜好之微，猶將謹守而弗忍廢，況乎詩文，其精神心術之所寓，有足以發聞於後者哉！夫先祖有美而弗傳，是弗仁也，夫孰得而議之！蓋昔者夫子之取於詩也，非必其皆有聞於天下，彰彰然明著者而後取之。滄浪之歌採自孺子，萍實之謠得諸兒童，夫固若是其寬博也。然至於今，其傳者不過數語而止，則亦豈必其多之貴哉？今詩文之傳則誠富矣，使有刪述者而去取之，其合於道也能幾？履素之作，吾誠不足以知之，顧亦豈無一言之合於道乎？夫有一言之合於道，是於其世也，亦有一言之訓矣，又況其不止於是也，而又奚為其不可以傳哉？吾觀大參公之治吾浙，寬而不縱，仁而有勇，溫文蘊藉，居然稠衆之中，固疑其先必有以開之者。乃今觀履素之作，而後知其所從來者之遠也。世之君

子，苟未知大參公之所自，吾請觀於履素之作；苟未知履素之賢，吾請觀於大參之賢，無疑矣。然則是集也，固羅氏之文獻係焉，其又可以無傳乎哉？』大參公起拜曰：『某固將以為羅氏之書也，請遂以吾子之言序之。』大參公名鑒，字某，由進士累今官。有厚德長才，向用未艾。大參之父某，亦起家進士而以文學政事顯。羅氏之文獻，於此益為有證云。」

按：「履素先生」即羅懋，同治茶陵縣志卷十七選舉：「羅懋，以子琥貴封奉政大夫。羅琥，以子鑒貴封中憲大夫，贈副都御史。」茶陵羅氏族譜稱：「履素祖，字敬德，名懋，斷事汶公之次子也。」沅湘耆舊傳稱：「茶陵羅氏自斷事汶以慈惠著稱，一傳為履素翁懋，再傳為户部郎中琥，三傳至湘川副都，世以文學政事顯。」同治茶陵縣志卷十八人物：「羅汶，字宗周。初授永州路知事，補鄂省掾，轉永州路經歷，江華縣尹。所至有惠政，改授懷遠衛知事，再任天策衛。臨事不阿，進燕山都衛。平反真定冤獄，活四十餘人。」「羅琥，正統中通判南陽，捕盜，白誣者五人。勸民輸穀麥三十萬備賑，撫流民萬餘户。築封邱堤，疏黄河八十餘里。改知衢州府，以捕寇功，進南户部郎中。時尚書員缺，命署部事，諸司咸帥令焉。子鑒，右副都御史。」「羅鑒

第360页

，號湘川。由進士授南京刑科給事中，轉户科。弘治更化，上書言三事，曰隆輔養，保初政，廣儲積。上嘉納焉。擢廣東參議，歷四川布政使。所致均賦役，練戎政，吏戢民安。遷右副都御史，督蘇松糧儲。劉瑾索賂，鑒弗與，遂落職。瑾誅，起巡撫蘇松，致仕，二十餘年，結草亭曰『頤樂』，作左右銘以自警，年九十卒。」按羅鑒字緝熙，成化十四年進士。

十二月，歲暮陽明洞中修煉，思念親人，與黃舉子王文轅有詩韻唱酬。

陽明鄉思二首（次韻答黃輿）：「百事支離力不禁，一官棲息病相尋。星辰魏闕江湖迥，松竹荊茨歲月深。合倚黃精消白髮，由來空谷有餘音。曲肱已醒浮雲夢，荷蕢休疑擊磬心。　獨夜殘燈夢未成，蕭蕭窗竹故園聲。草深石屋鼪鼯嘯，雪靜空山猿鶴驚。漫有緘書招舊侶，尚牽纓冕負初情。雲溪漠漠春風轉，紫菌黃芝又日生。」（端方壬寅消夏録王陽明詩真迹卷，真迹見中華文物集粹清翫雅集收藏展（Ⅱ）（鴻禧美術館））

按：王陽明全集卷二十有冬夜偶書，即此詩一，作在正德九年在南京時；又有夜坐偶懷故山，即此詩二，作在正德十三年在贛時。二詩分居二處，作年不同，隱去「次韻答黃輿」真

第361页

相，全不可信。如正德九年五月陽明陞南京鴻臚寺卿，方仕途得意之時，其在南都任職，與詩一所云「星辰魏闕江湖迥，松竹荊茨歲月深」、「曲肱已醒浮雲夢，荷蕢休疑擊磬心」全然不合。又正德十三年陽明在贛平寇，未暇寧居，與詩二所云「草深石屋鼪鼯嘯，雪靜空山猿鶴驚」尤不合。今以此鄉思真迹考之：按「黃輿」即黃舉子王文轅，乃陽明在陽明洞中修煉導引時常來談道論仙之「道友」（見前）。所謂「一官棲息病相尋」，顯指陽明弘治十五年告病歸越於陽明洞養疴之時，「草深石屋」者，即陽明洞也。「合倚黃精消白髮」、「紫菌黃芝又日生」，皆指陽明在陽明洞中導引養生。「漫有緘書招舊侶」，即指招王文轅、許璋諸道侶。「思鄉」者，即指陽明在陽明洞中離世修煉思念親人祖母岑氏、父龍山王華也。錢德洪陽明先生年譜：「一日，坐洞中，友人王思輿等四人來訪，方出五雲門，先生即命僕迎之，且歷語其來蹟。僕遇諸途，與語良合。衆驚異，以為得道。久之悟曰：『此簸弄精神，非道也。』又屏去。已而靜久，思離世遠去，惟祖母岑與龍山公在念，因循未決。久之，又忽悟曰：『此念生於孩提，此念可去，是斷滅種性矣。』」陽明此詩，正反映了其在陽明洞中出世修煉與入世思親之矛盾心理。

諸用明書來，勸陽明出仕，陽明有答書。

王陽明全集卷四寄諸用明：「得書，足知邇來學力之長，甚善！君子惟患學業之不修，科第遲速，所不論也。況吾平日所望於賢弟，固有大於此者，不識亦嘗有意於此否耶？便中時報知之。階、陽諸姪聞去歲皆出投試。非不喜其年少有志，然私心切不以為然。不幸遂至於得志，豈不誤却此生耶？凡後生美質，須令晦養厚積。天道不翕聚，則不能發散，況人乎？花之千葉者無實，為其華美太發露耳。諸賢姪不以吾言為迂，便當有進步處矣。書來勸吾仕，吾亦非潔身者，所以汲汲於是，非獨以時當斂晦，亦以吾學未成。歲月不待，再過數年，精神益弊，雖欲勉進而有所不能，則將終於無成，皆吾所以勢有不容已也。但老祖而下，意皆不悅，今亦豈能決然行之？徒付之浩嘆而已！」

按：王陽明全集於此書題下注「辛未」作，乃誤。正德六年陽明在京任職，方仕途進取得意之時，諸用明豈能在其時勸其出仕？唯有弘治十五年陽明告病歸越，隱陽明洞中修煉，無意仕進，故諸用明書來勸其出仕。按弘治十四年秋有鄉試，諸階、諸陽皆參加秋試，故陽明書中云「階、陽諸姪去歲皆出投試」。而諸用明於是年春或亦參加省試不第，故陽明書中有云「君子惟患學業之不修，科第遲速，所不論也」安慰之。

由此可以確知陽明此書作於弘治十五年。諸用明即諸繟，光緒餘姚縣志卷二十三列傳十：「諸用明，王守仁妻弟也。積德勵善，有可用之才，而不求仕。或勸之仕，用明曰：『為善最樂。』因以四字扁其居，率二子階、陽，日與鄉之俊彥讀書講論於其中。後僕夫治圃，得一鏡，背有『為善最樂』四字，衆以為用明為善之符，守仁作文記之。陽字伯復，守仁弟子，嘉靖元年舉人。」按臧元佐貴州諸觀察偁傳：「公名偁，字揚伯，嘉興人。大父忠，為梧州守。父斆，隱居教授，通陰陽家術。」（國朝獻徵錄卷一百零二）

姚江諸氏宗譜及地方志中對此均語焉不詳，多有誤說。如將諸陽與諸偁混為一人；諸偁字揚伯，誤作陽伯（見下），甚者竟以為諸陽字伯復，顯是誤讀陽明書諸陽伯卷「妻姪諸陽伯復請學」一句，謬甚，今人皆踵其誤。

釋魯山來訪陽明洞，有詩詠陽明書舍。

釋魯山王伯安書舍：「一尋松下地，新構小精廬。祛冗入深院，閉門抄古書。草盆生意滿，雪洞世情疏。每欲攜

琴訪，心齋恐宴如。」（盛明百家詩前編釋魯山集，又石倉歷代詩選卷五百零六）

按：釋魯山為弘、正間著名詩僧，俞憲於釋魯山集下云：「空同李氏云：釋字魯山者，秦人也。喜儒，嗜聲音之學。嘗遊終南，陟太行，觀三河，復自江漢還海上，登鄒、嶧、龜、岱諸山，北至燕趙，遂以詩名京師。」大復何氏云：「魯山讀書好詠，曠懷磊落。善談世務，不獨能衍真教。其詩要之皆自得者。」予覽其所謂棲閑集，得詩數十章，表而刻之，亦以見我明禪習而能文者，固未嘗乏人也。」周亮工書影卷十：「釋魯山，秦人也。與李空同、何大復善，詩多五言。如：「出鄉逢歲暮，歸路踏春寒。」「高山千里夢，芳草十年春。」絕句：「東風送春來，散入群芳去。花謝鳥聲閑，春歸向何處？」又：「深樹自生凉，晝眠無事擾。合眼夢難成，起坐嫌啼鳥。」又：「柳花飛蕩草萋迷，蹴踏東風任馬蹄。野鳥不知相思苦，更來行客耳邊啼。」皆有清絕之趣。」按魯山詩所云「雪洞」，指陽明洞，時在冬〻；「新構小精廬」，即築室陽明洞中讀書修煉，故可知乃是魯山在弘治十五年冬〻間來訪。「心齋恐宴如」，指陽明在洞中習靜修心也。

一五〇三　弘治十六年　癸亥　三十二歲

春正月，處士陳泰卒，白浦朱節來請陽明作墓誌銘。

王陽明全集卷二十五陳處士墓誌銘：「處士諱泰，字思易。父剛，祖仲彰，曾祖勝一。世居山陰之錢清。剛戍遼左，娶馬氏，生處士。正統甲子，處士生十二年矣，始從其父自遼來歸。當是時，陳雖巨族，然已三世外戍，基業凋廢殆盡。處士歸，與其弟耕於清江之上，數年遂復其故。處士狷介純篤，處其鄉族親黨，無內外少長戚疏，樸直無委曲；又好面折人過，不以毛髮假借，不為斬險刻削。故其生也，人爭信憚；其死也，莫不哀思之。處士於書史僅涉獵，不專於文，敦典崇禮，務在躬行。郡中名流以百數，皆雕繪藻飾，熻熠以貫聲譽；然稱隱逸之良，必於處士，皆以為有先太丘之風焉。弘治癸亥正月庚寅以卒，年七十二。九月己丑，其子琢卜葬於郡西之迴龍山。初，處士與同郡羅周、管士弘、朱張弟延友，以善交稱。成化間，延以歲貢至京。某時為童子，聞延道處士，心竊慕之。至是歸，求其廬，則既死矣。延姪孫節與予遊，以世交之誼為處士請銘。且曰：「先生於處士心與之久矣，即為之銘，亦延陵掛劍之意耶。」

予曰：『諾』。明日，與琢以狀來請。惟陳氏世有顯聞。剛之代父戍邊也，甫年十四。主帥壯其為人，召與語，大說，遂留麾下。累立戰功，出奇計。當封賞，輒為當事者沮抑，竟死牖下。處士亦狀貌魁岸，幼習邊機，論議根核，的然可施於用。性孝友，屬其家多難，收養其弟姪之孤，掇拾扶持，不忍舍去，遂終其身。琢亦能詩，有行。次子玠，三孫倈、衡、彶，皆向於學。夫屢抑其進，其後必有昌者。銘曰：嗟惟處士，敦樸厚堅。猶玉在璞，其輝熠然。秉義揭仁，鄉之司直。邈矣太丘，其孫孔式，胡遽而逝！其人則亡，德音孔邇。鄉人相告，毋或而馳。無寧處士，愧其子孫。迴龍之岡，其鬱有蒼。毋爾芻伐，處士所藏。」

二月，究心佛典，悟佛家「種性」之說，以為導引修煉「簸弄精神，非道」，遂屏去道術修煉，移疾錢塘，習禪養痾。

錢德洪陽明先生年譜：「築室陽明洞中，行導引術……久之，悟曰：『此簸弄精神，非道也。』又屏去。已而靜久，思離世遠去，惟祖母岑與龍山公在念，因循未決。久之，又忽悟曰：『此念生於孩提。此念可去，是斷滅種性矣。』明年，遂移疾錢塘西湖，復思用世。往來南屏、虎跑諸刹。」

鄒守益王陽明先生圖譜：「闢陽明洞舊基為書屋，究仙經秘旨……久之，悟曰：『此弄精魄，非道也。』又屏去，玩釋典。明年，移疾西湖，往來南屏、虎跑諸寺。」

湛甘泉陽明先生墓誌銘：「……四溺於神仙之習，五溺於佛氏之習。正德丙寅，始歸正於聖賢之學。……變化屢遷，逃仙逃禪。一變至道，丙寅之年。……」

按：陽明在陽明洞中修道養痾，何以忽又遠移疾錢塘，其間原因向來不得其詳。茲三家之說，唯鄒守益、湛甘泉之說得其實。錢德洪含渾謂「遂移疾錢塘西湖，復思用世」云云，不知所云，莫名其妙。難道陽明移疾錢塘是為了「復思用世」？其回護陽明、掩飾其師逃禪溺於佛氏之習，顯然可見。鄒守益明確謂「玩釋典。明年，移疾西湖」，已明確道出陽明移疾錢塘真因。湛甘泉更明確謂陽明移疾錢塘是「溺於佛氏之習」：築室陽明洞中行導引術是「溺於神仙之習」，移疾錢塘是「溺於佛氏之習」；築室陽明洞是「逃仙」，移疾錢塘是「逃禪」；弘治十六年至正德元年為陽明「五溺於佛氏之習」之時，而移疾錢塘則是其「五溺於佛氏之習」之始矣（此前耽好仙道）。湛甘泉於此所述了了分明，足以揭開陽明遠移錢塘養痾之謎。錢塘乃為東南佛國，陽明在悟佛家「種性」之說與覺仙家道術為「非道」以後，自必向往東南佛國，不惜棄近就遠，赴錢塘習禪養痾也。

經山陰，遊本覺寺，有詩咏。

陽明本覺寺：「春風吹畫舫，載酒入青山。雲散晴湖曲，江深綠樹灣。寺晚鐘韻急，松高鶴夢閑。夕陽催暮景，老衲閉柴關。」（乾隆紹興府志卷三十八，陽明文集失載）

按：本覺寺在山陰梅山，乾隆紹興府志卷三十八：「本覺寺，嘉泰志：在縣西北一十五里梅山。後唐清泰三年，節度經略副使謝思恭捨宅建，號靜明寺。有雲峰堂，以曾文清公詩得名，亦有曾公手書行記。寺後有適南亭，可以望海。郡牧程給事建，陸左丞作記。又有子真泉……嘉靖山陰縣志：在縣西北梅山，即梅福隱居之所。」陽明此詩原載在嘉靖山陰縣志，為乾隆紹興府志與嘉慶山陰縣志所取用。按梅山本覺寺在山陰縣西北，陽明由紹興移疾錢塘，必經梅山，詩即作在其時。

經蕭山，遊牛峰寺，有詩咏。

王陽明全集卷十九遊牛峰寺四首：「洞門春靄蔽深松，飛磴纏空轉石峰。猛虎踞崖如出柙，斷螭蟠頂訝懸鐘。金城絳闕應無處，翠壁丹書尚有蹤。天下名區皆一到，此山殊不厭來重。

縈紆鳥道入雲松，下數湖南百二峰。巖犬吠人時出樹，山僧迎客自鳴鐘。淩飈陟險真扶病，異日探奇是舊蹤。欲扣靈關問丹訣，春風蘿薜隔重重。

偶尋春寺入層峰，曾到渾疑是夢中。飛鳥去邊懸棧道，馮夷宿處有幽宮。溪雲晚度千巖雨，海月涼飄萬里風。夜擁蒼崖卧丹洞，山中亦自有王公。

一卧禪房隔歲心，五峰煙月聽猿吟。飛湍映樹懸蒼玉，香粉吹香落細金。翠壁年多霜蘚合，石牀春盡雨花深。勝遊過眼俱陳迹，珍重新題滿竹林。」

按：牛頭山在山陰，一名臨江山，陽明後改名浮峰。萬曆紹興府志卷四：「牛頭山，在府城西六十五里，小江縈其西。唐天寶間，改名臨江山。山產石，可作假山……縣志云：石疏理，入水則浮，名浮石。近者王新建改山名浮峰，以此。或云以其臨江瞰海，山勢若浮云。峰南有石如臺，曰石臺。江之西為蕭山縣界。」牛頭山上有牛峰寺，萬曆紹興府志卷二十一：「臨江寺，在牛頭山。一名牛峰寺，晉天福中建。上有石室，傍有陸太傅書院。嘉泰志無臨江寺，而有延福院，云在山陰縣西六十里牛頭山之麓，晉天福三年置……縣圖新志并臨江寺兩載之。按兩寺俱在牛頭山，同年建，又同有陸太傅及石室遺蹟，疑是一寺。」

三月，至錢塘，居南屏淨慈寺，究讀佛經，習禪養痾。

按：陽明移疾錢塘，居於何處，向來不明。今按陽明正德二年再來杭居南屏淨慈寺，有南屏詩云：「花竹日新僧已老，湖山如舊我重來。」所謂「我重來」，即是說弘治十六年來杭居南屏淨慈寺，正德二年重來杭仍居南屏淨慈寺。釋大壑南屏淨慈寺志卷六宰官：「王守仁……公自鄉舉時，讀書南屏。後擒宸濠，忽傳王師已及徐淮，遂乘夜遁發，至錢塘，謝病居淨慈，成詩六首。南屏之陽有洞，以公名。」所謂「公自鄉舉時，讀書南屏」，即指弘治五年陽明來杭居南屏淨慈寺，舉浙江鄉試。可見陽明弘治五年、弘治十六年、正德二年、正德十四年四次來杭，皆居南屏淨慈寺，故南屏之南有洞名陽明洞。又南屏淨慈寺志卷二：「廨院：普照，在應真殿北，有四房，舊在雷鋒西湖之濱，名藕花居。洪武初，祖芳道聯以朝廷徵修大藏寵賜還山，築室歸老於此。林軒幽敞，開作池荷，長夏敷花，清馥滿室。」按陽明是次移疾錢塘作有西湖醉中漫書云：「掩映紅妝莫謾猜，

隔林知是藕花開。共君醉卧不須到，自有香風拂面來。」（王陽明全集卷十九）此詩即是咏藕花居者。陽明另有無題詩云「折得荷花紅欲語，淨香深處續華嚴」（見下），亦是咏藕花居與華嚴千佛閣者。由此可見陽明是次來杭乃居於南屏淨慈寺之藕花居（普照廨院）。晉書鳩摩羅什傳謂鳩摩羅什「爾後不住僧坊，別住廨舍，諸僧多效之」，陽明之居藕花居，蓋亦仿鳩摩羅什也。藕花居傍華嚴千佛閣、宗鏡堂，蓋便於陽明讀經習禪也。

春日遊覽西湖，多有詩咏。

王陽明全集卷十九尋春：「十里湖光放小舟，謾尋春事及西疇。江鷗意到忽飛去，野老情深只自留。日暮草香含雨氣，九峰晴色散溪流。吾儕是處皆行樂，何必蘭亭說舊遊。」

同上，卷二十九西湖醉中謾書：「湖光瀲灧晴偏好，此語相傳信不誣。景中況有佳賓主，世上更無真畫圖。溪風欲雨吟堤樹，春水新添沒渚蒲。南北雙峰引高興，醉携青竹不須扶。」

往來南屏、虎跑諸剎之間，用佛教說「種性」喝悟坐僧。

陽明墅水寺：「拂袖風塵尚未能，偷閑殊覺愧山僧。杖藜終擬投三竺，裘馬無勞說五陵。長擬西湖放小舟，

春山隨意逐春流。煙霞只作鷗鳧主，斷却紛紛世上愁。」（雲居聖水寺志卷三）

按：康熙錢塘縣志卷十四著録此二詩，題作聖水寺；雲居聖水寺志卷三著録此二詩，題作遊雲居寺。按聖水寺一名雲居寺，康熙錢塘縣志卷十四：「聖水寺，在雲居山，一名雲居庵，懿宗年建。元元貞間，中峰禪師所居。」

陽明勝果寺：「深林容鳥道，古洞隱春蘿。天迥聞潮早，江空得月多。冰霜叢草木，舟楫玩風波。巖下幽棲處，時聞白石歌。」（武林梵志卷二）

按：勝果寺在鳳凰山中峰，武林梵志卷二：「勝果禪寺，唐乾寧間，無著喜禪師建。吳越王鏤彌陀、觀音、勢至三佛及十八羅漢像於石壁。宋慶曆初，郡守鄭戩奏請額曰『崇聖寺』。至正燬。洪武初，幽初敬公重建，苗衷有記……唐僧處默詩：『路自中峰上，盤回出薜蘿。到江吴地盡，隔岸越山多。古木叢青靄，遥天浸白波。下方城郭近，鐘磬雜笙歌。』……」陽明詩乃用唐僧處默詩韵。

陽明春日宿寶界禪房賦：「晴日落霞紅蘸水，杖藜扶客眺西津。鶯鶯喚處青山曉，燕燕飛時緑野春。明月海樓高倚徧，翠峰煙寺遠遊頻。情多謾賦詩囊錦，對鏡愁添白髮新。」（嘉靖仁和縣志卷十二）

按：寶界寺在杭州艮山門外，嘉靖仁和縣志卷十二：「寶界寺，舊在武林門内，名翠峰。宋治平間移艮山門外槎渡村，改額寶界。洪武二十四年，歸併崇善寺。僧無衣鉢相傳，從來分守。」

錢德洪陽明先生年譜：「往來南屏、虎跑諸刹。有禪僧坐關三年，不語不視，先生喝之曰：『這和尚終日口巴巴説甚麽！終日眼睁睁看甚麽！』僧驚起，即開視對語。先生問其家，對曰：『有母在。』曰：『起念否？』對曰：『不能不起。』先生即指愛親本性諭之，僧涕泣謝。明日問之，僧已去矣。」

耿定向新建侯文成王先生世家：「壬戌……疏請告歸越……常思遺棄世累而不能，置念於祖母岑及尚書公。久之，漸悟此念生自孩提，人之種性，滅絶種性，非正學也。」

鄒守益王陽明先生圖譜：「往來南屏、虎跑諸寺。有坐僧三年不語不視，先生喝之曰：『這和尚終日口巴巴説甚麽！終日眼睁睁看甚麽！』僧驚起，向佛拜開戒，即詣先生，指示心要。問其家，曰：『有母在。』問：『起念否？』曰：『不能不起。』曰：『此念，人之種性。若果可斷，寂滅種性矣。吾儒與二氏毫釐之異，止在此。』僧泣謝。明日，遂返。」

劉元卿諸儒學案陽明王先生要語：「請告歸越，究心二氏之學，築洞陽明麓，日夕勤修習靜。常思遺棄世累，而不能置念於祖母岑及尚書公。久之，悟此念生自孩提，人之種性，滅絕種性，非正學也。」

按：陽明以禪機喝悟坐僧事發生在虎跑寺，錢德洪謂此事表明陽明已悟釋氏之非，後人皆從其說，認為此事證明陽明在杭已悟佛說之非，可謂大誤至極。弘治十六年陽明移疾錢塘，正是其「溺於佛氏之習」、「逃禪」達於高潮之際，何來「漸悟仙、釋二氏之非」之事？陽明分明是以「種性」說喝悟坐僧，乃是禪師說禪悟禪之常用法，表明陽明已學禪說禪到家。種性者，佛家之根本說也。楞伽經二：「一聖種性，三乘聖者證涅槃之種也。」唯識論九：「大乘二種種性。一本性住種性，謂無始來依附本識

，法爾所得無漏法因。」以種性為證涅槃之種，故種性者，即如來藏佛性也。陽明先在陽明洞中已證悟「念親」與「種性」合（以佛說儒），謂「此念（按：念親）生自孩提，此念可去，是斷滅種性矣」；移疾錢塘後，遂以「念親」與「種性」合之說喝悟坐僧，謂「此念（按：念親），人之種性。若果可斷，寂滅種性矣」。二者一脈相承，如出一轍。陽明用佛家「種性」說自悟與用佛家「種性」說喝悟坐僧，顯示了陽明在杭學佛逃禪、證悟佛家種性說佛性說所達之新境界、新高度，正是其「溺於佛氏之習」達到高潮之標志。錢德洪回護其師溺於佛習，乃含混用

一句「先生即指愛親本性諭之」掩飾之；鄒守益回護其師溺於佛習，乃莫名其妙妄加一句「吾儒與二氏毫釐之異，止在此」，可謂牛頭不對馬嘴，要非陽明本旨也。（按：陽明乃是以此事說儒說與佛說合（念親與種性合），絕非說儒說與佛說異，鄒說顯誤）。

在杭行內丹導引修煉，有道詩自咏修煉之法。

陽明臨書道詩：「靸龍節虎往崑崙，挹破元機孰共論？袖裏青萍三尺劍，夜深長嘯出天根。天根頂上即崑崙，水滿華池石鼎溫。一卷黃庭真訣秘，不教紅液走旁寸。杖掛真形五嶽圖，德共心迹似冰壺。春來只貫餘杭濕，不問蓬

萊水滿無。陽明王守仁臨書。」（陽明詩手迹在「說寶網」上公布）

按：詩云「春來只貫餘杭濕」，則當是弘治十六年春在杭所作，乃自述內丹導引修煉之詩。「靸龍節虎」，即內丹修煉所謂龍虎交媾、坎離相交、水火相濟。「崑崙」，即上丹田。「天根」，即玄牝。「華池」，指以神煉精、氣，金丹大成集金丹問答：「以鉛入汞名曰神水，以汞投鉛名曰華池。紫清曰：『華池正在氣海內。』」「石鼎」，指下丹田，洞玄子內丹訣：「下丹田曰氣海，亦曰鼎。」「紅液」，即赤水心液，陳先生內丹訣解：「赤水者，心之液是也。九轉之首，每遇

九日，納息九次，每一次納息九口。自然精液通流，自舌下而生，以灌五臟，故曰九候珠也。」由此道詩可見陽明在杭仍是修煉尹山人之「真空煉形法」（見前），正如王畿所言：「（陽明）乃始究心於老佛之學，緣洞天精廬，日夕勤精修，煉習伏藏，洞悉機要，其於彼家所謂見性抱一之旨，非惟通其義，蓋已得其髓矣。自謂：『嘗於靜中，內照形軀如水晶宮，忘己忘物，忘天忘地，與虛空同體，光耀神奇，恍惚變幻，似欲言而忘其所以言，乃真境象也。』」（王畿集卷二滁陽會語）湛若水謂陽明「四溺於神仙之習」，亦主要指陽明溺於內丹道引修煉

第376页

也。

是月，王華以纂修大明會典陞詹事府少詹事。

明孝宗實録卷一百九十七：「弘治十六年三月辛未，以大明會典成，陞纂修官翰林院學士梁儲、王華俱為詹事府少詹事，乃兼學士。」

四月，為杭州知府楊孟瑛作平山書院記。

王陽明全集卷二十三平山書院記：「平山在酆陵之北三里，今杭郡守楊君溫甫蚤歲嘗讀書其下。酆人之舉進士者，自溫甫之父僉憲公始，而溫甫承之。溫甫既貴，建以為書院，曰：『使吾鄉之秀與吾楊氏之子弟誦讀其間，翹翹焉相繼而興，以無亡吾先君之澤。』於時其鄉多文士，而溫甫之子晉，復學成有器識，將紹溫甫而起，蓋書院為有力焉。溫甫始為秋官郎，予時實為僚佐，相懷甚得也。溫甫時時為予言：『平山之勝，聳秀奇特，比於峨嵋。望之巖厲壁削，若無所容，而其上乃寬衍平博。有老

第377页

氏宮焉，殿閣魁傑偉麗，聞於天下。俯覽大江，煙雲杳靄。暇輒從朋儕往遊，其間鳴湍絕壑，拂雲千仞之木，陰翳虧蔽。書院當其麓，其高可以眺，其邃可以隱，其芳可以采，其清可以濯，其幽可以棲。吾因而望之以「含遠」之樓，墊之以「寒香」之隝，揭之以「秋芳」之亭，澄之以「洗月」之池，息之以「棲雲」之窩。四時交變，風雪晦暝之朝，花月澄芳之夕，光景超忽，千態萬狀。而吾誦讀於其間，蓋冥然與世相忘，若將終身焉，而不知其他也。今吾汩沒於簿書案牘，思平山之勝，而庶幾夢寐焉，何可得耶！』既而某以病告歸陽明，溫甫尋亦出守杭郡。錢塘波

濤之洶怪，西湖山水之秀麗，天下之言名勝者無過焉。噫！溫甫之居是地，當無慽於平山耳。今年，與溫甫相見於杭，而亹亹於平山者猶昔也。吁，亦異矣！豈其沈溺於茲山，果有不能忘情也哉？溫甫好學不倦，其為文章，追古人而並之。方其讀書於平山也，優游自得，固將發為事業以顯於世；及其施諸政事，沛然有餘矣，則又益思致力於問學；而其間又自有不暇者，則其眷戀於茲山也，有以哉！溫甫既已成己，則不能忘於成物，而建為書院以倡其鄉人；處行義之時，則不能忘其隱居之地，而拳拳於求其志者無窮已也。古人有言：『成己，仁也；成物，知也。』溫甫其仁且知者歟？又曰：『隱居以求其志，行義以達其道。』吾聞其語矣，未見其人也，溫甫殆其人也非歟？溫甫屬予記，予未嘗一至平山，而平山巖巖之氣象，嶄然壁立而不可犯者，固可想而知其不異於溫甫之為人也，以溫甫之語予者記之。」

按：前考楊孟瑛為刑部「西翰林」人物，其於弘治十五年冬來任杭州知府，其後來決意疏濬西湖，蓋從陽明此平山書院記中可見其意矣。

第318頁

五月，王華奉旨纂修通鑑纂要。

國榷卷四十五：「弘治十六年五月辛卯……大學士劉健等奉旨摘編通鑑備御覽，推詹事府、禮部尚書吳寬，禮部右侍郎、署國子祭酒謝鐸，南京太常寺卿張元禎，少詹事兼學士王華，學士劉機、江瀾，左春坊、大學士兼侍讀學士楊廷和，侍講學士劉春、白鉞，左庶子張天瑞，左諭德兼侍講靳貴，右諭德兼修撰毛澄，侍講張潔、劉忠，右中允蔣冕，左贊善費宏，編修羅玘、徐穆、王瓚纂修。」

六月，藕花盛開，再遊西湖，訪靈隱寺，有詩詠。

王陽明全集卷十九西湖醉中漫書二首：「十年塵海勞魂夢，此日重來眼倍清。好景恨無蘇老筆，乞歸徒有賀公情。白鳥飛處青林晚，翠壁明邊返照晴。爛醉湖雲宿湖寺，不知山月墮江城。

掩映紅妝莫謾猜，隔林知是藕花開。共君醉臥不須到，自有香風拂面來。」

按：第二首詩實是咏淨慈寺藕花居。第一首詩所云「宿湖寺」，即指住宿於南屏淨慈寺。

同上，卷二十西湖：「靈鷲高林暑氣清，天竺石壁雨痕晴。客來湖上逢雲起，僧住峰頭話月明。世路久知難直道，此身那得尚虛名！移家早定孤山計，種果支茅卻易成。」

按：此詩在王陽明全集卷二十中，定為正德十四年九月獻俘至杭作，乃誤。按此詩云「高林暑氣清」，顯在夏六月中，而非晚

第379頁

秋九月之時，此詩當為弘治十六年六月移疾錢塘寓居淨慈寺所作，故有「移家早定孤山計」之語。又此詩實為訪游靈隱寺之作，武林梵志引此詩即題作游靈隱寺，恐系錢德洪有意改題為西湖。

王華陞禮部右侍郎。

國榷卷四十五：「弘治十五年六月辛丑，禮部右侍郎李傑為左侍郎，少詹事王華為右侍郎」。

陸深海日先生行狀：「六月，陞禮部右侍郎，仍兼日講。上以先生講釋明瞻，故特久任」。

七月立秋日，有詩感懷。

王陽明全集卷十九山中立秋日偶書：「風吹蟬聲亂，林臥驚新秋。山池靜澄碧，暑氣亦已收。青峰出白雲，突兀成瓊樓。袒裼坐溪石，對之心悠悠。倏忽無定態，變化不可求。浩然發長嘯，忽起雙白鷗」。

按：此詩所云「山中」乃指萬松嶺中，即其無題詩所云「萬松深處無人到」（見下）。

第380頁

凌溪朱應登來訪錢塘，共登中峰越王臺，有詩唱酬。

陽明先生文録卷四無題詩：「江上月明看不徹，山窗夜半只須開。萬松深處無人到，千里空中有鶴來。受此幽居真結托，憐予遊迹尚風埃。年來病馬秋尤瘦，不向黃金高築臺」。

按：此詩向不知作於何時，有以為此詩作於嘉靖元年以後，顯非。今以此詩所述考之：「萬松深處無人到」，「萬松」乃指萬松山，上有名刹勝果寺。徐愛憶觀樓記云：「予昔從陽明先生遊錢塘諸山，乃居萬松古刹，曰勝果。萬松獨出吳越諸山，而勝果居其中峰。江橫山足，形若臨觀，而觀海為最近，得朝夕之景甚異也。陽明詩云：「江月隨潮上海門。」故此詩所云「江上」之江為錢塘江，「山窗」之山為萬松山。「受此幽居真結托，憐予遊迹尚風埃」，「幽居」即幽居萬松山勝果寺；「遊迹」者，謂其去鄉移疾錢塘，來遊萬松山勝果寺。「年來病馬秋尤瘦，不向黃金高築臺」，是說自己患疾如一「病馬」，秋來更羸瘦，不能回京師任職也。北京有黃金臺，故明人多將京都稱「黃金臺」，如陽明祭外舅介庵先生文稱「寓金臺甥王守仁」。時陽明養疾錢塘，不能回京，故有「不向黃金高築臺」之嘆也。由此可見此詩當作於弘治十六年秋間。按王陽明全集卷十九有移居勝果寺：「江上俱知山色好，

第381頁

峰迴始見寺門開。半空虛閣有雲住，六月深松無暑來。病肺正思移枕簟，洗心兼得遠塵埃。富春咫尺煙濤外，時倚層霞望釣臺。」又南屏：「溪風漠漠南屏路，春服初成病眼開。花竹日新僧已老，湖山如舊我重來。層樓雨急青林迥，古殿雲晴碧嶂迴。獨有幽禽解相信，雙飛時下讀書臺。」二詩作於正德二年，顯即是用弘治十六年此詩舊韵而作。

朱應登凌溪先生集卷九由聖果寺中峰登越王臺次韵王陽明：「寺口中峰萬木迴，禪扉欹側逐江開。安心習靜難□此，歷險尋幽得偶來。宿雨潤蒸巖下石，流泉靜洗竹間埃。還憐病體猶無賴，强起扶筇上越臺。」

第382頁

按：朱應登為「弘治七子」之一，弘治十二年進士，與陽明為同年，兩人早識。明清進士録：「朱應登，弘治十二年二甲八十一名進士。江蘇寶應人，字升之，號凌溪。歷南京户部主事，延平知府，陝西提學副使，謫雲南參政。恃才傲物，中流言罷歸。精經史，工詩文，為『弘治七子』之一。又與顧璘、陳沂、王韋號稱『四大家』。與景暘、蔣山卿、趙鶴並稱『江北四子』。詩宗盛唐，與李夢陽、何景明等稱『十才子』。歷陝西提學副使，遷雲南參政，致仕卒。有凌溪集等。」李夢陽參政朱凌溪先生應登墓志銘：「凌溪先生朱氏，名應登，字升之，揚之寶應人也。生而葦奇，童時即解聲律，諳詞章。十五盡通經史百家言……年二十，舉進士。

時顧華玉璘、劉元瑞麟、徐昌穀禎卿號『江東三才』，凌溪乃與並奮競騁吴楚之間，欻為俊國，一時篤古之士，爭慕嚮臻，樂與之交。而執政者顧不之喜，惡抑之……於是凡號稱文學士，率不獲列於清銜。乃凌溪則拜南京户部主事。」（國朝獻徵録卷一百零二）朱應登時為南京户部主事，當是因事來錢塘。

杭城桂花盛開，再出遊訪寺問禪。

陽明夜歸：「夜深歸來月正中，滿身香帶桂花風。流螢數點樓臺外，孤雁一聲天地空。沽酒喚回茅店夢，狂歌驚起石潭龍。倚欄試看青鋒劍，萬丈寒光透九重。」（阮元書王陽明詩，在二〇〇九年秋季藝術品拍賣會（廈門伯雅文化藝術經濟代理有限公司）上出現，並在廈門伯雅博寶藝術品拍賣網上公布）

按：詩寫秋天山中夜歸，「倚欄試看青鋒劍」，寫其抱病歸隱山中而又不忘用世之矛盾心理，與錢德洪陽明先生年譜所云「已而靜久，思離世遠去……又忽悟……明年，遂移疾錢塘西湖，復思用世」相合。

陽明無題詩：「青山晴合小茆檐，明月秋窺細竹簾。折得荷花紅欲語，淨香深處續華嚴。」（詩手迹見藝苑掇英第七三期）

按：前引西湖醉中漫書二首之二乃咏藕花居之詩，陽明此詩云

第383頁

「隔林知是藕花開」，亦指藕花居。藕花居在南屏淨慈寺，淨慈寺在淨香深處，有華嚴千佛閣，西湖遊覽志卷三：「淨慈禪寺，周顯德元年錢王俶建，號慧日永明院……宋建隆初，禪師延壽以佛祖大意，經綸正宗，撰宗鏡錄一百卷，遂作宗鏡堂……大抵規模與靈隱相若，故二寺為南、北兩山之最……淳祐十年，建千佛閣，理宗書『華嚴法界正遍知閣』八字賜之……」華嚴閣千佛閣在荷風淨香中，即此詩所謂「淨香深處續華嚴」，而「續華嚴」者，隱喻己在華嚴千佛閣中讀經習禪也。

王陽明全集卷十九夜雨山翁家偶書：「山空秋夜靜，月明松檜涼。沿溪步月色，溪影搖空蒼。山翁隔水語，酒熟呼我嚐。蹇衣涉溪去，笑引開竹房。謙言值暮夜，盤餐百無將。露華明橘柚，摘獻冰盤香。洗盞對酬酢，浩歌入蒼茫。醉拂巖石臥，言歸遂相忘。」

第384页

八月，了虛吾謹來訪，尋繹心性之學，論辨儒釋之異。

吾謹與王伯安先生書：「往歲獲見執事於杭城，欵領道論，深覺灑然自得，以為執事德器溫粹，言論精密，今世之君子論道義者，無如執事。惜再往欲竟其緒言，而執事行矣，悵然而歸，至今且以為恨。謹少時嗜釋老之術，索其書讀之，竟日不厭，悅其清虛高曠之論，見其同而不察其所以異，灰心死形，幾至無極。自知夫體用一原之學，而僻側固陋之習已漸掃矣。恐厭酣糟粕之餘，或未能盡滌其渣滓，時時發言，猶不免踵故習。執事於其每言而疵之曰：『此禪家語。』謹亦安敢自文也哉？然以為認虛靈之識而昧天理之真，淫於虛寂之教而終身不知返者，則實非謹之所甘為也。執事述程子之意，謂：『纔說性時，便已不是性。孟子所謂性善是繼之者，非本然之性也。』是誠足以破釋氏知覺是性說；而吾儒天理自然之妙，有不容辨議而明者。但謹之所謂虛靈不昧，乃指統性情之心而言，而非指虛靈之識也。夫具衆理，應萬事，非渾然之心不足以當之，即所謂天命明德也。故至虛而有至靈者存，即程子所謂『靜中有物』者也，可謂虛非性乎？合虛與氣，有性之名，釋氏徒取其氣之知覺運動，以名夫本然之性，而程子所謂『性乃太虛之名』也。謹之所謂虛靈是性，亦取張子『合虛與氣』者而言也。苟以虛靈不昧輒為釋氏知覺之說，則謹之所未及知也；若又以虛靈不昧為但可言心，不可以言性，則朱子固以是訓明德矣，明德可謂非性乎？況心可以兼性，故程子以未發之心為性，虛靈不昧固不可謂之已發也。幸執事為謹剖之。竊謂世之明欲排釋老者，大率當如歐陽氏所謂『修其本以

第385页

勝之」，不宜呫呫動喙與之角勝負也。周濂溪無多言說，讀其書者，亦足以知邪正之辨。至程子始別之，然亦云「不若迹上看」，故攻其迹，則猶可屈之為城下之盟。及朱子，乃謂其源頭已與吾儒有別。夫辨其源，則彼有說以抵我矣，此朱子不及程子處。且楊氏所謂「其動其喜，中固自若」，而引莊周出怒不怒之言以明之，其形容聖人之心，似亦不以為害理。朱子以為誠如其說，則是聖人當喜怒哀樂之時，此心漠然同於木石，而姑外示如此之形，凡所云為，皆不復出於中心之誠矣，此尤可疑也。夫程子固曰聖人之心如明鏡止水矣，蓋謂隨物應之，如水鏡之照物，因物而見水鏡，固漠然無所動也。今以聖人當喜怒之時，猶不免動其心以應物，無乃異於明鏡止水之義乎？若以漠然不動為不出於中心之誠，竊又以為不然。夫渾然在中，即天道之誠，因其可喜怒而喜怒之，特其心不逐之而動耳，尚安得謂之不誠乎？況程子答蘇季明之柬亦曰：「以事言之，則有時而不中；以道言之，則何時而不中。」喜怒哀樂之迹，所謂事也；而聖人之心渾然全體，即所謂道也。若徒見其事有時而不中，遂謂其心之應事亦隨之而有所偏倚，無乃異乎此其所謂雜於釋老者何耶？若楊氏所謂「顏子雖夭，而有不亡者存」，朱子

疵之，是矣。其言曰：「若天命之性，則是古今聖愚公共之物，而非顏子所能專。若曰氣散而精神魂魄猶有存者，則是物而不化之意，猶不免滯於冥漠之間，尤非所以語顏子也。」是所謂任消息屈伸之往來，而廓然與化為徒，其高於釋老之守靈爽知覺者，奚止一等？然而人心不死之說，與夫圓融無際之語，尚不免掇其緒餘，幾何足以服其心而使之帖然不敢辯是非哉！夫聖人不得已而有言，言之多非聖人意也。後之儒者往往得已而不已，故時有出入之弊，徒足以起爭端耳。往嘗觀橫渠之言曰：「道德性命是常在不死之物也。己身則死，此則常在。」竊以為立言正不當如此。孔子未嘗無言，不過曰窮理盡性至命而已矣。今欲攻釋氏而立為此論，不幾於助之乎？謹亦誠知夫聖賢立法之嚴，衛道之至，時時猶不免異端襲擊潰圍之弊，況敢身自蹈之，以滋天下後世之擾乎？徒以為不必與之多辨明吾儒體用一源、顯微一致之妙，篤於力行，以自致於高明，則敵可不攻而破矣。執事以為何如？由敬而靜，由靜而虛，虛則性矣。此謹之思自力者也，不知尚有墮於顛仆之患否，幸示教焉。若精微之論，非面究不可，茲且未及覼縷，惟執事心察之。」（一光緒開化縣志卷十一，乾隆開化縣志卷十，了虛先生文

乾隆開化縣志卷七文苑：「吾謹，字惟可，號了虛。少機穎不羈，八歲能賦，自諸子百家二氏之書，過目不忘。隨父駕官京師□□庵，章楓山深所嘆服。李空同見其詩文，奇之，曰：『今之李賀也。』志輕軒冕，後與王伯安尋繹性命之學，□□有得。就試掇魁聯第，館試賦述懷詩，因告歸，無意仕進。督學劉公瑞集合省名士，延之為師，多所造就。入少華山靜修，部檄屢徵，不赴。與何仲默、李空同、孫太初相頡頏，天下稱為『四才子』。有了虛集行於世。」

按：吾謹正德十二年舉進士，正德十四年病卒。明清進士錄：「吾謹，正德十二年三甲一百一十一名進士。浙江開化人，字惟可。博綜經傳、子史、天文、地理、兵家、陰陽、釋道等書。不入仕，隱少華山，與何景明、孫一元、李夢陽等相頡頏，天下稱為『四才子』。」乾隆開化縣志卷十有吾謹與李空同論文書，李夢陽空同集卷六十三有答吾謹書（按：原作答吳瑾書，誤）。按吾謹此與王伯安先生書作於弘治十七年，所謂「往歲獲見執事於杭城」，即指吾謹弘治十六年秋來杭訪陽明，所謂「惜再往欲竟其緒言，而執事行矣，悵然而歸」，即指吾謹十月再來杭欲訪陽明，陽明已由杭歸越。由此可見吾謹來杭訪陽明在八月中。按乾隆開化縣志卷十有吾謹考妣合葬誌云：「弘治癸亥冬，先妣贈孺人方氏卒。」可見吾謹在十月丁憂歸開化。

赤城夏鍭來訪，共遊塔山，有詩唱酬。

夏鍭明夏赤城先生文集卷七與王伯安夜登塔山：「秉燭暮何之？閒山不敢遲。白雲封欲遍，清露濕相宜。僧定自禪榻，鶴驚空樹枝。有懷支許輩，塔盡草離離。」卷九次伯安韻：「前身我是許元度，脚底青山忽漫躋。乍識林容隨燭影，漸聞人語近禪棲。偶來問井雙泉在，更欲尋山一徑迷。喚醒王郎同勃窣，梵天雲冷市風淒。」

按：塔山在餘杭，上有古刹。夏鍭字德樹，號赤城，成化二十三年進士。明清進士錄：「夏鍭，成化二十三年三甲一百五十八名進士。浙江天台人，字樹德，號赤城。官至南京大理評事，有關稅賦、馬政，多有疏陳。有赤城集。父壎，舉景泰進士。」按成化二十三年王華充會試同考試官，與夏鍭有座主之誼，明夏赤城先生文集卷十二有寄謝座主王先生書，即致王華，故夏鍭與王華、陽明相識當甚早。據楊循吉南京大理寺評事夏公鍭墓志銘：「十四年辛酉，復起，赴選……遂除南京大理寺評事……十六年壬戌，以母老無人侍側，告歸，乞終養，詔許之。」（國朝獻徵錄卷六十九）夏鍭自南京歸台州必經杭州，其即在其時來訪陽明。詩云「清露濕相宜」，則在秋八月也。

慈雲師召客開尊，陽明有書答謝。

陽明答慈雲老師書：「鄙人久於塵中，緬想世孫，頓成勞渴。乃荷不遺，頒以霜鰲，召客開尊，烹以篤酒，陶然得其真，當如遠公引禪定境也，感行耳。方有便入城，肯過小園，少坐否？ 風翼和南 慈雲老師座下。」

（手迹見王文成公真迹【民國影印本，顧思義題書名】，陽明文集失載）

按：書云「頓成勞渴」，當指陽明弘治十五年告病歸越，十六年移疾錢塘。「頒以霜鰲」，則在秋中。慈雲老師，無考。錢德洪陽明先生年譜稱陽明「移疾錢塘西湖……往來南屏、虎跑諸刹……」慈雲或為南屏、虎跑諸刹中之一禪師。

按杭州城內有慈雲寺，武林梵志卷一城內梵刹：「慈雲寺，在高陽閭巷。周顯德二年，僧圓覺建，名慈濟。大中祥符間，改今額，理宗書『靈感道場』四字。洪武二十四年，立為叢林，沙門延禮重修。嘉靖二十年毀，僧圓鼎重建。」疑此「慈雲老師」即慈雲寺中一禪師。

與布政使畢亨遊西湖諸峰，有詩唱酬。

王陽明全集卷二十九次韻畢方伯寫懷之作：「孔顏心迹皋夔業，落落乾坤無古今。公自平王懷真氣，誰能晚節負初心？獵情老去驚猶在，此樂年來不費尋。矮屋低頭真局促，且從峰頂一高吟。」

按：「畢方伯」即畢亨，時為浙江布政使。明清進士錄：「畢亨，成化十一年二甲六十八名進士。山東新城人，字嘉會。授吏部主事，仕至南京工部尚書。亨器識英邁，好學多問，耿介正直，有古大臣風。」按蘩峰類稿卷十一明故資政大夫工部尚書畢公神道碑：「……成化甲午，中鄉試。乙未，登進士。皆在高第。戊戌，授吏部驗封主事……丁未，轉郎中，尋改考功……辛亥，遷順天府丞……甲寅，以詿誤調兩淮運司同知，未幾陞運使……庚申，轉湖廣右參政。武靖苗賊搆亂，公督餉有功，賜綵幣。壬戌，陞浙江右布政使。司貯歲造段疋餘二萬，前官避咎，莫敢驗解，公毅然行之。歲饑，有詔出官帑以濟貧民，既有為飛語中傷者，往勘之，皆謬，事竟白。甲子，轉陝西左布政使，未任，晉右副都御史，巡撫甘肅……」畢亨弘治十五年來任浙江布政使，十七年去任，可知陽明此詩當作於弘治十六年在錢塘時。詩所云「誰能晚節負初心」，「矮屋低頭真局促」，似即指畢亨被飛語中傷事。

則在秋八月也

九月，自杭歸越。經蕭山、山陰，再遊浮峰寺、曹林庵、覺苑寺，有詩詠。

王陽明全集卷十九遊牛峰寺又四絕句：「翠壁看無厭，山池坐益清。深林落輕葉，不道是秋聲。　怪石有千窟，老松多半枝。清風灑巖洞，是我再來時。　人間酷暑避不得，清風都在深山中。池邊一坐即三日，忽見巖頭碧樹紅。　雨到浮峰興轉劇，醉眠三日不知還。眼前風景色色異，惟有人聲似世間。」

陽明曹林庵：「好山兼在水雲間，如此湖須如此山。素有卜居陽羨興，此身爭是未能閑。」（康熙蕭山縣志卷十四，陽明文集失載）

按：曹林庵在蕭山湘湖，康熙蕭山縣志卷十四：「曹林庵，在湘湖南，宋咸淳中建。」志於陽明詩下又錄有錢塘洪鐘曹林庵詩：「逶迤小徑入林間，野寺蕭蕭枕碧山。與客登臨且乘興，浮生能得幾時閑？」又錄有蕭山徐洪曹林庵詩：「住近清湘咫尺間，半生今日始登山。夕陽野寺題詩去，未知何時再得閑。」皆和陽明此詩。所謂「素有卜居陽羨興」，乃指陽明早有卜居湘湖之意。陽明後即邀約湛甘泉同卜居湘湖，泉翁大全集卷二十九偶書蕭山行窩小記云：「吾昔與陽明公相期

於湘湖口。壬申，卹命過浙，訪陽明洞，經蕭山。令尹王子璋出迓，言湘湖之勝，龜山治之。返棹遊焉，語璋為囗行窩，他年居焉。夜則可以放舟訪陽明於山陰，相與囗囗囗大中至正之道。」（詳下）

陽明覺苑寺：「獨寺澄江濱，雙剎青漢表。攬衣試登陟，深林宿驚鳥。老僧丘壑癯，古顏冰雪好。霏霏出幽談，落落見孤抱。雨霽江氣收，天虛月色皓。夜靜卧禪關，吾筆夢生草。」（康熙蕭山縣志卷十四）

按：覺苑寺亦在蕭山，乾隆紹興府志卷三十九：「覺苑寺，在（蕭山）縣東北一百三十步。齊建元二年，江昭元捨宅建。會昌廢。大中二年，重建，賜名昭元寺。祥符中，避國諱，改今額。寺有大悲閣，熙寧元年沈遼為之記，又作八分書寺額四字，筆意極簡古。閣後壁有毘陵胡舜臣畫水，胡以畫水名家。」

經山陰錢清，訪古迂陳壯。

王陽明全集卷二十五陳直夫南宮像贊：「吾越直夫陳先生，嚴毅端潔，其正言直氣，放蕩佞諛之士，嫉視若讎。彼寧無知之，卒於己非便也。故先生舉進士不久，輒致仕而歸。屢薦復起，又不久輒退，以是也哉！然天下之言直者，必先生與焉。始予拜先生於錢清江上，歡然甚

浙江大学古籍研究所

得。先生奚取於予？殆空谷之足音也。世日趨於下，先生而在，雖執鞭之事，吾亦為之。……」

按：陳壯字直夫，號古迂，山陰人，天順八年進士，與李東陽為同年。明清進士錄：「陳壯，天順八年二甲七十一名進士。祖籍浙江山陰人，祖坐事謫戍交趾，後調京衛。字直夫，號古迂。授南京御史，有直聲，常祿外一無所取，清貧可見。父母歿，廬墓側，一循古禮。歷江西僉事，致仕歸。弘治中，以薦起官福建，擢河南副使。僉都御史林俊舉以自代，未及遷，又致仕歸，觴咏湖山以終。」懷麓堂集卷八十七河南按察司副使致仕陳君直夫墓誌銘：「吾友陳君直夫舉進士，拜南京貴州道監察御史，三年，丁外艱。服闋，改陝西道，又三年，丁內艱，再改河南道，皆在南京。遷江西按察司僉事，二年，致仕歸，十餘年。南京兵部尚書張公悅薦其志行可大用，乃起為福建僉事，督理屯田，又二年，復乞致仕。時倪文毅公為吏部尚書，特擢為河南副使。都御史林君俊舉以自代，不果入，再乞致仕。巡撫都御史孫君需請留之，巡按諸御史交薦之。又二年，竟致仕去。」陳壯致仕乃歸居山陰，故陽明可順道拜訪。

歸至紹興，居家養病。重陽節，浙江按察副使趙寬邀約稽山登高，因病未赴，有詩歌相答。

第394页

半江趙先生文集卷六登山遇括蒼李員外載酒同遊因寄伯安秋官：「登高雨屐正匆匆，有客仙舟逸興同。細雨真酬華老句，峨冠不墮孟生風。排雲西嶺披秋色，把酒東籬採菊蘂。卻笑蘭亭眠未穩，閉門時復走詩筒。」再寄伯安：「聞君旌節駐前川，衝濕頻催百丈牽。擬剔青燈看玉樹，不妨疏水滯江天。扁舟獨坐遙相望，孤館此時應未眠。久矣無人開口笑，今宵幽興一超然。」卷八王伯安秋官約稽山登高及期以病不果：「湖上知章竟不來，稽山無主欲空回。東籬況值風兼雨，誰共花前倒一杯？」西江月・稽山堂雨有懷王伯安：「怪底滿城風雨，人間明日重陽。千巖萬壑競秋光，翠擁稽山堂上。獨倚胡牀坐久，爽然塵慮都忘。阿誰呼取賀知章，共賞鏡湖新釀。」

按：趙寬弘治十一年來浙任按察副使，提督學校，在浙七年（見聞淵半江趙公墓表）。按察分司設在紹興府，萬曆紹興府志卷三：「按察分司，府城內，在府東不一里，隸山陰，即宋浙東提刑司也。後枕火珠山，山上有稽山堂，即稽山閣故址。」趙寬詞所云「翠擁稽山堂上」，即指火珠山上之稽山堂。

病愈，拜訪半江趙寬，有詩唱酬。

半江趙先生文集卷六和王伯安二首：「性耽林壑真成癖，

第395页

胸痼煙霞不作疴。已覺沉酣皆道氣，獨難驅逐是詩魔。佳辰何時眠雲屋，俗駕知君厭玉珂。惠我清詞兼墨妙，臨風吟玩幾回過。

洗出清秋片雨明，千巖相競碧崢嶸。青園鳥道微通徑，濕重林霏半壓城。天際緒風吹鬢短，山中新酒對花盈。却嫌未免人間俗，猶聽松陰喝道聲。

陽明半江先生文集敘：先生與家君龍山先生為同年進士，故守仁辱通家之愛，亦以是為知先生矣。其後告病歸陽明，先生方董學，以校士於越。邀宿行臺間，得窺其詩稿，皆重復删改，或通篇無遺字。取其傍校士卷繙之

，盡卷皆批竄點抹。以為此偶其所屬意，則亂抽十數卷，無不然。又見一小册，履歷所至，山川風俗，道途之所聞，經史之所疑，無不備錄。聞其侍童云：公暇即拂案展帙，焚香靜對，或檢書已夜分，猶整衿默坐，良久始卧。然後知先生平日之所養若是其深，雖於政務猥瑣之末，亦皆用心精密若此也。（半江趙先生文集卷首）

紹興守佟珍新建預備倉成，陽明為作記。

王陽明全集卷二十三新建預備倉記：倉廩以儲國用，而民之不給，亦於是乎取。故三代之時，上之人不必其盡輸之官府，下之人不必其盡藏於私室。後世若常平義倉，蓋猶有所以為民者，而先王之意亦既衰矣。及其大弊，而倉廩之蓄遂邈然與民無復相關。其遇凶荒水旱，民餓莩相枕籍，苟上無賑貸之令，雖良有司亦坐守鍵閉，不敢發升合以拯其下。民之視其官廩如仇人之壘，無以事其力為也。嗚呼！倉廩之設，豈固如是也哉！紹興之倉目如坻，大有之屬凡三四區，中所積亦不下數十萬。然而民之饑餒，稍不稔即無免焉。歲癸亥春，融風日作，星火宵隕。太守佟公曰：是旱徵也，不可以無備。既命民間積穀謹藏，則復鳩工度地，得舊大積庫地於郡治之東，而建以為預備倉。於是四月不雨，至於八月，農

工大壞，比室磬懸。民陸走數百里，轉嘉、湖之粟以自療。市火間作，貿遷無所居。公帥僚吏遍禱於山川社稷，乃八月己酉大雨洽旬，禾槁復穎。民始有十一之望，漸用蘇息。公曰：嗚呼！予所建，今茲之旱，雖誠無補，於後患其將有裨。乃益遂厥營，九月丁卯工畢。凡為廩三面廿有六楹，約受穀十萬幾千斛。前為廳事，以司出納，而以其無事時，則凡賓客部使之往來而無所寓者，又皆可以館之於是。極南阻民居，限以高垣；東折為門，出之大衢。並門為屋廿有八楹，自南亘北，以居商旅之貿遷者，而月取其值，以實廩粟；又於其間區畫而

綜理之。蓋積三歲，而可以有一年之備矣。二守錢君謂其僚曰：『公之是舉，其惠於民豈有窮乎！夫後之民食公之德，而弗知其所自，是吾儕無以贊公於今日，而又以泯其績於後也。』於是相率來屬某以記。某曰：『唯唯。夫憫災而恤患，庇民之仁也；未患而預防，先事之知也；已患而不怠，臨事之勇也；創今以圖後，數德之誠也。行一事而四善備焉，是而可以無紀也乎？某雖不文也，願以執筆而從事。』

按：陽明所言「太守佟公」，即佟珍，萬曆紹興府志卷二十六郡守：「佟珍，定遼中衛籍青州人，（弘治）十年。」據萬姓統譜，佟珍字時貴，成化十一年進士，遼東人。歷官吏部郎中。佟珍任紹興守在弘治十年至正德元年間。其在建預備倉時，已有給事中劾其巧取糧銀。明孝宗實錄卷一百九十九：「弘治十六年五月癸酉，禮科給事中李祿等言：『頻年以來，災異數見，陛下下詔修省，而廷臣益恣肆不省，兩京堂上官多不職，宜令自陳。其在外不職者，如浙江布政司右參政吳紀泛罰紙米，紹興府知府佟珍巧取糧銀……乞皆罷歸，以回天意……。』」所謂「巧取糧銀」，似即指佟珍大取糧銀建預備倉。其後佟珍亦卒因是被劾罷。明世宗實錄卷二百十五：「弘治十七年八月乙亥……巡撫、巡按官勘報至者，謂：『……佟珍等俱無實迹。』吏部俱覆以請命。張璉等三人俱致仕，餘均留供職。」明武宗實錄卷十：「正德元年二月丙辰，陞浙江紹興府佟珍為福建布政司右參政。」卷十四：「正德元年六月乙亥，禮科給事中葛嵩以災異上言時政四事：……福建右參政佟珍為紹興知府，以貪酷聞。頃因朝覲，索民間梭布錦帕，以充行橐。伐禹廟古木為己貲。乞降旨切責……。」

補：成化十一年進士登科錄：佟珍，貫青州府人，遼東定遼中衛軍籍。國子生，治書經。字時貴，行三。年三十四，十一月十二日生。曾祖成，祖壽，父清。母王氏，繼母熊氏。具慶下。兄瑄、珣，弟瑛、琺、玘、琱、理、璽。娶周氏。山東鄉試第十二名，會試第二百四十二名。

是月紹興再旱，紹興守佟珍來問求雨術，陽明有答書。

王陽明全集卷二十一答佟太守求雨：「昨楊、李二丞來，備傳尊教，且詢致雨之術，不勝慚悚！今早謁節推辱臨，復申前請，尤為懇至，令人益增惶懼。天道幽遠，豈凡庸所能測識？然執事憂勤為民之意真切如是，僕亦何可以無一言之復？孔子云：『丘之禱久矣。』蓋君子之禱不在於對越祈祝之際，而在於日用操存之先。執事之治吾越，幾年於此矣。凡所以為民祛患除弊興利而致福者，何莫而非先事之禱，而何俟於今日？然而暑旱尚存而雨澤未應者，豈別有所以致此者歟？古者歲旱，則為之主者減膳撤樂，省獄薄賦，修祀典，問疾苦，引咎賑乏，為民遍請於山川社稷，故有叩天求雨之祭，有省咎自責之文，有歸誠請改之禱。蓋史記所載湯以六事自責，禮謂『大雩，帝用盛樂』，春秋書『秋九月，大雩』，皆此類也。

僕之所聞於古如是，未聞有所謂書符咒水而可以得雨者也。唯後世方術之士或時有之。然彼皆有高潔不污之操，特立堅忍之心。雖其所為不必合於中道，而亦有以異於尋常，是以或能致此。然皆出小說而不見於經傳，君子猶以為附會之談，又況如今之方士之流，曾不少殊於市井囂頑，而欲望之以揮斥雷電，呼吸風雨之事，豈不難哉！僕謂執事且宜出齋於廳事，罷不急之務，開省過之門，洗簡冤滯，禁抑奢繁，淬誠滌慮，痛自悔責，以為八邑之民請於山川社稷。而彼方士之祈請者，聽民間從便得自為之，但弗之禁，而不專倚以為重輕。夫以執

第400页

事平日之所操存，苟誠無愧於神明，而又臨事省惕，躬帥僚屬致懇乞誠，雖天道亢旱，亦自有數。使人事良修，旬日之內，自宜有應。僕雖不肖，無以自別於凡民，使可以誠有致雨之術，亦安忍坐視民患而恬不知顧，乃勞執事之僕，僕豈無人之心者耶？一二日內，僕亦將禱於南鎮，以助執事之誠。執事其但為民悉心以請，毋惑於邪說，毋急於近名。天道雖遠，至誠而不動者，未之有也！」

按：浙江圖書館古籍部藏館藏浙江金石拓片目錄卷下云：「明祭禹王廟題名：佟珍，紹興府知府。周惠，紹興府同知。杜宏，山陰縣知縣。楊溢，會稽縣知縣。弘治十四年八月。明祭禹王廟題名：佟珍，紹興府知府。楊寬，山陰縣丞。李銳，會稽縣丞。弘治十七年八月。」可見佟珍乃年年致祭禹王廟，陽明所云「陽、李二丞來」，即指楊寬、李銳。觀陽明書中反復勸佟珍「罷不急之務，開省過之門」，「淬誠滌慮，痛自悔責」，「執事平日之所操存，苟誠無愧於神明」，「使人事良修」，「毋惑於邪說，毋急於近名」，蓋陽明已知佟珍巧取糧銀、急名貪酷之行矣。（參見下陽明南鎮禱雨文）

第401页

陽明親往南鎮廟禱雨。

王陽明全集卷二十五南鎮禱雨文：「惟神秉靈毓秀，作鎮於南，實與五嶽分服而治。維是揚州之域，咸賴神休以生以養，凡其疾疫災眚之不時，雨暘寒暑之弗莫，無有遠近，莫不引頸企足，惟神是望。怨有歸，功有底，神固不得而辭也。而況紹興一郡，又神之宮墻輦轂之下乎？謂宜風雨節而寒暑當，民無疾而五穀昌，特先諸郡以霑神惠。而乃入夏以來，亢陽為虐，連月弗雨，泉源告竭，黍苗存槁，歲且不登，民將無食。農夫相與咨於野，商賈相與憾於市，行旅相與怨於途，守土之官帥其吏民奔走呼號。維是祈禱告請，亦無不至矣，而猶雨澤未應，旱烈益張，是豈吏之不職而貪墨者衆歟？賦斂繁刻

而獄訟冤滯歟？祀典有弗修歟？民怨有弗平歟？夫是數者，皆吏之謫，而民何咎之有？夫怒吏之不臧，而移其謫於民，又知神之所不忍也。不然，豈民之冥頑妄作者衆，將奢淫暴殄以怒神威，神將罰而懲之歟？夫薄罰以示戒，神之威靈亦即彰矣。百姓震懼憂惶，請罪無所，遂棄而絕之，使無噍類，神之慈仁固應不為若是之甚也！夫民之所賴者神，神之食於茲土，亦非一日矣。今民不得已有求於神，而神無以應之，然則民將何恃？而神亦何以信於民乎？某生長茲土，猶鄉之人也。鄉之人以某嘗讀書學道，繆以為是鄉人之傑者，其有得於山川之

秀為多，藉之以為吾愚民之不能自達者，通誠於山川之神，其宜有感。夫某非其人也，而冒有其名。人而冒以其名加我，我既不得而辭矣，又何敢獨辭其責耶？是以冒昧輒為之請，固知明神亦有所不得而辭也。謹告」。

按：陽明於答佟太守求雨云：「二日內，僕亦將禱於南鎮」，所謂「禱於南鎮」，即往南鎮廟祈禱會稽山神，萬曆紹興府志卷十九祠祀志：「會稽南鎮廟，在會稽山之陰。周禮職方氏：『揚州之鎮山曰會稽』。秦併天下，以會稽山為名山，祭用牲犢圭璧。晉成帝咸和八年，會稽山從祀北郊（北齊祀地祇以方澤，其神則會稽鎮諸山）。隋開皇十四年，詔就山立祠，且命其旁巫一人主灑掃，多蒔松柏於祠下。唐天寶十年，封永興公，歲以南郊迎氣之日祭。宋乾德六年，以會稽在吳越國，乃下其國行祭事。淳化二年，從秘書少監李至言，以立夏日祀南鎮會稽山永興公於越州，後加永濟王。元大德二年，改封昭德順應王。皇明洪武三年，詔去前代所封爵號，止稱會稽山之神，每三歲一傳制，遣道士齎香帛致祭。登極則遣官告祭，災眚則以祈禱。祭，每歲則有司以春秋二仲月祭，從禹陵一日」。按祈禱會稽山神用巫祝道士，故陽明亦不廢方術之士，以為「彼方士之祈請者，聽民間從便得自為之」。

冬十月，王華奉命祭江淮諸神，便道歸省。與陽明歸餘姚展墓，拜見岑太夫人。

陸深海日先生行狀：「……六月，陞禮部右侍郎……是歲冬，命祭江淮諸神，乞便道歸省。還朝，以岑太夫人年邁，屢疏乞休，以便色養」。

按：陽明平樂同知尹公墓誌銘云：「明年癸亥，將葬，騏以幣狀來姚請銘」。是十月嘗歸餘姚（見下）。此必是王華便道歸省，乃偕陽明歸餘姚拜見岑太夫人。蓋岑太夫人弘治十五年正月自京歸餘姚，十月甲子葬易直先生於餘姚穴湖山，至是正一周年祭，岑太夫人一直居餘姚秘圖王氏故居，故王華

、陽明必來餘姚拜見岑太夫人，迎歸紹興。
在餘姚，作平樂同知尹公墓誌銘。
王陽明全集卷二十五平樂同知尹公墓誌銘：「尹自春秋為著姓。降及漢、唐，代不乏賢。至宋而太常博士源、中書舍人洙及其孫焞，皆以道學為世名儒。其後有為點檢者，自洛從越之山陰，迨公七世矣。公父達，祖性中，曾祖齊賢，皆有聞於鄉。公生十八年，選為郡庠弟子，以詩學知名。遠近從之遊者數十，往往取高第，躋顯級，而公乃七試有司不偶。天順年，詔求遺才可經濟大用者，於是有司以公應詔，而公亦當貢，遂卒業太學。成化某甲子，授廣西南寧通判。時郡中久苦瑶患，方議發兵，人情洶洶。公至，請守得緩旬日，稍圖之。乃單騎入瑶峒，呼酋長與語。諸酋倉卒不暇集謀，相與就問所由來。公曰：「斯行為爾曹乞生，無他疑也。」因為具陳禍福，言辯爽慨。諸酋感動，顧謂其黨曰：「何如？」皆曰：「願從使君言。」遂相率羅拜，定約而出。尋督諸軍討木頭等峒，皆捷。大臣交章薦公可大用。庚子，擢同知平樂府事。平樂地皆嶄山互壑，瑶憑險出没深翳，非時剽掠，居民如處阱中，動慮機觸，不敢輕往來，農末俱廢。聞公至，喜曰：「南寧尹使君來，吾無恐耳已。」居月餘，

公從土著間行巖谷，盡得其形勢。縱火悉焚林薄，瑶失藉，潰散。公因盡築城堡，要害據守。瑶來無所匿，從高巔遠覘，嘆息踟躕而去。蓋自是平樂遂為安土。居三年，屢以老請，輒為民所留。弘治改元，以慶賀赴京師，力求致仕以歸。家居十四年，乃卒，得壽若干。公性孝友淳篤，自其貧賤時，即委産三弟，拾取其遺。少壯衰老，雖盛暑急遽，未嘗見其不以衹服，與物熙然無牴。至其莅官當事，奮毅敢直，析法繩理，勢悍無所撓避。庶幾古長者，而今亡矣！先後娶陳氏、朱氏、殷氏，子麒，孫公貴、公榮。卒之又明年癸亥，麒以幣狀來姚請銘。某幼去其鄉，聞公之為人，恨未嘗從之遊，銘固不辭也。公諱浦，字文淵，葬在郡東保山，合殷氏之兆。銘曰：赫赫尹氏，望於宗周。源洙比頴，焞暢厥休。自洛徂越，公啟其閭。君子之澤，十世未斬。篤敬忠信，蠻貊以行。一言之烈，雄於九軍。豈惟威儀，式其黨里；豈惟友睦，篤其昆弟。彼保之陽，維石巖巖。尹公之墓，今人所瞻。」
由趙寬薦，王華擇婿徐愛。
蕭鳴鳳明故奉議大夫南京工部都水清吏司郎中徐君墓誌銘：「君諱愛，字曰仁，姓徐氏……初，冢宰海日王先生

選婿得君，其子今都御史陽明先生守仁，學行高天下，而猶以師道為己任，君乃得所師承。進叩於海日，耳濡目染，若探金淵玉海，不殖而自富。退質於陽明，日聞格言，趨正學，如樹美材於貞松勁柏之中，不扶而自直。」（橫山遺集附録）

橫山遺集卷上梅莊書院記：「予稍長解事，每念及父老言，輒嘆曰：『寧公樂道忘勢，以成義方，善莫加焉，古之道也，弗可得矣；海日翁守道範物，以不素餐，德莫大焉，古之人也，弗可及矣。』後不意予辱壻海日翁，且叨門下。海日翁時為天子講官，啟沃輔弼，道行於朝，其不可及者，既得益徵服。」

涇野先生文集卷三十四古真先生傳：「古真先生，姓徐氏，名璽，字克用，浙江餘姚人也。……生一子，曰愛，予同年進士也。愛六歲時，嘗携行田間，愛有所指曰：『吾後必得之。』即厲聲嗔曰：『小子即思黷貨耶？』比謁選時，以伯安講明濂洛之學，遂遣愛師事之。」

半江趙先生實録：「……擢陞浙江副使，提督學校。先生在浙七年，……餘姚王公華將擇婿於諸生中，先生曰：『得如徐愛者，其可也。』……」（半江趙先生文集卷十五）

按：趙寬在浙任按察副使七年，弘治十七年五月陞廣東按察使而去，弘治十八年即卒。故可確知必是王華弘治十六年省親歸餘姚、紹興來擇婿，有詢於趙寬。蓋趙寬乃以按察副使提督學校，而徐愛時為紹興府學諸生，故得趙寬賞識而力薦也。陽明之識徐愛當在是年。（見下）

十一月，送王華往江淮祭神，至姑蘇，訪都維明、都穆父子，遊玄墓山、天平山、虎丘。

王陽明全集卷二十九豫軒都先生八十受封序：「弘治癸亥冬，守仁自會稽上天目，東觀於震澤。遇南濠子都玄敬於吴門。遂偕之入玄墓，登天平。還，值大雪，次虎丘。凡相從旬有五日。予與南濠子為同年，蓋至是而始知其學之無所不窺也。歸造其廬，獲拜其父豫軒先生。與予坐而語，蓋乜然其若避而彙趨也，秩然其若斂而陽煦也。予坎然而心摵焉，倏而色斷焉，倏而目駭焉，亡予之故。先生退，守仁請南濠子曰：『先生殆有道者歟？胡為乎色之不存予，而德之予薰也？』南濠子笑而頷之曰：『然。子其知人哉！吾家君於藝鮮不通，而人未嘗見其學也；於道鮮不究，而人未嘗知其有也。夫善之弗彰也，則於子乎避。雖然，吾家君則甚惡之。吾子既知之也，穆其敢隱乎？凡穆之所見知於吾子，皆吾家君之所弗屑也。故鄉之人無聞焉。非吾子之粹於道，其寧孰識之？』

夫南濠子之學以該洽聞，四方之學者，莫不誦南濠子之名，而莫有知其學之出自先生者。先生之學，南濠子之所未能盡，而其鄉人曾莫知之。古所謂潛世之士哉！彼且落其榮而核之存，彼且固靈株而塞其兌，彼且被褐而懷玉，離形迹，遁聲華，而以為知己者累，孰比比焉？跡形骸而求之，其遠哉！……」

按：陽明忽於其時北上往蘇，當是為送父王華往江淮祭神。都穆與陽明為同年，明清進士錄：「都穆，弘治十二年二甲八十八名進士。江蘇吳縣人，字玄敬。與唐寅友善，然寅科場之禍，實為穆發其事，吳中人士皆薄之。授工部主事，歷禮部郎中

，加太僕少卿致仕。穆清修博學，為時所重，雖老而好學不倦。嘗奉使至秦，訪其山川形勢，故宮遺壤，作西使記。搜訪金石遺文，作金薤琳琅。又有周易考異、史外類鈔、壬子功臣爵錄、寓意編、南濠詩話等書。」都穆舉進士時已四十一歲，胡纘宗太僕寺少卿都公穆墓志銘：「都氏之先為丹陽人，有遠祖稱丹陽先生者，仕宋，為尚書吏部郎中，由丹陽徙蘇，居縣南濠里……己未，第進士。甲子，拜工部都水司主事……」（國朝獻徵錄卷七十二）是都穆弘治十七年方出仕（或為唐寅案事），陽明可往吳縣南濠里訪都維明、都穆父子。

都維明以繪畫聞名當世，畫史卷十一：「都維明，吳人，進

士都穆之父。博學多藝，能務為韜晦。偶乘興畫一梅，輒自悔曰：『名者造物所忌，有一能當蔽一能，何自表暴耶？』」堯山堂外紀卷九十一：「都穆，字玄敬，與楊南峰同里，號南濠。父字維明，嘗詣九仙祠，祈穆前程事，夢一叟告云：『汝子功名在何處。』覺而思之，已絕望矣。穆年四十，館吳匏庵（寬）家，懸一文於吳堂上。值巡撫何公謁吳，見而嘆賞，詰之，知為布衣也。白宗主，命邑令禮聘之。穆始出領鄉薦，第倫文敘榜進士。官至太僕少卿。」

都維明九歲即能為詩。年十二，隨其父月樓至杭。時值中秋，月樓與諸文士觀潮，維明侍側。諸文士分韻賦詩，維明亦以能詩得肇字，詩云：「海

門擁雪銀山傾，怒濤洶洶爭奔騰。疾聲頃刻如雷霆，衝擊三島鰲難孥。只疑蒼龍迸斷黃金繩，六丁不敢施威靈。陽候宮中神鬼驚，鼓蕩元氣時降升。更與明月同虧盈，天地至信無遷更。憑欄望望詩已成，百川萬壑如掌平。」維明呈詩，諸公皆大驚，酒間呼為「奇童」。

維明博學多藝，務為韜晦。怪玄敬好名，每笑之曰：「別人著書別人開，我家都穆著書自開。」

都南濠少時學詩沈石田，石田問：「近有何得意作？」南濠以節婦詩首聯為對曰：「白髮真心在，青燈淚眼枯。」石田曰：「詩則佳矣，然有一字未穩。」南濠茫然，避席請教，石田曰：「爾不讀禮經乎？經云：『寡婦不夜哭。』何不以『燈』字為

「『春』字？」南濠不覺嘆服。　都玄敬最善濟人之急，尤愛食客，所有輒盡，盡則解衣為質。一歲除夕絕糧，作詩寄故人朱堯民曰：「歲云暮矣室蕭然，牢落生涯只舊氈。君肯太倉分一半，免教人笑灶無煙。」堯民儲錢千文為新歲之用，遂分半贈之。」

復思用世，決意出仕，作四皓論約在其時。

陽明四皓論：「果於隱者，必不出；謂隱而出焉，必其非隱者也。夫隱者為高，則茫然其不返，避世之士，豈屑屑於辭禮之殷勤哉？且知遠辱以終身，則必待道而後出，出者既輕，成者又小，舉其生平而盡棄之，明哲之士，殆不如此。況斯世君臣之間，一以巧詐相御，子房之計，能保其信然乎？四皓之來，能知其非子房之所為乎？羽翼太子，真四皓也，亦烏足為四皓哉！昔百里奚有自鬻之誣，而其事無可辨者，故孟子以去虞之智辨之。今四皓羽翼之事，而其迹無可稽者，獨不可以去漢之智辨之乎？夫漢高草昧之初，群英立功之日也。富貴功名之士，皆忘其洗足騎項之辱，犬豕依人，資其餔啜之餘，不計其叱咤之聲也。然眾人皆愚，而四皓獨智；眾人皆污，而四皓獨清。鷹隼高飛於雲漢，虎豹長嘯於山林，其頡頏飛騰之氣，豈人之所能近哉！智者立身，必保

終始；節者自守，死當益銳。四皓世事功名謝之久矣，豈有智於前，而愚於後，決於中年知幾之日，而昧於老成練達之時乎？且夫隱見不同，二道而已，固持者則輕瓢洗耳之巢、由，達時者則莘野、南陽之賢士。四皓之隱，其為巢、由乎？抑為伊、葛乎？將為巢、由乎？必終身不出矣；將為伊、葛乎？必三聘而後起矣，一使之呼，承命不暇，上不足以擬莘野之重，中不能為巢、由之高，而下為希利無恥之行。以四皓而為今日之為，則必無前日之智；有前日之智，則必無今日之為。況辭禮之使，主之者呂氏淫后，使之者呂氏奸人，特假太子虛名以致之，此尤其汗顏不屑者也。其言曰：「陛下輕士嫚罵，臣等義不辱。今太子仁孝愛士，天下莫不願為太子死。」斯言誠出四皓之口，則嫚罵之君猶存也，四皓胡為而來也哉？若果為太子仁孝而出，則必事之終身也，四皓胡為而去也哉？夫山林之樂，四皓固甘心快意傲塵俗之奔走，笑斯人之自賤矣。乃肯以白首殘年驅趨道路，為人定一傳位之子，而身履乎已甚之惡者乎？魯有兩生，商山有四皓，同世同志者也，兩生不行，吾意四皓亦不出也。蓋實大者，聲必宏；守大者，用必遠。兩生之不仕漢，其志蓋不在小；四皓以四十年遯世之人，一旦欣然聽命，則天

浙江大学古籍研究所

下亦相與駭異，期有非常之事業矣，以一定太子而出，以一定太子而歸，寂寂乎且將何以答天下之望，絕史傳之詆議邪？然則四皓果不至乎？羽翼果何人乎？曰：有之，而恐其非真四皓也，乃子房為之也。夫四皓遯世已久，形容狀貌人皆不識之矣，故子房與呂澤劫計之時，陰與籌度，取他之鬚眉皓白者，偉其衣冠，以誣乎高帝，此又不可知也。良、平之屬，平昔所攜以事君者，何莫而非奇功巧計，彼豈顧其欺君之罪哉？況是時高帝之惑已深，呂氏之情又急，何以明其計之不出此也？天下之事，成於寬裕者常公，出於銳計者常詐，用詐而為之劫者

，此又子房用計之挾也。其曰：「天下莫不願為太子死。」是良以挾高帝者也。其即偶語之時，挾以謀反之言之意乎？大抵四皓與漢本無休戚，諺曰：「綺季皓首以逃嬴。」則是自秦時已遯去，其名固未嘗入漢家之版籍也。視太子之易否，越人之肥瘠也，亦何恩何德而聽命之不暇也？且商山既為遯世之地，其去中國甚遠也，一使纔遣，四皓即至，未必如此往來之速；況建本之謀，固非遠人所主之議，而翻出之後，又無拂袂歸山之迹乎？噫！以四皓之智，則必不至；以子房之計，又未信然也。但斯說雖先儒已言，而逆詐非君子之事，自漢至此，千四百

年，作漢史者已不能為之別白，則後生小子安敢造此事端乎？昔曹操將死，言及分香賣履之微，獨不及禪後之事，而司馬公有以識其貽罪於子之言於千載之下，則事固有惑於一時之見，而不足以逃萬世之推測者矣，是斯說也，亦未必無取也。否則，四皓之不屈者，亦終與無恥諸人一律耳，天下尚何足高，後世尚何足取哉！一四皓羽翼太子，事非可疑，亦無可罪也。若其負可疑之誣，受可罪之責，九泉之下，將不瞑目矣。故敢以一隙之見，求正於明達君子」（林有望新刊晦軒林先生類纂古今名家史綱疑辯卷三，錢普輯評批選六大家論陽明先生論）

按：陽明歸隱陽明洞非欲真隱，而是「非獨以時當斂晦，亦以吾學未成」，故初打算歸居數年，待學成再出仕。當諸用明書來勸其出仕時，陽明回答云：「書來勸吾仕，吾亦非潔身者，所以汲汲於是……歲月不待，再過數年，精神益弊，雖欲勉進（學）而有所不能，則將終於無成，皆吾所以勢有不容已也。但老祖而下，意皆不悅，今亦豈能決然行之？……」所謂「老祖而下」，即指岑太夫人。父王華等人，皆反對陽明隱居不出仕。故當王華是年冬歸省回紹興，必當與岑太夫人同對陽明有「出仕」之訓，而陽明遂乃「決然行之」，次年即出仕赴山東矣。此外，諸都維明、都穆父子亦促成陽明出仕

決心：都維明學高，卻隱居無名；都穆飽學，卻無緣出仕，學成又有何用？其時都穆亦方在積極謀出仕，至次年果出仕赴京。陽明與都穆同時出仕入京，顯可見陽明受都穆之言教身教也。此四皓論，可視為陽明對自己兩年歸隱生活之總結，借史有感而發。蓋陽明以為真隱者不出（如都維明），出者必非真隱（如都穆）。陽明歸居是為學成，并非真隱，故當晦又出，復思用世。陽明自認是非真隱者，一則是對自己當晦復出之自諷，二則亦是對自己不得歸居講學倡道之憤激之言也。

一五〇四　弘治十七年　甲子　三十三歲

二月，再往姑蘇，送王華祭江淮諸神回京。登海天樓，有詩詠懷。

王陽明全集卷十九姑蘇吴氏海天樓次鄺尹韻：「晴雪吹寒春事濃，江樓三月尚殘冬。青山暗逐回廊轉，碧海真成捷徑通。風暖簷牙雙燕剔，雲深簾幙萬花重。倚闌天北疑回首，想像丹梯下六龍。」

按：詩云「江樓三月尚殘冬」，作在三月（約在二月啟程）。陽明其時忽又往姑蘇，當是來送父王華祭祀畢回京。「鄺尹」即吴縣知縣鄺璠，明清進士録：「鄺璠，弘治六年三甲二十一名進士。河北任丘人，字廷瑞，號阿陵。知吴縣，以能稱。擢守瑞州，莅任日，華林盜猝至，璠率子弟僕從固守城池。賊退，多方剿捕，築城堡，謹坊巷，稽逆旅，民得以安。又毁淫祠，興學校，善政甚多。忤時貴，罷歸。刻有便民圖纂。」崇禎吴縣志謂「知縣，鄺璠……弘治七年任，十二年陞徽州府同知」（卷三十），乃誤。按費宏集卷十九故中憲大夫瑞州府知府贈江西布政司左參政鄺公墓表：「弘治壬子，以書魁順天鄉試，明年，登進士。出知吴縣，下車即有能名……在吴八年……」是鄺璠任吴縣知縣在弘治七年至十四年之間。陽明來姑蘇時，鄺璠早陞徽州府同知而去，陽明乃是見海天樓鄺璠詩而次其韻。

歸經嘉興，晚泊石門，有詩詠。

陽明石門晚泊：「風雨石門晚，停舟問舊遊。爛花春欲盡，惆悵繞溪頭。」（嘉興府圖記卷六，陽明文集失載）

按：據嘉興府圖記於陽明此詩下又著録都穆舟次石門和王刑部韵（詳下），知陽明此詩當作在弘治十七年三月中，故有「爛花春欲盡」之句。「石門」即指平湖縣石門鎮，嘉興府圖記卷六：「至（平湖）石門塘，折而東，彎環如帶回……今桐鄉縣西北二十五里，東北隸本縣，西北隸崇德，居民互市於此，亦名石門市……宋置石門鎮。」嘉興府圖記撰於嘉靖二十六年，其所録陽明與鄒穆詩皆屬可信也。

四月，居陽明洞，有友來訪，作詩送別。

陽明別友詩：「千里來遊小洞天，春風無計挽歸船。柳花繚亂飛寒白，何異山陰雪後天。　□年來訪予陽明洞天，其歸也，賦首尾韵，以見別意。弘治甲子四月朔，陽明山人王守仁書。」（此詩有陽明手迹扇面紙本，藏湖北省博物館）

内兄諸惟奇赴南都試，經紹興來訪，作詩送別於若耶溪。

陽明若耶溪送友詩：「若耶溪上雨初歇，若耶溪邊船欲發。楊枝裊裊風乍晴，楊花漫漫如雪白。湖山滿眼不可收，畫手憑誰寫清絶？金尊緑酒照玄髮，送若暫作沙頭別。長風破浪下吴越，飛帆夜渡錢塘月。遥指扶桑向溟渤，翠水金城見丹闕。絳氣扶疏藏兀突，中有清虚廣寒窟。冷光瑩射精魂懾，雲梯萬丈凌風躡。玉宮桂樹秋正馥，最上高枝堪手折。携向彤墀獻天子，金匱琅函貯芳烈。　内兄諸用冕惟奇，負藝，不平於公道者久矣。今年將赴南都試，予別之耶溪之上，固知其高捷北轅，不久當會於都下，然而繾綣之情自有不容已也。越山農鄒魯英為寫耶溪別意，予因詩以送之，屬冗不及長歌。俟其對榻垣南草堂，尚當為君和鹿鳴之歌也。弘治甲子又月望，陽明山人王守仁書於西清軒。垣南草堂，予都下寓舍也。（日本大阪博文堂影印王陽明先生若耶帖墨妙）

按：若耶溪在紹興城南若耶山下，北流入鑒湖。諸惟奇為陽明妻兄，陽明於若耶溪送諸惟奇赴南都鄉試，詩前八句寫若耶溪邊送別；詩中間四句寫諸惟奇下吳越，入南都鄉試；詩後八句想像諸惟奇鄉試、會試高中，蟾宮折桂。後題所謂「不久當會於都下」，即謂諸惟奇必當鄉試高捷，然後北上與陽明會於京師，以備明年之會試也。由此可見陽明其時已在準備出仕，陸偁當是在春間已來聘陽明主山東鄉試。據此詩，知陽明在紹興，家居有西清軒，在京師寓居有垣南草堂。王華所著有垣南草堂稿，當收其在京詩文也。

閏四月，監察御史饒榶等劾王華「暮夜受金」事，孝宗不置問。王華乞致仕，不允。

明世宗實録卷二百十一：「弘治十七年閏四月丙戌……監察御史饒榶等以災異上言：『兩京文武大臣有久漏法，致傷天和者。如……禮部右侍郎王華暮夜受金而自首，朝遣告而乞歸……』下其奏於所司。」卷二百十二：「弘治十七年五月己亥……禮科都給事中李禄等劾奏：『……禮部右侍郎王華……等二十餘人，各不職。乞通行罷黜。』監察御史饒榶亦嘗以為言。吏部、兵部各覆奏，謂尚書侶鐘已准致仕，其餘請自上裁。命俱存留供職。」卷二百十四：「弘治十七年七月丙申……禮部右侍郎王華乞致仕，不允。」

五月，撰成山東鄉試程文範本。

錢德洪陽明先生年譜：「巡按山東監察御史陸偁聘主鄉試，試録皆出先生手筆。其策問議國朝禮樂之制；老佛害道，由於聖學不明；綱紀不振，由於名器太濫；用人太急，求效太速；及分封、清戎、禦夷、息訟，皆有成法。録出，人占先生經世之學。」鄒守益王陽明先生圖譜：「夏，山東聘主考試，梓文咸出先生手筆，展胸中素蘊，一洗陳言虛套之習。五策舉可措諸用，海内傳以為式。」王文成公全書（隆慶二年刊本）卷三十一下山東鄉試録。

按：王文成公全書卷三十一下所載山東鄉試錄，共收文二十篇（十三篇經義，一篇論，一篇表，五篇策問），實為陽明是次主考山東所作程文範本，題自擬，文自作，蓋在為鄉舉考試立式示範，供舉子揣摩學習。明以來科舉考試官有擬作程文之習。所謂「程文」，為科舉考試用作示範之文，應試者須依此程式作文。明以來乃將考試官所擬作者稱為「程文」，舉子所作者稱為「墨卷」（參見顧炎武日知錄卷十六程文、趙翼陔餘叢考卷二十九程文墨卷）。陽明以主考官擬作此二十篇程文，當名山東鄉試程文為確，題為山東鄉試錄未當，則與弘治十七年山東鄉試錄相混致誤。今人遂皆以為此二十篇程文非陽明所作，新編本王陽明全集竟從王文成公全書卷三十一下中將此山東鄉試錄（二十篇）取出，作為「附錄」移入卷二十二中，乃大誤。錢德洪、鄒守益均明言此二十篇程文皆出陽明手筆。明人凡言及此二十篇程文，均謂是陽明親作，絕無言非陽明作者。如明錢普輯評批選六大家論，於陽明先生論中即選取陽明山東鄉試錄中人君之心惟在所養一論，作為陽明「論」之代表作，推定陽明為明六大論家高手之一。隆慶刻本王文成公全書將即是王正憲所藏原本程文著錄於卷三十一下中，亦是明標為陽明所作之文，不是附錄他人之文。新編本王陽明全集將此二十篇

錢德洪陽明先生年譜附錄一明云：「嘉靖二十九年……重刻先生山東甲子鄉試錄。」「山東甲子鄉試錄皆出師手筆，同門張峰判應天府，欲番刻於嘉義書院，得吾師繼子正憲氏原本刻之。」嘉靖二十九年已是再刻，錢德洪特別言明乃是「繼子正憲氏原本」，即陽明手寫本也，此尤足證此二十篇程文為陽明作無疑。故

程文作為他人之文附錄入卷二十二中，是嚴重失誤，如此隨意改動變化古籍原貌尤不足取。按嘉興府圖記卷六著錄都穆舟次石門和王刑部韵：「讀罷新編如覿面，石門知有幾番遊？小軒暮坐清閑甚，落日蟬聲碧樹頭。」（又見康熙嘉興府志卷十八）「王刑部」即指陽明，「新編」即指陽明新作二十篇程文。都穆此詩作於弘治十七年六月陽明經蘇州之時（詳下），由此可以確知陽明二十篇程文作成於五月，至六月遂携此「新編」北上赴山東主考鄉試。新編本王陽明全集以此二十篇程文非陽明之作，蓋是將山東鄉試錄與陽明此二十篇程文（新編）二書誤混為一所致。按明代各省鄉試結束後，都編纂有本年度鄉試錄，有統一的格式體例。今出版天一閣藏明代科舉錄選刊，選刊天一閣所藏大量各省之鄉試錄，揭開明代鄉試錄之真貌，原來鄉試錄均按統一格式編定：首錄主考官序；次錄是次鄉試官名（監臨官、提調官、監試官、考試官、同考試官等）；次錄試題；次錄中式舉人名（名次、姓名、籍貫、主經）；次精選試卷一套（從中式舉人中選取）；最後錄考試官後序。據此，弘治十七年山東鄉試錄（陽明編）原貌可擬定如下：

王守仁序（今存）；

鄉試官（監臨官陸偁，提調官毛珵，主考官王守仁

，同考試官傅鼎等）；
試題（陽明擬，今存）；
中式舉人七十五名（第一名穆孔暉）；
精選試卷一套（從穆孔暉等前三名試卷選取合成）；
傅鼎後序（今存）。（詳下）

由上可知，明代鄉試録中斷無收録主考官所作程文之事，弘治十七年山東鄉試録（陽明編）與陽明集中二十篇程文（陽明作）是兩本書，新編王陽明全集將此二書混合到一起，而定此二十篇程文非陽明作，其貽誤後人甚矣。

陽明二十篇程文，為陽明早年之代表著作，是瞭解陽明早期思想最寶貴之資料，意義重大。陽明實意欲借作此二十篇程文對自己早年思想作了一次總結，二十篇程文是對陽明早年思想體系之系統概括，陽明弘治中所達到之思想高度，其由溺於「佛老之習」歸本於「聖賢之學」之思想演進，皆從此二十篇程文中可見矣。鑒於此二十篇程文被今人定為非陽明作，打入冷宮，無人注意研究，茲特選録其中人君之心惟在所養與第二道策問二篇，以見陽明其時如何由「溺於佛氏之習」（逃禪）開始，歸正於「聖賢之學」之思想進程。

人君之心惟在所養：「人君之心，顧其所以養之者如何耳。養之以善，則進於高明，而心日以智；養之以惡，則

第421頁

流於污下，而心日以愚。故夫人君之所以養其心者，不可以不慎也。天下之物，未有不得其養而能生者，雖草木之微，亦必有雨露之滋，寒暖之劑，而後得以遂其暢茂條達。而況於人君之心，天地民物之主也，禮樂刑政教化之所自出也，非至公無以絶天下之私，非至正無以息天下之邪，非至善無以化天下之惡；而非其心之智焉，則又無以察其公私之異，識其邪正之歸，辯其善惡之分；而君心之智否，則固繫於其所以養之者也，而可以不慎乎哉？君心之智，在於君子之養之以善也；君心之愚，在於小人之養之以惡也。然而君子小人之分，亦難乎其為辯矣。人心惟危，道心惟微，堯、舜之相授受而所以丁寧反覆者，亦維以是，則夫人君之心，亦難乎其為養矣；而人君一身，所以投間抵隙而攻之者，環於四面，則夫君心之養，固又難乎其無間矣。是故必有匡直輔翼之道，而後能以養其心；必有洞察機微之明，而後能以養其心；必有篤確精專之誠，而後能以養其心。斯固公私之所由異，邪正之所從分，善惡之所自判，而君心智愚之關也。世之人君，孰不欲其心之公乎？然而每失之於邪也；孰不欲其心之善乎？然而每失之於惡也。是何也？無君子之養也。養之以君子，而不能不間之以

第422頁

小人也，則亦無惑乎其心之不智矣。昔者太甲顛覆典刑，而卒能處仁遷義，為有商之令主，則以有伊尹之聖以養之；成王孺子繈褓，而卒能祇勤於德，為成周之盛王，則以有周公之盛以養之；桀、紂之心，夫豈不知仁義之為美，而卒不免於荒淫敗度，則其所以養之者，惡來、飛廉之徒也。嗚呼！是亦可以知其所養矣。人雖至愚也，亦寧無善心之萌？雖其賢智也，亦寧無惡心之萌？於其善心之萌也，而有賢人君子擴充培植於其間，則善將無所不至，而心日以智矣；於其惡心之萌也，而有小夫憸人引誘逢迎於其側，則惡亦無所不至，而心日以愚

矣。故夫人君而不欲其心之智焉，斯已矣；苟欲其心之智，則賢人君子之養，固不可一日而缺也。何則？人君之心，不公則私，不正則邪，不善則惡，不賢人君子之是與，則小夫憸人之是狎，固未有漠然中立而兩無所在者。一失其所養，則流於私，而心之智蕩矣；入於邪，而心之智惑矣；溺於惡，而心之智亡矣，而何能免於庸患之歸乎？夫惟有賢人君子以為之養，則義理之學，足以克其私心也；剛大之氣，足以消其邪心也；正直之論，足以去其惡心也。擴其公而使之日益大，扶其正而使之日益强，作其善而使之日益新，夫是謂匡直輔翼之道，而所以養其心者有所賴。然而柔媚者近於純良，而兇憸者類於剛直，故士有正而見斥，人有憸而獲進，而卒無以得其匡直輔翼之資，於是乎慎擇而明辯，必使居於前後左右者無非賢人君子，而不得有所混淆於其間，夫是之謂洞察幾微之明，而所以養其心者無所惑。然而梗直者難從，而諂諛者易入也；拂忤者難合，而阿順者易親也。則是君子之養未幾，而小人之養已隨；養之以善者方退，而養之以惡者已入。故夫人君之於賢士君子，必信之篤，而小人不得以間；任之專，而邪佞不得以阻。并心悉慮，惟匡直輔翼之是資焉，夫是之謂篤確專一

之誠。而所以養其心者，不至於有鴻鵠之分，不至於有一暴十寒之間，夫然後起居動息，無非賢士君子之與處，而所謂養之以善矣。夫然後私者克而心無不公矣，邪者消而心無不正矣，惡者去而心無不善矣。公則無不明，正則無不達，善則無不通，而心無不智矣。夫然後可以絕天下之私，可以息天下之邪，可以化天下之惡，可以興禮樂，修教化，而為天地民物之主矣。而此何莫而不在於其所養邪？何莫而不在於養之以善邪？人君之心，惟在所養，范氏之說，蓋謂養君心者言也，而愚之論，則以為非人君有洞察之明，專一之誠，則雖有賢士君

子之善養，亦無從而效之，而猶未及於人君之所以自養也。然必人君自養其心，而後能有洞察之明，專一之誠，以資夫人，而其所以自養者，固非他人之所能與矣。使其勉强於大庭昭晰之時，有放縱於幽獨得肆之地，則雖有賢人君子，終亦無如之何者，是以人君尤貴於自養也。若夫自養之功，則惟在於存養省察，而其要又不外乎持敬而已。愚也請以是為今日獻。」

第二道策問：問：「佛老為天下害，已非一日，天下之訟言攻之者，亦非一人矣，而卒不能去，豈其道之不可去邪？抑去之而不得其道邪？將遂不去，其亦不足以為天下之患邪？夫今之所謂佛老者，鄙穢淺劣，其妄初非難見，而程子乃以為比之楊、墨，尤為近理，豈其始固自有說，而今之所習者，又其糟粕之餘歟？佛氏之傳，經傳無所考；至於老子，則孔子之所從問禮者也。孔子與之同時，未嘗一言攻其非，而後世乃排之不置，此又何歟？夫楊氏之為我，墨氏之兼愛，則誠非道矣，比之後世貪冒無耻，放於利而行者，不有間乎？而孟子以為無父無君，至比於禽獸，然則韓愈以為佛老之害甚於楊、墨者，其將何所比乎？抑不知今之時而有兼愛、為我者焉，其亦在所闢乎？其將在所取乎？今之時不見有所謂楊

、墨者，則其患止於佛老矣，不知佛老之外尚有可患者乎？其無可患者乎？夫言其是，而不知其所以是；議其非，而不識其所以非，同然一辭而以和於人者，吾甚耻之，故願諸君之深辨之也。

「天下之道，一而已矣；而以為有二焉者，道之不明也。孔子曰：『道之不明也，我知之矣，知者過之，愚者不及也；道之不行也，我知之矣，賢者過之，不肖者不及也。』嗚呼！道一也，而人有智愚賢不肖之異焉，此所以有過與不及之弊，而異端之所從起歟？然則天下之攻異端者，亦先明夫子之道而已耳。夫子之道明，彼將不攻而自破；不然，我以彼為異端，而彼亦將以我為異端，譬之穴中之鬥鼠，是非孰從而辨之？今夫吾夫子之道，始之於存養慎獨之微，而終之以化育參贊之大；行之於日用常行之間，而達之於國家天下之遠。人不得焉，不可以為人；而物不得焉，不可以為物。猶之水火菽帛而不可一日缺焉者也。然而異端者，乃至與之抗立而為三，則亦道之不明者之罪矣。道苟不明，苟不過焉，即不及焉。過與不及，皆不得夫子中道者也，則亦異端而已矣，而何以攻彼為哉？今夫二氏之說，其始亦非欲以亂天下也，而卒以亂天下，則是為之徒者之罪也。夫子之道

，其始固欲以治天下也，而未免於二氏之惑，則亦為之徒者之罪也。何以言之？佛氏，吾不得而知矣。至於老子，則以知禮聞，而吾夫子所嘗問禮，則其為人要亦非庸下者，其修身養性，以求合於道，初亦豈甚乖於夫子乎？獨其專於為己，而無意於天下國家，然後與吾夫子之格致誠正而達之於修齊治平者之不同耳。是其為心也，以為吾仁矣，則天下之不仁，吾不知可也；吾義矣，則天下之不義，吾不知可也。居其實而去其名，斂其器而不示之用，置其心於都無較計之地，而亦不以天下之較計動於其心，此其為念，固亦非有害於天下者，而亦

豈知其弊之一至於此乎？今夫夫子之道，過者可以俯而就，不肖者可以企而及，是誠行之萬世而無弊矣。然而子夏之後有田子方，子方之後為莊周，子弓之後有荀況，荀況之後為李斯，蓋亦不能以無弊，則亦豈吾夫子之道使然哉？故夫善學之，則雖老氏之說無益於天下，而亦可以無害於天下；不善學之，則雖吾夫子之道，而亦不能無弊也。今天下之患，則莫大於貪鄙以為同，冒進而無恥。貪鄙為同者曰：「吾夫子固無可無不可也。」冒進無恥者曰：「吾夫子固汲汲於行道也。」嗟乎！吾以夫子之道以為奸，則彼亦以其師之說而為奸，顧亦奚為其不可

哉！今之二氏之徒，苦空其行，而虛幻其說者，既已不得其原矣，然彼以其苦空，而吾以其貪鄙；彼以其虛幻，而吾以其冒進，如是而攻焉，彼既有辭矣，而何以服其心乎？孟子曰：「經正則庶民興；庶民興，斯無邪慝矣。」今不皇皇焉自攻其弊，以求明吾夫子之道，而徒以攻二氏為心，亦見其不知本也夫！生復言之：執事以攻二氏為問，而生切切於自攻者，夫豈不喻執事之旨哉？春秋之道，責己嚴而待人恕，吾夫子之訓，先自治而後治人也。若夫二氏與楊、墨之非，則孟子闢之於前，韓、歐諸子闢之於後，而豈復俟於言乎哉？執事以為夫子未

嘗攻老氏，則夫子蓋嘗攻之矣，曰：「鄉愿，德之賊也。」蓋鄉愿之同乎流俗而合乎污世，即老氏所謂和其光而同其塵者也。和光同塵之說，蓋老氏之徒為之者，而老氏亦有以啟之。故吾夫子之攻鄉愿，非攻老氏也；攻鄉愿之學老氏，而又失之也。後世談老氏者皆出於鄉愿，故曰夫子蓋嘗攻之也。

六月，啟程赴山東主考鄉試。經嘉興石門，邂逅南濠都穆，陽明贈石門晚泊詩，都穆有和韵。

都穆舟次石門和王刑部韵：讀罷新編如覿面，石門知有幾番遊？小軒暮坐清閑甚，落日蟬聲碧樹頭。（嘉興府

圖記卷六）

按：都穆詩稱陽明「王刑部」，陽明於弘治十七年九月由刑部改兵部，故可確知都穆此詩作於弘治十七年六月。「落日蟬聲碧樹頭」，乃夏六月。「新編」，即陽明所作二十篇程文也。

七月，經彭城，遊百步洪，感蘇東坡事，作黃樓夜濤賦以自抒達人大觀之懷。

王陽明全集卷二十九黃樓夜濤賦：「朱君朝章將復黃樓，為予言其故。夜泊彭城之下，子瞻呼予曰：『吾將與子聽黃樓之夜濤乎？』覺則夢也。感子瞻之事，作黃樓夜濤賦。子瞻與客宴於黃樓之上。已而客散日夕，暝色橫樓，明月未出。乃隱几而坐，嗒焉以息。忽有大聲起於穹窿，徐而察之，乃在西山之麓。倏焉改聽，又似夾河之曲，或隱或隆，若斷若逢，若揖讓而樂進，歙掀舞以相雄。觸孤憤於崖石，駕逸氣於長風。爾乃乍闔復闢，既橫且縱，摐摐渢渢，洶洶瀜瀜，若風雨驟至，林壑崩奔，振長平之屋瓦，舞泰山之喬松。咽悲吟於下浦，激高響於遙空。恍不知其所至，而忽已過於呂梁之東矣。子瞻曰：『噫嘻異哉！是何聲之壯且悲也？其烏江之兵，散而東下，感帳中之悲歌，慷慨激烈，吞聲飲泣，怒戰未已，憤氣決臆，倒戈曳戟，紛紛藉藉，狂奔疾走，呼

第429頁

號相及，而復會於彭城之側者乎？其赤帝之子，威加海內，思歸故鄉，千乘萬騎，霧奔雲從，車轍轟霆，旌旗蔽空，擊萬夫之鼓，撞千石之鐘，唱大風之歌，按節翱翔，而將返於沛宮者乎？』於是慨然長噫，欠伸起立，使童子啟戶憑欄而望之。則烟光已散，河影垂虹，帆檣泊於洲渚，夜氣起於郊坰，而明月固已出於芒碭之峰矣。子瞻曰：『噫嘻！予固疑其為濤聲也。夫風水之遭於澒洞之濱而為是也，豈非南郭子綦之所謂天籟者乎？而其誰倡之乎？其誰和之乎？其誰聽之乎？當其滔天浴日，湮谷崩山，橫奔四潰，茫然東翻，以與吾城之爭於尺寸間也。吾方計窮力屈，氣索神憊，懍孤城之岌岌，覬須臾之未壞，山頹於目懵，霆擊於耳聵，而豈復知所謂天籟者乎？及其水退城完，河流就道，脫魚腹而出塗泥，乃與二三子徘徊茲樓之上而聽之也。然後見其汪洋涵浴，潏潏汩汩，澎湃掀簸，震蕩泙渤，吁者為竽，噴者為篪，作止疾徐，鐘磬祝敔，奏文以始，亂武以居，呶者嗃者，囂者嗥者，翕而同者，繹而從者，而啁啁者，而嘐嘐者。蓋吾俯而聽之，則若奏簫咸於洞庭；仰而聞焉，又若張鈞天於廣野。是蓋有無之相激，其殆造物者將以寫千古之不平，而用以盪吾胸中之壹鬱者乎？而吾亦胡

浙江大學古籍研究所

第430頁

為而不樂也？」客曰：「子瞻之言過矣。方其奔騰漂蕩而以厄子之孤城也，固有莫之為而為者，而豈水之能為之乎？及其安流順道，風水相激，而為是天籟也，亦有莫之為而為者，而豈水之能為之乎？夫水亦何心之有哉？而子乃欲據其所有者以為歡，而追其既往者以為戚，是豈達人之大觀，將不得為上士之妙識矣。」子瞻喟然而笑曰：「客之言是也。」乃作歌曰：「濤之興兮，吾聞其聲兮；濤之息兮，吾泯其迹兮。吾將乘一氣以遊於鴻濛兮，夫孰知其所極兮？」

弘治甲子七月，書於百步洪之養浩軒。」

按：「朱君朝章」即朱袞，字朝章，號三峰、白房、觀微子、惜鶴亭，上虞人，亦一好道之士，時以工部都水司主事來徐州理洪。謝海門集卷十六三峰先生行狀：「先生姓朱氏，諱袞，字朝章，號三峰，上虞人也……弘治戊午，甫弱冠，以詩經中順天鄉試。壬戌，中康海榜進士。會選翰林庶吉士，當事者首取先生……授工部都水司主事，理徐州洪，悉釐宿弊，凡過洪者，惴惴不敢犯……建黃樓於州北城上，陽明王公為撰黃樓夜濤賦，以彰其蹟。無何，丁外艱……後宸濠之變，陽明因公靖之，猶運掌者，實吉安兵之力，究本則先生與有功……兩廣總制新建伯王公以先生磊落過人，才識有為，薦為右江道兵備副使……先生自少即善古文詞……海內名士若顧東橋、薛西原、鄭少谷、方棠陵，先生相與賡唱，人不能軒輊……草書則飛躍遒媚，競爽鍾、王，求者踵相接……近世學者率掇拾訓詁，以資舉業，於聖賢身心之學茫如也。陽明公倡良知之說矯之，其泥焉者雖遠支離，而不免枯寂。先生謂舉業非判然兩物也，教人主以居敬豫養，輔之以讀書好古，知行合一，體用會通，學術大中至正。識者以為甚有功於斯道……生成化己亥三月九日，卒嘉靖乙丑六月二十六日。」據此，朱袞亦可謂陽明弟子。陽明此賦寫法與其大伾山賦如出一轍，發老莊達人大觀之情，一氣遨遊鴻濛之志，猶作道家上士妙識之見，湛甘泉所謂「溺於神仙之習」之餘響也。

七月中旬，至濟南府，主山東鄉試。

王陽明全集卷九給由疏：「弘治十五年八月內告回原籍養病。弘治十七年七月內病痊赴部。」

按：所謂「七月內病痊赴部」，實即指陽明七月內赴山東主鄉試，以七月初陽明已在彭城計之，其至濟南府當在七月中旬。

皇甫録皇明紀略：「國初，考試官雖儒士，亦在所聘，惟其人而已。後專任教職，乃有遺珠之嘆。弘治甲子，禮部謙各省主試，以進士為之，而不拘見任、致仕。故少卿楊濂以服闋主浙江試，主事王守仁以病愈主山東試。言官劾楊為不孝，王為不忠，法遂廢。至嘉靖戊子，復行之。而兩畿同考，亦用京朝官，僅用兩試而止」。

按：時王華任禮部侍郎，故所謂「禮部謙各省主試，以進士為之」，實為王華主之，其南下祭江淮諸神正經濟南，陸偁之聘陽明主山東試當在其時定下，王華歸省紹興，即面告陽明，令其出仕也。王華遂因此事遭劾。

嘉靖山東通志卷九：「巡按監察御史一人，陸偁，君美，鄞縣人。癸丑進士。弘治十七年巡按」。卷二十五：「瑜從孫偁，弘治十七年，以御史按山東，嚴正不阿。牢有疑獄，數十年未決者，偁一至決之。革濟寧上下漕閘濫設夫役數萬人。值大比，監理文場，纖巨有條。聘王守仁主試，名上盡收東人，稱科場之盛者，以是榜為最云」。

文徵明甫田集卷二十六明故嘉議大夫都察院右副都御史毛公行狀：「（毛珵，字貞甫，别號礪庵）寫公為吏部，即擢公山東布政司左參議……上疏乞解新任，不允，逾年始赴，時弘治癸亥也。明年甲子歲，當大比，御史（按：陸偁）檄公提調試場。公展采錯事，必慎必勤，内之區畫，外之防閑，動合事宜。時王守仁以京試官主試，與御史不臧，公為調停其間，迄事無忤，而事亦克濟。是科得人為盛」。

按：陸偁與陽明同舉弘治五年浙江鄉試，次年又同赴會試，故兩人當早識。明清進士録：「陸偁，弘治六年二甲八十二名進士。鄞縣人，字君美，號碧洲。授監察御史，陞福建按察副使，巡視海道。時海寇充斥，偁演水戰、火攻之法拒擊之，邊徼肅然。親亡，躬負土以葬。兄疾，親為嘗藥，時人稱其孝友。子銓、釴，皆舉進士」。沈愷環溪集卷十四有中丞碧洲陸公溥，張文定公靡悔軒集卷四有陸公神道碑銘。

八月初一，與提學副使陳鎬游趵突泉，有詩和趙松雪韵。

陽明趵突泉和趙松雪韵：「濼水特起根虚無，下有鰲窟連蓬壺。絶喜坤靈能爾幻，却愁地脉還時枯。驚湍怒湧噴石竇，流沫下瀉翻雲湖。月色照水歸獨晚，溪邊瘦影伴人孤」。（嘉靖山東通志卷五，陽明文集失載）

陳鎬和陽明先生趵突泉詩：「玉壘嶙峋半有無，金聲鏜鎝擁冰壺。源通渤澥誰真見，老盡乾坤勢未枯。萬點明珠浮泡沫，一川輕浪接平湖。公餘坐倚觀瀾石，四面清風

興不孤。　弘治甲子八月吉旦題。」（陳鎬趵突泉詩碑，今在趵突泉呂祖廟第二大殿內）

按：今濟南趵突泉濼源堂壁上猶嵌有陽明此詩手迹刻石。趵突泉乃濼水之源，乾隆歷城縣志卷八：「濼水，源曰趵突，流曰濼。」卷十五：「歷山堂、濼源堂，舊在趵突泉上，北曰歷山，南曰濼源。南豐知齊州日，建此以館客，有齊州二堂記。」乾隆歷城縣志、古今圖書集成於陽明此詩下均録有趙孟頫趵突泉詩：「濼水發源天下無，平地湧出白玉壺。谷虛久恐元氣泄，歲旱不愁東海枯。雲霧潤蒸華不注，波濤聲震大明湖。時來泉上濯塵土，冰雪滿懷清

興孤。」又嘉靖山東通志於陽明此詩下又著録太原喬宇趵突泉詩：「濯盡塵襟一點無，皎如寒露在冰壺。風鳴谷湧聲先到，歲旱山童澤未枯。定有靈根連海岱，應教餘潤比江湖。他年策杖遊王屋，解道尋源興不孤。」可知陽明與喬宇均和趙孟頫此韵。陳鎬時為山東提學副使，懷麓堂集卷九十六代告闕里孔子廟記云：「弘治甲子春正月，重建闕里孔子廟成……御史臣陸偁以巡撫至……副使臣陳鎬以提學至……」國朝獻徵録卷六十一都察院右副都御史陳公鎬傳：「公名鎬，字宗之，系出會稽……成化丙午，鄉試第一人。丁未成進士，授禮部主事，乞便養，改南吏部郎中。晉山東提學副使，為人明敏，有吏幹。董學時，校閱精覈，公廉詳慎，終始如一。諸生登降之序，皆自書之，不借手吏人。輯洙泗誌，振發士習，諸生感其風誼，興起成就者甚多。齊魯間稱名督學，必首推之。」後陳鎬奉陪陽明往訪孔子闕里（見下）。

五日，文衡堂夜坐，有詩感懷，題於堂壁，并呈提督學政袁文華。

陽明晚堂孤坐吟：「晚堂孤坐漫沉沉，數盡寒更落葉深。高棟月明對燕語，古階霜細或蟲吟。校評正恐非吾所，報答徒能盡此心。賴有勝遊堪自解，秋風華嶽得高尋。

予謬以校文至此，假館濟南道，夜坐偶書壁間，兼呈道主袁先生請教。弘治甲子仲秋五日，餘姚王守仁書」。（乾隆歷城縣志卷二十五，陽明文集失載）

按：志云：「王守仁詩碑。王陽明主試，題壁云……碑尚存，草書。」今有陽明此詩手迹詩碑拓本於「中國書法論壇」網上公布，據詩碑拓本後有吳天壽跋云：「陽明先生此作，幾五十年，筆精如新。李中巖、邵甘澤二公與予相繼分巡濟南，咸愛而欲傳之。一日，郡守李大夫子安來，因與之言，遂欣然徵工勒石，以垂不朽云。嘉靖辛亥季冬望日，後學吳天壽謹識。」是陽明此詩原題壁上，至嘉靖三十年吳天壽乃摹刻勒石。詩云「晚堂孤坐」，此晚堂應即文衡堂，王陽明全集卷二十九有文衡堂試畢書壁可證（見下）。「道主袁先生」，指袁文華，嘉靖山東通志卷十：「山東提刑按察司，按察副使袁文華。文華，崇明人，監生。」蓋袁文華以按察副使提督學政，故稱其為「道主」。按二〇〇七年春季藝術品拍賣會（北京東方藝都拍賣有限公司）上出現一副陽明對聯手迹：「望重斗山儀如鸞鳳，壽崇有鼎勳懋召周。甲子秋書於平陵行館，陽明山人。」梁章鉅題云：「此王文成公三十三歲主試山東所作，時弘治十七年甲子。平陵即歷城名也。舊藏漁洋老人家，予官濟臬時得之。長樂梁章鉅。」此聯應祝巡按監察御史陸偁，而詩所謂「假館濟南道」，即此聯所云「平陵行館」也。

九日，主考山東鄉試，十七日試畢，有詩詠懷，題文衡堂壁。

王陽明全集卷二十九文衡堂試事畢書壁：「棘闈秋鎖動經旬，事了驚看白髮新。造作曾無酣蟻句，支離莫作畫蛇人。寸絲擬得長才補，五色兼愁過眼頻。袖手虛堂聽明發，此中豪傑定誰真？」「諸君以予白髮之句，試觀予鬢，果見一絲，予作詩實未嘗知也。謾書一絕識之。忽然相見尚非時，豈亦殷勤效一絲？總使皓然吾不恨，此心還有爾能知。」

按：明鄉試日期定為八月初九至十七日，考三場，八月初九為第一場，十二日為第二場，十五日為第三場，至十七結束，即陽明詩所謂「秋鎖動經旬」。所謂「事畢」、「事了」，即指三場考試結束。

錄取舉人七十五名，親取堂邑穆孔暉第一名。

王陽明全集卷二十二山東鄉試錄序：「今所取士，其始拔自提學副使陳某者蓋三千有奇，而得千有四百；既而試之，得七十有五人焉。」

黃佐南廱志卷二十一穆孔暉傳：「穆孔暉，字伯潛，山東堂邑人。少端愨寡言，博覽經史，有深湛之思。弘治甲子，有詔用洪武舊制，以京職兼主各藩試事。主事王守仁校文山東，置孔暉舉首，時論稱得人焉。乙丑，連取進士，改翰林庶吉士，除授檢討……孔暉天性好學，雖王守仁所取士，未嘗宗其說而非薄宋儒。晚年乃篤信之，深造禪學頓宗。臨没，作偈有『到此方為了事人』之句，論者以此窺公所詣云」。

明史卷二百八十三鄒守益傳：「先是，守仁主山東試，堂邑穆孔暉第一，後官侍講學士，卒，贈禮部右侍郎，諡文簡。孔暉端雅好學，初不肯宗守仁說，久乃篤信之，自名王氏學，浸淫入於釋氏。而守益於戒懼慎獨，蓋兢兢焉」。

按：時人皆謂弘治十七年陽明主山東鄉試「盡收東人，稱科場之盛者，以是榜為最」，「是科得人為盛」。黄綰至謂「聘為山東鄉試考官，至今海內所稱重者，皆所取士也」。蓋陽明是科所取士後來有成為陽明弟子（如穆孔暉），有入閣為首輔（如翟鑾），其得人之盛今多不可考，然猶可從弘治十八年會試中進士人中考見山東鄉試中舉之人多名：

劉田。明清進士録：「劉田，弘治十八年三甲一百四十三名進士。山東東阿人，字伯耕。授元氏知縣，劉瑾遣其下至縣，坐傳舍，趣召縣令。田至，怒其不起立，即執送獄，求解，乃得去。民間獲白兔送縣，丞以下皆來賀，謂當奏聞，田因留置酒，即炙兔啖之。尋督江南漕運，盡革運役需索之弊」。

陳鼎。明清進士録：「陳鼎，弘治十八年三甲一百一十名進士。山東蓬萊人，字大器。為禮科給事中，奏劾廖堂子侄寅緣鄉薦。後以條陳弭盜機宜，忤權璫，斥歸。嘉靖初，用薦起授陝西參議。累遷應天府尹卒。鼎廉介剛正，為時推服」。

孟洋。明清進士録：「孟洋，弘治十八年三甲一百九十八名進士。山東陽信人，字望之，一字有涯。授行人，進監察御史。坐論張璁、桂萼事，謫桂林教授。累遷都察院僉都御史，大理寺卿。蒞職清勤，事無緩滞。工詩，有孟有涯集」。

殷雲霄。明清進士録：「弘治十八年三甲一百一十五名進士。山東壽張人，字近夫。累官南京工科給事中，清簡仁惠，民甚德之。武宗納有娠女子馬姬宮中，雲霄偕同官疏諫，不報。未幾卒，年三十有七。平時雅志詩文，為當時『十才子』之一。有石川集」。

袁擯。明清進士録：「袁擯，弘治十八年二甲八十七名進士。山東德州人。授大理寺寺正，累遷南陽知府，考最，陞陝西按察使，轉應天府尹。後以副都御史巡撫陝西，未任卒」。

董建中。明清進士録：「弘治十八年三甲一百二十七名進士。山東壽張人，字陽民。官行人，拜御史，不阿附劉瑾，時摧抑其徒衆。」

董琦。明清進士録：「董琦，弘治十八年三甲四十四名進士。山東陽信人，字天粹，號東樓。授高陽令，改南平。正德時，劉瑾黨為禍，琦詰治如法。督儲居庸關，再督蜀石渠諸廠，中貴斂手。忤中官，被誣下獄。世宗時，起官河南參議。卒年七十五。」

翟鑾。明清進士録：「翟鑾，弘治十八年二甲十名進士。山東諸城人，字仲鳴。嘉靖中，累遷吏部左侍郎，兼學士，入直文淵閣。後加少傅、武英殿大學士，繼夏言

為首輔。嚴嵩初入，忌鑾資地出己上，假其主科場事，褫其官。鑾初輔政，有修潔聲，中持服家居，起為巡邊使，饋遺不貲。以賂貴近，得再柄政，聲譽頓衰。又為其子所累，迄不復振，逾年卒。穆宗即位，復官，謚文懿。」

穆孔暉。明清進士録：「穆孔暉，弘治十八年三甲六十名進士。山東堂邑人，字伯潛，號玄庵。授翰林檢討，累官太常寺卿。嘉靖中卒，謚文簡。孔暉學宗王守仁，為王守仁試山東時所取之士。潛心理學，有讀易録、尚書困學、前漢通記、玄庵晚稿等書。」

二十七日，編集弘治十七年山東鄉試録成，為作序。

王陽明全集卷二十二山東鄉試録序：「山東，古齊、魯、宋、衛之地，而吾夫子之鄉也。嘗讀夫子家語，其門人高弟，大抵皆出於齊、魯、宋、衛之葉，固願一至其地，以觀其山川之靈秀奇特，將必有如古人者生其間，而吾無從得之也。今年為弘治甲子，天下當復大比。山東巡按監察御史陸偁輩以禮與幣來請守仁為考試官。故事，司考校者惟務得人，初不限以職任。其後三四十年來，始皆一用學職，遂致應名取具，事歸外簾，而糊名易書之意微。自頃言者頗以為不便，大臣上其議。天子曰

：『然，其如故事。』於是聘禮考校，盡如國初之舊，而守仁得以部屬來典試事於茲土，雖非其人，寧不自慶其遭際！又況夫子之鄉，固其平日所願一至焉者，而乃得以盡觀其所謂賢士者之文而考校之，豈非平生之大幸歟！雖然，亦竊有大懼焉。夫委重於考校，將以求才也。求才而心有不盡，是不忠也；心之盡矣，而真才之弗得，是弗明也。不忠之責，吾知盡吾心爾矣；不明之罪，吾終且奈何哉！蓋昔者夫子之時，及門之士嘗三千矣，身通六藝者七十餘人。其尤卓然而顯者，德行言語則有顏、閔、予、賜之徒，政事文學則有由、求、游、夏之屬

。今所取士，其始拔自提學副使陳某者蓋三千有奇，而得千有四百；既而試之，得七十有五人焉。嗚呼！是三千有奇者，皆其夫子鄉人之後進而獲遊於門墻者乎？是七十有五人者，其皆身通六藝者乎？夫今之山東，猶古之山東也，雖今之不逮於古，顧亦寧無一二人如昔賢者？而今之所取苟不與焉，豈非司考校者不明之罪歟？雖然，某於諸士亦願有言者。夫有其人而弗取，是誠司考校者不明之罪矣。司考校者以是求之，以是取之，而諸士之中苟無其人焉以應其求，以不負其所取，是亦諸士者之耻也。雖然，予豈敢謂果無其人哉！夫子嘗曰：「魯無君子者，斯焉取斯！」顏淵曰：「舜何人也；予何人也。有為者亦若是。」夫為夫子之鄉人，苟未能如昔人焉，而不耻不若，又不知所以自勉，是自暴自棄也，其名曰不肖。夫不肖之於不明，其相去何遠乎？然則司考校者之於諸士，亦均有責焉耳矣。嗟夫！司考校者之責，自今不能以無懼，而不可以有為矣。若夫諸士之責，其不聽者猶可以自勉，而又懼其或以自畫也。諸士無亦曰：「吾其勗哉，無使司考校者終不免於不明也。」斯無愧於是舉，無愧於夫子之鄉人也矣。是舉也，某某同事於考校，而御史偁實司監臨，某某司提調，某某司監試，某

第443頁

某某又相與翊贊防範於外，皆與有勞焉，不可以不書。自餘百執事，則已具列於録矣。」

傅鼎山東鄉試録後序：「弘治甲子秋八月甲申，山東鄉試録成，考試官刑部主事王守仁既序諸首簡，所以紀試事者慎且詳矣。鼎承乏執事後，有不容無一言以申告登名諸君子者。夫山東天下之巨藩也，南峙泰岱，為五嶽之宗，東匯滄海，會百川之流。吾夫子以道德之師，鍾靈毓秀，挺生於數千載之上，是皆窮天地，亘古今，超然而獨盛焉者也。然陟泰岱則知其高，觀滄海則知其大，生長夫子之邦，宜於其道之高且大者有聞焉，斯不愧為邦之人矣。諸君子登名是録者，其亦有聞乎哉？夫自始學焉，讀其書，聚而為論辯，發而為文詞，至於今，資藉以階尺寸之進，而方來未已者，皆夫子之緒餘也；獨於道未之聞，是固學者之通患，不特是邦為然也。然海與岱，天下知其高且大也，見之真而聞之熟，必自東人始，其於道，則亦宜若是焉可也。且道豈越乎所讀之書與所論辯而文詞之者哉？理氣有精粗，言行有難易，窮達有從違，此道之所以鮮聞也。夫海岱云者，形勝也；夫子之道德也者，根本也。雖若相參並立於天地間，其所以為盛，則又有在此而不在彼者矣。鼎實陋於聞道，

第444頁

幸以文墨從事此邦，冀所録之士，有是人也，故列東藩之盛，樂為天下道之。」

按：前考明代鄉試録之編纂有統一固定之格式體例，弘治十七年山東鄉試録由主考官陽明所編集，故收録陽明所作序，但未收録陽明所作二十篇程文，此從傅鼎後序只言「考試官刑部主事王守仁既序諸首簡」而不言收録陽明所作二十篇程文，亦可為證。蓋弘治十七年山東鄉試録中只選録穆孔暉等舉人所作試卷為一編也。

九月，往曲阜訪孔子闕里。經長清縣，遊靈巖寺，有詩次蘇轍韵。

陽明遊靈巖次蘇潁濱韵：「客途亦幽尋，宵窱穿谷底。塵土填胸臆，到此乃一洗。仰視劍戟峰，巑岏類如泚。俯窺巖龍窟，匍伏首若稽。異境固靈秘，茲遊實天啟。梵語過巖壑，簷牙相角觝。山僧出延客，經營設酒醴。導引入雲霧，峻陟歷堂陛。石田惟種椒，晚炊乃有米。臨燈坐小軒，矮榻便倦體。清幽感疇昔，陳李兩兄弟。侵晨訪遺蹟，碑碣多荒薺。」（光緒長清縣志卷之末下靈巖志略。按：王陽明全集卷二十五有雪巖次蘇穎濱韵，即此詩，但題誤）

按：長清縣志卷一祠祀志：「靈巖寺，在（長清）縣東九十里。魏正光初，為梵僧佛圖澄卓錫之地，法定禪師所創。其寺有甘露、雙鶴等六泉，拂日巖、鐵袈裟、辟支塔、十里松等蹟，歷唐、宋，迄今遊人吟咏殆遍。」志卷之末上同時著録蘇轍題靈巖寺：「青山何重重，行盡土囊底。巖高日氣薄，秀色如新洗。入門塵慮息，盥漱得清泚。升堂見真人，不覺首自稽。祖師古禪伯，荊棘昔親啟。人蹟尚蕭條，豺狼夜相觝。白鶴導清泉，甘芳勝醇醴。聲鳴

青龍口，光照白石陛。尚可滿畦塍，豈惟濯蔬米。居僧三百人，飲食安四體。一念但清涼，四方盡兄弟。何言庇華屋，食苦當如薺。轍昔在濟南，以事至泰山下，過靈巖寺，為此詩，寺僧不知也。其後見轉運使中山鮮于公於南都，嘗作此詩，并使轍書舊篇以付僧。元豐二年五月五日題。」蘇轍後即題詩於靈巖寺壁。陽明詩云「陳李兩兄弟」，疑指提學副使陳鎬、僉事李宗泗。懷麓堂集卷九十六代告闕里孔子廟記：「弘治甲子春正月，重建闕里孔子廟成……前僉事李宗泗規畫略定……副使臣陳鎬以提學至……」重建孔子闕里廟圖序：「巡撫之官始則都御史何公鑑，巡

按若御史高君崇熙，布政若王君沂，按察則陳君璧，督工之官則參議程君愈，僉事李君宗泗。」蓋陳鎬、李宗泗均參預重建孔子廟工作，熟悉新孔子廟之況，故特陪侍陽明往謁孔子廟也。

九日，至曲阜，謁孔子廟、周公廟，有詩詠。

陽明謁周公廟：「守仁祗奉朝命，主考山東鄉試，因得謁元聖周公廟。謹書詩一首，以寓景仰之意云爾。時弘治甲子九月九日。　我來謁周公，嗒焉默不語。歸去展陳篇，詩書說向汝。」（呂兆祥東野志卷二，陽明文集失載）

按：周公廟在曲阜，東野志卷一：「周公廟宇，在曲阜縣城東二里，故魯太廟之墟，孔子入太廟每事問處也。」乾隆曲阜縣志卷四：「周公廟……弘治十二年，山東巡撫訪求周公之後，得東野祿給以布衣，使奉祀。正德十二年，始置祭田，祭器……」

按：周公廟與孔子廟同在弘治十七年重建一新，均由僉事黃繡督工綜理。李東陽紀行雜志：「弘治甲子四月丁卯，陛辭，奉勅賜酒饌而行……提學陳副使鎬、修廟黃僉事繡次第奉迓。……歸謁周公廟，頗閎麗，亦黃僉事所建也。……辛卯，謁尼山聖廟，行釋菜禮。」（懷麓堂集卷九十六）李東陽四月

奉命來曲阜祭告新孔子廟，同時亦拜謁新周公廟。陽明九月來曲阜亦是為謁新孔子廟與新周公廟，斷無只謁周公廟而不謁孔子廟之理。陽明於山東鄉試錄序已云「又況夫子之鄉，固其平日所願一至焉者」，故其至曲阜必當首謁孔子廟，次乃周公廟。惜陽明謁孔子廟所作詩亡佚，今無從得知其詳矣。

九月中旬，由曲阜北上往遊泰山，登日觀峰，有詩詠。

王陽明全集卷十九登泰山五首：「曉登泰山道，行行入煙霏。陽光散巖壑，秋容淡相輝。雲梯掛青壁，仰見蛛絲微。長風吹海色，飄颻送天衣。峰頂動笙樂，青童兩相依。振衣將往從，凌雲忽高飛。揮手若相待，丹霞閃餘暉。凡軀無健羽，悵望未能歸。　天門何崔嵬，下見青雲浮。泱漭絕人世，迥豁高天秋。暝色從地起，夜宿天上樓。天雞鳴半夜，日出東海頭。隱約蓬壺樹，縹緲扶桑洲。浩歌落青冥，遺響入滄流。唐虞變楚漢，滅沒如風漚。藐矣鶴山仙，秦皇豈堪求？金砂費日月，頹顏竟難留。吾意在龐古，泠然馭涼飆。相期廣成子，太虛顯遨遊。枯槁向巖谷，黃綺不足儔。　窮厓不可極，飛步凌煙虹。危泉瀉石道，空影垂雲松。千峰互攢簇，掩映青芙蓉。高臺倚巉削，傾側臨崆峒。失足墮煙霧，

碎骨顛厓中。下愚竟難曉，摧折紛相從。吾方坐日觀，披雲笑天風。赤水問軒后，蒼梧叫重瞳。隱隱落天語，閶闔開玲瓏。去去勿復道，濁世將焉窮？　塵網苦羈縻，富貴真露草。不如騎白鹿，東遊入蓬島。朝登太山望，洪濤隔縹緲。陽輝出海雲，來作天門曉。遥見碧霞君，翩翩起員嶠。玉女紫鸞笙，雙吹入晴昊。舉首望不及，下拜風浩浩。擲我玉虛篇，讀之殊未了。傍有長眉翁，一一能指道。從此煉金砂，人間跡如掃。　我才不救時，匡扶志空大。置我有無間，緩急非所賴。孤坐萬峰顛，嗒然遺下塊。已矣復何求，至精諒斯在。淡泊

非虛杳，灑脫無蔕芥。世人聞予言，不笑即吁怪。吾亦不强語，惟復笑相待。魯叟不可作，此意聊自快。」

登十八盤，過御帳坪，有詩咏。

王陽明全集卷二十九遊泰山：「飛湍下雲窟，千尺瀉高寒。昨向山中見，真如畫裏看。松風吹短鬢，霜氣肅群巒。好記相從地，秋深十八盤。」

陽明御帳坪：「危構雲煙上，憑高一望空。斷碑存漢字，老樹襲秦封。路入天衢畔，身當宇宙中。短詩殊草草，聊以記吾踪。」（嘉靖山東通志卷二十二，陽明文集失載）

按：御帳坪在泰山腰，嘉靖山東通志卷二十二：「（濟南府）御帳坪，在泰山半，宋真宗封禪駐此。」汪子卿泰山志卷二遺迹：「御帳坪，在嶽之中道，即秦封五松之地。宋真宗東封，駐蹕於此，故名。今石上柱窠，帳殿之遺迹也。」張榕端海岱日記：「再上為御帳，宋真宗登封駐蹕處。崖壁奇秀，細泉出崖隙，彙為小池，清鑒毛髮，平流廣石上，涓涓下瀉。廣穴有方穴八十餘，想真宗駐此，鑿之以植帳殿者也。」泰山志卷三登覽錄有陳琳和王陽明御帳壁間韵：「足躡天梯上，憑虛眼自空。彌高宗孔道，啟幻笑秦封。雷殿雲崖下，螭蟠石壁中。星辰如可摘，絕頂寄吾踪。」陳琳莆田人，弘治九年進士，正德中任山東按察司副使

。其和陽明御帳坪詩原刊於岱廟環咏亭，泰山石刻記「環咏亭詩」云：「陳琳登嶽古今體二章，又同余侍御再登泰山次韵、和王陽明御帳壁間韵，正德甲戌夏六月既望。」是陳琳作和陽明御帳坪詩在正德九年，而陽明御帳坪詩原題在石壁，後刻為詩碑移入環咏亭中。重修泰安縣志卷十四：「王守仁題御帳坪詩刻，正書。石在環咏亭東壁，無年號。」又泰山志卷三登覽錄有邊貢和陽明韵御帳坪：「白日天門近，青山御帳空。亭虛從眺覽，樹古自登封。過鳥層空上，鳴泉萬壑中。翠華春不返，惆悵昔人踪。」此詩見邊貢華泉集卷三，作於正德八年，又早於陳琳矣。按

嘉靖山東通志明稱此詩為「主事王守仁詩」，「主事」指陽明任刑部雲南清吏司主事，則此詩必是弘治十七年九月來游泰山時所作。泰山志卷一山水：「由泰安州治，北出登封門……小天門，一名御帳，一名五松亭……十八盤，古曰環道，石磴轉折，凡十有八。南天門，即十八盤盡處。」過十八盤，必經御帳，故陽明詩云「路入天衢畔」，「秋深十八盤」。

十六日，次內翰王瓚韵，作泰山高，刻石立碑，遂返濟南府。

陽明泰山高詩碑：「歐生誠楚人，但識廬山高。廬山之高猶可計尋丈，若夫泰山，仰視恍惚，吾不知其尚在青天之下乎，其已直出青天上？我欲仿擬試作泰山高，但恐丘垤之見，未能測識高大，筆底難具狀。扶輿磅礴元氣鍾，突兀半遮天地東。南衡北恒西有華，俯視傴僂誰雌雄？人寰茫昧乍隱見，雷雨初解開鴻蒙。繡壁丹梯，煙霏靄䨴，海日初湧，照耀蒼翠。平麓遠抱滄海灣，日觀正與扶桑對。聽濤聲之下瀉，知百川之東會。天門石扇，豁然中開，幽崖邃谷，聚積隱埋。中有遯世之流，龜潛雌伏，飡霞吸秀於其間，往往怪譎多仙才。上有百丈之飛湍，懸空絡石穿雲而直下，其源疑自青天來。巖頭膚寸出煙霧，須臾滂沱遍九垓。古來登封，七十二主，後來相效，紛紛如雨。玉檢金函無不為，只今埋沒知何許？但見白雲猶復起封中，斷碑無字，天外日月磨剛風。飛塵過眼倏超忽，飄蕩豈復留其踪！天空翠華遠，落日辭千峰。魯郊獲麟，岐陽會鳳，明堂既毀，閟宮興頌。宣尼曳杖，逍遙一去不復來，幽泉嗚咽而含悲，群巒拱揖如相送。俯仰宇宙，千載相望，墮山喬嶽，尚被其光，峻極配天，無敢頡頏。嗟予瞻眺門墻外，何能彷彿窺室堂？也來攀附攝遺跡，三千之下，不知亦許再拜占末行？吁嗟乎！泰山之高，其高不可極，忽然回首，此身不覺已在東斗傍。

弘治十七年甲子九月既望，餘姚陽明山人王守仁識。」（孫星衍泰山石刻記）

按：泰山石刻記云：「泰山高次王內翰司獻韵，弘治十七年甲子九月既望，餘姚陽明山人王守仁識。隆慶二年四月朔，王簡重刊。」乾隆泰安縣志卷九云：「王守仁泰山高詩碑，弘治時正書，穆宗隆慶二年王簡重刻。在文廟明倫堂中，南向。」今王陽明全集卷十九有泰山高次王內翰司獻韵，即此詩，但句多有異，且無後題，向不知此詩所作具體時間。王司獻即王瓚，字思獻，永嘉人。明清進士錄：「王瓚，弘治九年一甲二名進士。永嘉人，字思獻。充經筵講官，進講『舉直錯枉』，以諷劉瑾，瑾怒，矯旨詰責，幾得禍。瑾誅，擢禮部侍郎

●時車駕數巡幸，儲位久虛，乃疏請育宗室一人於宮中，并乞回鑾，語甚切直。卒謚文定。」李東陽懷麓堂集文後稿卷二十一有封翰林院編修文林郎王君墓碣銘，稱「永嘉王君祚，以其子翰林院編修瓚貴獲給勅」，知陽明稱其為內翰者，蓋其時王瓚為翰林院編修也，其或是為祭泰山事來山東，得與陽明相識。

九月下旬，自濟南府回京師，改除兵部武選清吏司主事。

王陽明全集卷九給由疏：「弘治十七年七月病痊赴部，改除兵部武選清吏司主事。」

錢德洪陽明先生年譜：「九月，改兵部武選清吏司主事。」

按：以陽明九月十六日猶在泰山算之，其返歸京師當在九月下旬。

十月，徐愛秋試失利，有書來告。陽明有答書，邀徐愛來京讀書。

王陽明全集卷二十六與徐仲仁（仲仁即曰仁，師之妹婿也）：「北行倉率，不及細話。別後日聽捷音，繼得鄉錄，知秋戰未利。吾子年方英妙，此亦未足深憾，惟宜修德積學，以求大成。尋常一第，固非僕之所望也。家君舍眾論而擇子，所以擇子者，實有在於眾論之外，子宜勉之！勿謂隱微可欺而有放心，勿謂聰明可恃而有怠志；養心莫善於義理，為學莫要於精專；毋為習俗所移，毋為物誘所引；求古聖賢而師法之，切莫以斯言為迂闊也。昔在張時敏先生時，令叔在學，聰明蓋一時，然而竟無所成者，蕩心害之也。去高明而就污下，念慮之間，顧豈不易哉？斯誠往事之鑒，雖吾子質美而淳，萬無是事，然亦不可以不慎也。意欲吾子來此讀書，恐未能遂離侍下，且未敢言此，俟後便再議。所不避其切切，為吾子言者，幸加熟念，其親愛之情，自有不能已也。」

錢德洪與徐仲仁跋：「海日翁為女擇配，人謂曰仁聰明不逮其叔，海日翁舍其叔而妻曰仁。既後，其叔果以蕩心

自敗，曰仁卒成師門之大儒。噫！聰明不足恃，而學問之功不可誣也哉！德洪跋。」

按：陽明此書至關重要，足以揭開王華選婿與徐愛何時問學陽明之謎。前考王華於弘治十六年冬由趙寬薦擇婿徐愛，陽明此書云「北行倉率」，即指陽明在弘治十七年六月北上濟南主山東鄉試；「不及細話」，則是謂徐愛送行，陽明臨行未能多談。所謂「秋戰未利」，即指徐愛是年八月秋試失利，陽明十月回京方得知其鄉試不第，作此書致慰。所謂「昔在張時敏時」，乃指張時敏成化中來任浙江學政時；而「令叔在學」，則指徐愛叔父徐佩時為餘姚縣學生。按張時敏即張

悅，明清進士錄：「張悅，天順四年三甲一名進士。松江華亭人，字時敏，號定庵。授刑部主事，進員外郎。成化中，出為江西僉事，改督浙江學政，力拒請托。孝宗時，為吏部左侍郎，主人才選拔，衆稱公允。官至兵部尚書。卒謚莊簡。有定庵集。」張時敏來督學政（提學）在成化十年，曹時中張公悅墓誌銘：「成化己丑，轉僉江西……薦統兩浙學政。」（國朝獻徵錄卷四十二）王華瑞夢堂記：「成化甲午秋試，督學張時敏公首以華與謝公遷同薦。」陸深海日先生行狀：「提學松江張公時敏考校姚士，以先生與木齋謝公為首，並稱之曰：『二子皆當狀元及第，福德不可量也。』」「令

叔」當指徐愛父徐璽之弟徐佩，黄綰徐府君墓誌銘：「徐府君，諱廷玉，字汝詢……府君生二子：文炯、文瑩。二子之子九人：璧、璽、珏、瑞、珍、瑛、璉、璞、佩，珏、佩皆聽選官。」（石龍集卷二十三）若以徐佩成化十年在餘姚縣學十四歲算，則到弘治十六年王華選婿時，徐佩已四十七、八歲，王華豈會考慮選其為婿？足見錢德洪之說為誤。蓋陽明只謂徐佩在餘姚縣學時聰明一時，後蕩然自敗，並未言王華嘗考慮選徐佩為婿。錢德洪乃誤解陽明之意，妄增其說，竟云「海日翁舍其叔而妻曰仁」，可謂無中生有矣。陽明書中云「來此讀書」，乃指來京讀書問學，至次年徐

果來京受學矣。

送陳鳳梧赴湖廣按察司提學僉事任，別後有書往返討論行郡縣學規事。

韓邦奇都察院右都御史贈工部尚書靜齋陳公鳳梧傳：「……九月，陞湖廣按察司提學僉事。公仰體勅諭，一以崇正學、迪正道為己任，推衍聖制為十八條，目為三十一條，刻行郡縣，為諸生規，品士維公，一字一句，必加評品，曰：『一卷一人之功名也，吾一人可受不明，即士子屈負恨矣。』日四生更迭在門，諸生來參看，兩生引至堂

，唱曰：「某處生某人，以某事見。」曰非特尊崇師道，亦示無私謁也。……」（國朝獻徵錄卷五十九）

新刊陽明先生文錄續編卷二答陳文鳴：「別後，企仰日甚。文鳴趨向端實，而年茂力強，又當此風化之任，異時造詣何所不到，甚為吾道喜且慶也。近於名父處見所寄學規，深嘆用意精密，計此時行之已遍。但中間似亦有稍繁，必欲事事責成，則恐學者誦習之餘，力有弗逮；若但施行，無所稽考，又恐凡百一向廢墜，學者不復知所尊信。何若存其要者數條，其餘且悉刪去，直以瑣屑自任為過，改頒學者，亦無不可。僕意如此，想高明自

有定見，便中幸加斟酌，示知之。僕碌碌度日，身心之功，愈覺荒耗，所謂未學而仕，徒自賊耳。進退無據，為之奈何！懋貞、成之相見，必大有所講明，凡有新得，不惜示教。因鄭汝華去，草率申問。」

按：明孝宗實錄卷二百十六：「弘治十七年九月乙卯，陞刑部員外郎陳鳳梧、户部員外郎馮夔俱為按察司僉事：鳳梧，湖廣，提調學校；夔，廣東，清理鹽法，兼管屯田。」陳鳳梧陞湖廣提學僉事在九月二十八日，其赴任當在十月。陽明書所云「別後」，即指陳鳳梧別陽明赴湖廣僉事任。陽明書所言「學規」，即陳公鳳梧傳中所言「推衍聖制為十八條，目為三十一條，刻行郡縣，為諸生規」。陽明書所言「名父」即楊子器，字名父，號柳塘。邵寶河南左布政使楊公子器墓志云：「又二年，考最，進階文林郎，受贈封典。尋召補吏部考功主事。正德丙寅，轉驗封員外郎。」（國朝獻徵錄卷九十二）是弘治十七年時楊子器在京任吏部考功主事，與陽明過從甚密。「鄭汝華」即鄭岳，字汝華，號山齋。柯維騏兵部左侍郎鄭公岳傳云：「起補刑部主事……岳抗疏論列，人咸稱允。擢湖廣按察僉事……武宗初，擢廣西兵備副使。」（國朝獻徵錄卷四十）知陽明所言「鄭汝華去」乃是指鄭岳赴湖廣按察僉事任，陽明遂託其携此書遞呈陳鳳梧。「懋貞」即吳世忠，按明孝宗實錄卷二百零七：「弘治十七年正月戊寅，陞吏科左給事中吳世忠為湖廣布政司左參議。」又國朝獻徵錄卷六十三

國朝獻徵錄卷六十三都察院右僉都御史吳世忠傳：「弘治庚戌進士，授兵科給事中，歷吏科左給事中，陞湖廣布政司左參議……」是弘治十七年時吳世宗任湖廣左參議，與陳鳳梧在一起。「成之」即徐守誠，按明孝宗實錄卷二百十：「弘治十七年四月甲午，刑部員外郎徐守誠為湖廣僉事。」是弘治十七年時徐守誠亦任湖廣僉事，與陳鳳梧在一起，故陽明書中云「懋貞、成之相見，必大有所講明」。刑部「西翰林」之中堅人物至是又皆聚於湖廣講論學問，引人注目。

十一月十三日，古迂陳壯卒，為作像贊。

懷麓堂集卷八十七河南按察司副使致仕陳君直夫墓志銘

：……」直夫諱壯，自號古迂，浙之山陰人。生正統丁巳，其舉進士以天順甲申，卒以弘治甲子十一月十三日乙丑。某月某日，葬黄龍尖山之原。予與直夫同京產，又同甲第，雅相知厚。」

王陽明全集卷二十五陳直夫南宮像贊：「夫子稱史魚曰：『直哉！邦有道如矢，邦無道如矢。』謂祝鮀、宋朝曰：『非斯人，難免乎今之世矣。』予嘗三復而悲之。直道之難行，而諂諛之易合也，豈一日哉！魚之直，信乎後世，其在當時，不若朝與鮀之易容也，悲夫！吾越直夫陳先生，嚴毅端潔，其正言直氣，放蕩倖諛之士，嫉視若仇。彼寧無知之，卒於己非也。故先生舉進士不久，輒致仕而歸，屢薦復起，又不久輒退，以是也哉！然天下之言直者，必先生與焉。始予拜先生於錢清江上，歡然甚得。先生奚取於予？殆空谷之足音也。世日趨於下，先生而在，雖執鞭之事，吾亦為之。今既沒矣，其子子欽以先生南宮圖像請識一言。先生嘗塵視軒冕，豈一第之為榮！聞之子欽，蓋初第時有以相遺者，受而存之。先生沒，子欽始裝潢，將藏諸廟，則又為子者宜爾也。詩曰：有服襜襜，有冠翼翼，在彼周行，其容孔式。秉笏端弁，中溫且栗。既醉以酒，既飽以德。彼何人斯？邦之司直，邦之司直，宜公宜孤。既來既徂，為冠為模。孰久其道，衆聽且孚。如江如河，其趨彌汚。邦之司直，今也則亡！」

十二月，南京御史王蕃劾陽明以托養病主山東鄉試。

萬曆野獲編卷十四京考官被劾：「弘治十七年甲子科，禮部建議用京官各省考試，於是浙江聘南京光祿少卿楊廉，山東聘刑部主事王守仁，既訖事矣。至十二月，南京御史王蕃劾廉以省親，守仁以養病。夫省親者，背親為不孝；養病者，托病為不忠。不忠不孝之人，大本已失，何以權衡人物？乞復里選之制，正廉等罪。然楊實依親在浙，王以病痊北上，俱非現在官也。王蕃之言雖過，然當時御史辟聘，亦似出格，所以止行一科，旋即報罷。今制，則先期請於朝，皆以詞林諫垣及部屬中行出典省試，遂為成例，不可改矣。王文成後日功名不必言，即楊廉亦至南禮部尚書，謚文恪。則言官白簡，亦未足輕重也。」

按：時王華陞禮部右侍郎，故所謂「禮部建議用京官各省考試」，乃暗指王華也。稍後遂有科道官交章奏劾王華「典文招議」矣。蓋用京官主各省考試實出王華所定，陽明主山東考試亦實出王華之意，故王華遂因此遭劾，而弘治十七年山東鄉試録亦一時不得刻版流行，致有散佚也。

一五〇五　弘治十八年　乙丑　三十四歲

正月，龍霓由刑部員外郎出任浙江按察僉事，陽明與在京李夢陽、何景明、邊貢、顧璘、杭淮等二十二人聚文會相送，由吳偉作畫，各人題贈詩，羅玘作序。

明孝宗實録卷二百十九：「弘治十七年十二月辛酉，陞刑部員外郎龍霓為浙江按察僉事。」

羅玘文會贈言序：「金陵龍致仁由刑部員外郎出僉於浙。致仁，豪俠士也；浙，大藩也；僉事，憲臣也。議者以為豪傑之才，用則無其不可為者；未也，然必得大藩，始有可為之地；猶未也，然又必待憲節焉，始有得為之權。而致仁亦欲自試也，以答上之知也。別其友以行，於是其友之雅與文會者凡二十二人，人為一詩以贈，題

必以浙之勝者志致仁他日次第之所歷也，而其經緯脉絡，予請為致仁商之。夫人北道赴浙者，必自檇李入，春秋之末，吳越於此日尋干戈，爭尺寸焉；今則東南孔道也，則夫天下可以為有一定之勢乎哉？孟子曰：『所惡，執一者為其賊道也。』可不省諸！而於是時，當迓者至，導以入會府之城，其於古也為錢塘，即而行禮上之禮。越三日，群廟告至，讀表忠觀之碑，循蘇公堤，拜武穆王之像於西湖之上，奮曰：『予何人哉？庶幾臣節可勵也。』浙分東西為二道，僉事歲分其一焉。渡浙而北泝者，為桐江，姓是州者誰也，載求泰伯祠，而鞠躬焉。廉貪起懦

，於消息盈虛之間，盍於明月泉驗之其然邪？要今之二千石，無有慢遊以病民者，有則必誅。扃謝公樓，窒白石洞，弭綠波亭下，艤舟以嬉者，其嚴乎？使蘭亭諸賢尚在，亦當減坐中觴詠之七。孰為曹娥江之廟？驟之過也式之。式清風嶺之祠，訪林逋之宅，亦有築堆讀書如顧野王者乎？則駐節賞之。而或昇夫所指，有吹笙臺焉，呵之左道，無由而入矣。浙，澤國也。浙東之鵝池、鑑湖、剡溪，浙西之苕溪、葛洪川，淤者必濬，圮者必完，奪於豪者必復，舉以利民焉，使民如歌白公者歌之，則致仁可以告成事矣。而今而後，天下之人益信夫

豪傑之才得其地與權，真可以有為哉！而凡二十二人之詩，亦非徒作也。若夫考績幽明之法，則上與當軸者事也，予何敢與知？致仁亦自不必知也。弘治十八年正月之吉，賜進士出身、翰林院史館編修兼經筵官南城羅玘序。」（中國古代書畫圖目（二），吳偉文會贈言圖）

陽明西湖：「我所思兮山之阿，下連浩蕩兮湖之波。層巒復巘，周遭而環合。雲木際天兮，擁千峰之嵯峨。送君之邁兮，我心悠悠。桂之檝兮蘭之舟，簫鼓激兮哀中流。湖水春兮山月秋，湖雲漠漠兮山風颼飀。蘇之堤兮逋之宅，復有忠魂兮山之側。桂樹團團兮空山夕，猿冥冥

兮嘯青壁。曠懷人兮水涯甘，目惝恍兮斷秋魄。君之遊兮，雙旗奕奕，水鶴翩兮，鷗鳧澤澤。君來何暮兮，去何毋疾；我心則悅兮，毋使我亟。送君之邁兮，欲往無翼。雁流聲而南去兮，渺春江之脉脉。

陽明王守仁」。（中國古代書畫圖目（二），吳偉文會贈言圖）

按：龍致仁即龍霓，號中谿，宜春人（一作金陵人），龍瑄之子。陳田明詩紀事丙籤卷十一：「龍瑄，字克溫，宜春人，僑寓金陵。有鴻泥集二十卷。江西詩徵：宜春龍瑄，以世襲武職，遂為金陵人，與邱仲深、羅彝正、陳公甫為布衣交，有聲江湖。自號半閑居士。」又丁籤卷七：「龍霓，字致仁，南京牧馬千户所籍。本宜春人，處士瑄子。弘治丙辰進士。官浙江按察僉事。金陵詩徵：致仁罷官後，入茗溪社，與劉南坦、吳甘泉、陸玉厓、孫太初為五隱。」同治長興縣志卷二十六：「龍霓……號西溪。弘治九年進士，由工部主事僉浙水利。居官嚴毅簡重，剛直有為，一時聲譽藉藉，風采凜然，秉正嫉邪，綽有成績。以忤璫罷歸。正德初，僑寓長興夏駕山，與劉麟、孫一元、陸崑、吳琬結社，為湖南五隱。」李夢陽太白山人孫一元傳：「太白山人者，吳越間放人也……於是買田茗溪之旁……是時建業劉麟、龍霓咸徙居湖，與吳充、陸崑暨山人結社遊，號苕溪五隱。」（國朝

獻徵錄卷一百十五）按：龍霓弘治中任刑部員外郎，與陽明同僚共事，關係甚密，或亦一刑部「西翰林」人物耶？是次龍霓出任浙江按察僉事，陽明與李夢陽、何景明、邊貢等二十二人聚文會相送，由畫師吳偉作畫，二十二人題贈詩，羅玘題序，可謂京都一大詩文盛會，於有明一代亦未多見也。吳偉文會贈言圖上猶題有是次文會十三人贈詩，茲著錄於下，以見陽明在都下與前七子等文士相唱酬、以才名相馳騁之況：

錢塘（空同李夢陽）：「錢塘八月潮水來，萬弩射潮潮不回。使君臨江看潮戲，越人行潮似行地。撾我鼓，旌我旗，君不樂兮君何為？投爾旗，輟爾鼓，射者何人爾停弩。濤雷殷殷蛟

龍怒，中有烈魂元姓伍。」
鵝池（限韵）（汝郡劉淮）：「越山只隔吳江在，三賦風流思不禁
。揮灑有時尋故事，相思何處寄騷吟。白鵝舊蹟空煙水，
墨本餘香滿閬岑。我亦狂書數行字，分題送贈憶山陰。」
滿庭芳（鑑湖）（古鄞人陳沂）：「水蕩成湖，湖開如鑑，因將
鑑字名湖。碧光千頃，真宰鑄神模。秋興長天一色，寒宵
永，明月同孤。何須待，燃犀津渚，百怪敬潛軀。　當年逢
賀老，浮遊物表，鍊化逃虛。使君來此地，竟不相如。要使
澆風淨洗，封疆外，一點塵無。須知道，湖如堤姓，千載尚隨
蘇。」

桐江（鳳東陳欽）：「渺渺桐江流，釣臺峙雲上。一絲繫九鼎，
名高屹相尚。清風激頹波，急瀨鳴秋漲。揚颿此巡歷，懷
古重惆悵。問訊水邊祠，松朽幸無恙？」
蘭亭（江左李熙）：「茂林今何在？修竹亦已蕪。昔時修禊賢
，俱為泉下徒。文章留金石，音發諧笙竽。古今同厥觀，悲
樂乃異趣。緬懷千載上，今人但長吁。卓哉諸賢豪，無補
清談迂。昔人豈云達？今人豈免愚？達者遺世累，天地如
狗芻；愚者守名教，訏謨奠寰區。使君過西陵，弔古知躊
躕。躊躕復躊躕，為樂勿須臾。早回使君駕，疲民望來蘇。」
越溪（信陽何景明）：「溪之水兮幽幽，誰與子兮同舟？舟行暮

入山陰道，月濛濛兮雪皜皜。千載重尋戴逵宅，溪堂無人
夜歸早。乘興而來興盡休，□君不見王子猷。」
蘇公堤（江左顧璘）：「蘇公去已久，芳名宛如昔。眉山荒涼白
日微，西湖春水年年碧。長堤已作往來道，上有垂楊下芳草
。淫濤不汎水靈慈，私田長稔溪農飽。厖眉父老長子孫，家常
報祀頌公恩。男兒生世有遠略，豈立簿領酬公門。使君朝
莫堤上行，認取千秋萬古名。」
明月泉（興安鄒麟）：「吾懷大化初，陰精渾融液。兩儀上首居
，散作泉月跡。泉清復深冷，泠泠出山石。取之濯我纓，纖
塵不可積。孤月何皎皎，化昇當日夕。飛明入幽陰，覆盆如

晝白。月盈泉始流，泉秘月亦魄。茲理本一源，杳杳通玄脉。
願言三五期，圓光浸虛碧，蕩漾無定形，清輝宛如昔。氣味
苟不殊，風雲詎能隔？」
清風嶺（宜興杭淮）：「絕嶺逼霄漢，其顛多清風。四時吹不
斷，震蕩叢篁中。中有貞女祠，歲久不可窮。烈心比秋日，皎
皎懸蒼穹。清風掃莓徑，如迎使君驄。使君冰雪操，不媿貞
女重。」
林逋宅（郴陽范淵）：「渺西湖兮一方，高孤山兮石蒼蒼。處士
去兮何時，構數椽兮曾於斯。聞處士之風兮，實勞我思。
處士自晦兮有道，妙於詩兮情況以好。柴之門兮竹之户，煙

樹茫茫兮水花亂吐。時其出兮斗酒扁舟，絕所適兮有鶴與遊。來美謚兮恩其殊，發潛德兮有吾儒。幸使君兮一往，嘉使君兮胸懷浩放。泛西湖兮登孤山，弄風月兮吟笑間。為問處士兮有無其家，想老梅之偃蹇兮依舊寒花。」

太白祠（濟南邊貢）：「萬乘尊，如浮雲，髮乎可斷身可文。弟有雍，孫有札，歷代清風見家法。牲牢臕，黍稷香，帛煙裊，簫吹揚。使君祭歸廟門掩，松濤颯颯靈旗颭。」

曹娥江（虔州謝承舉）：「嗟汝娥，咄汝父，作巫迎神竟何補？浙江潮頭猛如虎，不惜捐軀棄如土。咄汝父，嗟汝娥，孤身煢煢涕滂沱。悲風四起吹白波，生身不男可奈何！娥心孝義神鬼知，三日見旴負旴尸。古之烈女昭青史，名與忠臣并相擬。至今江水清無塵，照見往來浮渡人。渡若非人不敢渡，輒鼓風濤觸娥怒。使君巡行過此江，期名與娥天地雙。」

吹笙臺（葵丘王韋）：「帝子何時築此臺，臺中遺響尚徘徊。千年幽怨人應遠，半臨高寒鳳自來。歷歷秋聲聞素月，茫茫仙跡鎖蒼苔。欲求伊洛翻新譜，只恐離情不易裁。」

吳偉，著名畫家。國朝獻徵錄卷一百十五吳次翁偉傳：：「吳偉，字次翁，江夏人……山水人物入神品……成化間，國公某延至幕下，一見，以『小仙』呼之，因以為號……憲宗皇帝召至闕下，授錦衣鎮撫，待詔仁智殿。偉有時大醉被召，蓬首垢面，曳破皂履，踉蹌行，中官扶掖以見。上大笑，命作松風圖。偉蘸翻墨汁，信手塗抹，而風雲慘慘生屏風間，左右動色。上嘆曰：『真仙人筆也！』……孝廟登極，復召見便殿，命畫稱旨，授錦衣衛百户，賜『畫狀元』印章……偉思還楚，蒙恩祭掃武昌數月，還至采石。有旨趣回京，賜西街居第。逾二年，偉稱疾，得居秦淮之東涯。正德元年五月，武宗即位，遣使召之。使者至，未就道而中酒死，時年五十。」弘治末吳偉居京師西街，陽明亦居京師任職，方耽於習書畫之時，當與吳偉熟識，今猶存陽明數幅圖畫習作，其稱所學之「畫師」，或即吳偉耶？如今浙江省博物館藏一陽明手書「古詩」真迹，乃咏嘆一畫師精妙作畫之詩，其中所贊「畫師」疑即指吳偉。茲將陽明此詩著錄於下（題目今擬）。

陽明觀畫師作畫次韵：「曉日明華屋，晴窗閲卷牘。試拈枯筆事遊戲，巧心妙思回長轂。貌出寒林鴉萬頭，潑蓋金壺墨千斛。從容點染不經意，欻忽軒騰駭神速。寫情適興各有得，豈必校書向天祿。怪石昂藏文變虎，古樹叉牙角解鹿。飛鳴相從各以族，翻舞斜陽如背暴。平原蕭蕭新落木，歸霞掩映隨孤鶩。高行拂暝挾長風，劇勢摶雲卷微霖。開合低昂整復亂，宛若八陣列魚腹。出奇邀險倏變化，無窮何止三百六。獨往耻為腐鼠爭，疾擊時同秋隼逐。畫師精妙乃如此，天機飛動疑可掬。秋堂華燭光閃煜，展示還嫌雙眼肉。俗手環觀徒嘆羡，摹倣安能步一蹴。嗟哉用心雖小技，猶勝飽食終日無歸宿。

即席陽明山人王守仁次韻。」（詩真迹今藏浙江省博物館）

為龍霓父龍瑄鴻泥集作序。

王陽明全集卷二十九鴻泥集序：「鴻泥集十有三卷、燕居集八卷，半閑龍先生之作也。其子僉憲君致仁將刻諸梓，而屬其序於守仁曰：『斯將來之事也，然吾家君老矣，及見其言之傳焉，庶以悅其心。吾子以為是傳乎？』守仁曰：『是非所論也。孝子之事親也，求悅其心志耳目，惟無可致力，無弗盡焉。況其言語文辭，精神之所存，非獨意玩手澤之餘，其得而忽也。既思永其年，又思永其名，篤愛無已也。將務悅其親，寧是之與論乎？』君曰：『雖然，吾子言之。』守仁曰：『是乃所以自盡者。夫必其弗傳也，斯幾於不仁；必其傳之也，斯幾於不知。其傳也，屬之己；其傳之弗傳之也，屬之人。姑務其屬之己也已。』

君曰：『雖然，吾子必言之。』守仁曰：『繪事之詩，不入於風、雅；孺子之歌，見稱於孔、孟。然則古之人其可傳而弗傳者多矣，不冀傳而傳之者有矣。抑傳與不傳之間乎？昔馬談之史，其傳也遷成之；班彪之文，其傳也固述之。衛武公老矣，而有抑之戒，蓋有道矣。夫子刪詩，列之大雅，以訓於世。吾聞先生年八十，而博學匪懈，不忘乎警惕，又嘗數述六經、宋儒之緒論。其於道也，有聞矣；其於言也，足訓矣。致仁又尊顯而張大之，將益興起乎道德，而發揮乎事業，若泉之達，其放諸海，不可限而量。是集也，其殆有傳乎？』致仁起拜曰：『是足以為家君壽矣。霓也，敢忘吾子之規？』遂書之為叙。」

按：前考龍瑄字克温，龍霓父。黄虞稷千頃堂書目卷二十別集類：「龍瑄鴻泥集二十卷、又燕居集。霓之父，自號半閑居士。顧東江作傳。字克温，宜春籍，金陵人。與邱濬、陳獻章友善。」又卷十五類書類：「湖南雅社録，龍霓。」按陽明序稱「其子僉憲君致仁」，「僉憲」即指龍霓除任浙江按察僉事，可見陽明此序作在正月龍霓將赴浙江僉事任時，與其作西湖詩送龍霓同時也。

二月，户部主事李夢陽上疏抨擊朝政，陽明暗助李夢陽奏劾壽寧侯張鶴齡。

國榷卷四十五：「弘治十八年二月己巳……户部主事李夢陽上言時政：有元氣之病（大臣），腹心之病（内官）；有三害：兵害，民害，莊場畿民之害；有六漸：匱之漸，盜之漸，壞名器之漸，弛法令之漸，方術眩惑之漸，外戚驕恣之漸。曰：「陛下至親莫如壽寧侯，今招納亡賴，罔利賊民，顧不嚴禮以為之防，臣恐其潰且有日矣。」上怒，下錦衣獄。指揮牟斌詰曰：「胡不指壽寧侯羽翼？」夢陽曰：「慮置對耳。」斌曰：「指則可據事實剪其翼，奚對焉？」獄上，竟還夢陽職。上一日問兵部尚書劉大夏：「外議云何？」曰：「頃釋李夢陽，中外誦聖德厚甚。」上曰：「獄初具，朕問左右云何，曰：「宜杖。」朕知此輩欲死夢陽，快中宮，朕不為也。」尋遊南宮，張鶴齡兄弟夜直，上獨召鶴齡膝語，左右遥見鶴齡免冠首觸地，蓋責數也。鶴齡稍戢。談遷曰：泰陵時，壽寧貴震天下，中外多藉之媒進，無敢少忤。夢陽孱然一孤生，抗數其横，誠批逆鱗矣。幸天子明恕，得全七尺。否則一金吾力，同逄、比遊地下也。」

空同集卷三十九秘録：「初，詔下懇切，夢陽讀既，退而感泣，已歎曰：「真詔哉！」於是密撰此奏，蓋體統利害事，草具袖而過邊博士。會王主事守仁來，王遽目予袖而曰：「有物乎？有必諫草耳。」予為此，即妻子未之知，不知王何從而疑之也。乃出其草示二子，王曰：「疏入必重禍。」又曰：「為若筮可乎？」然晦翁行之矣。於是出而上馬並行，詣王氏，筮得田獲三狐，得黄矢，貞吉。王曰：「行哉，此忠直之繇也。」及疏入，不報也，以為竟不報也。一日，忽有旨拿夢陽送詔獄，乃於是知張氏有本辯矣。張氏論我斬者十，然大意主訕母后，謂疏末張氏斥后也。掌詔獄牟斌。牟斌問曰：「壽寧胡不指其事實羽翼？」予曰：「慮對耳。」斌曰：「指則我能據事實剪厥羽翼，奚對焉？」獄成，牟斌參之，其略曰：「原情應詔，論法亦違。而渠云十罪者，悉置弗入。」奉聖旨，李夢陽妄言大臣，姑從輕罰俸三個月。此十八年四月十六日也。居頃之，龍馭上賓矣。痛哉，何忍言，何忍言！太醫院使吴釴，高郵人也，謂我曰：上崩之明日，釴往見一近侍閹，會閹挈其白綾褶子出，褶子自肩以下，血淋淋未乾也。閹迎釴以褶子，泣曰：「此爺爺口鼻中血也。」釴相與泣，問故，言上氣絶時，閹負之，自寢出。云已，閹拉淚謂釴曰：「怎更能得此聖明皇帝！」釴叩之，閹曰：「前李夢陽事知否？」釴曰：「不知。」閹曰：「上初無奈壽寧輩逼何，金夫人又日在上前泣訴不平。上欲借宫人每力，一日朝退，召三閣老，上問：「李夢陽言事若何？」劉健輒對曰：「此狂妄小人耳。」上默然良久，謝遷前對曰：「其心無非為國。」上頷之，曰：「然。」會科道官交章入，李夢陽由是得釋。然釋之日，金夫人猶在上前泣訴，求重刑。上怒，推案出，竟批止罰俸三月。汝以為此等皇帝能更得否？」言既，二人相對大聲哭。而尚書劉公大夏曰：「釋李夢陽時，會上召我言閣輩事，因遂及李夢陽事，上曰：『朕初欲輕譴此人，而左右者輒乃曰：「輕莫如打二十放了。」已顧大夏曰：「汝知渠意乎？」大夏叩頭對曰：「臣不知。」上曰：「打必送錦衣衛，渠拴關節打之，必死也。於渠輩則誠快矣，如朕殺諫臣何！」』」正德間，予至江西，則見都御史艾璞，曰：「璞往為光祿卿。故事，光祿寺日辦有攢盤。云攢盤者，供近侍閹者也。孝宗末尚儉節，斯格不行矣。而一日未申間，忽有旨趣辦攢盤十餘，眾驚愕辨矣，久之不取也。例辦不入，卿不出，璞守至昏黑，東安門將下鎖矣。一老閹來曰：『官第出。』璞於是倉皇出。明日入至寺，寺閹耳語璞曰：『知攢盤否？』璞曰：『璞何由而知也。』閹曰：『昨夜上蓋遊南宮，云皇后、皇太子、金夫人從。而二更時，召二張自東安門入。』璞問曰：『何事？』閹曰：『上和解二張耳。為李主事事。』璞叩詳細，閹不答。」

予因記往錦衣百戶郭勳曰：「上遊南宮時，二張夜入侍，酒中皇后、皇太子、金夫人皆迤邐出遊，上獨召大張促膝語，左右咸莫知聞，第遙見大張免冠觸地謝云。」予始不甚信，今以艾公言質之，符矣。」

三月，是科錄取進士三百零三名，選嚴嵩、湛若水、方獻科（方獻夫）、倪宗正、穆孔暉、陸深、張邦奇等人為翰林庶吉士，自是陽明門人始進。

國榷卷四十五：「弘治十八年三月庚子，廷試貢士董玘等三百三人，賜顧鼎臣等進士及第出身有差……辛亥……選翰林庶吉士嚴嵩、湛若水、倪宗正、陸深、翟鑾、邵天和、徐縉、張九敘、蔡潮、林文迪、安邦、段炅、蔡天祐、胡鐸、高淓、馬卿、劉寓生、安磐、穆孔暉、李艾、王韋、趙中道、黃如金、閔楷、傅元、孫紹先、易舒誥、方獻科、張邦奇，命太常寺卿兼翰林學士張元禎、學士劉機教習。」

錢德洪陽明先生年譜：「十有八年乙丑……在京師。是年先生門人始進。學者溺於詞章記誦，不復知有身心之學。先生首倡言之，使人先立必為聖人之志。聞者漸覺興起，有願執贄及門者。至是專志授徒講學。」

按：是科所取進士，後來多與陽明關係密切，如湛若水、方獻夫、嚴嵩、劉節、張邦奇、陸深、周廣、鄭一初、鄭善夫、胡東皋、胡鐸、聞淵、倪宗正、徐楨卿、顧應祥、謝丕、翟鑾、穆孔暉、戴德孺、陳鼎、許完等，其中如方獻夫、張邦奇、陸深、周廣、鄭一初、鄭善夫、顧應祥、穆孔暉、陳鼎等皆來問學，多成為陽明弟子，此即錢德洪所云「先生門人始進」，「有願執贄及門者也」。

春中，陽明設席送梧山王縝歸祀南海。

梧山王先生集卷十七伯安席上留別王思獻太史韵：「七年未得過家庭，一片歸心付八溟。分祀喜從南海便，移文應笑北山靈。幾人知己忘形勢，何處英賢聚德星。極愛斯文多麗澤，臨岐還不廢盤銘。」

同上，卷十五詠懷次晉阮嗣宗韵兼柬王伯安胡世甫二首：「平生風雩志，落落在孤琴。念我所懷人，危坐斂衣襟。雲起戀孤岫，風來振高林。惟有心中鳥，可以托吾心。

善學亦善變，大鵬其自生。神化固玄妙，天地終有形。樂本通靈聖，誠能信窈冥。惟憑五湖水，今古共忘情。」

按：王思獻即王縝，陽明在泰山與王縝相見後，大約兩人同回京師，故王縝此詩當作在陽明與王縝自泰山

第474-1页

歸來以後不久。王縝弘治十二年嘗出使安南便道歸省（見前），至弘治十八年已七年未歸，即王縝詩所云「七年未得過家庭」。按國榷卷四十五：「（弘治十八年六月甲子）工科都給事中王縝等，乞裁錦衣衛帶俸畫士蕭增等」。是縝在六月已回京師，則其出祀南海當在春間。王縝為白沙弟子，其稱贊陽明「善學亦善變」，能如盤銘所云「日日新，又日新」，透露了陽明是年思想新變與白沙思想關係之消息。

四月，諸偁告歸，陽明作詩贈別，有自悔溺於神仙之嘆。

陽明書扇贈揚伯：「揚伯慕伯陽，伯陽竟安在？大道即吾心，萬古未嘗改。長生在求仁，金丹非外待。繆矣三十年，於今吾始悔。

諸揚伯有希仙之意，吾將進之於道也。於其歸，書扇為別。陽明山人伯安識。」（書扇真迹今藏日本定靜美術館）

按：諸揚伯即諸偁。王陽明全集卷十九有此詩，置於弘治十八年詩之中，題作贈陽伯，但無後題。陽伯，陽明手迹作揚伯，按國朝獻徵錄卷一百零三有戚元佐作貴州諸觀察偁傳：「公名偁，字揚伯，嘉興人……嘗題其舉子草曰：『求速不求精』及其屬菜復然，終不能變慮以從率易也。以是數躓於棘闈，幾四十始登第，時正德丁丑……」兩浙名賢錄卷三十七貴州按察副使諸揚伯偁亦云：「諸偁，字揚伯，嘉興人……」古人名與字義相應，偁者，揚也，顯可見作

第474-2页

揚伯為是，作陽伯為非。此詩云「繆矣三十年」，疑諸偁乃
是弘治十八年初入京會試（時已二十八歲），科舉下第，遂來
見陽明問學，陽明書扇詩贈别，蓋在夏四、五月用扇之時
。陽明於詩中首發三十年「溺於神仙之習」之悔嘆，尤可注
意。

五月七日，孝宗卒。十八日，武宗即位。二十日，命禮部
右侍郎王華詳定山陵。二十二日，王華上疏言選山陵地事。
國榷卷四十五：「弘治十八日辛卯，上召諭皇太子曰：『後
事悉如先帝遺典，祭用素羞。社稷事重，孝奉兩宮，進
學修德，用賢使能，毋荒怠也。』午刻，大風霾，雲端若
有人騎龍上升，人多見之。俄上崩，年三十六。……壬寅
，上即皇帝位。……丁未，令太監扶安、李興、覃觀，禮
部右侍郎王華，少卿吳昱，詳定山陵。」
明武宗實録卷一：「弘治十八年五月壬辰，以大行皇帝賓
天，告於奉先殿。……己酉，禮部右侍郎王華言：『臣等奉
命覆視施家臺吉地，欲求通曉地理之人，一時不能周知
。給事中許天錫所言，深得其理，宜令舉一人。』遂令天錫
偕華等往視。」

太僕少卿儲巏有書來論政事。

儲巏柴墟文集卷十四復王伯安書三：「奉别忽再踰歲。中

第475頁

間嘗兩致起居之問。邇來側聞抵京，英姿豪氣，不減疇
昔，想不為造化小兒所苦矣。欣慰，欣慰！巏忝竊過望
，日以曠敗為懼。相知者何以教之，諒於某便不以疏遠
恝也。今日涉園見杏花，甚切奉懷，比此簡至，北土者
亦爛然矣。觴咏之際，想亦及某，也未涯瞻。昨胡惟臣
回，附書想徹覽矣。不意遽罹國哀，臣庶皆有堯崩之痛
，天意殆不可諶耶？所建明者，想應讜言之詔，連日煩
冗，不暇抄看，亮稱先旨也。宣府先利五六千人，至殺
兩裨將，人情洶洶。傳聞虜復掠上谷，京軍已出矣。未
知將來如何。攘外必須治内，今内不治者多，第一大蠹
未去，貽患不可勝言。此非紙頭可盡者。人回，聊及之
。不一。」

按：儲巏此書所言「國哀」，指孝宗卒。所言「宣府失利五六千
人」云云，事在五月二十一日，國榷卷四十五：「弘治十八年五月
戊申，虜大舉寇宣府，由新開口至虞臺嶺，屯牛心山、黑
柳林，列營二十里。巡撫李進、總兵張俊令分兵軍新河、柴溝
，凡萬五千人。已，虜毁垣入，左參將李稽迎戰，副總兵白玉
、黄鎮，萬全右衛游擊張雄，大同游擊將軍穆榮，各拒於
虞臺嶺。虜縱數千騎嘗我軍，玉置營高阜，虜笑曰：『彼
自處乾地，可立敗也。』乃合營圍我，絶汲道，止留隘地一隅

第476頁

。張俊不知計，以三千人至萬全右衛城左，墜馬傷足。援兵都指揮曹泰至應州鹿角山，玉等被圍，絕飲食，掘井十餘丈，不得泉，飲馬溲而咀其矢。會大雨雹，以救解入後營，稽、玉亦潰圍而出，獨雄、榮阻山間遇害。喪卒二千一百六十五人，失馬六千五百餘匹。……告急，命都指揮陳雄、張澄俱為右參將，各率京營二千人往。又告急，復命都督李俊、神英充參將，各二千人往。……」可見儲巏此書作在弘治十八年五月下旬中。所謂「側聞抵京」，指陽明弘治十七秋九月返京。所謂「奉别忽再踰歲」，指陽明弘治十五年告别儲巏歸越，至是已三年。涉園（藕園）在蘇州，其時儲巏或是以太僕少卿往南都處理馬政，至六月方歸京。上禦敵疏，明武宗實錄卷二：「弘治十八年六月甲子……太僕少卿儲巏條奏禦虜五事……」據儲巏此書云「所建明者，想應議言之詔，連日煩冗，不暇抄看，竟稱先旨也」，似是新君登極，下詔求言，陽明嘗應詔上書，詳情今不可知矣。

六月，楊子器母張氏壽辰，陽明為作壽序。

王陽明全集卷二十九壽楊母張太孺人序：「考工主事楊名父之母張太孺人，以敏慧貞肅為鄉邑女氏師，凡鄉人稱閨閫之良，必曰張太孺人。而名父亦以孝行聞，苟擬人物，有才識行誼，無問知不知，必首曰名父。名父蓋今鄉評士論之公則爾也。今年六月，太孺人壽六十有七，大夫卿士美楊氏母子之賢，以為難得，舉酒畢賀。於是太孺人之長女若婿，從事於京師，且歸，太孺人一旦欣然治裝，欲與俱南。名父帥妻子從親戚百計以留。太孺人曰：『噫，小子無庸爾焉！自爾舉進士，為令三邑，今為考功，前後且十有八年，吾能一日去爾哉？爾為令，吾見爾出入以勞民務，昕夕不遑，而爾無怠容，吾知爾之能勤。然其時監司督於上，或爾有所畏也。見爾之食貧自守，一介不以苟，而以色予養，吾知爾之能廉。然其時方有以賄敗者，或爾有所懲也。見爾毀淫祠，崇正道，禮先賢之後，旌行舉孝，拳拳以風俗為心，吾知爾能志於正。然其時遠近方以是煒爾，或以是發聞也。自爾入為部屬且五年，庶幾得以自由，而爾食忘味，寢忘寐，雞鳴而作，候予寢而出，朝於上，疾風甚雨，雷電晦暝，而未嘗肯以一日休，予然後信爾之誠於勤。身與妻子為清苦，而澹然以為樂，交天下之士，而莫有以苞苴饋遺至，予然後信爾之誠於廉。凡交而來者，予耳其言，非文學道義之相資，則朝廷之政，邊徼之務是謀，磨礱砥礪，惟不及古之人是憂焉，予然後信爾之誠志於正，而非有所色取於其外，吾於是而可以無憂爾也已。

浙江大学古籍研究所

且爾弟亦善養。吾老矣，姻族鄉黨之是懷，南歸，予樂也。』名父跽請不已。太孺人曰：『止。而獨不聞之：夫煦煦焉飲食供奉以為孝，而中衡拂之，孰與樂親之心而志之養乎？』名父懼，乃不敢請。縉紳士夫聞太孺人之言者，莫不咨嗟嘆息，以為雖古文伯、子輿之母，何以加是。於是相與倡為歌詩，以頌太孺人之賢，而嘉名父之能養。某於名父厚也，比而序之。」

按：楊子器成化二十三年舉進士，下推十八年，則為弘治十八年（弘治十七年六月陽明尚在紹興）。按國榷卷四十五：「弘治十八年六月戊午……定泰陵，敕太監李興、新寧伯譚祐、工部

侍郎李鐩督工。已，吏部考功主事慈溪楊子器言：『大行山陵有水石。』興不悅，糾其妄。命司禮太監及禮、工部覆視，遂下子器錦衣獄。皇太后聞而釋之。」張氏或是因楊子器上言下獄事而決意歸慈溪，故多憤激之言。

二十八日，科道交劾禮部右侍郎王華「典文招議」，武宗不問。

明武宗實錄卷二：「弘治十八年六月丙辰，禮部奏：侍郎王華等覆視原擇山陵地果吉，宜行欽天監擇日興工。上從之……辛巳，初，科道交章言兩京堂上官賢否雜任，宜加甄別……如禮部侍郎王華典文招議……俱宜罷黜。至是吏部議：……漢并華等十三人進止取自上裁。上曰：『可。』漢候缺起用，溫等令照舊辦事。」

國榷卷四十五：「弘治十八年六月庚辰……科道交劾禮部右侍郎王華典文招議……俱宜罷斥。上不問。」

明武宗實錄卷二：「弘治十八年七月乙酉，科道復交章劾奏侍郎李溫、學士張元禎等十三人（按：中有王華），皆公論所不與者，皇上不宜曲賜優容，自損治體。下所司知之。」

八月，顧璘寄來詠桂詩。

顧華玉集息園存稿詩卷十四詠桂寄王陽明主事：「明月皎如銀，中有丹桂影。懷人坐良宵，衣裳露華冷。」

按：前考正月龐霓出任浙江按察僉事，陽明與李夢陽、何景明、邊貢、顧璘等二十二人聚文會相送，顧璘作蘇公提詩，陽明與顧璘即在其時相識，以後遂多有往來。顧璘亦一著名詩人，時任稽勳郎中。明清進士錄：「顧璘，弘治九年三甲一百五十五名進士。祖籍蘇州人，寓居上元，字華玉，號東橋居士。授廣平知縣，仕至南京刑部尚書。璘少負才名，與同里陳沂、王韋號稱『金陵三俊』，後并寶應朱應登繼起，稱『四大家』。歷官有吏能，晚罷歸，構息園，客常滿。有浮湘集、山中集、憑幾集、息園詩文稿、國寶新編、近言。」國朝獻徵錄卷四十八南京刑部尚書顧公

璘傳：「……弘治丙辰進士，授廣平縣知縣，入為南吏部驗封司主事，進稽勳郎中……為文不事險刻，雄深爾雅。詩尤雋永，時出奇峭，樂府歌辭，居然漢魏風格……與陳侍講魯南、王太僕欽佩及從弟憲副英玉相麗澤，聲望奕然。出入所雅遊若李獻吉、何仲默、朱升之、徐昌穀，皆海內名流，而公頡頏其間，不知其孰高孰下也。」按陳沂、王韋與顧璘皆參加正月送龐霓之文會，陽明與「金陵三俊」均相識有往來也。

九月十八日，王華以被劾乞休致，不允。

明武宗實錄卷五：「弘治十八年九月己亥……禮部右侍郎王華以被劾乞休致，不許。」

二十四日，與黃昭過訪李永敷，三人對菊聯句，陽明為作序。

王陽明全集卷二十九對菊聯句序：「職方南署之前，有菊數本，閱歲既槁。李君貽教為正郎。於是天子亮闇，西北方多事，自夏徂秋，荒頓窘戚。菊發其故叢，高及於垣。署花盛開且衰，而貽教尚未之知也。一日，守仁與黃明甫過貽教語，開軒而望，始見焉。計其時，重陽之節既去之旬有五日。相與感時物之變衰，嘆人事之超忽，發為歌詩，遂成聯句。鬱然而憂深，悄然而情隱，雖故託辭於觴詠，而沉痛惋悒，終有異乎昔之舉酒花前，劇飲酣歌，陶然而樂者矣。古之人謂菊為花之隱逸，則菊固惟澗谷巖洞村圃籬落之是宜。而以植之簿書案牘之間，殆亦昔之所謂『吏而隱者』歟？守仁性僻而野，嘗思鹿豕木石之群。貽教與明甫，雖各惟利器處劇任，而飄然每有煙霞林壑之想。以是人對是菊，又當是地，嗚呼！固宜其重有感也已！」

按：李貽教即李永敷，已見前考，時已任兵部職方司正郎（按：陽明亦由武選清吏司轉入職方清吏司）。黃明甫即黃昭，號小江，江陰人，時任兵部職方司主事。明清進士錄：

「黃昭，弘治九年二甲七十三名進士。直隸江陰人，字明甫。授刑部主事，改職方。正德初，以忤劉瑾罷官。瑾誅復起，累官福建按察副使。與貢安甫、史良佐同在正德黨籍，朝紳贈詩有『三虎』之句。」光緒江陰縣志卷十六人物：「黃昭，字明甫，弘治丙辰進士，授刑部主事，改兵部職方司。正德初，逆瑾擅權，抗節自守。瑾怒，罷之。瑾誅，起廣東按察司僉事，晉福建按察司副使，理屯鹽戎務，疏剔宿蠹，披呈隱匿。莆田山寇嘯聚，有司莫能制聞，昭往擒，相率散去。城門卒葉元保倡亂，昭行間諜擒首惡，亂遂平。方考績，聞母訃，即日冒雨跣行，奔喪歸。生平扶植人倫，善獎後進，曰未嘗言人過。工吟咏，尤長古文。」黃昭弘治九年授刑部主事，陽明弘治十三年授刑部主事，兩人當在弘治十三年相識，其後黃昭多來問學。泉翁大全集卷十六憲節怡萱序：「甘泉生與陽明子交於京師，因陽明獲交小江子。陽明子以言忤權奸，去兵部，卧病者踰月，無慍色。既而小江子以名為權奸所忌，去兵部……他日，甘泉子與小江子論聖賢之學曰：『堯、舜之道，孝弟而已。或由之而成行，或由之而成性。成行之謂賢，成性之謂聖。』小江子浩然而歸，過贛上，其質陽明都府也。』」卷四十送黃小江僉憲進表畢還廣州四首有序：「……自吾知小江於陽明子，後為權奸所黜……昔於陽明子

，邂逅初見君。初見意氣合，稍親直諒聞……」可見黃昭蓋亦一陽明早年弟子，錢德洪所謂「是年先生門人始進」也。

秋中，思念家鄉親友，多有懷鄉思友之詠。王陽明全集卷十九憶諸弟：「久別龍山雲，時夢龍山雨。覺來枕簟涼，諸弟在何許？終年走風塵，何似山中住。百歲如轉蓬，拂衣從此去。」寄舅：「老舅竟何如？心性老不改。世故惱情懷，光陰不相待。借問同輩中，鄉鄰幾人在？從今且為樂，舊事無勞悔。」（按：此老舅即鄭邦瑞之父）送人東歸：「五洩佳山水，平生思一遊。送子東歸省，尊鱸況復秋。幽探須及壯，世事苦悠悠。

來歲春風裏，長安憶故邱。」故山：「鑑水終年碧，雲山盡日閑。故山不可到，幽夢每相關。霧豹言長隱，雲龍欲共攀。緣知丹壑意，未勝紫宸班。」憶鑑湖友：「長見人來說，扁舟每獨遊。春風梅市晚，月色鑑湖秋。空有煙霞好，猶為塵世留。自今當勇往，先與報江鷗。」陽明天涯思歸：「趨庭戀闕心俱似，將父勤王事□違。使節已從青漢下，親廬休望白雲飛。秋深峽口猿啼急，歲晚衡陽雁影稀。鄰里過逢如話我，天涯無日不思歸。□□行，名父作詩送，予亦次韻。陽明守仁書。」（詩真迹由計文淵收藏，王陽明法書集著錄）

按：「名父」即楊子器，慈溪人。前考楊子器母張氏與其長女及婿欲南歸慈溪，陽明為作壽楊母張太孺人序，其中論事親與事君、歸養與出仕，與此詩所云「趨庭」與「戀闕」、「將父」與「勤王」、「使節」與「親廬」相同。疑楊子器所送之人即張氏婿（楊子器姐夫）。「鄰里」即指紹興、餘姚，蓋楊母及姐夫歸慈溪，必經紹興、餘姚，故陽明託其傳天涯無日不思歸之情。陽明序中言「相與倡為歌詩」，即包含陽明此倡和詩也。

十月，豫軒都維明八十歲受封，陽明為作賀序。王陽明全集卷二十九豫軒都先生八十受封序：「……今年先生壽八十，神完而氣全，齒髮無所變。八月甲寅，天

子崇徽號於兩宮，推恩臣下。於是南濠子方為冬官主事，得被異數，封先生如其官。同年之任於京者，美先生之高壽，樂南濠子之獲榮其親也，集而賀之。夫樂壽康寧，世之所慕，而予不敢以為先生侈；章服華寵，世之所同貴，而予不敢以為先生榮。南濠子以予言致之先生，亦且以予為知言乎？乙丑十月序。」

按：所謂「天子崇徽號於兩宮」，指立王氏為太皇太后，張氏為皇太后。國榷卷四十五：「弘治十八年八月癸丑朔。甲寅，皇太后王氏為太皇太后，皇后張氏為皇太后……丙辰，兩宮禮成，詔天下。」「冬官主事」，指都穆任工部都水司主事。

第485頁

與南濠都穆講論學問，自書程顥、李侗性理要語為座右銘，並書贈都穆以明己學。此座右銘為陽明由詞章之學轉向心性之學之標志，其以李侗「默坐澄心，體認天理」作為自己「聖賢之學」之要旨，與甘泉湛若水取同一心性之學路徑，皆本自白沙陳獻章也。

陽明書明道延平語跋：「明道先生曰：『人於外物奉身者，事事要好，只有自家一個身與心卻不要好；苟得外物好時，卻不知道自家身與心已自先不好了也。』延平先生曰：『默坐澄心，體認天理，若於此有得，思過半矣。』右程、李二先生之言，予嘗書之座右。南濠都君每過，輒

誦其言之善，持此紙索予書。予不能書，然有志身心之學，此為朋友者所大願也，敢不承命？陽明山人餘姚王守仁書。」（李詡戒庵老人漫筆卷七）

湛若水泉翁大全集卷八上白沙先生啟略：「門生湛雨頓首百拜尊師白沙老先生函丈執事：自初拜門下，親領尊訓至言，勿忘勿助之旨，而發之以無在無不在之要，歸而求之，以是持循，久未有著落處。一旦忽然若有開悟，感程子之言：『吾學雖有所受，「天理」二字，卻是自家體認出來。』李延平云：『默坐澄心，體認天理。』愚謂『天理』二字，千聖千賢大頭腦處。堯、舜以來，至於孔、孟，說中

第486頁

，說極，說仁、義、禮、智，千言萬語都已該括在內。若能隨處體認真見得，則日用間參前倚衡，無非此體，在人涵養以有之於己耳。云云。丁巳冬十月一日，門生湛雨百拜頓首頓首謹啟。」

按：陳白沙後來有答書云：「去冬十月一日發來書甚好。日用間隨處體認天理，著此一鞭，何患不到古人佳處。」白沙之學，一主默坐澄心（靜坐），一主體認天理（隨處體認），皆得自延平李侗也。故其於答羅一峰書云：「此一『靜』字，自濂溪先生主靜發源，後來程門諸公遞相傳授，至於豫章、延平，尤專提此教人。」白沙學與延平學之淵源關係由此灼然可見。湛甘泉所云「初拜門下，親領尊訓至言」，即指此「默坐澄心，體認天理」之教也。陽明亦指出延平「默坐澄心，體認天理」作為自己心性之學之大旨，與湛甘泉不謀而合，顯乃是其從直接閱讀白沙先生全集中所得（見下）。後來湛甘泉在敘別中說：「陽明宗乎於白沙，白沙得之周、程。」（泉翁大全集卷十五）精硏道出了陽明崇信白沙心學宗旨之秘密。

王畿集卷十六曾舜徵別言：「弘、正間，京師倡為詞章之學，李、何擅其宗，陽明先師結為詩社，更相倡和，風動一時。鍊意繪辭，寖登述作之壇，幾入其髓。既而翻然悔之：『以有限之精神，蔽於無用之空談，何異隋珠彈雀，其昧於輕重亦甚矣！縱欲立言為不朽之業，等而上之，更當有自立處，大丈夫出世一番，豈應泯泯若是而已乎？』社中人相與惜之：『陽明子業幾有成，中道而棄去，可謂志之無恒也。』先師聞而笑曰：『諸君自以為有志矣。使學如韓、柳，不過為文人；辭如李、杜，不過為詩人。果有志於心性之學，以顏、閔為期，當與共事，圖

為第一等德業，譬諸日月終古常見，而景像常新。就論立言，亦須一從圓明竅中流出。蓋天蓋地，始是大丈夫所為。傍人門戶，比量揣擬，皆小技也。善易者不論易，詩到無言，始為詩之至。』」

陽明無題文：「孟氏没而聖人之道不明，天下學者泛濫於辭章，浸淫於老佛，歷千載有餘年，而二程先生始出。其學以仁為宗，以敬為主，合內外本末，動靜顯微，而渾融於一心，蓋由茂叔之傳，以上溯孟氏之統，而下開來學於無窮者也。二先生往矣，乃其遺書語録散佚而弗彰，識者恨焉。於是胡光大諸公裒為性理大全，後學之

士始忻然若接其儀刑，而聆其講論，聞風而興，得門而入，其所嘉惠亦良多矣。」（詹淮性理標題綜要譚藪）

按：關於陽明此座右銘手迹，李詡云：「此一綿繭紙，筆書徑寸。靖江朱近齋（按：朱得之，陽明門人）來訪，問余何自有此寶，余答以重價購之吳門（按：都穆為吳江人）。謂曰：『先師手書極大者，為余得之。所藏修道說若中等字，如此者絕少，而竟為君所有。心印心畫，合併在目，非宗門一派氣類默存，詎能致是乎？』遂手摹之以去。乃余原本亦亡於倭，思之痛惜！」朱得之所得陽明手書極大者，似即陽明手書為座右銘者。陽明手書程顥、李侗性理要語以為座右銘，意

義重大，足以揭開陽明由詞章之學歸正於心性之學（聖賢之學）及與甘泉湛若水共定聖學之秘密。按程顥所謂「自家一個身與心却不要好」云云，即指「身心之學」（心性之學），與詞章之學相對，即錢德洪所云「是年……學者溺於詞章記誦，不復知有身心之學。先生首倡言之，使人先立必為聖人之志」。故陽明立程顥此條為座右銘，表明陽明已由詞章之學轉向身心之學（心性之學）。李侗所謂「默坐澄心，體認天理」云云，便是其時陽明身心之學（心性之學）之根本觀點。按甘泉湛若水亦正以「默坐澄心，體認天理」為其「聖學」（心性之學）之根本觀點，而本自陳白沙，由此不僅可見湛甘泉之「體認天理」原來源自李侗，而且更可見湛甘泉與陽

明共定聖學原來有共同思想認識基礎：即皆主「默坐澄心」、「體認天理」。只是後來二人學脈分道揚鑣，陽明沿「默坐澄心」發展走向「心觀靜坐」，而甘泉則沿「體認天理」發展走向「隨處體認」。陽明後來好靜坐（如同李侗），其源蓋出於此也。

徐愛進京見陽明，讀書受學。

呂柟涇野先生文集卷三十四古真先生傳：「古真先生，姓徐氏，名璽，字克用，浙江餘姚人也……後既謁選天曹，遇王考功伯安，與語，大悅，乃遂不復仕矣……生一子，曰愛，予同年進士也。愛六歲時，嘗攜行田間。愛有所指曰：『吾後必得之。』即厲聲嗔曰：『小子即思黷貨耶

？』比謁選時，以伯安講明濂洛之學，遂遣愛師事之。」

泉翁大全集卷十五贈別應元忠吉士序：「正德丙寅，始得吾陽明王子者於京師，因以得曰仁徐子者。」

湛若水祭徐郎中曰仁文：「丙寅於京，我友陽明。君少侍側，如玉之英。」（橫山遺集附錄）

按：湛甘泉稱正德元年（丙寅）在陽明處見到徐愛，可見徐愛當是在弘治十八年冬來京見陽明。前考陽明於弘治十七年十月有信邀徐愛「來此讀書」，故徐愛遂在次年應邀赴京。必是其時徐璽謁選入京，徐愛同行也。

羅僑、張詡編刻白沙先生全集成，陽明認真閱讀稽考，有高度評價陳白沙之學語。

張詡白沙先生全集序：「麟也者，乃天地儲祥，星嶽孕秀，應五百昌期而生，希世之瑞也。皇明有道，其瑞應於成化弘治間，白沙陳公甫先生是也。先生生於宣德戊申者也，今以為出於成化以來者，何哉？蓋其初也，麟性雖具，必至是性始完，而頭角始嶄然露，毛鬣始煥乎其有文章也。抑以見先生之所以希聖希賢者，由學而至，所以勉進後死之興於斯文者也。先生之學，何學也？古聖賢相傳之正學也。其造詣則由知而好，由好而樂之者也。其全體之呈露，其妙用之顯行，雖不敢以意相揣摩

而妄為之說，昔人所謂因言以求其心，考跡以觀其用者，猶幸賴詩文之僅存也。知言者能即是以求之，則大而出處酬酢，小而語默動靜，顯而孝弟忠信，微而性命道德，亦概乎可考而知也。有能述其旨，纂其言為訓，以羽翼乎六籍四書，天下之大，千萬世之遼邈，詡安敢絕望以為無其人焉？若然，則其道脈之正傳，學術之的緒，當煥然自信之矣。詩刻於山東者二十之五，刻於梧州者二十之一耳。而文則子弟門人所抄錄，散在四方，未有會輯成集、刻而傳之者也。弘治癸亥，吉水羅君僑惟升以名進士來知新會縣事。新會，先生之闕里也。惟升

下車，首登拜先生遺像，悽然起羹墻之思，慘乎有不及門之遺憾，復能師先生遺教以治其民而民戴之。乃於政暇搜羅先生詩文為全集，屬翊序其端，以為天下後世道而傳焉。嗟乎，麟逝矣！是集乃麟之影跡耳，以影跡而求麟，不亦遠乎？雖然，麟在，無庸影跡為也；麟逝，而影跡可並泯乎？昔詩人以麟之趾、定、角興公之子、姓、族也，一則曰『于嗟麟兮』，二則曰『于嗟麟兮』。說詩者以為麟性仁厚，而公之子、姓、族亦仁厚。是乃麟也，何必麕身牛尾而馬蹄者，然後謂之麟哉？吾固以學至乎聖者為真麟也，彼投閣而草玄、干時而續經之輩為麟之贋也非耶？麟不可見矣，有能因言以得先生之心而起先生之道，麟接跡於世也。至於用舍，世道之隆替繫焉，麟無與也。是言也者，斯道之攸寓也。言存矣，麟不死也，況有嗣之者乎？吾知是集一出，天下後世不徒爭先拭目之不暇矣。弘治十八年乙丑春，正月人日，門人張詡謹書。」（陳獻章集附錄三）

羅僑書白沙先生全集後：「公甫陳先生生於新會白沙里，數十年來嶺南士風一變者，先生啟之也。凡今天下莫不知有白沙先生，得其片紙隻字詡以為榮。嗚呼，先生豈但風一方而已哉，實足風天下風後世也！其文烏得而不

第491頁

傳哉！僑懼其久而散失，館其門人容貫，采而輯之，遂授梓而傳焉。噫！先生豈待文而傳哉？文之傳非先生之意也，僑之責也。不然，天下後世將訾僑以不知道，不知先生，徒知是邑一俗吏焉耳已矣。是故傳之。弘治乙丑春，三月朔，後學吉水羅僑謹書。」（陳獻章集附錄三）

陽明評陳白沙之學語：「白沙先生學有本源，悳地真實，使其見用，作為當自迥別。今考其行事，事親信友、辭受取予、進退語默之間，無一不槩於道；而一時名公碩彦，如羅一峰、章楓山、彭惠安、莊定山、張東所、賀醫閭輩，皆傾心推服之，其流風足徵也。」（魏時亮大儒學粹卷八上白沙陳先生）

按：羅僑弘治十六年來任新會縣知縣，其後即搜輯白沙詩文，刊刻全集。據其書白沙先生全集後題「弘治乙丑春三月朔」，知白沙先生全集約刊成於弘治十八年五、六月間。張詡、湛若水皆是白沙門人，白沙先生全集刻成後，或是張詡攜之入京。又湛甘泉三月中進士，其後選為翰林庶吉士，其入京已在六、七月，故白沙先生全集或亦是湛甘泉（尚有方獻夫）攜之入京，陽明遂得讀白沙先生全集也。陽明此評陳白沙之學語，疑即陽明讀白沙先生全集所作評語，甚且即陽明閱讀白沙先生全集有感，於白沙先生全集書中所寫之批語。所

第492頁

謂「今考其行事」，顯然即是指其從閱讀白沙先生全集中稽考白沙之行事學術，而所謂「其流風足徵也」，「無不槩於道」，亦與羅僑、張詡所言如出一轍，非全讀白沙先生全集者所不能道也。

黃宗羲云：「有明之學，至白沙始入精微……至陽明而後大。兩先生之學，最為相近，不知陽明後來從不說起，其故何也？」

今得陽明評陳白沙之學語與其錄程顥李侗性理要語之座右銘，陽明與白沙關係之真相大白於世矣。按陽明座右銘所錄李侗之說「默坐澄心，體認天理」，正是陳白沙之兩大根本思想，白沙自序為學云：「僕年二十七，始發憤從吳聘君學……於是舍彼之繁，由吾之約，惟在靜坐，久之然後見吾此心之體，隱然呈露，常若有物。（按：此即「默坐澄心」）日用間種種應酬，隨吾所欲，如馬之御銜勒也，體認物理，稽諸聖訓，各有頭緒來歷，如水之有原委也。（按：此即「體認天理」）於是渙然自信曰：『作聖之功，其在茲乎！』」張詡論白沙之學亦云：「自見聘君歸後，靜坐一室……捐耳目，去心智，久之然後有得焉，蓋主靜而見大矣。（按：此即「默坐澄心」）由斯致力……乃大悟廣大高明不離乎日用，一真萬事，本自圓成，不假人力，無動靜，無內外大小精粗，一以貫之。（按：此即「體認天理」）」黃宗羲更明確云：「先生之學，以虛為基本，以靜為門户，（按：此即「默坐澄心」）以四方上下、往古來今、穿紐湊合為匡郭，以日用常行分殊為功用，以勿忘勿助之間為體認之則，以未嘗致力而應用不遺為實得。（按：此即「體認天理」）」明史陳獻章傳至謂「獻章之學，以靜為主，其教學者，但令端坐澄心，於靜中養出端倪」。白沙之好靜坐，一如李侗其人；陽明之好靜坐，又一如白沙其人。蓋李侗之學大要，一主「靜中體認」，故好靜坐，默照澄觀；一主「分殊體認」，故以分殊為功用，體認物理。可見白沙之學全然本自李侗之學，而陽明學與白沙學之間之學脉關聯承傳由此清晰可見。弘治十八年為陽明由詞章之學歸正心性之學之時，陽明以李侗「默坐澄心，體認天理」立為自己心性之學之大旨，而同湛甘泉相呼應，顯然是受白沙思想之影響。故陽明此白沙學評語與座右銘，充分表明陽明生平此一重大思想轉變，非唯是湛甘泉影響所促成，更出於其自讀白沙著作之有力推動也。

與甘泉湛若水相識定交。

泉翁大全集卷九答陽明王都憲論格物：「僕獲交於兄十有七年矣，受愛於兄亦可謂深矣。」

按：湛甘泉此書作於正德十六年（見下），上推十七年，則為弘治十八年，陽明與甘泉相識定交在是年。

錢德洪陽明先生年譜：「弘治十八年乙丑……至是專志授

徒講學。然師友之道久廢，咸目以為立異好名，惟甘泉湛先生若水時為翰林庶吉士，一見定交，共以倡明聖學為事。」

黃綰陽明先生行狀：「明年（弘治十八年），白沙陳先生高弟甘泉湛公若水，一會而定交，共明聖學。」

鄒守益王陽明先生圖譜：「弘治十八年乙丑，甘泉湛公若水為庶吉士，先生一見定交，以倡聖學為志。」

按：陽明與甘泉相識定交是一回事（在弘治十八年），與甘泉共定聖學、共倡聖學又是一回事（在正德元年），錢、黃、鄒將二事混一敘述，不確。

一五〇六　正德元年　丙寅　三十五歲

正月朔，改年號正德，陽明作硯銘，期盼朝廷更化。

陽明五星硯銘：「五氣五行，五常五府。化育紀綱，無不惟五。石涵五星，上應天數。其質既堅，其方合矩。蘊藉英華，包涵今古。正德春王正月，王守仁識。」（

同治平江縣志卷五十五）

按：同治平江縣志云：「國初，縣東關掘井，獲硯一，正方，石色青，有白點五，高四寸，廣兩寸有奇。上刻小篆『五星硯銘』四字；左傍署『正德』，年缺；右署『春王正月』；背面隸書銘曰：……小印曰『陽明』。今其井名硯池，井硯尚存鍾氏。」並考云：「先是正德初忤劉瑾，謫貴陽，道經長沙，長沙接壤平江，此硯殆其行囊所遺與？」今按：陽明此硯銘書「春王正月」而未署年，乃仿春秋筆法，春秋：「元年，春，王正月。」正義：「言王正月者，王者革前代，馭天下，必改正朔，易服色。」「元年春王正月，帝即位是也。」故陽明此硯銘當作於正德元年正月武宗即位改年號時，蓋在期盼朝廷更化，五氣順布，天道運行也。

七日，自作山水畫，題詞贈耔餘年。

陽明山水畫自題：「安得於素林甘泉間，構一草舍，以老他鄉。無懷、葛天之民，求之不遠。蓋學問之道，隨處即是，惟宜讀書以先之。　丙寅正月七日，為耔餘年先生，守仁學。」（陽明山水畫并題真迹原為日本京都長尾羽山翁所藏，後為張學良將軍所得，今有複製品藏臺北「故宮博物院」）

按：畫題「守仁學」，可知此山水畫為陽明學畫習作。按陽明自弘治十七年返京以來，隨同其溺於詞章之學，亦潛心於書畫之學。今猶存陽明習作山水畫多幅，如梁章鉅退庵所藏金石書畫跋尾卷十五著録陽明作臨水幽居圖，云：「王文成臨水幽居圖，幅上左有草書自題云：『秋日淡雲影，松風生晝陰。幽人口絜想，寧有書與琴？』款署『陽明山人』，下有白文王印、陽明印……」按此本吾閩人所藏，今乃獲關中，距在鹿山中丞處已百餘年。」此圖或即在其時作。「耔餘年先生」，無考，疑即京師一畫師，陽明向其學畫者。「學問之道，隨處即是」，即隨處體認天理之謂也。

與甘泉湛若水共倡聖學，朝夕講論學問。

泉翁大全集卷十五贈別應元忠吉士序：「斯道喪而友義之廢也久矣。自予抱此志以求於天下，天下非無愛予者，而獨寡予助者也。正德丙寅，始得吾陽明王子者於京師，因以得曰仁徐子者。辛未，因陽明得吾仙居應子者，又得吾武城王子，日夕相與論議於京邸。」

第497页

甘泉先生續編大全卷五潮州宗山精舍陽明王先生中離薛子配祠堂記：「新建伯陽明王先生，其豪傑之必為聖人者乎！……正德丙寅，與甘泉子初定交於京師兵曹清黄，語人曰：『吾從宦三十年，未見此人。』其時共尊明道『仁者渾然與天地萬物為一體之學』，是矣。」（按：「清黄」疑當作「清吏司」）

湛若水陽明先生墓志銘：「正德丙寅，始歸正於聖賢之學。會甘泉子於京師，語人曰：『守仁從宦三十年，未見此人。』甘泉子語人亦曰：『若水泛觀四方，未見此人。』遂相與定交講學，一宗程氏『仁者渾然與天地萬物同體』之指。」（按：羅洪先湛甘泉先生墓表作：「陽明先生嘆曰：『予求友於天下，三十年來未見此人。』」）

湛若水奠王陽明先生文：「歲在丙寅，與兄邂逅，會意交神。同驅大道，期以終身。渾然一體，程稱識仁。我則是崇，兄亦謂然。」（王陽明全集卷四十祭文）

湛若水祭徐郎中曰仁文：「丙寅於京，我友陽明。」（横山遺集附録）

第498页

王陽明全集卷七別湛甘泉序：「某幼不問學，陷溺於邪僻者二十年，而始究心於老、釋。賴天之靈，因有所覺，始乃沿周、程之說求之，而若有得焉。顧一二同志之外，莫予翼也，岌岌乎仆而後興。晚得友於甘泉湛子，而後吾之志益堅，毅然若不可遏，則予之資於甘泉多矣。甘泉之學，務求自得者也。世未之能知其知者，且疑其為禪。誠禪也，吾猶未得而見，而況其所志卓爾若此。則如甘泉者，非聖人之徒歟？……」

按：湛甘泉所云「丙寅」（正德元年），乃是指甘泉與陽明始定共倡聖學、同驅大道之年，非謂兩人初識在丙寅之年也。陽明先生墓志銘中所謂「守仁從宦三十年」，疑是「從宦十三年」之誤（弘治五年舉鄉試至弘治十八年）。因泉翁大全集中陽明先生墓志銘中「正德丙寅」誤作「嘉靖丙戌」，後人不解，遂將「從宦十三年」改作「從宦三十年」。

陽明於別湛甘泉序中自述己生平思想學問之變，尤為重要，前人多未探其底蘊。陽明於此所言均實有所指，非徒泛泛之言，其乃明謂己思想學問有四變：八歲至二十八歲（成化十五年至弘治十二年），耽迷佛老邪僻之說，即所謂「某幼不問學，陷溺於邪僻者二十年」；弘治十二年至弘治十七年，究心於佛、老之說，即陽明所謂「始究心於老、釋」，甘泉所謂「溺於神仙之習」、「溺於佛氏之習」；弘治十八年，由詞章之學轉向身心之學，即所謂「賴天之靈，因有所覺，始乃沿周、程之說求之，而若有得焉」；正德元年，歸本於心學，即陽明所謂「晚得友於甘泉湛子，而後吾之志益堅，毅然若不可遏」，甘泉所謂「正德丙寅，始歸正於聖賢之學」也。

十八日，禮部右侍郎王華直經筵。

國榷卷四十六：「正德元年正月戊戌，太師、英國公張懋，少師、大學士劉健，知經筵事。少傅、大學士李東陽、謝遷，同知經筵事。禮部右侍郎王華……直經筵……」

二月，朝廷遣王華、喬宇等分祀諸陵、歷代帝王陵寢、嶽鎮海瀆諸神，以告即位。

明武宗實録卷十：「正德元年二月丁丑……遣會昌侯孫銘……禮部右侍郎王華……太常少卿喬宇……各賫香帛分祀祖陵等陵、徐王等王及歷代帝王陵寢、先師孔子、嶽鎮海瀆諸神，告即位也。」……

國榷卷四十六：「正德元年丁丑……遣文武臣分祀諸陵、歷代帝王先師陵廟、岳鎮海瀆諸神。」

三月，兵部左侍郎熊繡擢左都御史，出撫兩廣，兵部同僚唱酬相送，陽明為作倡和詩序。

王陽明全集卷二十九東曹倡和詩序：「正德改元之三月，兩廣缺總制大臣。朝議以東南方多事，其選於他日，宜益慎重。於是湖南熊公由兵部左侍郎且滿九載秩矣，擢左都御史以行。衆皆以為兩廣為東南巨鎮，海外諸蠻夷之所向背，如得人而委之，天子四方之憂可免二焉。雖於資為屈，而以清德厚望選重可知矣。然而司馬執兵之樞，居中斡旋，以運制四外，不滋為重歟？方其初議時，亦有以是言者。慮非不及，而當事者卒以公之節操才望為辭，謂非公不可，其意實欲因是而出公於外也。於是士論閧然，以為非宜，然已命下無及矣。為重鎮得賢大臣而撫之，朝議以重舉，而公以德升，物議顧快然而不滿也。衡物之情，以行其私，而使人懷不滿焉，非夫忘世避俗之士，不能無憂焉。自命下暨公之行，曹屬之為詩以寫其眷留之情者，凡若干人。以前驅之騶發也，敘而次之，僅十之一。遮公御而投之，庸以寄其私焉」。

按：熊繡除都察院左都御史命下在正月，明武宗實錄卷九：「正德元年春正月……己酉，陞兵部左侍郎熊繡為都察院右（左？）都御史，總督兩廣軍務，兼理巡撫。」明清進士錄：「成化二年三甲三十七名進士。湖廣寧遠人，一作道州人，字汝明。弘治初，以右副都御史巡撫延綏，練兵積粟，邊備修舉。歷兵部右侍郎，尚書劉大夏深倚重之。正德年間，總督兩廣軍務，因忤劉瑾被罷官。卒謚莊簡」。按劉瑞南京都察院右都御史謚莊簡熊公繡傳：「孝宗敬皇帝勵精圖治，召二三大臣商治理，劉公洎右都御史戴公珊尤被親近，而公與焉。未幾，敬皇帝上賓，衆嫉公，因舉公為右都御史，出撫兩廣，蓋遠之也。既而劉公亦乞歸」。（國朝獻徵錄卷六十四）是熊繡之出撫兩廣，蓋出於朝中權臣嫉之，陽明序中皆隱晦其事，不言之及。今按國榷卷四十六：「正德元年三月己亥，吏部尚書馬文升以御史何天衢見劾乞休，不許。初，文升薦鄉人許進提督團營，劉守總制宣大。兵部尚書劉大夏不謂然，侍郎熊繡以大夏鄉人，推兩廣總督，怏怏不欲行，諷天衢劾文升，謂衰老不任，私巡撫福建右僉都御史王璟、婿崔志學等。……朱國楨曰：『前語必焦芳所造。當時馬、劉、閔同心輔政，芳由詞林謫外，乞恩再起，得為吏部侍郎，其眈眈於諸公，非一日矣。何天衢劾去馬文升，代者非劉大夏即閔珪，又嗾人尼之，芳乃得拱手取其位，本末昭然。而又設不協之語，實以許、熊，蓋皆兩公鄉人，可引而證者。前朝內外均勞自常事，熊何以不樂？許在弘治初已為巡撫，威名甚重，久之督團營，薦豈私心？牽合若出有因，點綴羌非實事。芳之奸詭，於此尤甚。』」可見諷何天衢劾馬文升者實為焦芳。時焦芳方嗾科道言官劾王華不已，熊繡又為兵部侍郎，陽明為僚屬，故於序中皆含混言之也。

嵊縣陳懷文赴銓選，授寧都知縣，陽明作序送之。

王陽明全集卷二十九送陳懷文尹寧都序：「木之產於鄧林者，無棄材；馬之出於渥洼者，無凡足。非物性之有異，，其種類土地使然也。剡溪自昔稱多賢，而陳氏之居剡者，尤為特盛。其先有諱遇者，仕宋，為侍御史。子匡，由進士為少詹事。匡之四世孫堅，登進士，判處州。子頤，徵著作。頤子國光，元進士，官大理卿。光姪彥範，為越州路總管。至懷文之兄堯，由鄉進士掌教濮州。弟璟，蜀府右長史。珂，進士，刑曹主事。衣冠文物，輝映後先，豈非人之所謂鄧林、渥洼者乎？宜必有瓌奇之材，絕逸之足，干青雲而躡風電者，出乎其間矣。懷文始與予同舉於鄉，望其色而異，耳其言而驚。求其世，則陳氏之產也。曰：「噫！累哉，土地則爾，他時柱廊廟而致千里者，非彼也歟？」既而匠石靡經，伯樂不遇，遂復困寂寞而伏鹽車者十有五年。斯則有司之不明，於懷文固無病也。今年赴選銓曹，授尹江西之寧都。夫以懷文合抱之具，此宜無適而不可。顧寧都百里之地，吾恐懷文之驥足有所不展也。然而行遠之邇，登高之卑，自今日始矣。則如予之好於懷文者，於其行能無言乎？贈之詩曰：矯矯千金駿，鬱鬱披雲枝。跑風拖電雷，梁棟惟其宜。寒林棲落日，蒼色江天危。元龍湖海士，客衣風塵緇。牛刀試花縣，鳴琴坐無為。清濯廬山雲，心事良獨奇。悠悠西江水，別懷諒如斯。」

第503頁

按：陳懷文（前考即陳璠，）弘治五年舉鄉試，下推十五年，則為正德元年。是年陳懷文銓選赴京，故得見陽明。時陳懷文弟陳珂任刑部主事，與陽明關係甚密。何詔大理寺卿東瀛陳公珂墓志銘：「公諱珂，字希白，別號東瀛。曾祖榮甫，祖思誠，考昱……伯仲五人，日侍父母養……成化甲子，補郡庠弟子員。庚子，以易領鄉薦。弘治庚戌，登進士第……癸丑，授刑部四川司主事……陞公工部營繕郎中……辛酉，轉刑部郎中……」（國朝獻徵錄卷六十八）弘治十二年陽明觀政工部，陳珂任工部營繕郎中，兩人當在其時相識。弘治十四年陳珂授刑部郎中，陽明任刑部雲南清吏司主事，兩人關係不同一般。故陳懷文赴銓選進京，當是與陳珂同來見陽明。

五月，王華陞禮部左侍郎。

明武宗實錄卷十三：「正德元年五月辛巳，陞禮部右侍郎王華為本部左侍郎，詹事府少詹事，兼翰林院學士……俱日講如故。」

七月，入秋多有思鄉懷友之詠。

王陽明全集卷十九憶龍泉山：「我愛龍泉寺，寺僧頗疏野。盡日坐井欄，有時臥松下。一夕別山雲，三年走車馬。愧殺巖下泉，朝夕自清瀉。」

按：龍泉山在餘姚。王陽明全集於此詩注「弘治乙丑年改除

第504頁

兵部主事時作」，乃誤。按此詩云「一夕别山雲，三年走車馬」，陽明弘治十七年回餘姚（見前考），下推三年，則在正德元年。

同上，寄西湖友：「予有西湖夢，西湖亦夢予。三年成闊別，近世竟何如？況有諸賢在，他時終卜廬。但恐吾歸日，君還軒冕拘。」

八月，順天府通判汪循上陳言外攘内修疏、論裁革中官疏，忤權閹劉瑾，乞歸休寧，陽明書卷贈別。

王陽明全集卷二十八書汪進之卷：「程先生云：『有求為聖人之志，然後可與共學。』夫苟有必為聖人之志，然後能加為己謹獨之功；能加為己謹獨之功，然後於天理人欲之辨日精日密，而於古人論學之得失，孰為支離，孰為空寂，孰為似是而非，孰為似誠而偽，不待辯說而自明。何者？其心必欲實有諸己也；必欲實有諸己，則殊途而同歸，其非且偽者，自不得而强入。不然，終亦忘己逐物，徒弊精力於文句之間，而曰吾以明道，非惟有捕風捉影之弊，抑且有執指為月之病，辯析愈多，而去道愈遠矣。故某於朋友論學之際，惟舉立志以相切礪。其於議論同異之間，姑且置諸未辯。非不欲辯也，本之未立，雖欲辯之，無從辯也。夫志，猶木之根也；講學者，猶栽培灌溉之也。根之未植，而徒以栽培灌溉，其所滋者，皆蕭艾也。進之勉之！」

按：汪循為一崇朱學者，其於七月入京任順天府通判，即與陽明講學論辯；八月即因上疏忤權貴乞歸。明清進士録：「汪循，弘治九年三甲二十七名進士。直隸休寧人，字進之。授永嘉知縣，官至順天府通判。正德初，劉瑾擅權，循一月三疏，請裁革中官，上内修外攘十策，言甚剴切，為瑾所忌，罷歸。」有仁峰文集。按仁峰文集卷一乞恩養病以便終養疏：「蒙聖恩陞臣前職……七月初八日扶病到任。」卷二寄彭太守：「六月，始克到（玉田）任。纔十日，即有順天之轉。」汪仁峰先生文集卷一目録：「予引疾陳情乞歸養，吏部諸公欲留，俟春為改一職，故不覆本。儲太僕嘗在吏部，囑以傳達，不可。時八月十六日上疏，至九月既望，仍不肯奏覆。恐河凍不得歸，事急，作片簡干西涯李公。二十八日，始得命下，以十月初四日欲行，同僚無敢餞送者……凡在告者，皆徧謁，辭諸公之門。」仁峰文集卷三與儲都憲：「去冬奉別，莽莽離京，值河凍水淺，一路阻涉，歲暮始獲抵家。」據此，可知汪循乃七月八日到順天府通判任，八月十六日上陳言外攘内修疏，十月辭歸，十二月到家。所謂「凡在告者，皆徧謁，辭諸公之門」，即包括陽明，陽明此書卷或即作在其時。

觀趙孟頫樂志論真迹，題跋贊之。

陽明跋趙文敏樂志論：「元代法書，推趙文敏公為第一。聞公學書十年，不下樓。觀此樂志論，書法精妙，洵堪為寶。正德元年八月，陽明山人守仁識。」

按：陽明此題跋真迹在二〇〇五年藝海狂飆拍賣會（北京時代國際拍賣有限公司）上出現，並在「南國藝術網」上公布。正德元年前後陽明在京學古詩文，習書畫，故多有此論書之文。如題趙大年畫、題趙千里九孝圖等，疑皆作在其時。

九月，南京十三道御史李熙等再劾王華，王華上疏抗辯，辭免日講。

明武宗實錄卷十七：「正德元年九月辛卯……南京十三道

御史李熙等以災異條陳十事……五曰謹天戒以黜不職。吏部侍郎張元禎夤求入閣，禮部侍郎王華諱名首賂……癸巳，禮部左侍郎王華以御史李熙等劾其諱名首金，乞為究竟其事，洗滌冤憤，然後罷歸田里。有旨：「華其事已白，其勿辯可，盡心所職。」……癸卯，禮部左侍郎王華以日講賜冠服，具疏辭，并辭免日講。蓋方為言者所論，心不自安。上曰：「華先朝講官，朕親簡用，賞賜冠服亦舊典，不必辭。」」

按：王華屢被科道言官論劾，蓋出於焦芳暗中唆使。王鏊震澤紀聞卷下焦芳：「……馬文升為尚書，時稱老臣，亦被其

（焦芳）侮姍，陰結言官，使抨劾素所不快及在己上者。正德初，言者劾禮部侍郎王華，薦芳與梁儲可大用，由芳嗾之也。華廉得其實，面折之，遂相與為怨。初，芳力求入閣，謝遷輒抑之，於是怨遷，每言及餘姚、江西人則罵之，以遷及彭華故也。户部尚書韓文疏論天下經費不足，詔集廷臣議，僉謂理財無上策，惟勸上節儉。芳知左右有竊聽者，大言曰：「庶民家尚須財用，朝廷以四海之富，安得靳費！諺言「無錢檢故紙」，今天下逋租匿稅，何限！不於是檢察，而獨勸上節儉乎！」上聞之喜，謂芳可大用也。及文升去位，遂以芳代之。」其後焦芳遂與劉瑾勾結，表裏為奸，排逐江西、

餘姚朝士矣。

大學士劉健、謝遷，户部尚書韓文等伏闕上劾宦官狀（李夢陽草疏），請誅劉瑾、馬永成等「八虎」，不果。

震澤紀聞卷下劉瑾：「劉瑾，陝西興平人，本姓淡。景泰間自宮入掖庭，冒姓劉。少狡獪，頗識字書，略知古今，特利口傷人，稱為「利嘴劉」。成化中，好教坊戲劇，瑾領其事，得幸。弘治初，擯茂陵司香。及東宮立，妙選內外侍臣，瑾因李廣薦得與其選。上即位之初，瑾與馬永成、谷大用、張永、羅祥、丘聚、魏彬等八人者，日侍上游燕。太監蕭敬諫曰：「梓宮在殯，鐘鼓之聲日聞於

外，殆乎不可。」他日，內閣將進講，有內豎持書投劉健，未及視也，罷講閱之，乃言八人導上游戲，大臣胡不諫，然莫知所從來。健等因以其書進，冀有所感悟。上大怒，曰：「究其主名。」健等無以對。八人者曰：「必蕭敬為之也。」於是逐敬。已而，言官交章論劾八人，上皆不納。及大臣韓文等伏闕上疏切諫，上驚，至泣下不食。司禮監官曰：「至內閣議。」健與遷固爭，欲執八人者下之理。文不聽，乃召諸大臣入。時未測上意，諸大臣皆惴恐，文意亦不能無動，屬鏊往內閣問焉。健謂鏊曰：「吾輩累日爭之，事什八九濟矣。語諸公努力，無但已也。」至左順

門，太監李榮出宣旨曰：「卿等勸早朝則從，罷宴樂則從，惟八人者不可去。吾少而狎焉，長而習焉。」榮辭色甚厲。時上令左右親信詗視，眾相顧未敢發言。鏊乃言曰：「今日之事，特為八人。八人不去，亂本何由而除？」榮搖首曰：「王公無多言。」鏊復曰：「今海內民窮盜起，水旱相仍，天災地變極矣！滿朝大臣抗疏，不能去此輩群小，天下何由得治？」良久，榮色始降，曰：「公等言是，姑退矣。」王岳、范亨、徐志三人者，皆內侍之良也。岳嘗典東廠，尤剛厲疾惡。是日偕見上，言：「不去八人，滿朝洶洶變且作。」上乃命執以付外，岳欲即如詔，徐志曰

：「日暮矣，須明旦為之。」丘聚出自李榮，榮泄其語於聚。於是八人者環泣上前，言岳等與大臣通謀，大臣之疏，岳等使為之也。是夜有旨，出岳等三人於南京。八人者咸自署要地：瑾司禮監，永、興、丘聚東廠，大用西廠。尋矯詔追岳等及於臨清，岳、亨賜自盡，笞徐志，折其臂。」

空同集卷四十秘録：「初，今上即位，青宮舊閹等，日導上狗馬鷹兔，舞唱角觝，漸棄萬幾罔親，時號八虎。而段敏、黃偉雖舊閹，以端愨斥不信用。會段坐病免死，於是戶部尚書韓文每朝退，對屬吏言，輒泣淚數行下，

以閹故。而郎中李夢陽聞說之曰：「公大臣也，義共國休戚，徒泣何益！」韓公曰：「奈何？」曰：「比諫臣有章入，交論諸閹，下之閣矣。夫三老者，顧命臣也，聞持諫官章甚力，公誠及此時，率諸大臣殊死爭，閣老以諸大臣爭也，持必更力，易為辭，事或可濟也。」韓公於是捋鬚昂肩，毅然改容曰：「善。即事弗濟，吾年足死矣，不死不足以報國。」翌日，早朝，韓公密叩三老，三老許之；而倡諸大臣，諸大臣無不踴躍喜者。韓公乃大喜，退而召夢陽，令具草。草具，韓公讀而芟之，曰：「是不可文，文上弗省也；不可多，多覽弗竟也。」而王岳者，亦青宮閹

也，剛厲而無阿，頗亦惡其閹儕。初，閣議持諫官章不肯下，諸閹者業窘，相對涕泣。會諸大臣疏又入，於是上遣司禮者八人，齎詣閣議，一日而遣者三，而閣議持卒不肯下，而岳者八人中人也，顧獨曰閣議是。明日，忽有旨召諸大臣，諸大臣者，蓋人人惴也。既入左掖行，吏部尚書許進首咎韓公曰：「公疏言何？」韓公於是故曳履徐徐行，而使吏部侍郎王鏊趨詣閣探動靜。閣老劉健語鏊曰：「事已七八分濟矣。諸公第持莫輕下。」至左順門，閹首李榮手諸大臣疏曰：「有旨問諸先生，諸先生言良是，無非愛君憂國者；第奴儕事上久，不忍即置之法耳

第511頁

。幸少寬之，上自處耳。」衆震懼莫敢出一語答。李榮西韓公曰：「此舉本出自公，公云何？」韓公曰：「今海內民窮盜起，水旱頻仍，天變日增。文等備員卿佐，靡所匡救，而上始踐阼，輒棄萬機，遊宴無度，狎匿群小，文等何得無言？」韓公言雖端，而氣不勁，又鮮中肯綮，於是李榮哂而曰：「疏備矣，上非不知，今意欲寬之耳。」諸公遂藐然而退。蓋是日諸閹者窘業，自求安置南京，而閣議猶持不從，諸公乃竟爾爾退，惟王鏊仍前謂榮曰：「設上不處，如何？」李榮曰：「榮頸有鐵裹之邪，而敢壞國事？」榮入而事變矣。是夜立召劉瑾入司禮，而收王岳、范

亨，詔竄南京，尋殺二人於途。已又連斥劉、謝二老，顧獨懇留李（東陽），而韓公輩詾詾咸拔茅散矣。變之起大抵莫可詳，而李榮則曰：「諸大臣退，而瑾儕繞上前，跪伏哭痛，首觸地曰：『微上恩，奴儕磔餧狗矣。』上為之動，而瑾輩輒進曰：『害奴儕者，岳也。』上曰：『何也？』曰：『岳別掌東廠也，謂諫官曰：先生有言，第言。而閣議時，岳又獨是閣議，此其情何也？夫上狗馬鷹兔，岳嘗買獻之否，上心所明也，今獨咎奴儕。』既而益伏地哭痛，上於是怒而收王岳。瑾又曰：『夫狗馬鷹兔何損於萬幾？今左班官敢譁而無忌者，司禮監無人也，有則惟上所欲

第512頁

，而人不敢言矣。』上於是詔瑾入司禮監。」此其說亦近，第難盡信耳。又閣議時，健嘗椎案哭，謝亦亹亹訾訾罔休，獨李未開口，得懇留云。」

同上，代劾宦官狀稿（正德元年九月）。

按：劉健、謝遷、韓文之劾劉瑾，向來以為在十月（如國榷、明通鑑等），乃誤。今據李夢陽劾宦官狀下注，可確知劉、謝、韓劾劉瑾在九月，所謂「十月戊午」乃是劉健、謝遷去位之日。王鏊謂「召諸大臣入」，李夢陽謂「倡諸大臣，諸大臣又無不踴躍喜者」，此「諸大臣」當包括王華。陽明未預其事，然其後來下獄貶謫之禍端已潛伏於此矣。

十月，劉健、謝遷去位罷歸。南京科道官戴銑、牧相等上疏乞留劉健、謝遷，劾太監高鳳，疏劉瑾不法數十事，以為元老不可去，宦豎不可任」，忤旨，盡逮戴銑等三十人械繫入京。

明武宗實録卷十八：「正德元年十月戊午，少師兼太子太師、吏部尚書、華蓋殿大學士劉健，少傅兼太子太傅、禮部尚書、武英殿大學士謝遷，求去位，許之……壬戌，少傅兼太子太傅、禮部尚書、武英殿大學士謝遷陛辭，賜之勅……庚午，少師兼太子太師、吏部尚書、華蓋殿大學士劉健陛辭，賜之勅……」

明史卷一百八十二戴銑傳：「戴銑，字寶之，婺源人。弘治九年進士，改庶吉士，授兵科給事中，數有建白。久之，以便養調南京户科。武宗嗣位，偕同官請敕六科檢詳弘治間所行進賢、退奸、節財、訓兵、重祀、慎刑、救災、恤困諸大政，備録進覽，凡裁決機務悉以為準。報聞。逾月，言四方歲辦多非土產，勞費滋甚，宜蠲其所無。又請勤御經筵，俾密勿大臣從容獻納。既乃與給事中李光瀚、徐蕃、牧相、任惠、徐暹及御史薄彦徽等，連章奏留劉健、謝遷，且劾中官高鳳。帝怒，逮繫詔獄，廷杖除名。銑創甚，遂卒。」

萬曆新修餘姚縣志卷十七人物：「牧相，字時庸。少受業於王尚書華，華器異之，與文成公同學。弘治己未，遂同舉進士，授南京兵科給事中。武宗初政，奄瑾竊柄，言者禍且不測。相遣其室奉母歸，偕言官戴銑、薄彦徽等疏瑾不法數十事。忤旨，械繫至京，廷杖四十，絶而甦，下錦衣獄。」（按：牧相為陽明姑父）

國榷卷四十六：「正德元年十二月辛亥……南京給事中戴銑等，御史薄彦徽、蔣欽等，疏留劉健諸臣，劾太監高鳳從子得林冒陞錦衣衛指揮僉事，兼言晏朝廢學游宴、驅馳射獵非體，忤旨，盡逮銑等三十人入京。」

按：國榷所言「十二月辛亥」，乃指戴銑等械繫至京之日（故與蔣欽等三十人一併敘述），並非戴銑等上疏之日。後人不察，遂以為戴銑等上疏乃至陽明上疏救援戴銑，均在十二月，尤誤。戴銑上疏旨在乞留劉健、謝遷，而劉健、謝遷去位在十月十三日，可見戴銑等上疏當在十月下旬。考明史卷一百八十八劉蒞傳云：「劉健、謝遷去位，蒞與刑科給事中吕翀各抗章乞留，語侵瑾。先是，兵科都給事中艾洪劾中官高鳳侄得林營掌錦衣衛。諸疏傳至南京，守備武靖伯趙承慶所，應天尹陸珩録以示諸僚，兵部尚書林瀚聞而太息。於是給事中戴銑、御史薄彦徽等，各馳疏極諫，請留健、遷。瑾等大怒，矯旨逮銑、彦徽等，下詔獄鞫治，并蒞、翀、洪俱廷杖削籍，永慶停半禄閑住，瀚、珩貶秩致仕。既而列健、遷等五十三人為奸黨，及翀、洪并預焉。」按呂翀上疏在十月二十八日，明武宗實録卷十八：「十月癸酉，刑科給事中呂翀言……」國榷卷四十六：「十月癸酉，刑科給事中呂翀乞留劉健、謝遷，不聽。」戴銑疏上在艾洪之後、呂翀之前，則在十月下旬明矣。明通鑑即據此而定戴銑上疏在十月，乃是。

十一月，聞戴銑、牧相等將械繫進京，乃抗章疏救，乞宥言官，擯除權奸。

黄綰陽明先生行狀：「明年丙寅，正德改元，宦官劉瑾竊國柄，作威福，差官校至南京，拿給事中戴銑等下獄。

第515页

公上疏乞宥之。」

湛若水陽明先生墓志銘：「起補兵部主事。上疏乞宥南京所執諫官戴銑等，毋使遠道致死，朝廷有殺諫官之名。」

王陽明全集卷九乞宥言官去權奸以章聖德疏：「臣聞君仁則臣直。大舜之所以聖，以能隱惡而揚善也。臣邇者竊見陛下以南京户科給事中戴銑等上言時事，特敕錦衣衛差官校拿解赴京。臣不知所言之當理與否，意其間必有觸冒忌諱，上干雷霆之怒者。但銑等職居諫司，以言為責。其言而善，自宜嘉納施行；如其未善，亦宜包容隱覆，以開忠讜之路。乃今赫然下令，遠事拘囚，在陛下

之心，不過少示懲創，使其後日不敢輕率妄有論列，非果有意怒絶之也。下民無知，妄生疑懼，臣切惜之。今在廷之臣，莫不以此舉為非宜，然而莫敢為陛下言者，豈其無憂國愛君之心哉？懼陛下復以罪銑等者罪之，則非惟無補於國事，而徒足以增陛下之過舉耳。然則自是而後，雖有上關宗社危疑不制之事，陛下孰從而聞之？陛下聰明超絶，苟念及此，寧不寒心？況今天時凍冱，萬一差去官校督束過嚴，銑等在道或致失所，遂填溝壑，使陛下有殺諫臣之名，興群臣紛紛之議，其時陛下必將追咎左右莫有言者，則既晚矣。伏願陛下追收前旨，使

第516页

銑等仍舊供職，擴大公無我之仁，明改過不吝之勇，聖德昭布遠邇，人民胥悦，豈不休哉！臣又惟君者，元首也；臣者，耳目手足也。陛下思耳目之不可使壅塞，手足之不可使痿痺，必將惻然而有所不忍。臣承乏下僚，僭言實罪。伏睹陛下明旨有政事得失，許諸人直言無隱之條，故敢昧死為陛下一言。伏惟俯垂宥察，不勝干冒戰慄之至！」

按：陽明何時上疏乞宥言官向來不明，明武宗實録、國榷等均籠統繫於十二月之下。明通鑑、明史紀事本末均定在十二月，為今人所從。錢德洪陽明先生年譜竟謂「二月，上封事，下

詔獄」，乃大誤。今按陽明咎言明云：「正德丙寅冬十一月，守仁以罪下錦衣獄」。可見陽明上疏乞宥言官在十一月。據陽明送別省吾林都憲序云：「正德初，某以武選郎抵逆瑾，逮錦衣獄，而省吾亦以大理評觸時諱在繫，相與講易於桎梏之間者彌月。」陽明繫獄一月有餘，按陽明出獄在十二月二十一日(見下)，上推一月有餘，則在十一月中旬，陽明上疏下獄當在十一月中旬也。

陽明是次上疏，後人多以為是奏劾劉瑾，乃誤。按陽明上此疏大旨在乞宥言官戴銑、牧相諸人，無一語言及劉瑾，更無一言語及除權奸(按：題目中「去權奸」三字，疑是陽明後來所加)，故國權只言「疏救戴銑等，下獄」，明武宗實錄只言「守仁具奏救之」，並無乞去權奸劉瑾之事。觀陽明此疏矛頭所指，不是劉瑾，而是武宗，直指君過，全疏反覆指陳武宗闕失，謂其「赫然下令，遠事拘囚」，「使陛下有殺諫臣之名」，攖觸龍鱗，犯了諫官大忌，卒受下獄重罰。可見械繫南京言官入京及下陽明錦衣獄者，實是武宗，而非劉瑾，後人為帝諱，皆加之劉瑾也。按牧相為陽明姑父，故陽明上此疏之最初真實動因，乃在援救姑父牧相。又按：今存陽明先生文錄中，陽明此疏正題作乞宥言官疏。

下錦衣獄，多有詩咏嘆獄中生活。

王陽明全集卷十九咎言：「正德丙寅冬十一月，守仁以罪

下錦衣獄，省愆内訟，時有所述。」

王陽明全集卷十九有室七章：「有室如簴，周之崇墉。窒如穴處，無秋無冬。　耿彼屋漏，天光入之。瞻彼日月，何嗟及之！　倏晦倏明，凄其以風。倏雨倏雪，當晝而蒙。　夜何其矣，靡星靡粲。豈無白日？寤寐永嘆。　心之憂矣，匪家匪室。或其啟矣，殞予匪恤。　氤氳其埃，日之光矣。淵淵其鼓，明既昌矣。　朝既式矣，日既夕矣。悠悠我思，曷其極矣！」　不寐：「天寒歲云暮，冰雪關河迥。幽室魍魎生，不寐知夜永。驚風起林木，驟若波浪洶。我心良非石，詎為戚欣動？滔滔眼前事，逝者去相踵。崖窮猶可陟，水深猶可泳。焉知非日月，故為亂予衷？深谷自逶迤，煙霞日悠永。匡時在賢達，歸哉盍耕壠。」

在獄中，與獄友林富、劉茝等人學周文王講易演易，有詩咏懷。

王陽明全集卷二十二送別省吾林都憲序：「正德初，某以武選郎抵逆瑾，逮錦衣獄，而省吾亦以大理評觸時諱在繫，相與講易於桎梏之間者彌月，蓋晝夜不怠，忘其身之為拘囚也。」

按：林富字守仁，號省吾，莆田人。明清進士錄：「林富，弘治

十五年三甲一百九十六名進士。福建莆田人，字守仁，號省吾。拜南京大理寺評事，忤劉瑾入獄。瑾誅，歷擢廣西、廣東右布政，督兵兩廣。討平岑猛子邦相、岑東王基、海寇黃秀山等有功。官終兵部侍郎、右僉都御史，乞歸。著有廣西通志。」柯維騏兵部右侍郎林公富傳：「弘治壬戌，與叔塾同登進士，授大理評事，忤權璫劉瑾，繫詔獄，降潮陽縣丞。」（國朝獻徵錄卷五十八）按陽明別友獄中云：「嗟我二三友，胡然此簪盍。」是與陽明同室獄友有數人，其中包括劉蒞（見下）。

王陽明全集卷十九讀易：「囚居亦何事？省愆懼安飽。瞑坐玩羲易，洗心見微奧。乃知先天翁，畫畫有至教。『包蒙戒為寇，童牿事宜早。』『蹇蹇匪為節，虩虩未違道。』遯四獲我心，蠱上庸自保。俯仰天地間，觸目俱浩浩。簞瓢有餘樂，此意良匪矯。幽哉陽明麓，可以忘吾老。」

十二月，歲暮天寒地凍，囚中多有思鄉歸隱之吟。

王陽明全集卷十九歲暮：「兀坐經旬成木石，忽驚歲暮還

思鄉。高簷白日不到地，深夜黠鼠時登牀。峰頭霽雪開草閣，瀑下古松閑石房。溪鶴洞猿爾無恙，春江歸棹吾相將。」

見月：「屋罅見明月，還見地上霜。客子夜中起，旁皇涕沾裳。匪為嚴霜苦，悲此明月光。月光如流水，徘徊照高堂。胡為此幽室，奄忽逾飛揚？逝者不可及，來者猶可望。盈虛有天運，嘆息何能忘！」

天涯：「天涯歲暮冰霜結，永巷人稀罔象遊。長夜星辰瞻閣道，曉天鐘鼓隔雲樓。思家有淚仍多病，報主無能合遠投。留得昇平雙眼在，且應蓑笠卧滄洲。」

屋罅月：「幽室不知年，夜長晝苦短。但見屋罅月，清光自虧滿。佳

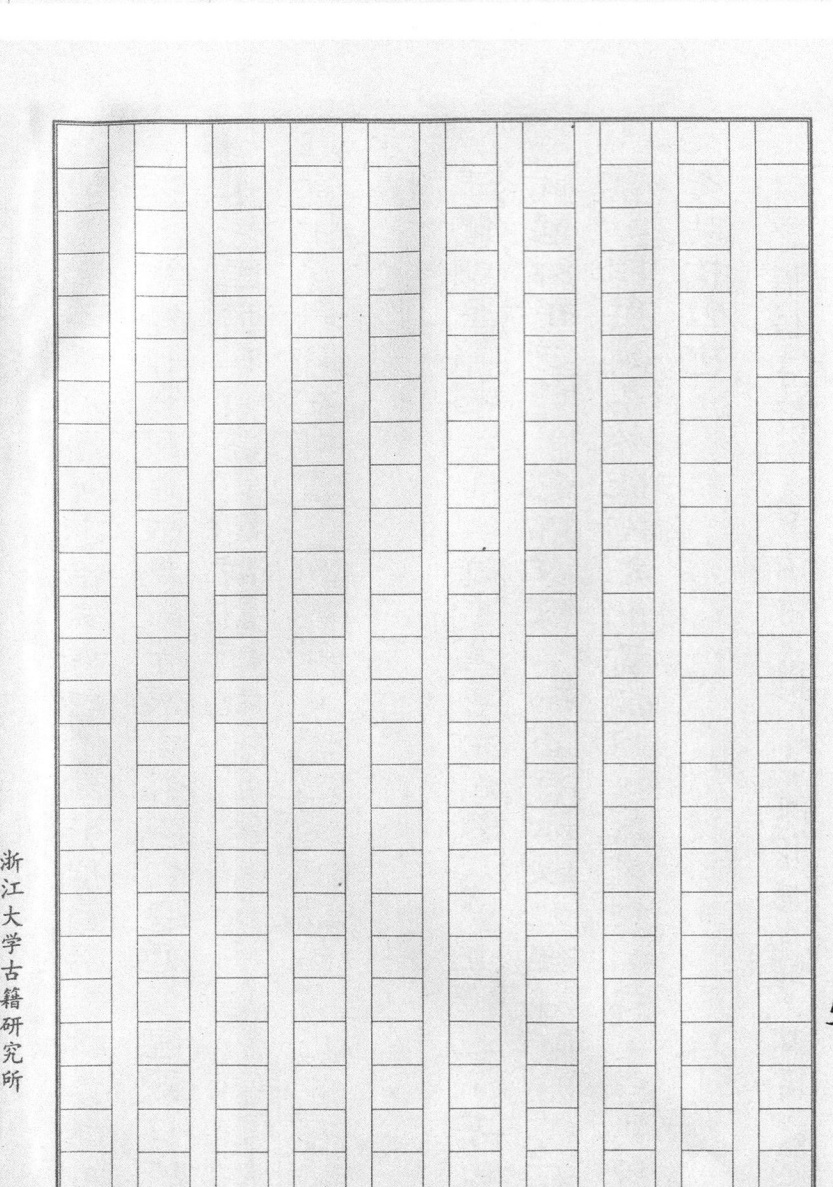

人宴清夜，繁絲激哀管。朱閣出浮雲，高歌正淒婉。寧知幽室婦，中夜獨愁嘆。良人事遊俠，經歲去不返。來歸在何時？年華忽將晚。蕭條念宗祀，淚下長如霰。」

二十一日，獄具，出獄，於午門杖三十，謫貴州龍場驛丞。

明武宗實録卷二十：「正德元年十二月乙丑：……降兵部主事王守仁為貴州龍場驛驛丞。時南京科道戴銑等以諫忤旨，方命錦衣衛官校拏解未至，守仁具奏救之，下鎮撫司考訊。獄具，命於午門前杖三十，仍降遠方雜役。」

國榷卷四十六：「十二月乙丑，命順天尹祈雪。兵部主事王守仁謫貴州龍場驛丞。疏救戴銑等，下獄，杖三十。」

（文見館閣漫録卷九）

按：錢德洪陽明先生年譜云「下詔獄，已而廷杖四十，既絶復甦」。鄒守益王陽明先生圖譜云「下於獄，矯詔廷杖五十，斃而復甦」，均非。

與獄友告别，有詩詠懷。

王陽明全集卷十九别友獄中：「居常念朋舊，簿領成闊絶。嗟我二三友，胡然此簪盍！累累囹圄間，講誦未能輟。桎梏敢忘罪？至道良足悦。所恨精誠眇，尚口徒自蹶。天王本明聖，旋已但中熱。行藏未可期，明當與君别。願言無詭隨，努力從前哲！」

陽明贈劉秋佩：「骨鯁英風海外知，況於青史萬年垂。紫霧四塞麟驚去，紅日重光鳳落儀。天奪忠良誰可問，神為雷電鬼難知。莫邪亘古無終秘，屈軼何時到玉墀？」又贈劉秋佩：「檢點同年三百輩，大都碌碌在風塵。西川若也無秋佩，誰作乾坤不勞人？」（同治重修涪州志卷十五，陽明文集失載）

按：劉秋佩即劉茝，字惟馨，號鳳山、秋佩，涪州人，與陽明為同年，故詩有「檢點同年三百輩」之句。明史卷一百八十八有劉茝傳，但叙事不明。同治重修涪州志卷九有劉茝傳，云：「國朝□縣教諭周汝梅墓表云：劉茝，字秋佩，謚忠愍。明正德中户科給事中也。由庶常授此職，時逆瑾專横，□馬永成、谷大用、張永、魏彬、邱聚、張興輩，潛謀不軌，日導主以狗馬之好，遊幸無度，舉朝莫敢言。茝感憤歎息曰：「瑾不誅，國勢危矣！」遂抗疏論劾，出中旨，受箠楚，跪午門烈日中，血淋□下，浸地為赤。既釋，愈發憤，復疏數千言，極陳時政，歸罪逆瑾。瑾銜之刺骨，遂廷杖下獄，幾死。年餘，貶居庸。獨兵部主事王守仁抗疏論救，亦謫龍場。王、茝，同年友也。嘗寄詩曰：「骨鯁海外英風知……」而茝氣不少挫，既遣戍，瑾愈無忌。洎逆謀洩，伏誅，乃得釋歸田里。」按：劉茝正德元年中有三次上疏：一在七月，國榷卷四十六：「七月癸未：……户科都給事中張文、右給事中倪議、給事中劉蒞、薛金言五事：謹內批，裁冗員，節恩禮，肅京儲，清牧地。語多忤，切責之，各奪俸三月」。二在十月，國榷卷四十六：「十月癸酉，刑科給事中呂翀乞留劉健、謝遷，不聽」。其中包括劉蒞，明通鑑考云：「十月癸酉，戶科給事中劉蒞、刑科給事中呂翀抗疏請留劉健、謝遷……」事見明史劉蒞及呂翀傳中，實錄但載翀名，蓋翀居首。又據翀傳，為翀主稿，故五不可之疏列之翀傳下，仍據實錄也」。三在十一月，此即張敷華上疏所言「今給事中劉蒞、御史朱廷聲等連章論列」，周汝梅墓表所言「復疏數千言，極陳時政，歸罪逆瑾。瑾銜之刺骨，遂廷杖下獄」。按同治重修涪州志卷十四錄有劉蒞劾逆璫劉瑾疏云：「正德元年十二月二十二日，戶科給事臣劉蒞謹題為痛陳忠悃，乞斥奸佞……」此疏大義凜然，直斥劉瑾，故陽明詩稱其「骨鯁英風海外知，況於青史萬年垂」。「十二月二十二日」當是十一月二十二日之誤（按：陽明十二月二十一日已出獄）。

出獄待罪，作咎言自抒其憤鬱。

王陽明全集卷十九咎言：「正德丙寅冬十一月，守仁以罪下錦衣獄。省愆內訟，時有所述。既出，而錄之。何玄夜之漫漫兮，悄予懷之獨結。嚴霜下而增寒兮，皦明月之在隙。風呶呶以憎木兮，鳥驚呼而未息。魂營營以惝怳兮，目窅窅其焉極？懍寒飈之中人兮，沓不知其所自。夜展轉而九起兮，沾予襟之如泗。胡定省之弗遑兮，豈荼甘之如薺？懷前哲之耿光兮，耻周容以為比。何天高之冥冥兮，孰察予之衷？予匪戚於累囚兮，牿匪予之為恫。沛洪波之浩浩兮，造雲阪之濛濛。税予駕其安止兮，終予去此其焉從？孰癭瘵之在頸兮，謂累足之何傷？熏目而弗顧兮，惟盲者以為常。孔訓之服膺兮，惡訐以為直。辭婉孌期巷遇兮，豈予言之未力？皇天之無私兮，鑒予情之靡他。寧保身之弗知兮，膺斧鑕之謂何？蒙出位之為愆兮，信愚忠者蹈亟。苟聖明之有裨兮，雖九死其焉恤！亂曰：予年將中，歲月遒兮。深谷崆峒，逝息遊兮。飄然凌風，八極周兮。孰樂之同，不均憂兮。匪修名崇仁之求兮，出處時從天命何憂兮！」

一五〇七　正德二年　丁卯　三十六歲

正月二十八日，戶部員外郎李夢陽謫山西布政司經歷。

國榷卷四十六：「正德二年正月壬寅，户部員外郎李夢陽謫山西布政司經歷，兵部主事王綸謫順德推官，中旨謂夢陽附韓文、王岳，綸附劉大夏，蓋瑾意也。」

將與空同李夢陽同赴謫，儼山陸深、雙溪杭淮、柴墟儲巏、甘泉湛若水、後渠崔銑、石潭汪俊、白巖喬宇等皆賦詩餞別。

陸深陸文裕公行遠集卷十四空同子陽明子同日去國作南征賦：「亶肅肅以宵征兮，悲往路之未央。懼中道之折軸兮，思改轍又惡夫無良。顧僕夫以先後兮，喟河廣之誰航？瞻桑梓之翳翳兮，孰云忍捐夫故鄉？方青春之駘蕩

兮，何雨雪之縱橫？白日匿其耿光兮，鬱浮雲以翻揚。睇山川以無極兮，陵谷杳乎其孰明？祥狐嘷而風厲兮，何有於曦曦之鳳凰？昔宣尼之遑遑兮，固夢笑於楚狂。展直躬以事人兮，卒三黜乎舊邦。既殷室之多賢兮，王子剖而信芳。苟璞玉之終在兮，雖屢刖又何傷。謀人之國兮，焉有禍而彌藏？覩巨盜之乘垣兮，固將謁之以峻防。謂余夢寐之顛倒兮，豈敢幸其必當？黑白之同體兮，蓋昔焉之所常？憚嬋娟之魏姤兮，吾安忍刓夫清揚？集絺綌以禦冬兮，疇鶩尤於寒涼。狎逆鱗而批之，固以不碎而慶也。斥虎之使逝兮，遭反噬未為殃也。卬哀之

洵安兮，初未量乎得喪。曩委羽於東海兮，奚成功之可望？矢貞心之不泯兮，瀕九死吾猶恇。昔淑媛之見背兮，竟結髮之難忘。悵恩情之中絶兮，往將灑掃乎室堂。彼良農之俶載兮，力刈乎莠與稂。誕嘉穀之離離兮，竟收功於千倉。度中流以失楫兮，豈俟共載而勖勤？燕雀安於楚棟兮，斯物知之不長。服先哲之明訓兮，希旁燭之煌煌。神龍之淵天兮，諒所乘之允臧。步中夜以顧瞻兮，睆牽牛與七襄。永相望於咫尺兮，庶精誠之可將。仰天閶之九重兮，冀羲馭之回光。魂怦怦以上征兮，謇徘徊以彷徨。亂曰：桂車蘭軒，服麒麟兮。登高臨深，

送征人兮。懷芳握馨，遺心親兮。瞻望弗及，涕泗零兮」。

按：陸深字子淵，號儼山，上海人。時任國史編修，與王華、陽明關係甚密。許讚陸公深墓表：「弘治辛酉，領南畿鄉薦第一人。乙丑會試第九，廷試二甲第八，入翰林為庶吉士。正德丁卯，授國史編修。踰年，丁母憂。逆瑾銜公不附，改為南京主事。庚午，瑾誅，復公職……所著有儼山文集一百卷，傳疑錄二卷，書輯三卷，史通會要三卷，同異錄二卷，續停驂錄三卷，玉章漫抄四卷，玉堂漫筆三卷，聖駕南巡日錄、大駕北還錄、淮封日記、南遷日記、知命錄、願豐堂漫書

、科場條貫、春風堂隨筆、溪山餘話、停驂錄、春雨堂雜抄、平湖錄、蜀都雜抄、古奇器錄各一卷，及詩徵校定、大學經傳、翰林記凡三十卷。」（國朝獻徵錄卷十八）蓋陸深乃王華弘治十七年主南畿試所取士，故王華卒後，陽明特請其作海日先生行狀，其狀云：「深，先生南畿所錄士也。暨於登朝，獲從班行之末，受教最深；又辱與新建公游處，出入門墻最久，每當侍側講道之際，觀法者多矣。正德壬申秋，以使事之餘，迂道拜先生於龍山里第。扁舟載酒，相與遊南鎮諸山，乃休於陽明洞天之下。執手命之曰：『此吾兒之志也。大業日遠，子必勉之！』」陸深自謂「與新

建公游處，出入門墻最久」，蓋亦可謂是陽明門人矣。

杭淮雙溪集卷一送王陽明謫官龍場驛：「白日野中微，浮霾結朝陰。送子遠行役，躑躅傷我心。豈無良朋儔，不如子同音。寂寞投窮荒，誰能念浮沉？願為雙玉軫，相隨麗瑤琴。 結束雙佩刀，倉皇祝周行。子行亦胡恤，而我獨彷徨。龍場眇何許？南極烏蠻方。水深有蛟龍，山險多虎狼。庶保千金軀，甘心永相望。」

儲巏柴墟文集卷四答獻吉酬見懷之詩：「秦川渭水故鄉春，關塞相望旅夢新。彈鋏肯從齊下士？上書曾是漢庭賓。詩多仙語因飡玉，病有神方却袖珍。磊魂胸中多少在，莫將名姓作山人。」

再次韵別伯安獻吉：「風華漠漠浹句春，世事悠悠百感新。去國更憐王逸少，閑關誰問李元賓？千金浪買人間骨，七聘曾求席上珍。隴水粵雲千萬里，騎曹羈絆是何人？」

湛若水泉翁先生大全集卷四十九章贈別：「九章，贈陽明山人王伯安也。山人為天德王道之學，不偶於時，以言見譴，故首之以窈窕；窈窕比也，然而譴矣，終不忘乎愛君，故次之以遲遲；譴而去也，其友惜之，故次之以黃鳥；惜之非但己也，爰有心期，故次之以北風；道路所經，不無弔古之懷，故次之以行行；行必有贈與處，故

次之以我有；贈非空言也，必本乎道義，故次之以皇天；皇天明無為也，無為則虛明自生，無朋從之思而道義出矣，故次之以窮索；窮索非窮索也，無思而無不思也，無為立矣，虛明生矣，道義出矣，然後能與天地為一體，宇宙為一家，感而通之，將無間乎離合，雖哀而不傷也，故次之以天地終焉。於呼！山人將索我於形骸之外者，言語焉乎哉？丁卯閏正月朔日。

窈窕者誰子？絕代亮無雙。不諳小姑性，以直終見傷。雖則終見傷，中情容何妨？誰為別鵠吟，此曲多慨慷。

遲遲別帝都，遲遲胡乃爾？臣軀易棄捐，臣心詎能死？天王會

聖明，帝閽亦孔邇。援琴不成聲，掩抑淚横泗。　黄鳥亦有友，空谷遺之音。相呼上喬木，意氣感人深。君今脱網罟，遺我在遠林。自我初識君，道義日與尋。一身當三益，誓死以同襟。生別各萬里，言之傷我心。　北風吹湖船，帆挂南嶽樹。祝融下玉壇，却立問來去。知君有仙骨，相期事輕舉。胡為凌風波，恐為蛟龍取。君若訪五峰，願留共君住。　行行過湘浦，舉首望九疑。若見重華墓，為我三拜之。三拜之不足，稽首重致辭。都俞事久闊，嗟予將安歸？　我有三尺木，囊括久不彈。一朝遇知音，為君初上弦。上弦含清響，未彈意先傳。贈君別鶴操，報我以孤鸞。　皇天常無私，日月常盈虧。聖人常無為，萬物常往來。何名為無為？自然無安排。勿忘與勿助，此中有天機。　窮索不窮索，窮索終役役。若惟不窮索，是物為我隔。大明無遺照，虛室亦生白。至哉虛明體，君子成諸默。　天地我一體，宇宙本同家。與君心意通，離別何怨嗟？浮雲去不停，游子路輕賒。願言崇明德，浩浩同無涯。」

王陽明全集卷十九陽明子之南也其友湛元明歌九章以贈崔子鍾和之以五詩於是陽明子作八詠以答之：「君莫歌九章，歌以傷我心。微言破寥寂，重以離別吟。別離悲尚淺，言微感逾深。瓦缶易諧俗，誰辯黄鐘音？　君莫歌五詩，歌之增離憂。豈無良朋侶？洵樂相遨遊。譬彼桃與李，不為倉囷謀。君莫忘五詩，忘之我焉求？　洙泗流浸微，伊洛僅如綫。後來三四公，瑕瑜未相掩。嗟予不量力，跛蹩期致遠。屢興還屢仆，惴息幾不免。道逢同心人，秉節倡予敢？力爭毫釐間，萬里或可勉。風波忽相失，言之淚徒泫。　此心還此理，寧論己與人？千古一噓吸，誰為嘆離群？浩浩天地內，何物非同春！相思輒奮勵，無為俗所分。但使心無間，萬里如相親。不見宴遊交，徵逐胥以淪？　器道不可離，二之即非性。孔聖欲無言，下學從泛應。君子勤小物，蘊蓄乃成行。我誦窮索篇，於子即聞命。如何圜中士，空谷以為靜？　靜虛非虛寂，中有未發中。中有亦何有？無之即成空。無欲見真體，忘助皆非功。至哉玄化機，非子孰與窮？　憶與美人別，贈我青琅函。受之不敢發，焚香始開緘。諷誦意彌遠，期我濂洛間。道遠恐莫致，庶幾終不斷。　憶與美人別，惠我雲錦裳。錦裳不足貴，遺我冰雪腸。寸腸亦何遺？誓言終不渝。珍重美人意，深秋以為期。」

同上，卷十九答汪抑之三首：「去國心已恫，別子意彌惻。伊邇怨昕夕，況茲萬里隔。戀戀歧路間，執手何能默？子有昆弟居，而我遠親側。回思菽水歡，羡子何由得？知予念我深，夙夜敢忘愓！良心忠信資，蠻貊非我戚。北風春尚號，浮雲正南馳。風雲一相失，各在天一涯。客子懷往路，起視明星稀。驅車赴長阪，迢迢入嵐霏。旅宿蒼山底，霧雨昏朝彌。間關不足道，嗟此白日微。切磋懷良友，願言毋心違。

聞子賦茆屋，來歸在何年？索居間楚越，連峰鬱參天。緬懷巖中隱，磴道窮扳緣。江雲動蒼壁，山月流澄川。朝採石上芝，暮漱松間泉。鵝湖有前約，鹿洞多遺篇。寄子春鴻書，待我秋江船。」

按：鄒守益王陽明先生圖譜：「比行，湛甘泉若水、崔後渠銑、汪石潭俊、喬白巖宇、儲柴墟巏，咸有贈和。」蓋陽明是次去國赴謫，京師僚友文士贈詩送別者甚多，非僅此數人，如崔銑、汪俊、喬宇等人贈詩今皆亡佚。陽明有答詩，皆在以後赴謫途中所作。

心齋李麟出為江西參議，陽明有詩致慰，李麟有詩作答。

李麟心齋稿卷四予奉命將至江西出通州泥淖不可前適王伯安以詩見慰走筆答之：「長途行役半羊腸，北望御恩別思長。三殿傳臚周造士，五雲題柱漢仙郎。心同葵藿終

傾企，分合糠粃遠播揚。臨發故人言在耳，緘題千里重相望。」

按：李麟字曰仁，一字仁仲，號心齋、次公，鄞縣人。康熙鄞縣志卷十六列傳：「李麟，字仁仲，弘治癸丑進士。歷官江西參議，恤獄除盜，職業振舉。正德戊辰入賀，至京，逆瑾用事，賂遺公行。麟則介然不理，大忤瑾意，罰米九百石。瑾伏誅，乃釋。寧藩淩傲撫按，麟卒不為屈。陞四川參政，署理司事。有劉太監者，奉命迎佛，還自成都，勢極張，所至科擾無算，麟絕無供餽。陞貴州按察使，轉布政使。」其出為江西參議之時間與原因，據靳貴送李仁仲之任貴州詩并序：「李君仁仲……甚為大司馬劉東山公所愛重。其出外藩，蓋有不悅之者，士論頗惜之。」（見心齋稿後心齋稿附錄）又心齋稿卷一有江西鄉試錄序云：「正德紀元之二年，適當天下鄉試之期。」據此可知李麟出為江西參議在正德二年，蓋為劉瑾所惡也。陽明詩今佚。

閏正月初一日，與空同李夢陽一起離京赴謫。出彰義門，過白溝，至衛上分手。

李夢陽空同集卷九發京師：「正德二年春二月，與職方王子同放歸田里。

驅車彰義門，遙望郭西樹。冠蓋耀

青雲，車馬夾廣路。威風何赫奕，各蒙五侯顧。回飇動地起，白日倏已暮。棄擲委蔓草，榮華若朝露。良無金石交，人生豈常故？絺綌足禦冬，誰念紈與素？慷彼白華篇，氣結不能愬。　蔦蘿附松柏，枝葉固相因。行子戀儔匹，況遇同鄉親。北風起河梁，日暮多飛塵。携手同車歸，駕言西適秦。道遠長饑渴，客子懷苦辛。仰瞻天漢流，夜永不得晨。驂馬媚其曹，鳴雁各求群。明星出東方，照見車下人。夙興即往道，登彼高路津。還顧望京邑，愴焉何所陳。」

同上，卷六十哭白溝文：「正德二年閏月初吉，予與職方王子俱蒙放歸，南道白溝之野。往白溝之戰，王子伯大父、予曾大父死焉，百戰憤痛，爰託於斯文。　嗚呼嗟哉！此何流兮？皓沙千里，霜霧四興，荒濱斷岸，陵況谷崩。積骨成丘，衝波沃雲，月星夜昏，殺氣晝屯。粤春事之既載，迺予邁于茲野。覽殘墟以掩涕，搴故栅而維馬。暄水畔而復峙，辰物鬱而未申。日蒼莽兮將墜，天慘惻而愴神。前儔佇以驚顧，追侶悵而增惑。趾欲進而躑躅，哽歔欷乎內惻。爾其龍蛇鬥爭，雌雄未決，戰形闢，兵營列，乃有秦楚善戰之士，齊晉詭謀之生，接軌方轂，扶地維而劃天門，甲光鏡四野，戟枝亘長雲

第533-2頁

。鉦鼓鳴兮河海竭，軍聲振兮山岳裂。嗟時弗利，甬道絕，弱之肉，強之食，飲人尿，咀馬革。遂爾橫屍蔽畛，崇崗載流，哭聲振天，漂血成溝。賤至臺隸，貴或君侯，刃剚其骼，文穿於喉。殘為土沙，疊若陵丘。魂營營以無歸，骨交加而卧霜。鬼啾唧以宵嘯，人懔慄而斷行。風陰陰以四起，折鏃朽髑，雜瓦礫兮飛揚。嗚呼！此為何流，而有斯戰場邪？竊嘗究性命之原，推興替之端，民死等於鴻毛，亦有重於泰山，彼短兵兮既接，耆天傾兮地搖，乃有睛被刺而不轉，膚受剞而弗逃。此結纓抗論之夫，甘心烏鳶之口，膏野草而罔顧者也。猗嗟我祖，生為士雄，死為國殤，岱華摧而敦支，玉石灼而並戕，委英肝於塵沙，滅聲景而永藏。雷霆結而迅音，煙飇烈而怒揚。神怦怦以縹緲，憑悲氛而望故疆。猥小子兮何知，纘箕裘之末躅。懷時命之難忱，懼遐躍之埋辱。憤原隰之裒棄，束無棺而葬無塋，匝墟壙以冥索。林莽杳兮縱橫，腸紆迴以崩裂，涕闌干而染纓。物何微而不昌，德何遠而不存。軫將發而復結，托哀響於茲文。」

同上，卷十一衛上別王子：「晨風應候至，雞鳴各嚴車。我今遊宋中，子當旋舊閭。僕夫理前綏，轅馬悲鳴趨。一別阻秦周，相望萬里餘。首春霜露重，厚汝征衣襦。

第534頁

昔為同袍士，今在天一隅。故者日以遠，疇能察區區？税駕朝歌里，送子輝水陽。群雁起高飛，凌谷各分翔。敎交多故懷，況乃憂故鄉。征夫愁日短，去馬知路長。童童孤生柏，結根南山旁。願言采此柏，遺我心所當。良無白鵠翼，何以得高頏？」

按：陸深賦云「空同子、陽明子同日去國」，湛甘泉詩云「丁卯閏正月朔日」，即兩人同去國之時日。故李夢陽亦明稱「正德二年閏月初吉」，所謂「正德二年春二月」，實即指閏正月。「職方」者，陽明任兵部武選職方清吏司主事，故稱「職方王子」。陽明與空同赴謫同行，似當亦有詩咏唱酬，光緒

保定府志卷十九：「白溝河，在新城縣南三十里，上游即琉璃河，又東南入容城縣界，河側有村曰白溝店，為二縣分屬地。白溝河闊止數丈，深可二丈。宋與契丹以此為界。」卷三十六：「王文成公祠，在貢院街北……祀明新建伯王守仁。祠內階左，有文成大書七言截句一首石刻。」此七言絕句或即是陽明過白溝所作耶？

在途作答詩寄京中汪俊、湛若水、崔銑、儲巏、喬宇諸友。

王陽明全集卷十九答汪抑之三首，陽明子之南也，其友湛元明歌九章以贈崔子鍾，和之以五詩，於是陽明子作八詠以答之，憶昔答喬白巖因寄儲柴墟三首，一日懷抑之也，抑之之贈既嘗答以三詩，意若有歉焉，是以賦也，夢與抑之昆季語，湛崔皆在焉，覺而有感，因記以詩三首。

按：陽明八詠云：「憶與美人別，贈我青琅函。受之不敢發，焚香始閉緘。」此「青琅函」，即指湛甘泉所贈九章詩，陽明於途中始發函觀之，乃作八詠詩答之。又夢與抑之昆季語湛崔皆在焉覺而有感因記以詩三首云：「纔為旬日別，宛若三秋期。」是此詩作在閏正月十日。他詩皆作在此日前後。「抑之昆季」，指汪俊（抑之）、汪偉（器之）兄弟。

是月，兩京奏劾劉瑾官員皆與罷貶行遣。

國榷卷四十六：「正德二年閏正月庚戌，南京兵部尚書林瀚降浙江布政司右參政，應天府尹陸珩降兩淮都轉運鹽司同知，並致仕。守備武靖伯趙承慶奪半祿，杖給事中艾洪、呂翀、劉蒞、南京給事中戴銑、李光翰、任惠、徐蕃、牧相、徐暹、御史薄彥徽、貢安甫、王蕃、葛浩、史良佐、李熙、任諾、姚學禮、張鳴鳳、陸崑、蔣欽、曹閔於闕下。御史黃昭道、王弘、蕭乾元逮未至，命即南京闕下杖之，俱削籍。王蕃、任諾始下鎮撫司，詭事不預知，錦衣衛指揮牟斌曰：『古人悔不與黨，君乃悔耶？』獄具，劉瑾欲去奏首『權奸』字，斌不可，語同官曰：

留此以為諸公地。昔宋鄒浩以失原奏被害，吾儕毋自為計」。瑾惡之。林瀚以趙承慶、陸珩示艾洪等疏，太息蒙譴。蔣欽創甚卒。初草奏，鬼夜諠焉，歎曰：「吾義不得顧私」。及拜杖，不瘳，曰：「吾瞑矣」。按戒庵漫筆：元年十一月己卯，蔣欽、貢安甫、史良佐同上疏下詔獄。明年閏正月望日，欽又獨疏，杖三十。又明日又上疏，被杖死。是欽凡三疏」。

二月，王華出為南京吏部尚書，王守儉亦由北雝改入南雝。

陸深海日先生行狀：「時先生元子今封新建伯方為兵部主

事，上疏論瑾罪惡。瑾大怒，既逐新建，復遷怒於先生。然瑾微時嘗從先生鄉人方正習書史，備聞先生平日處家孝友忠信之詳，心敬慕之，先生蓋不知也。瑾後知為先生，怒稍解。嘗語陰使人，謂於先生有舊，若一見可立躋相位。先生不可，瑾意漸拂。丁卯，陞南京吏部尚書。瑾猶以舊故，使人慰之曰：『不久將大召。』冀必往謝，先生又不行」。

國榷卷四十六：「閏正月癸酉，禮部左侍郎王華為南京吏部尚書」。

黄佐南廱志卷四：「丁卯正德二年春二月己丑，南京吏部尚書王華子守儉，自北監奏乞隨父任讀書，遂改入本監」。

三月，赴謫至錢塘北新關，諸弟來接，隱居南屏養病，有詩咏懷。

王陽明全集卷十九赴謫次北新關喜見諸弟：「扁舟風雨泊江關，兄弟相看夢寐間。已分天涯成死別，寧知意外得生還！投荒自識君恩遠，多病心便吏事閑。携汝耕樵應有日，好移茅屋傍雲山。」

按：錢塘北新關為明京杭大運河上七大鈔關之一，宣德四年，朝廷在北新關設關，收水陸路商賈商船之稅。陽明赴謫至錢

塘，即從北新關出埠。「諸弟」，應指王守儉、王守文等。王守文時來錢塘參加鄉試。王守儉由北雝改入南雝，亦來錢塘迎陽明。

王陽明全集卷十九南屏：「溪風漠漠南屏路，春服初成病眼開。花竹日新僧已老，湖山如舊我重來。層樓雨急青林迥，古殿雲晴碧嶂迴。獨有幽禽解相信，雙飛時下讀書臺。」

按：詩云「春服初成」，顯指暮春三月。陽明卧病靜慈寫懷亦云「卧病空山春復夏」，可以確知陽明在三月至錢塘。錢德洪陽明先生年譜云「夏，赴謫至錢塘」，乃誤。

徐愛以家君命正式來執弟子禮，侍陽明，有唱和詩。

徐愛橫山遺集卷上同志考叙：「自尊師陽明先生聞道後幾年，某於丁卯春，始得以家君命執弟子禮焉。于時門下亦莫有予先者也」。

按：徐愛何時師事陽明，自來説多不明。前考陽明與徐愛在弘治十七年已相識，徐愛正德元年即已入京來侍陽明，讀書問學幾一年。祇其時在京尚未正式執弟子禮。至正德二年閏正月陽明離京赴謫，徐愛當一起陪侍陽明南歸，至錢塘，則正式執弟子禮，起居共處，朝夕不離矣。

橫山遺集卷上南屏次韵二首之一：「□殿氤氲埃壒表，南屏山色背江開。繁華雖任春風入，幽况還宜秋月來。一湖船須□百上，六橋煙柳記三迴。傷心北麓精忠廟，翹首□灘□釣臺。」

劉瑾矯詔列劉健、謝遷、李夢陽、王守仁等五十三人為奸黨，榜示朝堂，跽諭群臣於金水橋。

國榷卷四十六：「正德二年三月辛未，敕文武群臣曰：朕幼冲嗣位，惟賴廷臣輔弼，匡其不逮。豈意去歲奸臣王岳、范亨、徐智，竊弄威福，顛倒是非，私與大學士劉健、謝遷，尚書韓文、楊守隨、張敷華、林瀚，郎中李夢陽，主事王守仁、王綸、孫磐、黄昭，檢討劉瑞，給事中湯禮敬、陳霆、徐昂、陶諧、劉蒞、艾洪、吕翀、任惠、李光翰、戴銑、徐蕃、牧相、徐暹、張良弼、葛嵩、趙士賢，御史陳琳、貢安甫、史良佐、曹閔、王弘、任訥、李熙、王蕃、葛浩、陸崑、張鳴鳳、蕭乾元、姚學禮、黄昭道、蔣欽、薄彦徽、潘鏜、王良臣、趙祐、何天衢、徐珏、楊璋、熊卓、朱廷聲、劉玉，遞相交通，曲意阿附，或傷殘善類，或變亂黑白，煽動浮言，行用頗僻。朕雖察審，尚務優容，後漸事跡彰露，彼各反側不安，因自陳休致，若自憤則寘譴謫。其敕内未罪，吏部勒令致仕，毋使稔惡，追悔莫及。張懋等遇奏列銜，朕皆爾釋，後毋蹈覆，自貽累辱。」是日跽諭群臣於金水橋南。其敕瑾私筆，或曰焦芳為之。」

明通鑑卷四十二：「正德二年三月辛未，劉瑾憾健、遷不已，又憾其朋黨多人次第論列，乃矯詔列健、遷……等凡五十三人，目為奸黨，榜示朝堂。並朝罷傳宣群臣，跪於金水橋南，劉瑾以敕授鴻臚宣戒之。」

按：所謂「目為奸黨，榜示朝堂」，即設立「黨籍」也（效法元祐黨籍故伎）。陽明得知已入五十三人「黨籍」約在五、六月，乃成為其決意不赴謫地而遠遁隱居之直接動因矣。

釋雪江來訪，有次陽明謫官龍場詩韵。

釋雪江奉次陽明先生謫官龍場所作原韵：「花落鳥啼春事

晚，心旌難副簡書招。蠻煙瘦馬經山驛，瘴雨寒雞夢早朝。佩劍衝星南斗近，諫章回首北辰遥。江東便道如相過，煑茗松林拾墮樵。」（盛明百家詩前編釋雪江集，又石倉歷代詩選卷五百零六）

按：釋雪江時為勝果寺僧。俞憲於釋雪江集下云：「按雪江者，弘、正間詩僧，素與孫太白、鄭少谷、沈石田諸人善。今觀其詩，蓋得元人之遺思云。族出海鹽汪氏，祝髮天寧寺，名曰明秀。後嘗遊寓錢塘勝果山，故又號石門子。老復歸化邑之海門，乃嘉靖甲午歲也。」周亮工書影卷十：「弘、正間詩僧明秀，號雪江，與鄭少谷、沈石田諸生善。族出海鹽汪姓，寓錢塘勝果寺。如：『雨燈夜着虛堂影，秋磬寒隨落木聲』，殊有唐響，與少谷、太初、石田調微異，亦沙門中之錚錚者也。」雪江詩云「春事晚」，乃在春三月；「簡書招」，乃是陽明有書招其來。雪江此詩亦證陽明在三月已至杭。陽明原作謫官龍場詩今佚。

四月，卧病靜慈寺，有詩寫懷，徐愛次韻。

王陽明全集卷十九卧病靜慈寫懷：「卧病空山春復夏，山中幽事最能知。雨晴階下泉聲急，夜靜松間月色遲。把酒有時眠白石，解纓隨意濯清漪。吴山越嶠俱堪老，正奈燕雲繫遠思！」

橫山遺集卷上南屏次韻二首之二：「山入南屏湖更好，山靈許我舊相知。春歸便過應非芒，秋老重來不太遲。修

第541页

竹愈看凌翠靄，殘荷猶自映清漪。仙蹤無異年光改，此日臨風有所思。」

按：陽明詩云「卧病空山春復夏」，可見其春來錢塘後一直在南屏養病，即徐愛所云「某於丁卯春，始得以家君命執弟子禮焉」。徐愛詩云「春歸便過應非芒，秋老重來不太遲」，是謂徐愛在春後嘗一歸餘姚，至秋復再來錢塘，此和詩已作在秋七月中，故有「殘荷猶自映清漪」句。

六月，移居勝果寺，有詩感懷，徐愛次韻。

王陽明全集卷十九移居勝果寺二首：「江上俱知山色好，峰迴始見寺門開。半空虛閣有雲住，六月深松無暑來。病肺正思移枕簟，洗心兼得遠塵埃。富春咫尺煙濤外，時倚層霞望釣臺。

病餘巖閣坐朝曛，異景相新得未聞。日脚倒明千頃霧，雨聲高度萬峰雲。越山陣水當吴嶠，江月隨潮上海門。便欲携書從此老，不教猿鶴更移文。」

橫山遺集卷上勝果次韻：「天際浮雲照夕曛，松泉細瀉石窗聞。禪生心靜看江月，供佛樓閑出海雲。秋菊初生思晉士，春風忽憶坐程門。明朝若了平生事，一字無傳萬古文。

芒鞋重踏秋巖曉，夾道清溪霜雨開。松徑鳥聲啼客過，江城山色照人來。眼窮天際聊觀海，身在風

第542页

中不染埃。東望陽明應未遠，萬雲深處是書臺。」

按：陽明詩云「六月深松無暑來」，作在六月。徐愛詩云「秋菊初生」，「芒鞋重踏秋巖曉」，則是其秋七月復來錢塘時次韵。由詩可知，陽明六月因南屏居地炎熱，乃移居萬松嶺之勝果寺。

同上，憶觀樓記：「予昔從陽明先生遊錢塘諸山，乃居萬松古刹，曰勝果。萬松獨出吴越諸山，而勝果居其中峰。江橫山足，形若隘觀，而觀海為最近，得朝夕之景甚異也。陽明詩云：『江月隨潮上海門。』未及朝也，猶夫夕也，故甚愛朝觀日也，觀則樂而忘倦也……是可以名茲樓曰憶觀也已……故吾有記也，將遂以質諸陽明先生也。歲己巳四月記。」

時夏良勝、陸餘亦來問學，皆有和詩。

夏良勝東洲初稿卷八得陽明先生教歸賦白馬三章章四句：「白馬之良兮，鋈以為飾兮；予觀於都兮，予欲為子馭兮。　白馬之駿兮，琢玉以為勒兮；予適野兮，予欲執子鞭兮。　白馬之宜兮，亦或仰於秣兮；予遨遊其何之兮，予為子僕，其何痛兮！」　卷十二中峰和陽明山人二首：「客裏有懷風土好，眼中無障畫圖開。一江煙影孤帆過，半夜潮聲送月來。松閣迴飈自鐘磬，竹泉分雨淨飛埃。山僧也欲窮幽勝，踏遍緇經最上臺。　暮倚層崖候落曛，翩翩歸鳥亂聲聞。帽欹驚見隨濤雪，履薄曾穿絕嶠雲。坡韵謫來收越勝，伍瞳還去看吴門。須知大義無通塞，嘲怨何心却費文。」

按：夏良勝為圭峰羅玘門人，而王華、陽明在京與羅玘關係尤密。歐陽鐸太常寺少卿夏公良勝墓志銘：「君名良勝，少穎異，漸漬家學，又經先生圭峰指授，為文辭警拔不群。丁卯，虛齋蔡公視學至建，得卷奇之，拆視，乃君，謂曰：『子異日為良臣，無以勝矣。』改名曰良勝，而字之曰于中。是歲，舉江西鄉試第一人。」（國朝獻徵録卷七十）此當是夏良勝先在是年往京師謁圭峰羅玘，約於五、六月間歸經錢塘，來見陽明；然後再歸江西赴試，遂舉鄉試第一人。夏良勝後為陽明弟子，傳習錄中有其所記重要語錄。

姚江逸詩卷八陸餘遊勝果寺次王陽明韵（是日孫惟烈同遊）：「中峰高處對斜曛，静愛幽禽隔竹聞。海上怒潮吹積雪，山頭老木礙飛雲。靈巖醉墨留塵跡，小洞仙宫鎖石門。我欲再呼王伯子，禪窗燈火夜論文。」

按：陸餘字良材，餘姚人，陸相良弼之弟。陸相兄弟與陽明關係極密，後陸相特作陽明山人浮海傳，蓋出於陽明口授。陸餘是次來錢塘，或亦是為參加秋試。

秋七月，山陰蔡宗兗、朱節來錢塘參加鄉試，徐愛偕蔡宗兗、朱節來見，執弟子禮。

橫山遺集卷上同志考敘：「某於丁卯春，始得家君命執弟子禮焉。于時門下亦莫有予先者也。繼而是秋，山陰蔡希顏、朱守中來學，鄉之興起者始多。」

按：蔡宗兗、朱節何時來執弟子禮，向來不明，錢德洪陽明先生年譜只於正德二年下含混云「愛與蔡宗兗、朱節同舉鄉貢，先生作別三子序以贈之」，不確。前考徐愛是年夏中嘗一歸餘姚，至秋七月又再來錢塘見陽明，乃為參加鄉試；而蔡宗兗、朱節亦於秋七月來錢塘，實亦為參加鄉試，故得與徐愛同來見陽明問學。按王陽明全集卷十九有因雨和杜韻：「晚堂疏雨暗柴門，忽入殘荷瀉石盆。萬里滄江生白髮，幾人燈火坐黃昏。客途最覺秋先到，荒徑惟憐菊尚存。却憶故園耕釣處，短簑長笛下江村。」是為陽明秋七月猶在錢塘之證（錢德洪陽明先生年譜謂陽明夏中託言投江遠遁，乃誤）。至八月徐、蔡、朱三人舉鄉試，陽明已詭託投江南遁矣。

蔡宗兗，字希顏，一字希淵，號我齋。明清進士錄：「蔡宗兗，正德十二年三甲十三名進士。浙江山陰人，字希淵，號我齋。從王守仁學，以教授奉母，孤介不為當道所喜，輒思棄去，守仁以為傷於急迫，乃止。入為太學助教，進南京考功郎，擢四川督學僉事。有蔡氏律問。」按季彭山先生文

第545頁

集卷三奉議大夫四川按察司提學僉事蔡公墓志銘：「時聞先師倡道陽明山中，乃偕守忠往受業焉，因與餘姚徐君曰仁為三友，刊落繁蕪，學務歸一。」此言蔡宗兗、朱節往陽明山中受業則誤，且始受業時間亦不確。

朱節，字守忠，號白浦。明清進士錄：「朱節，正德九年三甲五十七名進士。浙江山陰人，字守中，號白浦。從王守仁遊，守仁器重，稱其明敏。以御史巡按山東，值亂，勤事而卒。」

八月中旬，詭托投江南遁，沿富春江，入廣信，經建陽，遁入武夷山，遊九曲，謁武夷精舍，訪天遊觀道士，有詩題壁。

王陽明全集卷十九泛海：「險夷原不滯胸中，何異浮雲過太空。夜靜海濤三萬里，月明飛錫下天風。」

同上，武夷山次壁間韻：「肩輿飛度萬峰雲，回首滄波月下聞。海上真為滄水使，山中又遇武夷君。溪流九曲初諳路，精舍千年始及門。歸去高堂慰垂白，細探更擬在春分。」

按：陽明詭托投江南遁事，因陽明向自掩飾真相，甚至作遊海詩，自神其事，虛構遊海入山遇仙經歷，神秘怪妄，世人莫明真相，疑信參半，各種荒誕怪說紛紛流傳，撲

第546頁

朔迷離，遂成一大千古迷案，至今莫明。茲先列錢德洪、鄒守益之誤說，再列主要流行四大怪說，以作比較，然後再詳作考辨，揭開事情真相，以破此一千古迷案。

錢德洪陽明先生年譜：「夏，赴謫至錢塘。先生至錢塘，瑾遣人隨偵。先生度不免，乃託言投江以脱之。因附商船遊舟山，偶遇颶風大作，一日夜至閩界。比登岸，奔山徑數十里，夜扣一寺求宿，僧故不納。趨野廟，倚香案卧，蓋虎穴也。夜半，虎繞廊大吼，不敢入。黎明，僧意必斃於虎，將收其囊，見先生方熟睡，呼始醒，驚曰：『公非常人也！不然，得無恙乎？』邀至寺。寺有異人，嘗識於鐵柱宮，約二十年相見海上，至是出詩，有『二十年前曾見君，今來消息我先聞』之句。與論出處，且將遠遁。其人曰：『汝有親在，萬一瑾逮爾父，誣以北走胡，南走粵，何以應之？』因為蓍，得明夷，遂決策返。先生題詩壁間曰：『險夷原不滯胸中，何異浮雲過太空？夜靜海濤三萬里，月明飛錫下天風。』因取間道，由武夷而歸。」

鄒守益王陽明先生圖譜：「正德二年丁卯春，先生以被罪未敢歸家，留寓錢塘勝果寺養病。瑾怒，未得逞，遣四人謀致之死。一旦，挾先生至山頂，吐實曰：『我輩觀公

動止，何忍加害？公必有良策，使我得反報。』先生曰：『吾欲遯世久矣，明日吊我於江之濱。』夜留題於壁，從間道登海舟，從者求弗得，與鄉人沿哭於江。海舟，紹興采柴者，往返如期。是夜，飄入閩中，備海兵捕之，微服奔岸，乞食於僧寺，題僧壁云：『險夷原不滯胸中，何異浮雲過太空。夜靜海濤三萬里，月明飛錫下天風。』僧疑為京中訪事者，走報官，不得食而遁。先是餘姚諸公養和為江西參議，先生就婚貳室，嘗遇一道士於玄妙觀，約二十年後再見海上，至是僧延入寺，道士迎笑曰：『候此久矣。』出詩以贈，有『二十年前曾見君，今來消息我先聞』之句。先生告以將遠遯，曰：『爾有親在，萬一瑾怒，追爾父，誣爾北走胡，南走越，則族且赤矣。』先生瞿然，乃相與齋戒揲蓍，得箕子之明夷，遂決策從上饒以歸。」

楊儀高坡異纂卷下：「新建伯被謫至杭，寓勝果寺，恐逆瑾議其後，托投江死，留題於壁，其序略曰：予，餘姚王守仁也。以罪南謫，道錢塘，以病且暑，寓居江頭之勝果寺。一日，有二校排闥而入，直抵予卧內，挾予而行。有二人出自某山蒙茸中，其來甚速，若將尾予者。既及，執二校，二校即挺二刃厲聲曰：今日之事，非彼

即我，勢不兩生。吾奉吾主命，行萬餘里，至謫所不獲，乃今得見於此，尚可少貸以不畢吾事耶？」二人請曰：「王公，今之大賢，令死刃下，不亦難乎？」二校曰：「諾。」即出繩丈餘，令余自縊。二人又請曰：「以縊與刃，其慘一也。令自溺江死，何如？」二校曰：「是則可耳。」將予鎖江頭空室中。予從窗謂二人曰：「予今夕固決死，為我報家人知之。」二人曰：「使公無手筆，恐無所取信。」予告無以作書。二人則從窗隙與我紙筆。予為詩二首、告終辭一章授之，以為家信。

其一

學道無聞歲月虛，天乎至此欲何如？
生曾許國慚無補，死不忘親恨有餘。
自信孤忠懸日月，豈論遺骨葬江魚。
百年臣子悲何極，日夜潮聲泣子胥。

其二

敢將世道一身擔，顯被天刑萬死甘。
滿腹文章方有用，百年臣子獨無慚。
涓流裨海今真見，片雪填溝舊齒談。
昔代衣冠誰上品？狀元門弟好奇男。

（二人，一姓沈，一姓殷，俱住江頭，必報吾家，必報吾家！）

第549页

告終辭

皇天茫茫，降殃之無憑兮，宵莫知其所自。予誠何絕於幽明兮，羌無門而往訴。臣得罪於君兮，無所逃於天地。固黨人之為此兮，予將致命而遂志。委身而事主兮，夫焉吾之可有？殉聲色以求容兮，非前修之所守。吾豈不知直道之殞軀兮，庶予心之不忘。定予志詎朝夕兮，孰沛顛而有亡？上穹林之杳杳兮，下深谷之冥冥。白刃奚其相向兮，盼予視若飄風。內精誠以淵靜兮，神氣泊而沖容。固神明之有志兮，起壯士於蒙茸。奮前持以相格兮，曰孰為事刃於貞忠？景冉冉以將夕兮，下釋予之積宮。曰受命以相及兮，非故於子之為攻。不自盡以免予兮，夕予將浮水於江。嗚呼噫嘻！予誠愧於明哲保身兮，豈效匹夫而自經？終不免於鴟夷兮，固將溯江濤而上征。已矣乎！疇昔之夕予夢坐於兩楹兮，忽二伻來予覿，曰予伍君三閭之僕兮，踞陳辭而加璧。啟緘書若有覿兮，恍神交於千載。曰世濁而不可居兮，子奚不來游於溟海？鬱予懷之愴愴兮，懷故都之拳拳。將夷險惟命之從兮，孰君親而忍捐？嗚呼噫嘻！命苟至於斯，亦予心之所安也。固晝夜以為常兮，予非死之為難也。沮陰壁之岑岑兮，猿猱若授予長條。虺結蟠於圮

第550页

亘兮，山鬼吊於巖嗷。雲冥冥而晝晦兮，長風怒而江號。穨陽倏其西匿兮，行將赴於江濤。嗚呼噫嘻！一死其何至兮，念劬闈之重傷也。予死之奄然兮，傷吾親之長也。羌吾君之明聖兮，亦臣死之宜然。臣誠有憾於君兮，痛讒賊之諛便。構其辭以相說兮，變黑白而燠寒。假遊之竊辟兮，君言察彼之為殘。死而有知兮，逝將訴於帝廷。去讒而遠佞兮，何幽之不贊於明？昔高宗在之殿兮，賚良弼以中興。申甫生而屏翰兮，致周宣於康成。帝何以投讒於有北兮，焉敬君之衷？揚列祖之鴻庥兮，永配天於無窮。臣死且不朽兮，隨江流而朝宗。嗚呼噫嘻！大化屈伸兮，升降飛揚。感神氣之風霆兮，遙予將反乎帝鄉。驂玉虯之蜿蜒兮，鳳凰翼而翱翔。從靈均與伍胥兮，彭咸御而相將。經申徒之故宅兮，歷重華之陟方。降大靈之茫茫兮，登裂缺而憩予。懷古都之無時兮，振長風而遠去。已矣乎！上為列星兮，下為江河。山嶽興雲兮，雨澤滂沱。風霆流行兮，品物咸和。固正氣之所存兮，豈邪穢而同科？將予騎箕尾而從傳說兮，凌日月之巍峨。啟帝閽而簸清風兮，掃六合之煩苛。辭曰：予童顓而罔知兮，恣狂愚以冥行。悔中道而改轍兮，亦悵悵其焉明？忽正途之有覺兮，策予馬而遙征。搜剔其獨往兮，忘予力之不任。天之喪斯文兮，不畀予於有聞。矢此心之無諼兮，斃予將求於孔之門。嗚呼！已矣乎，複奚言！予耳兮予目，予手兮予足，澄予心兮，肅雍以穆。反乎大化兮，遊清虛之寥廓。

（陽明公入水，沈玉、殷計報。）

是歲正德丁卯秋，當三試之後，舉子畢集於杭。一日，忽失王公所在，舍人見所寓僧舍壁上有二紙，或又得其雙履於江上，以為真死矣。告諸其弟伯敬，因而省中皆聞之。執僧四出追訪，士子聚觀，前詩、辭隨於衆人之手。有一士子與其弟同舍，見之最先，故得全錄其辭，並得二詩。其序則但一過目，不及畢錄，而群手至矣。今人前序略，蓋寫其意，予為點竄數字，令成文可讀。今人止能知其前詩一首，餘並不復知也。王公七日後至廣信府，自言入江有神人救之，一夕漂到漳州府境，登岸，有中和堂主人邀歸山室中，贈以詩曰：「十五年前始識荊，此來消息最先聞。君將性命輕毫髮，誰把綱常重一分？寰海已知誇令德，皇天終不喪斯文。武夷山下經行處，好對青山醉夕曛。」公自言從漳至廣信，所經寺觀驛舍，皆有留題。其說甚奇，人頗知其意，不復細驗也。

按：高坡異纂此條當引自陸相陽明山人浮海傳，所謂「有一士子」，指徐愛；「予為點竄」者，指陸相；陽明「自言」、「公自言」，即指陽明向陸相口授「遊海」事而陸相乃作陽明山人浮海傳也（詳考見下）。是條詳記陽明投江自沉現場及杭州士人聚觀場面，乃是得自當場實見實錄，最為可信也。

沈周客坐新聞：「正德丁卯，大璫劉瑾操弄國柄，放棄大臣，鋤滅言路，百僚掩口聽命而已。伯安上疏言之，謫貶貴州驛丞。未行，寓杭州勝果寺。一夕，夢使者持書二緘付伯安，啟之，一書『滄浪之水清兮，可以濯我纓。伍員名』；一書水上覆一舟，後題『屈平』，止二字。既覺，越三日，晝見二軍校至，有旨：『賜汝溺，不可緩。』窘迫之，伯安懇告校曰：『少間須臾，留詩於世，以俟命絕。』乃以紙展几上，題一律云：『學道無成歲月虛，天乎至此複何如？身曾許國生無補，死不忘親痛有餘。自信孤忠懸日月，豈知余骨葬江魚。百年臣子悲何極，日夜潮聲泣子胥。』更有告終詞一篇，不及錄。書罷，為二校面縛，挾至江邊投之。伯安初入水，即得物負之，不能沉，漂蕩凡七晝夜，所見如畫中。伯安驚慌，莫知所之。舟偶及岸，見一老人率四卒來，云：『汝何致此狼狽？吾當為汝解縛登岸。』伯安拜謝，因問老人曰：『此當何處？』老人曰：『福建界也。』伯安告曰：『願公護某至彼。』老人曰：『此去福建尚遠，不能猝達，當送君往廣信。』乃命四卒共往，舁之去如飛，不半日已抵廣信矣。老人複在彼，率詣僧寺，僧聞其名，延款甚恭。伯安問僧曰：『老人在何處？請來同坐。』又謂僧曰：『我餒甚，乞飯少許。』且囑先飯四卒。僧覓之，皆不見。詢僧：『自岸至此，為程幾何？』僧曰：『千里。』曰：『自辰及午，迅速若是，信為神佑也。』食罷，僧達郡邑，皆館穀之。即移文浙省，差人迎候，恍惚若夢寐中。人謂伯安志慕神仙，故墮此福地也。伯安今轉遷為大鴻臚云。」

按：陽明任南京鴻臚寺卿在正德九年至十一年間，正當陽明作成遊海詩與陸相寫成陽明山人浮海傳之時，可見此條當亦抄自陽明遊海詩與陸相陽明山人浮海傳。王世貞弇山堂別集卷二十七史乘考誤云：「異人所贈詩，後六句予能記之：君將性命輕毫髮，誰把綱常重昆侖？寰海已知誇令德，皇天終不喪斯文。武夷山下經行處，好把椒漿薦夕曛。疑亦王公所託言也。客坐新聞為沈周作，周以正德己巳壽終，而王公至正德甲戌始拜南鴻臚卿。今云云，恐後有好事者增益之，亦非沈筆也。」

王同軌耳談類增卷四王文成浮海傳略：「王文成公於正德

丁卯以言忤時貴，箠辱幾死，謫丞貴州龍場驛地。道杭，僑居聖果寺，恍惚夢烏龍大王來謁，襆頭緋袍，形甚怪異。從人語曰：「君七月二十一日有大難，奈何？」公甚異焉，因求避患之術。曰：「試善避之，吾竭力相庇。」言畢而寤。及期，公在聖果反扃，瞑目坐。至午，忽見二人，壯猛如武士，排闥入曰：「爾在此耶？吾從聞蹤跡至此。」因挾以刃，取道從山後行。縛公於樹，一人持刃前。忽二人音紀、沈昱者，躍出松間，恐以官府及幽冥報復之說，解救甚力。其人附耳曰：「一權貴構疾，丞媪謂汝為之勸，殺汝，此朝命，不敢違也。」忽解縛曰：「更前

數里議之。」遂驅迫至湖邊，夜漸昏黑，因反，以布衾蒙首，舁之急行數里，曰：「至矣。」覺胸間受一梃，即乘水。自是昏眩不復知，良久漸甦，身仰卧水中，所縛所蒙盡已釋去，以手反摸，如有物負之，締視波濤，如屋上行，光怪萬狀，波及唇吻。天漸明，抵岸，見數人，掖上綿兜子，至一宅。困甚，不暇問主者，解衣熟寐。既醒，見一人坐牀側，曰：「僕，高明也，君忘耶？」公憶往在京，聞有高明者，善攝生，寓神樂觀，與徐中書訪之。後傳其人死，不知在此。曰：「吾未死，館於吳老先生耳。」少頃，一人戴鋼叉帽，容甚偉，前曰：「知君忠義士

，故爾相救，得無苦乎？」即吳翁也。吳去，獨高侍。左右服皆麗人，公不欲，明燭徹旦。明日，謁吳翁，堂甚高，粉繪輝目，珊瑚高三四尺。吳肅容入，公就賓席。膳畢，遊書屋，亦三間，類世捲蓬，圖書珍玩充目，莫可名狀。返，則列筵於堂，肴食精絕。已，奏樂，則海鹽人扮琵琶記，艷姬數十人，魚貫而出，金翠珠璣，光彩射人，飄重裾，曳長袖，為回風之舞，歌白雪之章，巧於應節，雖亂而不亂。如是累日，公作詩贈高、贈吳翁，復為吳翁題唐宋名畫及談經史攝生書甚悉。公苦辭歸，翁張宴為劇餞曰：「君難數猶未脫，即還，亦必遠行

，出月則善矣。」高與吳亦皆有詩為答，而饋金甚厚，公皆不受，借高馬尾巾及櫛具耳。既別，卧舟中，五鼓達岸，則肩輿已具沙際。四人舁之至一閣，隱隱見「天風海濤」四字，知為閩境。日夜急行，忽至一市，人物充塞，時朝中有微行者，衆疑為錦衣官，咸道避，入一寺，肩輿止門外。公求飯輿人，輿人忽不見，大駭，步造婁野亭，賈守亦至。公言所從來，二公驚曰：「此去天風海濤千餘里，兩日而至，何神耶！」留數日，回杭。向所借巾物漸失去，因之烏龍大王前拜謝。忽一黑蛇長丈餘，自梁垂繞婁僕數匝，遂投神座下方。沉江時音、沈二人，

索家書，公為詩曰：「學道無成歲月虛，天乎至此意何如？身曾許國生無補，死不忘親恨有餘。自信孤忠懸日月，豈論遺骨葬江魚？百年臣子悲何極，夜夜濤聲泣子胥。」此其傳略。

墨憨齋新編皇明大儒王陽明出身靖亂録：先生既至杭，值夏月天暑，先生又積勞致病，乃暫息於勝果寺……居兩月餘，忽一日午後，方納涼於廊下，蒼頭皆出外，有大漢二人，矮帽窄衫，如官校狀，腰懸刀刃，口吐北音，從外突入，謂先生曰：「官人是王主事否？」先生應曰：「然。」二校曰：「某有言相告。」即引出門外，扶之同行。先

生問何往，二校曰：「但前行便知。」先生方在病中，辭以不能步履，二校曰：「前去亦不遠，我等左右扶持可矣。」先生不得已，任其聽之。約行三里許，背後複有二人追逐而至。先生顧其面貌，二人曰：「官人識我否？我乃勝果寺鄰人沈玉、殷計也。素聞官人乃當世賢者，平時不敢請見。適聞有官校挾去，恐不利於官人，特此追至，看官人下落耳。」二校色變，謂沈、殷二人曰：「此朝廷罪人，汝等何得親近？」沈、殷二人曰：「朝廷已謫其官矣，又何以加罪乎？」二校扶先生又行，沈、殷亦從之。天色漸黑，至江頭一空室中……乃鎖先生於室中。先生呼沈

、殷二人曰：「我今夕固必死，當煩一報家人，收吾屍也。」二人曰：「欲報尊府，必得官人手筆，方可准信。」先生曰：「吾袖中偶有素紙，奈無筆何？」二人曰：「吾當於酒家借之。」……沈玉以筆授先生，先生出紙於袖中，援筆寫詩一首。詩曰：「學道無成歲月虛，天乎止此欲何如？生曾許國慚無補，死不忘親恨有餘。自孤忠懸日月，豈論遺骨葬江魚？百年臣子悲何極，日夜潮聲泣子胥。」先生吟興不已，再作一首：「敢將世道一身擔，顯被生刑萬死甘。滿腹文章寧有用，百年臣子獨無慚。涓流裨海今真見，片雪填海舊齒談。昔代衣冠誰上品，狀元門第好奇

男。」二詩之後，尚有絕命辭，甚長不録。紙後作篆書十字云：「陽明已入水，沈玉、殷計報。」……先生向二校謝其全屍之德，然後徑造江岸，回顧沈、殷二人曰：「必報我家，必報我家！」言訖，從泥沙中步下江來……二校見灘上脱有雲履一雙，又有紗巾浮於水面，曰：「王主事果死矣。」……其年丁卯，乃是鄉試之年，先生之弟守文在省應試，僕人報守文，守文言於官，命公差押本寺僧四出尋訪，恰遇沈、殷二人亦來尋守文報信。守文接了絕命辭及二詩，認得果其兄親筆，痛哭了一場。未幾，又有人拾得江邊二履報官，官以履付守文。衆人轟傳，以

為先生真溺死矣。守文送信家中，闔家驚慘，自不必說。龍山公遣人到江邊遺履之處，命漁舟撈屍，數日無所得。門人聞者無不悼惜，惟徐愛言先生必不死，曰：「天生陽明，倡千古之絕學，豈如是而已耶？」却說先生果然不曾投水……七日之後，已達江西廣信府。行至鉛山縣，其夜複搭一船，一日夜到一個去處登岸，問之，乃是福建北界矣……巡海兵船見先生狀貌不似商賈，疑而拘之，先生曰：「我乃兵部主事王守仁也。因得罪朝廷，受廷杖，貶為龍場驛驛丞。自念罪重，欲自引絕，投身於錢塘江中。遇一異物，魚頭人身，自稱巡江使者。言奉

龍王之命，前來相迎。我隨至龍宮，龍王降階迎接。言我異日前程尚遠，命不當死。以酒食相待，即遣前使者送我出江。倉卒之中，附一舟至此，送我登岸，舟亦不見矣。不知處離錢塘有多少程途，我自江中至此，纔一日夜耳。」兵士異其言，亦以酒食款之，即馳一人往報有司。先生恐事涉官府不能脫身，捉空潛遁，從山徑無人之處，狂奔三十餘里，至一古寺，天已昏黑，乃叩寺投宿。寺僧設有禁約，不留夜客歇宿。寺傍有野廟久廢，虎穴其中，行客不知，誤宿此廟，遭虎所啖，次早寺僧取其行囊自利，以為常事。先生既不得入寺，乃就宿野

廟之中，饑疲已甚，於神案下熟寢。夜半，群虎繞廟環行大吼，無敢入者，天明寂然。寺僧聞虎聲，以為夜來借宿之客已厭虎腹，相與入廟，欲簡其囊。先生夢尚未醒，僧疑為死人，以杖微擊其足。先生蹶然而起，僧大驚曰：「公非常人也，不然，豈有入虎穴而不傷者乎？」先生茫然不知，問虎穴安在，僧答曰：「即此神座下是矣。」僧心中驚異，反邀先生過寺朝餐。餐畢，先生偶至殿後，先有一道者打坐，見先生來，即起相迓，曰：「貴人還識無為道者否？」先生視之，乃鐵柱宮所見之道者，容貌儼然如昨，不差毫髮。道者曰：「前約二十年後相見於海

上，不欺公也。」先生甚喜，如他鄉遇故知矣。因與對坐，問曰：「我今與逆瑾為難，幸脫餘生，將隱姓潛名，為避世之計，不知何處可以相容，望乞指教。」道者曰：「汝不有親者在乎？萬一有人言汝不死，逆瑾怒逮爾父，誣爾以北走胡，南走越，何以自明？汝進退兩無據矣。」因出一書示先生，乃預寫就者。詩曰：「二十年前已識君，今來消息我先聞。君將性命輕毫髮，誰把綱常重一分？寰海已知誇令德，皇天終不喪斯文。英雄自古多磨折，好拂青萍建大勳。」先生服其言，且感其意，乃決意赴謫，索筆題一絕於殿堂。詩曰：「險夷原不滯胸中，何異浮

雲過太空。夜靜海濤三萬里，月明飛錫下天風。』……先生乃從間道遊武夷山，出鉛山，過上饒，複晤婁一齋……婁公留先生一宿，助以路費數金。先生徑往南京省覲龍山公。」

按：明清關於陽明遊海遇仙故事之記載多如牛毛，千奇百怪，其說之荒誕可笑本自一目瞭然。然祇因錢德洪寫入陽明先生年譜，鄒守益寫入王陽明先生圖譜，其說遂具有無可懷疑之權威性與真實性，廣為流傳，後人皆信而無疑，六百年來竟無一人能揭其妄。今按考此種種紛紜之說，雖各有詳略變化，實則大同小異，同出一源，百變不離其宗——概出於陽明之遊海詩與陸相之陽明山人浮海傳，皆陽明所自造之子虛無有之說也。考陽明始因不願赴龍場謫地而詭託投江自沉南遁，未料弄巧成拙，南遁歸來後，為遮掩其隱遁拒不赴謫與遷延一年不赴謫地之「罪責」，即神化是次之行，自造「遊海」神話，乃至大作遊海詩，虛構其投江遇仙遊海、入山遇虎見異人之經歷。此遊海詩今雖佚，然當時門人李本、孫允輝、孫朝信均得到此陽明手書之遊海詩卷。李本跋陽明先生遊海詩後云：「此陽明先生記遊海時所作也。正德丁卯，先生以言事謫官龍場，病於杭之勝果寺，云有二青衣者至，欲擒之沉於江，漂

於海。海神曰：『吳君高者救之。』得生，於是入建陽，遊武夷，歷廣信，而複歸於杭。往來數千里之間，距其初行，纔七日耳。所至之地，必有題詠；所遇之人，必有唱酬。篇章累積，不可勝紀。既畢之暇，則手書一卷，以授其徒孫君允輝，允輝以授余。是歲，余携之游南雍時，同舍孫君朝信，平湖人也，異而愛之，中分之而各取其半。此其所存也。嗚呼！遊海之事茫昧幽渺，世所罕有，豈先生忠義之氣有所感歟？不然，或其有為而自託焉，未可知也。」（季彭山先生文集卷四）李本游南雍在正德九年（見下考），陽明手書遊海詩即在是年，蓋李本已看出陽明「自託」之意。前引高坡異纂所錄陽明遊海詩文作「予」之口氣寫，顯即錄自陽明遊海詩，猶可見亡佚遊海詩卷之一斑也。大約與此同時，陽明又口授「遊海」與陸相，作陽明山人浮海傳。陸相與陽明同鄉，兩人自小相識交好。陸相稱陽明為「余友」，兩人關係實在師友之間，從後來行事看，陸相已自認為陽明弟子，尤為陽明所信任，獨向其口授遊海事，令其作傳。黃宗羲姚江逸詩卷八：「陸相，字良弼。弘治癸丑進士，累官長沙知府。其稿多未刻，余匯而刪之。棠陵方豪曰：『余嘗見王伯安，複交倪本端，二子為詩文，俱不創稿，雖宿構者弗逮。今又見良弼，信姚之多人才

也。」良弼吳射集中有陽明山人浮海傳，其事甚怪異。良弼故與陽明交，非得自傳聞者，是必陽明口授，故能如是之詳也。」黃宗羲之說甚是，前引高坡異纂所引陽明遊海事最後一條，顯即錄自陸相陽明山人浮海傳，其中所云「予為點竄數字」，即陸相自謂；所謂「陽明自言」、「公自言」云云，即指陽明向陸相口授遊海事也。陽明山人浮海傳如若是陸相自編偽造，何以此書廣泛流傳，陽明及其衆多弟子均不置一辭？僅此已足證此書是陽明私相授受而作。疑陽明作遊海詩亦是為提供給陸相作陽明山人浮海傳。此書至清初尚存，四庫全書著錄此書，云：「陽明先生浮海傳一卷，是書專紀王守仁正德初謫龍場驛丞，道經杭州，為奸人謀害，投水中，因漂至龍宮，得生還之事。說頗詭誕不經。論者謂守仁多智數，慮劉瑾迫害，故棄衣冠，偽託投江。」故後世所有關於陽明遊海之說，實均本於此陽明山人浮海傳。如前引皇明大儒王陽明出身靖亂錄所述，即全抄自陽明山人浮海傳；錢德洪作陽明先生年譜，鄒守益作王陽明先生圖譜，顯亦本自遊海詩與陽明山人浮海傳而又故意含混言之，使人捉摸不透。其實陽明虛構投江遊海遇仙神話在當時已被湛甘泉識破，而陽明亦承認是自己虛構偽造。湛甘泉陽明先生墓誌銘云：「不

第563页

死，謫貴州龍場驛……人或告曰：『陽明公至浙，沉於江矣。登鼓山之詩曰：「海上曾為滄水使，山中又拜武夷君。」有徵矣。』甘泉子聞之，笑曰：『此佯狂避世也。』故為之作詩，有云：『佯狂欲浮海，說夢癡人前。』及後數年，會於滁，乃吐實。彼誇虛執以為神奇者，烏足以知公也哉！」「佯狂避世」、「癡人說夢」，可謂是對陽明虛構遊海遇仙說最好之定評。陽明實以屈原自比，學箕子披髮佯狂，癡人說夢，造遊海神話以避禍而已。在「遊海」中出現「沈玉」、「殷計」二人，「沈玉」即用屈原投江自沉之典故，「殷計」即用箕子披髮佯狂避禍之計。「遊海」事屬虛妄，而「南遁」則有其實，陽明「乃吐實」之「實」，今猶可綜合各種材料記載得其大概，還其本來面目。

首先，是詭托投江南遁之時間，此是判斷真偽之關鍵問題。錢德洪云陽明夏四月託言投江，尤誤。前引徐愛同志考敘稱「是秋，山陰蔡希顏、朱守中來學」，是秋七月陽明猶在錢塘未南遁。又徐愛南屏次韻云「秋老重來不太遲」，是說秋八月徐愛再來錢塘參加鄉試，「秋老」必是指八月中秋，詩云「殘荷猶自映清漪」，也正是秋八月之景色，可見八月陽明亦尚未南遁而去。由此可見，高坡異纂所云「正德丁卯秋，當三試之後，舉子畢集於杭。一日，忽

第564页

先王公所在,皇明大儒王陽明出身靖亂錄所云「其年丁卯,乃是鄉試之年,先生之弟守文在省應試」,當是事實。徐愛確是是年秋試中舉,次年會試中進士。徐愛來錢塘應鄉試,與陽明同居勝果寺,朝夕相處(見前引憶觀樓記),陽明如在徐愛進場屋考試之前就託言投江南遁,勢必被徐愛知曉(還有王守文、朱節等),影響徐愛備考,並使其無法入場屋參加鄉試考試;故唯有當徐愛進場屋考試以後,陽明才會託言投江南遁。明代鄉試日期為八月初九至十七日,考三場,八月初九第一場,十二日第二場,十五日第三場,可見陽明託言投江南遁當在八月初九以後;又陽明託言投江南遁後很快即被出場屋舉子(包括徐愛、王守文、蔡宗兗、朱節等)發現,顯可見陽明託言投江南遁是有意安排在舉子考試完畢將出考場時,即考第三場時(過早則不會馬上引起轟動效應),由此可以推知陽明託言投江南遁是在八月十五、六日間。蓋陽明託言投江自沉在當時轟動錢塘,驚動都下,人人所見所聞,故在時間上不會記錯,亦無從作偽。高拔異纂所述,即出當時在場人所得,可謂「實錄」,真實可信。八月十五日為中秋節,或陽明有意選擇此日耶?

其次,是陽明自武夷歸返南都之時間,此為「遊海」說所回避掩飾之要害問題。錢德洪含糊不談,只謂「十二月返錢塘」,尤誤。按陽明武夷次壁間韵分明云「歸去高堂慰垂白」,可見陽明一至武夷,祗游訪了九曲、武夷精舍、天游觀三地,見武夷亦非隱遁居留之地,即起歸興,在次日便離武夷返歸。以陽明七日至廣信,又七日至武夷算,則其自武夷歸當在八月底、九月初。今所可見陽明自武夷歸途所作詩,均在秋九月。如其至玉山,遇東嶽廟嚴星士,據其後來作詩玉山東嶽廟遇舊識嚴星士云:「憶昨東歸亭下路,數峰蕭管隔秋雲。」即在秋九月。又如其至蘭溪,拜訪楓山章懋,作題蘭溪聖壽寺壁,云「潭沉秋色靜」,亦在秋九月。按九月二十九日為王華壽辰,其九月十一日罷南京吏部尚書,十月初致仕自南京歸紹興(均見下考),故陽明最遲亦必趕在九月二十九日前至南京,向父王華祝壽(即所謂「歸省」),而十月初已離南京歸紹興,則其八月底、九月初離武夷歸更無疑問矣。

陽明南遁武夷山之具體時間探明,則一應種種虛妄之說皆不攻自破。首先,關於遊海之路綫,錢德洪云是從錢塘至寧波,由舟山下海,乘颶風至泉州,入漳州,經廣信至建陽,達武夷。此說謬甚。按從錢塘至寧波,由舟山至泉州，登陸由漳州至廣信，由建陽至武夷，輾轉迢迢數千里，以陽明體力至少也得二月以上時間（兼徒步跋涉與舟行，且身受杖脊未痊癒），豈是十四日即能到？、陽明八月中旬投江南遁，輾轉二月後至武夷，已至少在十月下旬，此尤可見其說之謬。況閩浙沿海夏秋刮東南颱風，絶無起西北颱風者，陽明如何能下海駕西北颱風南行？、海上起颱風，即使在科技發達之現代，船隻也只能避進風港，不可能下海駕颶風，明時又豈能夠乘小舟駕颶風海上遠行？、所謂「遇颶風大作，一日夜至閩界」，亦荒謬至極。錢德洪所以把陽明投江南遁時間上提到夏四月，而不敢說秋八月投江南遁，其秘密就在於說四月投江，就讓陽明有了五個月之「遊海」時間，可以自圓其說。其實陽明所說「遊海」本指投江遊海，遇仙得救，也並非指其南遁所行海上路綫，錢德洪乃望文生義，由此附會出一條由舟山下海、駕舟乘颶風至泉漳之海上綫路來，亦不合陽明「遊海」本意。按由錢塘七日可至廣信之路綫，只可能是由錢塘沿富春江、蘭江至廣信之路綫，此本是由浙入贛之常道，此外别無其他路綫可走。（按：後來陽明赴南贛、赴兩廣，均走此條路綫）陽明弘治元年往南昌迎娶諸氏，來回均是走此條路綫，可

第567頁

見陽明十分熟悉此條通贛、閩之最近最佳通道，豈會盲然繞道海上，由泉、漳赴武夷山？、祇陽明未敢言真話，有意隱去了此一真實路綫，而用神秘虛妄之「遊海」路綫來掩飾。

其次，是陽明何以要偽造投江自沉之現場，以及何以要遠遁武夷山，錢德洪説是因劉瑾遣人偵伺追殺，乃託言投江以逃脱之，其説尤非。所謂劉瑾遣二校偵伺追殺乃陽明所自造，實無其事。按次是因奏劾劉瑾而被罷、被貶、削籍者共五十餘人，無一人發生劉瑾遣人偵伺追殺之事，何以獨獨陽明會有劉瑾遣人偵伺追殺之事？五十餘名奏劾劉瑾者多是大官要員，其奏劾劉瑾態度激烈，鋒芒畢露，最為劉瑾所疾恨；而陽明於其中乃是一態度最「温和」之小官，只不過是奏援戴銑，乞宥言官而已，事涉太監高鳳，並未直接奏劾劉瑾，劉瑾豈能對其他五十餘名激烈彈劾者不仇恨，獨獨仇恨陽明一人，遣人偵伺追殺？、如李夢陽與陽明一同被謫出京，一路同行，李夢陽罪名比陽明大，劉瑾如何不遣人偵伺追殺李夢陽而却獨遣人偵伺追殺陽明？、又如戴銑率多人疏劾高鳳、劉瑾，罪名更大，劉瑾怎麼没有派二人偵伺追殺？、再如牧相為陽明姑父

第568頁

，其與戴銑一起奏劾劉瑾，罪名也比陽明大，怎麽也未發生遣人偵伺追殺之事？、又如其時王華尚在京師任禮部左侍郎，王守儉亦在北雝，劉瑾可以隨時加罪迫害，有必要派人去偵伺追殺陽明嗎？、後來王華旋即被罷歸，劉瑾又怎麽不遣人偵伺追殺？、又陽明於正德三年初正式赴謫，一路行踪昭然可見，劉瑾又為何不遣人追殺？。僅此已足可見所謂劉瑾遣人偵伺追殺陽明為子虛烏有。蓋正德元年中發生過劉瑾遣人追殺太監王岳於臨清之事（按：此為閹黨内部爭鬥殘殺），陽明便用來附會虛構劉瑾遣二軍校偵伺追殺彈劾者之故事。實際陽明偽造投江自沉之現場，並非為逃脱劉瑾遣人偵伺追殺（按：劉瑾真的要追殺陽明，也斷不會在杭州下手），而是為其不願赴蠻夷謫地，而欲遠遁隱居避世而已。陽明之貶龍場驛，一開始便抱不想赴龍場蠻夷之地、而準備隱居避世之態度。故其由京師赴謫至錢塘，便滯留不再行，打算隱居錢塘以終。最初想隱居天真山，錢德洪陽明先生年譜附録一云：「天真距杭州城南十里，山多奇巖古洞，下瞰八卦田，左抱西湖，前臨胥海。師昔在越講學時（按：此為掩飾之辭，實即指正德二年居勝果寺時），嘗欲擇地當湖海之交，目前常見浩蕩，圖卜

第569页

築以居，將終老焉。」二十年後（嘉靖六年）陽明重來此地，始吐露真相曰：「吾二十年前遊此，久念不及，悔未一登而去。」並作詩感嘆「天真泉石秀，新有鹿門期，」「不踏天真路，依稀二十年……文明原有象，卜築豈無緣？」（王陽明全集卷二十）實際並非天真山卜居無緣，而實是因天真山靠近錢塘都市，近遁隱居易被人發現。於是陽明便想到道教聖地武夷山，打算遠遁武夷，隱居終老。為此陽明才精心製造了投江自沉現場，造成「人間蒸發」，不過以「死」為假象，使朝廷不知其活着隱居。錢德洪陽明先生年譜云「與論出處，且將遠遁」，「黄綰陽明先生行狀云「潛入武夷山中，決意遠遁」，均已經清楚道出陽明是次遠遁武夷之真意。只是陽明到武夷山，在探訪九曲溪、武夷精舍、天遊觀後，感到武夷山亦非如其所想像之理想世外遠遁隱居之地，在天遊觀老道勸説之下，遂決策返。可見陽明是次武夷之行，不過是一次不成功的遠遁之行，歸來後要向朝廷與世人有個交代，其唯有造「遊海」神話故事來掩蓋。再次，是陽明如何進武夷山，究竟到過哪些地方，所謂入山遇虎、入廟見異人云云，亦皆屬虚構。陽明到武夷所作之武夷次壁間韵分明云：「肩輿飛度萬峰雲，回

第570页

首滄波月下聞……溪流九曲初諳路，精舍千年始及門。歸去高堂慰垂白，細探更宜在春分。」可見陽明乃是坐籃輿從容安閑上山，悠然游九曲溪，訪武夷精舍，拜見天遊觀道士（即「山中又遇武夷君」），何來有遭追殺、狼狽入山、狂奔幾十里山路、住野廟虎穴、遇虎不食之事？其實武夷山至少從宋代以來已得到廣泛開發，已不是什麼蠻荒之地，山中佛寺道觀林立，理學家也在山中講學，遊武夷山早成為文人士子很平常的山水旅遊之行（如明人文集中多有遊武夷山詩文），精明干練如陽明者何至會迷迷糊糊不識山路，竟然失態狂奔，誤入野廟虎穴？武夷山道觀，以天遊峰天遊觀為最有名。武夷精舍在五曲，天遊峰天遊觀在六曲溪北，與五曲武夷精舍相近，本是凡遊武夷九曲溪之兩個同時必然去處。故陽明所見道人，必是指武夷天遊觀道士；其題武夷壁間韻，必是指題武夷天遊觀壁。考白悅（陽明弟子）白洛原遺稿卷五有武夷登天遊觀用陽明先師韵：「眺望千峰盤紫雲，潺潺溪流隔林聞。祗緣病拙疑忘世，豈為遨遊敢負君？夢寐不逢霄漢侶，棲遲真愛薜蘿群。華嵩太嶽空塵鞅，卜築須求一壑分。」白悅所次韵即陽明武夷次壁間韻，此充分證明陽明武夷山次壁間韵乃是題在天遊觀壁上，後來白悅來遊天遊觀，見陽明此

第571頁

詩猶在壁上，故得次其韵。白悅詩云「祗緣病拙疑忘世，豈為遨遊敢負君」，是謂自己來武夷非為遨遊山水，而是來聆壁上師教，不負師恩。可見白悅原知道陽明此詩題在天遊觀壁上，故特來尋訪懷師。尤可注意者，王畿集卷十八亦有宿天遊次陽明先師韵：「仙掌峰頭多白雲，風回天籟隔溪聞。翠微杳杳非人世，碧玉蕭蕭對此君。老去秋聲憐草閣，夜深月色度松門。天遊指點還吾輩，碧水丹山好共分。」宿武夷宮：「九曲溪邊卧白雲，金雞正好月中聞。未愁歲冷仍為客，猶有蘋香把贈君。道本虛無非異學，知從見解始多門。紫陽香火千年在，義利源頭仔細分。」按王畿在嘉靖三十三年來遊武夷（見聞講書院會語），可見直到嘉靖三十三年，陽明此詩猶在天遊觀壁上，故王畿亦得以見而次韵之。由此可見陽明是次遠遁武夷本來目標就很明確，其即是衝着天遊峰天遊觀而來：其遊訪之道觀是天遊觀，所謂「山中又拜武夷君」實際是拜訪天遊觀道士而已。錢德洪竟謂陽明是遊訪佛寺，在佛寺中遇舊識鐵柱宮「異人」。按鐵柱宮為道觀，陽明當初遇見者乃道士，錢德洪陽明先生年譜明云「入鐵柱宮，遇道士趺坐一榻」，何以鐵柱宮之道士現變成寺廟中之和尚？此是張冠李戴之作僞。錢德洪又謂鐵柱宮異人與陽

第572頁

明相約二十年後再見，並已先寓寺中等待，既然如此，為何陽明初入寺中求住，寺僧却拒絕不納，「異人」却不出來接見，任其入虎穴待斃？此尤荒誕不經者。錢德洪所敘充滿混亂，幾至語無倫次，又謂陽明與「異人」談話後，「遂決策返。先生題詩壁間曰：『險夷原不滯胸中……』」按此詩原名泛海，乃是陽明自用作為「遊海」首詩，不是題壁詩，題壁詩乃是武夷汶壁間韵一首，錢德洪故意調包引之，蓋因武夷汶壁間韵有「肩輿飛度萬峰雲」云云，並題在天遊觀壁，引之則易露作僞馬脚，無法自圓其說。又錢德洪另引「異人」詩，只含糊引「二十年前曾識君，今來消息我先聞」二句帶過，不敢引全篇，亦因此詩陽明謂「中和堂主」作，不是鐵柱宮「異人」作，一引全篇則露出作僞破綻，不能自圓其說。

綜上所考，可見「遊海」種種之說，皆為陽明所詭言虛構，即湛甘泉所謂「佯狂避世」所作之「痴人說夢」，用以避禍自保，載在其遊海詩中，皆不足憑信，當時季本、湛甘泉等已看出其自託虛構，陽明也自認是佯狂虛構。錢德洪、鄒守益仍引其說，實是弟子回護師說，神化其師，貽誤後人至今。綜上所述，陽明是汶遠遁武夷之行之真况，可以確考如下：陽明欲不赴貴州龍場謫地，决

意遠遁武夷隱居避世，於八月中旬製造投江自沉現場，即由錢塘沿富春江、蘭江南下，七日至廣信（此七日之行被陽明虛構為沉江遊海遇仙、駕颶風渡海等神話經歷）；由廣信又七日至武夷（此七日之行被陽明虛構為入破廟虎不食、遇異人授計等神奇經歷）；然後肩輿悠然入武夷山，探訪九曲溪、武夷精舍、天遊觀道士，知武夷山亦非理想之世外隱遁之地，決計返歸，題詩於天遊觀壁。遂於次日（九月初）離武夷由原路歸，經建陽、廣信、衢州、金華、蘭湖，九月下旬抵南都，祝父王華壽。來途十四、五日，歸途二十餘日。可見陽明此行，只是一次很平常之遠遁游訪武夷山之行，其途中或亦遇艱辛，但斷無有二校偵伺追殺、遊海遇仙、駕颶風渡海、入虎穴不食之事。此一千古迷案，終至全面破解，六百年來加在陽明身上之「神奇聖人」光輪可以去矣。

九月初，自武夷歸，經建陽、廣信、衢州、金華、蘭湖，九月下旬至南都，見王華，沿途皆有詩咏。

按：錢德洪陽明先生年譜云：「因取間道，由武夷而歸。時龍山公官南京吏部尚書，從鄱陽往省。」其說含混皆誤。陽明乃是從大路（原路）肩輿乘舟回（見下），何來「取間道」？「從鄱陽往省」亦非，此說當出自陽明遊海詩與陸相陽明山人浮

海傳中之詭言，陽明實未經鄱陽。

經上饒，訪婁氏居。

按：唐鶴徵皇明輔世編卷五王守仁云：「入武夷山，出鉛山，訪上饒婁氏歸。」徐昌治昭代芳摹卷二十四：「遁投江右寧王外戚婁姓家中。」皇明大儒王陽明先生出身靖亂錄謂「出鉛山，過上饒，複晤婁一齋……婁公留先生一宿……先生徑往南京省覲龍山公」。按一齋婁諒卒於弘治四年五月，故謂晤婁一齋當誤，然謂訪婁氏居則是。蓋所謂「訪」、「遊」者，實即是指居其地也（下皆同）。

經玉山，游東嶽廟，遇嚴星士，向其問卜。

王陽明全集卷十九玉山東嶽廟遇舊識嚴星士：「憶昨東歸亭下路，數峰簫管隔秋雲。肩輿欲到妨多事，鼓柮重來會有雲……行藏無用君平卜，請看沙邊鷗鷺群。」

按：此詩為陽明正德三年春赴龍場驛經玉山時作，所謂「憶昨東歸」，即指正德二年秋九月自武夷歸經玉山，可見陽明乃是肩輿過玉山。

經西安，游大中祥符禪寺。

陽明大中祥符禪寺：「漂泊新從海上至，偶經江寺聊一遊。老僧見客頻問姓，行子避人還掉頭。山水於吾成痼疾，險夷過眼真蜉蝣。為報同年張郡伯，煙江此去理漁舟

」。（嘉慶西安縣志卷四十四，民國衢縣志卷四，陽明文集失載，當原在陽明遊海詩中）

按：康熙衢州府志卷二十六：「西安縣祥符禪寺，在縣治北。梁天監三年，額曰『鄭覺』……至宋大中祥符初，改今名矣。」此詩所謂「漂泊新從海上至」，即指陽明遊海入山，漂泊歸來。「行子避人還掉頭」，言其猶畏避行踪，恐人識破。「險夷過眼真蜉蝣」，謂其遊海入山，歷盡艱險，正與其泛海所云「險夷原不滯胸中，何異浮雲過太空」同。「為報同年張郡伯」，指見其時衢州守張維新，康熙衢州府志卷十二府官：「武宗正德元年，張維新，龍驤衛，進士。」據掖垣人鑒卷十一：

「張維新，字崇德。騰驤右衛籍，陝西華陰縣人。弘治十二年進士。十三年十二月，除禮科給事中。十八年，陞禮科右。正德元年，陞浙江衢州府知府。仕終直隸廣平府知府。」可見張維新與陽明確是同年（明清進士錄失載）。

經龍游，遊舍利寺。

陽明舍利寺：「經行舍利寺，登眺幾徘徊。峽轉灘聲急，雨晴江霧開。顛危知往事，漂泊長詩才。一段滄洲興，沙鷗莫浪猜。」（萬曆龍遊縣志卷，陽明文集失載，當原在遊海詩中）

按：民國龍遊縣志卷二十四：「舍利寺，在縣東三十里……宋

明道二年，縣人江延厚重建，趙抃為之記。」詩所謂「顛危知往事」，指陽明抗疏救戴銑被杖貶謫與遊海入山歷盡危難。「漂泊長詩才」，指陽明遊海入山歸來，增添悲慨詩情，與大中祥符禪寺所云「漂泊新從海上至」意同。「一段滄洲興」，指是次一段遠遁武夷隱居避世之經歷，其中隱情世人莫要浪猜。

經蘭溪，遊聖壽教寺，訪楓山章懋。

陽明題蘭溪聖壽教寺壁：「蘭溪山水地，卜築趁雲岑。況復逕行日，方多避地心。潭沉秋色靜，山晚市煙深。更有楓山老，時堪杖履尋。」（萬曆蘭溪縣志卷六，陽明文集失載，當原在遊海詩中）

按：光緒蘭溪縣志卷三：「聖壽教寺，在城東隅一坊大雲山麓，為祝髮習儀之所。正德志：縣東南一百三十五步，梁大同間建。舊名『招賢』，宋祥符中更名『聖壽』。」是陽明此詩原載在正德蘭溪縣志。萬曆蘭溪縣志卷六：「明正德年，王陽明先生謫龍場，過蘭，寓大雲山寺幾半月，題詩在□壁。……後僧方叔知之，追之蘭陰山，復以軸乞□□壁間。詩為鄭□所得。□後為吴孺子持去。」詩云「潭沉秋色靜」，乃在秋九月。「楓山老」，即章懋。嘉慶蘭溪縣志卷十三：「章懋，字德懋，自號黯然居士，純孝鄉都瀆人……年止四十一，力求致仕……既歸，屏跡不入城府……四方士大夫因其講學楓木山中，稱為楓山先生。行過蘭者，必造訪其廬。」陽明是次寓居聖壽教寺半月，必當往訪章懋，蓋章懋先機識劉瑾弄權，已疏請乞歸，陽明在都下早有所聞，楓山語録後行實即録有陽明一則語録：「先生專一主敬，國子祭酒時，年逾七十三，疏得請。逆瑾擅權，名卿多遭斥辱，而翁已先機去矣。」

經蕪湖，登蟂磯，有詩感懷。

王陽明全集卷二十登蟂磯次草泉心劉石門韻二首：「中流片石倚孤雄，下有馮夷百尺宫。灩澦西蟠渾失地，長江東去正無窮。徒聞吴女埋香玉，惟見沙鷗亂雪風。往事凄微何足問，永安宫闕草萊中。江上孤臣一片心，幾經漂没水痕深。極憐撑住即從古，正恐崩頹或自今。蘚蝕秋螺殘老翠，蟂鳴春雨落空音。好携雙鶴磯頭坐，明月中宵一朗吟。」

按：陽明此二詩原放在正德十五年作詩中，錢德洪於題下注云：「二詩壬戌年作，誤入此。」其以為此二詩作於弘治十五年壬戌，亦誤。考蟂磯山志卷上載有錢德洪嘉靖二十七年遊蟂磯山記云：「夜宿蟂磯，見陽明先師二詩於壁間。明晨，循水涯復見紀詩手刻於石上……夫二詩作於弘治之壬戌，……石刻紀於正德之庚戌，武廟南征，正人情洶洶之時也」。可見此二詩手刻為陽明正德十五年刻於蜈磯石上，所謂弘治十五年壬戌作，乃出於錢德洪推斷，自不可信。今按蜈磯山志卷下載有陸相二首和詩，序云：「此余友今都憲陽明王公伯安詩也。公昔以事謫龍場，道經於此，故有是作。觀其詩安於所寓，略無憤懣悲哀之意，則公之涵養可知矣。余之此行，特棹短航，穿洪濤，間關謁祠下，遍閱壁上諸詩，多嫚語，因慨論后歸寧吳中，雖一時兒女之情，然孰知昭烈之升遐也哉？蕪江一死，亦足以白其心，而世之君子終不滿焉，無乃過乎！……」陸相明確說二詩作於陽明以

事謫龍場、道經蕪湖時，當有所據。蓋陽明是番「遊海」遠遁，一路有詩咏，皆載入遊海詩中（季本云「所至之地，必有題詠；所遇之人，必有唱酬。篇章累積，不可勝紀」）。此經蕪湖登蜈磯二詩當亦載在遊海詩中。陸相乃據遊海詩作陽明山人浮海傳，自亦將此二詩載入陽明山人浮海傳，可見陸相確知陽明此二詩作在謫龍場、道經蕪湖時，必是據陽明遊海詩所載。又按王陽明全集卷二十載有登小孤山次陸良弼韵一首，正作在正德十五年，可見陸相正德十五年來江西，與陽明同遊小孤、蜈磯，親見陽明手書刻此二詩於石，且陸相還作二首和詩。則陸相之知此二詩為

陽明謫龍場驛、道經蕪湖作，必是得自陽明當面親口告知，可信不誤矣。觀詩云「江上孤臣一片心，幾經漂沒水痕深」，亦與陽明其時貶謫心境相合，蓋由當年吳女投蕪江聯想到己之「投江遊海」，絕非弘治十五年所能道。由此，陽明是次遠遁北歸南都路綫之秘密可以揭開：原來陽明北返有意回避再經錢塘，乃由金華轉道蕪湖，直入南都。

九月十一日，王華罷南京吏部尚書，時陽明猶在歸途不知。

陸深海日先生行狀：「丁卯，陞南京吏部尚書。瑾猶以舊故，使人慰之曰：『不久將大召。』冀必往謝，先生又不行。瑾復大怒。然先生乃無可加之罪，遂推尋禮部時舊事

與先生無干者，傳旨令致仕。先生聞命忻然，束裝而歸，曰：『吾自此可免於禍矣。』」

國榷卷四十六：「正德二年九月辛卯，南京吏部尚書王華、與傑俱罷，司官降謫有差。」

按：國榷卷四十五：「弘治十八年六月庚辰，科道交劾禮部右侍郎王華典文招議。……七月乙酉，科道再劾王華、張元禎等，皆公論之不與。」此即所謂「推尋禮部時舊事」，然此事早已定案。王華被罷致仕之真實原因，實為陽明遠遁不赴謫地，蓋陽明托言投江自沉遊海事很快傳入京中，其謂劉瑾遣二校偵伺追殺，尤為劉瑾所忌恨，王華遂有是譴，「禮部

時舊事」云云乃表面藉口而已。

九月二十九日，王華六十二歲壽辰，陽明至南都，為父祝壽。

毛伯温東塘集卷三壽尚書海日翁：「瑞氣凝蓬島，仙翁駐玉顏。清風明海日，南極映龍山。綠野歲春滿，清尊照月間。北堂有慈母，還戀綵衣斑。」

周用周恭肅公集卷八壽王龍山尚書：「帝典仍咨岳，王詩復降申。紀年存國史，作頌許門人。臺閣懸東壁，衣裳近北辰。經惟資密勿，畫賜見繁頻。禮樂承諸子，朝廷念舊臣。江湖閒白首，桃李得青春。大郡方將母，高齋每戒賓。虹光渾貫月，海水欲生塵。未覺耆賢老，應看李賢親。稽山今在眼，謾卜草堂鄰。」

按：錢德洪陽明先生年譜云「時龍山公官南京吏部尚書，從鄱陽往省」，所謂「往省」，主要即指賀祝壽誕，故陽明必趕在九月二十九日前至南都。周用詩云「稽山今在眼，謾卜草堂鄰」，即指王華將歸休稽山。夏言周恭肅公神道碑銘：「公姓周氏，字行之，別號白川，世為蘇之吳江人……壬戌登進士，筮仕行人，奉使楚藩……三載，改除南京兵科給事中……」是其時周用在南京任兵科給事中，得祝王華壽。

在南都，與儲巏等有清涼山之遊。

儲巏柴墟文集卷十四復王伯安：「清涼之遊，得飫聞高論，却悔在京時多閑漫過日，不數就有道也。」

按：儲巏此書作於正德二年十一月。顧璘儲公巏行狀：「乙丑，陞本寺卿……奏准都察院左僉都御史，總督南京糧儲，釐革倉庾宿弊，裁省供費……正德戊辰，擢户部右侍郎。」（國朝獻徵錄卷二十七）是儲巏其時正在南京。

十月初，王華、陽明自南都歸紹興，石珤、儲巏有贈別詩，羅玘作序餞行。

石珤熊峰集卷一送王尚書德輝還餘姚五首：「杳杳稽山青，渺茫舜江白。意倦行且休，身存歲寧迫。唐虞世已遠，孔孟道未塞。長嘯凌秋空，黃花正盈陌。　吾行何所求，青山映華髮。板輿傍春花，清波渺仙襪。功名一炊黍，人世幾分明？歷覽千萬秋，百巧未如拙。　春花豈勝秋，新人不如故。紛紛紅紫群，酣艷良未悟。千金買馬首，百網捕毚兔。一曲雍門歌，夕陽在高樹。　塞北多歸雁，江南有去人。塵寰回鶴夢，神劍斂龍鱗。童冠同三月，鶯花又一春。羊裘灘底在？吾欲問吾津。　試看春花萼，朝來枝上疏。有形寧免化，何水不堪漁。道德五千字，豪華十二衢。寸心應未滅，長拱帝王居。」

儲巏柴墟文集卷四送王德輝歸餘姚：「南來暫輟紫宸班，弭棹江干便擬還。東觀圖書頭半白，北堂魚筍夢常關。歸鴻縱目雲霄外，老鶴鳴陰莽蒼間。多少玉堂嘉話在，風流應對謝東山」。

按：詩云「南來暫輟紫宸班」，指王華由朝中出為南京吏部尚書。「弭棹江干便宜還」，指王華旋罷南京吏部尚書歸。此詩即其復王伯安中所云「鄙詩未成，正以俗冗之故」。

羅玘圭峰集卷十送冢宰王公歸餘姚序：「正德丁卯冬，留都冢宰王公得謝事，奉母太夫人去歸其鄉，時年始六十餘也。留都公卿大夫士相與祖公於都門外，酒三行，有起言公之歸者曰：「仕者之究，惟歸之榮。有以州縣歸，有以部屬歸，有以方嶽歸，有以卿貳歸，莫不曰榮。然孰與冢宰歸之榮？有以妻妾侍歸，有以子姓孫曾侍歸，莫不曰完，然孰與侍其母歸之完？其年也，有以四十五十歸，有以七十八十歸，然四五十傷於遽，七十過於拘，而八十又其衰也，孰與六十為强且健？夫當强健之年，以冢宰之榮，養既歸之親，公亦樂哉斯歸也與？」衆皆曰：「然。」公笑而不言，予因起釋公曰：「公之樂固也，要以為盡公可乎？公，越人也，少有重名，句吳以西，湖湘以東，使日月爭迎聘，致以公至卜寵辱焉。及起而魁天下，朝之大夫士與天下之人，以何如人望公哉！予辱遊久，竊嘗窺之，其無所蓋覆，淵哉萬頃之波；而其徑情直遂，則騏驥之騁康莊也。卒然犯之，壁立萬仞而不可即；時而甚疾痛之切身，以脫人之急，其既也忘之。至其身教於庭，要似與異世人，語而氣低，高雲為主，本此其志，視天下憂樂為何如，而於一進退之間，公顧樂乎？顧愛日之昬千金，自北而南，南而不家焉，勢不可也。況當明天子以孝理天下，清明無事之朝，而留都之庶職，有最而無殿，可固縻公乎？公故得自諉曰：吾今往也，汲汲而行，徐徐而來也，夫豈無其日也耶？」衆又皆曰：「然。」擊鼓傳觴，命書予言為贈，公又笑而不言。蓋其於二說，必有擇而處者也。」

按：石瑤詩云「長嘯淩秋空，黃花正盈陌」，作在秋中；羅玘序云「丁卯冬」，作在冬間。此當是石瑤作詩贈別在九月末，羅玘作序餞別在冬十月初之故。由此可見王華、陽明乃在十月初離南都歸。羅玘序稱「留都公卿大夫士相與祖公於都門外」，來祖別者當甚多。按黃佐翰林記卷二十瀛洲雅會：「治中南京吏部尚書倪岳、吏部侍郎楊守阯、戶部侍郎鄭紀、禮部侍郎董越、祭酒劉震、學士馬廷用，皆發生翰林者，相與醵飲，倡為瀛洲雅會，會必序齒。正德二年七月，吏部尚書王華、侍郎黄珣、禮部尚書劉忠、侍郎馬廷用、户部尚書楊廷和、祭酒王敕、司業羅欽順、學士石珤、太常少卿羅玘，復繼之，皆唱和成卷，以梓行於世。」是汝來祖别之公卿大夫，當亦不出此數輩僚友，蓋皆「瀛洲雅會」中人也。錢德洪陽明先生年譜云：「十二月，返錢塘。」顯誤。王華、陽明乃十月返紹興，所謂十二月返錢塘乃陽明遊海詩及陸相陽明山人浮海傳中詭言，蓋在掩飾其真實行踪也。羅玘序及石珤、儲巏送詩皆明言「歸餘姚」，「杳杳稽山青，渺茫舜江白」，則其歸紹興昭然可見。蓋王華本致仕歸家，自當返紹興，豈能寓居錢塘？

十一月，歸居紹興，有詩及書寄儲巏，儲巏有答書。

儲巏柴墟集卷十四答王伯安書一：「清凉之遊，得飫聞高論，却悔在京時多閑漫過日，不曾數就有道也。巏鄙陋之質，摧頹已甚，所幸得良師友時提撕之，庶幾稍有進詣。平生所傾慕者，海内不數人。棲遲零落，今皆舍我去矣。奈何，奈何！承期待過厚，何以副之，只益愧耳。鄙詩未成，正以俗冗之故，兼佳章玩索有味，亦自難為下筆也。尊甫老先生遂爾致政，言之於邑！承有微恙，喜遂平復，為慰未間。為道珍愛，不宣」。

徐愛、蔡宗兖、朱節舉鄉試歸，皆來受學。

季本季彭山先生文集卷三奉議大夫四川按察使提學僉事蔡公墓誌銘：「……已而南昌守同邑祝君惟榮知公，延之教師。師模端飭，有焦千之之風，得盡觀郡齋所藏書，而文學日富。時聞先師倡道陽明山中，乃偕守忠往受業焉。因與餘姚徐君曰仁為三友，刋落繁蕪，學務歸一」。

王陽明全集卷七别三子序：「蓋自今年而又得蔡希顔、朱守忠於山陰之白洋，得徐曰仁於餘姚之馬堰。曰仁，予妹婿也。希顔之深潛，守忠之明敏，曰仁之温恭，皆予所不逮……予有歸隱之圖，方將與三子就雲霞，依泉石，追濂洛之遺風，求孔顔之真趣，灑然而樂，超然而遊，忽焉而忘吾之老也……」

董穀董漢陽碧里後集雜存：「習靜。正德初，先師陽明習靜於陽明洞。洞在南鎮深山中，先生門人朱白浦、蔡我齋等數輩，自城往訪焉。道遇先生家童，問以何往，對曰：『老爹知列位相公將至，故遣我歸取酒肴耳。』衆異之。既至，問曰：『先生何以知某等之將至也？』先生曰：『諸君在途，某人敲冰洗手，某人刻竹紀詩。』皆如目擊，衆益大駭。蓋無事則定，定則明，故能心通，豈他術哉！」

按：董穀為董澐子，陽明晚年弟子，其董漢陽碧里後集中所記有關陽明事，多得自陽明親口所言。此條所記尤有意義，乃是述陽明正德二年冬（據言「敲冰洗手」）洞中修煉「先知」，與其弘治十五年秋洞中修煉「先知」相同。

十二月，徐愛、蔡宗兗、朱節赴京會試，作示徐曰仁應試、別三子序贈別。

王陽明全集卷二十四示徐曰仁應試：「……入場之日，切勿以得失橫在胸中，令人氣餒志分，非徒無益，而又害之。場中作文，先須大開心目，見得題意大概了了，即放膽下筆，縱昧出處，詞氣亦條暢……將進場十日前，便須練習調養。蓋尋常不曾起早得慣，忽然當之，其日必精神恍惚，作文豈有佳思？須每日雞初鳴即起，盥櫛整衣端坐，抖擻精神，勿使昏惰。日日習之，臨期不自覺辛苦矣……務須絕飲食，薄滋味，則氣自清；寡思慮，屏嗜欲，則精自明；定心氣，少睡眠，則神自澄……每日或倦甚思休，少偃即起，勿使昏睡；既晚即睡，勿使久坐。進場前兩日，即不得翻閱書史，雜亂心目，每日止可看文字一篇以自娛。若心勞氣耗，莫如勿看，務在怡神適趣。忽充然滾滾，若有所得，勿使氣輕意滿，益加含蓄醞釀，若江河之浸，泓衍泛濫，驟然決之，一瀉千里矣。每日閑坐時，衆方囂然，我獨淵默，中心融融，自有真樂，蓋出乎塵垢之外，而與造物者遊……」

王陽明全集卷七別三子序：「今年三子者為有司所選，一舉而盡之……三子行矣，遂使舉進士，任職就列，吾知其能也，然而非所欲也；使遂不進而歸，詠歌優遊有日，吾知其樂也，然而未可必也。天之將降大任於是人，必先違其所樂，而投之於其所不欲，所以衡心拂慮而增益其所不能。是玉成之也，其在茲行歟？三子則焉往而非學矣，而予終寡於同志之助也。三子行矣。『沉潛剛克，高明柔克』，非箕子之言乎？温恭亦沉潛也，三子識之，焉往而非學矣。苟三子之學成，雖不吾邇，其為同志之助也，不多乎哉！增城湛原明宦於京師，吾之同道友也，三子往見焉，猶吾見也已。」

李本李彭山先生文集卷三奉議大夫四川按察司提學僉事蔡公墓誌銘：「正德丁卯，三友同舉於鄉。偕計北上，先師為文以別，獨稱公『深潛』，故同門之士多以顏子望公，公聲價亦遂重矣。」

李良臣赴南宮試，亦來受學。

橫山遺集卷上贈臨清掌教友人李良臣：「吾師謫貴陽，君始來從學。異域樂群英，空谷振孤鐸。文章自餘事，道義領深約。南宮屈有待，東州教相許。知新在温故，人師豈名怍？春風促歸舟，流水繞華閣。客路合離情，悠然念□廓。」

按：李良臣字伯忠，號容菴、虛吾，南豐人。詩云「南宮屈有待」，指李良臣南宮春試失利。「東州教相許」，指聘其為臨清掌教。「春風促歸舟」，指李良臣南宮失利，徐愛在京送其歸。此當是李良臣先在正德二年十二月自南豐赴南宮試，途經紹興，來見受學，然後與徐愛一同赴京應試；至次年三月，徐愛中進士，李良臣則下第歸南豐。蓋李良臣亦為陽明早年弟子之一。

作田橫論，論生死智勇抉擇，以自明赴謫心迹，約在其時。

陽明田橫論：「知死之為義，而不權衡乎義，勇有餘而智不足者也。天下未嘗有不可處之事，吾心未嘗有不可權之理。死生利害攖於吾前，吾惟權之於義，則從違可否自有一定之則，生亦不為害仁，死亦不為傷勇。古人沈晦以免禍，殺身以成仁，其顧瞻籌度之頃，見之亦審矣，而後為之；不然，奚苟焉於一日之便，而取公論不韙之譏乎？吾觀田橫之不肯事漢，致五百人之皆死，固嘗憫其事之有可矜，亦嘗惜其死之有未善也。天下之利害，莫大於死生，驅之生則樂而前，驅之死則怖而後，此人之情也。世有不重其死而輕其生者，豈其情之獨異於人乎？此其中必有大過人者。田橫之士皆死義，其何能為人之所不肯為，而一時烈丈夫之多哉！雖然，橫之死則勇也，而智則淺矣。吾為橫計，雖不死可也。死於漢爭衡之日可也，為東齊王燭之死可也，而橫也蓋亦權衡於心乎？不死於可為之時，而死於不可為之時；不死於不得已之地，而死於得已之地。方酈生之說下齊也，在有志者必不聽，橫既是其言而從之，其心已甘為漢屈矣。及歷下之敗，乃心歸彭越，越之德孰與漢王？其勢位孰與漢王？橫以勢不能為，尚含恥而歸之，又豈有雄於漢之心乎？既無雄於漢之心，即挈郡於關中，稱藩於漢闕，漢必有以遇之，

橫於此可以不死，橫必以死為安。當漢與齊之結乎盟，則二國為兄弟也，而漢又襲之，是負信義於天下矣！齊之力既無如之何，獨不可執信義之詞，與之較曲直乎？其曲在漢，其直在齊，橫於是而命一介之士，達咫尺之書，以申其盟，以彰漢之罪於天下，以正仗義敢死之秋，橫於斯可以死也。及項羽既屠，橫慮有腐肉之慘，乃率其徒屬居海島。是時漢雖招之，而我固拒之，漢亦未必有加兵之舉，橫於是可以得已也，奈何一聞其召，即不遠千里而來，是其來也意不在王，則在於侯；不在於侯，則在於脫斧鉞之危耳。不然，將何為哉？使橫而信

有不臣之節，則終身而已矣，何覬覦乎王侯之業而不為夷齊之逃；使橫而信有輕生之心，則守正以俟死而已矣，何寒心於白刃之鋒而不為王燭之勇；使橫而信以漢王之心必不我免，當漢使之臨，即自處以不韙可也，又何乘傳至洛陽而後決哉！是時不可死，而橫則死之，時可以死，而橫則不死；事不可已，而橫則已之，事可以已，而橫則不已，智者故如是乎？吾知橫之死，不在於今，而已兆於歷下之敗矣。大抵事不可近慮，以近慮而慮之，未有不覆其事者。當齊與漢角峙，嚴於自衛，猶懼失之，夫何酈生一言之後，即肆為酣暢之樂，而撤其紀律之備，此正以近慮慮之者。然則韓信之襲破，乃橫之所以自取，而非酈生之罪矣，何至怒烹之邪？不知酈生可宥而漢不可忘，使以怒酈生者怒漢，則漢將懾於齊而未敢動，未可知也。抑是時橫之謀固疏矣，五百人豈將不在邪？何無一人之慮及於此也。一人言之，五百人皆是之，則橫亦未必無是心也；五百人不言，而橫又甘受其挫。此橫之事一去，而五百人所以不免也。在五百人則失於不言，在橫則失於不智矣。故田橫之不肯事漢，孰若直拒於酈生一言之餘？詣首洛陽，孰若守身於海島之外？與其五百人皆殺，而無補於齊，又何如酈之一烹，而有功於漢乎！然則其死也，皆失於前而困於後，徒知慕義，而不知義之輕重者也，吾於橫何惜哉！雖然，一人不屈，而五百人相率以蹈之，橫蓋深有以感之也，吾於橫乎有取。」（林有望新刊晦軒林先生類纂古今名家史綱疑辯卷三，錢普批選六大家論陽明先生論，鄭賢古今人物論卷八，刁包斯文正統卷四，陽明文集失載）

第592頁

按：陽明此文借古之田橫論生死智勇之義，實是因己之類田橫遭遇有感而發，為己而辯也。其正德元年因上疏忤逆瑾，下獄廷杖，斃而復甦，貶謫蠻夷之地，面臨生死抉擇，與當年田橫命運相類；然陽明未像田橫之不肯事漢，殺身取義，而是委曲求全，謫赴龍場驛，頑强生存，其生死取予與田橫迥異；其正德二年何以始抗朝命，不赴謫地，投江自絕，終却又遠遁生還，委曲自保，赴謫求生？面對世俗洶洶追問，陽明乃作此田橫論借古諷今，明己自辯，自陳心迹也。蓋陽明以為田橫「知死之為義，而不權衡乎義，勇有餘而智不足者也」，故「橫之死則勇，而智則淺矣」，「徒知慕義，而不知義之輕重者」。取義不一定要舍身，權衡於義，時可死則死之，時不可死則不必死之。故田橫之死不過是逞匹夫之勇，其殺身取義乃是有勇無智；而陽明之卒不舍身取義，而委曲赴謫，乃是既勇且智之行，以曲求伸，所謂「吾惟權之於義

第593頁

，則從違可否自有一定之則，生亦不為害仁，死亦不為傷勇」也。故由此可推斷陽明此田橫論作於其自武夷山遠遁歸來以後（正德二年十月），正式赴謫龍場驛前夕（正德三年正月），一則是對正德二年投江遠遁、死裏求生經歷之總結，二則又是對正德三年將正式赴謫龍場驛內心苦衷之表白披陳也。

一五〇八　正德三年　戊辰　三十七歲

正月初一，啟程赴龍場驛，小野倪宗正賦詩送行。

倪宗正倪小野先生全集卷五送王陽明謫龍場驛：「一鳳鳴初日，悠悠別上林。流離文士命，慷慨逐臣心。但得精神健，何憂瘴癘侵。風華長滿日，應不廢清吟。」卷六送王陽明謫官：「雲旌霞旆駕青虬，此去逍遙歷九州。山水於君直有分，乾坤隨處是清遊。馬頭春色搖芳草，江上閑花照白鷗。風定長空舒望眼，無涯高興一登樓。」

按：「一鳳鳴初日」，指正月初一。錢德洪陽明先生年譜云：

「十二月，返錢塘，赴龍場驛。」誤甚。倪宗正字本端，號小野，餘姚人。弘治十八年進士，與王華、陽明關係至密。其生平著詩萬餘首，今存倪小野先生全集乃不全之書。觀此二詩，倪小野當是親來紹興餞行。

經閑化，宿草萍驛，有詩次見素林俊韻。

王陽明全集卷十九草萍驛次林見素韻奉寄：「山行風雪瘦能當，會喜江花照夜航。本與宦途成懶散，頗因詩景受閑忙。鄉心草色春同遠，客鬢松梢晚更蒼。料得煙霞終有分，未許連夜夢溪堂。」

經玉山，游東嶽廟，遇舊識嚴星士，有詩感懷。

王陽明全集卷十九玉山東嶽廟遇舊識嚴星士。

正月十五元宵，至廣信，與廣信蔣太守舟中夜晤，有詩詠懷。

王陽明全集卷十九廣信元夕蔣太守舟中夜話：「樓臺燈火水西東，簫鼓星橋渡碧空。何處忽談塵世外，百年惟此月明中。客途孤寂渾常事，遠地相求見古風。別後新詩如不惜，衡南今亦有飛鴻。」

經南昌，泊石亭寺，有詩韻寄南都儲巏、喬宇諸友，並呈陳旦、婁忱諸公。

王陽明全集卷十九夜泊石亭寺用韻呈陳婁諸公因寄儲柴

墟及喬白巖太常諸友：「廿年不到石亭寺，惟有西山只舊
青。白拂掛墻僧已去，紅闌照水客重經。沙村遠樹凝春
望，江雨孤蓬入夜聽。何處故人還笑語？東風啼鳥夢初
醒。
　悵望沙頭成久坐，江洲春樹何青青。煙霞故國
虛夢想，風雨客途真慣經。白璧屢投終自信，朱絃一絕
好誰聽？扁舟心事滄浪舊，從與漁人笑獨醒。」
　按：石亭寺在南昌，同治南昌府志卷十七：「新建縣，石亭
寺，在章江門外。唐時僧靈徹建，仰山慧寂禪師於此演
教。初名大悲寺，又名觀音院……大中十五年，丹子宙觀察
江西，奏以為石亭院，裴修題額。宋政和間廢為觀。明

初復為寺，亦稱石亭觀音院。」詩云「廿年不到石亭寺，惟
有西山只舊青」，乃指陽明弘治元年迎娶夫人諸氏於洪都
，嘗一經石亭寺。詩所云「陳婁諸公」，「陳」指南昌府同知
陳旦，乾隆南昌府志卷三十職官：「同知……陳旦，常德人
，舉人，正德中任。」「婁」指婁諒子婁忱，夏東巖先生文集
卷五冰溪婁先生墓誌銘：「……冰溪諱忱，字誠善……幼有
奇質，落筆語輒驚人。顧為人不能徇時好，故連不得志於
有司。脫白歲貢，受歸安訓導。未幾，即棄官而歸。忿
其兄之所為，托疾不下樓者十年，自號病閣，户部侍郎邵
二泉呼為『樓上先生』。及兄死，作下樓歌以諷之。國母之

喪，類受衰服，獨冰溪以吊服從事，且力陳古義却之，幾
為宸濠捶挫以死，賴都憲王陽明救解得免……宸濠逆節
將崩，婁妃泣諫不從，事敗，妃死，櫬送京師。每食，必取
飯呼婁妃食，嘆曰：『恨不用爾之言！』……」按婁忱長女選為
宸濠妃，故婁忱亦居南昌，得與陽明相見。陽明初識婁忱
或即在弘治二年經廣信拜訪一齋婁諒時。

二月，經分宜，多有詩詠懷。

王陽明全集卷十九過分宜望鈐岡廟：「共傳峰頂樹，古廟
有靈神。楚俗多尊鬼，巫言解惑人。望裡存舊典，捍禦
及斯民。世事渾如此，題詩感慨新。」

　雜詩三首：「危

棧斷我前，猛虎尾我後，倒崖落我左，絕壑臨我右。我
足復荆榛，雨雪更紛驟。邈然思古人，無悶聊自有。無
悶雖足珍，警惕忘爾守。君觀真宰意，匪薄亦良厚。
　青山清我目，流水靜我耳。琴瑟在我御，經書滿我几
。措足踐坦道，悅心有妙理。頑冥非所懲，賢達何靡靡
。乾乾懷往訓，敢忘惜分晷？悠哉天地內，不知老將至
。　羊腸亦坦道，太虛何陰晴。燈窗玩古易，欣然獲
我情。起舞還再拜，聖訓垂明明。拜舞詎踰節，頓忘樂
所形。斂衽復端坐，玄思窺沈溟。寒根固生意，息灰抱
陽精。冲漠際無極，列宿羅青冥。夜深向晦息，始聞風

雨聲」。

按：陽明前一首題於鈐岡廟壁，後三首雜咏作在自分宜至袁州途中。

經袁州，游仰山，登宜春臺，有詩咏。

王陽明全集卷十九袁州府宜春臺四絕：「宜春臺上還春望，山水南來眼未嘗。却笑韓公亦多事，更從南浦羨滕王。

臺名何事只宜春？山色無時不可人。不容煙花費妝點，儘教刊落儘嶙峋。

持修江藻拜祠前，正是春風欲暮天。童冠儘多歸詠興，城南兼說有溫泉。

古廟香燈幾許年？增修還費大官錢。至今楚地多風雨，猶

第598-1页

道山神駕鐵船」。

按：後三詩中所云「祠」、「古廟」，乃指仰山祠，故古今圖書集成卷一百五十一王仰山部引陽明此詩，題作仰山祠二首，云：「仰山，在今袁州府城南八十里，山高聳萬仞，周迴千里，以其高不可陟，止可仰視，因名仰山。祠廟考：仰山古廟，在縣治南六十里仰山，瀨巡潭之側。相傳昔有邑人徐璠，舟行至大孤山，有二蕭生云：『居宜春仰山。』遂同載而歸，至浦東而別，期至石橋相訪。後徐至其處，見二龍，乃知為仰山神。唐會昌初，建祠於仰山之陽。」

游靈山護國禪院（靈山寺），見韓昌黎與太顛坐圖，作書韓昌黎與太顛坐叙以發其意。

王陽明全集卷二十八書韓昌黎與大顛坐叙：「退之與孟尚書書云：『潮州有一老僧，號太顛，頗聰明，識道理。與之語，雖不盡解，要自胸中無滯礙。因與來往，乃祭神於海上，遂造其廬。來袁州，留衣服為别，乃人情之常，非崇信其法，求福田利益。』退之之交太顛，其大意不過如此。而後世佛氏之徒張大其事，往往見之圖畫，真若弟子之事嚴師者，則其誣退之甚矣。然退之亦自有以取此者，故君子之與人不可以不慎也。」

張原玉玻先生黃花集卷一跋王太僕伯安題昌黎大顛書：

第598-2页

「王陽明謂退之不能慎交，而與大顛往來，自召後世異端之誣。予意未然。孔子不惟甚於互鄉之童子，孟子不深拒於墨者之夷之，君子於人與其進而已矣。退之己言其識道理，胸中無窒礙，則必有以取之也。安知大顛非隱者之流，託迹方外而高尚其事也邪？況退之擯處窮荒寂寞之濱，憤悶煢獨，曰無藝文之士相與往來，以洩其磅礴瓌偉之氣，故不得不俯就於大顛，冀以紓胸中之奇，適一日之情也，奚足深怪？

若圖畫之間，禮貌之誣，自是其徒侈為張大耳。陽明之言是矣。退之氣豪志迥，睥睨一世，自當時貴卿以下與之言，尚不少貶，必不肯

於大顛而為此。今佛家者流，又繪為三教圖，以彼所謂佛者偃倨居上，而置吾孔子側末，或為拜跪祈籲之態。噫！是亦孔子有以取之邪？於此見責人之心不可不恕，而成人之美尤君子所難也。偶閱此，為之一辯。」

按：陽明任南京太僕少卿在正德八年十月至九年三月間，張原此文收在其文集卷一中，該卷有注所作文為「甲戌年十二月之乙亥年八月」，可見張原此文作在正德九年。由此可以推斷陽明此書韓昌黎與大顛坐敘當作在正德三年陽明過袁州游訪靈山寺時，其所見韓昌黎與大顛坐」即在靈山寺中也。按袁州靈山寺即為唐貞元七年由高僧大顛建，寺中有留衣亭，傳說韓愈來袁州任，未能見到大顛，便脫下官袍，留在亭中，贈與大顛。從此寺中建起韓愈與大顛坐，掛起韓愈與大顛說法問禪圖。陽明此文，即針對靈山寺中所見而作，而又有以韓愈自況之意。

經萍鄉，寓宣風館，謁濂溪祠，宿武雲觀，識林玉璣道士。

第599-1页

王陽明全集卷十九夜宿宣風館：「山石崎嶇古轍痕，沙溪馬渡水猶渾。夕陽歸鳥投深麓，煙火行人望遠村。天際浮雲生白髮，林間孤月坐黃昏。越南冀北俱千里，正恐春愁入夜魂。」萍鄉道中謁濂溪祠：「木偶相沿恐未真，清輝亦復凜衣巾。簿書曾屑乘田吏，俎豆猶存畏壘民。碧水蒼山俱過化，光風霽月自傳神。千年私淑心喪後，下拜春祠薦渚蘋。」宿萍鄉武雲觀：「曉行山徑樹高低，雨後春泥沒馬蹄。翠色絕雲開遠嶂，寒聲隔竹隱晴溪。已聞南去艱舟楫，漫憶東歸沮杖藜。夜宿仙家見明月，清光還似鑑湖西。」

按：宣風館在萍鄉宣風市，民國昭萍志略卷一：「宣風市，在縣東宣風里，距城七十里。」卷二：「宣風公館，在宣風市。初為驛地。」濂溪祠，昭萍志略卷二：「濂溪祠，在縣東蘆溪市。宋周子為鎮監稅，名士多從之遊，後人立祠橋東。」武雲觀，昭萍志略卷二：「武雲觀，一名真聖觀，在縣南門外。宋大觀時道士鍾永恭建。相傳真武嘗示像雲間，改今名。元毀，明洪武時道士張洞元重建。」陽明後於正德五年自貴陽歸經萍鄉，作再經武雲觀書林玉璣壁，云「碧山道士曾相約，歸途還來宿武雲」，可見陽明乃是是次赴龍場驛經萍鄉時認識道士林玉璣。

第599-2页

入湖南，過醴陵，宿泗州寺，有詩咏。

王陽明全集卷十九醴陵道中風雨夜宿泗州寺次韵：「風雨偏從險道嘗，深泥没馬陷車箱。虚傳鳥路通巴蜀，豈必羊腸在太行。遠渡漸看連暝色，晚霞會喜見朝陽。水南昏黑投僧寺，還理羲編坐夜長。」

按：泗州寺在醴陵縣西，乾隆長沙府志卷三十五：「醴陵縣泗州寺，在縣西，即僧會司。」

游靖興寺、龍潭，探訪李靖遺跡，有詩感懷。

陽明靖興寺：「隔水不見寺，但聞清磬來。已指峰頭路，始瞻雲外臺。洞天藏日月，潭窟隱風雷。欲尋興廢跡，荒碣滿蒿萊。」（乾隆長沙府志卷四十七，陽明文集失載）

按：靖興寺在醴陵縣靖興山，乾隆長沙府志卷三十五：「靖興寺，在（醴陵）縣河西，唐李靖屯兵處，内有法輪。」又卷五：「西山，（醴陵）縣西二里，一名靖興山。唐李靖駐兵於此，石壁上有靖像。」按靖興山在醴陵縣西，是由醴陵西赴長沙之必經之地，可見此詩為陽明由醴陵西赴長沙途中所作。蓋陽明其時好兵法，故必當順途往訪李靖遺跡也（下龍潭詩同）。

陽明龍潭：「老樹千年惟鶴住，深潭百尺有龍蟠。僧居却在雲深處，别作人間境界看。」（乾隆長沙府志卷四十九，陽明文集失載）

按：龍潭在醴陵靖興山下，一名靖興潭。乾隆長沙府志卷五：「靖興潭，（醴陵）縣西金魚洲下，以李靖得名。」靖興寺與靖興潭同在靖興山一上一下之間，陽明靖興寺中云「潭窟隱風雷」，即指龍潭；而龍潭中云「僧居却在雲深處」，即指靖興寺。故可見陽明二詩作在同時。乾隆長沙府志於陽明此詩下又録有鄒守益和詩靖興寺：「鳳闕一鳴成遠斥，龍場千里且深蟠。題詩留得行程記，老樹深潭不忍看。」此尤足證陽明此詩乃是其正德三年春赴龍場驛

經醴陵靖興山時所作，十八年後鄒守益謫常德來遊靖興寺，猶見詩題壁如新，鄒守益作此和詩時，陽明尚健在也。

至長沙，留居八日，訪提學僉事陳鳳梧、參議吴世忠、僉事徐守誠、太守趙維藩、推官王教，由府學生周金陪遊嶽麓，謁朱張祠，多有詩咏唱酬。

王陽明全集卷十九遊嶽麓書事：「醴陵西來涉湘水，信宿江城沮風雨。不獨病齒畏風濕，泥潦侵途絶行旅。人言嶽麓最形勝，隔水溟濛隱雲霧。趙侯需晴邀我遊，故人徐陳各傳語。周生好事屢來速，森森雨脚何由住？曉來

陰翳稍披拂，便携周生渉江去。戒令休遣府中知，徒爾
勞人更妨務。橘洲僧寺浮江流，鳴鐘出延立沙際。停橈
一至答其情，三洲連綿亦佳處。行雲散漫浮日色，是時
峰巒益開霽。亂流蕩槳濟倏忽，繫攬江邊老檀樹。岸行
里許入麓口，周生道予勤指顧。柳溪梅隄存仿佛，道林
林壑獨如故。赤沙想像虛田中，西嶼傾頽今塚墓。道鄉
荒趾留突兀，赫曦遠望石如鼓。殿堂釋菜禮從宜，下拜
朱張息遊地。鑿石開山面勢改，雙峰闢闕見江渚。聞是
吳君所規畫，此舉良是反遭忌。九仞誰虧一簣功，嘆息
遺基獨延佇。浮屠觀閣摩青霄，盤據名區遍寰宇。其徒

素為儒所擯，以此方之反多愧。愛禮思存告朔羊，況此
實作匪文具。人云趙侯意頗深，隱忍調停旋修舉。昨來
風雨破棟脊，方遣圬人補殘敝。予聞此語心稍慰，野人
蔬蕨亦羅置，欣然一酌纔舉杯，津夫走報郡侯至。此行
隱跡何由聞？遣騎候訪自吾寓，潛來鄙意正為此，倉卒
行庖益勞費。整冠出迓見兩蓋，乃知王君亦同御。肴羞
層疊絲竹繁，避席興辭懇莫拒。多儀劣薄非所承，樂闋
觴周日將暮。黃堂吏散君請先，病夫沾醉須少憩。入舟
暝色漸微茫，却喜順流還易渡。嚴城燈火人已稀，小巷
曲折忘歸路。仙宮酣倦成熟寐，曉聞簷聲復如注。昨遊

偶遂實天假，信知行樂皆有數。涉躐差償夙好心，尚有
名山敢多慕？齒角盈虧分則然，行李雖淹吾不惡。」
同上，長沙答周生，陟湘于邁嶽麓是尊仰止先哲因懷友
生麗澤興感伐木寄言二首，次韻答趙太守王推官。

按：此遊嶽麓詩為陽明生平所作最長之詩，其在長沙之
況皆從此詩可見。詩中所言「趙侯」、「趙太守」，即趙維藩，
字介夫，號龍山，元氏縣人，弘治三年進士。乾隆長沙府
志卷十八職官志：「知府，趙維藩，直隸，進士。」明武宗實
錄卷一百四十：「正德十一年八月甲子……復知府趙維藩職
。初，維藩為長沙知府，以重囚劫獄，有旨降一級，適以

浙江大學古籍研究所

憂去。」「王君」、「王推官」，即王教，乾隆長沙府志卷十八職
官志：「推官，王教，宜賓，進士。」「周生」，即周金。「吳君」，即吳世忠，字
懋貞，號西沱，金谿人，時任湖廣參議。又詩中云「故人
徐陳各傳語」，即陽明答文鳴提學所云「有三詩奉懷文鳴
與成之、懋貞」。「成之」即徐守誠，餘姚人，時任湖廣僉事
。「文鳴」即陳鳳梧，時任湖廣提學僉事（均詳下考）。
陽明陟湘于邁嶽麓是尊仰止先哲因懷友生麗澤興感伐
木寄言二首之一，石鼓志卷五題作朱張祠書懷示同遊，
且末後多四句：「靈傑三鄉會，朱張二月留。學在濂洛系，
文共漢江流。」疑錢德洪將此詩編入陽明集中，有意刪去

此四句。

陽明在長沙留八日，作詩甚多，有亡佚。如其云「有三詩奉懷文鳴與成之、懋貞」，即不載集中。今茲從長沙地方志中輯得陽明在長沙所作詩二首，著録於下：

趙寧長沙府嶽麓志卷六陽明望赫羲臺：「隔江嶽麓懸情久，雷雨瀟湘日夜來。安得輕風掃微靄，振衣直上赫羲臺。」按赫羲臺在嶽麓山，乃朱熹命名。陽明遊嶽麓書事亦云：「道鄉荒趾留突兀，赫羲遠望石如鼓。」與此詩題「望赫羲臺」相切合，二詩應作在同時。

乾隆長沙府志卷四十六陽明贈以昭隱君：「長沙有翁號頤真，鄉人共稱避世士。自言龍逄之後嗣，早歲工文頗求仕。中年忽慕伯夷風，脫棄功名如敝屣。似翁含章良可貞，或從王事應有子。」龍以昭即龍時熙，字以昭，號頤真，攸縣人。乾隆長沙府志卷二十八：「龍時熙，字以昭，攸縣人。剛正不屈。少寓金陵，有少婦暮行失釵，夫疑贈人，適時熙拾而還之，夫疑以釋。湛甘泉、王陽明皆高其行。」陽明之識龍時熙，或出湛甘泉介紹。

第604页

在長沙，作南遊詩寄湛甘泉。

王陽明全集卷十九南遊三首：「元明與予有衡嶽、羅浮之期，賦南遊，申約也。

南遊何迢迢，蒼山亦南馳。如何衡陽雁，不見燕臺書？莫歌澧浦曲，莫吊湘君祠。蒼梧煙雨絶，從誰問九疑？

九疑不可問，羅浮如可攀。遥拜羅浮雲，莫以雙瓊環。渺渺洞庭波，東逝何時還？生人不努力，草木同衰殘。

洞庭何渺茫，衡嶽何崔嵬！風飄迴雁雪，美人歸未歸？我有紫瑜珮，留掛芙蓉臺。下有蛟龍峽，往往興雲雷。」

按：陽明此三首南遊詩，文集原誤入正德二年赴謫詩中。觀詩云「渺渺洞庭波，東逝何時還」、「洞庭何渺茫，衡嶽何崔嵬」，顯是其到長沙後所作，在申前約，盼甘泉來南遊也。詩中「燕臺」指京師，「不見燕臺書」，指不得甘泉書來告南遊消息也。

遇澹然子趙先生於瀟湘之上，作詩序贈之。

王陽明全集卷二十九澹然子序：「澹然子四易其號：其始曰凝秀，次曰完齋，又次曰友葵，最後為澹然子。陽明子南遷，遇於瀟湘之上，而語之故，且屬詩焉，詩而序之。其言曰：『人，天地之心而五行之秀也。凝則形而生，散則游而變。道之不凝，雖生猶變。反身而誠，而道凝矣。故首之以「凝秀」。道凝於己，是為率性；率性而人道全，斯之謂完，故次之以「完齋」。完齋者，盡己之性也。盡己之性，而後能盡人之性，盡萬物之性，至於草木，

第605页

至矣。葵，草木之微者也，故次之以友葵。友葵，同於物也。內盡於己，而外同乎物，則一矣。一則吻然而天游，混然而神化，同歸而殊途，一致而百慮。天下何思何慮矣，故次之以澹然子終焉。或曰：陽明子之言倫矣，而非澹然子之意也；澹然子之意玄矣，而非陽明子之言也。陽明子聞之曰：其然，豈其然乎？書之以質於澹然子。澹然子，世所謂滇南趙先生者也。詩曰：

兩端妙闔闢，五運無留停。藐然覆載內，真精諒斯凝。雖尤一馳放，散失隨飄零。惺惺日收斂，致曲乃明誠。

明誠為無忝，無忝斯全歸。深淵春冰薄，千鈞一絲微。膚髮尚如此，天命焉可違？參乎吾與爾，免矣幸無虧。

人物各有稟，理同氣乃殊。曰殊非有二，一本分澄淤。志氣塞天地，萬物皆吾軀。炯炯傾陽性，葵也吾友于。

孰葵孰為予，友之尚為二。大化豈容心，翳我亦何意？悠哉澹然子，乘化自來去。澹然非冥然，勿忘還勿助。」

過洞庭，作賦吊屈原，亦以自況。

王陽明全集卷十九吊屈平賦：「正德丙寅，某以罪謫貴陽。取道沅、湘，感屈原之事，為文而吊之。其詞曰：

「山黯慘兮江夜波，風颼颼兮木落森柯。汎中流兮焉泊？湛椒醑兮吊湘纍。雲冥冥兮月星蔽晦，冰崚嶒兮霰又下。纍之宮兮安在？悵無見兮愁予。高岸兮嶔崎，紛糾錯兮樛枝。下深淵兮不測，穴頊洞兮蛟螭。山岑兮無極，空谷谽谺兮迴寥寂。猿啾啾兮吟雨，熊羆嗥兮虎交蹟。念纍之窮兮焉託處？四山無人兮駭狐鼠。魈魅遊兮群跳嘯，瞰出入兮為纍姦宄。嫉纍正直兮反詆為殃，昵比上官兮子蘭為臧。幽叢薄兮疇侶，懷故都兮增傷。望九疑兮參差，就重華兮陳辭。沮積雪兮硐道絕，洞庭渺邈兮天路迷。要彭咸兮江潭，召申屠兮使驂。娥鼓瑟兮馮夷舞，聊遨遊兮湘之浦。乘回波兮泊蘭渚，睠故都兮獨延佇。君不還兮郢為墟，心壹鬱兮欲誰語？郢為墟兮函崤亦焚，讒鬼逋戮兮快不酬冤。歷千載兮耿忠悃，君可復兮排帝閽。望遁跡兮渭陽，箕羅囚兮其佯以狂。艱貞兮晦明，懷若人兮將予退藏。宗國淪兮摧肺肝，忠憤激兮中道難。勉低回兮不忍，溘自沈兮心所安。雄之訣兮讒喙，眾狂稺兮謂纍揚。己為魈為魅兮為讒媵妾，纍視若鼠兮倭頹有沘。纍忽舉兮雲中龍，薪晻靄兮飄風。橫四海兮倏忽，駟玉虬兮上衡。降望兮大壑，山川蕭條兮渰寥廓。逝遠去兮無窮，懷古都兮蜷局。亂曰：日西夕兮沅湘流，楚山嵯峨兮無冬秋。纍不見兮涕泗，世愈隘兮孰知我憂！」（按：「菥當作「蘄」，即「祈」）

按：此賦題下原注「丙寅」作（正德元年），乃大誤。蓋賦序起首云「正德丙寅，某以罪謫貴陽」，乃是總提一句，謂已正德元年上疏被杖脊貶謫；其正式赴謫貴陽則在正德三年，故下面接叙「取道沅、湘」，非是謂上疏貶謫與取道沅湘赴謫在同時也。錢德洪乃將二事誤混為一，遂將此賦誤定為丙寅年作。

過湘陰栗橋，有詩吊易先墓。

陽明吊易忠節公墓：「金石心肝熊豹姿，煌煌大節繫人思。長風撼樹聲悲壯，仿佛當年罵賊時。」（湘陰易氏族譜卷首之二，陽明文集失載）

按：「易忠節公」即易先，字太初，湘陰人。明史卷一百五十四有傳，簡略不明。湘陰易氏族譜卷首之二著録有忠節公墓志銘云：「易公忠節，瑄同邑之先達也。守諒山，政平民和，有『易知府，蘇民苦；易公先，辨民冤』之謠，蓋紀實也。任滿，軍民黄虎山等請提保留，鎮撫交阯、少保、户部尚書黄公東萊上於朝，乃命留守。會黎利寇陷諸城，諒山大震。公誓衆守城，無有異心。數月餘，增兵攻愈疾，食盡矢窮，求援不至，城陷，公自經。事聞，宣宗皇帝深悼之，贈廣西布政使司左參政，謚忠節，仍為文敕禮部，遣士張純諭祭焉。嗚呼！公之精忠大節，炳於天壤，死故不朽矣！當諒山危急時，都督蔡福輩擁兵逡巡，而卒之不免國典，以視公，其忠奸為何如也！公殁後，一時名公鉅卿，詩歌其事，傳紀其人，無不流連感慕。瑄忝同里，仰其英風壯采，尤為備悉，故表之。公諱先，字太初，未逾冠采芹，洪武中，由上庠擢拔貢，肄業國子監。選授諒山知府。宣德二年，黎利寇，以公身殉。宜人黄氏，同日死之。子三：長

縉，次升，三徹。縉、升留本邑守廬墓，徹隨任，死之。舉家投井死者共十八口。諒山東門外，原有公墓，宣德三年，始歸葬湘陰之栗橋。銘曰：栗橋之側，精英不蝕。來往千億，靡不變色。子孫繩繩，永以為則。」易先墓在湘陰栗橋，且有忠節祠，湖南通志謂「易先墓，在（湘陰）縣北四十五里栗橋」，「忠節祠，在城北，祀明諒山府知府易先」。陽明此詩當是是年赴謫經湘陰栗橋憑吊易先墓與忠節祠所作。

過沅江，阻泊天心湖，江上遇險，有詩咏懷。

王陽明全集卷十九天心湖阻泊既濟書事：「掛席下長沙，

瞬息百餘里。舟人共揚眉，予獨憂其駛。日暮入沅江，抵石舟果圮。補敝詰朝發，衝風遂齟齬。暝泊後江湖，蕭條旁罾壘。月黑波濤驚，蛟鼉互睥睨。翼午風益厲，狼狽收斷汜。天心數里間，三日但遥指。甚雨迅雷電，作勢殊未已。溟溟雲霧中，四望渺涯涘。篙槳不得施，丁夫盡嗟噫。淋漓念同胞，吾寧忍暴使？饘粥且傾橐，苦甘吾與爾。衆意在必濟，糧絶亦均死。憑陵向高浪，吾亦詎容止。虎怒安可攖，志同稍作倚。且令並岸行，試涉湖濱沚。收舵幸無事，風雨亦浸弛。逡巡緣沚湄，迤邐就風勢。新漲翼回湍，倏忽逝如矢。夜入武陽江，漁村穩堪艤。羅市謀晚炊，且為衆人喜。江醪信漓濁，聊復盪胸滓。濟險在需時，徼倖豈常理？爾輩勿輕生，偶然非可恃」！

按：天心湖在沅江縣，讀史方輿紀要卷八十湖廣六：「洞庭湖，在縣東北。志云：縣南一里有石溪湖，縣西二十里有龍池湖，西北四十里有天心湖，縣東二十里又有鵲湖，皆流匯於洞庭」。

過武陵，游桃源洞。

陽明晚泊沅江：「古洞何年隱七仙，仙踪欲扣竟茫然。惟餘洞口桃花樹，笑倚東風自歲年」。（桃花源志略卷八，

陽明文集失載）

按：此詩實為游桃源洞詩，「古洞」即指桃源洞。桃源洞在桃源縣桃源山，沅水之陰。桃花源志略卷二引釋一休桃源洞天志云：「桃源山，在桃源縣西南三十里沅水之陰，廣三十二里，高五里。負土抱石，嵯峨蓊鬱，群峰環拱，氣勢雄秀。洞在山之半……石壁峭立，縱横丈餘，雙扉宛然，終古長閉，横鎸『秦人古洞』四大字。洞前平地二十餘步，有仙人棋几，可弈可跌。洞左泉從山巔飛落，莫窮其源，至洞門匯為小池。」傳説洞中隱七仙。

聞楚人有新娶婦而去之者，作去婦嘆五首，蓋自嘆謫臣命運也。

王陽明全集卷十九去婦嘆五首：「楚人有間於新娶而去其婦者。其婦無所歸，去之山間獨居，懷綣不忘，終無他適。予聞其事而悲之，為作去婦嘆。……」

按：此詩當作在途經湖南時，文集編入居夷詩，不當。蓋居夷詩原為徐珊所編，錢德洪照本編入陽明全集未變，詩文編年多有顛倒。按棄婦嘆為古樂府傳統主題，陽明此詩借棄婦自悼放臣被逐之命運，灼然可見。

過溆浦，宿羅舊驛，有詩感懷。

王陽明全集卷十九羅舊驛：「客行日日萬峰頭，山水南來

亦勝遊。布谷鳥啼村雨暗，刺桐花暝石溪幽。蠻煙喜過青楊瘴，鄉思愁經芳杜洲。身在夜郎家萬里，五雲天北是神州。」

過辰溪，宿沅水驛，望鍾鼓洞，有詩咏懷。

王陽明全集卷十九沅水驛：「辰陽南望接沅州，碧樹林中古驛樓。遠客日憐風土異，空山惟見瘴雲浮。耶溪有信從誰問？楚水無情只自流。却幸此身如野鶴，人間隨地可淹留。」　鍾鼓洞：「見說水南多異迹，巖頭時有鼓鍾聲。空遺石壁千年在，未信金砂九轉成。遠地星辰瞻北極，春山明月坐更深。年來夷險還忘却，始信羊腸路亦平。」

按：鍾鼓洞在辰溪縣沅水畔丹山崖下，雍正湖廣通志卷十二：「辰溪縣鍾鼓洞，在縣東龜山。石壁峭立，入數十武，二石懸焉。扣之作鍾鼓聲。」「水南」，即沅水之南。

入貴州境，過平溪衛，宿平溪館，有次王鎧少參韵。

王陽明全集卷十九平溪館次王文濟韵：「山城寥落閉黃昏，燈火人家隔水村。清世獨便吾職易，窮途還賴此心存。蠻煙瘴霧承相往，翠壁丹崖好共論。畎畝投閑終有日，小臣何以答君恩？」

按：王文濟即王鎧，號守拙，忻州人。時為貴州參議。

過清平衛，聞土苗仇殺，有詩感懷。

王陽明全集卷十九清平衛即事：「積雨山途喜乍晴，暖雲浮動水花明。故園日與青春遠，敝緼涼思白苧輕。煙際卉衣窺絕棧（時土苗方仇殺），峰頭戍角隱孤城。華夷節制嚴冠履，漫說殊方列省卿。」

過興隆衛，有詩題壁，為月潭寺公館作記。

王陽明全集卷十九興隆衛書壁：「山城高下見樓臺，野戍參差暮角催。貴竹路從峰頂入，夜郎人自日邊來。鶯花夾道驚春老，雉堞連雲向晚開。尺素屢題還屢擲，衛南那有雁飛回？」

同上，卷二十三重修月潭寺建公館記：「興隆之南有巖曰月潭，壁立千仞，簷垂數百尺……巖界興隆、偏橋之間，各數十里，行者至是，皆憊頓饑悴，宜有休息之所。而巖麓故有寺，附巖之戍卒官吏，與凡苗夷犵狫之種連屬而居者，歲時令節皆於是焉釐祝。寺漸蕪廢，行禮無所。憲副滇南朱君文瑞按部至是，樂茲巖之勝，憫行旅之艱，而從士民之請也，乃捐資庀材，新其寺於巖之右，以為釐祝之所……使遊僧正觀任其勞，指揮逖遠度其工，千戶某某相其役。遠近之施捨勤助者欣然而集，不兩月而工告畢。自是饑者有所炊，勞者有所休，遊觀者有所舍，羣祝者有所瞻依，以為竭虔效誠之地，而茲巖之奇，若增而益勝也。正觀將記其事於石，適予過而請焉。予惟君子之政，不必專於法，要在宜於人；君子之教，不必泥於古，要在入於善。是舉也，蓋得之矣。況當法網嚴密之時，衆方喘息憂危、動虞牽觸，而乃能從容於山水泉石之好，行其心之所不愧者，而無求免於俗焉。斯其非見外之輕而中有定者，能若是乎？是誠不可以不志也矣！寺始於戍卒周齋公，成於遊僧德彬；增治於指揮劉瑄、常智、李勝及其屬王威、韓儉之徒；至是凡三緝。而公館之建，則自今日始。」

過平越衛七盤，有詩咏懷。

王陽明全集卷十九七盤：「鳥道縈紆下七盤，古藤蒼木峽聲寒。境多奇絕非吾土，時可淹留是謫官。猶記邊峰傳羽檄，近聞苗俗化衣冠。投簪實有居夷志，垂白難承菽水歡。」

三月上旬，至龍場驛。無室以居，結草庵居之。

王陽明全集卷十九初至龍場無所止結草庵居之：「草庵不及肩，旅倦體方適。開棘自成籬，土階漫無級。迎風亦蕭疏，漏雨易補緝。靈瀨響朝湍，深林凝暮色。群僚環聚訊，語龐意頗質。鹿豕且同遊，茲類猶人屬。污樽映

瓦豆，盡醉不知夕。緬懷黃唐化，略稱茅茨迹。」

按：嘉靖貴州通志卷五：「龍場驛，在治城西七十里。」陽明至興隆衛作詩云「鶯花夾道驚春老」；至龍場驛後作謫居絕糧請學於農將田南山永言寄懷則云「及茲春未深，數畝猶作佃」，由此推斷陽明到達龍場驛約在三月上旬間。其何陋軒記有云：「始予至，無室以居，居於叢棘之間，則鬱也。」即指其結草庵而居也。

得東峰東洞，遂改名陽明小洞天，移居之。

王陽明全集卷十九始得東洞遂改為陽明小洞天三首：「古洞閟荒僻，虛設疑相待。披萊歷風磴，移居快幽塏。營

炊就巖竇，放榻依石壘。穹窒旋薰塞，夷坎仍灑掃。卷帙漫堆列，樽壺動光彩。夷居信何陋，恬淡意方在。豈不桑梓懷？素位聊無悔。」

童僕自相語，洞居頗不惡。人力免結構，天巧謝雕鑿。清泉傍廚落，翠霧還成幕。我輩日嬉偃，主人自愉樂。雖無棨戟榮，且遠塵囂聒。但恐霜雪凝，雲深衣絮薄。

我聞莞爾笑，周慮愧爾言。上古處巢窟，抔飲皆污樽。沍極陽內伏，石穴多冬暄。豹隱文始澤，龍蟄身乃存。豈無數尺榱？輕裘吾不溫。邈矣簞瓢子，此心期與論。」

按：鄂爾泰貴州通志卷五：「陽明洞，在龍岡山半巖下，高

敞深廣，各二三丈，頂石如鑿，舊名東洞。明王守仁謫居龍場，游息其中，更名陽明小洞天，書於石，嵌洞中。洞上有僧舍二，左巔有文昌閣，甚峻麗。」陽明何陋軒記云：「遷於東峰，就石穴而居之，又陰以濕。龍場之民，老稚日來視，予喜不予陋。」即指其移居陽明小洞天。

今存居夷集（嘉靖三年丘養浩叙刊，韓柱、徐珊校訂，上海圖書館藏）中，此三詩題作移居陽明小洞天，而另有一首始得東洞遂改為陽明小洞天：「群峭會龍場，戟雉四環集。邇覲有遺觀，遠覽頗未給。尋溪涉深林，陟巘下層隰。東峰叢石秀，獨往凌日夕。崖穹洞蘿偃，苔滑徑路澀。月照石門開，風飄客衣入。依窺嵌竇玄，俯聆暗泉急。愜意戀青夜，會景忘旅邑。熠熠巖鶻翻，淒淒草蟲泣。點詠懷沂朋，孔嘆阻陳楫。躊躇且歸休，毋使霜露及。」按居夷集為徐珊編刻於嘉靖三年，此詩當為錢德洪後來編陽明文集時所遺漏。

穴山麓之窩為玩易窩，讀易其中，作玩易窩記。

王陽明全集卷二十三玩易窩記：「陽明子之居夷也，穴山麓之窩而讀易其間。始其未得也，仰而思焉，俯而疑焉，函六合，入無微，茫乎其無所指，孑乎其若株。其或得之也，沛兮其若決，聯兮其若徹，菹淤出焉，精華入焉，若有相者而莫知其所以然。其得而玩之也，優然其休焉，充然其喜焉，油然其春生焉。精粗一，外內翕，視險若夷，而不知其夷之為阨也。於是陽明子撫几而嘆曰：『嗟乎！此古之君子所以甘囚奴，忘拘幽，而不知其老之將至也夫！吾知所以終吾身矣。』名其窩曰玩易……假我數十年以學易，其亦可以無大過已夫！」

按：鄂爾泰監修貴州通志卷七：「玩易窩，在修文縣南二里，石上鐫有『陽明玩易窩』五字，洞口有『陽明小洞』四字。洞中空敞，可坐百人。」是玩易窩在陽明小洞天旁，乃同時所構也。陽明五經臆說序云：「龍場居南夷萬山中，書卷不可攜，日坐石穴，默記舊所讀書而錄之。」「石穴」即指玩易窩，是陽明五經臆說乃在玩易窩中撰成矣。

謫居絕糧，請學於農，躬耕南畝。

王陽明全集卷十九謫居絕糧請學於農將田南山永言寄懷：「謫居屢在陳，從者有慍見。山荒聊可田，錢鎛還易辦。夷俗多火耕，仿習亦頗便。及茲春未深，數畝猶足佃。豈徒實口腹，且以理荒宴。遺穗及鳥雀，貧寡發餘羨。出耒在明晨，山寒易霜霰。」觀稼：「下田既宜稌，高田亦宜稷。種蔬須土疏，種蕷須土濕。寒多不實秀，暑多有螟螣。去草不厭頻，耘禾不厭密。物理既可玩，化機還默識。即是參贊功，毋為輕稼穡」。

陳鳳梧、吴世忠皆有書來問學，有書答之。

新刊陽明先生文録續編卷一答文鳴提學：「書來，非獨見故舊之情，又以見文鳴近來有意為己之學，竊深喜望。與文鳴别久，論議不入吾耳者三年矣。所以知有意於為己之學，三年之間，文鳴於他朋舊書札之問甚簡，而僕獨三至焉；今又遣人走數百里邀候於途，凡四至矣。所以於四至之書，而知其有為己之心者，蓋亦有喻。人有出見其鄰之人病，惻焉，煦煦訊其所苦，導之以求醫，詔之以藥餌者，入門而忽焉忘之，無他，痛不切於己也；己疾病，則呻吟喘息，不能旦夕，求名醫，問良藥，有能已者，不遠秦楚而延之，無他，誠病疾痛切，身欲須臾忘，未能也。是必文鳴有切身之痛，將求醫之未得，謂僕蓋同患而方求醫與藥者，故復時時念之，茲非其為己乎？兼來書辭，其意見趨向，亦自與往年不類，是殆克治滋養，既有所得矣。惜乎隔遠，無因面見講究，遂請益耳。夫學而為人，雖日講於仁義道德，亦為外化物，於身心無與也；苟知為己矣，寢食笑言，焉往而非學？譬如木之植根，水之浚源，其暢茂疏達，當日異而月不同。曾子所謂『誠意』，子思所謂『致中和』，孟子所謂『求放

心』，皆此矣。此僕之為文鳴喜而不寐，非為文鳴喜，為吾道喜也。願亦勉之，使吾儕得有所矜式，幸甚，幸甚！病齒兼虛下，留長沙八日。大風雨絶往來，間稍霽，則獨與周生金者渡橘洲，登嶽麓。嘗有三詩奉懷文鳴與成之、懋貞，録上請正。又有一長詩，稿留周生處，今已記憶不全，兼亦無益之談，不足呈也。南去儔類益寡，麗澤之思，惄如調饑，便間無吝教言。秋深得遂歸途，嶽麓、五峰之間，倘能一會，甚善。公且豫存之意，果爾，當先時奉告也」。

按：前考文鳴即陳鳳梧，弘治十六年九月任湖廣按察司提學僉事，與陽明相别於京師。所謂「遣人走數百里邀候於途」，即指陽明赴謫經長沙，陳鳳梧遣人迎候於數百里之外。所謂「又有一長詩，稿留周生處」，即指遊嶽麓書事長詩。自弘治十六年至正德三年已六年，此書却云「與文鳴别久，議論不入吾耳者三年矣」，疑正德元年陳鳳梧或三載考績進京，與陽明嘗有一見。又書云「秋深得遂歸圖」，此書作在初到龍場驛時，已有秋後歸返之打算，其貶謫中過於樂觀於此可見。

陽明先生文録續編卷一答懋貞少參：「别後，懷企益深。朋友之内，安得如執事者數人，日夕相與磨礱砥礪，

以成吾德乎？困處中，忽承箋教，灑然如濯春風，獨惟與進，雖初學之士，便當以此為的，然生何敢當此？悚愧中，聞嘆近來學術之陋，謂前輩三四公能為伊洛本源之學，然不自花實而事務守其根，不自派别而事務受其源，如知尚專念數珠而欲成佛，恐無其理；又自謂慕古人體用之學，恐終為外物所牽，使兩途之皆不到，足以知執事之致力於學問思辨，重內輕外，惟曰不足，而不墮於空虛渺茫之地無疑矣。生則於此少有所未盡者，非欲有所勖，將以求益耳。夫君子之學，先立乎其大者，而小者不能奪。故子思之論修德凝道，必曰尊德性而道問學。而朱子論之，以為非存心無以致知，而存心者又不可以不致知。執事所謂不自花實派别而事務守其根源，不知彼所守者，果有得於根源否爾；如誠得其根源，則花實派别將自此而出，但不宜塊然守此，而不復有事於學問思辨耳。君子之學，有立而後進者，有進而至於立者，二者亦有等級之殊。蓋立而後進者，卓立後有所進，所謂三十而立，吾見其進者；進而至於立者，可與適道，而至於可與立者也，蓋不能無差等矣。夫子謂子貢曰：「賜也，汝以予為多學而識之者與？」又曰：「蓋有不知而作之者，我無是也。」多聞，擇其善者而從之，多見而識之，知之次也。執事之言，殆有懲於世之為禪學而設，夫亦差有未平與？若夫兩途之說，則未知執事所指者安在？道一而已矣，寧有兩耶？有兩之心，是心之不一也，是殆本源之未立與？恐為外物所牽，亦以是耳。程子曰：「苟以外物為外牽，己而從之，是以己性為有內外也。」又曰：「自私，則不能以有為為應迹；用智，則不能以明覺為自然。今以惡外物之心而求照無物之地，是反鏡而索照也。」又曰：「君子之學，莫若擴然而大公，物來而順應。」由是言之，心迹之不可判而兩之也，明矣。執事挺特沉毅，豈生昧劣所敢望於萬一？然乃云爾者，深慕執事樂取諸人之盛心，而自忘其無足取。且公事有暇，無吝一一教示。成之、文鳴如相見，亦乞為致此意也。」

按：此書歷來以為是致林希元，乃誤。按林希元正德十二年方中進士出仕，且其一生亦未嘗任過「少參」（參議），又是一崇朱學者，與陽明向無往來，此「懋貞少參」斷非林希元可知。今考此「懋貞少參」當是吳世忠，字懋貞，嘗任湖廣參議。前考弘治中吳世忠與陽明同在刑部任職，是「西翰林」中領袖人物。國朝獻徵錄卷六十三有都察院右僉都御史吳世忠傳云：「弘治庚戌進士……陞湖廣布政司左參議……瑾嘗遣邏卒至湖藩，或誣同官胡姓者以罪，胡、吴聲相近，誤逮世忠，世忠隱忍受之不辯，亦不復言。瑾誅，胡以告，人皆服世忠之氣度為不可及。』掖垣人鑑卷十一：「吴世忠，字懋貞，號口口，江西金谿人。弘治三年進士。四年三月，除兵科給事中，以疾告歸。十年，復除刑科。十四年，除户科右。十五年，陞吏科左。十七年，陞湖廣左參議。仕至都察院右僉都御史，巡撫延綏，仍以疾告歸，卒於家。」是正德三年吴世忠確為湖廣參議在長沙。陽明答文鳴提學謂在長沙同陳鳳梧、吴世忠、徐守誠有

一見，贈詩而别，故此答懋貞少參亦云「别後，懷企益深……成之、文鳴如相見，亦乞為致此意也」，可見此書乃陽明到龍場驛後不久所作。

三月春盡，多有謫居鄉愁、感時憂道之咏。

王陽明全集卷十九採蕨，猗猗，南溟，溪水，山石。

四月，構龍岡書院，諸生來集受學。

王陽明全集卷十九龍岡新構：「諸夷以予穴居頗陰濕，請構小廬。欣然趨事，不月而成。諸生聞之，亦皆來集，請名龍岡書院，其軒曰『何陋』。謫居聊假息，荒穢亦須治。鑿巘薙林修，小構自成趣。開窗入遠峰，架扉出深

樹。墟寨俯逶迤，竹木互蒙翳。畦蔬稍溉鋤，花藥頗雜蒔。宴適豈專予，來者得同憩。輪奐非致美，毋令易傾敧。營茅乘田隙，洽旬始苟完。初心待風雨，落成還美觀。鋤荒既開徑，拓樊亦理園。低簷避松偃，疏土行竹根。勿剪牆下棘，束列因可藩。莫擷林間蘿，蒙籠覆雲軒。素缺農圃學，因兹得深論。毋為輕鄙事，吾道固斯存。」

同上，諸生來，諸生夜坐。

龍岡書院内建何陋軒、君子亭、賓陽堂，皆為記。

王陽明全集卷二十三何陋軒記：「予嘗圃於叢棘之右，民

謂予之樂之也，相與伐木閣之材，就其地為軒以居予。予因而翳之以檜竹，蒔之以卉藥，列堂階，辯室奧，琴編圖史，講誦遊觀之道略俱。學士之來遊者，亦稍稍而集於是。人之及吾軒者，若觀於通都焉，而予亦忘予之居夷也。因名之曰『何陋』，以信孔子之言。嗟夫！諸夏之盛，其典章禮樂，歷聖修而傳之，夷不能有也，則謂之陋固宜。於後蔑道德而專法令，搜抉鉤縶之術窮，而狡匿譎詐無所不至，渾朴盡矣。夷之民方若未琢之璞，未繩之木，雖粗礪頑梗，而椎斧尚有施也，安可以陋之？斯孔子所謂『欲居也歟』？……」

同上，君子亭記：「陽明子既為何陋軒，復因軒之前營，駕楹為亭，環植以竹，而名之曰「君子」。曰：「竹有君子之道四焉：中虛而靜，通而有間，有君子之德；外節而直，貫四時而柯葉無所改，有君子之操；應蟄而出，遇伏而隱，雨雪晦明無所不宜，有君子之時；清風時至，玉聲珊然，中采齊而協肆夏，揖遜俯仰，若洙泗群賢之交集，風止籟靜，挺然特立，不撓不屈，若虞廷群后，端冕正笏而列於堂陛之側，有君子之容。竹有是四者，而以「君子」名，不愧於其名；吾亭有竹焉，而因以竹名名，不愧於吾亭。」門人曰：「夫子蓋自道也。吾見夫子之居是亭也，持敬以直內，靜虛而若愚，非君子之德乎？遇屯而不懾，處困而能亨，非君子之操乎？昔也行於朝，今也行於夷，順應物而能當，雖守方而弗拘，非君子之時乎？其交翼翼，其處雍雍，意適而匪懈，氣和而能恭，非君子之容乎？夫子蓋謙於自名也，而假之竹……」陽明子曰：「嘻！小子之言過矣，而又弗及。夫是四者何有於我哉？抑學而未能，則可云爾耳。昔者夫子不云乎：「汝為君子儒，無為小人儒。」吾之名亭也，則以竹也。人而嫌以君子自名也，將為小人之歸矣，而可乎？小子識之！」

同上，賓陽堂記：「傳之堂東向曰「賓陽」，取堯典「寅賓出日」之義，志向也。賓日，羲之職而傳冒焉，傳職賓賓，羲以賓賓之寅而賓日，傳以賓日之寅而賓賓也。不曰日乃陽之屬，為日、為元、為善、為吉、為亨治；其於人也，為君子，其義廣矣備矣。內君子而外小人，為泰。曰：「賓自外而內之傳，將以賓君子而內之也。傳以賓君子，而容有小人焉，則如之何？」曰：「吾知以君子而賓之耳。吾以君子而賓之也，賓其甘為小人乎哉？」為賓日之歌，日出而歌之，賓至而歌之。歌曰：日出東方，再拜稽首，人曰予狂，匪日之寅，吾其怠荒；東方日出，稽首再拜，人曰予憊，匪日之愛，吾其荒怠。其翳其暳，其日惟霽；其昫其霧，其日惟雨。勿忭其昫，倏焉以霧；勿謂終翳，或時其暳。暳其光矣，其光熙熙，與爾皆作，與爾皆宜；倏其霧矣，或時以熙，或時以熙，孰知我悲！」

按：嘉靖貴州通志卷六：「龍岡書院，在治城北七十里龍場驛。正德間驛丞王守仁建。」卷八：「賓陽堂，在龍岡書院內，正德三年餘姚王守仁建并記。何陋軒，在龍岡書院內，正德間王守仁建并記。君子亭，在龍岡書院內，餘姚王守仁建并記。」陽明此三記皆作在構建龍岡書院時。其中何陋軒記手迹今猶存，書跡名品叢刊二十二册明一著録此何陋軒記手迹，文末有云：「弟守仁謫居龍場，久而樂之，聊寄此以慰舜功年丈遠懷」。「舜功」疑即其姑丈牧相。牧相字時庸，或一字舜功。其與陽明為同鄉、同學、同年（見前），故陽明記中稱其為「年丈」。牧相受杖罷歸在正德二年閏正月，國榷卷四十六：「正德二年閏正月庚戌……杖給事中艾洪、呂翀、劉蒞、南京給事中戴銑、李光瀚、任惠、徐蕃、牧相……於闕下……俱削籍」。至正德三年陽明赴龍場驛時，牧相已罷歸餘姚，授徒養母，故陽明抄寄是記以慰遠懷也。

龍岡書院中又建西園為起居之所。

王陽明全集卷十九西園：「方園不盈畝，蔬卉頗成列。分溪免甕灌，補籬防豕蹢。蕪草稍焚薙，清雨夜來歇。濯濯新葉敷，熒熒夜花發。放鋤息重陰，舊書漫披閱。倦枕竹下石，醒望松間月。起來步閑謠，晚酌簷下設。盡醉即草鋪，忘與鄰翁別。」

按：觀詩，可見西園為陽明起居之所。其與貴陽書院諸生書有云：「夢寐中尚在西麓。」西麓者，即西園也。

作書院教條示諸生，并作龍場生問答以明其志。

王陽明全集卷二十六教條示龍場諸生。

王陽明全集卷二十四龍場生問答：「龍場生問於陽明子曰：夫子之言於朝侶也，愛不忘乎君也。今者譴於是，而汲汲於求去，殆有所渝乎？」陽明子曰：「吾今則有間矣。今吾又病，是以欲去也。」龍場生曰：「夫子之以病也，則吾既聞命矣；敢問其所以有間，何謂也？昔為其貴而今為其賤，昔處於内而今處於外歟？夫乘田委吏，孔子嘗為之矣。」陽明子曰：「非是之謂也。君子之仕也以行道。不以道而仕者，竊也；今吾不得為行道矣。雖古之有禄仕，未嘗奸其職也。曰牛羊茁壯，會計當也，今吾不無愧焉。夫禄仕，為貧也，而吾有先世之田，力耕足以供朝夕，子且以吾為道乎？以吾為貧乎？」龍場生曰：「夫子之來也，譴也，非仕也。子於父母，惟命之從；臣之於君，同也。不曰事之如一，而可以拂之，無乃為不恭乎？」陽明子曰：「吾之來也，譴也，非仕也；吾之譴也，乃仕也，非役也。役者以力，仕者以道；力可屈也，道不可屈也。吾萬里而至，以承譴也，然猶有職守焉。不得其職而去，非以譴也。君猶父母，事之如一，固也。不曰就養有方乎？惟命之從而不以道，是妾婦之順，非所以為恭也。」龍場生曰：「聖人不敢忘天下，賢者而皆去，君誰與為國矣！」曰：「賢者則忘天下乎？夫出溺於波濤者，没人之能也，陸者冒焉，而胥溺矣。吾懼於胥溺也。」龍場生曰：「吾聞賢者之有益於人也，惟所用，無擇於小大焉。若是亦有所不利歟？」曰：「賢者之用於世也，行其義而已。義無不宜，無不利也。不得其宜，雖有廣業，君子不謂之利也。且吾聞之，人各有能有不能，惟聖人而後無不能也。吾猶未得為賢也，而子責我以聖人之事，固非其擬矣。」曰：「夫子不屑於用也；夫子而苟屑於用，蘭蕙榮於堂階，而芬馨被於几席。萑葦之刈，可以覆垣；草木之微，則亦有然者，而況賢者乎？」陽明子曰：「蘭蕙榮於堂階也，而後於芬馨被於几席；萑葦也，而後刈可以覆垣。今子將刈蘭蕙而責之以覆垣之用，子為愛之耶？抑為害之耶？」

按：陽明此龍場生問答乃一篇不可多得之「奇文」，歷來被誤作為是陽明給龍場諸生講學之真實記錄文。實則此文乃是一篇精心結撰之「問對體」之論。徐師曾云：「問對者，文人假設之辭也。」（文體明辨）此文乃虛構「龍場生」與「陽明子」二人對答，層層以發其意，如韓愈之對禹問，柳宗元之愚溪對，蓋賦家筆法也。文大旨乃謂君子仕為行道，道不可屈；賢者用世，唯行其義。與其士窮見節義論之說如出一轍，陽明二年貶謫龍場驛之心態，皆從此文可見矣。

提學副使毛科書來聘文明書院講學，有詩答之。

王陽明全集卷十九答毛拙菴見招書院：「野夫病卧成疏懶，書卷長抛舊學荒。豈有威儀堪法象，實慚文檄過稱揚。移居正擬投醫肆，虛席仍煩避講堂。範我定應無所獲，空令多士笑王良。」

按：詩云「移居」，乃指陽明築龍岡新構移居之，故可知此詩作在四月中。文明書院為毛科建，嘉靖貴州通志卷六：「文明書院，在治城內忠烈橋西，即元順元路儒學故址。本朝弘治間提學副使毛科建。郡人都御史徐節記：『貴州按察司憲副毛公，由名進士敭歷中外……弘治十七年，公於省城中因擇忠烈橋西胡指揮廢宅及四旁民居易得，遂官給以值而開拓之……經始於是歲十月，訖工於正德元年七月……公諱科，字應奎，浙江餘姚人也……公忠勤剛毅，得於家學之所自云。』」卷四：「忠烈橋，在文明書院左。正德三年建，提學副使毛科記……乃於橋之西建文明書院及提學分司，必經此橋以往院中，六齋士子饋餉者絡繹不絕……興工於是年仲春，至仲夏已告成矣。」卷五：「提學道，在治城中忠烈橋西。弘治十八年，提學副使毛科建并記：……弘治十五年，科由滇南調貳茲臬……經始以弘治十八年冬季，訖工於正德二年孟秋……在城儒學弟子員凡一百七十人，武弁幼官應襲官生讀書習禮者近百人，社學二十四處，習學童生僅七百人，選入書院肄業者僅二百人，近廓社學有仲家、蔡家、仡佬、苗子、羅羅幼生僅百人。……」觀詩所言，知陽明並未應招往文明書院，蓋毛科正德四年四月即致仕而去，繼任提學副使席書乃再招陽明入文明書院也。

靈博山下有象祠，宣慰使安貴榮新建祠屋，書來請作記。為作象祠記。

王陽明全集卷二十三象祠記：「靈博之山有象祠焉，其下諸苗夷之居者，咸神而事之。宣慰安君因諸苗夷之請，新其祠屋，而請記於予。予曰：『毀之乎？其新之也？』曰：『新之。』『新之也，何居乎？』曰：『斯祠之肇也，蓋莫知其原。然吾諸蠻夷之居是者，自吾父吾祖溯曾、高而上，皆尊奉而禋祀焉，舉之而不敢廢也。』予曰：『胡然乎？有庳之祠，唐之人蓋嘗毀之。象之道，以為子則不孝，以為弟則傲。斥於唐而猶存於今，毀於有庳而猶盛於茲土也，胡然乎？我知之矣。君子之愛若人也，推及於其屋之烏，而況於聖人之弟乎哉？然則祀者為舜，非為象也。意象之死，其在干羽既格之後乎？不然，古之驁桀者

第 631 頁

豈少哉？而象之祠獨延於世，吾於是益有以見舜德之至，入人之深，而流澤之遠且久也。象之不仁，蓋其始焉爾，又烏知其終不見化於舜也？書不云乎：『克諧以孝，烝烝乂，不格姦，瞽瞍亦允若。』則已化而為慈父。象猶不弟，不可以為諧。進治於善，則不至於惡；不抵於姦，則必入於善。信乎，象蓋已化於舜矣！孟子曰：『天子使吏治其國，象不得以有為也。』斯蓋舜愛象之深而慮之詳，所以扶持輔導之者之周也。不然，周公之聖，而管、蔡不免焉。斯可以見象之既化於舜，故能任賢使能而安於其位，澤加於其民，既死而人懷之也……吾於是益有以信人性之善，天下無不可化之人也。然則唐人之毀之也，據象之始也；今之諸夷之奉之也，承象之終也。斯義也，吾將以表於世，使知人之不善，雖若象焉，猶可以改；而君子之修德，及其至也，雖若象之不仁，而猶可以化之也。』」

安貴榮使人送來饋贈，致書婉却之。

王陽明全集卷二十一與安宣慰書一：「某得罪朝廷而來，惟竄伏陰厓幽谷之中以禦魑魅，則其所宜。故雖夙聞使君之高誼，經旬月而不敢見，若甚簡伉者。然省愆內訟，痛自削責，不敢比數於冠裳，則亦逐臣之禮也。使君

第 632 頁

不以為過，使廪人餽粟，庖人餽肉，園人代薪水之勞，亦寧不貴使君之義而諒其為情乎？自惟罪人，何可以辱守土之大夫，懼不敢當，輒以禮辭。使君復不以為罪，昨又重之以金帛，副之以鞍馬，禮益隆，情亦至，某益用震悚。是重使君之辱而甚逐臣之罪也，愈有所不敢當矣！使者堅不可却，求其說而不得。無已，其周之乎？周之亦可受也。敬受米二石，柴炭雞鵝悉受如來數。其諸金帛鞍馬，使君所以交於卿士大夫者，施之逐臣，殊駭觀聽，敢固以辭。伏惟使君處人以禮，恕物以情，不至再辱，則可矣。」

按：書云「經旬月而不敢見」，則作在四月中。安貴榮之送餽贈，當是陽明為作象祠記故。

五月，拙齋毛科建遠俗亭，陽明為作記。

王陽明全集卷二十三遠俗亭記：「憲副毛公應奎，名其退食之所曰『遠俗』。陽明為之記曰：俗習與古道為消長，塵囂溷濁之既遠，則必高明清曠之是宅矣，此『遠俗』之所由名也。然公以提學為職，又兼理夫獄訟軍賦，則彼舉業辭章，俗儒之學也；簿書期會，俗吏之務也，二者皆公不免焉。舍所事而曰『吾以遠俗』，俗未遠而曠官之責近矣。君子之行也，不遠於微近纖曲，而盛德存焉，廣業著

焉。是故誦其詩，讀其書，求古聖賢之心，以蓄其德而達諸用，則不遠於舉業辭章，而可以得古人之學，是遠俗也已；公以處之，明以決之，寬以居之，恕以行之，則不遠於簿書期會，而可以得古人之政，是遠俗也已。苟其心之凡鄙猥瑣，而徒閑散疏放之是託，以為『遠俗』，其如遠俗何哉？昔人有言：『事之無害於義者，從俗可也』。君子豈輕於絕俗哉？然必曰無害於義，則其從之也，為不苟矣。是故苟同於俗以為通者，固非君子之行；必遠於俗以求異者，尤非君子之心。」

按：前引嘉靖貴州通志稱毛科建忠烈橋，「興工於是年仲

春，至仲夏已告成」，其建成遠俗亭約在同時。陽明記中稱毛科為「憲副」，又云「公以提學為職，又兼理夫獄訟軍賦」，則毛科乃是以貴州按察副使兼貴州提學副使，即所謂「提學憲臣」（見憲章類編卷二十二）。貴陽志等乃謂毛科正德四年陞按察副使，顯誤。

安貴榮書來問減驛事，有書答之，勸其毋改朝廷制度，辭去參政之職。

王陽明全集卷二十一與安宣慰書二：「減驛事，非罪人所敢與聞，承使君厚愛，因使者至，閑問及之，不謂其遂達諸左右也。悚息悚息！然已承見詢，則又不可默。凡

朝廷制度，定自祖宗，後世守之，不可以擅改，在朝廷且謂之變亂，況諸侯乎！縱朝廷不見罪，有事者將執法以繩之，使君必且無益。縱幸免於一時，或五六年，或八九年，雖遠至二三十年矣，當事者猶得持典章而議其後。若是，則使君何利焉？使君之先，自漢、唐以來千幾百年，土地人民未之或改，所以長久若此者，以能世守天子禮法，竭忠盡力，不敢分寸有所違。是故天子亦不得踰禮法，無故而加諸忠良之臣。不然，使君之土地人民富且盛矣，朝廷悉取而郡縣之，其誰以為不可？夫驛，可減也，亦可增也；驛可改也，宣慰司亦可革也。由是言之，殆甚有害，使君其未之思耶？所云奏功陞職事，意亦如此。夫剗除寇盜以撫綏平良，亦守土之常職，今縷舉以要賞，則朝廷平日之恩寵祿位，顧將欲以何為？使君為參政，亦已非設官之舊，今又干進不已，是無抵極也，衆心不堪。夫宣慰守土之官，故得以世有其土地人民；若參政，則流官矣，東西南北，惟天子所使。朝廷下方尺之檄，委使君以一職，或閩或蜀，其敢弗行？則方命之誅不旋踵而至，捧檄從事，千百年之土地人民非復使君有矣。由此言之，雖今日之參政，使君將恐辭去之不速，其又可再乎？凡此以利害言，揆之於義，

反之於心，使君必自有不安者。夫拂心違義而行，衆所不與，鬼神所不嘉也。……」

貴州通志（鄂爾泰監修）卷二十一水西安氏叛服本末：「先是貴州兩宣慰，安氏世居水西，管苗民四十八族；宋氏世居貴州城側，管水東、貴筑等十長。官司皆設治所於城內，銜列左右，而安氏掌印，非有公事，不得擅還水西。至是總兵官為之請，許其以時巡歷所部，趣辦貢賦，聽暫還水西，以印授宣慰宋然代理；……正德中，榮以從征香爐山有功，加貴州布政司參政，猶怏怏，乃奏乞減龍場諸驛，以賞其功。事下兵部議。時兵部主事王守仁以建言謫龍場驛丞，榮敬禮之，守仁乃貽書，責榮止其事。」

按：安貴榮加布政司參政在正德二年，國榷卷四十六：「正德二年三月癸丑，貴州宣慰使安貴榮以安定功，進右參政。」水西安氏叛服本末謂「減驛」指「奏乞減龍場諸驛，以賞其功」，乃誤，龍場驛不在水西，不屬安貴榮管轄。錢德洪陽明先生年譜云：「始朝廷議設衛於水西，既置城，已而中止，驛傳尚存。安惡據其腹心，欲去之，以問先生。先生遺書析其不可，且申朝廷威信令甲，議遂寢。」其說為是。

六月，石穴靜坐，龍岡隱居，多有感興咏嘆。

黃綰陽明先生行狀：「……公於一切得失榮辱皆能超脫，惟生死一念，尚不能遣於心，乃為石廓，自誓曰：『吾今惟俟死而已，他復何計？』日夜端居默坐，澄心精慮，以求諸靜一之中。一夕，忽大悟……」

按：所謂「端居默坐，澄心精慮」，即學陳白沙「默坐澄心，體認天理」也（參見前）。

王陽明全集十九龍岡漫興五首：「投荒萬里入炎州，却喜官卑得自由。心在夷居何有陋？身雖吏隱未忘憂。春山卉服時相問，雪寨藍輿每獨遊。擬把犂鋤從許子，謾將絃誦止言游。　旅況蕭條寄草堂，虛簷落日自生涼。芳春已共煙花盡，孟夏俄驚草木長。絕壁千尋凌杳靄，深厓六月宿冰霜。人間不有宣尼叟，誰信申韓未是剛？　路僻官卑病益閑，空林惟聽鳥間關。地無醫藥憑書卷，身處蠻夷亦故山。用世謾懷伊尹耻，思家獨切老萊斑。夢魂兼喜無餘事，只在耶溪舜水灣。　臥龍一去忘消息，千古龍岡漫有名。草屋何人方管樂？桑間無耳聽咸英。江沙漠漠遺雲鳥，草木蕭蕭動甲兵。好共鹿門龐處士，相期採藥入青冥。　歸與吾道在滄浪，顏氏何曾擊柝忙？枉尺已非賢者事，斲輪徒有古人方。白雲晚憶歸巖洞，蒼蘚春應遍石牀。寄語峰頭雙白鶴，野夫終不久龍場。」

按：此五首詩作在三月至六月間，非作在一時。

同上，老檜：「老檜斜生古驛傍，客來繫馬解衣裳。託根非所還憐汝，直幹不撓終異常。風雪凛然存節概，刮摩聊爾見文章。何當移植山林下，偃蹇從渠拂漢蒼。」

臥病草堂，却巫治病。

王陽明全集卷十九却巫：「臥病空山無藥石，相傳土俗事神巫。吾行久矣將焉禱？眾議紛然反見迂。積習片言容未解，輿情三月或應孚。也知伯有能為厲，自笑孫僑非丈夫。」

按：詩云「輿情三月」，則在六月中。

七月，阿賈、阿札叛宋然，陽明再致書安貴榮，勸其速出兵平叛。

王陽明全集卷二十一與安宣慰書三：「阿賈、阿札等叛宋氏，為地方患，傳者為使君使之。此雖或出於妬婦之口，然阿賈等自言使君嘗錫之以氈刀，遺之以弓弩，雖無其心，不幸乃有其迹矣。始三堂兩司得是說，即欲聞之於朝；既而以使君平日忠實之故，未必有是，且信且疑，姑令使君討賊，苟遂出軍剿撲，則傳聞皆妄，何可以盬及忠良；其或坐觀逼留，徐議可否，亦未為晚，故且隱忍其議，所以待使君者甚厚。既而文移三至，使君始出，衆論紛紛，疑者將信。喧騰之際，適會左右來獻阿麻之首，偏師出解洪邊之圍，群公又復徐徐，今又三月餘矣。使君稱疾歸卧，諸軍以次潛回，其間分屯寨堡者，不聞擒斬以宣國威，惟增剽掠以重民怨，衆情愈益不平。而使君之民罔所知識，方揚言於人，謂：「宋氏之難，當使宋氏自平，安氏何與而反為之役？我安氏連地千里，擁衆四十八萬，深坑絶地，飛鳥不能越，猿猱不能攀。縱遂高坐，不為宋氏出一卒，人亦卒如我何！」斯言已稍稍傳播，不知三堂兩司已嘗聞之否？使君誠久卧不出，安氏之禍必自斯言始矣。使君與宋氏同守土，而使君為之長。地方變亂，皆守土者之罪，使君能獨委之宋氏乎？夫連地千里，孰與中土之一大郡？擁衆四十八萬，孰與中土之一都司？深坑絶地，安氏有之，然如安氏者，環四面而居以百數也。今播州有楊愛，愷黎有楊友，酉陽、保靖有彭世麒等諸人，斯言苟聞於朝，朝廷下片紙於楊愛諸人，使各自為戰，共分安氏之所有，蓋朝令而夕無安氏矣。深坑絶地，何所用其險？使君可無寒心乎！且安氏之職，四十八支更迭而為，今使君獨傳者

三世，而群支莫敢爭，以朝廷之命也。苟有可乘之釁，孰不欲起而代之乎？然則揚此言於外，以速安氏之禍者，殆漁人之計，蕭墻之憂，未可測也。使君宜速出軍，平定反側，破衆讒之口，息多端之議，弭方興之變，絶難測之禍，補既往之愆，要將來之福。某非為人作說客者，使君幸孰思之！

按：阿賈、阿札叛亂發生在陽明第二次致書安貴榮以後，陽明此書稱「今又三月餘矣」，則約作在七、八月中。

大定縣志卷五水西安氏本末：「武宗正德初，貴榮以從征香爐山功，加貴州布政司參政……三年，乖西苗阿賈、阿札作亂，當事令貴榮討之，三檄始出，敗賊於洪邊，馘賊帥阿麻獻之，遂陰撤兵歸。守仁復貽書陳利害，且言朝廷威命，乃復出兵，然亦不能破賊也。巡撫魏英至，始平之。已而貴榮老，請以子佐襲。上命賜貴榮父子錦紵表裏。先是同知宋然貪淫，所管陳湖等十二馬頭苗民，皆為所科害，致激變。而貴榮欲併然地，復誘之作亂。於是阿朵等聚衆二萬餘，署名立號，攻陷堡寨，襲然所居大羊場，然僅以身免。貴榮遽以狀上，冀令己撫按之。會阿朵洞其情，官軍進說。貴榮懼，自率所部為助。及賊平，貴榮已死，坐追奪職封，而然坐斬。然奏

：「世受爵土，負國厚恩。然變起於貴榮，而身陷重辟，乞分釋。」因從末減，依土俗納粟贖罪。」（參見鄂爾泰貴州通志卷二十一水西安氏叛服本末）

貴州通志卷二十一播州楊氏本末：「正德二年，陞播州宣慰使楊斌為四川按察使，仍理宣慰事。舊制，土官有功，賜衣帶，或旌賞部衆，無列銜方面者，斌狡橫不受兩司節制，諷安撫羅忠等上其平普安等戰功，重賂劉瑾得之。踰年，巡按余緇奏斌不宜受，詔裁之，仍原職。初，友既編置保寧，愛益恣，厚斂以賄中貴，征取友向所居凱離地者獨苛，同知楊才居安寧，乘之，朘剝尤甚。

諸苗忿怨，凱離民為友奏復官弗得，乃潛入保寧，以友還，糾衆作亂，攻播州，焚愛居第及公私廨宇略盡，遂殺才，多所殘戮。愛屢奏於朝，帝乃命鎮巡官調兵征之。會友死，而川兵方調征盜，遂緩師。至是鎮巡官言：友構亂罪大，然其身已死，其子洪尚幼。今洪稍長，能悔過自新，且善撫馭蠻衆，願聽其約束，其前為友所殺者，俱已隨土俗折償，且還所侵奪於官。乞授洪冠帶，名為冠帶土舍，協同播州經歷司撫輯諸蠻。其家衆置保寧者仍歸之，隸播州管轄。并諭斌與洪協和，不得再造釁端，報可。未幾，播州安撫宋淮奏：貴州凱口爛土

苗婚於凱離、草塘諸寨，陰相構結，誘山民為亂。乞賜斌敕，令每年巡視邊境。會湖廣鎮巡官撫處部議土官向無領敕出巡者，諭斌宜撫綏土衆，輯睦親族，以副朝廷優待之意。因加授愛為昭儀將軍，給誥命，賜麒麟衣一襲。時愛之子斌又為其父請進階及服色，禮科駁之，以服色等威儀所係，不可假。兵部以愛舊有剿賊功，皆許之。」（參明史卷三百十二四川土司）

明史卷三百十二酉陽宣撫司：「正德三年，酉陽宣撫司護印舍人冉廷璽及邑梅長官司奏，湖廣鎮溪所洞苗聚衆攻劫，請兵剿捕。」卷三百十保靖州軍民宣慰司：「永順宣慰

使彭世麒取勝祖女，復左右之，以是互相攻擊，奏訐無寧日……以後土官應襲子弟，悉令入學，漸染風化，以格頑冥。如不入學者，不准承襲。世麒黨于世英，法當治，但從征湖廣頗效忠勤，已有旨許以功贖。」

按：從後來安貴榮卒出兵助討阿賈、阿札叛亂看，陽明此書勸說起了作用。然安貴榮并未能平叛，是次阿賈、阿札及阿朵叛亂實靠官軍征剿，由魏英、徐文華討平。嘉靖貴州通志卷九：「徐文華，正德間巡按，適阿賈、阿札之變，文華多方籌畫，不假兵戈，而兵盡平。至今貴之人談乖西事者，皆稱其功德。」卷十兵變：「宣慰司乖西苗賊阿賈

、阿札叛，參將洛忠等分哨進兵，剿平之。」明史卷一百九十一卷徐文華傳：「徐文華，字用光，嘉定州人。正德三年進士。授大理評事，擢監察御史，巡按貴州。乖西苗阿朶等倡亂，偕巡撫魏英討之，破寨六百三十。璽書獎勞。」按安貴榮宣慰司設治所於貴州城內，安貴榮即掌印於貴陽城，平日不得擅還水西。而陽明屢次赴貴陽（見下），實即主要往見徐文華、安貴榮、施瓚，謀議平阿賈、阿札、阿朶叛亂事，則陽明與安貴榮之交往謀議，非僅此三書也。

秋試龍岡書院諸生，有詩感懷。

王陽明全集卷二十九試諸生有作：「醉後相看眼倍明，絕憐詩骨逼人清。菁莪見辱真慚我，膠漆常存底用盟？滄海浮雲悲絕域，碧山秋月動新情。憂時謾作中宵坐，共聽蕭蕭落木聲。」

同上，卷十九諸生，秋夜。

思州守遣人來龍場驛凌辱陽明，令其跪拜，諸夷共毆驅之。毛科書來命陽明往太府請謝，作答書辨之。

王陽明全集卷二十一答毛憲副：「昨承遣人喻以禍福利害，且令勉赴太府請謝，此非道誼深情，決不至此。感激之至，言無所容！但差人至龍場陵侮，此自差人挾勢擅威，非太府使之也。龍場諸夷與之爭鬥，此自諸夷憤慍

不平，亦非某使之也。然則太府固未嘗辱某，某亦未嘗傲太府，何所得罪而遽請謝乎？跪拜之禮，亦小官常分，不足以為辱，然亦不當無故而行之。不當行而行，與當行而不行，其為取辱一也。廢逐小臣，所守以待死者，忠信禮義而已，又棄此而不守，禍莫大焉。凡禍福利害之說，某亦嘗講之。君子以忠信為利，禮義為福。苟忠信禮義之不存，雖祿之萬鍾，爵以侯王之貴，君子猶謂之禍與害；如其忠信禮義之所在，雖剖心碎首，君子利而行之，自以為福也，況於流離竄逐之微乎？某之居此，蓋瘴癘蠱毒之與處，魑魅魍魎之與遊，日有三死焉；然而居之泰然，未嘗以動其中者，誠知生死之有命，不以一朝之患而忘其終身之憂也。太府苟欲加害，而在我誠有以取之，則不可謂無憾；使吾無有以取之而橫罹焉，則亦瘴癘而已爾，蠱毒而已爾，魑魅魍魎而已爾，吾豈以是而動吾心哉！執事之喻，雖有所不敢承，然因是而益知所以自勵，不敢苟有所隳墮，則某也受教多矣，敢不頓首以謝！」

錢德洪陽明先生年譜：「思州守遣人至驛侮先生，諸夷不平，共毆辱之。守大怒之，言諸當道。毛憲副科令先生請謝，且諭以禍福。先生致書復之，守慚服。」

按：黃綰陽明先生行狀云：「時思州守遣人至龍場，稍侮慢公，諸役夫咸憤惋，輒相與毆辱之。守大怒，白憲副毛公科，令公請謝，且喻以禍福。公致書於守，遂釋然，愈敬重公。」謂思州守致毛憲，令陽明向思州守請謝，陽明致書思州守等，均誤甚。貴陽志中毛科傳云：「巡府王質遣人到龍場，淩辱守仁。」（民國貴州通志同）亦更誤。陽明於此致毛科書中本述之甚明：事之發乃先是思州守遣人至龍場驛（恐是因事往貴陽經龍場驛），有淩辱陽明之舉（令其下跪），諸夷（實為諸生，見下）怒而毆之，思州守聞之大怒，言諸「當道」（即王質，非毛科），王質命陽明往貴陽「太府」（巡府）謝罪，陽明乃致書毛科答之。後來即赴貴陽見王質，消釋誤會（見下）。按王質乃在正德元年來任貴州巡撫，國榷卷四十六：「正德元年五月丁酉，光祿寺卿王質為右僉都御史，巡撫貴州。」陽明三月一到貴陽，即嘗先赴撫臺見王質（見卧馬塚記），關係甚洽，王質斷不可能遣人到龍場驛淩辱陽明。思州守，應是李概，鄂爾泰貴州通志卷二十：「思州府，李概，豐城人，舉人，正德間知府。行政寬大，惟務綏懷，時有枯榴復榮之異。」

此事發生在何時向來不明。今按前引試諸生有作云「菁莪見辱真慚我」，此「菁莪見辱」即指受思州守遣人之淩辱。詩經中之菁菁者莪，樂頌育材，其云「既見君子，樂且有儀」，鄭箋云：「既見君子者，官爵之而得見也，則心既喜樂，又以禮儀見接。」正義亦云：「此學士既見君子，則心喜樂，且又有禮儀見接也……既樂為官爵之，又云『且有儀』，且兼事之辭，故為君子，以禮儀接己也。」思州守所遣官吏淩辱陽明，不以禮儀見接，故稱「菁莪之辱」。菁莪之辱，即士子之辱，禮儀見接之辱也。蓋事發生於陽明在書院講學時，毆之者實為諸生，故「菁莪見辱」亦即是學子見辱也。由此思州守遣人來淩辱陽明發生在七月，隨後陽明果往貴陽城見王質矣。

是月，因事往貴陽城。過天生橋、棲霞山，皆有詩詠。

王陽明全集卷十九過天生橋：「水光如練落長松，雲際天橋隱白虹。遼鶴不來華表爛，仙人一去石橋空。徒聞鵲駕橫秋夕，謾說秦鞭到海東。移放長江還濟險，可憐虛却萬山中。」

按：天生橋在修文縣西北二十里之場壩鄉。「徒聞鵲駕橫秋夕」，時在七月七日。

陽明棲霞山：「宛宛南明水，回旋抱此山。解鞍夷曲磴，策杖列禪關。薄霧侵衣濕，孤雲入座閑。少留心已寂，

不信在烏蠻。」（日本東亞同文書院出版新修支那省別全志貴陽名勝古迹部分）

按：棲霞山在貴陽城東，鄂爾泰貴州通志卷五：「棲霞山，在（貴陽）城東五里，腹有洞曰『霞山仙洞』。明王守仁、郭子章俱有詩。」貴陽府志山水附記：「棲霞山，去城三里，橫鎖南明河中，古諺稱為水口山。」此詩所云「宛宛南明水，回旋抱此山」，即指南明河與水口山。

至貴陽，見巡撫王質，為作卧馬塚記。

王陽明全集卷二十三卧馬塚記：「卧馬塚在宣府城西北十餘里……今都憲懷來王公質葬厥考大卿於是。方公之卜兆也，禱於大卿，然後出從事，屢如未迪；末乃來茲，顧瞻徘徊，心契神得，將歸而加諸卜。爰視公馬眷然跽卧，噓嗅盤旋，繾綣嘶秣，若故以啟公之意者。公曰：『嗚呼！其弗歸卜，先公則既命於此矣。』就其地窆焉……正德戊辰，守仁謫貴陽，見公於巡撫臺下，出，聞是於公之鄉人。客有在坐者曰：『公其休服於無疆哉！昔在士行，牛眠協兆，峻陟三公。公茲實類於是。』守仁曰：『此非公意也。公其慎厥終，惟安親是圖，以庶幾無憾焉耳已，豈以徼福於躬，利其嗣人也哉？雖然，仁人孝子，則天無弗比，無弗祐，匪自外得也。親安而誠信竭，心斯

第647页

安矣。心安則氣和，和氣致祥，其多受祉福以流衍於無盡，固理也哉！』他日見於公，以鄉人之言問焉。公曰：『信。』以守仁之言正焉，公曰：『嗚呼！是吾之心也。子知之，其遂志之，以訓於我子孫，無替我先公之德。』」

按：記所言「見公於巡撫臺下」，指正德三年三月始至貴陽時見王質；「他日見於公」，則指秋七月往貴陽再見王質，遂作是記。王質，掖垣人鑑卷十：「王質，字上古，號□□，萬全都司懷來衛籍，山東濟寧州人。成化二十年進士。二十二年二月，除吏科給事中。二十三年，陞吏科右。弘治三年，陞吏科左。五年，陞吏科都。八年，陞太僕寺少卿。仕終都察院右僉都御史，巡撫貴州。」

見總兵施瓚，為其所藏陳所翁畫龍圖題詩。

王陽明全集卷二十九題施總兵所翁龍：「君不見，所翁所畫龍，雖畫兩目不點瞳。曾聞弟子誤落筆，即時雷雨飛騰空。運精入神奪元化，淺夫未識徒驚詫。操舵移山律回陽，世間不獨所翁畫。高堂四壁生風雲，黑雷紫電日晝昏。山崩谷陷屋瓦震，雨聲如瀉長平軍。頭角崢嶸幾千丈，倏忽神靈露乾象。小臣正抱烏號思，一墮胡髯不可上。視久眩定凝心神，生綃漠漠開嶙峋。乃知所翁遺筆迹，當年為寫蒼龍真。只今旱劇枯原野，萬國蒼生望

第648页

霑灑。憑誰拈筆點雙睛，一作甘霖遍天下。」

按：前引水西安氏本末云「當事令貴榮討之，三檄始出」，此「當事」即指總兵施瓚。可見陽明是次往貴陽見施瓚，必是為謀議平阿賈、阿札、阿朵叛亂事，安貴榮當亦來見也。施瓚，通州人，正德二年以懷柔伯充總兵官鎮守貴州，四年即罷去。國榷卷四十六：「正德二年閏正月癸酉丑，懷柔伯施瓚總兵鎮守貴州。」卷四十七：「正德四年九月己酉，貴州總兵懷柔伯施瓚、廣西副總兵張勇，俱劾免。」施瓚乃施鑑子，襲曾祖施聚爵，國朝獻徵録卷九懷柔伯施聚傳：「施聚，北通州人……天順元年，以禦宗胡功封懷柔伯……子榮嗣伯。卒，子鑑嗣伯，坐法謫貴州，立功赦，復伯，不得任軍政。卒，子瓚嗣伯。卒，無子，弟瑾嗣。」施瓚卒於嘉靖七年。鄂爾泰貴州通志卷十九：「施瓚，通州人。正德初以世伯總兵貴州，軍政修舉，苗蠻畏服。雅好文學，命工繪七十二候圖，王守仁為之序。」另詳見皇明功臣封爵考。施瓚當亦是以平阿賈、阿札亂不力被劾免，其後乃有徐文華來平叛（正德四年）。

見布政司參議胡洪，多有詩唱和。

王陽明全集卷十九艾草次胡少參韻，鳳雛次韻答胡少參，鸚鵡和胡韻。

按：「胡少參」即胡洪。鄂爾泰貴州通志卷十七：「左參議，胡洪，江南人。」按垣人鑑卷十一：「胡洪，字淵之，號□□，浙江餘姚人。弘治九年進士。十六年四月，由行人選刑科給事中，以憂歸。正德二年，復除，尋陞工科右。三年，陞户科左。」胡洪與陽明為同鄉，兩人早識。

弔南霽雲祠。

王陽明全集卷十九南霽雲祠：「死矣中丞莫謾疑，孤城援絶久知危。賀蘭未滅空遺恨，南八如生定有為。風雨長廊嘶鐵馬，松杉陰霧捲靈旗。英魂千載知何處？歲歲邊人賽旅祠。」

按：南霽雲祠又名忠烈廟，在貴陽城内忠烈橋前，文明書院之西。嘉靖貴州通志卷七：「忠烈廟，在治城中，洪武間都指揮程暹建。」卷四：「唐忠臣南霽雲，貴陽人重而祠之，廟為忠烈廟。廟前有橋，遂為忠烈橋……乃於橋之西建文明書院及提學分司。」按提學副使毛科先嘗有書欲聘陽明講學文明書院，故陽明來貴陽必當往見毛科，商議此事。南霽雲祠即在提學分司與文明書院旁，故陽明此弔南霽雲祠詩亦是其往訪毛科與文明書院之證也。

八月，見巡按王濟，為其刊刻文章軌範作序。

王陽明全集卷二十二重刊文章軌範序：「宋謝枋得氏取古

文之有資於場屋者，自漢迄宋，凡六十有九篇，標揭其篇章句字之法，名之曰文章軌範。蓋古文之奧不止於是，是獨為舉業者設耳。世之學者傳習已久，而貴陽之士獨未之多見。侍御王君汝楫於按歷之暇，手録其所記憶，求善本而校是之，謀諸方伯郭公輩，相與捐俸廩之資，鋟之梓，將以嘉惠貴陽之士。曰：「枋得為宋忠臣，固以舉業進者，是吾微有訓焉。」屬守仁叙一言於簡首。夫自百家之言興，而後有六經；自舉業之習起，而後有所謂古文。古文之去六經遠矣，由古文而舉業，又加遠焉。士君子有志聖賢之學，而專求之於舉業，何啻千里……

……蓋士之始相見也必以贄，故舉業者，士君子求見於君之羔雉耳……世徒見夫由科第而進者，類多狥私媒利，無事君之實，而遂歸咎於舉業。不知方其業舉之時，惟欲釣聲利，弋身家之腴，以苟一旦之得，而初未嘗有其誠也。……夫知恭敬之實在於飾羔雉之前，則知堯舜其君之心，不在於習舉業之後矣；知灑掃應對之可以進於聖人，則知舉業之可以達於伊、傅、周、召矣。吾懼貴陽之士謂二公之為是舉，徒以資希寵禄之筌蹄也，則二公之志荒矣，於是乎言。」

按：明刻本文章軌範前載陽明此序，署「正德丙寅仲秋既

第651頁

浙江大学古籍研究所

望，餘姚王守仁序」。按「丙寅」當是「戊辰」之誤，而「仲秋既望」則得其確切月日不誤。文中所言「王君汝楫」即王濟，光緒丹徒縣志卷二十六：「王濟，字汝楫，弘治壬子舉人，任餘干訓導，入為國子助教，擢監察御史，疏陳馬政利弊甚悉。先是江南歲以養馬解駒為累，至有傾家鬻子者。濟請議和馬價，民免賠償，而馬賴實用，至今便之。出判東平。」王濟以監察御史來按貴州在正德三年正月，陽明聽馬歸朝詩序：「正德戊辰正月，古潤王公汝楫以監察御史奉命來按貴陽。」文中所言「方伯郭公」為郭紳，嘉靖貴州通志卷五：「左布政使，郭紳，宜春人。」卷九：「郭紳，弘治間參政。器宇樸雅，德政四溢，有長者風。」另見國朝獻徵録卷四十九南京刑部右侍郎郭公紳傳。

貴州同僚相與倡和王濟恩壽雙慶詩，陽明為作序。

王陽明全集卷二十二恩壽雙慶詩後序：「正德丙寅，丹徒沙隱王公壽七十，配孺人嚴六十有九。其年，天子以厥子侍御君貴，封公監察御史，配為孺人。在朝之彥，咸為歌詩侈上之德，以祝公壽，美侍御君之賢。又明年，侍御君奉命巡按貴陽，以王事之靡盬，將厥父母之弗遑也，載是册以俱。每陟屺岵，望飛雲，徘徊瞻戀，喟然而興嘆，黯然而長思，則取是册而披之，而微諷之，而

第652頁

浙江大学古籍研究所

長歌詠嘆之，以舒其懷，見其志。雖身在萬里，固若稱觴膝下，聞詩、禮而趨於庭也。大夫士之有事於貴陽者，自都憲王公而下，復相與歌而和之，聯為巨帙，屬守仁叙於其後。夫孝子之於親，固有不必捧觴戲彩以為壽，不必柔滑旨甘以為養，不必候起居奔走扶携以為勞者……侍御君之在朝，則忠愛達於上；其巡按於兹也，則德威敷於下。凡其宣布恩惠，摩赤子，起其疾而乳哺之者，孰非公與孺人之慈？凡其懾大奸使不得肆，祛大弊使不復作，爬梳調服，撫諸夷而納之夏，以免天子一方之顧慮者，孰非侍御君之孝？而凡若此者，亦孰非侍御

君之所以壽於公與孺人之壽哉？公孺人之賢，靳太史之序詳矣。其所以修其身，教其家，誠可謂有是父有是子。是詩之作，不為虛與諛，故為序之云爾。」

按：序中所言「都憲王公」，即指右僉都御史王質。「靳太史」，即靳貴，字充道，號戒庵，丹徒人，與王濟同鄉，故請其作序。時為翰林侍講。「自都憲王公而下」，則包括毛科、胡洪諸人。正德元年在京朝士歌作恩壽雙慶詩時，陽明當亦參加，故至此請其作後序也。

憑吊同年詹恩墓，為詹恩母作墓志銘。

陽明明封孺人詹母越氏墓志銘：「予年友詹蕙臣既卒之明年，予以言事謫貴陽，哭蕙臣之墓有宿草矣。登其堂，母夫人之殯在，重以為蕙臣。見蕙臣之弟惠及其子雲章，則如見蕙臣焉。惠將舉葬事，因以乞銘於予。予不及為蕙臣銘，銘其母之墓又何辭乎？按狀，孺人姓越氏，高祖為元平章。曾祖鎮江路總管，入國初來居貴陽。父存仁翁，生孺人，愛之，必為得佳壻。時蕙臣之祖止庵，亦方為蕙臣之父封大理評事公求配，皆未有當意者。一日，止庵携評事過存仁飲，見孺人焉，兩父遂相心許之，故孺人歸於評事。評事公好奇，有文事，累立軍功，倜儻善遊，嘗自滇南入蜀，逾湘，歷吳、楚、齊、魯

、燕、趙之區，動逾年歲。孺人閨處，釐內外之務，延師教子，家政斬然。評事公出則資馬僕從，入則供具飲食，以交四方之賢，若不有其家者。孺人早夜承之，無怠容。恩亦隨進士，歷官大理寺正，公孺人卒，受恩封焉。嗚呼！孺人相夫為閨人，訓其子以顯於時，可謂賢也已。丙寅，恩先卒，惠方為邑庠生。女一，適舉人張字。孫三：雲表、雲章、雲行。雲章以評事公軍功，百户優給，人謂孺人之澤未艾也。墓從評事公，兆於城西原。銘曰：母也惟慈，妻也惟順。嗚呼孺人，順慈以訓。生也惟從，死也惟同。城西之祔，歸於其宮。」（此文

真迹今藏浙江省博物館，陽明文集失載）
按：詹恩墓在貴陽城西，所謂「哭盡臣之墓有宿草」，乃是
往詹恩墓哭吊，所謂「登其堂」，乃是往訪詹恩家。可知此
墓志銘當為陽明是次來貴陽城所作。陽明稱詹恩為「年友
」，按嘉靖貴州通志卷六：「弘治乙卯科，詹恩，貴州衛人，中
乙未進士，任大理寺寺副」。是詹恩確為弘治十二年進士（明
清進士錄失載）。詹恩祖詹英，字秀實，號止庵。嘉靖貴
州通志卷六：「正統戊午科，詹英，貴州衛人，任雲南河西
縣教諭」。羅玘圭峰集卷十九有止庵詹先生墓表：「詹君
名英，字秀實也。最後乃得其孫大理左寺副（按：即詹恩）

習言之，則君也歿於甲辰六月某日，今二十年矣……君葬城
西原，玘（三遍）為志墓焉。君年止七十二，距解官幾二十年
……其二子：大理左寺副恩，程番學生；惠。其二孫適學生陸
隣，適鄉貢士張宇。其女與孫女，雲表、雲章，其曾孫也。」
陽明此墓志稱「丙寅（正德元年）恩先卒」，而前却云「詹盡
臣既卒之明年，予以言事謫貴陽（正德三年），哭盡臣之墓
有宿草矣」，叙述不合，疑此「丙寅」為「丁卯」之誤。
按察使張貫因忤逆瑾左遷雲南參政，作詩送別。
王陽明全集卷十九送張憲長左遷滇南大參次韻：「世味知
公最飽諳，百年清德亦何慚？柏臺藩省官非左，江漢滇

第655页

池道益南。絕域煙花憐我遠，今宵風月好誰談？文遊若
問居夷事，為說山泉頗自堪。」
按：詩所云「張憲長」，即貴州按察使張貫。正德雲南志卷
一：「左參政，張貫，一之，直隸蠡縣人，貴州按察使左遷。」
光緒蠡縣志卷六：「張貫，北大留人。成化乙未進士，授河南
知縣。慈祥樂易，不為苛刻。擢南京湖廣道御史，轉山西按
察司僉事。整飭兵務，邊境宴然。弘治戊午，哈密犯順承，
命出師平之，賜綵幣，陞四川副使，貴州按察使。以持法
忤逆瑾，謫參議。尋進右副都御史，巡撫遼東。銳意邊務
，謹烽火，明斥堠，凡兵馬芻粟，城隍塹堡，率有成效。

賜璽書，加二品俸，蟒衣三襲。卒於官。」從詩云「送張憲
長」看，當亦是陽明來貴陽見按察使張貫，作詩親送之
。
楊卿、鄭鑾來請陽明為陽朔知縣楊敞作墓志銘。
王陽明全集卷二十八陽朔知縣楊君墓志銘。
按：墓銘所云「楊君」即楊敞，字尚文，貴陽人。民國陽朔
縣志卷一：「陽朔縣知縣楊敞，貴州舉人，正德元年任。」
卷四：「楊敞，字尚文，貴州貴陽進士。正德間攝縣事。
先是傜頑弗即工者累年，公諭以威德，皆相率受約束，
供賦稅，流移聞之，復歸業者甚衆。」楊敞墓在貴陽獅山

第656页

之麓，陽明此墓銘亦作在其來貴陽時。墓銘云「卿伏階下」，「明日，卿來伏階下泣」，「（鄭鑾）再拜階下以請」，皆指來陽明在貴陽寓居處請銘。又墓銘云「館下之士多為之請」，「多若館下士之言」，「館」指陽明在文明書院寓居之館，而「館下之士」則指文明書院館居之諸生。又墓銘稱「尚文始從同郡都憲徐公授易」，或以為此都憲徐公指徐文華，顯誤。徐文華正德三年方中進士，四年方來貴州，其時楊敞已卒，如何從其受易？且徐文華乃嘉定人，與楊敞亦非同郡。按此「都憲徐公」應是徐節，鄂爾泰貴州通志卷二十八：「徐節，字時中，貴陽人。成化壬辰進士，授河南內鄉縣知縣。治行稱最，被徵，士民遮道挽留，衣履為裂。擢御史，三上章數錦衣衛指揮牛循罪惡，屢劾閹臣萬安等，風裁凜然。歷官雲南右參政，連破梁山、竹箐、米魯諸冠。遷右副都使，巡撫山西。以剛直忤劉瑾，矯制削秩罷歸。瑾誅，復職，致仕。比老，自擬淵明生作挽歌，行狀，以示其門人。卒，年八十有六，賜祭葬。著有蟬噪等集。」（另見國朝獻徵錄卷六十一都察院右副都御使徐節傳）按嘉靖貴州通志卷十二載蔡潮徐節墓志銘云：「甫髫年習易，巡按御史陸公鑑大奇之，遣以易義諸書，選入庠校。」是徐節確精易，故同郡劉敞來受易。正德三年徐節方歸

居貴陽，陽明當可往訪也。

九月，自貴陽歸龍場驛。

王陽明全集卷十九遊來仙洞早發道中，山途二首，白雲。

施瓚遣使送來七十二候圖，為作序。

王陽明全集卷二十二氣候圖序：「……大總兵懷柔伯施公命繪工為七十二候圖，遣使以幣走龍場，屬守仁敘一言於其間。守仁謂使者曰：『此公臨政之本也，善端之發也，戒心之萌也。』使者曰：『何以知之？』守仁曰：『人之情必有所不敢忽也，而後著於其念；必有所不忘也，而後存於其心。著於其念，存於其心，而後見之於顏色言論，志之於弓矢几杖盤盂劍席，繪之於圖畫，而日省之其心。是故思馳騁者，愛觀夫射獵遊田之物；甘逸樂者，喜親夫博局燕飲之具。公之見於圖繪者，不於彼而於此，吾是以知其為善端之發也，吾是以知其為戒心之萌也。其殆警惕夫人為而謹修其政令也歟？其殆致察乎氣運，而奉若夫天道也歟？夫警惕者，萬善之本，而眾美之基也。公克念於是，其可以為賢乎！由是因人事以達於天道，因一月之候以觀夫世運會元，以探萬物之幽賾，而窮天地之始終，皆於是乎始。吾是以喜聞而樂道之，為

之叙而不辭也。」

徐掌教寄詩來叙舊，有詩寄答。

王陽明全集卷十九寄徐掌教：「徐穉今安在？空梁榻久懸。北門傾蓋日，東魯校文年。歲月成超忽，風雲易變遷。新詩勞寄我，不愧鳥鳴篇。」

按：徐掌教，應即文明書院掌教（書院主講），蓋陽明先往貴陽已與徐掌教見面相識，至陽明歸則寄詩來問。按詩云「北門傾蓋日」，乃指兩人初識；「東魯校文年」，指陽明弘治十七年赴濟南主考山東鄉試。可見陽明與此徐掌教乃在弘治十七年主考山東鄉試時已相識，至是已五年，故云「歲月成超忽」也。

十月，作曹霖墓志銘。

新刊陽明先生文録續編卷二蜀府伴讀曹先生墓志銘。

按：曹霖墓在貴州城東。墓志銘云：「弘治十八年三月己亥，蜀府伴讀曹先生卒。又三年，始克葬，是為正德戊辰之冬，緩家難也。將葬，其子軒謀所以志其墓者。於是餘姚王守仁以言事謫貴陽，軒曰：『是可以托我先人於不朽矣。』以其妹壻越榛狀來請。貴陽之士從守仁遊者詢焉，皆曰信，乃為志之。」可見先是陽明在貴陽，曹軒來請銘，陽明詢之貴陽士人，歸而作是墓銘。越榛者，乃陽明弟子，前引

陽明與王侍御書所云「先遣門人越榛、鄒木謝罪」。墓銘稱曹霖「家居五年，壽七十有一」，則其生於宣德十年，其中進士第當在成化年間。按嘉靖貴州通志卷六：「成化乙酉科，曹霖，前衛人，蜀府伴讀。」是以曹霖為成化元年進士，然成化元年並無會試，此當是成化二年之誤。

十一月，謫貴州安莊驛工部主事劉天麒卒，為文祭之。

王陽明全集卷二十八祭劉仁徵主事。

按：祭文云：「維正德三年歲次戊辰十一月十八日，友生王某謹以清酌庶羞，致奠於亡友劉君……屬有足疾，弗能走哭，寄奠一觴，有淚盈掬。」此劉仁徵即劉天麒，正德初任工部主事，與陽明關係甚密，故陽明稱為「亡友」。明清進士録：「劉天麒，弘治十五年二甲六十三名進士。廣西桂林人，字仁徵。授工部主事，分司呂梁。閹人過者不為禮，諸閹誣之，下詔獄，謫安慶驛（按：當作安莊驛）丞，卒。」明史卷一百八十九：「葉釗，字時勉，豐城人。弘治十五年進士……武宗立，應詔陳八事……又乞召還劉大夏，宥諫官戴銑等。劉瑾怒，坐斷獄詿誤，逮下詔獄，削籍歸……時又有工部主事劉天麒者，臨桂人，釗同年進士。分司呂梁，奄人過者不為禮，訴之瑾，逮下詔獄，謫貴州安莊驛丞，卒。嘉靖初，復官予祭。」是劉天麒乃

與陽明同下詔獄、同謫貴州者。陽明祭文因忌諱寫得含蓄不露，真事皆隱去，然其云「其與人相遭於幽昧遑難之區也，在儉邪為同類，而君子為非宜」，已隱然道出劉天麒之真實死因。蔣冕湘皋集卷三十三有祭劉仁徵文：「士之用世，患無其才；有才無志，亦奚尚哉！志稱其才，發不以義，徒爾勞勞，於事何濟！惟吾仁徵，才贍志宏，見義必勇，莫之敢攖。執此以往，必濟世用。匪獨鄉邦，□□增重。乘堅□□，謂可萬里。果誰尼之，跬步□□。鄉魁甲第，僅得虛名。司空都水，卒與禍并。天官屢薦，□登青瑣。匹夫造謗，遂死貶所。茫茫彼蒼，孰從詰之？

何辜仁徵，乃至於斯？謂秦無人，鄉評共惜。豈予區區，敢私姻戚？蕭然旅櫬，過我湘皋。感念疇昔，撫棺以號。舟欲西溯，挽留半日。薄具醪羞，寄此哀臆。」蔣冕與劉天麒為姻親，「匹夫造謗，遂死貶所」，清楚道出劉天麒死因。

十一月，冬至雷動，有詩咏懷。

王陽明全集卷十九冬至：「客牀無寐聽潛雷，珍重初陽夜半回。天地未嘗生意息，冰霜不耐鬢毛催。春添衰綫誰能補？歲晚心丹自動灰。料得重闈强健在，早看消息報窗梅。」

十二月，歲暮雪寒，多有感時懷鄉之咏。

王陽明全集卷十九無寐二首：「煙燈曖無寐，憂思坐長往。寒風振喬林，葉落聞窗響。起窺庭月光，山空遊罔象。懷人阻積雪，崖冰幾千丈。　窮厓多雜樹，上與青冥連。穿雲下飛瀑，誰能識其源？但聞清猿嘯，時見皓鶴翔。中有避世士，冥寂棲其巔。緊予亦同調，路絕難攀緣。」　雪夜：「天涯久客歲侵尋，茆屋新開楓樹林。漸慣省言因病齒，屢經多難解安心。猶憐未繫蒼生望，且得閑為白石吟。乘興最堪風雪夜，小舟何日返山陰？」

作論元年春王正月，約在冬盡春來之時，企盼來年更化氣

象。此文實為陽明「龍場之悟」之始筆也。

王陽明全集卷二十四論元年春王正月：「聖人之言明白簡實，而學者每求之於艱深隱奧，是以為論愈詳，而其意益晦。春秋書『元年春王正月』，蓋仲尼作經始筆也。以予觀之，亦何有於可疑？而世儒之為說者，或以為周雖建子而不改月，或以為周改月而不改時；其最為有據而為世所宗者，則以夫子嘗欲行夏之時，此以夏時冠周月，蓋見諸行事之實也。紛紛之論，至不可勝舉，遂使聖人明易簡實之訓，反為千古不決之疑。嗟夫！聖人亦人耳，豈獨其言之有遠於人情乎哉？而儒者以為是聖人之言

，而必求之於不可窺測之地，則已過矣。夫聖人之示人無隱，若日月之垂象於天，非有變怪恍惚，有目者之所覩；而及其至也，巧歷有所不能計，精於理者有弗能盡知也，如是而已矣。若世儒之論，是後世任情用智，拂理亂常者之為，而謂聖人為之耶？夫子嘗曰：「吾從周。」又曰：「非天子不議禮，不制度，生乎今之世，反古之道，災及其身者也。」仲尼有聖德無其位，而改周之正朔，是議禮制度自己出矣，其得為「從周」乎？聖人一言，世為天下法，而身自違之，其何以訓天下？夫子患天下之夷狄横，諸侯强背，不復知有天王也，於是乎作春秋以誅僭亂，尊周室，正一王之大法而已。乃首改周之正朔，其何以服亂臣賊子之心？春秋之法，變舊章者必誅，若宣公之稅畝；紊王制者必誅，若鄭莊之歸祊；無王命者必誅，若莒人之入向。是三者之有罪，固猶未至於變易天王正朔之甚也。使魯宣、鄭莊之徒舉是以詰夫子，則將何辭以對？是攘鄰之雞而惡其為盜，責人之不弟而自毆其兄也。豈春秋忠恕，先自治而後治人之意乎？今必泥於行夏之時之一言，而曲為之説，以為是固見諸行事之驗；又引孟子「春秋天子之事」、「罪我者其惟春秋」之言而證之。夫謂「春秋為天子之事」者，謂其時天王之法不行於

天下，而夫子作是以明之耳。其賞人之功，罰人之罪，誅人之惡，與人之善，蓋亦據事直書，而褒貶自見；若士師之斷獄，辭具而獄成。然夫子猶自嫌於侵史之職，明天子之權，而謂天下後世且將以是而罪我，固未嘗取無罪之人而論斷之，曰「吾以明法於天下」；取時王之制而更易之，曰「吾以垂訓於後人」。法未及明，訓未及垂，而已自陷於殺人，比於亂逆之黨矣。此在中世之士，稍知忌憚者所不為，而謂聖人而為此，亦見其陰黨於亂逆，誣聖言而助之攻也已！或曰：「子言之則然耳。為是説者，以伊訓之書「元祀十有二月」，而證周之不改月；以史記稱「元年冬十月」，而證周之不改時，是亦未為無據也。子之謂周之改月與時也，獨何據乎？」曰：「吾據春秋之文也。夫商而改月，則伊訓必不書曰「元祀十有二月」；秦而改時，則史記必不書曰「元年冬十月」；周不改月與時也，則春秋亦必不書曰「春王正月」。春秋而書曰「春王正月」，則其改月與時，已何疑焉！況禮記稱「正月七月日至」，而前漢律曆至武王伐紂之歲，周正月辛卯朔，合辰在斗前一度；戊午，師度孟津；明日己未，冬至。考之太誓「十有三年春」、武成「一月壬辰」之説，皆足以相為發明，證周之改月與時。而予意直據夫子春秋之筆，有不必更援是以為

之證者。今舍夫子明白無疑之直筆，而必欲傍引曲據，證之以穿鑿可疑之地而後已，是惑之甚也！曰：「如子之言，則冬可以為春乎？」曰：「何為而不可？陽生於子而極於巳午，陰生於午而極於亥子。陽生而春始，盡於寅，而猶夏之春也；陰生而秋始，盡於申，而猶夏之秋也。自一陽之復，以極於六陽之乾，而為春夏；自一陰之姤，以極於六陰之坤，而為秋冬。此文王之所演，而周公之所繫。武王、周公，其論之審矣。若夫仲尼夏時之論，則以其關於人事者，比之建子為尤切，而非謂其不可也。啟之征有扈，曰「怠棄三正」，則三正之用，在夏而已然，非始於周而後有矣。」曰：「夏時冠周月，此安定之論，而程子亦嘗云爾。曾謂程子之賢而不及是也，何哉？」曰：「非謂其知之不及也。程子蓋泥於論語「行夏之時」之言，求其說而不得，從而為之辭，蓋推求聖言之過耳。夫論語者，夫子議道之書；而春秋者，魯國紀事之史。議道自夫子，則不可以不盡；紀事在魯國，則不可以不實，道並行而不相悖者也。且周雖建子，而不改時與月，則固夏時矣，而夫子又何以行夏之時云乎？程子之云，蓋亦推求聖言之過耳，庸何傷？夫子嘗曰：「君子不以人廢言。」使程子而猶在也，其殆不廢予言矣！」

按：陽明此論元年春王正月乃是一篇精心結撰之大手筆文字，為其「龍場之悟」之「始筆」也，六百年來竟未有人窺破其文真意。按所謂陽明「龍場之悟」實即悟朱學之非（詳下），陽明大悟朱子向外格物之非，遂對朱子注說展開全面質疑批判，乃至作成五經臆說一書。黃綰陽明先生行狀云：「一夕，忽大悟，踴躍若狂者。以所記憶五經之言證之，一一相契，獨與晦庵註疏若相牴牾，恒往來於心，因著五經臆說。」此論元年春王正月中所批判「世儒」，批判「學者每求之於艱深隱奧，是以為論愈詳，而其意益晦」，首指朱子，全篇針對朱說而發。故可謂此論元年春王正月乃是陽明「龍場之悟」後第一篇悟道批朱文字，陽明稱春秋書「元年春王正月」為孔子作經「始筆」，則此論元年春王正月為陽明「龍場之悟」之「始筆」也。後陽明將此文作了刪改，隱去真意，收入五經臆說中。然陽明後卒焚五經臆說其書而不焚論元年春王正月其文，可見陽明如此看重不廢論元年春王正月，蓋因此文有悟道批朱之真意在也。故陽明此論元年春王正月非唯是破解其「龍場悟道」之謎之寶鑰，亦是破解其五經臆說之謎之寶鑰也。

故人黃澍赴姚安知府任過訪，陽明作詩贈別。

王陽明全集卷十九贈黃太守澍：「歲宴鄉思切，客久親舊疏。臥痾閉空院，忽來故人車。入門辯眉宇，喜定還驚吁。遠行亦安適，符竹膺新除。荒郡號難理，況茲征索餘。君才素通敏，窘劇宜有紓。蠻鄉雖瘴毒，逐客猶安居。經濟非復事，時還理殘書。山泉足遊憩，鹿麋能友予。澹然穹壤內，容膝皆吾廬。惟營垂白念，旦夕懷歸圖。君行勉三事，吾計終五湖。」

按：詩云「歲宴鄉思切」，是在歲末。「符竹膺新除」，是指黃澍新任知府。黃澍向不知何人，今按閩書卷七十五：「黃澍，字文澤。以蔭入太學，領鄉薦，歷姚安知府。清平明恕，建棟川書院以課生徒，購朱能劇盜以雪冤獄，郡稱神明。」鄂爾泰雲南通志卷十九：「姚安府，黃澍，福建侯官人。正德間任知府，開朗平恕，創建棟川書院，課士讀書。又嘗伸理冤獄，一郡頌為神明。」是正德三年黃澍除

姚安知府，其由福建侯官赴雲南姚安，途經龍場驛來訪。黃澍當是在太學中與陽明相識，故陽明稱其為「故人」。

作士窮見節義論以自明居夷處困之心迹，約在是年。

陽明士窮見節義論：「論曰：君子之正氣，其亦不幸而有所激也。夫君子以正氣自持，而顧肯以表表自見哉？吾以表表自見，而天下已有不可救之患。是故君子之不得已也，其亦不幸而適遭其窮，則必不忍泯然自晦，而正氣之所激，蓋有抑之必伸，鍊之必剛，守之愈堅，作之愈高，而始有所謂全大節，仗大義，落落奇偉，以高出品彙儔伍之上矣。此豈依形而立，恃勢而行，待生而存，隨死而亡者耶？且夫正氣流行磅礴，是猶在天為星辰，在地為河嶽，而在人則為功業、為節義，何者？蓋處順而達，則正氣舒，而為功為業；處逆而窮，則正氣激，而為節為義。是理之常者，無足怪也。今夫長江萬里，汪洋汗漫，浩然而東也，卒遇逆折之衝，而後有撼空摧山之勢，震動而不可禦，豈非激之使然也？是知董狐之筆，晉激之也；蘇武之節，匈奴激之也；東都縉紳含冤就戮，而接踵繼至，黨錮之禍激之也。一激之間，而節義之名增廣於天下，是豈君子得已而故不已也？孟子曰：『我善養吾浩然之氣。』故弱者養之，以至於剛；慊者

養之，以至於死也。不幸適遭其窮，而當吾道之厄，則前之不可伸也，後之不可追也，左之不可援也，右之不可顧也。抑之則生，揚之則死，呼吸之間，而死生存亡係矣，其時亦岌岌矣。君子於此，將依阿以為同也，將沉晦以為愚也，疇昔所養，何為而乃為此也？是故君子之不得已也。是故竄身可也，碎首可也，濺血可也，可生可死，可存可亡，而此氣不可奪也。於是有淩節頓挫，而吐露天下之日，則雖晉楚之富，王公之貴，儀、秦之辯，賁、育之勇，皆失其所恃，而吾之氣節著矣。是故有隨波而逝者也，而後有中流之砥柱；有隨風而靡者

也，而後有疾風之勁草；是故有觸之必碎，犯之必焦者也，而後有烈火之真金。奴顏卑膝，其名為倭，是故有長揖不拜以為高；依阿遷就，其名為懦，是故有徹推印綬以為潔。王步斯艱，國脉如綫，於是有拜表泣行，而不知其為激者矣；舉目中原，蕭條風景，於是有擊楫自誓，而不知其為憤者矣；叩首虜廷，恬不知怪，於是有孤臣抗賊，而不忍一朝之忿者矣；擊國授人，甘心面縛，於是有鼎鑊如飴，不忍一朝之患者矣。寧為周頑民，不為商叛國；寧為晉處士，不為莽大夫；寧為宋孤臣，不為元宰相；寧全節而死，不失節而生；寧向義而亡，

不背義而存。是以正氣所激，崢嶸磊落，上與日月爭光，下與山嶽同峙。視彼小人，平時迂闊宏大，矯拂奇危，而臨事之際，俯首喪氣，甘與草木同朽腐者，其於為人賢不肖何如也？孔子曰：「歲寒然後知松柏之後凋也。」而君子之節義，亦至窮而後見矣。嗚呼！君子豈不欲和其聲，以鳴國家之盛，無節名，無義譽，而使天下陰受其福哉？君子而以節義自見，不惟君子不幸，而亦斯世不幸也。雖然，節義一倡，士習隨正，所以維持人心，綱紀斯道者，又豈淺淺哉！故叩馬一諫，凜凜乎萬世君子之義；而黨錮諸賢，亦能扶漢鼎於將亡之秋，操懿溫裕

，雖包藏禍心，睥睨垂涎，不忍遽發；而當時慕義之徒，亦往往聲其罪而攻之，至是而知君子之行，有以風乎百世，而天下之人卒賴是以自立。嗚呼！時世至此，其亦不幸而以節義自見，抑亦幸而以節義自持也。謹論。

（錢普輯評批選六大家論陽明先生論，陽明文集失載）

按：批選六大家論中選陽明論四篇：一為君心惟在修養，取自山東鄉試録；一為田橫義士論，即田橫論；一為四皓羽翼太子論，即四皓論；一即此士窮見節義論。可見陽明此四論在明代已成為舉業「範本」，陽明以此四篇論而成為明代六大論家高手之一。然陽明作此四篇論皆針對

現實有感而發，充滿憂患感與滄桑感，又非一般無病呻吟之「八股文」可比也。觀此論論士窮而見節義，以為窮困激正氣，君子之節義至窮困而後見，蓋是陽明自況。所謂「適遭其窮」，實隱指己遭貶謫處蠻夷窮困之境，陽明答懋貞少參即自稱在貴州是「困處中」。「竄身也」，「濺血也」，「孤臣抗賊」，「叩馬一諫」，「黨錮」云云，皆是借指己抗疏一諫，被下詔獄，謫貴州龍場驛。其在龍場所作贈劉侍御二首云「蹇以反身，困以遂志」，「道自升沈」，「心存氣節」，與此士窮見節義論所論相同。可知陽明此論約作於其貶謫龍場驛、居夷處窮之時，故充滿激烈悲憤之氣也。按「士窮見節義」語出韓愈柳子厚墓誌銘，柳宗元貶為柳州刺史，劉禹錫貶為播州（貴州遵義）刺史，柳宗元以播州為居夷處窮之地，向朝廷提出願以柳州與播州交換，故韓愈贊其士窮而見節義。可見陽明作此論乃隱然以柳宗元自況，而此文作在陽明貶謫龍場驛時尤可見矣。

第671頁

一五〇九 正德四年 己巳 三十八歲

正月初一，赴貴陽省城，見貴州僉事陸健，有詩唱酬。

王陽明全集卷十九春行：「冬盡西歸滿山雪，春初復來花滿山。白鷗亂浴清溪上，黃鳥雙飛綠樹間。物色變遷隨轉眼，人生豈得長朱顏？好將吾道從吾黨，歸把漁竿東海灣。」

陸廣曉發：「初日曈曈似曉霞，雨痕新霽渡頭沙。溪深幾曲雲藏峽，樹老千年雪作花。白鳥去邊回驛路，青崖缺處見人家。遍行奇勝才經此，江上無勞羨九華。」

木閣道中雪：「瘦馬支離緣絕壁，連峰窅窕入層雲。山村樹暝驚鴉陣，澗道雪深逢鹿群。凍合衡茅炊火斷，望迷孤戍暮笳聞。正思講習諸賢在，絳蠟清醅坐夜分。」

按：陸廣即陸廣河，鄂爾泰貴州通志卷五：「陸廣河，在城西三十里，源出威寧七星關……上流為鴨池河，下流為烏江。舊係水西驛。」木閣道，即木閣箐山道，嘉靖貴州通志卷二：「木閣箐山，在治城西北五十里，延袤百餘里，林木蓊蔚，中有道通水西畢節地方。」觀詩意，陽明乃在除夕出發，元日至貴陽。

同上，次韻陸僉憲元日喜晴：「城裏夕陽城外雪，相將十里異陰晴。也知造物曾何意，底是人心苦未平。柏府樓臺銜倒景，茆茨松竹瀉寒聲。布衾莫謾愁僵臥，積素還多達曙明。」

按：「陸僉憲」即陸健，鄂爾泰貴州通志卷十九：「僉事，陸健，字文順，鄞縣人。弘治進士。正德間，任貴州僉事。西苗亂，募黠者作行腳僧，入寨募緣，暗帶苗境所無草實

第672頁

，撤歧路為記。又令軍中每人取拳石附膝間。及春草種生時，令去膝間石，視草生處，直抵苗窟。又置板屋，抽兩厢為庇，以避礌礟。苗驚為神，駭擾，因殲其魁，苗境悉平。遷福建副使。辛，囊無餘貲，鄉人姚謨治棺斂，歸其喪。」陽明是次赴貴陽，或是為進城過年，與友人相聚；或亦與陸健平苗事有關。

在貴陽，遊來仙洞、白雲堂，有詩咏。

王陽明全集卷十九來仙洞：「古洞春寒客到稀，綠苔荒徑草霏霏。書懸絕壁留僧偈，花發層蘿繡佛衣。壺榼遠從童冠集，杖藜隨處宦情微。石門遥鎖陽明鶴，應笑山人久不歸。」　白雲堂：「白雲僧舍市橋東，别院迴廊小徑通。蔵古簷松存獨幹，春還庭竹發新叢。晴窗暗映群峰雪，清梵長飄高閣風。遷客從來甘寂寞，青鞋時過月明中。」

按：白雲堂向來不知在何處，今按詩明云「白雲僧舍市橋東」，可見白雲堂乃僧寺，即白雲寺也。白雲寺（中有白雲堂）為貴陽名刹，由西識禪師創建，一名西普陀寺，與遼北普陀寺、閩南普陀寺、舟山東普陀寺并列齊名，今重建於貴陽市白雲區雲峰大道龍井路，蓋原址也。來仙洞為貴陽道教勝地，白雲寺為貴陽佛教勝地，陽明特選

第673頁

往遊也。

十五日元宵節，自貴陽歸，一路多有詩咏。

王陽明全集卷十九元夕二首：「故園今夕是元宵，獨向蠻村坐寂寥。賴有遺經堪作伴，喜無車馬過相邀。春還草閣梅先動，月滿虛庭雪未消。堂上花燈諸弟集，重闈應念一身遥。　去年今日卧燕臺，銅鼓中宵隱地雷。月傍苑樓燈彩淡，風傳閣道馬蹄迴。炎荒萬里頻回首，羌笛三聲謾自哀。尚憶先朝多樂事，孝皇曾為兩宮開。」

元夕木閣山火：「荒村燈夕偶逢晴，野燒峰頭處處明。内苑但知鰲作嶺，九門空說火為城。天應為我開奇觀，地有茲山不世情。却恐炎威被松柏，休教玉石遂同頳！」

元夕雪用蘇韵二首：「林間暮雪定歸鴉，山外鈴聲報使車。玉盞春光傳柏葉，夜堂銀燭亂簷花。蕭條音信愁邊雁，迢遞關河夢裏家。何日扁舟還舊隱，一簑江上把魚叉。　寒威入夜益兼纖，酒甕爐牀亦戒嚴。久客漸憐衣有結，蠻居長嘆食無鹽。饑豺正爾群當路，凍雀從渠自宿簷。陰極陽回知不遠，蘭芽行見發春尖。」

家僮作紙燈：「寥落荒村燈事賒，蠻奴試巧剪春紗。花枝綽約含輕霧，月色玲瓏映綺霞。取辦不徒酬令節，賞心兼是惜年華。何如京國王侯第，一盞中人產十家！」

第674頁

十六日，歸龍場驛，再用蘇東坡韻書懷。

王陽明全集卷十九曉霽用前韻書懷二首。

病臥西園，陸健寄詩來慰謫居，次韻答之。

王陽明全集卷二十九次韻陸文順僉憲：「春王正月十七日，薄暮甚雨雷電風。捲我茅堂豈足念，傷茲歲事難為功。金滕秋日亦已異，魯史冬月將無同。老臣正憂元氣泄，中夜起坐心忡忡。」　卷十九次韻陸僉憲病起見寄：「一賦歸來不願餘，文園多病滯相如。籬邊竹筍青應滿，洞口桃花紅自舒。荷蕢有心還擊磬，周公無夢欲刪書。雲間意伯能相慰，尺素長題問謫居。」

按：詩云「一賦歸來」，指陽明自貴陽賦別陸健歸來。「文園多病」，指陽明病臥西園（用司馬相如病居文園事）。其曉霽用前韻書懷亦有「病餘兼喜曝晴簷」句。詩詠嘆春王正月十七日起雷電風雨，正與其作論元年春王正月同一意。

二月，春遊尋芳，多有詩感時詠懷。

王陽明全集卷二十九太子橋：「乍寒乍暖早春天，隨意尋芳到水邊。樹裏茅亭藏小景，竹間石溜引清泉。汀花照日猶含雨，岸柳垂陰漸滿川。欲把橋名尋野老，淒涼空說建文年。」

按：太子橋，民國修文縣志謂在城內龍井巷道左，甚低小，下跨龍井之水及飛鳳山之水。「太子」者，指建文皇帝朱允炆，故云「淒涼空說建文年」。

同上，卷十九夜寒、春晴、雪中桃次韻、村南。

春試書院諸生，有詩詠懷。

王陽明全集卷二十九再試諸生：「草堂深酌坐寒更，蠟炬煙消落絳英。旅況最憐文作會，客心聊喜困還亨。春回馬帳漸桃李，花滿田家憶紫荊。世事浮雲堪一笑，百年持此竟何成？」　再試諸生用唐韻：「天涯猶未隔年回，何處嚴光有釣臺？樽酒可憐人獨遠，封書空有雁飛來。漸驚雪色頭顱改，莫漫風情笑口開。遙想陽明舊詩石，春來應自長莓苔。」

三月，參議胡洪過訪小集，有詩唱酬。

王陽明全集卷十九次韻胡少參見過：「旋營小酌典春裘，佳客真慚盡日留。長怪嶺雲迷楚望，忽聞吳語破鄉愁。鏡湖自昔堪歸老，杞國何人獨抱憂？莫訝臨花倍惆悵，賞心原不在枝頭。」　卷二十九與胡少參小集：「細雨初晴蠛蠓飛，小亭花竹晚涼微。後期客到停杯久，遠道春來得信稀。翰墨多憑消旅況，道心無賴入禪機。何時喜逐風泉賞，甘作山中一白衣。」　再用前韻賦鸚鵡：「低垂猶憶隴西飛，金鎖長羈念力微。祇為能言離土遠，可憐折翼嘆群稀。春林羞比黃鸝巧，晴渚思忘百鳥機。千古正平名正賦，風塵誰與惜毛衣？」

按：前考胡洪為餘姚人，故詩云「忽聞吳語破鄉愁」。王陽明全集卷二十九另有送客過二橋、復用杜韻一首、先日與諸友有郊園之約是日因送客後期小詩寫懷，寫送客過頭橋、二橋、三橋，應即是送胡洪。蓋三橋位於貴陽城西北，為出入貴陽要道。復用杜韻一首云「三月尋幽始得幽」，是在暮春三月。

與諸友有郊園游春之約，諸友不至，有詩寫懷。

王陽明全集卷二十九待諸友不至、先日與諸友有郊園之約是日因送客後期小詩寫懷。

第677页

花間集諸生咏歌講論。

王陽明全集卷十九春日花間偶集示門生：「閑來聊與二三子，單夾初成行暮春。改課講題非我事，研幾悟道是何人？階前細草雨還碧，簷下小桃晴更新。坐起詠歌俱實學，毫釐須遣認教真。」

銅仁守劉美之寄詩來，有次其韻。

王陽明全集卷十九答劉美之見寄次韻：「休疑遷客迹全貧，猶有沙鷗日見親。勳業已辭滄海夢，煙花多負故園春。百年長恐終無補，萬里寧期尚得身？念我不勞傷鬢雪，知君亦欲拂衣塵。」

按：劉美之向不知何人。今考邊貢華泉集卷八有省庵箴云：「秋官郎中文登劉君美之，以『省庵』名其室，乞扁於少司寇豫章李公示警也。弘治甲子冬，有銅仁之命，挈其扁以隨，曰：『吾將朝於斯，夕於斯，雖至蠻貊，不可棄也。』邦人太常博士某代為之箴。……」華泉集卷一有美之席上限韻送別二首、次何遜落日泛江贈魚司馬之作奉送劉美之，卷五有秋官劉美之使還居接待院出訪。魯鐸文恪公集卷三亦有許州風節亭次韻劉東之御史美之正郎。按嘉靖貴州通志卷五：「銅仁府，知府劉瑜，文登人。」據上可知

第678页

劉瑜字美之，號省齋，山東文登人。嘗任刑部郎中，現任銅川知府，與「前七子」邊貢等唱酬往來。弘治中陽明任刑部主事，劉瑜任刑部郎中，關係甚密，蓋亦一「西翰林」之中堅人物。詩云「勳業已辭滄海夢」，蓋即暗指此也。

四月，按察副使毛科致仕歸桐江書院，作序贈別。

王陽明全集卷二十二送毛憲副致仕歸桐江書院序：「正德己巳夏四月，貴州按察司副使毛公承上之命，得致其仕而歸。先是公嘗卜桐江書院於子陵釣臺之側者幾年矣，至是將歸老焉……同僚之良惜公之去，乃相與咨嗟不忍，集而餞之南門之外。酒既行，有起而言於公者，曰：

「君子之道，出與處而已。其出也有所為，其處也有所樂。公始以名進士從政南部，理繁治劇，頎然已有公輔之望。及為方面於雲、貴之間者十餘年，內釐其軍民，外撫諸戎蠻夷，政務舉而德威著。雖或以是召嫉取謗，而名稱亦用是益顯建立，暴於天下。斯不謂之有為乎？今茲之歸，脫屣聲利，垂竿讀書，樂泉石之清幽，就煙霞而屏迹，寵辱無所與，而世累無所加。斯不謂之有所樂乎？公於出處之際，其亦無憾焉耳已！」公起拜謝。復有言者曰：「雖然，公之出而仕也，太夫人老矣，先大父忠襄公又遺未盡之志，欲仕則違其母，欲養則違其父，不得已權二者之輕重，出而自奮於功業。人徒見公之憂勞為國而忘其家，不知凡以成忠襄公之志，而未嘗一日不在於太夫人之養也。今而歸，告成於忠襄之廟，拜太夫人於膝下，旦夕承歡，伸色養之孝，公之願遂矣。而其勞國勤民，拳拳不舍之念，又何能釋然而忘之！則公雖欲一日遂歸休之樂，蓋亦有所未能也。」公復起拜謝。又有言者曰：「雖然，君子之道，用之則行，舍之則藏。用之而不行者，往而不返者也；舍之而不藏者，溺而不止者也。公之用也，既有以行之；其舍之也，有弗能藏者乎？吾未見夫有其用而無其體者也。」公又起拜，遂行。

陽明山人聞其言而論之曰：「始之言，道其事也，而未及於心；次之言者，得公之心矣，而未盡於道；終之言者，盡於道矣，不可以有加矣。斯公之所允蹈者乎！……」

按：此文題下原注「戊辰」（正德三年）作，乃誤。文中所言「忠襄公」，即毛科父毛吉，字宗吉，餘姚人。景泰五年進士，授刑部主事，遷東按察僉事，以功陞副使。成化元年，破新會賊，戰死。贈按察使，謚忠襄。明史卷一百六十二有傳。毛科，字應奎，號拙庵。陽明後歸餘姚，瞻毛科遺像，作拙庵公像贊云：「瞻望豐山，惟鄰是卜。緬想桐江，有書可讀。」（餘姚豐山毛氏族譜首）蓋毛科故居在餘姚豐山下，與陽明卜鄰而居，故二人當早識。桐江書院在桐廬，乾隆桐廬縣志卷五：「桐江書院，在縣北城隍廟東，舊為社學。」

遊陽明小洞天，諸生來集，有詩詠懷。

王陽明全集卷二十九夏日遊陽明小洞天喜諸生偕集偶用唐韻：「古洞閑來日日遊，山中宰相勝封侯。絕糧每自嗟尼父，慍見還時有仲由。雲裏高厓微入暑，石間寒溜已含秋。他年故國懷諸友，魂夢還須到水頭。」

按：詩云「雲裏高厓微入暑」，則在初夏。

五月七日，王華降為南京吏部右侍郎。

國榷卷四十七：「正德四年五月戊戌，命吏部擬纂修實録官陞職等第，且謂先年劉健等修會典糜費，革其陞職，仍令李東陽等覆定。於是降少師、大學士李東陽支從一品俸……南京吏部尚書王華降右侍郎。時劉瑾意抑儒臣，又焦芳以東陽軋己，導瑾裁之。」

張元忭館閣漫録卷九：「正德四年五月戊戌，初纂修孝廟實録成，命吏部查纂修官事例。既而又查其中嘗與修大明會典已陞及守制未陞者職銜，履歷與到館日期……於是吏部擬降少師兼太子太師、吏部尚書、華蓋殿大學士李東陽支從一品俸……南京吏部尚書王華為本部右侍郎。……瑾欲裁抑儒臣，謂舊例纂修陞職為過，故先革其所已陞者，而復加之以示己恩。」

按：陸深海日先生行狀云：「既而有以同年友事詆毀先生於朝者，人咸勸先生一白。先生曰：『某吾同年友，若白之，是我訐其友矣。是焉能浼我哉？』竟不辨。後新建復官京師，聞士夫之論，具本奏辨。先生聞之，即馳書止之曰：『是以為吾平生之大耻乎？吾本無可耻，今乃無故而攻發其友之陰私，是反為吾求一大耻矣。人謂汝智於吾，吾不信也。』乃不復辨。」王華之降為右侍郎，或與此事有關。

五月十六日，監察御史王濟及代歸朝，作詩叙送之。

陽明聰馬歸朝詩叙：「正德戊辰正月，古潤王公汝楫以監察御史奉命來按貴陽，明年五月及代，當歸朝於京師。在部之民暨屯戍之士，下逮諸種苗夷聞之，咸奔走相謂曰：『嗚呼！公之未來也，吾農而弗得耕，商而弗得市，戍役無期而弗能有吾家，刓剝無藝而弗能保吾父母妻子，吾死且無日矣！自公之至，而吾始復吾業，得吾家，安吾父母妻子之養。蓋為生未幾耳，而公又將捨我而去，吾其復歸於死乎！』乃相與奔告於長吏，曰：『為我請於朝，留公以庇我。』其長吏曰：『嗚呼！其獨爾乎哉！公之未來也，吾捨吾職而征斂以奉上，禄之不得食，而稱貸以足之；自公之至，而吾始復為吾官，事事而食禄；今又捨我而去，吾將有請焉而限於職，留焉而勢所不得行也。吾與爾且奈何哉！』則又相率而議於學校之士，曰：『斯其公論之所自出，而可以言請也；斯其無官守之嫌，而可以情留之也。』學校之士曰：『嗚呼！其獨爾乎哉！吾東吾簡編，而不獲窺者兩年矣；自公之至，而吾始得以誦吾詩，讀吾書。當公之未至，吾父老苦於追求，吾稚弱疲於奔役，吾日奔走救療於春閒而不暇，而奚暇及吾業？吾身之弗能免，而况能庇吾家乎？况能望其作興振勵，開導而訓誨如公今日之為乎？今公之去，吾惟無以致吾力而庸吾情，有如可得以請而留也，亦何靳而弗為乎？』其長者顧少者而言曰：『嗚呼！理之無可屈，而卒以不伸者，局於時也；情之不可已，而終以不行者，泥於勢也。夫留公以庇吾一省者，情之極也，而於理亦安所不得乎？然而度之時勢之間，則之不可以為我留者三，我之不可以留公者五，吾今不欲盡言之，吾黨之處此亦不可以無審也。』衆皆默然良久，乃皆曰：『然則奈何乎？不可以吾人之故而累公矣；其得遂以公之故而已吾情乎？吾情不能伸矣，其獨不得以聲之詩歌而少舒乎？』其長者曰：『是亦無所益於公，而徒爾數數為也。雖然，必無已焉。宣吾之情而因以直夫理，揚今之美盛而遂以諷於將來，則是舉也，殆亦庶乎其可哉。』乃相與求賢士大夫之在貴陽者詩歌之，而演之為卷，卷成而來請於陽明居士，曰：『斯蓋德之光也，情之所由章也，理之所以不亡也。吾士人之願，諸大夫之所憾也，先生一言而叙之。』居士曰：『吾以言得罪於此，言又何為乎？學校之士為之請不置，因次叙其語於卷而歸之。卷之端題曰『驄馬歸朝』者，蓋留之不得，而遂以送之也。正德己巳五月既望，陽明居士王守仁書。』（此文真迹今藏廣東省博物館，陽明文集失載）

按：前考王汝楫即王濟。其以監察御史來按貴州事，光緒丹徒縣志卷二十六王濟傳云：『擢監察御史，疏陳馬政利弊甚悉。先是江南歲以養馬解駒為累，至有傾家鬻子者。濟請議和馬價，民免賠償，而馬賴實用，至今便之。出判東平，歷知開州、武定，擒巨盜，陞湖廣僉事，分巡郴、桂，會苗亂，擒斬千計。將論功，濟早乞休，詔即其家陞湖廣參議。』按國榷卷四十七云：『正德三年十月丁丑，給事中何紹正、盧綸、李陽春、吴玉榮、薛金、胡洪、張賓林、文迪，核大同、宣府、遼東、甘肅等糧儲馬匹，貴州令巡按御史（按：即王濟）兼理之。……正德四年四月癸亥，謫監察御史王濟□□州（按：據丹徒縣志，應是『東平』二字）判官，林偉國子博士，宇文鍾、李錫、姜佐、韓廉、高嶼知縣，□科都給事中馬駯推官，右給事中薛金南京詹事府主簿，俱考察不及。』國榷言四月王濟已以『考察不及』謫東平判官，陽明此叙却言王濟五月及代，歸朝京師，所叙矛盾。疑王濟實於四月歸朝於京師，因貴州去京師遥遠，在貴之陽明及吏民至五月亦未得王濟在京師消息，故陽明在叙中仍祗言王濟歸朝於京師，蓋王濟赴京師及吏民作詩相送在四月，陽明為詩卷作叙則在五月也。

六月，貴州僉事陸健遷福建副使，再赴貴陽送别。

王陽明全集卷二十九夏日登易氏萬卷樓用唐韵：「高樓六月自生寒，沓嶂回峰擁碧闌。久客已忘非故土，此身兼喜是閑官。幽花傍晚煙初暝，深樹新晴雨未乾。極目海天家萬里，風塵關塞欲歸難。」

按：易氏萬卷樓在貴陽城内，嘉靖貴州通志卷八：「萬卷樓，在治城北，郡人易貴建以藏書。」易貴字天爵，號竹泉，貴筑人。嘉靖貴州通志卷九：「易貴，幼聰悟出群，長而性通朗剛正，淹該載籍，為文善序事。筮仕於官，崇學校，恤民隱，遇事明而能斷，不怵於事利，有古循良風。歸田，杜門校書十餘年而卒。所著有竹泉文集十五卷，詩經直指十五卷。」據陽明此詩，可知陽明在六月又往貴陽城，蓋為送僉事陸健也。

七月，在貴陽，有詩送僉事陸健。

王陽明全集卷十九次韵送陸文順僉憲：「貴陽東望楚山平，無奈天涯又送行。杯酒豫期傾蓋日，封書煩慰倚門情。心馳魏闕星辰迥，路遶鄉山草木榮。京國交遊零落盡，空將秋月寄猿聲。」

按：詩云「空將秋月寄猿聲」，作在秋間。張邦奇張文定公環碧堂集卷三有寄王伯安云：「去秋陸文順僉事行，奉一啟，尋即執事有移袁之命，未諗得達否？」可見陸健在秋七月遷福建副使去，蓋是陽明在六月底赴貴陽城見陸健，七月初作詩送陸健。閩書卷四十八：「陸健。健字文順，鄞人。弘治十五年進士，官刑曹，陞貴州僉事。棘棘持憲，率先戎行，討定乖西叛苗。刷卷御史盛氣淩兩司，兩司氣沮，健獨與抗，執其奸人堂上，為他御史所啣，没其戰功。已，轉福建副使，至官憤恚，卒。囊無留貲，鄉人姚鏌與同官為經紀。」

此「刷卷御史」即劉寓生（見下）。

朱璣來任貴州按察副使，遣子朱光弼、朱光霽來受學。

陽明贈朱克明南歸言：「朱光霽，字克明，康憲朱公之子也。嘗與其兄光弼從學於予，舉於鄉……」（蒙化志稿卷八，蒙化府朱氏家譜卷首，陽明文集失載）

李元陽西安府同知朱公光霽墓志銘：「公諱光霽，字克明，號方茅。先世灤人，國初戍籍應天，既而移戍蒙化，遂家焉。父恒齋，諱璣，中成化丁未榜進士，筮仕留都廷評。娶晏氏，生公。公幼穎敏，不與群兒戲，父母異之。及恒齋歷官為貴州憲長，適陽明王先生謫居龍場，

命公與二兄按學，得聞良知之說，自是知俗學可厭，泠然有薄富貴、輕勢利之想。……」（國朝獻徵錄卷九十四）

按：「廉憲朱公」即朱璣。康熙蒙化府志人物志：「朱璣，字文瑞，成化丁未進士。公穎秀孝友，德量淵豁。幼為衛弁役辱，始奮志從學。迨登第，遷寺副、寺正。讞獄平反，民冤頓雪。陞四川按察司副使。恩威兼濟，遐徼革心。晉秩參藩，兵食咸足，惠周遠邇。隨晉廉使，整綱肅紀，百僚式範，聲教洋溢焉。時陽明王守仁先生謫龍場驛，公遣子從學，聲氣相洽。尋乞歸，優遊林下者十年，鄉里視為模範。子光霽，孫賓，曾孫鳴時，俱鄉薦。」蒙化府朱氏家譜中有明故嘉議大夫貴州按察使恒齋先生朱公淑人晏氏合葬墓表。朱璣來任貴州按察副使，當是接毛科任。原按察副使毛科在四月致仕歸桐江書院（見前），按國榷卷四十七：「正德三年十月己丑，王昂、金賢、熊紀、李學曾、葉良、周金、安金、呂經、朱璣為給事中。」朱璣當是在陞給事中不久，旋陞四川按察僉事，至正德四年四月毛科致仕去，即轉貴州按察副使，其至貴陽已在五、六月。迨七月陽明至貴陽，朱璣遂遣朱光弼、朱光璣來受學。以後至九月陽明再赴貴陽省城，主教文明書院，朱光弼、朱光霽更可正式在文明書院受教矣。

第687页

八月，自貴陽歸龍場驛。有京師吏目過龍場驛，暴斃於野，為作祭文掩埋。

王陽明全集卷二十五瘞旅文：「維正德四年秋月三日，有吏目云自京來者，不知其名氏，攜一子一僕，將至任，過龍場，投宿土苗家。予從籬落間望見之，陰雨昏黑，欲就問訊北來事，不果。明早遣人覘之，已行矣。薄午，有人自蜈蚣坡來，云一老人死坡下，傍兩人哭之哀。予曰：『此必吏目死矣。傷哉！』薄暮，復有人來，云：『坡下死者二人，傍一人坐嘆。』詢其狀，則其子又死矣。明日，復有人來，云：『見坡下積尸三焉。』則其僕又死矣。……嗚呼傷哉！繄何人？繄何人？吾龍場驛丞餘姚王守仁也。吾與爾皆中土之產，吾不知爾郡邑，爾烏為乎來為茲山之鬼乎？古者重去其鄉，遊宦不逾千里。吾以竄逐而來此，宜也；爾亦何辜乎？聞爾官，吏目耳，俸不能五斗，爾率妻子躬耕，可有也，烏為乎以五斗而易爾七尺之軀？……~~況而任其憂者~~夫衝冒霧露，扳援崖壁，行萬峰之頂，饑渴勞頓，筋骨疲憊，而又瘴癘侵其外，憂鬱攻其中，其能以無死乎？……吾念爾三骨之無依而來瘞爾，乃使吾有無窮之愴也，嗚呼痛哉！縱不爾瘞，幽崖之狐成群，陰壑之虺如車輪，亦必能葬爾於腹，

第688页

不致久暴露爾。爾既已無知，然吾何能為心乎？自吾去父母鄉國而來此，二年矣，歷瘴毒而苟能自全，以吾未嘗一日之戚戚也。今悲傷若此，是吾為爾者重而自為者輕也。吾不宜復為爾悲矣。吾為爾歌，爾聽之。歌曰：連峰際天兮，飛鳥不通；遊子懷鄉兮，莫知西東。莫知西東兮，維天則同。異域殊方兮，環海之中。達觀隨寓兮，奚必予宮？魂兮魂兮，無悲以恫。又歌以慰之，曰：與爾皆鄉土之離兮，蠻之人言語不相知兮。性命不可期，吾苟死於茲兮，率爾子僕來從予兮。吾與爾遨以嬉兮，驂紫彪而乘文螭兮，登望故鄉而噓唏兮。吾苟獲生歸兮，爾子爾僕尚爾隨兮，無以無侶悲兮。道傍之塚累累兮，多中土之流離兮，相與呼嘯而徘徊兮。飧風飲露，無爾饑兮。朝友麋鹿，暮猿與栖兮。爾安爾居兮，無為厲於茲墟兮！」

按：文明云「維正德四年秋月三日」，陽明全集於此文題下注「戊辰」作，乃誤。又嘉靖貴州通志卷十一著錄此文，首句作「維正德四年秋七月三日」，「七」字疑後人妄加。按七月初陽明在貴陽城，不在龍場驛；九月初陽明又赴貴陽文明書院，不在龍場驛（見下），故可知此「秋月」當指秋八月。

席書來任貴州提學副使，聘請陽明主貴陽文明書院，兩人有書札往還。

席書與王守仁書：「自入遐方，久不奉接君子之論。二生來過，承高明不以書不可與言，手賜翰教，亹亹千餘言，山城得此，不覺心目開豁，灑然一快；且又不以書為不可與居，許過省城，勉就愚懇，聞之踴抃，莫知所為。竊惟古人固有風雨連牀，心隔胡越者；亦有一面未交，誦其文，想其人，而千里神會者。書於執事雖未承接下風，殆亦千里神會者乎？書竊謂今舉業之學，與古聖賢之學，誠不同科矣。然舉業者，時王之制也。書少以父師之命，攻舉子之業，乃於其中獲聞前哲遺訓，亦嘗求所謂志伊尹之所志，學顏子之所學矣。然一暴十寒，不能不奪於文業之習。故自登第之後，作縣迄今，所奔走者形勢，所趨向者利祿，如醉如夢，二十餘年；求如攻舉子業者時所竊聞於前哲者，非惟無所聞，抑亦不求所聞，殆將終身焉者。昨領來教，書疇昔所未泯者，若提醐驚寐，恍然若有覺者，執事先聲所及已如此，而況得親炙乎？近時董諸士者，要不過屬題命意，改課文，鍛字句，以迎主司之意，裁新巧以快主司之目。上以是取士，下以是挾策，師捨是無以為教，弟子捨是無以為學。居今之時，欲變今之習，誠難矣！然豈朝廷取士之初意乎？書繆有人才督教之責，將以所攻於少時者為教乎？將以竊聞於前哲者為教乎？茲將咨諏執事，復以課文之習以煩執事，是所處執事者非道，待執事者誠薄。然貴南之士，安於土俗，誘以祿利，尚不樂從；教以舉業，復不能治；幸有治者，日省月試，又不能工，而況有大於舉業者乎？捨是以教貴南，誠亦難矣。夫舉業者，利祿之媒也，世之白首一經，凡為祿利而已。以書一人推之，書少時所以治舉業者，要不過為祿利之計也。然昔者借是而有聞今者，脫是而愈晦。書知誤天下之豪傑者，舉業也；然使下士借是而所向上者，亦舉業也。故韓子因文而見道。宋儒亦曰科舉非累人，人自累科舉。今之教者，能本之聖賢之學以從事於舉業之學，則亦何相妨哉？執事早以文學進於道理，晚以道理發為文章，倘無厭棄壓學，因進講之間，悟以性中之道義，於舉業之內，進以古人之德業，是執事一舉而諸士兩有所益矣。然所望於執事者，寧獨如斯已乎？昔齊宣王留孟子，欲使國人皆有矜式，斯舉也，以之留孟子固非，以之處執事誠是。執事名重中外，願學之士雖在千里之外，尚當摳衣鼓篋求從門下，茲幸得侍箕箒於左右，接下風，聞緒論，耳濡目染之久，雲龍風虎之

第691页

機，固有不俟操筆硯而後興，聽訓詁而後喻矣。然所望於執事，又獨如斯已乎？師道不作久矣，執事一臨，使遠方之人皆稱之曰：執事之文章道德，見重於當道如此，二司諸公尊禮有道之士如此，貴南之士從是風動於道德仁義之域，將有摩而踵接矣。若然，執事一舉動間，係於風教豈細耶？昨據二生云，執事將以即月二十三日強就貴城，竊謂時近聖誕，倘一入城，閉門不出，於禮不可；步趨於群眾之中，於勢不能。且書欲於二十六七小試諸生畢，擇可與進者十餘人，以侍起居。可煩再踰旬日，候書遣人至彼，然後命駕，何如？草遽，多言不及刪次，惟情察。不宣。是月二十一日，書再拜。」（嘉靖貴州通志卷十一，元山文選卷五與王陽明書二）

按：書云「時近聖誕」，乃指孔子誕辰，傳統聖誕祭孔定在八月二十七日，可知席書此書作在八月二十一日。明武宗實錄卷四十六：「正德四月春正月辛酉，陞監察御史邢纓於雲南，河南按察司僉事席書於貴州，俱按察使副使。」楊一清席公書墓志銘：「正德己巳，陞貴州提學副使。患方士鮮知學，公立教約，迪以正道。」按席書乃是接替毛科來任提學副使，毛科在四月致仕去，席書五月接任，至貴州約已在七月，故八月即遣人來聘陽明主教文明書院。錢德洪陽明先生年譜云：「始席元山

第692页

提督學政……遂與毛憲副修葺書院，身率貴陽諸生，以所事師禮事之。」其說顯誤，席書至貴州，毛科早已離去。

席書書云「自入遐方，久不奉接君子之論」，乃指席書赴河南按察僉事任，楊一清席公書墓志銘：「庚申，改户部，陞員外郎。甲子，雲南晝晦，公疏言致災之由……陞河南按察僉事。」可見席書與陽明弘治十三年在京已相識，至弘治十七年席書別陽明赴河南按察僉事任，兩人未有書札往來，所謂「久不奉接君子之論」也。

九月，席書再來信，正式邀請陽明來主教文明書院。陽明遂在九月初赴貴陽省城。

席書元山文選卷五與王陽明書一：「書啟：切惟執事文章氣節，海内著聞。兹謫貴陽，人文有光，遐土大慶。曩者應光毛先生在任之日，重辱執事旅居書院俯教，承學各生方仰有成，不意毛公偶去，執事遂還龍場，後生咸失依仗。兹者書以凡材濫持學柄，雖邊鎮不比中州，而責任之重則一。兹欲再屈文旆，過我貴城，振揚吾道之光，用副下學之望。書尚不自主，商之二司。二司既同，白之三堂。三堂曰善，下之官僚父老，靡不共仰清塵，咸曰：『此吾貴城文明之日也。』館舍既除，薰沐以俟，

第693页

不知執事能一慨然否也。昔韓、柳二公各以抗疏忤時，遠謫二廣，二廣之人感其道化，至今廟食無窮。執事以文名時，以言遭貶，正與二公相類，安知他日貴人之思執事，不如廣人之思二公乎？即今省試已迫，愚意欲候文車至止，處分就緒，乃議巡視之期。倘辱不以猥庸見拒，斯文幸甚！多士幸甚！外不腆之儀奉从將敬，伏惟亮之！」

楊一清席公書墓志銘：「正德己巳，陞貴州提學副使……時王伯安謫龍場驛，公每學，擇其秀者一二人集省城書院，延伯安為師，士始聞古道，趨正學。」（國朝獻徵錄卷十五）

嘉靖貴州通志卷九：「席書，正德間任提學，性嗜靜，學問根本周、程。時陽明王守仁謫居龍場，延至文明書院，以訓諸生。暇則就書院與論學，或至夜分。自是貴州士人知從事心性之學者，皆二先生倡之也。」

按：席書與王守仁書二云：「可煩再踰旬日，候書遣人至彼，然後命駕。」可知陽明至九月初赴貴陽省城。

在貴陽，見巡按徐文華，共商平阿賈、阿札亂事，同遊南庵，有詩唱和。

嘉靖貴州通志卷九：「徐文華，正德間巡按，適阿賈、阿札之變，文華多方籌畫，不假兵戈，而兵盡平。」

第694-1页

王陽明全集卷十九徐都憲同遊南庵次韻：「巖寺藏春長不夏，江花映日艷於桃。山陰入户川光暮，林影浮空暑氣高。樹老豈能知歲月，溪清真可鑑秋毫。但逢佳景須行樂，莫遣風霜著鬢毛。」南庵次韻二首：「隔水樵漁亦幾家？緣岡石路入溪斜。松林晚映千峰雨，楓葉秋連萬樹霞。漸覺形骸逃物外，未妨遊樂在天涯。頻來不用勞僧榻，已借汀鷗一席沙。

斜日江波動客衣，水南深竹見巖扉。漁人收網舟初集，野老忘機坐未歸。漸覺雲間棲翼亂，愁看天北暮雲飛。年年歲晚長為客，閑殺西湖舊釣磯。」

第 694-2 页

按：南庵即聖壽寺，後為武侯祠。嘉靖貴州通志卷七：「武侯祠，在治城南門外，舊聖壽寺。正德間，巡按貴州監察御史胡瓊改為武侯祠。」「徐都憲」即徐文華，乃代王濟來按貴州。王濟在五月及代歸朝京師，徐文華來按貴州約在七、八月間，陽明往見徐文華，當為謀議平阿賈、阿札、阿朵亂事。明清進士錄：「徐文華，正德三年三甲四十三名進士。嘉定人，字用光。擢御史，巡按貴州，平苗有戰功。於朝敢言，多有奏疏。嘉靖初，遷大理少卿，爭大禮，忤張璁、桂萼意，謫遣戍，辛於道。」徐文華平阿朵亂已在正德五年。

閏九月十八日，席書有書來，討論五經臆説與陸學。

元山文選卷五與王陽明書三：「春王正月稿，乃書戊午在淮時所為。昨聽教及此，歸閱遺稿，宛有暗合陽明之意。竊謂此千百年紛紛之疑，以書一得之愚，無戾高明，信乎，古今天下此心此理本無二矣！始書私論春秋，頗有不信傳而信經，不信人而信心。時無同志，尚慮或出意見，尤有不敢深自許者。茲幸有一得之中，願終教也。閏九月十八日稿呈。」同上，與王陽明書四：「書不揣愚昧，妄為陸氏鳴者，為今日諸君鳴也。執事昔在龍場，書懷此疑，嘗以質之門下，曰：『然。』乃益信之。」

第 695-1 页

席書時來文明書院論學，辨朱陸二學同異，覺釋、老二氏之非，明朱、陸二學之異，悟大學「格物致知」之旨，立「知行合一」之教——是為「龍場悟道」，陽明生平「心學」大旨由是確立。

席書送別王守仁序：「今年董學貴陽，適陽明王伯安先生以言謫丞龍場驛，延諸文明書院，以師後學。予舊知陽明，知其文也，知其才猷勳業也，因以二者質之。陽明曰：『吾以子為大人之問，曾耳與目之問乎？天之所以與我者，莫大者心，莫小者耳與目也。子事文業以為觀聽之美，固末已。心至大而至明，君子先立其大，而不晦其明，譬之開廣居，懸藻鑑，物來能容，事至順應。蘊中為道德，發言為文章，措身為事業。大至參天地，贊

化育而有餘矣，何以小者為哉！孔子曰：「女為君子儒，無為小人儒。」孟子曰：「從其大者為大人，從其小者為小人。」入途不慎，至有君子小人之判，術可不擇歟？』予聞而心惕背汗。日親所學，正而不迂，方而不泥，通而不俗……」（元山文選卷一，嘉靖貴州通志卷十一）

按：席書此序所云，即嘉靖貴州通志所言「（席書）暇則就書院與論學，或至夜分」。

黃綰陽明先生行狀：「……一夕，忽大悟，踴躍若狂者。以所記憶五經之言證之，一一相契，獨與晦庵註疏若相抵牾，恒往來於心，因著五經臆說。時元山席公官貴陽，聞其言論，謂為聖學復睹。公因取朱子大全閱之，見其晚年論議，自知其所學之非，至有誑己誑人之說，曰：『晦翁亦已自悔矣。』日與學者講究體察，愈益精明，而從游者眾。」

按：陽明作朱子晚年定論，即源自「龍場之悟」也。

錢德洪陽明先生年譜：「在貴陽……先生始悟格物致知……：時瑾憾未已，自計得失榮辱皆能超脫，惟生死一念尚覺未化，乃為石墎自誓曰：『吾惟俟命而已！』日夜端居澄默，以求靜一，久之，胸中灑灑。……因念：『聖人處此，更有何道？』忽中夜大悟格物致知之旨，寤寐中若有人語之者，不覺呼躍，從者皆驚。始知聖人之道，吾性自足，

向之求理於事物者誤也。……」

傳習錄卷下：「眾人只說格物要依晦翁……某因自去窮格，早夜不得其理……及在夷中三年（按：指在龍場驛），頗見得此意思，乃知天下之物本無可格者。其格物之功，只在身心上做，決然以聖人為人人可到。」

錢德洪陽明先生年譜：「正德四年己巳，在貴陽。是年先生始論知行合一。始席元山書提督學政，問朱陸同異之辨。先生不語朱陸之學，而告之以其所悟，書懷疑而去。明日復來，舉知行本體，證之五經諸子，漸有省。往復數四，豁然大悟，謂：『聖人之學復覩於今日。朱陸

異同，各有得失，無事辯詰，求之吾性，本自明也。」

錢德洪陽明先生年譜：「先生在龍場時，疑朱子大學章句非聖門本旨，手錄古本，伏讀精思，始信聖人之本簡易明白。其書止為一篇，原無經傳之分。格致本於誠意，原無缺傳可補。以誠意為主，而為致知格物之功，故不必增一『敬』字。」

按：陽明悟朱本大學為非、古本大學為是，即從悟朱子「格物致知」之說為非而來，所謂「原無經傳之分」，「原無缺傳可補」，「不必增一『敬』字」，皆針對朱本大學而言。陽明之訂古本大學即從此始矣。

錢德洪刻文錄叙述：「先生之學凡三變……居貴陽時，首與學者為『知行合一』之說……先生嘗曰：『吾始居龍場，鄉民言語不通，所可與言者，乃中土亡命之流耳。與之言知行之說，莫不忻忻有入。久之，並夷人亦翕然相向。及出與士夫言，則紛紛同異，反多扞格不入。何也？意見先入也。』」（王陽明全集卷四十一）

按：陽明悟「知行合一」，亦從悟朱子「格物致知」之說為非而來。蓋朱子之格物致知說乃將誠意（主敬）與格物（致知）分為二物（敬知雙修），將「知」與「行」分為二事（先知後行），故陽明悟其非而提出「知行合一」。陽明謂「格致本於誠意，原無缺傳可補。以

誠意為主，而為致知格物之功，故不必增一『敬』字」，即包含有「知行合一」之意，亦在批評朱子之「主敬」說也。

王陽明全集卷四與辰中諸生：「謫居兩年，無可與語者，歸途乃幸得諸友。悔昔在貴陽，舉知行合一之教，紛紛異同，罔知所入。」

按：與辰中諸生在陽明文集中，遺漏「悔昔在貴陽，舉知行合一之教，紛紛異同，罔知所入」數句，茲據錢德洪陽明先生年譜正德四年下所引此書補。

王畿集卷二十緒山錢君行狀：「君嘗記夫子之學有三變……貴陽以來，倡為知行合一之說，知行二字皆從功夫而言，真知乃所以為行，不行不足謂之知也。」

傳習錄卷上：「愛因未會先生『知行合一』之訓，與宗賢、惟賢往復辯論，未能決，以問於先生。先生曰：『試舉看。』愛曰：『如今人儘有知得父當孝、兄當弟者，却不能孝、不能弟，便是知與行分明是兩件。』先生曰：『此已被私欲

隔斷，不是知行的本體了。未有知而不行，只是未知。聖賢教人知行，正是安復那本體，不是着你只恁的便罷。故大學指個真知行與人看，說如好好色，如惡惡臭。見好色屬知，好好色屬行，只見那好色時已自好了，不是見了後又立個心去好；聞惡臭屬知，惡惡臭屬行，只聞那惡臭時已自惡了，不是聞了後別立個心去惡……就如稱某人知孝，某人知弟，必是其人已曾行孝行弟，方可稱他知孝知弟，不成只是曉得說些孝弟的話，便可稱為知孝弟……知行如何分得開？此便是知行的本體，不曾有私意隔斷的。聖人教人，必要是如此

第699頁

，方可謂之知；不然，只是不知。此卻是何等緊切着實的工夫！如今苦苦定要說知行做兩個，是甚麼意？某要說做一個是甚麼意？若不知立言宗旨，只管說一個兩個，亦有甚用？愛曰：古人說知行做兩個，亦是要人見個分曉，一行做知的功夫，一行做行的功夫，即功夫始有下落。先生曰：此卻失了古人宗旨也。某嘗說知是行的主意，行是知的功夫；知是行之始，行是知之成。若會得時，只說一個知已自有行在，只說一個行已自有知在。古人所以既說一個知又說一個行者，只為世間有一種人，懵懵懂懂的任意去做，全不解思惟省察，也只是個冥行妄作，所以必說個知，方纔行得是；又有一種人，茫茫蕩蕩懸空去思索，全不肯着實躬行，也只是個揣摸影響，所以必說一個行，方纔知得真。此是古人不得已補偏救弊的說話，若見得這個意時，即一言而足，今人卻就將知行分作兩件去做，以為必先知了然後能行，我如今且去講習討論做知的工夫，待知得真了，方去做行的工夫，故遂終身不行，亦遂終身不知。此不是小病痛，其來已非一日矣。某今說個知行合一，正是對病的藥。又不是某鑿空杜撰，知行本體原是如此。……」

第700頁

按：此條語錄為徐愛正德七年所記，然其所謂「先生『知行合一』之訓」，實即指陽明在貴州所立「知行合一」之教；所謂「某嘗說知是行的主意，行是知的功夫；知是行之始，行是知之成」，亦是指陽明在貴州所悟「知行合一」之說；所謂「今人卻就將知行分作兩件去做，以為必先知了然後能行」，即是隱批朱子「先知後行」之說。故此條實反映了陽明在貴州時所形成之「知行合一」思想，錢德洪將此條語錄放於正德四年之下，乃是也。

陽明自謂在龍場居夷處困，心有大悟，即所謂「龍場之悟」（龍場悟道）。然而究竟「悟」什麼，陽明因心有顧忌，一

向說得玄虛飄忽，神秘高妙，不落言筌；弟子錢德洪、黃綰輩跟着推波助瀾，越說越玄，不可捉摸，六百年來使人如墮五里雲霧中。乃至後世多以為「龍場之悟」即大悟「良知」，其說之謬，已不足辯（今人仍有信此說者）；今人每每論及「龍場之悟」仍多含混玄虛，不得要領。今茲綜合以上相關資料，「龍場之悟」之謎頓然可解矣：所謂「龍場之悟」，一言以蔽之，悟朱學（理學）之非、覺陸學（心學）之是之謂也。具體言之，「龍場之悟」包含三方面之「悟」：悟釋、老二氏之非，立儒家「簡易廣大」之心學；悟朱子向外格物之非（求理於物），立古本大學向內格物、自求於心之旨（

第701页

格心，吾性自足，天下之物本無可格）；悟朱子敬知雙修、先知後行之非，立「知行合一」之教。三「悟」中，悟朱子「格物致知」之非乃是「龍場之悟」之核心之「悟」：悟朱子「格物致知」之非，乃有古本大學之訂，否定朱本大學；悟朱子「格物致知」之非，乃有「朱子晚年定論」之說，對朱學似褒實貶，對陸學似貶實褒；悟朱子「格物致知」之非，乃有「知行合一」之教，否定朱子「先知後行」之說；悟朱子「格物致知」之非，乃棄釋、老二氏之說，歸本陸氏心學。三「悟」一氣豁然貫通，「理在吾心，不假外求」心學大旨立矣。蓋陽明早年學宋儒（朱子）格物之學；「格竹」失敗後，對朱子格物說產生懷

疑；弘治末立白沙「默坐澄心，體認天理」為座右銘，而於「理在吾心」、「心外無理」猶未達一間；直至在龍場，終悟朱子向外格物求理之非，堅信「理在吾心，不假外求」，「心即理」之心學由是立矣。故一言蔽之：「龍場之悟」者，心學之悟也。陽明「龍場之悟」之真正秘密，蓋在斯矣。

前引諸資料揭陽明龍場心學之悟已洞若觀火，茲再將有關「龍場之悟」之資料列於下，以資佐證：

席書元山文選卷五與王陽明書三：「春王正月稿，乃書戊午歲（弘治十年）在淮時所為。昨聽教及此，歸閱遺稿，宛有暗合陽明之意。竊謂此千百年紛紛之疑，以書一得之愚，無戾高明，信乎，古今天下此心此理本無二矣！」

第702页

陽明朱子晚年定論序：「守仁早歲業舉，溺志詞章之習。既乃稍知從事正學，而苦於衆說之紛撓疲薾，茫無可入，因求諸老、釋，欣然有會於心，以為聖人之學在此矣。然於孔子之教間相出入，而措之日用，往往缺漏無歸，依違往返，且信且疑。其後謫官龍場，居夷處困，動心忍性之餘，恍若有悟。體驗探求，再更寒暑，證諸五經、四子，沛然若決江河而放諸海也。然後嘆聖人之道坦如大路，而世之儒者妄開竇逕，蹈荊棘，墮坑塹，反出二氏之下，宜乎世之高明之士厭此而趨彼也，此豈二氏之罪哉！」

錢德洪陽明先生年譜：「先生在龍場時，疑朱子大學章句非聖門本旨，手録古本，伏讀精思，始信聖人之學本簡易明白。其書止為一篇，原無經傳之分。」

方獻夫西樵遺稿卷七祭王陽明文：「嘗歷仙、釋，而後沛然一歸於正，自謂得於龍場之謫。」

席書送別王守仁序：「陽明早歲學道未得，去而學仙，因靜久而自覺其失，悟朱、陸不決之疑，直宗濂、洛，上泝孔、孟大中之道，恍若有得，固方升而未艾也。」

陽明先生遺言録：「……某十五六歲時，便有志聖人之道，但於先儒格致之説若無所入，一向姑放下了。一日寓書齋，對數

莖竹，要格他理之所以然，茫然無可得……。於是又放情去學二氏，覺得二氏之學比之吾儒反覺徑捷，遂欣然去究竟其説。後至龍場，又覺二氏之學未盡。履險處危，困心衡慮，又豁然見出這頭腦來，真是痛快，不知手舞足蹈。此學數千百年，想是天機到此，也該發明出來了。」（按：此條又見續傳習録）

傳習録卷上：「蕭惠好仙、釋，先生警之曰：『吾亦自幼篤志二氏，自謂既有所得，謂儒者為不足學。其後居夷三載，見得聖人之學若是其簡易廣大，始自嘆悔錯用了三十年氣力。大抵二氏之學，其妙與聖人只有毫釐之間。』」

王陽明全集卷二十一答人問神仙：「詢及神仙有無，兼請

其事，三至而不答；非不欲答也，無可答耳。昨令弟來，必欲得之。僕誠生八歲而即好其説，今已餘三十年矣。齒漸搖動，髮已有一二莖變化成白，目光僅尺，聲聞函丈之外，又常經月臥病不出，藥量驟進，此殆其效也。而相知者猶妄謂之能得其道，足下又妄聽之而以詢。不得已，姑為足下妄言之：古有至人，淳德凝道，和於陰陽，調於四時，去世離俗，積精全神，遊行天地之間，視聽八遠之外，若廣成子之千五百歲而不衰，李伯陽歷商、周之代，西度函谷，亦嘗有之。若是而謂之曰無，疑於欺子矣。然則呼吸動靜，與道為體，精骨完久，禀於受氣之始，此殆天

之所成，非人力可強也。若後世拔宅飛昇，點化投奪之類，譎怪奇駭，是乃秘術曲技，尹文子所謂『幻』，釋氏謂之『外道』者也。若是而謂之曰有，亦疑於欺子矣。夫有無之間，非言語可況。存久而明，養深而自得之；未至而強喻，信亦未必能及也。蓋吾儒亦自有神仙之道，顏子三十二而卒，至今未亡也，足下能信之乎？後世上陽子之流，蓋方外技術之士，未可以為道。若達磨、慧能之徒，則庶幾近之矣，然而未易言也。足下欲聞其説，須退處山林三十年，全耳目，一心志，胸中洒洒不掛一塵，而後可以言此，今去仙道尚遠也。妄言不罪。」按陽明八歲始好佛老，

浙江大学古籍研究所

往下推三十年，正在正德四年在龍場驛時，可見此答人問神仙即作在正德四年中（原題下注「戊辰」作乃誤）。此文乃是陽明「龍場之悟」（悟仙釋之非）之最好證據，可見其「龍場之悟」並不徹底，對仙釋二氏猶在疑信、有無之間，故說得含混兩可，莫知其真意。其後終其一生，陽明亦未能從此疑信有無兩可之境超拔而出。

閏九月，陞廬陵知縣。

憲章類編卷三十九：「正德四年閏九月，陞龍場驛丞王守仁為廬陵知縣」。

按：錢德洪陽明先生年譜將陽明陞廬陵知縣定在正德五年春，乃誤。又後世皆以為劉瑾伏誅以後陽明始復用，亦誤。按劉瑾伏誅在正德五年八月，正德四年閏九月之

時亦方劉瑾炙手可熱、奴豕大臣之際，如何會起用陽明？且正德元年罷免、貶謫大臣有五十三人之多，皆在正德五年八月劉瑾伏誅以後才復用，何以獨有陽明一人在劉瑾下獄伏誅之前忽被起用？殊不可解。席書稱是「適天子詔起言士，陽明復有廬陵之行」（送別王守仁序），值得注意。按正德四年九、十月之時，大臣被謫已三年，按例亦可陸續起用，而其時地震、天象災變迭起，武宗慄慄危懼，被迫下詔求言，起用「言士」；而陽明在五十三名「言士」中又本不過是態度最「溫和」者（乞宥言官），時又以勸說安貴榮出兵平阿賈、阿札亂而立功，為朝廷所注目。故遂

作為合適人選被武宗看中，以「言士」起復，蓋亦不過是粉飾敷衍之舉也。

十月，序定五經臆說。

王陽明全集卷二十二五經臆說序：「得魚而忘筌，醪盡而糟粕棄之。魚、醪之未得，而曰是筌與糟粕也，魚與醪終不可得矣。五經，聖人之學具焉。然自其已聞者而言之，其於道也，亦筌與糟粕耳。竊嘗怪夫世之儒者求魚於筌，而謂糟粕之為醪也。夫謂糟粕之為醪，猶近也，糟粕之中而醪存；求魚於筌，則筌與魚遠矣。龍場居南夷萬山中，書卷不可携，日坐石穴，默記舊所讀書而錄

之。意有所得，輒為之訓釋。期有七月而五經之旨略遍，名之曰臆說。蓋不必盡合於先賢，聊寫其胸臆之見，而因以娛情養性焉耳。則吾之為是，固又忘魚而釣，寄興於麴糵，而非誠旨於味者矣。嗚呼！觀吾之說而不得其心，以為是亦筌與糟粕也，從而求魚與醪焉，則失之矣。夫說凡四十六卷，經各十，而禮之說尚多缺，僅六卷云」。

王陽明全集卷二十六五經臆說十三條。

錢德洪五經臆說十三條序：「師居龍場，學得所悟，證諸五經，覺先儒訓釋未盡，乃隨所記憶，為之疏解。閱十

有九月，五經略遍，命曰臆說。既後自覺學益精，工夫越簡易，故不復出以示人。洪嘗乘間以請，師笑曰：『付秦火久矣。』洪請問，師曰：『只致良知，雖千經萬典，異端曲學，如執權衡，天下輕重莫逃焉，更不必支分句析，以知解接人也。』後執師喪，偶於廢稿中得此數條，洪竊錄而讀之，乃嘆曰：『吾師之學，於一處融徹，終日言之不離是矣。即此以例全經，可知也。』

按：序稱「期有七月」，則當作在正德四年十月，原題下注「戊辰」作，顯誤。又序云禮說尚多缺，僅有六卷，何以序之？蓋其時已將陞廬陵知縣而去，無暇再作，故序定

此書也。按黃綰云陽明「以所記憶五經之言證之，一一相契，獨與晦庵註疏若相抵牾，恒往來於心，因著五經臆說」，錢德洪亦謂陽明「學得所悟，證諸五經，覺先儒訓釋未盡，乃隨所記憶，為之疏解」，可見陽明五經臆說乃是其「龍場之悟」之產物，即悟朱學之非而作五經臆說，書中所批評之「世之儒者」、「先儒」，即指朱熹，其後來終于未敢將此書刊刻行世而卒付之一炬，其真實原因實在此也。

監察御史劉寓生將歸京，有詩贈別。

王陽明全集卷十九贈劉侍御：「蹇以反身，困以遂志。今日患難，正閣下受用處也。知之，則處此當自別。病筆不能多及，然其餘亦無足言者，聊次韻。某頓首，劉侍御大人契長。

相送溪橋未隔年，相逢又過小春天。憂時敢負君臣義？念別羞為兒女憐。道自升沉寧有定，心存氣節不無偏。知君已得虛舟意，隨處風波只晏然。」

按：「劉侍御」即劉寓生。「小春天」（農曆十月），則作在十月。所謂「相送溪橋未隔年」，指陽明七月來貴陽城嘗與劉寓生有一見；所謂「相逢又過小春天」，指陽明十月小陽春又來貴陽相見送別。劉寓生時以御史來按貴州，鄂爾泰貴州通志卷十七：「巡按御史，正德，劉寓生，石首人。」光緒荊州府志卷十九：「劉寓生，字奇進，弘治乙丑進士

，選庶吉士，與湛若水、穆孔暉講明性學。拜監察御史，抗直敢言，以忤逆瑾免。嘉靖初，起福建僉事，致仕歸，杜門如寒素。」明詩紀事丁籤卷十：「劉寓生，字奇進，石首人。弘治乙丑進士，選庶吉士。改御史，以忤劉瑾免歸。起福建僉事。儼山詩話：『同年劉奇進，在同館中最年少，疏宕有美質。試聞雁詩，奇進立就，曰：「秋至人間增客思，況聞秋雁過皇都。數聲到枕頻驚夢，幾度穿雲不受呼。自惜短翎驚歲月，可憐寒影遍江湖。海天愁鬢那堪汝，故國音書知到無？」衆皆嘆賞。檢討汪器之曰：「詩甚佳，須作御史耳。寒影遍江湖，非御史何官也？」後竟

授御史，出按貴州，為權奸所誣，幸不死。」（見儼山集卷二十五詩話）劉寓生刷卷貴州，得罪上司，與僉事陸健忿爭，處境凶險，卒被劾下錦衣獄，故陽明詩序以「蹇以反身，困以遂志」勸之。明武宗實録卷五十九：「正德五年正月丙戌，御史劉寓生刷卷貴州，多所淩忽鎮巡及二司官，因暴其短，僉事陸健至與忿爭，遂為偵事者所奏，逮繫錦衣獄，枷於門外數日。得釋，黜為民。時劉瑾方務羅織，而寓生年少浮薄，亦有以取之。」國㩁卷四十八：「正德五年正月丙戌，監察御史劉寓生刷卷貴州，淩忽臺司，相搆，偵校發之，下錦衣獄，械吏部門，削籍。」

十二月，離貴陽赴廬陵知縣任，席書作序送之。

席書送別王守仁序：「予少志學，始分於舉業，繼奪於仕進，優游於既壯之時。每誦考亭之訓，從事於格物致知，如泛舟渤海，莫知津岸，嘆曰：我馬踣矣，我僕痡矣，吾弗能進於斯矣。聞古人有以文章擅聲，有以事業名時，流光餘韻，至今逼人耳目，吾將事此以老吾生矣。茲又數年，文章未名，事功未樹，神氣日昏日塞，如木强人矣。今年董學貴陽，適陽明王伯安先生以言謫丞龍場驛，延諸文明書院，以師後學……曰親所學，正而不迂，方而不泥，通而不俗。推萬變，而不出一心；探幽賾，而不遠人事。歷試其餘，禮樂文物，天文律曆，皆歷歷如指其掌，究其要切，喜怒哀樂已發未發之間，尤致力焉，蓋學先於大而自率其小者耳。嗚呼！道自孟氏絕傳，寥寥千載，至濂、洛出，而開扃啟户，傳授入道之途，曰靜，曰一，已有程度。龜山親授程門，再傳而豫章、延平，從事於斯，卒有所入。至朱、陸二氏，各分門户。當時門人，互逞辨爭，從陸者目為禪會，從朱者謂為支離。道至是而一明，亦至是而一晦……予觀

歷代文運，必積百餘年而後有大儒，如董如韓，如周如程出，當一代之盛。國家百四十餘年，守道不回，如吳康齋、薛河東，清騷自得如陳白沙，則有矣；未有妙契濂、洛之傳，足當太平文運之盛意者，有待於今歟？陽明闡予之說，將能自已其所至歟？予方深懲往昔，且恨遘晤之晚，適天子詔起言士，陽明復有廬陵之行，予能忍於一別乎？夫君子不愛身之不遇，而愛道之無傳，遇不遇有命，傳不傳在人。會稽之間，有與陽明友者，徐愛輩其人也；有從陽明遊者，蔡宗兗輩其人也。予雖未得相從二三子於陽明山麓，或詠或游，以追舞雩之趣

，然而意氣相感，已神會於浙海之隅矣。幸相與鞭勵斯道，無負天之所以與我者，此固陽明之心也，無亦諸君之願歟？」（嘉靖貴州通志卷十一，元山文選卷一）

與書院諸生別於城南蔡氏樓，有詩咏懷。

王陽明全集卷二十九將歸與諸生別於城南蔡氏樓：「天際層樓樹杪開，夕陽下見鳥飛回。城隅碧水光連座，檻外青山翠作堆。頗恨眼前離別近，惟餘他日夢魂來。新詩好記同遊處，長掃溪南舊釣臺。」

門人送至龍里道中，有別詩。

王陽明全集卷二十九諸門人送至龍里道中二首：「蹊路高低入亂山，諸賢相送愧閑關。溪雲壓帽兼愁重，峰雪吹衣著鬢斑。花燭夜堂還共語，桂枝秋殿聽躋攀。（躋攀之說甚陋，聊取其對偶耳）相思不用勤書札，別後吾言在訂頑。　雪滿山城入暮天，歸心別意兩茫然。及門真愧在陳日，微服還思過宋年。樽酒無因還歲晚，緘書有雁寄春前。莫辭秉燭通宵坐，明日相思隔隴煙。」

按：「龍里」即龍里衛，在貴陽東不遠。「諸門人」即陽明與貴陽書院諸生書中所言諸生：張時裕，何子佩，越文實，鄒近仁，范希夷，郝升之，汪源銘，李惟善，陳良臣，湯伯元，陳宗魯，葉子蒼，易輔之，詹良臣，王世臣，袁邦彥，李良臣，高鳴鳳，何遷遠，陳壽寧。（見下）今可考者如下：

陳文學。鄂爾泰貴州通志卷十八：「陳文學，字宗魯，貴陽人。究心理學，少事王守仁。正德丙子鄉舉，知耀州，調簡，不赴。旋里杜門，不預世事，靜對聖賢，或臨古帖，或與客談詩論文，隨意所適，恬如也。自耀歸，日者言歲將不利，乃預作五粟先生誌，五粟，其號也。後二十餘年，始疾，客問之，對曰：『別矣，善自愛。』客去，危生而逝。所著有耀歸存稿、餘生續稿、孏簃閑錄。」

湯冔。鄂爾泰貴州通志卷十八：「湯冔，字伯元，貴陽人陽。年十四失恃，繼母韓，性嚴重，弟邦、鼎皆亡去，唯冔侍以孝，卒致其慈。王守仁謫龍場，冔師事之。正德辛巳成進士，歷官南户部郎，出守潮州。潮劇郡，政事裁決如流，監税租不一指染。縉紳請托不行，有讀者則糊刺堂壁，以媿絶之。人由此銜冔，甫三月，改肇昌。未幾，中飛語歸。其在任思親，有「腸斷九迴情獨苦，仕逾十載養全貧」之句。傷二弟出亡，時時物色，得邦於普城，求鼎不得，終身以為大戚。暮年以詩自娱，所著有逸老閑録、續録。卒，年八十一。子克俊，孫師頊、師炎、師萃、師黄，曾孫景明、景暾，先後登科甲。」明清進士録：「湯冔，正德十六年三甲二百零七名進士。」

葉梧。鄂爾泰監修貴州通志卷二十六：「舉人，正德癸酉科，葉梧，宣慰司人，第二名，官知州。」

李良臣。鄂爾泰監修貴州通志卷二十六：「進士，乙丑科范應期榜，李良臣，普安人，官參政。」

越文實。即越榛，曹軒妹婿，見蜀府伴讀曹先生墓志銘。

贈詩別陳文學。

王陽明全集卷二十九贈陳宗魯：「學文須學古，脱俗去陳言。譬若千丈木，勿為藤蔓纏。又如崑崙派，一瀉成大川。人言古今異，此語皆虛傳。吾苟得其意，今古何異焉。子才良可進，望汝師聖賢。學文乃餘事，聊云子所偏。」

至鎮遠府，有書與詩寄貴陽諸生。

陽明與貴陽書院諸生書：「書一：祥兒在宅上打攪，早晚可戒告，使勿胡行為好。寫去事可令一一為之。諸友至此，多簡慢，見時皆可致意。徐老先生處，可特為一行拜意。朱克相兄弟，亦為一問，致勉勵之懷。餘諒能心照，不一一耳。守仁拜，惟善秋元賢契。 書二：別時不勝淒惘，夢寐時尚在西麓，醒來却在數百里外也。相見未期，努力進修，以俟後會。即日已抵鎮遠，須臾放舟行矣。相去益遠，言之慘然。書院中諸友不能一一書謝。守仁頓首，張時裕、何子佩、越文實、鄒近仁、范希夷、郝升之、汪源銘、李惟善、陳良臣、湯伯元、陳宗魯、葉子蒼、易輔之、詹良臣、王世臣、袁邦彥、李良臣列位秋元賢友，不能盡列，幸意諒之。 高鳴鳳、何遷遠、陳壽寧勞遠餞，別為致謝，千萬千萬！

書三：行時聞范希夷有恙，不及一問，諸友皆不及相別。出城時，遇二三人於道傍，亦忽忽不暇詳細，皆可為致情也。所買錫，可令王祥打大碗四個，每個重二斤，須要厚實大樸些方可，其餘以為蔬楪。粗磁碗買十餘，水銀擺錫筯買一二把。觀上內房門，亦須為之寄去鹽四斤半，用為醬料。朱氏昆季亦為道意。閻真士甚憐，其客方臥病，今遣馬去迎他，可勉强來此調理。梨木板可收拾，勿令散失，區區欲刊一小書故也，千萬千萬！近仁、良臣、文實、伯元諸友均此見意，不盡列字也。惟善賢秋元，汪源銘合枳朮丸乃可，千萬千萬！仁白。」（一三書見裴景福壯陶閣書畫録卷十明王陽明倪鴻寶手札合卷，潘正煒聽颿樓續刻書畫記卷下，陽明文集失載）

按：細審此三書，在時間順序上顛倒。書三云「行時」，「出城時」，乃指出貴陽城，時王祥（陽明家僮，見王陽明全集卷二十六寄正憲男手墨二卷）猶在貴陽「打大碗」云云，尚未來附舟隨陽明同行，故是書時間最早。書一仍

云「祥兒在宅上打攪，早晚可戒告」，「寫去事可令一一為之」，即指書三所云「可令王祥打碗四個」諸事，時王祥仍未來附舟行，故此書一應在書三以後。至書二云「已抵鎮遠」，乃是至鎮遠府所作，時已在十二月下旬。尤可注意者，書三云「梨木板可收拾，勿令散失，區區欲刊一小書故也」，此「小書」疑即五經臆説，其於十月序定五經臆説，蓋即有意刊刻此書故也。

按錢德洪陽明先生年譜附録一云：「嘉靖十三年五月，巡按貴州監察御史王杏建王公祠於貴陽……門人湯哻、葉梧、陳文學等數十人請建祠以慰士民之懷，乃為贈

白雲庵舊址立祠，置贍田以供祀事。」是陽明在貴陽弟子有數十人之多，來送陽明之弟子非止書中言及諸人，故陽明云「不盡列字也」。

王陽明全集卷二十九醉後用燕思亭韵：「萬峰攢簇高連天，貴陽久客經徂年。思親謾想斑衣舞，寄友空歌伐木篇。短鬢蕭疏夜中老，急管哀絲為誰好？斂翼樊籠恨已遲，奮翮雲霄苦不早。緬懷冥寂巖中人，蘿衣薜佩芙蓉巾。黃精紫芝滿山谷，採石不愁倉囷貧。清溪常伴明月夜，小洞自報梅花春。高閑豈説商山皓，綽約真如藐姑神。封書遠寄貴陽客，胡不來歸浪相憶？記取青松澗底枝

，莫學楊花滿阡陌。」

按：陽明此詩乃用宋馬存燕思亭韵。宋藝圃集卷十三著録馬存燕思亭：「李白騎鯨飛上天，江南風月閑多年。縱有高亭與美酒，何人一斗詩百篇？主人定是金龜老，未到亭中名已好。紫蟹肥時晚稻香，黃雞啄處秋風早。我憶金鑾殿上人，醉著宮錦烏角巾。巨靈擘山洪河竭，長鯨吸海萬壑貧。如傾元氣入胸腹，須臾百媚生陽春。讀書不必破萬卷，筆下自有鬼與神。我曹本是狂吟客，寄語溪山莫相憶。他年須是襄陽兒，再上銅鞮滿街陌。」陽明醉中作此詩（及書），乃隱然自比為狂吟客太白矣。

詩云：「封書遠寄貴陽客，胡不來歸浪相憶？」可見此詩乃是寫寄貴陽諸生，而所謂「封書」，當指其在鎮遠府所寄貴陽諸生一書（即前引寄貴陽書院諸生書（二）），蓋陽明在途寄書給貴陽諸生唯此一次。可見此詩當是同寄貴陽書院諸生書（二）一起在鎮遠所寄。燕思亭在鎮遠府，中題有馬存燕思亭詩，故陽明得用其韻也。

除夕，進入湖南境，舟中有詩感懷。

王陽明全集卷十九舟中除夕二首：「其一：扁舟除夕尚窮途，荊楚還憐俗未殊。處處送神懸楮馬，家家迎歲換新符。江醪信薄聊相慰，世路多岐謾自吁。白髮頻年傷遠別，彩衣何日是庭趨？　其二：遠客天涯又歲除，孤航隨處亦吾廬。也知世上風波滿，還戀山中木石居。事業無心從齒髮，親交多難絶音書。江湖未就新春計，夜半樵歌忽起予。」

按：詩云「荊楚還憐俗未殊」，乃是入湖南境所見，而「舟中」則當是在沅水之上矣。

一五一〇年　正德五年　庚午　三十九歲

春正月，過溆浦，夜泊溆浦山，有詩咏新春。

王陽明全集卷十九溆浦山夜泊：「溆浦山邊泊，雲間見驛樓。灘聲迴遠樹，崖影落中流。柳放新年綠，人歸隔歲舟。客途時極目，天北暮陰愁。」

按：詩原作「淑浦」，乃誤。

過辰溪江門崖，有詩咏懷。

王陽明全集卷十九過江門崖：「三年謫宦沮蠻氛，天放扁舟下楚雲。歸信應先春雁到，閑心期與白鷗群。晴溪欲轉新年色，蒼壁多遺古篆文。此地從來山水勝，它時回首憶江門。」

過辰州，居龍興寺，與辰中諸生靜坐講學，語學者性體悟入之功。

錢德洪陽明先生年譜附録一：「門人徐珊建虎溪精舍於辰州，祀先生。精舍在府城隆興寺之北。師昔還自龍場，與門人冀元亨、蔣信、唐愈賢等講學於龍興寺，使靜坐密室，悟見性體。」

錢德洪陽明先生年譜：「語學者悟入之功。先是先生赴龍場時，隨地講授。及歸過常德、辰州，見門人冀元亨、蔣信、劉觀時輩俱能卓立，喜曰：「謫居兩年，無可與語者，歸途乃幸得諸友。悔昔在貴陽舉知行合一之教，紛紛異同，罔知所入。茲來乃與諸生靜坐僧寺，使自悟性體，顧恍恍若有可即者。』……」

按：錢德洪所引此段，原在陽明與辰中諸生中，然今王陽明全集卷四中與辰中諸生恰刪去此至關重要之一段話，匪夷所思。蓋靜坐自悟性體，仍不脫釋、道之習，陽明（或錢德洪）乃有意隱去此一段耶？、錢德洪陽明先生年譜於此之最大失誤，乃在含混言「歸過常德、辰州」，遂將陽明在辰州龍興寺講學與在常德潮音閣講學二事混淆為一。如冀元亨、蔣信、劉觀時等人乃是陽明在常德武陵潮音閣講學時來受學（見下），與辰州龍興寺講學無涉（均非「辰中諸生」）；而來辰州龍興寺講論學之「辰中諸生」，則為唐愈賢、唐諭、蕭璆、楊子器及王世隆、吳伯詩、張明卿、董道夫、湯伯循、董粹夫、李秀夫、劉易仲、田叔中等千餘人（見下），錢德洪均不言及，遂使陽明於常德武陵潮音閣講學一事湮沒無聞。

第719頁

王陽明全集卷四與辰中諸生：「前在寺中所云靜坐事，非欲坐禪入定。蓋因吾輩平日為事物紛拏，未知為己，欲以此補小學收放心一段工夫耳。明道云：『纔學便須知有著力處。』諸友宜於此處著力，方有進步，異時始有得力處也。」

按：此是陽明事後解釋，與其在龍興寺教諸生「靜坐密室，悟見性體」、「靜坐僧寺，使自悟性體」原意不合。

鄒守益集卷七辰州虎谿精舍記：「陽明夫子自會稽謫龍場，道出辰陽。辰陽之勝，曰虎谿山寺，世稱二十六洞天。因宿僧舍彌月。有古松甚奇，大書其軒曰『松雲』，復留詩於壁。一時從遊諸彥，如唐柱史諭、蕭督學璆，千餘人切磋正學，剖剝群淆，若衆鳥啾啾，獲聞威鳳鳴也。嗣是大酉王憲副世隆題所寓曰『思賢堂』，東橋顧中丞璘載諸通志。」

按：鄒守益謂陽明在龍興寺講學彌月，有千餘人切磋學問，蓋可謂陽明生平一次人數最多、時間最長之講會矣。陽明寓居講學乃在隆興寺憑虛樓，乾隆辰州府志卷二十九：「王守仁……量移廬陵知縣，歸途過辰溪，遊大酉山鍾鼓洞，題詩於石。旋至辰州，喜郡人士樸茂，質與道近，因留虎溪隆興寺，寓憑虛樓彌月。與武陵蔣信往來講論，沅陵唐愈賢從之遊，劉觀時、王嘉秀諸人咸執贄受學焉。」鄒守益所言當得自王世隆

第720頁

王世隆，後為湛若水門人，早年問學於陽明，記有陽明在龍興寺講學語錄（見下），尤有價值也。

羅洪先集卷四辰州虎溪精舍記：「陽明先生三年赦歸，道出辰州，憩龍興寺，久之，題詩壁乃去。困極愈亨，卒能明絕學於天下……學者遂思慕之，凡所經歷者，皆特祠設位，而在龍興寺後者，曰虎溪精舍……又西而南，曰修道堂，堂之上為好景樓，其後為思賢祠，則先生位在焉……其東稍前為見江軒，中為松雲軒，軒前多奇松，年甚古，有先生手扁字……入由寺右，有虎溪別院。名祠蓋取諸王大函憲副所扁先生寓舍。自堧以內，樓閣

第721页

軒居盡取先生題壁之語。其指畫區措，則同知某君也。（按：徐珊）君事先生最久，自謫所有片言，皆謹錄而傳之。」

湛若水泉翁大全集卷七十六金陵答問：「往時陽明先生在辰州龍興寺講學，時世隆與吳伯詩、張明卿、董道夫、湯伯循、董粹夫、李秀夫、劉易仲、田叔中俱時相從，每講坐至夜分。一夕講及好色者，眾咸曰：吳伯詩、張明卿恐難免此。先生曰：若一向這裏過來，忽然悔悟，亦自決烈；若不曾經過，不能謹守，一旦陷入裏面，往往多不能出頭。嘗見前輩有一二人，平時素稱不飲酒，

不好色，後來致仕家居，偶入妓者家飲酒，遂至傾家資與之，至老無所悔。此亦是不曾經過，不能謹守之故也。以此知人於此須是大段能決裂謹守，乃可免此耳。」

卷七十七金臺答問錄：「隆問陽明先生曰：神仙之理恐須有之，但謂之不死則不可。想如程子修養引年者，則理或然耳。先生曰：固然。然謂之神仙須不死，死則非神仙矣。隆聞此語時，先生年已三十九矣。

吳伯詩問陽明先生：尋常見美色，未有不生愛戀者，今欲去此念未得，如何？先生曰：此不難，但未曾與著實思量其究竟耳。且如見美色婦人，心生愛戀時，便與思曰：此人

第722页

今日少年時雖如此美，將來不免老了，既老則齒脫髮白面皺，人見齒脫髮白面皺老嫗，可生愛戀否？又為思曰：「此人不但如此而已，既老則不免死，死則骨肉臭腐蟲出，又久則蕩為灰土，但有白骨枯髏而已，人見臭腐枯骨，可復生愛戀否？」如此思之，久久見得，則自然有解脫處，不患其生愛戀矣。」

陽明先生寓辰州龍興寺時，主僧有某者方學禪定，問先生。先生曰：禪家有雜、昏、惺、性四字，汝知之乎？僧未對，先生曰：初學禪時，百念紛然雜興，雖十年塵土之事，一時皆入心內，此之謂雜；思慮既多，莫或主宰，則一向昏了，此之謂

昏；昏憒既久，稍稍漸知其非，與一一磨去，此之謂惺；塵念既去，則自然裏面生出光明，始復元性，此之謂性。」僧拜謝去。

按：以上數則語録，乃王世隆所記，大致可見陽明在龍興寺與辰中諸生講學之況。

湖廣參議楊子器來龍興寺論學，有詩題壁。

王陽明全集卷十九辰州虎溪龍興寺聞楊名父將到留韵壁間：「杖藜一過虎溪頭，何處僧房是惠休？雲起峰頭沈閣影，林疎地底見江流。煙花日暖猶含雨，鷗鷺春閑欲滿洲。好景同來不同賞，詩篇還為故人留。」

按，明武宗實録卷四十六：「正德四年九月辛丑，陞吏部郎中楊子器為湖廣布政司右參議……正德五年二月甲辰，陞湖廣布政司參議楊子器為福建按察司副使。」觀詩意，似是楊子器來龍興寺送別陽明，蓋亦預講會矣。

陽明在虎溪龍興寺講學，來講會者千餘人，今多不能考。茲可考知者如下：

唐愈賢。乾隆辰州府志卷三十八：「唐愈賢，字子充，號萬陽，沅陵人。中正德己卯解元，嘉靖丙戌進士。幼聰慧，長有大志。陽明先生過沅陵，寓虎溪，日從之遊。又往從之學，充然有得。修業桃溪山中，久之。□任寧海知縣，士民德之，為祠以祀。擢廣東道御史，劾奸黨，抗言時政，不合，乞養歸。其弔岳武穆詩，有奸諛何代無秦相之句，寄慨深矣。家居，喜與門人論學。其卒也，召親友環坐中堂，對食盡歡，自歌而逝。」

唐詡。方志中稱唐詡為江西新淦人。鄒守益記文稱其為柱史（御史），按鄒守益此文作於嘉靖二十年，則唐詡任御史在二十年前後。傳習録卷上著有唐詡問一條語録：「唐詡問：『立志是常存個善念，要為善去惡否？』曰：『善念存時，即是天理。此念即善，更思何善？此念非惡，更去何惡？此念如樹之根芽，立志者長立此善念而已。從心所欲，不踰矩，只是志到熟處。』」乃是正德九年陽明任南京鴻臚寺卿時所記，可見唐詡多來問學於陽明。

蕭璆。乾隆辰州府志卷三十六：「蕭璆，字子鳴，號雲磬，沅陵人。少有才華，精文翰。中正德己卯鄉舉，嘉靖癸未進士。授吏部主事，典試中州，督學黔省，為士模範。告歸，養二親盡孝，暇與門人講性命之旨，析理分明。年未四十卒，士人惜之。」錢德洪陽明先生年譜嘉靖三年下有云「蕭璆來自湖廣」。

王世隆。乾隆辰州府志卷三十六：「王世隆，辰州衛人。少英敏强記，為文援筆立就。年十七，中正德丁卯舉人，嘉靖丙戌進士。授刑部主事，讞議精詳，多所平反。歷陞貴州副使，有風裁。既歸，搆大酉妙華書院，集諸生講業其中，湛甘泉為銘其堂。著有洞庭龍集行世。」

劉觀時。乾隆辰州府志卷三十六：「劉觀時，字易仲，沅陵人，郡庠生。王文成公寓辰州，日從之遊。聞致良知之學，遂往師之，得其奥妙，陽明作見齋說以遺之。潘棠、蕭璆皆推轂焉。為人剛方正直，一切聲華勢利淡如也。學者稱為『沙溪先生』。」

王晉叔。按陽明先生文録卷一有與王晉叔三書，均作於正德八年。其書三云：「劉易仲（即劉觀時）來，備道諸友（按：按：指辰州王晉叔等一班學子諸生）相念之厚……薄德亦何所取，皆諸友愛望之過也……路遠，無由面扣。易仲去，略致鄙懷，所欲告於諸友者，易仲當亦能道其大約。」劉觀時為辰州人，所謂「諸友」即指正德五年來龍興寺問學之一班辰州學子。由此可見王晉叔為辰州人，當亦是來龍興寺問學時與陽明相

第724-2页

識。

王嘉秀。乾隆辰州府志卷三十六：「王嘉秀，字實夫，沅陵人。當王文成公自龍場歸時，慨然從學。其後隨之上下，文成為書其請益卷。嘉秀嘗問仙佛，以出離生死，長生久視，誘人入道。後世儒者分裂失真，流為記誦詞章之學，以功利相尚，反不及二氏之超然無累。學者且不必先排仙佛，但當篤志聖人，則仙佛自泯。文成甚許之。」

吴鶴。乾隆辰州府志卷三十六：「同時又有吴鶴者，盧溪人，文成公高弟也。文成歸時，講學虎溪，鶴從之遊，亦得聞其學。貢生文徵遠為之傳。」乾州廳志人物儒行：「吴鶴，乾州陳鄉宿儒也。樂道自守，聞王陽明講學虎溪，心羡之，負笈從遊。與長州董道夫諸賢親炙，得致良知之學。」按吴鶴為苗族儒士，後隨陽明往盧陵再受教。錢德洪陽明先生年譜正德十三年下亦云：「門

第725页

人『吳鶴……皆講聚不散』。

二月，至常德，居武陵潮音閣，有書致辰中諸生。

王陽明全集卷四與辰中諸生：「謫居兩年，無可與語者。歸途乃得諸友，何幸何幸！……方以為喜，又遽爾別去，極怏怏也。絕學之餘，求道者少，一齊衆楚，最易搖奪。自非豪傑，鮮有卓然不變者。諸友宜相砥礪夾持，務期有成。近世士夫亦有稍知求道者，皆因實德未成而先揭標榜，以來世俗之謗，是以往往隳墮無立，反為斯道之梗。諸友宜以是為鑒，刊落聲華，務於切己處著實用力。

前在寺中所云靜坐事，非欲坐禪入定……『學要鞭辟近裏著己』，『君子之道闇然而日章』，『為名與為利，雖清濁不同，然其利心則一』，『謙受益』，『不求異於人，而求同於理』，此數語，宜書之壁間，常目在之。舉業不患妨功，惟患奪志。只如前日所約，循循為之，亦自兩無相礙。所謂知得灑掃應對，便是精義入神也。」

按：陽明文集於此書題下注「己巳」作，乃誤。又錢德洪陽明先生年譜引陽明此書，多「悔昔在貴陽舉知行合一之教，紛紛異同，罔知所入。茲來乃與諸生靜坐僧寺，使自悟性體，顧恍恍若有可即者」一大段。今細審錢德洪陽明先生年譜正德五年下所叙，發現原來陽明乃是兩與辰中諸生書，自「謫居兩年」到「務於切己處著實用力」為第一書；自「前在寺中所云靜坐者」到「便是精義入神也」為第二書。或是欲為師諱，錢德洪乃將自「悔昔在貴陽」至「若有可即者」一段刪去，而將兩書并為一書。實則前一書肯定靜坐，後一書否定靜坐，重作解說，前後說不同，斷非一書也。

在潮音閣講學二句，蔣信、冀元亨、文澍、劉觀時、杜世榮、王文鳴、胡珊、劉轍、楊礿、楊琥、何鳳韶、唐演、龍起霄、龍翔霄衆多武陵士子皆來受學。

柳東伯貴州等處提刑按察司副使蔣公信行狀：「正學先生蔣公諱信，字卿實，號道林……太守文橘庵為比隣……年二十五，始與同郡冀闇齋公元亨論學……一日，論大學，先生曰：『知止，當是識仁體。』冀公躍然而起曰：『如此，則定靜安慮，即是以誠敬存之。』蓋先生無所師授，只於魯論及定性、西銘二書潛心玩索，意有所會；而冀公喜看西銘，故不覺一時契合如此。五年庚午，陽明先生赴謫龍場（歸），寓郡西潮音閣，有醫杜仁夫者，攜其復春詩卷以謁，先生嘗題絕句云：『安排必定非由我，變理從來自屬人。堪嘆世人渾不解，九環丹裏苦偷生。」陽明先生一見，驚以為奇，遂因杜氏偕闇齋見之。陽明後語冀曰：「如卿實，便可作顏子矣。」」（國朝獻徵錄卷一百零三）

張怡玉光劍氣集卷十三理學：「文成謫龍場時，過常德。蔣督學信，字道林，以詩謁之，云：「安排畢竟非由我，變理從來自屬人。堪笑世人渾不識，九還丹裏苦偷生。」文成一見，驚曰：「此人有志。」後於靜坐中，悟得萬物一體，呼吸痛痒，全無間隔，乃知明道廓然大公，與萬物平等是如此。」

蔣信鄉進士冀闇齋先生元亨墓表：「歲正德庚午，陽明子赴謫道常，與某同請見而師拜之，遂落裝從之廬陵。逾年，聞其學以歸。」（國朝獻徵錄卷一百十）

蔣信蔣道林先生文粹卷五明貢士劉沙溪先生墓志銘：「予自正德庚午拜陽明先生於吾郡之潮音閣，即聞辰陽有劉陽仲者，在謁拜諸子中英發迥異。陽明子出伊洛淵源錄示之，輒請手抄焉。越一年，得其手簡於吾友冀闇齋，又見其意趣高遠，將必求為古聖賢之業，視今世利祿文詞之習，弗屑也。尋裹糧就陽明子於南都，既歸，道常，宿於講舍數夕，乃盡為道其所聞格致之學……先生諱觀時，易仲其字，沙溪其別號。生弘治己酉月日，卒嘉靖己亥月日。」

王陽明全集卷二十五文橘庵墓志：「……陽明子曰：「嗚呼！茲橘庵文子之墓耶？」冀元亨曰：「昔陽明子自貴移廬陵，道出辰、常間，遇文子於武陵溪上，與之語三夕而不輟，旬有五日而未能去。門人問曰：「夫子何意之深耶？」陽明子曰：「人也樸而理，直而虛，篤學審問，比耄而不衰。吾聞其蒞官矣，執而恕，惠而節，其張叔之儔歟？吾聞其居鄉矣，勵行飭己，不言而俗化，其太丘之儔歟？嗚呼！於今時為難得也矣。」別以其墓銘屬，陽

明子心許之而不諾。門人曰：「文子之是請也，殆猶未達歟？」陽明子曰：「達也。」曰：「達何以不諾也？」曰：「古之葬者不封不樹，銘非古也。後世則有銘，既葬而後具，豫不可也。」曰：「然則惡在其為達也？」曰：「死生之變大，而若人晝夜視之不以諱，非達歟？蓋晉之末有陶潛者，嘗自誌其墓。」……文子名澍，字汝霖，號橘庵。舉進士，歷官刑部郎中，出為重慶守。已而忤時貴，改思州，遂謝病去……」

按：明清進士錄：「文澍，成化二年三甲一百五十一名進士。祖籍湖廣桃源，後徙雲南金齒衛。字汝森，一字汝霖，號

橘庵。歷南京刑部郎中，知重慶府，政尚寬平，有古循吏風。遷思南府，致仕。」光緒桃源縣志卷八人物志：「文澍，字汝霖，以軍籍中天順己卯科雲南鄉試舉人。登成化丙戌進士，授南京刑部主事。歷郎中，出補四川重慶府。政尚寬平，有古循吏風。歲饑，請半萬石，賑活甚衆。有劇盜嘯聚山林，諭之，使復業，盜服其誠信，隨解散。以與監司齟齬，調貴州思南府，遂告休。澍博學，為詩文古淡，有思致。年躋耄耋，手不釋卷。居鄉以禮法自律，為士類所欽。與王陽明友善，陽明謫龍場驛，特過其廬訪之。及沒，為誌其墓。」文澍與蔣信比鄰而居，其當是與蔣信、冀元亨一起來見陽明。冀元亨稱「與之語三夕而不輟，旬有五日而未能去」，乃是親眼所見，可見陽明在潮音閣講學二十餘日，蓋與其在辰州龍興寺講學相仿矣。

徐愛橫山遺集卷上同游德山詩敘：「正德乙亥春正月壬午，與予同游德山者十有四人，杜世榮仁夫則浙人，餘皆武陵人士也：王文鳴應奎、胡珊鳴玉、冀元亨惟乾、劉瓛德重、蔣信卿實、楊杓介誠、何鳳韶汝諧、唐演汝淵、龍起霄止之，他日從吾師陽明先生游者；徐輔汝周、楊讚介敬、楊袗介禮、冀文明汝誠，則聞風而興者。究同游之志，咸謂不得見吾師也。」

按：所謂「他日從吾師陽明先生游者」，即指正德五年來潮音閣受學者，此十餘武陵士子皆可為陽明早年湖南弟子。所謂「聞風而興者」，即指接着聞而來受學者，此四名武陵士子亦是陽明弟子，故云「咸謂不得見吾師也」。由此可見常德士子來潮音閣問學之多。除徐愛所言諸士子外，今可考者尚有：

龍翔霄。嘉慶常德府志卷三十七：「龍翔霄，字泰渠，武陵人。父珣夢擢叢桂而生。初名飛霄，受業邑人常卿、楊槐，會王守仁謫龍場，過武陵，楊介而見之，為易『飛』名『翔』，字潛之。賓興舉高等，遊太學，反湛若水之門。正德己卯鄉舉，任閬中令。時郡守務寬政，翔霄以有制持其平，境內大治。邑人歌之曰：『誰謂郡膴？郡有慈母；誰謂邑阜？邑有龐父。』補太和令，麗江、阿彌上變，各以修怨搆兵，所部檄翔霄亭治之，議平而解。擢南京軍車駕左主事，晉員外郎，從南京戶部郎中，出為程番知府，郡治犬羊八番諸夷，故習剽掠，翔霄繕關梁，譏出入，完障塞，有告禦者，則坐諸夷，併力取償。有故文學卒史陰搆夷釁發，具狀收之，夷計窮，無敢犯郡。讞安順囚，平反顧氏一門冤獄。獄具出論死者七人，從流者數十人。金石司事起間，府屬翔霄悉徵發，示必加兵。長官石顯華懼誅，請涖治。翔霄躬臨境上，繫諸首事者，從吏議勿問其餘，事遂寢。拓學宮，布功令，嘗

第132頁

代督學使錄六郡諸生，多得人。居九年，計吏大墨，索千金始徙官，乃自焚程書請老……翔霄之學，雖源出守仁、若水，不盡主其師說。比為郎，善何吉陽、楊忠愍，抱方負圓，與古為徒。子孫率以清白承家出入，不倍其教。居建業，雅從震澤、豫章諸名家，游六書六藝，俱有師法。」按：龐翔霄當是龐起霄之弟。

楊褫、楊礿。嘉慶常德府志卷三十七：「楊褫，字介福，武陵人。中弘治壬子解首，丙辰進士，改庶吉士。歷刑、禮、兵、吏四科都給事中，多建白，有忠鯁聲。外藩以方士進，褫上疏言：『羽流幻術，不宜蠱惑聖心。』不報……在兵科時，奏免常衛孳生馬

匹。遇民間利病，數遺書當路，有與鄧巡撫請賑荒書，歷久猶傳。以忤逆瑾致仕歸。搆聞山精舍，偕蔣信、冀元亨諸人講學。瑾敗，起吏科給諫，轉通政司，晉南太僕寺卿。有疏稿詩文行於世。」按楊褫乃是楊礿兄，弘治九年進士登科錄：「楊褫，貫湖廣常德府武陵縣民籍，國子生，治書經。字介福，行三，年二十六，八月二十七日生。曾祖秀顯（□□□□），祖暹，父瞻之（□□□）。母陳氏。具慶下。兄祚、禎，弟禬、祺、禫、禰、礿、禮、祐、祺、禔。娶陳氏。湖廣鄉試第一名，會試第五十一名。」錢德洪陽明先生年譜於正德九年下云：「自徐愛來南都，同志日親，黃宗明……楊杓……同聚師門，日夕漬礪不懈。」此「楊杓」當是楊礿之誤。

第133頁

在潮音閣講學靜坐，多有詩感懷，咏靜坐體悟。

王陽明全集卷十九閣中坐雨，霽夜，僧齋。

鄧球皇明泳化類編卷四十五王陽明先生：「庚午，陞廬陵令，道常德時，冀元亨、蔣信、劉觀時諸士來謁，論知行異同，紛紛辯告，先生曰：『茲來與諸生寺中靜坐，使自悟性體。』因題雨霽詩，有云：『沙邊宿鷺寒無影，洞口流雲夜有聲。靜後始知群動妄，閑來還覺道心驚。』」

按：此雨霽詩即霽夜詩，實是一首咏靜坐自悟性體詩，與其與辰中諸生所云靜坐自悟性體之說相合。陽明在「龍陽之悟」後仍教人靜坐入定、悟見性體，由此更得一證。

有詩懷湛甘泉。

王陽明全集卷十九武陵潮音閣懷元明：「高閣憑虛臺十尋，捲簾疏雨動微吟。江天雲鳥自來去，楚澤風煙無古今。山色漸疑衡嶽近，花源欲問武陵深。新春尚沮東歸楫，落日誰堪話此心？」

第734頁

往遊德山，吊春申墓，登善卷臺，有詩題寺壁。

王陽明全集卷十九德山寺次壁間韵：「乘興看山薄暮來，山僧迎客寺門開。雨昏碧草春申墓，雲捲青峰善卷臺。性愛煙霞終是僻，詩留名姓不須猜。巖根老衲成灰色，枯坐何年解結胎？」

按：詩云「雨昏碧草春申墓，雲捲青峰善卷臺」，春申君即黃歇，墓在武陵德山。善卷為上古武陵隱士，善卷臺亦在德山。德山為道教第五十三福地，德山寺即在德山。與陽明同遊者，應即徐愛同游德山詩叙中所言十餘士子。嘉慶常德府志卷四：「武陵縣，善德山，府東十五里。原名枉山，一名柱山，一名善卷山，一名德山。」卷六：「武陵縣，善卷臺，縣東十里，即枉山孤峰頂。」「楚春申君墓，在府治前。黃歇，黔中人，戰國時為楚相，封春申君，開元寺址，其宅墓在焉。」

過沅江，晚泊寫懷。

王陽明全集卷十九沅江晚泊二首。

晚泊江思湖，有懷甘泉。靜悟天機入窈冥，有詩再咏靜坐體悟。

王陽明全集卷十九夜泊江思湖憶元明：「扁舟泊近漁家晚，茅屋深環柳港清。雷雨驟開江霧散，星河不動暮川平。夢回客枕人千里，月上春堤夜四更。欲寄愁心無過雁

第735頁

，披衣坐聽野雞鳴。」

同上，睡起寫懷：「江日熙熙春睡醒，江雲飛盡楚山青。閑觀物態皆生意，靜悟天機入窅冥。道在險夷隨地樂，心忘魚鳥自流形。未須更覓羲唐事，一曲滄浪擊壤聽。」

按：陽明此詩實是一首咏靜坐體悟（靜觀）之「哲理詩」，尤有意義。陽明早年靜坐體悟（靜觀，靜悟）思想向來不明，今由此詩（以及霽夜詩）可見陽明「靜坐體悟」思想（原來）本自尹真人之「靜入窈冥」及延平、白沙之「靜觀默照，體認天理」（見前），以向內之靜心體悟天理反對朱熹向外之格物求理。陽明後來「致良知」說實從此「靜心悟理」說發展而來，錢德洪陽明先生年譜序云：「始教

按：陽明乃是將口訣七絕詩增改為睡起寫懷七律詩。「靜悟天機入窈冥」者，乃尹真人思想也。

學者悟從靜入，恐其或病於枯也，揭「明德」、「親民」之旨，使加「誠意」、「格物」之功，至是而特揭「致良知」三字，一語之下，洞見全體，使人人各得其中。」錢德洪清楚道出了陽明由「靜觀靜悟」說向「致良知」說之思想演變發展歷程。

三月，至長沙，晚眺三山，宿鵝羊山道院，有詩咏。

王陽明全集卷十九三山晚眺：「南望長沙杳靄中，鵝羊只在暮雲東。天高雙櫓哀明月，江闊千帆舞逆風。花暗漸驚春事晚，水流應與客愁窮。北飛亦有衡陽雁，上苑封書未易通。」鵝羊山：「福地相傳楚水阿，三年春色兩經過。羊亡但有初平石，書罷惟籠道士鵝。禮斗壇空松

影靜，步虛臺迥月明多。巖房一宿猶緣薄，遙憶閑雲住薜蘿。」

按：鵝羊山即石寶山，在長沙縣。乾隆長沙府志卷五：「長沙縣，石寶山，縣北二十里，一名鵝羊山。成少卿昇仙處，道家福地第二十二。石如鵝羊，故名。」

過醴陵，再宿泗洲寺，有詩感懷。

王陽明全集卷十九泗洲寺。

陽明次韵自嘆：「孤寺逢僧話舊扉，無端日暖更風微。湯沸釜中魚翻沫，網羅石下雀頻飛。芝蘭却喜棲凡草，桃李那看伴野薇。觀我未持天下策，不能為國掃公非。」（

康熙雲夢縣志卷十二，陽明文集失載）

按：康熙雲夢縣志於陽明此詩前著錄黃鞏正德己巳春過泗州寺：「孤村風雨掩柴扉，一道松篁擁翠微。地僻時聞山鳥語，江空暮卷野雲飛。斷碑歲久無文字，廢圃春深有蕨薇。又得浮生閑半日，紅塵回首幾人非？」陽明詩即次黃鞏此詩韵。黃鞏字伯固，號後峰，莆田人，弘治十八年進士。其於正德初在京任刑部主事，與陽明有交往。又康熙雲夢縣志於陽明此詩下著錄章曠（子野）舟次泗州寺次陽明先生韵：「山閑野色寺閑扉，入徑從容看細微。眼觀清賞一燈晤，筆□顛來兩袖飛。夜漏懷人憐朽骨

，春風遣戍採剛薇。至今惟有僧偏健，不念時艱念已非。」

知陽明此詩當是題在泗州寺壁上，故章曠後來過此可次韻。

進江西境，過萍鄉，再宿武雲觀，訪濂溪祠，有次舊韻。

王陽明全集卷十九再經武雲觀書林玉璣道士壁，再過濂溪祠用前韻。

過安福，有詩感懷。

陽明過安福：「歸興長時切，淹留直到今。含羞還屈膝，直道愧初心。世事應無補，遺經尚可尋。清風彭澤令，千載是知音。」（同治安福縣志卷二十八，陽明文集失載）

按：此詩當是陽明由龍場驛赴廬陵經安福所作。「歸興長時切，淹留直到今」，是謂陽明久謫龍場驛，歸心殷切，淹留至今方出貴州而歸。「含羞還屈膝，直道愧初心」，是謂自己抗疏忤瑾，蒙羞謫龍場驛，委屈求全，未能直道而行，有愧初心。「清風彭澤令，千載是知音」，是謂自己赴任廬陵縣令，要效法當年任彭澤縣令之陶淵明，正道正行。

過泰和，訪羅用俊、羅欽順父子，羅用俊贈詩送別。

陽明壽西岡羅老先生尊丈：「早賦歸來意灑然，螺川猶及拜詩篇。高風山斗長千里，道貌冰霜又幾年……」（詩真迹今藏上海博物館，陽明文集失載）

按：陽明此詩作於正德十一年（見後），所謂「螺川猶及拜詩篇」，即指正德五年陽明經泰和螺川拜見羅用俊，時羅欽順亦罷歸家居。

三月十八日，到廬陵任。

王陽明全集卷二十八廬陵縣公移：「正德五年三月十八日，本職方纔到任。」卷九給由疏：「正德五年三月內，蒙陞江西吉安府廬陵縣知縣。」

首頒告諭廬陵父老子弟書，整頓詞訟，肅清綱紀，勸民停爭息訟，力田春農。

王陽明全集卷二十八告諭廬陵父老子弟書一：「廬陵文獻

之地，而以健訟稱，甚為吾民羞之。縣令不明，不能聽斷，且氣弱多疾。今吾與約，自今非有迫於軀命，大不得已事，不得輒興詞。興詞但訴一事，不得牽連，不得過兩行，每行不得過三十字。過是者不聽，故違者有罰。縣中父老謹厚知禮法者，其以吾言歸告子弟，務在息爭興讓。嗚呼！一朝之忿，忘其身以及其親，破敗其家，遺禍於其子孫，孰與和巽自處，以良善稱於鄉族，為人之所敬愛者乎？吾民其思之！」

同上，告諭廬陵父老子弟書三：「……昨見爾民號呼道路，若真有大苦而莫伸者，姑一放告。爾民之來訟者以數千，披閱其詞，類虛妄。取其近似者，窮治之，亦多憑空架捏，曾無實事。甚哉，爾民之難喻也！自今吾不放告。爾民果有大冤抑，人人所共憤者，終必彰聞，吾自能訪而知之。有不盡知者，鄉老據實呈縣；不實，則反坐鄉老以其罪。自餘宿憾小忿，自宜互相容忍。夫容忍美德，衆所悅愛，非獨全身保家而已。……」

黄綰陽明先生行狀：「庚午，陞廬陵知縣。比至，稽國初舊制，慎選里正三老，委以詞訟，公坐視其成，囹圄清虛。」

錢德洪陽明先生年譜：「先生三月至廬陵，為政不事威刑，惟以開導人心為本。莅任初，首詢里役，察各鄉貧富奸良之實而低昂之。獄牒盈庭，不即斷射。稽國初舊制，慎選里正三老，坐申明亭，使之委曲勸諭。民胥悔勝氣囂訟，至有涕泣而歸者。由是囹圄日清。」

第740页

災疫流行，再頒告諭廬陵父老子弟書，勸民行孝弟，遣醫生下鄉井，蠲免銀兩，以蘇民困。

王陽明全集卷二十八告諭廬陵父老子弟書二：「今災疫大行，無知之民，惑於漸染之說，至有骨肉不相顧療者……夫鄉鄰之道，宜出入相友，守望相助，疾病相扶持……中夜憂惶，思所以救療之道，惟在諸父老勸告子弟，興行孝弟。各念爾骨肉，毋忍背棄，灑掃爾室宇，具爾湯藥，時爾饘粥，貧弗能者，官給之藥。雖已遣醫生，老人分行鄉井，恐亦虛文無實，父老凡可以佐令之不逮者，悉已見告。有能興行孝義者，縣令當親拜其廬……」

同上，廬陵縣公移：「……本職方纔到任，隨蒙府差該吏郭孔茂到縣守，併當拘糧里陳江等，著令領價收買……今來復蒙催辦，又在前項加派一百五兩之外……舊額三千四百九十八兩，今年增至一萬餘兩……據此欲為備由申請間，驀有鄉民千數擁入縣門，號呼動地，一時不辨所言，大意欲求寬貸。倉卒誠恐變生，只得權辭慰解，諭

第741页

以知縣自當為爾等申諸上司，悉行蠲免，衆始退聽，徐徐散歸。」

太史張邦奇書來，慰賀陞遷。

張邦奇張文定公環碧堂集卷三寄王伯安：「去秋陸文順僉事行，奉一啟，尋即執事有移哀之命，未諗得達否？辰下伏計已抵廬陵，冬間入覲，可幸奉晤。邦奇居京塵中，無一足道，惟有懷企耳。古之人有言：『荃芷變而不芳兮，蘭蕙化而為茅。』亦惟其根之不植，徒襲蘭蕙之芳馨，以為己有，故一遇動搖，凋落不暇耳。夫所謂蘭蕙猶若此，況不為蘭蕙者乎？懷企之深，亦可以想見矣。餘惟加重，不能悉。」

按：張邦奇字常甫，一字秀卿，鄞縣人。張時徹張尚書邦奇傳：「張尚書者，名邦奇，字常甫，別號甬川，越人也。世居鄞之槎湖……年十八而舉於鄉，二十而舉進士，改庶吉士，授翰林檢討……生成化甲辰，終嘉靖甲辰，凡六十有一年。」（國朝獻徵錄卷四十二）按張邦奇弘治十八年進士，是年在京與陽明相識，後陽明謫龍場驛，亦有書札往返，蓋為陽明早年弟子也。時在京任國史檢討，已知陽明將在冬間入覲，可見陽明入覲蓋在陞廬陵知縣時已定。明清進士錄：「張邦奇，弘治十八年三甲一百八十三名進士。鄞縣人，字常甫，號甬川，別號兀涯。授檢討，出為湖廣提學副使。嘉靖[illegible]

間，為吏部右侍郎，以身秉公，人不可干以私。官至南京吏部尚書，改兵部，參贊機務。卒謚文定。躬修力踐，跬步必謹。有學庸傳、五經說、兀涯西漢書義、環碧堂集、紆玉樓集、四友亭集。」

四月，再頒告諭廬陵父老子弟書，憑驗關文，征辦銀兩，建保甲制防盜撫緝，按時交運錢糧。

王陽明全集卷二十八告諭廬陵父老子弟書四、書五、書六、書七。

按：廬陵向多盜，陽明告諭廬陵父老子弟書六云：「今縣境多盜，良由有司不能撫緝，民間又無防禦之法，是以盜起益橫。」陽明建保甲法，緝盜遂得實效。趙士吉寄園寄所寄卷一：「王守仁為知州（按：當作知縣）時，賊首王和尚扳出同夥，有多應亭、多邦彥者，驍悍倍於他盜，招服已久。忽一日，應亭毋於兵道告辨一紙，批准下州中，引王和尚為證。意此必王和尚受財，許以辨脫耳。乃於後堂設案桌，桌內藏一門子，喚二盜至案前復審，預誡皂隸報寅賓館有客，公即轉出。少頃還入，則門子桌下聽得王和尚對二賊云：『且忍兩夾棍，便為汝脫也。』三盜見事已洩，皆皇遽不復言，唯叩頭請死（遣愁集）。」

五月，鎮守府催督上交折銀，遂上公移，乞與蠲免。

王陽明全集卷二十八廬陵縣公移：「本月初七日，復蒙鎮守府紙牌催督前事，并提當該官吏，看得前項事件，既己與民相約，豈容復肆科斂？非惟心所不忍，兼亦勢有難行。參照本職自到任以來，即以多病不出，未免有妨職務。坐視民困而不能救，心切時弊而不敢言，至於物情忿激，擁眾呼號，始以權辭慰諭，又復擅行蠲免，論情雖亦紓一時之急，據理則亦非萬全之謀。既不能善事上官，又何以安處下位？苟欲全信於民，其能免禍於己。除將原發銀兩解府轉解外，合關本當道垂憐小民之窮苦，俯念時勢之難為，特賜寬容，悉與蠲免。」

按：陽明三月允蠲免折銀，尚只是與民相約，自擅蠲免，至是則正式上奏，乞與蠲免。

六月，天時亢旱，火災流行，再發布告諭廬陵父老子弟書，並修火備，拓寬火巷，禁軍民互爭。

王陽明全集卷二十八告諭廬陵父老子弟書八、書九、書十。

縣治圮壞，重修葺一新，有記志於戒石。

陽明重修廬陵縣署記：「廬陵縣治圮，知縣王守仁葺而新之。六月丙申，興儀門。七月，成兩廊，作監於門右，翼廡於門左。九月，拓大門之外為東西垣，而屏其南，遂飭戒石亭及旌善、申明亭，後堂之後易民居，而闢其隘，其諸瓦甓墉棟之殘剝傾落者治之，則已十月乙酉。工畢，志戒石之陰，以告來者，庶修敝補隙，無改作之勞。」（光緒吉安府志卷七，陽明文集失載）

嚴嵩鈐山堂集卷三觀王陽明書石刻：「作宰廬陵縣，陽明稱古風。起廢葺宮宇，節用恤瘝恫。刻辭招後來，度石當庭中。已嘆仁言博，兼憐書蹟工。來遊非在日，懷覽意何窮。」

按：民國吉安縣志卷五、民國廬陵縣志卷五上皆錄陽明此記。光緒吉安府志卷七云：「正德五年，縣署圮，知縣王守仁修葺，易地廣大門外，東西列垣，南設大防，自記其事於戒石。」陽明此記原志於戒石，戒石亭亦陽明重修。

八月，劉瑾伏誅。

國榷卷四十八：「正德五年八月甲午，太監張永還自寧夏……是夕，上宴永等，劉瑾先退，永間出寘鐇偽檄，更列瑾十七罪，有反狀。上猶豫，曰：『瑾負我。』永曰：『遲則變中起，奴輩虀粉矣，陛下將何歸焉？』永成等皆詆瑾，遂密發兵捕瑾……時夜且半，瑾聞喧聲，披青蟒衣出，縛下菜廠……戊申，劉瑾伏誅。」

九月，致仕王華復原南京吏部尚書官。

國榷卷四十八：「正德五年九月辛酉，復前侍郎楊守阯、王華原官。」

館閣漫録卷九：「正德五年壬戌，復致仕侍郎楊守阯、王華原職。機等以纂修會典為瑾所裁抑，至是皆改正。」

湛甘泉寄來秋懷詩。

泉翁大全集卷四秋懷三首寄王盧陵陽明子：「秋月缺復圓，客行久不還。不還歲亦暮，念子屢長嘆。嘆罷繼以歌，歌盡淚如泉。何時得會晤？所懷萬一宣。涉園采桃李，持以贈所知。非貴桃李顏，不言自成蹊。豈無蘭桂好？質以香自虧。默默牛醫子，心期浩無涯。封書寄燕雁，雁不過衡陽；封書寄江魚，魚沉江水長。江水亦有竭，封書永不滅。耿耿無由宣，心緒自中結。」

第146頁

按：詩云「秋月缺復圓」、「不還歲亦暮」，應作在秋九月，其時劉瑾伏誅，謫官起復，甘泉在京寄此詩，蓋有深意焉。

十月，在廬陵七閱月政成，入覲述職，發布告諭廬陵父老子弟書以別。

王陽明全集卷二十八告諭廬陵父老子弟書十一：「諭告父老子弟，縣令到任且七月，以多病之故，未能為爾民興利去弊。中間局於時勢，且復未免催科之擾，德澤無及於民，負爾父老子弟多矣。今茲又當北觀，私計往返，與父老且有半年之別。兼亦行藏靡定，父老其各訓誡子弟，息忿罷爭，講信修睦，各安爾室家，保爾產業，務為善良，使人愛樂，勿作凶頑，下取怨惡於鄉里，上招刑戮於有司……縣令且行矣，吾民其聽之！」

湛若水陽明先生墓志銘：「復起尹廬陵，卧治六月，而百務具理，有聲。取入南京刑部主事。」

鄒守益集卷七懷德祠記：「正德庚午，先師陽明王公自龍場量移廬陵。時閹瑾怙權，所司震慴；獨持戒憲，應之不失常態。至秋，瑾敗，而述職以行。凡八月，而邑民有百年之思。」

按：錢德洪陽明先生年譜云：「冬十有一月，入覲。」乃誤。按王陽明全集卷九給由疏明云：「正德五年十月內陞南京刑部

第147頁

四川清吏司主司。」又王陽明全集卷二十京師詩二十四首下亦注云：「正德庚午年十月，陞南京刑部主事。」以陽明自謂「縣令到任且七月」算之，則其斷然在十月入覲矣。前引陽明重修廬陵縣署記署作「十月乙酉」，可知陽明在十月二日(乙酉)以後入覲。

十月下旬，至京師，居大興隆寺。

王陽明全集卷二十午憩香社寺：「修程動百里，往往餉僧居。佛鼓應官急，禪床為客虛。桃花成井落，雲水接郊墟。不覺泥塗澀，看山興有餘。」

按：香社寺在和縣香泉鎮。正統和州志卷一：「香淋湯泉，

一名平疴泉，在州北三十五里政理鄉九都，舊名太子湯。」卷二：「香社寺，在州北三十五里政理鄉九都，有香淋湯泉。宋建隆三年，惠濟禪師始建院。元末燬於兵燹。洪武六年，僧道廣為寺。」陽明此詩應即是次由廬陵赴京入覲途經和州所作。王陽明全集定此詩為「正德庚午三月遷廬陵尹作」，乃誤。按陽明由貴州赴廬陵任不經和州。

黃綰陽明先生行狀：「是歲冬，以朝覲入京，調南京刑部主事，館於大興隆寺。」

錢德洪陽明先生年譜：「先生入京，館於大興隆寺。」

堯谷王雲鳳寄來賀詩。

王雲鳳博趣齋稿卷十一聞伯安自貶所召至京：「一別天涯經幾載？多憂應是不勝癯。朝陽曾覩岐山鳳，明月遙歸合浦珠。報國心勞難措手，在堂親老莫捐軀。年來學道今何得，可寄微言滿紙無？」

按：國榷卷四十八：「正德五年九月庚申，國子祭酒王雲鳳被劾，乞休，改南京右通政致仕。」王雲鳳當是在南京寄詩。

甘泉湛若水、石龍黃綰來興隆寺講論學問，三人遂訂終身共學之盟。

黃綰陽明先生行狀：「朝覲入京，調南京刑部主事，館於大興隆寺。予時為後軍都事，少嘗有志聖學，求之紫陽、濂、洛、象山之書，日事靜坐，雖與公有通家之舊，實未嘗深知其學。執友柴墟儲公巏與予書曰：『近日士夫如王君伯安，趨向正，造詣深，不事文字之學，足下肯出與之游，麗澤之益，未必不多。』予因而慕公，即夕趨見。適湛公共坐室中，公出與語，喜曰：『此學久絕，子何所聞而遽至此也？』予曰：『雖粗有志，實未用功。』公曰：『人惟患無志，不患無功。』即問：『曾識湛原明否？』來日請會，以訂我三人終身共學之盟。明日，公令人邀予至公館中，會湛公，共拜而盟。」

黃綰集卷十一別甘泉子序：「予欲學以全天性之道，知寡聞不足與乎大明。欲其友三年而不得，求其師六年而不遇，自謂終焉棄德者矣。反而視之，其身常如槁，其意常若失，得一官若負職。或有告之曰：越有陽明子來矣，子何不知親耶？乃亟趨其館而見之，陽明子坐與我語，歸而猶夢之，恍若陽明子臨之，而不敢萌一毛於私。於是乃源源而見之，遂不知有我之百骸九竅矣。」

黃綰集卷二十八祭湛太夫人文：「庚午冬梢，方會京旅。志之所役，鄙人漫望而不疑匠斧；言之所會，闔户斲輪而出無不軌。談或對案以終宵，坐或聯牀而移晷。」

黃綰徐曰仁祭文：「歲在庚午，奔竊斗升，鬱悒塵埃，幸遇陽明王子於皇城之陰，燒鐙古寺，一語即契。既而明日復會湛子於王子之館，遂訂終身之約。」（橫山遺集附錄）

東橋顧璘來訪論學。

顧璘顧華玉集卷三十七與王伯安鴻臚：「自覲時相別，至今已五閱歲……往日談湞中之樂，於時漫為悲喜，迺今始知味也……」

按：顧璘此書作於正德九年。所謂「覲時」即指正德五年陽明入覲之時；「談湞中之樂」，指談謫貴之事。

是月，入覲述職，陞南京刑部四川清吏司主事。

按：錢德洪陽明先生年譜云「十有二月，陞南京刑部四川清吏司主事」，乃誤。按陽明給由疏明云「正德五年十月內陞南京刑部四川清吏司主事」，王陽明全集卷二十京師詩二十四首下亦明注「正德庚午年十月，陞南京刑部主事」。蓋陽明十月入覲述職本無須多日，其述職後即陞南京刑部主事離京而去。若謂陽明在京至十二月方陞南京刑部主事，則其赴任至南京已在十二月底，然事實上陽明十二月即又陞吏部驗封清吏司主事赴京（見下），此尤可見謂十二月陞南京刑部主事為誤。

十一月，至南京赴刑部任。王雲鳳兩次來訪論學，有覆書。

新刊陽明先生文錄續編卷二答王應韶：「昨承枉顧，適部冗，未獲走謝。向白巖自關中回，亟道執事志行之高，深切企慕，惟恐相見之晚。及旌節到此，獲相見，又惟恐相别之速。以是汲汲數圖一會，正所欲請，亦承相亮，兩辱枉教，辨難窮詰，不復退讓。蓋彼此相期於道義，將講去其偏，以求一是，自不屑為世俗諛媚善柔之態，此亦不待相喻而悉也。別去，深惟教言，私心甚有所未安者。欲候面請，恐人事纏繞，卒未有期，先以書告。其諸講說之未合，皆所未暇，惟執事自謂更無病痛，不須醫藥；又自謂不待人啟口，而已識其言之必錯，在執事之為己篤實，決非謏言以欺世，取給以御人者，然守仁竊甚惑之。昔者夫子猶曰：「五十以學易，可以無大過。」又曰：「丘也幸，苟有過，人必知之。」未聞以為無過也。子路，人告之以其過則喜，未聞人之欲告以過而拒也。今執事一過之，一反焉，此非淺陋之所能測也。舜好問而好察邇言，邇言者，淺近之言也，猶必察焉。夫子嘗曰：「不逆詐。」又曰：「不以人廢言。」今不待人之啟口，而已識其必錯者，何耶？又以守仁為鄉醫，未曉方脉，故不欲聞其說。夫醫術之精否，不專繫於鄉國，世固有國醫而誤殺人者矣。今徒以鄉醫聞見不廣，於大方脉未

必能通曉，固亦有得於一證之傳，知之真切者，寧可概以庸醫視之，茲不近於以人廢言乎？雖然，在守仁則方為病人，猶未得為鄉醫也。手足痿痺而弗能起，未能遠造國都，方將求鄉醫而問焉。驟聞執事自上國而來，意其通於醫也，而趨就之。乃見執事手足若有攣拳焉，以為猶吾之痿痺也，遂疑其病，固宜執事之笑而弗納矣。伏惟執事誠國醫也，則願出一匕之藥以起痿痺；誠亦攣拳乎，則願相與講其受病之源，得無亦與痿痺者同乎，而將何以瘳之？泛泛揚舟，載沉載浮。既見君子，我心則休。幸執事亮此情也。」

按：王雲鳳正德五年九月改南京通政，其由京師至南京已在十月以後，陽明亦於其時到南京，即書所謂「驟聞執事自上國而來」。「白巖」指喬宇，蓋王雲鳳嘗陞陝西按察司僉事提督學校，政績頗著，王雲鳳墓志銘：「甲子，考績，都御史楊公用寧及御史李春交薦其賢，乃復改提學關中，士子相賀曰：『王先生復來，後學得依歸矣！』於是士子益自策勵。」（國朝獻徵錄卷六十三）喬宇自關中回事在正德五年七、八月，陳璘喬宇行狀：「庚午，遷左侍郎，邊餉供億不乏，積弊革除無遺。春至六月不雨，漕河涸，公奉命禱祭海嶽，精誠所格……遂霖雨四沛。」（國朝獻徵錄卷二十五）時陽明在十月進

京師入覲，故得見喬宇而聞其說。國榷卷四十八：「正德五年十月丁亥，南京右通政王雲鳳致仕。」按朝廷致仕札下到南京已在十一月，其時王雲鳳在南京尚不知，其至十二月纔歸居虎谷（見下）。

儲巏書來論錢糧賑災事。

儲巏柴墟文集卷十四復王伯安書四：「余司勳行，曾附書，舟行恐尚未達。前狀已送南屏，人事且待頒後納上，須再一簡為轉上也。吾鄉之災，乃至此極，哀哀元元，罹此凶歲，沴氣召之耶？抑天殺也？巏前疏宛轉許力，止得免印息馬，當事者似不欲此事出於僕，當蘇秦時，

儀何敢言？民稍霑澤，巏之望足矣。免折色糧價，聖明寬大，出司計之上萬萬，但恐不能救燎眉之急。近聞遂之御史增饑民之數，發折色之價，甚强人意。今京畿粟價殊賤，若司農請發太倉積銀，召糴百萬石，每年軍餉間支一月，則三年可盡，處之有道，諒亦無流言於道路者。却留漕米五十萬石於淮，不惟此間不至傷農，兼流通太倉之錢，可以杜別項借支之弊，且又不減歲漕之數。賤極必貴，貯粟既多，又可備荒，此姑就留五十萬言之，若多多則尤善，一舉而數利得，所謂糞土中得此數十萬，以賑饑也。曾與張時行論之，時行上言，只欲將

第154 155頁

倉銀給軍糧兩月，是欲白捐三十萬兩，故司農未肯担荷。亦有書與巡撫矣，宣之謂此議如何？巡撫公各項財穀悉以便宜發之，斷無長孺所不避者，請勸之。它具別紙。蓋自視淺薄，無裨於民也。不宣。」

按：書所云「得免印息焉」，乃指儲巏乞致仕事。國榷卷四十八：「正德五年十月庚戌，起戶部左侍郎儲巏管右侍郎事。」顧璘儲公巏行狀：「庚午春，以疾乞休，詔賜乘傳還，仍敕有司，候病痊奏聞起用。……冬十月，仍起為右侍郎，辭不就。」按謂「辭不就」不確，儲巏實辭而就，至正德六年二月方致仕歸，國榷卷四十八：「正德六年二月己丑，戶部右侍郎儲巏引疾致仕。」儲巏為泰州人，所謂「吾鄉」乃指南京（南直隸）一帶水災，國榷卷四十八：「正德五年十一月己未，水災，免蘇、常、松江田租有差。」書中所言「張時行」即張弘至（一作張弘治），直隸華亭縣人，時服除歸任戶科都給事中，見掖垣人鑑卷十一。「宣之」即徐蕃，泰州人，時起任戶科給事中，與陽明相識，見掖垣人鑑卷三，明史卷一百八十八徐蕃傳。

第156頁

南京禮部主事方鵬來見，為其父方麟作墓表。王陽明全集卷二十五節菴方公墓表：「蘇之崑山有節菴方翁麟者，始為士業舉子，已而棄去，從其妻家朱氏居。朱故業商，其友曰：『子乃去士而從商乎？』翁笑曰：『子烏知士之不為商，而商之不為士乎？』其妻家勸之從事，遂為郡從事。其友曰：『子又去士而從事乎？』翁笑曰：『子又烏知士之不為從事，而從事之不為士乎？』居久之，嘆曰：『吾憤世之碌碌者，刀錐利祿，而屑為此以矯振頹，乃今果不能為益也。』又復棄去。會歲歉，盡出其所有以賑饑之。朝廷義其所為，榮之冠服，後復遥授建寧州吏目。翁視之蕭然若無與，與其配朱竭力農耕，植其家，以士業授二子鵬、鳳，皆舉進士，歷官方面。……顧太史九和云：『吾嘗見翁與其二子書，亹亹皆忠孝節義之言，出於流俗，類古之知道者。』陽明子曰：『古者四民異業

而同道，其盡心焉，一也。士以修治，農以具養，工以利器，商以通貨，各就其資之所近，力之所及者而業焉，以求盡其心。其歸要在於有益於生人之道，則一而已。……吾觀方翁士農從事之喻，隱然有當於古四民之義，若有激而云者。……吾嘗獲交於翁二子，皆穎然敦古道，敏志於學。其居官臨民，務在濟世及物，求盡其心。吾以是得其源流，故為之論著之云耳。」翁既歿，葬於邑西馬鞍山之麓。配朱孺人，有賢行，合葬焉。鄉人為表其墓，曰『明贈禮部主事節庵方公之墓』。」

按：王陽明全集於此墓表題下注「乙酉」（嘉靖四年）作，乃大誤。按方鵬自撰南京太常寺卿矯亭方公鵬生壙志云：「父節庵府君諱麟，例授福寧州幕賓，贈承德郎、禮部主事，詳見大宗伯顧公鼎臣、新建伯王公守仁所為志、表。……公以成化庚寅三月二十二日生崑山南新瀆里，長以明經補縣學生。領弘治辛酉鄉薦第二……正德戊辰，與母弟鳳同舉進士，授高等，任南京禮部主事，丁外艱。服闋，改南京刑部，陞員外郎、郎中，丁內艱。……」（國朝獻徵錄卷七十）可見方麟卒在方鵬任南京禮部主事時，即正德五年也。唯正因此，方麟纔以子贈禮部主事。若嘉靖四年，方鵬已陞按察司副使，不得贈其父禮部主事也。又陽明稱顧鼎臣（九和）為「太史」，按顧鼎臣弘治十八年舉進士第一，授翰林修撰，故

稱其為「太史」；然其正德六年後已陞春坊諭德，至嘉靖四年，已由吏部侍郎拜禮部尚書，若陽明此墓表作於嘉靖四年，豈能稱顧鼎臣為「太史」？由此總可知方麟卒於正德五年，陽明此墓表作於正德五年十一月。蓋陽明正德三、四年尚在貴州龍場驛，唯有正德五年十一月至南京，而方鵬時亦在南京未去，故可請陽明為其父作墓表也。陽明稱「吾嘗獲交於翁二子」，蓋方鵬弘治十四年舉鄉試（在應天府），而王華亦在弘治十四年主應天府鄉試（見陸深海日翁行狀），方鵬為王華所取，故王華為方鵬「座主」。方鵬矯亭存稿卷三有祭座主太宰王公：「公以簡命，校士南畿。懸鑒持衡，鬼神臨之。不斐之文，謬蒙甄拔。公曰：『爾來，傳我衣鉢。』及歸於朝，延譽縉紳，藉手見上，自謂得人。叨忝釋褐，公聞而喜。緘書教誡，有進毋止。茲蒞越城，公已上仙。未報恩私，我心缺然。何以報告，確持晚節。仰高門墻，無敢自絕。公形歸土，公神在天。」可見陽明當在弘治十四年已與方鵬相識。

方鵬矯亭續稿卷三書王陽明文集後：「昔我先妣之葬也，二泉邵公為之銘，復具狀請陽明子表其墓。（陽明失其狀，不以告予，密與劉光祿，取二泉文稿。劉與陽明同年，又與愚兄弟友善。）劉誤以先君墓志應之（未齋顧公所撰），遂據

以為表，專主先君，而吾母特附見焉。予展讀未竟，即卷而藏，不敢登石。他日，莊渠魏子於其文集中見之，謂予曰：「文固佳，然不類尊公，奈何！」予告之故，相與嘆息而已。謹按：先君甫十歲，受學於徐孝子協祥。十四歲改從錢教授尚賓，習舉業。十七贅甫里朱氏，厭其閭閻之擾，辭歸。卒業，先外祖不許，曰：「無已，當為郡從事。」先君勉强從之，非其志也。適遇例整其家貲，輸穀四百斛，登名仕版。自恨出非正途，誓不再出。復遇例遥受福寧州幕賓，致仕。後以愚兄弟登朝，獲沾恩典。此其出處大略也。陽明見志中有「未商人不聽卒業一語，遂曰：『公始為士，又為商，又為郡從事，』口皆棄去。不亦厚誣吾親哉！蓋先君未嘗一日為商，而從事亦寄迹爾。……」

周衡舉秋試，書來問學，陽明有答書。

陽明與周道通書四：「所謂良知，即孟子所謂是非之心，知也。是非之心，人孰無有？但不能致此知耳。能致此知，即所謂充其是非之心，而知不可勝用矣。來書既云良心發見，而復云不能辨理欲於疑似之間，則所謂良心發見者果何物耶？知行合一之說，專為近世學者分知行為兩事，必欲先用知之之功而後行，遂致終身不行，故不得已而為此補偏救弊之言。學者不能着體履，而又牽制纏繞於言語之間，愈失而愈遠矣。行之明覺精察處即是知，知之真切篤實處即是行。足下但以此語細思之，當自見，無徒為之紛紛也。所寄答明公語，頗亦無失。若見未瑩澈，而輒有議論，反以晦道，不若此說之渾成，不失為真實語也。令弟歸，草草不另。意惟勉學不怠，以慰所期。無次。守仁拜手，道通秋元道契文侍。」（王陽明先生小像附尺牘，日本天理圖書館藏，陽明文集失載）

按：周衡字道通，號靜庵，常州宜興人。陽明此書題「道通秋元」，指周衡秋間方中鄉試。按湛若水周道通墓碑銘：「正德庚午，領應天鄉薦。明年會試，中乙榜，授江西萬安訓導。」周衡正德五年秋領鄉薦，次年春即中進士，可見陽明此書必作在正德五年秋後。向來認為周衡在正德十三年往虔始受業於王陽明，今觀此書，可知周衡與陽明早識。按陽明十月陞南京刑部四川清吏司郎中，而周衡因秋試亦在南都，故兩人可在十一、十二月中見面相識，兩人通信即在其時。至次年正月陽明調吏部驗封清吏司主事進京，周衡亦同時入京赴南宮試。陽明在正德六年二月任會試同考試官，錄取鄒守益、南大吉、應良等人；

而周衡亦在二月會試中乙榜，故其必可在京師與陽明相見，從學於陽明。書中所言「令弟歸」者，按湛甘泉鄉善士慎齋周君墓表云：「慎齋名銘……生六子：曰衍，曰衎，曰衢，曰衡，曰衡，曰衡。衡舉鄉進士，試教職，累陞唐府紀善，與庠生衢、衡，醫生衡，皆從甘泉子遊。」可見此「令弟」即周衡，早年亦從陽明學。陽明書中所言「明公」，疑即指湛若水（字元明），蓋其時周衡亦方問學於湛若水。最可注意者，陽明是書論及「良知」與「致良知」，此為陽明生平首次論「良知」，陽明之「良知」學蓋可謂萌芽於此也。

十二月，以楊一清薦，陞吏部驗封清吏司主事。

黃綰陽明先生行狀：「……又數日，湛公與予語，欲謀白巖喬公轉告冢宰邃庵楊公，留公北曹。楊公乃擢公為吏部驗封主事。」

按：錢德洪陽明先生年譜云：「正德六年正月，調吏部驗封清吏司主事。」乃誤。黃綰明云在其與湛若水、陽明見面後數日，即與湛若水同謀請喬宇告楊一清，留陽明在北曹，則楊一清擢陽明為驗封主事當在十一、二月間。考陽明徐昌國墓志云：「正德壬午冬，陽明王守仁至京師。」（王陽明全集卷二十五）此顯可見陽明在正德五年十二月冬之陞吏部驗封主事，并已赴京師（按：此所謂「王守仁至

京師」，乃指陽明啟程赴京師，不是指抵達京師）。王陽明全集卷二十有古道、立春日道中短述諸詩，即是陽明是次赴京師沿途所作，古道作在冬十二月，立春日道中短述作在正德六年正月立春日（見下），尤可見陽明在冬十二月已赴京師。又陽明赴京師前必當先歸越，蓋陽明自正德二年謫貴州龍場驛以來，輾轉至是四年未得一歸越至家，現在南京任職，本去家已近，今又欲赴京師遠去，自必當先一歸家見老父與岑太夫人也。由此可推知陽明或在十二月上旬離南京歸越，至十二月下旬自越赴京師（見下）。

整庵羅欽順有詩送別。

羅欽順整庵存稿卷十七送王伯安入朝：「危墟聯句佛燈前，雲散風流頓十年。曾見山東題小錄，又聞瀛海遇真仙。一封朝奏心徒切，萬里生還命有懸。今日仕優乃好學，獨攜書卷去朝天。」

按：國榷卷四十八：「正德五年十年庚戌，復羅欽順仍南京國子司業。」是羅欽順與陽明約在同時來南京任職。兩人十年後再見，即詩所云「雲散風流頓十年」。「曾見山東題小錄」，指陽明主考山東鄉試。「又聞瀛海遇真仙」，指陽明投江遊海遇仙之經歷。「一封朝奏心徒切」，指陽明抗疏援救戴銑。「萬里生還命有懸」，指陽明謫貴州龍場驛

。凡此蓋皆陽明在南京見面相告也。

十二月下旬，自越赴京師，在道有詩。

王陽明全集卷二十古道：「古道當長阪，肩輿入暮天。蒼茫聞驛鼓，冷落見炊煙。凍燭寒無焰，泥爐濕未燃。正思江檻外，閑却釣魚船。」

按：此古道詩與立春日道中短述、公館午飯偶書排在一起，均是陽明赴京沿途所作，立春日道中短述作於正德六年正月初一立春日，則此古道作於正德五年十二月中可知，觀詩「凍燭」云云，亦在十二月，蓋是其赴京師初程所作。

一五一一年　正德六年　辛未　四十歲

正月立春日，道中有詩詠懷。

王陽明全集卷二十立春日道中短述：「臘意中宵盡，春容傍曉生。野塘冰轉綠，江寺雪消晴。農事沾泥犢，羈懷聽谷鶯。故山梅正發，誰寄欲歸情？」

公館午飯偶書：「行臺依獨寺，僧屋自成鄰。殿古凝殘雪，墻低入早春。巷泥晴淖馬，檐日暖堪人。雪散小巖碧，松梢掛月新。」

經嘉興，訪嘉興知府于鳳喈，遊崇玄道院，有詩贈于鳳喈。

陽明崇玄道院：「逆旅崇玄幾度來，主人聞客放舟回。小山花木添新景，古壁詩篇拂舊埃。老去鬢眉能雪白，春還消息待梅開。松堂一宿殊匆遽，擬傍鴛湖築釣臺。」（于鳳喈、鄒衡正德嘉興志補卷九，陽明文集失載）

按：崇玄道院在嘉興縣，光緒嘉興府志卷十八：「崇玄道院，在（嘉興）縣東一里。宋咸淳丁卯，里人徐寔甫捨宅，道

士趙一休創建。明洪武初，地產靈芝，建玄瑞堂。永樂癸未，道士朱道真修。辛丑，增建玄帝殿。成化間，道士朱養中等重修。」嘉興為陽明生平仕宦往返京師、南都、杭州、紹興所常經之地，故詩有「逆旅崇玄幾度來」之句。據詩云「春還消息待梅開」，作在春初，則必是正德六年正月陽明赴京師經嘉興時所作。按嘉興志補乃于鳳喈、鄒衡成於正德六年，故陽明作此詩當不出正德六年以後。正德六年于鳳喈方任嘉興知府，并與鄒衡撰寫嘉興志補將成。于鳳喈為成化十七年進士，與王華為同年，陽明與之早識，關係甚密，後來陽明為作墓志銘（見下）。故于鳳喈來知嘉興府，陽明

遍嘉興，必當往訪，詩遂被于鳳喈討去，入於正德嘉興志補中。又陽明此咏道院詩乃用當年在九華山和九柏老仙詩韵，正德嘉興志補中亦將此崇玄道院與和九柏老仙詩（改名為梅澗）一併著録，此亦必是于鳳喈、鄒衡向陽明當面所求，陽明或不欲自暴與九柏老仙（蔡蓬頭）論仙談道之迹，乃將此詩改名為梅澗，作為咏嘉興道院之詩贈于、鄒。

二月初，經鎮江，遊焦山，有次遂庵楊一清詩韵。

陽明遊焦山次遂庵韵：「長江二月春水生，坐沒洲渚浮太清。勢挾驚風振孤石，氣噴濁浪摇空城。海門青覘楚山小，天末翠飄吴樹平。不用凌飆躡圓嶠，眼前魚鳥俱同

盟。倚雲東望曉溟溟，江上諸峰數點萍。漂泊轉慚成竊禄，幽棲終擬抱殘經。巖花入暖新凝紫，壁樹懸江欲墮青。春水特深埋鶴地，又隨斜日下江亭。　扁舟乘雨渡青山，坐見晴沙漲幾灣。高宇墮江撑獨柱，長流入海振重關。北來宫闕參差見，東望蓬瀛縹緲間。奔逐終年何所就，端居翻覺悔憎閑。」（張萊京口三山志卷六，陽明文集失載）

按：遂庵楊一清原雲南安寧人，徙巴陵，後移居鎮江，建待隱園。京口三山志於陽明詩下著録有楊一清重遊焦山詩：「洞口孤雲面面生，百年身世坐來清。一般月色金山寺，十里煙光鐵甕城。江閣雨餘秋水潤，海門風定暮潮平。青山滾倒虛名在，恥向沙鷗問舊盟。」此即陽明所次韵詩。蓋楊一清此遊焦山詩當時多有和韵，京口三山志於楊一清詩下著録汪臣遊焦山和詩二首，陸相遊焦山和詩一首。楊一清詩稱「重遊焦山」，按光緒丹徒縣志卷十碑碣著録楊一清詩碑：

遊焦山二首，石淙楊一清并跋，在寶墨亭（弘治庚戌）；

李石樓約遊焦山詩，右都御史致仕石淙楊一清作，在明應殿（正德庚午）；

石樓山人陪遂庵先生登焦山次韵（正德庚午立石）。

可見楊一清首遊焦山在弘治三年，重遊焦山在正德五年，

時楊一清以右都御史致仕家居鎮江。張萊京口三山志成於正德七年四月，故陽明此次韵詩必作於正德七年四月以前、正德五年秋以後，則必是陽明正德六年二月赴京師過焦山時所作。蓋陽明是次入京職乃由楊一清所薦舉，故其經焦山見到楊一清詩碑，有感而和也。

陽明聽潮軒：「水心龍窟只宜僧，也許詩人到上層。江日迎人明白帽，海風吹醉掖枯藤。鯨波四面長疑動，鰲背千年恐未勝。王氣金陵真在眼，坐看西北亦誰曾？」（京口三山志卷五）

按：聽潮軒在金山，京口三山志卷一：「聽潮軒，在靈觀閣

下，景泰間僧弘霍建，太常卿程南雲篆額。成化間安溥重修。」靈觀閣在金山南畔。詩所云「水心龍窟」應指龍洞，行海金山志略卷一：「龍洞，在朝陽之左，深不可測，俗呼珠洞。唐時常有毒龍吐氣，近者多病，因靈坦禪師降之，即去。」陽明此詩當與其遊焦山沈邃庵詩作在同時，故亦被張萊收入京口三山志。

二月中旬，至京師，寓長安灰廠，與甘泉湛若水比鄰而居。自是與湛若水、黃綰三人聚會講學，剖析疑義，切磋聖學。

湛甘泉陽明先生墓志銘：「留為吏部驗封主事，有聲，陽明公謂甘泉子曰：『乃今可卜鄰矣。』遂就甘泉子長安灰廠右鄰居之。時講學於大興隆寺，而久庵黃公宗賢會焉。三人相歡語，合意。久庵曰：『他日天台、雁蕩，當為二公作兩草亭矣。』後合兩為一焉，明道一也。」

湛甘泉奠王陽明先生文：「聚首長安，辛未之春。兄復吏曹，於我卜鄰。自公退食，坐膳相以。存養心神，剖析疑義。我云聖學，體認天理；天理問何？曰廓然爾。兄時心領，不曰非是。言聖枝葉，老聃、釋氏。予曰同枝，必一根柢。同根得枝，伊尹、夷、惠。佛於我孔，根株咸二。……」

按：湛甘泉默識堂記云：「……陽明王公扣予曰：『天理何如？』應之曰：『天理何應？廓然大公。』陽明曰：『唯唯！』初無不同也，後門人互失其傳。」（泉翁先生大全集附錄）即指兩人在長安灰廠講學所論。

黃綰陽明先生行狀：「楊公乃擢公為吏部驗封主事。予三人者自職事之外，稍暇，必會講，飲食起居，日必共之，各相砥勵。」

石龍集卷十一別甘泉子序：「……陽明子曰：『有南海甘泉子者在，予友也，子豈欲見之乎？』翼日，偶於陽明子之館見之，其容簡，其心一，其示我之言蓄而盡。入其館，遂拜之。於是二子之庭，日必有予迹矣。……」

朱得之述稽山承語：「或問三教同異。師曰：『道大無外，若曰各道其道，是小其道矣。心學純明之時，天下同風，各求自盡。就如此廳事，元是統成一間，其後子孫分居，便有中有傍。又傳漸設藩籬，猶能往來相助。再久來漸有相較相爭，甚而至於相敵。其初只是一家，去其藩籬仍舊是一家。三教之分，亦只似此。……』」

按：陽明此條語錄記於嘉靖中，已在晚年。陽明正德中與湛甘泉論三教異同，主儒佛老三教同根同源，而儒高於佛老，但說得含混不明，對湛甘泉之質疑始終未作正面回答。此條語錄以一間屋分三間屋為喻，明晰表述了其三教同根同源之思想。

是月，為會試同考試官，親録鄒守益、毛憲、萬潮、應良、梁穀多人。

天一閣藏明代科舉録選刊會試録正德六年會試録：「同考試官，吏部驗封清吏司主事王守仁，伯安，浙江餘姚縣人，己未進士。」

憲章類編卷二十二會試：「正德六年二月，會試天下舉人，命大學士劉忠、學士靳貴為考試官，取鄒守益等三百五十人。」

按：是年會試，陽明親録舉人多名，今可考者有：

鄒守益。宋儀望鄒東廓先生行狀：「辛未，汪公由吏部主事同考會試，時主考得先生卷，甚喜，謂汪公曰：『子素善知文，此為誰者？』曰：『此必安福鄒某。』先生遂冠南宮，廷試及第三人。」（鄒守益集卷二十七）耿定向鄒東廓先生傳：「是歲，汪公以吏部主事司分校，主試者知汪公有精鑒，出諸售卷取裁，汪公閱及先生卷，曰：『此必安福鄒某也。』亡論文，其人品亦冠天下者。』遂冠南宮。廷試及第第三人。」（鄒守益集卷二十七）

毛憲。湛若水泉翁大全集卷五十七祭黄門毛古庵先生文：「余昔與陽明究此天理於長安之邸，陽明曰：『如是如是。』繼余與古庵究此天理於新泉之涘，古庵曰：『唯唯，唯唯！』古庵固陽明禮闈之門弟也，遺陽明之書曰：『吾近得宗指焉，吾得於甘泉子之

第769页

體認天理矣，至矣！』」按天一閣藏明代科舉録選刊會試録正德六年會試録著録陽明對毛憲卷批語：「經義貴平正，此作雖無甚奇特，取其平正而已，録之。」可見毛憲乃陽明所親取録。毛憲古庵毛先生文集卷六祭新建伯王陽明：「某始舉禮部，幸録鄙文，先生以『平正』二字許之，感承知遇。」

萬潮。國朝獻徵録卷六十二五溪萬公潮墓碑：「五溪萬公，進賢人，諱潮，字汝信……辛未，魁禮闈，陽明王公頗以不能首薦為恨，二公固一時所謂有道君子也。」按天一閣藏明代科舉録選刊會試録正德六年會試録著録陽明對萬潮卷批語：「此卷三場皆精微該博，時出不窮，而文曲中程度。五策詞氣充溢，光焰逼人，而時務一道尤為議論根據，識見練達，刻此亦足以見其餘矣。然吾求子之言，而得其所存，當自有重於此者，則又豈必盡録其文為哉！」「治道備，處場中，曉變見有發揮透徹者。此作文氣頗平順，故録之。」可見萬潮乃陽明所親取録。

應良。湛若水泉翁大全集卷十五贈别應元忠吉士叙：「辛未，因陽明得吾仙居應子者，又得武城王子，日夕相與議論於京邸。王子於吾言，無所不悦；應子者，忠信而篤學，其於吾與陽明也，始而疑，中而信，以固，非苟信也。」明清進士録：「應良，正德六年二甲七名進士。浙江仙居人，字元忠，號南洲，官編修。王守仁在吏部，良從學焉。親老歸養，講學山中十年。嘉靖

第770页

初，還任，伏闕爭大禮，被廷杖。終廣東右布政使。有關存集，
南大吉。錢德洪陽明先生年譜：「郡守南大吉以座主稱門生，然性豪曠不拘小節，先生與論學有悟……於是闢稽山書院，聚八邑彥士，身率講習以督之。」萬曆紹興府志卷三十八：「南大吉，字元善，渭南人。性豪宕，雄於文，與康海、胡纘宗諸人齊名……當是時，王文成公講明聖學，大吉初以會試舉主稱門生，猶未能信，久之，乃深悟痛悔，執贄請益，文成曰：『人言不如自知之明，自悔之篤。』於是稍就平和，乃葺稽山書院，創尊經閣，簡八邑才俊弟子，講習其中。」按所謂「以座主稱門生」、「以會試舉主稱門生」，即是指陽明親録取南大吉，故奉陽明為會試座主。

梁穀。王陽明全集卷七梁仲用默齋說：「仲用識高而氣豪，既舉進士，銳然有志天下之務……於是專心為己之學，深思其氣質之偏，而病其言之易也，以『默』名庵，過予而請其方。」梁穀一中進士，即來陽明處認弟子，顯是因其為陽明所親録取士。梁穀字仲用，初號北崖子，改號默庵，東平人，梁觀子。黄綰黄綰集卷二十六有梁長史墓誌銘。明清進士録：「梁穀，正德六年二甲八十七名進士。山東東平人，字仲用。授吏部主事，降補壽州同知。遇洪水，城幾沒，穀極力規劃，城賴以全。轉太倉知州，剿平海盜。官終德府左長史。」

馬性魯。馬性魯字進之，號璧泉，溧陽人。正德六年進士，除兵科給事中，仕終雲南尋甸軍民府知府。掖垣人鑑卷十二：「馬性魯，字進之，號□□，應天府溧陽縣人。正德六年進士。本年八月除兵科給事中，尋降浙江平陽縣丞。仕終雲南尋甸軍民府知府，卒於官。」劉清惠公集卷八有尋甸太守馬璧泉墓表。按馬性魯子馬一龍南都謁陽明先生小刺云：「家君舊有門下之愛，某亦通家愚小子也。」（玉華子游藝集卷二）所謂「門下之愛」，即指正德六年陽明親録取馬性魯。馬一龍先妣年譜：「正德六年辛未，考四十三歲。是年大比天下士，復為書魁第一，及登科録。」（玉華子游藝録卷十七）

明清進士録失載。

張鰲山。張鰲山字汝立，號石磐，安福人，陽明弟子，著有會稽師訓。正德六年中進士，即選為庶吉士，國榷卷四十八：「正德六年三月丁丑，選庶吉士許成名……張鰲山……」陽明與諸門人夜話中云「翰苑爭誇仙吏班，更兼少年出塵寰」，即包括張鰲山（見下）。張鰲山即在是年中進士後來問學於陽明。

王思。王思字宜學，號改齋，泰和人，陽明弟子。正德六年中進士，即選為庶吉士，鄒守益改齋王君墓志銘：「正德辛未，第進士，以選入翰林，讀中秘書……」（鄒守益集卷二十二）陽明與諸門人夜話中云「翰苑爭誇仙吏班」，亦包括王思。

按：其他如鄭惵、王道、汪淵、王元正等，以諸人在中進士後即來問學於陽明，疑皆陽明所親録取也。

穆孔暉同考禮部會試，來問學。

王道穆公孔暉墓志銘：「丁卯，授翰林院檢討。己巳，預修孝廟實錄成，忤逆瑾意，調南京禮部主事。瑾誅，還舊職。辛未，同考禮部會試。壬申，遷南京國子監司業。癸酉，以外艱歸。……初留意古文詞，已嘗闚其奧矣。既知其無益，棄不復為，乃篤志正學，研窮義理，體之身心，其所造卓然處，可與儒先君子同不謬於聖人，而公不自以為足也。嘗謂古之人窮理盡性以至於命，今於性命之原，習其讀而未始自得之也。顧謂有見，安知非汩慮於俗思也邪？於是抉去藩蔽，力肆恢弘，經訓之外，雖世儒所斥以為異端如佛老者，悉取其書，精擇而詳說之，以與吾聖人合，曰：『性中固無是分別相也。』久之，洞見道原，通達為一。嘗論心學之要曰：『鑑照妍媸，而妍媸不著於鑑；心應事物，而事物不著於心。自來自去，隨應隨寂，如鳥過空，空體弗礙。』觀此，則公所得，信乎玄矣。」（國朝獻徵錄卷七十）

黃佐南廱志卷二十一：「庚午召復檢討，同考辛未會試，所得多知名之士……孔暉天性好學，雖王守仁所取士，未嘗宗其說而非薄宋儒。晚年乃篤信之，深造禪學頓宗。臨沒，作偈有『到此方為了事人』之句，論者以此窺公所詣云

第113页

。」

明史卷二百八十三鄒守益傳：「先是，守仁主山東試，堂邑穆孔暉第一，後官侍講學士……孔暉端雅好學，初不肯宗守仁說，久乃篤信之，自名王氏學，浸淫入於釋氏。」

按：錢德洪陽明先生年譜將穆孔暉來受業置於正德七年之下，乃誤。穆孔暉於正德五年即起任翰林檢討，至正德七年七月改為南京國子司業，陽明正德六年入京，穆孔暉自必首來相見。至二月兩人同為會試同考試官，朝夕相處。故可知穆孔暉當在二月以後來問學受業，決非正德七年始來受業也。

戶部左侍郎喬宇改南京禮部尚書，作序送別。

王陽明全集卷七送宗伯喬白巖序：「大宗伯白巖喬先生將之南都，過陽明子而論學。陽明子曰：『學貴專。』先生曰：『然。予少而好弈，食忘味，寢忘寐，目無改觀，耳無改聽。蓋一年而詘鄉之人，三年而國中莫有予當者。學貴專哉！』陽明子曰：『學貴精。』先生曰：『然。予長而好文

第114页

詞，字字而求焉，句句而鳩焉，研衆史，覈百氏。蓋始而希迹於宋、唐，終焉浸入於漢、魏。學貴精哉！陽明子曰：「學貴正。」先生曰：「然。予中年而好聖賢之道，弈吾悔焉，文詞吾愧焉，吾無所容心矣。子以為奚若？」陽明子曰：「可哉！學弈則謂之學，學文詞則謂之學，學道則謂之學，然而其歸遠也。道，大路也。外是，荊棘之蹊，鮮克達矣。是故專於道，斯謂之專；精於道，斯謂之精。專於弈而不專於道，其專溺也；精於文詞而不精於道，其精僻也。夫道廣矣大矣，文詞技能於是乎出；而以文詞技能為者，去道遠矣。是故非專則不能以精，非精則不能以明，非明則不能以誠。故曰：『惟精惟一。』精，精也；專，一也。精則明矣，明則誠矣。是故明精之為也，誠一之基也。一，天下之大本也；精，天下之大用也。知天地之化育，而況於文詞技能之末乎？」先生曰：「然哉！予將終身焉，而悔其晚也。」……」

按：國榷卷四十八：「正德六年正月庚午，户部左侍郎喬宇為南京禮部尚書。」陽明至京師，喬宇尚未赴南都。

朝廷起復牧相為廣西參議，除書未下已卒。

國榷卷四十八：「正德六年正月丁丑，録前都給事中趙士賢，署郎中李夢陽，主事王綸、孫磐，御史徐鈺、趙祐、楊璋、朱廷聲、劉玉，南京御史周期雍、王佩，給事中任惠、李光瀚、徐蕃、牧相、徐暹，監察御史貢安甫、史良佐、曹閔、王弘、葛浩、姚學禮、張鳴鳳、王良臣，皆劉瑾所誣陷者，至是悉録之。」

按：萬曆紹興府志卷四十一牧相傳：「瑾誅，詔復其官，尋遷廣西參議，除書至，而相已卒二日矣。年四十有六。」

楊廉楊文恪公文集卷五十祭牧時庸給事文：「唯君稟賦純明，操履堅定，從容諫垣，議論持正。逆瑾擅權，上疏力諍。光焰熏天，忠讜弗勝。終獲保全，實賴主聖。華堂奉親，高齋養性。君飽禮經，匪宗二鄭，於張入門，兼程主敬。學無據依，一世公病，君則卓然，所造誰并？君官代予，風節甚勁，謬污簡章，愧奚以稱？蒼生無福，君不秉政，云胡遽然，修短有命。寓典陳辭，靈其幸聽！」

僚友方獻夫來受學，執贄事以師禮。

王陽明全集卷七別方叔賢序：「予始與叔賢為僚，叔賢以郎中故，事位吾上。及其學之每變，而禮予日恭，卒乃自稱門生而待予以先覺，此非脫去世俗之見，超然於無我者，不能也。雖橫渠子之勇撤皋比，亦何以加於此！」

方獻夫西樵遺稿卷七祭王陽明文：「某二十年前幸忝同官，得於先生之啟發者為多，今猶躍然而在目……某嘗屢有辯論，先生亦不以為非，而其意急於今之學者救病之藥。先生之志，終在道講學，一念至死不懈。」

王世貞方公獻夫傳：「王守仁時起自謫所，為主事，官階亞於獻夫，而講學能文章有時譽。一日，獻夫與語稱服，忻然即前拜：『獻夫願受弟子職。』時人賢獻夫能師人，又賢守仁能見師人。」（國朝獻徵錄卷十六）

按：呂本方公獻夫神道碑銘：「授禮部祠祭司主事，尋改吏部驗封司，歷文選諸司主事、員外郎。」是方獻夫與陽明同在吏部驗封司任職，當首來問學也。

有書致徐守誠論學，徐守誠遂來京師受學。

王陽明全集卷四答徐成之：「汝華相見於逆旅，聞成之啟居甚悉，然無因一面，徒增悒快……向吾成之在鄉黨中，刻厲自立，眾皆非笑，以為迂腐，成之不為少變。僕時雖稍知愛敬，不從眾非笑，然尚未知成之之難得如此也……修己治人，本無二道，政事雖劇，亦皆學問之地……日用間何莫非天理流行，但此心常存而不放，則義理自熟，孟子所謂『勿忘勿助，深造自得』者矣。學問之功何可緩，但恐著意把持振作，縱復有得，居之恐不能安耳。成之之學，想亦正不如此。……」

按：書中所云「汝華」，即鄭岳，字汝華，號山齋，莆田人，弘治六年進士，見國朝獻徵錄卷四十柯維騏兵部左侍郎鄭公岳傳。按徐守誠亦弘治六年進士，萬曆紹興府志卷三十三：「弘治六年毛澄榜：餘姚徐守誠，參議。」（明清進士錄失載）故徐守誠與鄭岳二人早熟識。陽明云「汝華相見於逆旅」，即指其是次赴京師途中遇見鄭岳於逆旅（疑在山東一帶）。鄭岳亦嘗任刑部主事，與陽明亦早識。萬曆紹興府志卷四十一：「徐守誠，字成之，餘姚人。少刻苦自樹，潛心理學。弘治中，登進士，授南兵部主事，嚴於稽核，戎伍以清。尋執父喪，廬於墓，有馴鹿甘露之異，鄉人名其山曰慈山。服除，補刑部，日與四方名士相討論，學益進。嘗陳時政十餘事，多見采納。出為湖廣僉事，理獄糾墨，不避權勢。遷山東參議，以疾歸，逾年而卒。守誠孝友廉介，非其義一介不取，歷官二十年，室廬僅蔽風雨。有慈山雜著數十條，為學者所誦。」陽明與徐守誠同鄉，兩人亦早識，所謂「補刑部，日與四方名士相討論」，實主要指與陽明討論學問。

吳中徐禎卿數來論攝形化氣之術。

王陽明全集卷二十五徐昌國墓誌銘：「……始，昌國與李夢陽、何景明數子友，相與砥礪於辭章，既殫力精思，傑然有立矣。一旦諷道書，若有所得……於是習養生。有道士自西南來，昌國與語，悅之，遂究心玄虛，益與世泊，自謂長生可必至。正德庚午冬，陽明王守仁至京師。守仁故善數子，而亦嘗沒溺於仙釋。昌國喜，馳往省，與論攝形化氣之術。當是時，增城湛元明在坐，與昌國言不協，意沮去。異日復來，論如初，守仁笑而不應。因留宿，曰：『吾授異人五金八石之秘，服之，沖舉可得也，子且謂何？』守仁復笑而不應。乃曰：『吾隳黜吾昔而游心高玄，塞兌斂華而靈株是固，斯亦去之競競於世遠矣。而子猶余拒然，何也？』守仁復笑而不應。於是默然者久之，曰：『子以予為非耶？抑有所秘耶？夫居有者，不足以超無；踐器者，非所以融道。吾將去知故而宅於埃壒之表，子其語我乎？』守仁曰：『謂吾為有秘，道固無形也；謂吾謂子非，子未吾是也。雖然，試言之。夫去有以超無，無將奚超矣？外器以融道，道器為偶矣，而固未嘗超乎！而固未嘗融乎！夫盈虛消息，皆命也；纖巨內外，皆性也；隱微寂感，皆心也。存心盡性，順乎命而已矣，而奚所取舍於其間乎？』昌國首肯，良久曰：『沖舉有諸？』守仁曰：『盡鳥之性者，可以沖於天矣；盡魚之性者，可以泳於川矣。』曰：『然則有之。』曰：『盡人之性者，可以知化育矣。』昌國俯而思，蹶然而起曰：『命之矣！吾且為萌甲，吾且為流澌，子其煦然屬我以陽春哉！』數日，復來謝曰：『道果在是，而奚以外求！吾不遇子，幾亡人矣。然吾疾且作，懼不足以致遠，則何如？』守仁曰：『悸乎？』曰：『生，寄也；死，歸也。何悸？』……昌國津津然既有志於斯，已而不見者踰月，忽有人來訃，昌國逝矣。……」

徐禎卿迪功集正集卷二王員外不解參同契但索一詩許以遺我率爾戲之：「王烈持洞章，茫然不能讀。石氣銷紫煙，十年秘空籠。從來楚史識三墳，阮籍焉能辨赤文？一自華陽窺妙訣，緱山夜夜鶴相聞。」

按：徐禎卿為「前七子」之一，其以吏部召授廷尉來京師，時李夢陽亦錄用署郎中，故其來訪陽明當出於李夢陽介紹。徐禎卿卒於三月丙寅，以「已而不見者踰月」推之，可見徐禎卿始來訪陽明當在正月中。徐禎卿詩中所云「王員外」即指陽明，蓋明代六部各設郎中、員外郎、主事，主事職位次於員外郎，亦可稱「員外」也。

潘選、潘珍、潘旦、潘鑑携四封録來訪，為作序。

王陽明全集卷二十二潘氏四封録序：「歙潘氏之仕於朝者，户部主事君選、大理寺副君珍、户部外郎君旦、南大理評事君鑑，凡四人。正德五年冬，珍、旦以上三載最，選、鑑以兩宮徽號，旬月之間，皆得推恩，封其親如其官焉。於是叙八制為録，侈上之賜以光其族裔，而來謂某曰：『德下寵浮，若之何其可？請一言以永我潘氏。』某曰：『一族而四顯，來者相望也，其盛哉！……』某不為應酬詩文餘四年矣。寺副君之為暨陽也，予嘗許之文，未及為而有南北之別。今茲復見於京師，而以是責償焉，故不得而辭也。」

費宏集卷十一四封録序：「婺源潘氏之子，頃歲累累以進士起家。前大理寺正、今山東按察僉事珍舉於壬戌，户部主事選及郎中旦舉於乙丑，南京大理評事鑑舉於戊辰。而兩户部皆予弘治甲子應天主試時所取士也，間手一册謁予，求叙其事。予取而閱之，其端三大字曰『四封録』，因從而質其詳。兩户部拱而對曰：『吾潘之老，頃以子貴得封者有四焉，兹録之所由名也。蓋自其輩行論之，則選之父嵩陽老人，與珍之父閒庵公為兄弟；旦之父直庵公，與鑑之父南峰居士為兄弟。自其封秩論之，則

閒庵大理評事、階文林郎，而南峰與之同；直庵為户部主事、階承德郎，而嵩陽與之同。自其所從得論之，則珍與旦以三年考績之最，實庚午夏秋之交；選與鑑以兩宮賜類之恩，蓋是冬之十有二月也。』又曰：『願之切者，每難於自遂；事之盛者，未易於兼全。惟潘之先，有志於用世久矣。嵩陽與南峰者，著美負屈，竟弗獲於一試。而閒庵、直庵，儲書闢塾，所以教子者尤勤。延及選等，乃始憑藉世積以克償夙願，蓋非一朝一夕之故。且珍與旦也，筮仕中朝，於貤封為易，而喜懼之載猶不勉焉。蓋選出江山，鑑出諸暨，則何敢厚望而幸皆内徙？

適遭事會，先後數月闔門受寵，而又皆具慶在堂，此於人間之事似為極盛焉者。吾儕喜極而感，惟侈上恩而昭世德焉是圖，不自知兹録之為誇也。』予又從而思之，其言雖出於一時，而皆發乎性情；其事雖止於一家，而實關乎名教……然則潘氏之盛，殆未可以今兹為至，而兹録且當屢見於他日矣。」

按：潘珍字玉卿，初號朴庵，又號峨峰，晚號珀石峰，亦號藍以拙叟。鈐山堂集卷三十九有潘珍墓誌銘，明史卷二百零三有傳。潘選字玉選，珍從弟。明清進士録：「潘選，弘治十八年三甲一百八十名進士。安徽婺源人。由江山知縣，累擢山西按察

僉事。以母老乞致仕，不允，遂棄官去。事母孝，母病思食鯽魚，急不可得，即解衣入池以取。」潘旦字希周，號石泉，珍從子。鈐山堂集卷三十八有潘旦神道碑。潘鑑字希古，旦從弟。鈐山堂集卷三十七有潘鑑神道碑。按陽明所云「寺副君之為暨陽」，指潘珍任諸暨知縣，潘珍墓誌銘：「壬戌，登進士，授浙江紹興府諸暨縣知縣。」是陽明與潘珍在弘治十五年已相識，至正德二年陽明赴謫，即所謂「南北之別」也。

第783頁

應良中進士，與黃綰同來論實踐之功、儒釋之異，陽明有答書。

王陽明全集卷四答黃宗賢應原忠：「昨晚言似太多，然遇二君亦不得不多耳……聖人之心如明鏡，纖翳自無所容，自不消磨刮。若常人之心，如斑垢駁雜之鏡，須痛加刮磨一番，盡去其駁蝕，然後纖塵即見，纔拂便去，亦自不消費力，到此已是識得仁體矣……凡人情好易而惡難，其間亦自有私意氣息纏蔽，在識破後，自然不見其難矣。古之人至有出萬死而樂為之者，亦見得耳。向時未見得向裏面意思，此工夫自無可講處。今已見一層，

第784頁

卻恐好易惡難，便流入禪釋去也。昨論儒釋之異，明道所謂『敬以直內』則有之，『義以方外』則未。畢竟連『敬以直內』亦不是者，已說到八九分矣。」

按：錢德洪陽明先生年譜將陽明與黃綰、應良論實踐之功置於正德五年十二月下，乃誤。王陽明全集卷四於此答黃宗賢應原忠題下明注「辛未作」。蓋應良正德六年正月方至京師應考，而陽明亦在正德六年正月下旬方到京師。應良必在二月會試以後纔能來見陽明論學，旋在三月又選為庶吉士。國榷卷四十八：「正德六年三月丁丑，選庶吉士許成名、劉棟、張璧、應良……」故可知應良來問學當在二月中。明史

卷二百八十三應良傳：「應良，字原忠，仙居人。正德六年進士官編修。守仁在吏部，良學焉。」泉翁大全集卷十五贈別應元忠吉士敘云：「辛未，因陽明得吾仙居應子者，又得吾武城王子（王道），日夕相與論議於京邸……應子者，忠信而篤學，其於吾與陽明也，始而疑，中而信以固，非苟信也。……」

黃綰來告近思切問之功，陽明有答書。

王陽明全集卷四與黃宗賢：「所喻皆近思切問，足知為功之密也，甚慰！夫加諸我者，我所不欲也，無加諸人；我所欲也，出乎其心之所欲，皆自然而然，非有所强，勿施於人。則勉而後能，此仁恕之別也。然恕，求仁之方，正吾儕之所有事也。子路之勇，而夫子未許其仁者，好勇而無所取裁，所勇未必皆出天理之公也。事君而不避其難，仁者不過如是。然而不知食輒之祿為非義，則勇非其所宜，勇不得為仁矣。然勇為仁之資，正吾儕之所尚欠也。鄙見如此，明者以為何如？未盡，望便示。」

按：此書題下注「辛未」作，觀其中云「所喻皆近思切問」、「望便示」，當是兩人在館中聚講討論所得，與陽明答黃宗賢、應原忠約作在同時也。

黃綰薦引顧應祥來受學。

孫奇逢理學宗傳卷二十一顧箬溪：「顧應祥，號箬溪，長興人。正德初官錦衣幕，與黃綰同官，日夕講論，綰因導之見文成公。時文成公為司封郎中，首講『顏淵問仁』章及大學格致之說，應祥偶有所見，文成是之，應祥遂受學焉。」（按：又見田俶歷代儒學存真錄卷九）

按：除中行資善大夫南京刑部尚書贈太子少保箬溪顧公應祥行狀：「顧公諱應祥，字惟賢，號箬溪，其先蘇郡長洲人也……弘治十七年，公甫弱冠，就計偕，明年乙丑，登進士……辛未，以臺諫徵至京師，以年少不應格，補錦衣衛經歷……公少嘗從陽明、增城二先生遊，然公能自得師，務在篤行實踐，不欲空談性命，嘵嘵駕說，卒至叛去也……」（國朝獻徵錄卷四十八）按：以三月顧應祥已與陽明同游功德寺（見下），可見顧應祥當在正、二月至京師，即由黃綰導之來見陽明。兩浙名賢錄卷十八刑部尚書顧惟賢應祥云：「應祥少從陽明、增城二先生游，然不甚傳依其說，其所持衡，足破世學之的，而不立門戶。」

徐守誠入京來訪，論晦庵、象山之學，辨朱、陸異同，陽明有答書詳論。

王陽明全集卷二十一答徐成之書一：「承以朱、陸同異見詢……細觀來教，則輿庵之主象山既失，而吾兄之主晦庵亦未為得也……今輿庵之論象山曰：『雖其專以尊德性為主，未免墮於禪學之虛空，而其持守端實，終不失為聖人之徒；若晦庵之一於道問學，則支離決裂，非復聖門誠意正心之學矣。』吾兄之論晦庵曰：『雖其專以道問學為主，未免失於俗學之支離，而其循序漸進，終不背於大學之訓；若象山之一於尊德性，則虛無寂滅，非復大學格物致知之學矣。』夫既曰『尊德性』，則不可謂『墮於禪學之虛空』；『墮於禪學之虛空』，則不可謂之『尊德性』矣。既曰『道問學』，則不可謂『失於俗學之支離』；『失於俗學之支離』，則不可謂之『道問學』矣。二者之辯，不容髮。然則二兄之論，皆未免於意度也。昔者子思之論學，蓋不下千百言，而括之以『尊德性而道問學』之一語。即如二兄之辯，一以『尊德性』為主，一以『道問學』為事，則是二者固皆未免於一偏，而是非之論尚未有所定也，烏得各持一是而遽以相非為乎？……以某所見，非獨吾兄之非象山、輿庵之非晦庵皆失之非；而吾兄之是晦庵、輿庵之是象山，亦皆未得其所以是也。稍暇當面悉。」

書二：「昨所奉答，適有遠客酬對紛紜，不暇細論……輿庵是象山，而謂其『專以尊德性為主』，今觀象山文集所載，未嘗不教其徒讀書窮理。而自謂『理會文字頗與人異』者，則其意實欲體之於身。其亟所稱述以誨人者，曰『居處恭，執事敬，與人忠』，曰『克己復禮』，曰『萬物皆備於我，反身而誠，樂莫大焉』，曰『學問之道無他，求其放心而已』，曰『先立乎其大者，而小者不能奪』。是數言者，孔子、孟軻之言也，烏在其為空虛者乎？獨其『易簡覺悟』之說頗為當時所疑。然『易簡』之說出於繫辭，『覺悟』之說雖有同於釋氏，然釋氏之說亦自有同於吾儒，而不害其為異者，惟在於幾微毫忽之間而已……吾兄是晦庵，而謂其『專以道問學為事』。然晦庵之言，曰『居敬窮理』，曰『非存心無以致知』，曰『君子之心常存敬畏，雖不見聞，亦不敢忽，所以存天理之本然，而不使離於須臾之頃也』。是其為言雖未盡瑩，亦何嘗不以尊德性為事，而又烏在其為支離者乎？獨其平日汲汲於訓解，雖韓文、楚辭、陰符、參同之屬，亦必與之註釋考辯，而論者遂疑其玩物；又其心慮恐學者之躐等而或失之於妄作，使必先之以格致而無不明，然後有以實之於誠正而無所謬……心也者，吾所得於天之理也，無間於天人，無分於古今。苟盡吾心以求焉，則不中不遠矣。學也者，求以盡吾心也。是故尊德性而道問學，尊者，尊此者也；道者，道此者也……夫晦庵折衷群儒之說，以發明六經、語、孟之旨於天下，其嘉惠後學之心，真有不可得而議者；而象山辨義利之分，立大本，求放心，以示後學篤實為己之道，其功亦寧可得而盡誣之？而世之儒者，附和雷同，不究其實，而概目之以禪學，則誠可冤也已！故僕嘗欲冒天下之譏，以為象山一暴其說，雖以此得罪，無恨……」

按：陽明此二書，王陽明全集於題下注「壬午」作（嘉靖元年），乃大誤。錢德洪陽明先生年譜將此二書繫於正德六年之下（徐成之在正德九年已卒。）

乃是，但謂在正月則非。蓋先是陽明在正月致書徐成之，云「且欲以是求教」，故徐成之遂自餘姚來京師面論，則其至京師當已在二月無疑。書中所言「輿庵」，即王文轅，字思輿、司輿，號輿庵、黃轝，山陰人。按徐守誠弘治五年舉鄉試，弘治六年中進士；陽明亦弘治五年舉鄉試，弘治六年會試下第。可知兩人在弘治五年已相識，故陽明稱其為「吾兄」。

三月十六日，國子監博士徐禎卿卒。與湛甘泉往哭，為作墓誌銘。

王陽明全集卷二十五徐昌國墓誌銘：「正德辛未丙寅，太學博士徐昌國卒，年三十三……不見者踰月，忽有人來訃，昌國逝矣。王、湛二子馳往哭，盡哀，因商其家事。其長子伯虬言，昌國垂歿，整衽端坐，託徐子容以後事。子容泣，昌國笑曰：『常事耳。』謂伯虬曰：『墓銘其請諸陽明。』……」

梁穀中進士，來問學，為作默齋說。

王陽明全集卷七梁仲用默齋說：「仲用識高而氣豪，既舉進士，銳然有志天下之務。一旦責其志曰：『於呼！予乃太早。烏有己之弗治而能治人者！』於是專心為己之學，深思其氣質之偏，而病其言之易也，以『默』名庵，過予而請其方。予亦天下之多言人也，豈足以知默之道？然予嘗自驗之，氣浮則多言，志輕則多言。氣浮者耀於外，志輕者放其中。予請誦古之訓而仲容自取之。夫默有四偽：疑而不知問，蔽而不知辯，冥然以自罔，謂之默之愚；以不言餂人者，謂之默之狡；慮人之覘其長短也，掩覆以為默，謂之默之誣；深為之情，厚為之貌，淵毒阱狠，自託於默以售其奸者，謂之默之賊；夫是之謂四偽。又有八誠焉：孔子曰：「君子恥其言而過其行。古者言之不出，恥躬之不逮也。」故誠知恥，而後知默；又曰：「君子欲訥於言而敏於行。」夫誠敏於行，而後欲默矣；仁者言也訒，非以為默而默存焉；又曰：「默而識之。」是故必有所識也，終日不違如愚者也；「默而成之。」是故必有所成也，退而省其私，亦足以發者也，故善默者莫如顏子；「闇然而日章。」默之積也；「不言而信。」而默之道成矣；「天何言哉，四時行焉，萬物生焉。」而默之道至矣，非聖人其孰能與此哉！夫是之謂八誠。仲用蓋亦知所以自取之？」

第791頁

黃綰集卷二十六梁長史墓志銘：「登辛未進士第，慨然有用世之志。時陽明、甘泉二先生與予始講學京師，君趨陽明之門，執弟子禮，因與予及顧箬溪、王順渠諸君友講究窮研，晨夕不離。一日，陽明問：「天下何物至善？」君應曰：「惟性為至善。」陽明稱嘆。又一夕，與陽明同寢，語至夜分。陽明慨風俗日下，聖學不明，君為泣下。其篤志如此。……君行質魁偉，美鬚髯，有旅力，倜儻博物，凡陰陽圖緯、方技曲藝，以至弓馬射獵、博鞠之屬，皆精絕一時。陽明謂君：「機權變化，膽智宏博，有經濟時艱、勘定過禍之才。」君初舉進士氣銳甚，別號北厓子。既而悟，曰：「予發太早，烏有己不治而能治人者乎？」乃改號默庵，陽明嘗為文發其義。」

偕黃綰、鄭傑、梁穀、徐愛、王道、顧應祥、王元正諸君春游，夜宿功德寺，有詩唱酬。

王陽明全集卷二十夜宿功德寺次宗賢韵二絶：「山行初試夾衣輕，脚軟黃塵石路生。一夜洞雲眠未足，湖風吹月渡溪清。　水邊楊柳覆茅楹，飲馬春流更一登。坐久遂忘歸路夕，溪雲正瀉暮山青。」

黃綰集卷七功德寺（並序）：「昔予嘗同陽明及鄭伯興、梁仲用、徐曰仁、王純甫、顧惟賢、王舜卿諸君來游，今忽二十餘年，而入鬼録者已過半矣。樸庵僧，亦舊人也，故及之。　九十慈親垂鶴髮，逃虛兒子念應歸。也知佛性猶人性，密語空時豈易非。　沙邊綠樹半凋殘

第792頁

，湖上惟存舊石壇。回首昔游今幾在，山僧問訊淚泛瀾」。

按：詩云「山行初試夾衣輕」、「水邊楊柳覆茅檐」，顯在春三月。功德寺在城外，光緒順天府志卷十七郭外寺觀：「功德寺，初名護聖，元刹也。在瓮山北五里青龍橋西……宣德十年，宣廟西郊省斂，駐畢於寺，因留輦仗寺中，自後遂為駐蹕之所」。按是次隨同陽明春游者，多為來問學之新科進士。鄭伯興即鄭傑，襄陽人，正德六年進士，累官南京大理寺丞，見涇野先生文集卷六鹿門鄭公挽詩序。王舜卿即王元正，明清進士錄：「王元正，正德六年三甲一百一十八名進士。陝西盩厔人，字舜卿。選庶吉士，授檢討，以爭大禮，謫戍茂州卒」。

王道舉進士，來問學，陽明與論孟子之說。後講論不合。王陽明全集卷四與王純甫書一：「……某平日亦每有傲視行輩、輕忽世故之心，後雖稍知懲創，亦惟支持抵塞於外而已。及謫貴州三年，百難倍嘗，然後能有所見，始信孟氏『生於憂患』之言非欺我也。嘗以為：『君子素其位而行，不願乎其外。素富貴，行乎富貴；素貧賤，行乎貧賤；素患難，行乎患難，故無入而不自得。』後之君子，亦當素其位而學，不願乎其外。素富貴，學處乎富貴；素貧賤、患難，學處乎貧賤、患難，則亦可以無入而不自得。向嘗為純甫言之，純甫深以為然。不審邇來用力却如何耳」。

按：陽明此書題下注「壬申」，乃作於正德七年三月（見下）。所謂「向亦嘗為純甫言之」，即指王純甫正德六年三月中進士後來問學時所言。前考王道三月已隨同陽明游功德寺，可見王道當是一中進士後即來問學，疑王道亦是陽明所親錄取。泉翁大全集卷十五贈別應元忠吉士敘云：「辛未，因陽明子得吾仙居應子者，又得吾武城王子，日夕相與論議於京邸」。此武城王子即是指王純甫。王純甫即王道，武城人。嚴嵩吏部右侍郎王公道神道碑：「吏部侍郎王公諱道，字純甫，山東武城人也……昔在正德辛未之歲，舉進士，選入中秘。時山東寇亂，欲奉祖母避地江南，上疏乞補學職，詞懇切，得應天教授。居應天學二載」。（國朝獻徵錄卷二十六）按王道舉進士後先選為庶吉士，一直在京，多可來向陽明問學。國榷卷四十八：「正德六年三月丁丑，選庶吉士應良……王道……王元正……命吏部右侍郎兼翰林學士靳貴、侍讀學士蔣冕教習」。王道在正德七年初即除應天府學教授離京而去。錢德洪陽明先生年譜以王道為陽明弟子，謂王道正德七年來受業，皆誤。按王道學崇朱學，與陽明論學一向不合，卒至反目不歡而散，以後與陽明再無往來，不得謂為陽明弟子也（見下）。

石潭汪俊常來論學，不合，多有答書。

王陽明全集卷四答汪石潭內翰：「承批教。連日瘡甚，不能書，未暇請益。來教云：『昨日所論，乃是一大疑難。』又云：『此事關係頗大，不敢不言。』僕意亦以為然，是以不能遽已。夫喜怒哀樂，情也，既曰不可謂未發矣；喜怒哀樂之未發，則是指其本體而言，性也。斯言自子思，非程子而始有。執事既不以為然，則當自子思中庸始矣。喜怒哀樂之與思與自覺，皆心之所發。心統情性，性，心體也；情，心用也……夫體用一源也，知體之所以為用，則知用之所以為體者矣。雖然，體微而難知也，用顯而易見也。執事之云不亦宜乎？夫謂『自朝至暮，未嘗有寂然不動之時』者，是見其用而不得其所謂體也。君子之於學也，因用以求其體。凡程子所謂『既思』，即是已發；既有知覺，即是動者。皆為求中於喜怒哀樂未發之時者言也，非謂其無未發者也……吾兄且於動處加工，勿使間斷。動無不和，即靜無不中。而所謂寂然不動之體，當自知之矣。未至而揣度之，終不免於對答說相輪耳。然朱子但有知覺者在，而未有知覺之說，則亦未瑩。吾兄疑之，蓋亦有見。但其所以疑之者，則有因噎廢食之過，不可以不審也……」

第195頁

按：汪俊字抑之，號石潭，弋陽人，弘治六年進士。明史卷一百九十一有傳。汪俊起復翰林編修在正德五年八月劉瑾伏誅以後，國榷卷四十八：「正德五年八月丙午，南京工部員外郎汪俊……俱復編修。」故陽明一入京都後即可與之相見論學。陽明此答汪石潭內翰題下注「辛未」作，並排在答黃宗賢應原忠之後，則其作在三月可知。明史卷一百九十一汪俊傳稱「汪俊學宗洛、閩，與王守仁交好，而不同其說」，由陽明此書概可見矣。

新刊陽明先生文錄續編卷二答汪抑之書一：「昨承枉教，甚荷至情。中間定性之說，自與僕向時所論者無戾。僕向之不以為然，殆聽之未審也。然訓旨條貫，似於前日精彩十倍，雖僕之不審於聽，亦兄之學日有所進歟？惟未發之說，則終不敢以為然者。蓋喜怒哀樂，自有已發未發，故謂未發時無喜怒哀樂則可，而謂喜怒哀樂無未發則不可。今謂喜怒哀樂無未發，已發固已發，未發亦已發，而必欲強合於程子動亦定、靜亦定之說，則是動亦動、靜亦動也，非惟不得子思之旨，而於程子之意似亦有所未合歟？執事聰明絕人，其於古人之言求之悉矣，獨此似猶有未盡者。宜更詳之，勿遽云云也。」

書

第196-1頁

二：「所不避於煩瀆，求以明道也。承喻論向所質者，「乃疑思問耳，非敢遽有之也」，乃執事謙退不居之過。然又謂「度未能遽合，願且置之，恐從此多費議論」，此則大非僕之所望於吾兄者也。子思曰：「有弗問問之，弗得弗措也；有弗辯辯之，弗明弗措也。」既曰疑思問矣，而可憚於議論之費耶？橫渠有云：「凡致思，到說不得處，始復審思明辯，乃為善學。若告子，則到說不得處遂已，更不復求。」若老兄之云，無乃亦是病歟？所謂「不若據見成基業」者，雖誠確論，然詳老兄語意，似尚不以為然者，如是而遂據之不疑，何以免於毫釐之差、千里之謬乎？始得教，有遂欲罷去不復議，顧僕於老兄不宜如此。已昏黑，將就枕，輒復云云，幸亮此情也。」

按：汪俊祭陽明先生文云：「忽謫萬里，執手贈言，誓將結茅，待子雲煙。公茲東來，曰『予無樂，樂見故人，來踐舊約』。旗旐央央，流水瀰瀰。公私皇皇，或卧或起。乃重訂約：『其待予歸，歸將從容，山遨水嬉。』……」所謂「公茲東來」云云，即指陽明正德五年自龍場驛東歸，正德六年入京，與汪俊往來論學，直至正德七年陽明歸越方止。陽明此二書必亦作在正德六、七月間。

四月十二日，劉淮奏王華等行賂劉瑾，俱贖杖釋遣，不辨。

明武宗實錄卷七十四：「正德六年四月辛卯，書辨官劉淮以瑾黨繫獄，詞連原任户部尚書致仕顧佐、刑部尚書致仕屠勳、刑部尚書韓邦問、南京吏部尚書致仕王華、刑部右侍郎致仕沈銳先、布政使降兩淮運司同知陸珩等，皆嘗托淮行賂於瑾者。命各巡按御史逮治，俱贖杖釋遣」。

國榷卷四十八：「正德六年四月辛卯，前户部尚書顧佐、刑部尚書屠勳、韓邦問、南京吏部尚書王華、刑部右侍郎沈銳，皆賂瑾，見獄詞。各下巡按御史，論贖」。

按：楊一清海日先生墓志銘云：「既歸，有以其同年友事詆毀之者。人謂公當速白，不然且及罪。公曰：『是焉能浼我？我何忍訐吾友？』後伯安復官京師，聞士夫論及此，將疏辯於朝，公馳書止之曰：『汝將重吾過耶？』」陸深海日先生行狀亦云：「既而有以同年友事詆毀先生於朝者，人咸勸先生一白。先生曰：『某吾同年友，若白之，是我訐其友矣。是焉能浼我哉？』竟不辨。後新建復官京師，聞士夫之論，具本奏辨。先生聞之，即馳書止之曰：『是以為吾平生之大耻乎？吾本無可耻，今乃無故而攻發其友之陰私，是反為吾求一大耻矣。人謂汝智於吾，吾不信也。』乃不復辨。」是乃將同年友事加諸王華，「同年友」者，指黄珣，國朝獻徵録卷二十七有南京吏部尚書黄珣傳。

五月二日，武宗旌表楚世子榮滅，表曰「彰孝坊」，陽明上彰孝坊詩頌之。

明武宗實録卷七十五：「正德六年五月辛亥，楚府永安王奏楚世子榮滅孝行，請旌表為宗室勸。詔表其坊曰彰孝」……」

國榷卷四十八：「正德六年五月辛亥，旌楚世子榮滅孝行。性仁孝，徒跣送葬，故旌之」。

陽明彰孝坊：「金楚維南屏，賢王更令名。日星昭渙汗，雨雪覆精誠。端禮巍巍地，靈泉脉脉情。他年青史上，無用數東平」。（嘉靖湖廣圖經志書卷一，陽明文集失載）

按：彰孝坊在武昌，嘉靖湖廣圖經志書卷一：「彰孝坊，在王府端禮門外大街中。今王（按：端王榮滅）為世子時，克孝於親，臣上交奏，勅賜今王。」「今王」指端王榮滅，蓋嘉靖元年吴廷舉作湖廣圖經志書時，榮滅尚未卒，故稱「今王」。彰孝坊為武宗賜建，明史卷一百十六諸王：「楚昭王楨……

子憲王季堄……八年薨，弟康王季埱嗣。天順六年薨，再從子靖王均鈋嗣，正德五年薨。子端王榮㳦嗣，以仁孝著稱。武宗表曰『彰孝之坊』，嘉靖十三年薨。」劉武臣〈彰孝坊碑記〉詳記其事云：「弘治中，母妃有疾，王晝夜驚惶，迎醫製藥，不遺餘力，籲天求代，而疾遂愈。正德初，父母有疾，亦如之，厥疾亦籲天愈。久之，父王母妃各以天年薨。王居苫次，欒欒瘠毀，踰三年，哀猶未盡。已而父王葬，值雪，母妃葬，值雨，亦籲天，天為開朗。自府第至塋域，跣走二舍許，攀柩長號，頓絕者幾，來觀之衆莫不興哀，聲振林谷。君子謂王備死生之義，而得天人之心焉，穆乎休哉，王得為

純孝矣！諸王暨有司以聞，下禮部議。禮部謂王克孝於母，敬皇嘗降敕褒嘉；茲王復克孝於父，宜建坊旌表，為天下勸。皇帝可其議，乃親御宸翰，用泥金大書『彰孝』賜焉。爰命有司建巨桓於端禮門外，以示優異。」（嘉靖湖廣圖經志書卷二）按武宗御書『彰孝』及於端禮門外建彰孝坊，當時諸王宗室及在京公卿文士多有詩詠歌頌，編成巨帙，蔡潮〈彰孝坊詩序〉云：「正德辛未，潮自掖垣奉璽書主學政於楚，喜而私計曰：國有賢王，邦之人被化久矣，吾敷教不易易耶？及至楚，見國門外有綽楔焉，規飾異常制，金書大扁曰『彰孝』，問之，知為聖製也。已而朝晏畢，出示巨帙，金春玉應，皆

宗室暨當時公卿大夫士反覆詠歌『彰孝』之義者，欲潮叙數語以著事情。輒撫卷歎曰：大哉，聖天子化天下以至要也！……」（嘉靖湖廣圖經志書卷二）徐瑶〈彰孝坊詩序〉亦云：「永安等王洎諸司僚佐具以上聞，爰敕有司，建坊於端禮門，榜其額曰『彰孝』，誠盛典也。繼又獲覩國傳所述，亦謂王居先靖妃喪，嘗以孝聞，先帝特加褒敕，今復荷此盛典，孝可驗也……楚殿下天禀特異，表出名藩，士君子歌詠而道之，豈可不宜哉？」（嘉靖湖廣圖經志書卷一）今嘉靖湖廣圖經志書卷一正著錄有宗室諸王公卿士夫詠彰孝坊詩一卷，包括永安王榮澂、通城王榮渡、通山王榮濠、江夏

王榮漠、輔國將軍榮浛、榮瀁及陳金、洪鐘、劉丙、秦金、王守仁、陳鳳梧、謝廷柱、沈景、呂尚功、趙遷等人，此即蔡潮所云「宗室暨當時公卿大夫士反覆詠歌『彰孝』之義」之「鉅帙」，或是陽明曾任江西廬陵知縣，故得預詠焉。由蔡潮序可知此一「鉅帙」存放於楚王府中，故為後來嘉靖元年吴廷舉作湖廣圖經志書所取用。吴廷舉於陽明此詩下注云：「王守仁，餘姚人，都御史。」按吴廷舉實於正德十二年即開始撰湖廣圖經志書（見其續修湖廣通志序），陽明此詩當是其在正德十二年以後錄入，故題為「都御史」。

三日，有家書上父王華。

陽明寓都下上大人書：「寓都下男王守仁百拜書上父親大人膝下：前月王壽與來隆去，從祁州下船歸，計此時想將到家矣。邇惟祖母老大人、母大人起居萬福為慰。男輩亦平安。媳婦輩能遂不來極好，倘必不可沮，只可帶家人、媳婦一人，衣箱一二隻，輕身而行。此間決不能久住，只如去歲江西，徒費跋涉而已。來隆去後，此間却無人，如媳婦輩肯不來，須遣一人帶冬夏衣服，作急隨便船來。男邇來精神氣血殊耗弱，背脊骨作疼已四五年，近日益甚。欲歸之計非獨時事足慮，兼益身體可愛也。聞欲起後樓，未免太勞心力，如木植不便，只蓋平屋亦可。餘姚分析事，不審如何？畢竟分析為保全之謀耳。徐妹夫處甚平安。因會稽李大尹行，便奉報平安。省侍未期，書畢，不勝瞻戀之至。五月三日，男王守仁百拜。」（手札真迹藏中國歷史博物館，陽明文集失載）

按：此書所云「從祁州下船歸」、「徐妹夫處甚平安」，乃指徐愛曰仁時方在祁州知州任上。徐愛正德三年出知祁州，至正德七年考滿進京，劉麟長明曰仁先生徐愛：「是年舉於鄉，明年舉進士，授祁州知州……壬申，以知州考滿入京師，即同穆孔暉等朝夕受業。」（浙學宗傳）徐愛在正德七年六月離祁州進京，故可知陽明此書當作於正德六年，其中所云「只如去歲江西，徒費跋涉而已」，顯指正德五年陽明在江西廬陵知縣任上，媳婦輩亦跋涉而來，而陽明旋於十月便赴京師入覲。此尤可見陽明此書作於正德六年五月。王壽、來隆，皆為陽明舍人與家人。「餘姚分析事」，指餘姚故居分析，各人管理（見下）。

尚寶司丞許誥來論學，不合。

尤時熙《尤西川先生擬學小記》卷六《紀聞》：「（近齋曰）予昔官國學，一日，同鄉許號田者，函谷先生（許誥）家嗣也，謂我曰：『聞君講陽明之學。』予未有對。號田曰：『陽明與先人在同年中最厚，且同志。後相別數年，及再會，先人舉舊學相證，陽明不言，但微笑，良久曰：吾輩此時只說自家話罷，還翻那舊本子作甚！』蓋先人之學本六經，陽明則否。』……」

按：許誥與陽明為同年，《明清進士錄》：「許誥，弘治十二年二甲五十一名進士。河南靈寶人，字廷綸，號函谷山人。授戶科給事中，劾中官苗逵貪肆，官翰林檢討。其父為成化進士，累官至兵部尚書，忤劉瑾削籍，誥受連，謫全州判官。父喪歸，家居授徒講學。嘉靖初，遷侍講學士，官至南京戶部尚書。卒謚『莊敏』。有《通鑑綱目前編》。」許誥亦一著名理學家，時人以為許誥講理學與陽明齊名，王廷相《內臺集》卷五《許誥墓誌銘》：「壬午，今上改元，復起公為南京通政司參議。公曰：『堯舜在上，夔契思奮，斯其時也。』乃起從仕。時講理學者北稱公，南稱王陽明……所著有《通鑑前編》、《圖書管見》、《道統源流》、《詩考》、《易參》、《春秋易見》、《中庸本義》、《太極論》、《性學編》等書……公乃論太極曰『氣理兼備』，不涉於無；論性曰『理氣渾全』，本無支離，俱不可專以理言。斯擬也，詮擇精真，解惑千古。」

第803頁

可見許誥理學與陽明不合。其與陽明同在弘治十二年中進士後，兩人一直同在京師任職相處，故許誥「在同年中最厚」。至正德二年後，陽明謫貴州龍場驛，許誥亦貶廣西全州。直至正德六年，陽明陞吏部驗封清吏司主事入京，許誥亦起為尚寶司丞入朝，二人再相見，即所謂「後相別數年，及再會」。許誥墓誌銘云：「久之，都御史張公檜、周公倫、陳公鳳梧、王公蓋，監察御史朱君寔昌、張君鵬，交章薦公……時有詔，守正不阿，為昔逆瑾所斥者錄之，遂起公為尚寶丞。」按武宗詔為昔逆瑾所斥者錄之在正德六年正月，《國榷》卷四十八：「正德六年正月丁丑，錄前都給事中趙士賢、署郎中李夢陽……皆劉瑾所誣陷者，至是悉錄之。」許誥起為尚寶丞當亦在其時，則其入都任尚寶司丞及來見陽明論學約已在夏間。近齋即朱得之，亦陽明弟子（見後）。

虎谷王雲鳳書來論學，有答書。

《王陽明全集》卷四《答王虎谷》：「承示別後看得一『性』字親切。孟子云：『盡其心者，知其性也；知其性，則知天矣。』此吾道之幸也，喜慰何可言！『弘毅』之說極是。但云『既不可以棄去，又不可以減輕；既不可以住歇，又不可以不至』，則是猶有不得已之意也。不得已之意與自有不能已者，尚隔一層。程子云：『知之而至，則循理為樂，不循

第804頁

理為不樂。」自有不能已者，循理為樂者也，非真能知性者，未易及此。知性則知仁矣。仁，人心也。心體本自弘毅，不弘者蔽之也，不毅者累之也……故燭理明，則私欲自不能蔽累；私欲不能蔽累，則自無不能弘毅矣……曾子『弘毅』之說，為學者言……此曾子窮理之本，真見仁體而後有斯言。……」

按：王雲鳳致仕在正德五年十月，國榷卷四十八：「正德五年九月庚申，國子祭酒王雲鳳被劾，乞休，改南京左通政致仕。」王雲鳳並未赴南京左通政任，旋在十月致仕，而其離京歸虎谷已在正德六年正月陽明入京以後，兩人

一見相別，即陽明此書所云「別後」。王雲鳳歸居虎谷後有書來以及陽明作此答書，約已在夏間。陽明九月作贈王堯卿序云「虎谷有君子，類無言者。堯卿過焉，其以予言質之」，此虎谷君子即指王雲鳳（見下），可見兩人一直通信往返。

徐愛書來告趙氏病，即遣夏醫往祁州，有書致慰。

陽明與徐曰仁書：「得書，驚惶莫知所措。固知老親母仁慈德厚，福禄應非至此，然思曰仁何以堪處，何以堪處！急走請醫，相知之良莫如夏者，然有官事相絆，不得遽行，未免又遲半日，比至祁且三日。天道苟有知，應

俟渠至，當已平復。不然，可奈何，可奈何！來人與夏君先發，趙八舅和兒輩隨往矣。惶遽中言無倫次，亦不能盡。守仁頓首，曰仁太守賢弟。」（三希堂法帖，陽明文集失載）

按：陽明此書中所言「老親母」，指其繼母趙氏。陸深海日

先生行狀：「繼室趙氏，封夫人。側室楊氏。子四人：長守仁，鄭出，南京兵部尚書，封新建伯。次守儉，楊出，太學生。次守文，趙出，郡庠生。次守章，楊出。一女，趙出，適南京工部都水郎中同邑徐愛。」是陽明妹乃趙出，嫁與徐愛。徐愛正德四年六月除祁州知府，自是携夫人上任，而趙氏亦至祁州，或是因徐愛夫人在祁州懷孕故（見下）。陽明書云「比至祁者三日」，可見其時徐愛在祁州任職，則事當在正德六年。書中所言「趙八舅知兒輩」，趙八舅即趙氏兄，陽明上大人書中有云：「趙八田近因農民例開，必願上納，阻之不可。」此趙八即趙八舅。陽明此上大人書作在正德七年閏五月十一日（見下），可見正德七年趙八舅已回餘姚處理田產事，此尤可證陽明此與徐曰仁書作在正德六年。「兒輩」則指王守儉、王守文、王守章等，其時皆在京師。按陽明五月三日致父王華書中尚云「母大人起居萬福」，知其時趙氏猶在紹興，則趙氏來祁州並得疾約在七、八月中。

第807页

八月，太史張邦奇歸省回四明，陽明與湛甘泉皆作序送別。湛若水泉翁大全集卷十四太史張秀卿歸省贈別：「槎湖張子與甘泉子同守太史，相善。張子將歸省，求贈言，湛子謂：「司封陽明王子曰：「夫贈言者，莫大乎講學矣。」」張子曰：「學孰為大？」對曰：「辨為大。」曰：「辨孰為大？」對曰：「儒釋為大。」曰：「孰為儒？」曰：「知釋之所以為釋，則知儒矣。」曰：「孰為釋？」曰：「知儒之所以為儒，則知釋矣。」曰：「請問所以。」曰：「儒有動靜，釋亦有動靜。夫儒之靜也體天，其動也以天，故寂感一矣。夫釋之靜也滅天，其動也違天，是故體用二矣。故聖人體天地萬物而無我，釋者外四體六根而自私。是故公私大小判矣。」張子曰：「然。」湛子曰：「然則可以別矣。」遂拜而別之。正德辛未八月。」

王陽明全集卷七別張常甫序：「太史張常甫將歸省，告別於司封王某曰：「期之別也，何以贈我乎？」某曰：「處九月矣，未嘗有言焉；期之別，又多乎哉？」常甫曰：「斯邦期之過也。雖然，必有以贈我。」某曰：「工文詞，多論說，廣採極覽，以為博也，可以為學乎？」常甫曰：「知之。」「辯名物，考度數，釋經正史，以為密也，可以為學乎？」常甫曰：「知之。」「整容色，修辭氣，言必信，動必果，談說仁義，以為行也，可以為學乎？」常甫曰：「知之。」曰：「去是三者而恬淡其心，專一其氣，廓然而虛，湛然而定，以為靜也，可以為學乎？」常甫默然久，曰：「亦知之。」某

第808页

曰：「然，知之。古之君子惟有所不知也，而後能知之；後之君子惟無所不知，是以容有不知也。夫道有本而學有要，是非之辯精矣，義利之間微矣，斯吾未之能信焉。曷亦姑無以為知之也，而姑疑之，而姑思之乎？」常甫曰：「唯。吾姑無以為知之，而姑疑之，而姑思之。期而見，吾有以復於子。」

張邦奇《張文定公紆玉樓集》卷四《別陽明子序》：「四明張邦奇將歸省，驗封陽明王子贈之曰：『古之君子有所不知，而後能知之；後之君子無所不知，是以容有不知也。』邦奇瞿然而作，曰：『善哉！無所不知者，乃其所以為無所知也。請為吾陽明子極言：知之道，以祛今之惑，雖然，吾何敢言知乎哉？至神者，天地；至明者，人也；至微者，心也。吾皆未得而知之，吾何敢言知乎哉？』陽明子曰：『何謂至神者天？』曰：『天之道，明善夫天下而無視，聰善夫天下而無聽。是故天之道微顯而闡幽，非微顯而闡幽也，□於天下無顯無幽也。有聲，天聞之矣；無聲，天聞之矣。有形，天見之矣；無形，天見之矣，其何顯微之間之有？人□限於耳目者，自其所不見聞而謂之幽，天惡其若此也，故從而闡之而微之，斯其損益盈虛之理耳。』『然則何謂至明者人？』曰：『其以耳目見聞者，愚人也；達者之見聞，則同乎天矣。是故是非善惡，愚者疑而達者覺矣，覺者辨而疑者釋矣，而天下皆覺矣。是故天下之事，久而無不定。』『何謂至微者心？』曰：『念慮萌乎中，非至精者弗察也；弗察，則不能知吾心；不能知吾心，則不能知人；不能知人，則不能知天。不知天，則不知所以畏天；不知人，則不知所以畏人；不知心，則不知所以畏心。心，吾心也，而畏之猶未也，況又不知所以畏，吾何敢言知乎哉？顏氏之子有不善，未嘗不知，其自知若是其明也；唯孔子知之，曰其心「三月不違仁」，其知人若是之微也。古之君子曷為其無不知若此？知遠之近也，知風之自也，知微之顯也，知之始也；及其至也，質諸鬼神而無疑，百世以俟聖人而不惑。』陽明子瞿然而作，曰：『善哉！至神者天，禍福係之矣；至明者人，予奪係之矣；至微者心，誠偽係之矣。吾子將進於知矣夫，其誨我以知之矣夫！』」

按：陽明正月入京師上任，至是九月，故稱處九月。張邦奇是次歸省，即不出，張時徹《張尚書邦奇傳》：「已乃乞告歸省，家猶食貧也。羹藜茹藿，徒四壁立，而日操觚牘，諷誦不休。時復從農豎於田間，治桑麻稼穡事，蓋業已甘之。」（《國朝獻徵錄》卷四十二）

黃綰集卷二贈張太史常甫省觀：「憤蓋張太史，論道遂相親。道亦何有言，言微道將湮。孟顏古好學，知言不違仁。周程繫機要，千載重一新。茫無又今日，求言總迷真。醉夢錯生死，亂雜聲信信。掩耳豈忍聽，聽之不堪顰。予當掛冠去，結茅雲海濱。手握青桑日，坐伺滄溟塵。太史雅地望，況復富青春。暫指親庭去，終還陪紫宸。己識非予比，得此可親身。斡旋覆載中，以使風俗淳。」

第811頁

為湛甘泉父怡齋湛瑛作墓表。

王陽明全集卷二十五贈翰林院編修湛公墓表：「……予讀怡庵誌而悲之。怡庵湛公英者，廣之增城人。介直方嚴，刻行砥俗，鄉之善良咸服信取則，倚以扶弱禦侮。然不辭色少貸人，面斥人過惡，至無所容……而公之子若水求濂洛之學，為世名儒，舉進士，官國史編修。推原尋繹，公德益用表著。朝廷贈官如子，日顯赫諫耀……予悲斯人之不遇，而因重有所感也。昔者君子顯微闡幽，以明世警瞶。信暴者無庸揚矣，彼忘然就抑，蒙溷垢而弗雪，其可以無表而出之！」

按：陽明全集於此墓表題下注「壬申」作，乃誤。按今猶存有「王守仁撰並書」之墓表殘存石碑，署「正德辛未八月立」（見黎業明湛若水年譜）。蓋是年朝廷贈甘泉父官如子，故湛甘泉乃請陽明撰墓表，刻石立碑。湛瑛卒於成化十二年，見陽明湛賢母陳太孺人墓碑。

湛甘泉卜居蕭山湘湖，有書來告，蓋欲與陽明洞卜鄰而居，以便聚會，共定聖學。

王陽明全集卷四與王純甫書一：「甘泉近有書來，已卜居蕭山之湘湖，去陽明洞方數十里耳。書屋亦將落成，聞之喜極。誠得良友相聚會，共進此道，人間更復有何樂

第812頁

！區區在外之榮辱得喪，又足掛之齒牙間哉？」
按：陽明此書題下原注「壬申」作，即作在正德七年五月（見下）。黃綰陽明先生行狀云：「壬申……湛公又欲買地蕭山湘湖之間，結廬，與予三人共之。」其即據陽明此書而以為甘泉始結廬蕭山湘湖在壬申，乃誤。按湛甘泉正德六年九月受命出使安南，故其卜居蕭山湘湖當在是年九月以前。考九月方獻夫歸西樵，徐愛、方獻夫送別贈答詩中即已言及甘泉卜居蕭山湘湖，橫山遺集卷上送友方叔賢謝滿歸西樵山：「湘湖與陽明，相望兩無處。」「湘湖」指甘泉卜居蕭山湘湖，「陽明」指陽明洞。西樵遺稿卷四別

第813頁

王陽明：「聞道蕭山有主人，為尋王翰卜佳鄰。野人亦有湘湖約，何日孤舟許問津？」此即是將陽明比為唐詩人王翰，甘泉比為杜華，其結廬蕭山湘湖，意在欲與陽明卜鄰而居。陽明別湛甘泉詩亦云「結茆湖水陰，幽期終不忘。」即指甘泉結廬湘湖之陰。由此決可知甘泉始結廬湘湖在正德六年九月以前（七、八月間）。蓋是年正月陽明進京任職，兩人講論聖學，情好日密，甘泉遂生卜居蕭山湘湖之意，至八、九月甘泉受命出使安南前夕，湘湖茅廬已在建造中。只因甘泉旋即出使安南而去，二年方歸；陽明亦陞南京太僕少卿赴南都而去，故甘泉隱居蕭山湘湖最終未成也。

東雁章達德歸雁蕩，陽明為賦衡門之詩，並作序送別。
王陽明全集卷二十二送章達德歸東雁序：「章達德將歸東雁，石龍山人為之請，於是甘泉子託以考槃，陽明子為之賦衡門。客有在坐者，啞然曰：異哉！二夫子之言，吾不能知之。夫閟爾形，無瑩爾精也，其可矣。今茲將惟職業之弗遑，而顧雁蕩之懷乎？彼章子者，雁蕩之產

第814頁

矣，則又可以居而弗居，依依於京師者數年而未返，是二者交相慕互其外也。夫苟遊心恬淡，而棲神於流俗塵囂之外，環堵之間，其無屏霞、天柱乎？雁蕩又奚必造而後至？不然，託蹤泉石，而利祿縈其中，雖廬常雲之頂，其得而居諸？』於是陽明子仰而喟，俯而默，卒無以應之也。志其言以遺章子，曰：『客見吾杜權焉，行矣，子毋忘客之言，亦無以客之言而忘甘泉子之託。』」
黃綰集卷十一燕市悲歌序：「燕市悲歌者，都人送東雁先生詩也。」云「悲」者，抒其懷而致其感也。先生少任俠，慕荊卿、班超之為人，欲立地作奇男子。走場屋不利，歲

貢禮部，入廷試第一，應受教職。先生曰：「我豈能為是
官耶！」乃藝辟雍以俟，既二雍各論方居之，先生南人，
當入南雍，曰：「我豈不可在輦轂下也！」遂不去，竟用是困
。群公貴人皆知其名，但無肯援之者，先生亦無憾之。
東山劉公以黨錮為逆瑾所逐，衆愕莫敢近。先生為經紀
歸裝，送之數程。及逮繫入獄，往來獄中，伺其食臥。
至戍西夏，欲與俱去，念親老而止。又欲持刃於隘，俟
瑾殺之。凡在都下，落落七年，斂死者與危難無依而急
之者，不知其幾。辭受之際，雖親，一毛不妄。嗚呼！
若先生者可謂倜儻丈夫，崛强塵埃者矣，是故悲歌之所

作歟？雖然，物各有用，鼎不以支車，柱不以摘齒，豈
終無用哉！若先生于時終不遇者，則皆天也。天有不遇
，聖賢亦何能哉！自今已往，天者，時者，予亦知之，
蓋將與一二同志裂冠斷帶，望雁山而託迹，先生其為我
驅虎豹，置棋釁哉！」

按：廣館序中所云「劉公」，即劉大夏（陽明鄉試「座主」）。「落落
七年」，則章達德在弘治十八年入京師，與陽明相識或即在是
年。章達德乃一豪俠之士，學荊軻欲刺劉瑾，故都人送詩稱
為燕市悲歌。陽明為其所賦衡門之詩，當收在燕市悲
歌中，今亡佚矣。湛甘泉亦為賦考槃之詩送之，按湛甘泉

在九月受命出使安南，章達德或是聞此消息，在八、九
月來向甘泉、陽明告別歸雁蕩，時當晚秋，故都人作「風
蕭蕭兮易水寒」之燕都秋悲之歌送之。
章達德向不明為何人，今按謝鐸集卷五十一有台雁唱
酬詩序云：「弘治丁巳秋，敬所陳先生以觀郡志來過予。
予方議姻於忍庵章公之子達德，達德之弟振德，先生
孫婿也，遂以父兄之命參決定議，為來秋之期。及期，
敬所至，而達德與其兄慎德以試事（按：指鄉試）未
歸，因留以俟。久之，乃請怡雲、止軒二叔父為偕行，予忝
以舊姻故，實從其後。既至，而達德猶在杭。忍庵公乃

始主盟，成禮而退……凡三十有四日……心所不能自已者，
往往於詩焉發之……得一韵四十三首，為台雁唱酬錄……
卷成，遂以歸之慎德諸昆季俾藏之。」又卷五十五有忍庵
記云：「忍庵公嘗謂予曰：『吾性卞急，遇事不可於意者，
輒不能忍。予之從父貞肅公因以「忍」名吾所居之庵……然
則茲庵之記，不子之屬而誰屬哉！』予遜避不敢當。公之
諸子慎德、達德輩，固要之不已……公諱巘，字大獻，
世居樂清之南閣……公之子達德，今復與予為重親，南
閣去桃溪不咫尺……」據此，知章達德為忍庵章巘之子
，臨清人，謝鐸孫婿，亦是謝鐸弟子，茶陵派中人。謝鐸

在正德五年辛後，章達德仍在京不去，向甘泉、陽明問學。（謝鐸集卷四十三有至温訪達德不在有感）

九月，方獻夫告病歸西樵，陽明作序以贈，有詩送行。……

王陽明全集卷七別方叔賢序：「予與叔賢處二年，見叔賢之學凡三變：始而尚辭，再變而講說，又再變而慨然有志聖人之道。方其辭章之尚，於予若冰炭焉；講說矣，則違合者半；及其有志聖人之道，而沛然於予同趣。將遂去之西樵山中，以成其志，叔賢亦可謂善變矣。聖人之學，以無我為本，而勇以成之。予始與叔賢為僚，叔賢以郎中故，事位吾上。及其學之每變，而禮予日恭，卒乃自稱門生而待予以先覺。此非脫去世俗之見，超然於無我者，不能也。雖橫渠子勇撤皋比，亦何以加於此！獨愧予之非其人，而何以當之！夫以叔賢之善變，而進之以無我之勇，其於聖人之道也何有！斯道也，絕響於世餘三百年矣，叔賢之美有若是，是以樂為吾黨道之。」

同上，卷二十別方叔賢四首：「西樵山色遠依依，東指江門石路微。料得楚雲臺上客，久懸秋雲待君歸。　自是孤雲天際浮，篋中枯蠹豈相謀？請君靜後看羲畫，曾有陳篇一字不？　休論寂寂與惺惺，不妄由來即性情

。笑却殷勤諸老子，翻從知見覓虛靈。　道本無為只在人，自行自住豈須鄰？坐中便是天台路，不用漁郎更問津。」

黃綰集卷七次韵送方吏部叔賢養病歸南海四首：「石門松路白雲依，遥隔煙雲入望微。我有丹丘風露冷，輸君不及早秋歸。　馬蹄日日逐塵浮，誰識尋山為道謀？屈指海南方吏部，，天台能共葺茅不？　乾坤秋意正惺惺，誰復人間最有情？解記比園新月夜，三人來共草堂靈（叔賢常携酒邀陽明於此同坐）。　西樵曾亦住何人，此去山猿詫好鄰。莫道入雲真太古，雲中路在亦通津。」

徐愛橫山遺集卷上送友方叔賢謝病歸西樵山：「碧玉樓前月，翠浮山下風。月明不可問，風清如可從。從之亦何口，口無蕩塵胸。願言已在茲，微名焉足榮！　濂洛伊云遠，論議日紛陳。縛多不可解，蝟蟲自刺身。不有先覺者，孰啟我後人？多謝西樵子，窮途獨問津。」

龍興自雲雨，堅作萬物睹。素約在深秋，良會續千古。湘湖與陽明，相望兩無處。盼盼若有令，默默已無語。」

按：徐愛此詩乃方獻夫離京師南下經郴州時作，時在深秋九月，故云「素約在深秋，良會續千古」。「湘湖」即蕭山湘湖，湛甘泉卜居之地；「陽明」指陽明洞，時二人皆不在其地，故云「相望兩無處」。

方獻夫西樵遺稿卷四別王陽明：「春風桃李總依依，領得春心入翠微。不是尋常掛冠去，灑然真是浴沂歸。聞道蕭山有主人，為尋王翰卜佳鄰。野人亦有湘湖約，

何日孤舟許問津？」

按：「蕭山有主人」，指湛甘泉卜居湘湖。「王翰卜佳鄰」，唐詩人王翰恃才不羈，名重當世，杜華母崔氏云：「吾聞孟母三遷，吾今欲卜居，使汝與王翰為鄰，足矣！」杜甫詩有云「李邕求識面，王翰願卜鄰」。此亦指湛甘泉卜鄰而居。「野人亦有湘湖約」，乃方獻夫自謂。

同上，舟中寫懷寄王陽明：「到處雲山若可依，悠悠京國望中微。何人漫費相思夢，不與秋風共載歸？涼涼非敢絕斯人，僻性惟宜水石鄰。不識可行還可止，旁人休誘是知津。」

同上，望錢塘憶會稽寄王陽明：「東望錢塘水，南憶會稽山。錢塘之水闊如許，舉目可望不可度。會稽之山杳何處？引首見雲不見路。錢塘之水猶可航，會稽之山豈終阻？陽明洞中無主人，默默此情欲誰語？天台在山西，雁蕩在山東，會稽之山天下雄。君居此山南，我居此山北，天台雁蕩皆吾宅。噫嘻此去不可違，陽明主人何時歸？陽明主人何時歸？我欲終身夫子依。」

湛若水泉翁大全集卷五十陽明贈方吏部歸西樵四首金山出示次韻：「西樵絕壁迥無依，雲鎖千峰鳥道微。居士往來誰是伴？翳門關外一僧歸。太虛萬事片雲浮，若有

神明與道謀。請君更看羲皇上，曾有元初一畫不？一念正時便是惺，要知念處也無情。無情知見真知見，到了參前即性靈。曾許西樵作主人，卜居雲外與天鄰。上山正在江門路，來往尋常不問津。」

按：西樵在南海縣，西樵志卷一：「西樵屬廣東廣州府南海縣……西樵在郡城西南一百二十里，高聳千仞，勢若游龍，週迴四十里，盤居簡村、沙頭、龍津、金甌四堡之間，峰巒七十有二。」卷四：「方獻夫……正德壬申（按：當作辛未），方子為吏部文選，謝病歸。丁丑，構紫雲樓、沛然堂於此，曰『石泉精舍』。後廓之，恭貯賜書，改稱書院。」

方獻夫歸西樵之時間，錢德洪陽明先生年譜謂「是冬，告病歸西樵」，乃誤。按陽明別方叔賢四首云「久懸秋月待君歸」；徐愛送方叔賢謝病歸西樵山云「素約在深秋」；方獻夫舟中寫懷寄王陽明云「不與秋風共載歸」，顯可見時在秋九月。其歸至西樵則在冬十月也。

與監察御史文森交遊往來，作白灣六章頌詠之。

王陽明全集卷二十白灣六章：「宗嚴文先生居白浦之灣，四方學者稱曰白浦先生，而不敢以姓字。某素高先生，又辱為之僚，因為書『白灣』二字，并詩以詠之。　浦之灣，其白漫漫。彼美君子，在水之盤。　灣之浦，其白瀰瀰。彼美君子，在水之涘。　雲之溶溶，于灣之湄。君子于處，民以為期。　雲之油油，于灣之委。君子于興，施及四海。　白灣之渚，于遊以處。彼美君子兮，可以容與。　白灣之洋，于濯以湘。彼美君子兮，可以徜徉。」

按：文森字宗嚴，號白浦先生，長洲人。明清進士錄：「文森，成化二十三年三甲四十三名進士。長洲人，字宗嚴。授編修，與修憲宗實錄。知慶雲縣，值旱荒，疏請免田租，賑饑民，教民掘塘蓄水，民得以安。官至監察御史，以劉瑾擅權致仕。瑾敗，起，至右僉都御史。」文森以劉瑾擅權致仕，故陽明稱「某素高先生」。文森起為監察御史之時間，文徵明文公森行狀：「庚午更化，再起為河南道監察御史，推掌三法司事。尋奉詔刷在京五府六部各衙門文卷。正德六年辛未，考績，進階文林郎。明年壬申，陞南京太僕寺少卿。」（國朝獻徵錄卷五十六）明武宗實錄卷八十四：「正德七年二月己亥，陞監察御史文森為南京太僕寺少卿。」是文森於正德五年八月劉瑾誅後起任監察御史，至正德七年二月改南京太僕寺少卿離京去，陽明在京從之遊，故稱「辱為之僚」。陽明此詩置於別方叔賢四首（九月作）之下，寄隱巖（十二月作）之前，詩所描述亦秋天景色，可推知作在九月中。

「白浦之灣」、「白灣」即白河之灣（今白河其地猶有白灣，為國家濕地）。天府廣記卷三十六川渠：「白河，源出邊外，經密雲縣霧靈山，為潮河川，而富河、罾口河、七渡河、桑乾河、三里河俱於此會，名白河。南流經通州，合通惠及榆渾諸河至張家灣，總名曰潞河……白河之流，淤沙易阻……鮑丘水即潞河，俗名白河，以其兩岸皆白沙，不產青草云。」白灣當是文森致仕卜居之地。

九月三十日，湛甘泉奉命出使安南封國，作序贈別。

王陽明全集卷七別湛甘泉序：「顏子沒而聖人之學亡，曾子唯一貫之旨傳之孟軻，終又二千餘年而周、程續。自是而後，言益詳，道益晦；析理益精，學益支離無本，而事於外者益繁以難。蓋孟氏患楊、墨；周、程之際，釋、老大行。今世學者，皆知宗孔、孟，賤楊、墨，擯釋、老，聖人之道，若大明世。然吾從而求之，聖人不得而見之矣。其能有若墨氏之兼愛者乎？其能有若楊氏之為我者乎？其能有若老氏之清淨自守、釋氏之究心性命者乎？吾何以楊、墨、老、釋之思哉？彼於聖人之道異，然猶有自得也。而世之學者，章繪句琢以誇俗，詭心色取，相飾以偽，謂聖人之道勞苦無功，非復人之所可為，而徒取辯於言詞之間，古之人有終身不能究者，

第825页

今吾皆能言其略。自以為若是亦足矣，而聖人之學遂廢。則今之所大患者，豈非記誦詞章之習？而弊之所從來，無亦言之太詳、析之太精者之過歟？夫楊、墨、老、釋，學仁義，求性命，不得其道而偏焉，固非若今之學者以仁義為不可學，性命之為無益也。居今之時，而有學仁義、求性命、外記誦辭章而不為者，雖其陷於楊、墨、老、釋之偏，吾猶且以為賢，彼其心猶求以自得也。夫求以自得，而後可與之言學聖人之道。某幼不問學，陷溺於邪僻者二十年，而始究心於老、釋。賴天之靈，因有所覺，始乃沿周、程之說求之，而若有得焉。顧

一二同志之外，莫予翼也，岌岌乎仆而後興。晚得友於甘泉湛子，而後吾之志益堅，毅然若不可遏，則予之資於甘泉多矣。甘泉之學，務求自得者也。世未之能知，其知者且疑其為禪。誠禪也，吾猶未得而見，而況其所志卓爾若此！則如甘泉者，非聖人之徒歟？多言又烏足病也！夫多言不足以病甘泉，與甘泉之不為多言病也，吾信之。吾與甘泉友，意之所在，不言而會；論之所及，不約而同，期於斯道，斃而後已者。今日之別，吾容無言？夫惟聖人之學難明而易惑，習俗之降，愈下而益不可回，任重道遠，雖已無俟於言，顧復於吾心若有不

第826页

容已也，則甘泉亦豈以予言為綴乎？正德辛未九月晦日拜手書。」

按：王陽明全集中此序未署年月，增城沙堤湛氏族譜卷二十七著錄此序，末署「正德辛未九月晦日拜手書」，此序當本自陽明贈甘泉手書，茲將末句補入序中。王陽明全集於此序題下注「壬申」作，顯誤，錢德洪陽明先生年譜將此序繫於「十月」，亦誤。

黃綰集卷十一別甘泉子序：「予欲學以全夫性之道，知寡聞不足與乎大明。欲其友三年而不得，求其師六年而不遇，自謂終焉棄德者矣。反而視之，其身常如槁，其意常若失，得一官若負穢。或有告之曰：『越有陽明子來矣

，子何不知親耶？」乃亟趨其館而見之，陽明子坐與我語，歸而猶夢之，恍若陽明子臨之，而不敢萌一毛於私。於是乃源源而見之，遂不知有我之百骸九竅矣。陽明子曰：「有南海甘泉子者在，予友也，子豈欲見之乎？」翼日，偶於陽明子之館見之，其容簡，其心一，其示我之言蓄而盡。入其館，遂拜之。於是二子之庭，日必有予迹矣。陽明子曰：「吾將與二三子啟雪竇、帚西湖以居諸」。甘泉子曰：「吾其拂衡岳，拓西雲，行與我三人游之」。又相謂予曰：「子其揭天台，掀雁蕩，以俟夫我二人者」。予曰：「我知終身從二子游，二子有欲，我何弗勸？且我結兩草亭，各標其號，以為二子有焉，何如？」無幾，甘泉子將帝之命，欲之於安南之國。予則憂之，曰：「聚散其自此乎？子其舍我矣」。或問曰：「何憂也？子過矣。天地之道，理以同聚，物以異散。今子三人理則同矣，物則類矣，浮游之間，何往而不與聚，而子猶疑其散耶？」曰：「吾欲之甚而易之惑也。夫自世喪道，世之君子白玉於外而中碈也，其不可與道也久矣。而吾忽得二子者，不啻景星快見而鳳凰樂睹之。今離索於此，此吾之所以為憂也，是何過哉」！子行矣，遂書其言，投諸其笥，以蘄予之不我違也」。

第827頁

十月，以楊一清薦，陞文選清吏司員外郎。

王陽明全集卷九給由疏：「正德六年正月內調吏部驗封清吏司主事；本年十月內陞本部文選清吏司員外郎」。

錢德洪陽明先生年譜：「先是先生陞南都，甘泉與黃綰言於冢宰楊一清，改留吏部」。

給事中王堯卿因論救王崇慶忤武宗，致仕歸，作序贈別。

王陽明全集卷七贈王堯卿序：「終南王堯卿為諫官三月，以病致其事而去，交遊之贈言者以十數，而猶乞言於予。甚哉，吾黨之多言也！夫言日茂而行益荒，吾欲無言也久矣。自學術之不明，世之君子以名為實，凡今之所謂務乎其實，皆其務乎其名者也，可無察乎！堯卿

第828頁

之行，人皆以為高矣；才，人皆以為美矣；學，人皆以為博矣，是可以無察乎！自喜於一節者，不足與進於全德之地；求免於鄉人者，不可以語於聖賢之途。氣浮者，其志不確；心粗者，其造不深；外誇者，其中日陋。己矣，吾惡夫言之多也！虎谷有君子，類無言者。堯卿過焉，其以予言質之。」

按：王堯卿即王元凱，號終南山人，終南人，正德六年進士。民國盩厔縣志卷六：「王元凱，字堯卿，號終南。弘治辛酉舉於鄉，與弟元正同登正德辛未進士，授兵科給事中。因主事王崇慶以諫忤繫獄，凱論救。武宗怒，詔逮對狀，

第829页

凱曰：『主事部因言繫獄，元凱諫官得罪，分也。』尋釋崇慶，而凱致仕歸，立朝纔四十日耳。後因告變坐不實下獄，作抱真賦見志。旋卒。所著有天地正氣編、蟬噪錄、南遊稿、庸王錄。大學士楊一清為建終南山人祠於雙溪鎮。」王元凱正德六年進士，疑亦陽明所親取錄，故其來訪陽明問學，陽明特為作序。按王元凱除給事中在八月，國榷卷四十八：「正德六年八月甲午，……王元凱、劉健、馬性魯、毛憲、竇明、任忠、趙官、徐文傅為給事中。」由八月下推三月，則在十月。王崇慶繫獄事在九月，國榷卷四十八：「正德六年九月己未，戶部主事王崇慶乞復刑部主事宿進官，下獄。謫廣東壽康驛丞。」王元凱因

論救王崇慶忤武宗致仕歸，陽明序有意隱去其事，祇言「以病」歸，然序中多憤激之言，實有所指。序中言「虎谷」即王雲鳳，其已歸虎谷。王元凱歸終南途經大同，故云「堯卿過焉，其以予言質之」。王元凱弟王元正，字舜卿，號玉壘，時任庶吉士，疑亦為陽明所親錄取，多來問學（見前）。民國盩厔縣志卷六亦有傳。

修撰呂柟時來問學，講論語，不合。

第830页

呂柟涇野先生文集卷六贈玉溪石氏序：「昔者予之守史官也，陽明子方在銓部，得數過從，說論語，心甚善之。後陽明子遷南太僕及鴻臚，而予再以病起。當是時，穆伯潛為司業於南監，寇子惇為府丞於應天，嘗寄書於二君曰：『陽明子講學，能發二程之意，可數會晤也。』比予再告，且謫，而陽明子官益尊，道益廣，講傳其說者日益眾，然視予初論於史官者頗異焉。於是日思見陽明子以質疑，而未獲也。及改官南來，而陽明逝矣。」鄧球皇明泳化類編卷四十四呂涇野先生：「……時陸伯載弘齋、鄒謙之東廓皆蚤從陽明遊者，二人數以陽明之學

難先生。先生曰：「予敢以陽明之學為是乎？予敢以陽明之學為不是乎？」二人曰：「如子之言，不幾於持兩端乎？」先生曰：「不然。昔者，先正以一言一字發人，而況陽明之學痛世俗誦章之煩，病世途勢利之爭，乃窮本究源，因近及遠，而曰行即知也，知本良也，亦何嘗不是乎？但人品不同，受病亦異。好內者，不可與言禁酒也；好弈者，不可與言禁財也。……若曰見守齊舉，知行並進，此惟聖人能，故陽明之學，中人以上雖或可及，中人以下皆茫無所歸。故論語不道也，亦何嘗盡是乎？雖然，自夫俗儒而言，忘其良知，而又不知以行之為急也，其弊至於戕民而病國，陽明之學又豈可以少乎哉？……」

第831頁

按：呂柟字仲木，號涇野，高陵人，正德三年科舉狀元。國朝獻徵錄卷三十七有馬汝驥涇野呂公柟行狀。[redacted]明清進士錄：「呂柟，正德三年一甲一名進士。陝西高陵人。字仲木，號涇野。授修撰。立朝持正敢言，不附劉瑾，引疾去。瑾誅，以薦復官。世宗朝，因爭大禮，下詔獄，謫解州判官。後起尚寶司卿，南京禮部侍郎。學守程朱，與湛若水、鄒守益共主講席三十餘年。致仕歸，卒諡『文簡』。為官三十年，家無長物，惟著述頗富，有周易說翼、尚書說要、毛詩說序、禮問、春秋說志、四書音問、宋四子鈔說、涇野詩文集等。」呂柟學宗程朱，故與陽明論多不合，明史卷二百八十二呂柟傳云：「時天下言學者，不歸王守仁，則歸湛若水，獨守程朱不變者，惟柟與羅欽順云。」

十二月，林以吉試監察御史，歸省莆田，來問學告別，有序送贈。

王陽明全集卷七贈林以吉歸省序：「……林以吉將求聖人之事，過予而論學。予曰：『子盍論子之志乎？志定矣，而後學可得而論。子閩也，將閩是求，而予言子以越之道路，弗之聽也；予越也，將越是求，而子言予以閩之道路，弗之聽也。夫久溺於流俗，而驟語以求聖人之事，其始也必將有自餒而不敢當；已而舊習牽焉，又必有自眩而不能決；已而外議奪焉，又必有自沮而或以懈。夫餒而求有以勝之，眩而求有以信之，沮而求有以進之，吾見立志之難能也已。志立而學半，四子之言，聖人之學備矣。苟志立而於是求焉，其切磋講明之益，以吉自取之，尚其有窮也哉？見素先生，子諸父也，子歸而以予言正之，且以為何如？』」

按：林以吉即林有孚，號石崖，莆田人，正德六年進士（明清進士錄失載），試監察御史，歷大理丞，累官右僉都御史，總督南京糧儲。嘉靖十一年罷為民。泉翁大全集卷二十一有

第832頁

贈廷尉石厓林先生應召北上序，可見林有孚後來為湛甘泉弟子。按林有孚於是年二月舉進士，疑亦陽明所親取錄，故來問學。序中所言「見素先生」即林俊，其歸莆田在十一月，國榷卷四十八：「正德六年十一月丙辰，巡撫四川右副都御史林俊辭陞賞，不允，令致仕。」林有孚試監察御史在十二月，國榷卷四十八：「正德六年十二月己丑，……林有孚、李潤、朱為試監察御史。」由此可見林有孚在十二月試監察御史，乃請歸省莆田，陽明作序送之即在十二月。

鄭一初試監察御史，因陳世傑來受學。

王陽明全集卷二十五祭鄭朝朔文：「辛未之冬，朝於京師。君為御史，余留銓司。君因世傑，謬予是資。予辭不獲，抗顏以尸。君嘗問予：『聖學可至？』余曰：『然哉！克念則是。』隱辭奧義，相與剖析。探本窮源，夜以繼日。君喜謂予：『昔迷今悟，昔陷多歧，今由大路。』嗚呼絕學，幾年於茲。……」

泉翁大全集卷五十六紫坡子傳：「紫坡子者，潮之揭陽人也。名一初，字朝朔，世居於藍橋之里，魁辛酉鄉試，舉乙丑進士……恬於進取，卜築讀書於紫陌山之麓六年，閉門却掃，足跡不至公室。及為御史矣，人皆揚揚，而獨首事陽明先生，以為自得師，棄其舊學而學之，彼

誠所謂自求多福者邪！而甫登第，乃以病歸，歸而遭喪。喪免，遇瑾變法，去職。瑾誅而起，起為御史。為御史未幾，又以病去……」

傳習錄卷上：「鄭朝朔問：『至善亦須有從事物上求者？』先生曰：『至善只是此心純乎天理之極便是，更於事物上怎生求？且試說幾件看。』朝朔曰：『且如事親，如何而為溫清之節，如何而為奉養之宜，須求個是當，方是至善，所以有思辨學問之功。』先生曰：『若只是溫清之節、奉養之宜，可一日二日講之而盡，用得甚學問思辨？惟於溫清時，也只要此心純乎天理之極；奉養時，也只要此心純乎天理之極。此則非有學問思辯之功，將不免於毫釐千里之謬。所以雖在聖人，猶加「精一」之訓。若只是那些儀節求得是當，便謂至善，即如今扮戲子，扮得許多溫清奉養的儀節是當，亦可謂之至善矣。』」

按：鄭一初進京師時間，陽明祗云「辛未之冬」。按明武宗實錄卷八十七云：「正德七年五月辛酉，授進士沈圻、劉成德、王金、劉士元、劉景宇、鄭一初……為試監察御史。……湖廣道鄭一初……」據此推算，鄭一初當在冬十二月進京。國榷卷四十八：「正德六年十二月己丑，潘鵬、張鳳儀、朱昂、李翰臣、張羽、張士龍、張鵬、屠世、許完、師存智、王相、常在、王介、屠僑、朱

廷佐、盧雍、施儒、林有孚、李潤、朱為試監察御史。」

鄭一初似即在此時同林有孚等人同時入京。

一五一二　正德七年　壬申　四十一歲

春正月，徐愛入京來見，遂與黄綰、顧應祥再奉陪陽明遊香山，登玉巖，訪功德寺，有詩唱酬。

王陽明全集卷二十香山次韻：「尋山到山寺，得意却忘山。巖樹生來靜，壁蘿春自閑。樓臺星斗上，鐘聲翠微閒。頓息塵寰念，清溪踏月還。」夜宿香山林宗師房次韻二首：「幽壑來尋物外情，石門遥指白雲生。林間伐木時聞響，谷口逢僧不記名。天壁倒涵湖月曉，煙梯高接緯階平。松堂靜夜渾無寐，到枕風泉處處聲。」「久落泥塗惹世情，紫崖丹壑是平生。養真無力常懷靜，竊禄未歸羞問名。樹隱洞泉穿石細，雲迴溪路入花平。道人只住層蘿上，明月峰頭有磬聲。」

徐愛横山遺集卷上孟春與顧惟賢奉陪陽明先生遊香山夜宿林宗師房次韻：「春間出廓探幽情，楊柳迎風緑意生。最愛僧堂無俗氣，猶憐寺主有詩名。山空籟寂鯨音杳，月白煙微野色平。雲鶴來依聊一息，翛然飛去不聞聲。」登玉巖次惟賢韻：「師友同真樂，幽探豈在山？身隨塵土脱，心與野雲閑。日落荒山外，煙横碧樹間。徘徊凝望處，飛鳥倦初還。」

黄綰集卷五遊香山次陽明韻：「帝畿何處散幽情，林谷高深逸興生。不問金閨還有籍，豈圖空界尚論名？臺前春色湖天遠，閣上煙華象緯平。面壁亦能隨處靜，花飛松徑不聞聲。」卷七香山夜坐：「故山風物舊關情，異境登臨感慨生。萬竹暝煙如夢裏，千巖月色共松聲。」

按：徐愛時任祁州知州，其當是春節過年來京師見陽明。

蓋郴州離京師甚近（三日程），徐愛可常來京，如湛甘泉徐曰仁祭文云：「君繼外補，陽明入部。長安卜鄰，君時亦造。」香山有香山寺，天府廣記卷三十五：「香山，在碧雲南二里許，有永安寺，舊名甘露……中有古道場曰香山，上有二大石，狀如香爐、蝦蟆。」黄綰集卷六有贈王仲肅鄭邦瑞歸越序云：「陽明、甘泉二先生曩在京國，期予同隱天台……顧因追陽明先生同遊西山，借宿僧房，月樹映室，終宵不寐，如昨日事。」即指是次香山之遊。

王道文録卷十一同陽明先生遊西山次韻三首：「功德寺：到眼湖山萬慮輕，風光旋逐馬蹄生。雲臺恐亦塵緣地，我欲凌空住太清。　望湖亭：春滿平疇月滿楹，望湖亭上望湖登。幾年京國雙塵眼，看到源頭也一清。　香山寺：浩浩舞雩情，從師伴友生。嚶呼憐鳥語，窈窕問山名。景勝藏春剩，臺空受月平（寺有成清臺）。無詩僧莫訝，天地正希聲。」

第837頁

二月七日，湛甘泉離京，往封安南國，有詩送行。

王陽明全集卷二十別湛甘泉二首：「行子朝欲發，驅車不得留。驅車下長阪，顧見城東樓。遠別情已慘，況此艱難秋。分手訣河梁，涕下不可收。車行望漸杳，飛埃越塵邱。遲回歧路側，孰知我心憂？　我心憂以傷，君去阻且長。一別豈得已？母老思所將。奉命危難際，流俗反猜量。黄鵠萬里逝，豈伊為稻粱？棟火及羽毛，燕雀猶棲堂。跳梁多不測，君行戒前途。達命諒何滯，將母能忘虞。安居尤阱擭，關路非歧嶇。令德崇易簡，可以知險阻。結茆湖水陰，幽期終不忘。伊爾得相就，我心亦何傷。世艱變倏忽，人命非可常。斯文天未墜，別短會日長。南寺春月夜，風泉閑竹房。逢僧或停楫，先掃白雲牀。」

按：增城沙堤湛氏族譜卷二十八録陽明此別湛甘泉詩作三首，乃以「結茆湖水陰」以下為第三首，或出於陽明此詩手書原稿。詩所謂「結茆湖水陰」，指卜居蕭山湘湖也（見前）。

泉翁大全集卷四十壬申二月七日出京駐通州有懷：「東節降金臺，徘徊瞻斗杓。斗杓東迴旋，此極終不摇。下直長安西，三二骨肉交。骨肉誰忍割？矧此多危途。含悽感悲風，羞作兒女號。長弧射天狼，擁彗掃旄頭。日月會中天，聚首是何朝？各自養晦時，慎言思寡尤。」

按：泉翁大全集卷五十三有交南賦亦云：「予奉命往封安南國王賙，正德七年二月七日出京。」詩所言「二三骨肉交」，即主要指陽明。

第838頁

應良奔喪歸仙居，與湛甘泉同行。

泉翁大全集卷十五贈別應元忠吉士叙：「壬申春，予奉使南行，而應子歸奔，乃與俱焉。過長途，歷艱險，憂悲愉佚，而予莫應子違。予登金山，泛太湖，臨虎丘，訪天平，而應子莫予棄。應子者實以自信而虛以相受，予問與論充塞流行之理，感通往來之機，乃略去支離，而一歸統會。夫觀穹天者以一隙，可謂之明而不可謂之天；觀滄海者以一勺，可謂之水而不可謂之海。世固有獨立物表，渾天地以為徒，包滄海以為量，以遊於無窮者，此又何也？易曰：『仁者見者謂之仁，知者見者謂之知。』非明於道者，其孰能識之？中庸曰：『知者、賢者過之，愚者、不肖者不及也。』賢、知，過用其心者也；愚、不肖，小用其心者也。夫過用與小用其心之不足與於道，故必有用而不用之機，睹天地自然之體，勿忘勿助，然後可以得斯道之大全。應子曰：『然。』遂再拜而別。」

有書致湛甘泉，論體認天理，涵養之功。

陽明與湛甘泉書一：「別後，無可交接，百事灰懶，雖部中亦多不去，惟日閉門靜坐，或時與純甫、宗賢閑話，有興則入寺一行而已。因思吾兩人者平日講學，亦大拘隘。凡人資禀有純駁，則其用力亦自有難易，難者不可必之使易，猶易者不可必之使難。孔門諸子問仁，夫子告之，言人人殊，烏可立一定之說，而必天下之同己。或且又自己用功悠游，而求之人者太急迫無叙，此亦非細故也。又思平日自謂得力處，亦多尚雜於氣，是以聞人毀謗輒動，却幸其間已有根芽，每遇懲創，則又警勵奮迅一番，不為無益。然終亦體認天理欠精明，涵養功夫斷續耳。元忠於言語尚不能無疑，然已好商量。子莘極美質，於吾兩人却未能深信。舟次講學，不厭切近，就事實上說。孔子云：『言忠信，行篤敬，雖蠻貊之邦，行矣。』要之，至理不能外是，而問者亦自有益。蓋卓爾之地，必既竭吾才，而後見養深者自得之耳。良心易喪，習氣難除，牛羊斧斤日以相尋，而知己又益漸遠，言之心驚氣咽，但得來人使，即須頻惠教言，庶有所警發也。」（嘉靖增城縣志卷十七外編雜文類，陽明文集失載）

按：書所言「別後」，即指正德七年二月陽明送別湛甘泉出使安南。「純甫」即王道，「宗賢」即黃綰，「元忠」即應良，「子莘」即馬明衡。王道在三月一日改應天府教授離京，陽明作此書時王道猶在京中，故可確知陽明此書作在二月下旬中。

三月初一，王道改應天府教授，陽明作序送別，論教學教法。

王陽明全集卷七別王純甫序：「王純甫之掌教應天也，陽明子既勉之以孟氏之言。純甫謂未盡也，請益曰：『道未之嘗學，而以教為職，鰥官其罪矣。敢問教何以哉？』陽明子曰：『其學乎！盡吾之所以學者而教行焉耳。』曰：『學何以哉？』曰：『其教乎！盡吾之所以教者而學成焉耳。古之君子，有諸己而後求諸人也。』曰：『剛柔淳漓之異質矣，而盡之我教，其可一乎？』曰：『不一，所以一之也。天之於物也，巨微修短之殊位，而生成之，一也。惟技也亦然，弓冶不相為能，而其足於用，亦一也……是故立法而考之，技也，各詣其巧矣，而同是於用；因人而施之，教也，各成其材矣，而同歸於善……』曰：『然則教無法乎？昔之辯者則何嚴也？』曰：『無定矣……聖人不欲人人而聖之乎？然而質人人殊。故辯之嚴者，曲之致也。是故或失則隘，或失則支，或失則流矣。是故因人而施者，定法矣；同歸於善者，定法矣。因人而施，質異也；同歸於善，性同也。夫教，以復其性而已。自堯、舜以來未之有改，而謂無定乎？』」

按：明武宗實錄卷八十五：「正德七年三月丙午朔，授翰林院庶吉士王道為應天府教授，道奏乞便養故也。」國榷卷四十八：「正德七年三月丙午朔，翰林院庶吉士王道改應天教授，便養。」王陽明全集於此序題下注「辛未」作，乃誤。

黃綰集卷十一送王純甫序：「王純甫將至應天教，過石龍子，言曰：『向吾與子友，朝夕相觀以心，雖不言可也。今吾將別去，子亦俟時而遁，宜有以贈我哉！』石龍子詰而問曰：『今有人外刻行工辭，博記志事，為聖人務先知誦古言，求探幽賾，不逃只字，自謂己造乎事理之至而足乎性命之真；考其居則笥焉而弗化，其弊也支離，而身不與者衆矣，可以謂之善學乎？」曰：「不可。」曰：「惡可哉？」曰：「敬斯可矣。」曰：「今有人知敬為要，而守惟玄靈之府，持之不暴，悔之不遺，藏能反其本矣；求其至則涼乎弗類，其弊也禪，而內外兩離矣，可以謂之善學乎？」曰：「不可。」曰：「又惡可哉？」純甫曰：「子奚謂可？」曰：「察斯可矣。」純甫曰：「然，吾嘗聞諸陽明先生矣。」石龍子曰：「雖然，子亦聞內外之辯乎？以瓦摳者巧，以鈎摳者憚，以黃金摳者惛。為其重內而輕外也，而巧生焉；為其重外而輕內也，而憚與惛生焉。夫技，一也。余之所大懼也，而願與子察之。察之以不倦，其庶幾乎！今純甫篤志聖賢，舍榮盛而就寂寞，而余猶以此進之何居？」

與王道別後，多有書往來論學論政，不合。

王陽明全集卷四與王純甫書一：「別後，有人自武城來，云純甫始到家，尊翁頗不喜，歸計尚多牴牾。始聞而惋然，已而復大喜。久之，又有人自南都來者，云『純甫莅任，上下多不相能』。始聞而惋然，已而復大喜。吾之惋然者，世俗之私情；所謂大喜者，純甫當自知之。吾安能小不忍於純甫，不使動心忍性，以大其所就乎？譬之金之在冶，經烈焰，受鉗錘，當此之時，為金者甚苦，然自他人視之，方喜金之益精煉，而惟恐火力錘煅之不至；既其出冶，金亦自喜其挫折煅煉之有成矣。某平日亦每有傲視行輩，輕忽世故之心，後雖稍知懲創，亦惟支持抵塞於外而已。及謫貴州三年，百難備嘗，然後能有所見，始信孟氏『生於憂患』之言非欺我也。嘗以為：『君子素其位而行，不願乎其外。素富貴，行乎富貴；素貧賤，行乎貧賤；素患難，行乎患難，故無入而不自得。』後之君子，亦當素其位而學，不願乎其外。素富貴，學處乎富貴；素貧賤患難，學處乎貧賤患難，則亦可以無入而不自得。向嘗為純甫言之，純甫深以為然，不審邇來用力却如何耳。近日相與講學者，宗賢之外，亦復數人，每相聚輒嘆純甫之高明。今復遭時磨勵若此，其進益不可量，純甫勉之！汪景顏近亦出宰大名，臨行請益。某告以變化氣質，『居常無所見，惟當利害，經變故，遭屈辱，平時憤怒者到此能不憤怒，憂惶失措者到此能不憂惶失措，始是能有得力處，亦便是用力處。天下事雖萬變，吾所以應之不出乎喜怒哀樂四者。此為學之要，而為政亦在其中矣。』景顏聞之，躍然如有所得也。甘泉近有書來，已卜居蕭山之湘湖，去陽明洞方數十里耳。書屋亦將落成，聞之喜極。誠得良友相聚會，共進此道，人間更復有何樂！區區在外之榮辱得喪，又足掛之齒牙間哉？」

按：王道與陽明在京講論不合，其任應天府教授赴南都後，即與崇朱學者魏校、余祐、夏尚樸輩打成一片，與陽明弟子展開朱陸論辯，乃至最終與陽明斷交。太常寺卿魏公校傳謂魏校在南都「與余公子積、夏公敦夫、王公純甫講明聖賢之學」（國朝獻徵録卷七十），此所謂「聖賢之學」即朱學也。

橫山遺集卷上與許立升書：「昨聞應天庠生有讎其師而誣訟其隸人，欲因以中傷其師者，始聞而駭，然既知執事者已受理，則又大喜。蓋謂至意有在，將使悖妄無耻者無不顯被沮喪，而師生之大義遂得大明於天下也。然外人猶竊未明執事之旨，洶洶有議，謂教授王道必自此蒙譴，某則何敢訊焉？雖然，不敢不告。夫王道者，愛之同門友也。其心行愛所素知，豈以一日之故，而為飾詞以欺執事者哉！其始之辭清近而就此，固非欲籍此而故以自逞其驕蹇慢上與剛肆虐下之非，徒取上下之怨怒為也。故其志之刻厲向上與行之不苟，雖衆人既皆知之矣。而其行事之容有過中失正者，則或其質之所偏，識之未瑩而然，然不可謂非善人之流耳矣。……執事固剛明正大，高遠而公恕，務以成物為心者，又今司風化之職，故能信之，必不欲譴正道以挫善人，屈其師以伸頑弟子之私也。夫譴不譴，固無加損於執事與王道，而愛猶以告者，蓋同年知厚之私，亦效忠之意，非但為王道游說已也。伏惟亮之，頓首。」

按：此書所云「應天庠生，欲以中傷其師者」，即陽明書中所云「純甫已莅任，上下多不相能」。庠生誣訟王道隸人，或已在是年下半年，而徐愛上書許立升，或亦受陽明之托也。

是月，陞吏部考功清吏司郎中，自是四方士子來問學受業者日衆。

王陽明全集卷九給由疏：「正德七年三月內，陞本部考功清吏司郎中。」

橫山遺集卷上同志考敘：「自尊師陽明先生……還江右之廬陵，凡閱三載，召入京師。居又歲餘，中間從遊者甚衆，予自一二夙契與邂逅之外，莫之知也。乃癸酉春，侍先生自北來南，檢簡牘中，始觀多皆未識者……某叨先門下，責則奚辭？乃以義起此卷，奉留先生左右，俾將來者，皆得繼書姓名於端。次紀字，便稱謂也；次紀地，表厥自也；次紀年歲，以叙齒也；次紀及門時，志所始也。予前所紀數人無序者，追志者也。來者請讀書，不必空次。間有知而為代書者，聽，欲無遺也；欲番錄者，聽，示匪私也……爰題其端曰『同志考』，而叙其由以告。」

錢德洪陽明先生年譜：「正德七年三月，陞考功請吏司郎中。按同志考，是年穆孔暉、顧應祥、鄭一初、方獻科、王道、梁穀、萬潮、陳鼎、唐鵬、路迎、孫瑚、魏廷霖、蕭鳴鳳、林達、陳洸及黃綰、朱節、蔡宗兖、徐愛同受業。」

按：錢德洪謂此諸多士子皆在正德七年來受業，乃誤。前考如穆孔暉、顧應祥、鄭一初、王道、梁穀、萬潮、應良、黃綰等，皆在正德六年已來受學。又如方獻科（即方獻夫）在正德六年秋九月即歸西樵，無正德七年來受學之事。蓋徐愛同志考原是將正德六年與七年來學同志一併敘述，錢德洪錯誤理解，均併置正德七年之下叙述。除上述諸人之外，今其餘可考者如下：

陳鼎。掖垣人鑑卷十二：「陳鼎，字大器，山東登州衛籍，直隸宣城縣人。弘治十八年進士。正德四年六月除禮科給事中，以言事免歸。十六年奉詔起原職，尋陞陝西右參議。仕終應天府尹，卒於官。」明史卷一百八十八陳鼎傳：「陳鼎，字大器，其先宣城人。高祖尚書迪，死惠帝之難，子孫戍登州衛，遂占籍焉。鼎舉弘治十八年進士。正德四年，授禮科試給事中。鎮守河南中官廖堂，福建人也，弟鵬之子鎧冒籍中河南鄉試，物議沸騰，畏堂莫敢與難。鼎上章發其事，鎧遂除名。堂、鵬大恨。會流寇起，鼎陳弭盜機宜。堂囑權幸摘其語激帝怒，下詔獄掠治。謂鼎前籍平江伯資產，附劉瑾增估物價，疑有侵盜。尚書楊一清救之，乃釋為民。世宗立，復故官，遷河南參議。妖人馬隆等為亂，鼎督兵誅之。改陝西副使，擢浙江按察使，廉介正直，不通私謁。召為應天府尹，未任卒」。按國榷卷四十八：「正德六年六月丁亥，禮科給事中陳鼎削籍，鼎言事忤吏部，謫[redacted]漢州判官。中旨謂附瑾侵物價（前總漕平江伯陳熊[redacted]居第），下獄。蓋鼎劾廖鎧冒舉賈忌也」。是陳鼎在正德六年六月之前（先）下獄。是陳鼎在正德六年六月以後已謫官離京，其來受學必在正德六年六月之前可知。

路迎。明清進士錄：「路迎，正德三年二甲五十九名進士。山東汶上人，字賓暘。出王守仁門。由南京兵部主事，歷知襄陽、松江、淮安三府，治績稱最。累知兵部尚書，以疏乞休忤旨，罷歸」。國朝獻徵錄卷三十九兵部尚書路公迎傳略：「舉正德戊辰進士，授南京兵部主事，與堂邑穆孔暉、武城王道同師事王守仁，事務講學，以相切劘……卒年八十」。按路迎正德三年舉進士，先在京師任職，至正德七年方授南京兵部主事，又與穆孔暉、王道同時受學陽明。故陽明在正德六年進京任驗封清吏司主事時，路迎即來受學。

陳洸。掖垣人鑑卷十二：「陳洸，字世傑，號□□，廣東潮陽縣人，正德十六年進士。本年八月除戶科給事中。嘉靖二年，陞吏科右。三年，陞湖廣僉事，尋復原職，陞戶科左。四年，為事解任聽勘」。按陽明祭鄭朝朔文云：「辛未之冬，朝於京師。君為御史，余留銓司。君因世傑，謬予是資」。是陳洸與鄭一初同在正德六年冬十二月來受學。

林達。明清進士錄：「林達，正德九年二甲四十一名進士。福建莆田人，字志道，號愧吾。歷官南京吏部考功郎中。善書，能詩文，有自考集。父俊，舉成化進士」。光緒莆田[redacted]縣志卷十七：「（林俊）子達，字志道，正德甲戌進士。歷官南京吏部考功郎中，與冢宰爭謁禮，掛冠都門歸。工篆隸，能古文，有自考集」。按前考林俊在正德六年十一月致仕歸莆田，林俊姪林有孚亦隨歸莆田，陽明於序中請云：「見素先生，予諸父也，[redacted]子歸而以予言正之」，疑[redacted]林有孚歸莆田後即向林俊告陽明之言，林達隨即赴京來受學，時已在正德七年正月。

朱節。按陽明寄希淵書二云：「往歲希顏居鄉，而守忠客祁。」書作於正德七年，此所謂「客祁」乃指徐愛知祁州，朱節往依客居。由此可知朱節約在正德七年春間自祁來京受學，旋即歸山陰。

蔡宗兗。按陽明寄希淵書一云：「希淵歸計良是，但稍傷急迫。若再遲二三月，託疾而行，彼此形迹泯然，既不激怒於人，亦不失己之介」。書二云：「向得林蘇州書，知希淵在蘇州，其時守忠在山陰矣。近張山陰來，知希顏已還山陰矣，而守忠又有金華之出」。二書皆作於正德七年（王陽明全集卷四），由此可見蔡宗兗與朱節同在正德七年春間來京受學，隨後蔡宗兗往[redacted]蘇州依林守，朱節則歸山陰；不久[redacted]蔡宗兗又歸山陰（似與林守有矛盾），而朱節又往依金華。季本蔡公墓誌銘：「歲庚午，丁父憂。丁丑，始赴春官。」蔡宗兗丁憂服闋在正德六年，故其來京師見陽明必在正德七年也。

蕭鳴鳳。按蕭鳴鳳山陰人，十七歲即問學陽明，其弘治十七年中鄉舉，至正德九年方舉進士。其間家居山陰，亦多來見陽明。陽明前引寄希淵書二有云：「知希顏已還山陰矣……外是子雍、明德輩相去數十里，決不能朝夕繼見，希淵無亦有獨立無與之嘆歟？」由此可見蕭鳴鳳與蔡宗兗乃是同來京師見陽明問學，後又同歸山陰，蓋蕭鳴鳳與蔡仲兗同為山陰人，兩人早熟識。

孫琨、魏廷霖

唐鵬。按唐鵬字文舉，號南溪，武進人，見唐鼎元唐氏先世著述目錄。孫瑚、魏廷霖，俱無考。陽明寄梁郡伯手札云：「有庠生孫琨、魏廷霖者，門生也，未審曾有進謁否？」（見下）則孫琨、魏廷霖皆紹興府學庠生。三人疑皆在正德七年來受學。

陽明與諸門人夜話：「翰苑爭誇仙吏班，更兼年少出塵寰。敷珍摛藻依天仗，載筆抽毫近聖顏。大塊文章宗哲匠，中原人物仰高山。譚經無事妝衙蚤，得句曾吟對酒間。羽飛皦雪迎雙鶴，硯洗玄雲注一灣。諸生北面能傳業，吾道東來可化頑。久識金甌藏姓字，暫違玉署寄賢關。通家自愧非文舉，浪許登龍任往還。

與諸門人夜話，陽明山人王守仁。」（石渠寶笈三編第一〇七八册延春閣藏四十元明書翰，陽明文集失載）

按：觀此詩所述，當是陽明在京師與諸門人夜話。陽明在京師任職而始有衆多弟子來學者，正在正德七年，且有不少門人即在京任職。陽明詩中所述皆實有所指。如穆孔暉授翰林檢討，鄒守益授翰林編修，應良、王道、王元正、張鰲山、王思中進士，均選為庶吉士，即此詩所云「翰苑爭誇仙吏班，更兼年少出塵寰」。王元凱、王元正兄弟雙舉進士，即此詩所云「羽飛皦雪迎雙鶴」。王道由庶吉士出為應天府學教授，即此詩所云「久識金甌藏姓字，暫違玉署寄賢關」。陽明任會試同考試官，親錄取多名舉子，即此詩所云「通家自愧非文舉，浪許登龍任往還」。他如顧應祥徵至京師，補錦衣衛經歷，梁穀陞吏部考功主事，徐愛任祁州知州等，即此詩所云「諸生北面能傳業，吾道東來可化頑」也。

徽州知府熊世芳新建紫陽書院成，遣程曾、畢珊來求序，陽明為作紫陽書院集序，有詩贈程曾、畢珊。

陽明紫陽書院集序：「豫章熊君世芳之守徽也，既敷政其境內，迺大新紫陽書院，以明朱子之學，萃士之秀而躬教之。於是七校之士懼政之弗繼也，教之或湮也，而程生曾集書院之故，復弁以白鹿之規，遺後來者，使知所敎。刻成，畢生珊來，致其合語，請一言之益。予惟為學之方，白鹿之規盡矣；警勸之道，熊君之意勤矣；與歷之詳，程生之集備矣，又奚以予言為乎？然吾聞之：德有本而學有要，不於其本而泛焉以從事，高之而虛寂，卑之而支離，流蕩失宗，勞而靡所得矣。是故君子之學，惟以求得其心，雖至於位天地，育萬物，未有出於是心之外也。孟氏所謂學問之道無他，求其放心而已者，一言以蔽之。故博學者，學此也；審問者，問此也；慎思者，思此也；明辨者，辨此也；篤行者，行此也。心外無事，心外無理，故心外無學也。是故於父子盡吾心之仁，於君臣盡吾心之義；言吾心之忠信，行吾心之篤敬；懲心忿，窒心慾，遷心善，改心過；處事接物，

無所往而非求盡吾心以自慊也。譬之植焉，心，其根也；學也者，其培壅而灌溉之者也，扶衛而刪鋤之者也，無非有事於根焉爾已。朱子白鹿之規，首之以五教之目，次之以為學之叙，又次之以修身之要，又次之以處事之要、接物之要，若各為一事而不相蒙者，斯殆朱子平日之意，所謂隨時精察而力行之，庶幾一旦貫通之妙也歟？然而世之學者，往往遂失之支離瑣屑，色莊外馳，而流入於口耳聲利之習。故吾因諸士之請，而特原其本以相勖，庶乎操存講習之有要，亦所以發明朱子未盡之意也。」（朱子實紀卷十一）

按：王陽明全集卷七有紫陽書院集序，與朱子實紀中著錄之紫陽書院集序差異甚大，其中尤無「刻成，畢生輒來，致其合語」等句，至不知程、畢為何人。按朱子實紀刊刻於正德八年，顯可見朱子實紀中之紫陽書院集序當為原稿，王陽明全集中之紫陽書院集序為後來潤改稿。

羅玘重建紫陽書院記：「徽之紫陽山，鄉先生徽國文公講學處也。後人作院祀之，因以山名。宋穆陵特賜額焉，然屢遷矣。入我國初，始得遷於歙之學，以面是山，屬僧寺，其後勝藏於冥，望氣者言宜院於斯，實西於主，士後當有冠天下者。正德庚午，豫章熊侯來知府事，

拜公院下，曰：是弗稱。出而望，得寺焉，曰：可院也。推官張鵬以御史洗君圖而弗果，告侯，狀上之，報可。侯喜，徙僧撤寺，而始事之。越壬申三月，院成，則中為祠像公，左則勉齋黃公配，西向，配後定宇陳公、林隱程公、環谷汪公，亦西向；右則西山蔡公配，配後雲峰胡公、道川倪公、東山趙公，亦東向祀之。……侯又喜曰：可教也。乃拔七校士合四十人，入肄其中……侯名桂，字世芳，前大理正，有聲。在徽以師帥自任，而其效若此，有民人焉者，其有激也夫！侯走院士陳有容越湖山來，督記予於留都，先受狀，迺發

而次其事為記，授之歸，俾勒焉，以告於世世。」（朱子實紀卷十一）

楊廉楊文恪公文集卷三十二紫陽書院題名記：「紫陽，徽之名山也。世以紫陽稱朱子，猶以濂溪稱周子、伊川稱程子、橫渠稱張子也。生於斯，居於斯，稱於斯，當矣。朱子生於閩，卒於閩，何取於徽也？徽蓋父母之邦也。自韋齋寓閩，以『紫陽書堂』刻其印章，而朱子復以名其所居，其眷眷於徽如此，則夫道朱子之道，心朱子之心，烏得而不紫陽之也哉？徽之有紫陽書院也，始於宋韓守補，自時厥後，遷徙不一。乃正德庚午復建於熊侯世

第855頁

芳，所以祀朱子者，一仍其舊，而又選於庠序，得若干人，以講學其中。久之，出為鄉魁，為廷魁，舉有其人。侯謂不可不鑱其姓名於石，於是遷生員程廷贇、畢珊謁予為記。二生蓋講學其中者也。予惟侯之意，豈特彰其學者，得儁於科第而已哉？正欲要之異時，以見無愧於學朱子之學與否，以為勸戒焉耳。書院之建也，復為二堂，曰尊德性，曰道問學，兼是二者，此其所以為朱子之學歟？論者謂象山陸氏以尊德性為主，謂朱子道問學之功居多，此不知朱子者也。朱子之學，主敬以立其本，窮理以致其知，存心於齋莊靜一之中，窮理於學問

思辨之際，所謂尊德性、道問學，孰有加於此哉？侯蓋有以識此矣。侯又取朱子白鹿洞教條，刻置二堂之間，其望學者學朱子之學為何如哉？雖然，江山如舊，締構維新。昔明道程子賦顏樂亭詩云：『井不忍廢，圃不忍荒。』嗚呼！正學其何可忘？予於紫陽書院亦云：若夫科第一事，果能為朱子之學，雖中王佐榜，求又或在孫山之外，亦何慊乎哉！否則，朱子不曰：『學俗儒作文字，縱攫取大魁，已自輸了一著。』請以是為諸生告。侯名桂，世芳其字，別號石厓。予同郡新建人，治行為南圻第一」。

第856頁

王陽明全集卷二十與徽州程畢二子：「句句糠粃字字陳，却於何處覓知新？紫陽山下多豪俊，應有吟風弄月人。」
按：王陽明全集中紫陽書院集序題下注「乙亥」作（正德十年），而將此與徽州程畢二子詩歸入「南都詩」，云「正德甲戌年四月陞南京鴻臚寺卿作」，皆大誤。熊世芳重建紫陽書院在正德七年三月，羅玘記已明言之。朱子實紀卷十有紫陽書院落成率諸生釋菜告文云：「維正德七年，歲次壬申二月丙子朔，直隸徽州府知府熊桂等敢昭告於先師徽國朱文公……」又忌日諸生釋奠告文云：「維正德七年壬申，春三月丙午朔，越有九日甲寅，鄉後學生王舜臣等敢昭告於太師徽國朱文公先生……」按卷十二於陽明紫陽書院集序下有汪愈刻朱子實紀後序云：「朱子實紀凡十二卷……正德丙寅編成，自為序。越二年而先生卒。又五年，乃今正德癸酉，歙鮑雄以道氏始板行焉……下元日，後學婺源汪愈拜書。」朱子實紀刻板於正德八年，其中已錄有陽明紫陽書院集序，此尤可證陽明此紫陽書院集序作於正德七年。

熊桂字世芳，號石崖，新建人。明清進士錄：「熊桂，弘治十二年三甲一百四十四名進士。江西新建人，字世芳，號石崖。由大理評事，進寺副、寺正，奏疏守宗制、禁濫刑，帝納之，免刑者以萬計。遷知徽州府，累官至山東布政司左參

第857页

政。有石崖稿。」是熊桂與陽明為同年，兩人早識。程曾字師魯，畢珊字友梅，二人皆歙縣人，邑庠弟子。王鐵集卷十四友梅畢君八袠序：「……歙之北城，有友梅君者，予聞其人矣。自幼穎異，倜儻，長通毛氏詩，補邑庠弟子員，屢試不售，泊然不以得失為念。正德間，聞陽明先生講學於南都，徒步往受業焉，與聞古人為學之旨。久之，若有所得，將歸卒業。先生嘉其志，賦風月章以期之，所謂『紫陽山下多豪俊，應有吟風弄月人』者是也。……今年壽八袠，仲冬三日，值其懸弧辰……以予與君為同門，乞言於予……」陽明後在南都時，畢珊又徒步往受學，亦一陽明弟子也。畢珊著有新安畢氏會通族譜（正德四年刻本），今存。

四月，湛甘泉出使安南過錢塘，訪王華，遊陽明洞，有詩寄懷。

泉翁大全集卷四十錢塘觀潮：「乘月步層臺，獨立倚長塔。逍遙望東海，天地歸吐納。夜潮殷如雷，濤頭雪山立。病骨怯虛寒，四月欺縕納。」過塘江將訪大冢宰王先生有懷陽明：「迢迢涉江去，江介生淒風。涉之將奚為？南湖采芙蓉。美人在遠道，我心憂忡忡。登山足蠳魅，蹈海多魚龍。俯仰天地內，去子誰予從？」訪陽明洞天：「道經蓬萊館，溪窮到陽明。下看東南峰，

第858页

蒼蒼入青冥。不詣此真境，焉知非虛名？跋踄步巖石，山高豈無磴？子喬不可見，佇立魂屛營。草木若有識，欣欣向予榮。采之欲寄誰？歲晏難為情。」

按：泉翁大全集卷五十二寄題海日樓詩云：「予與陽明子共盟斯道，如兄弟也，曾侍其家尊太宰海日翁遊陽明洞。海日翁少讀書於姚江龍泉山，陽明子嘗即其地構樓以望海日，其姪孫秋官君正思能世其美，為予道海日之勝。」卷二十九偶書蕭山行窩小記云：「王生仁其弟誠築書堂於湘湖，名曰『會道』……吾昔與陽明公相期於壬申，衈命過浙，訪陽明洞，經蕭山，令尹王子瑋出迓，言湘湖之勝，龜山治之，返棹遊焉，入得幽處，語瑋為『行窩』，他年居焉。夜則可以放舟訪陽明於山陰，相與大中至正之道。今誠所築乃其地，此心豁然……」可見湛甘泉是次專訪陽明洞、湘湖，乃受陽明之託，來探卜居之地也。

第859页

長松何春闢觀善巖，讀書講學其中，來請序，為作觀善巖小序。

康熙雩都縣志卷十四陽明觀善巖小序：「善，吾性也；曰觀善，取傳所謂『相觀而善』者也。陽明山人王守仁。」

何春觀善巖記：「弘治壬戌遊羅田，謁及三先生祠石。正德辛未，始獲其故址，建廟立主焉。尋拓斯巖，題名『觀善』，搆數楹以藏書遊息。數十年景仰之心乃遂，為之記曰：仰觀法乎天，俯觀法乎人，泛觀法乎萬物，以善乎其身、家、天下及後世，夫是之謂止於至善。羅巖別號『善山』，取『相觀而善』以發其義，是故冠之以『觀』也。又明年，陽明先生嘉惠以大書、小序。自廷仁、正之來，余復何言？論者以為立意命詞，懸如合圭，咸無心也。可見天下之道一，人性之善，皆可以為堯舜。且記斯舉之本末也。長松山人何春謹題。」

按：觀善巖即羅田巖，在雩都縣，今雩都羅田巖上猶有陽明小序與何春記摩崖石刻，上方陰刻「觀善巖」正書三字，即何春記所云「大字」；陽明序文四行二十四字，即何春記所云「小序」。何春字元之，號長松，雩都人，陽明弟子。康熙雩都縣志卷九何春傳：「何春，字元之，廷仁兄。弘治甲子舉人。自幼意嶽嶽，不肯效今人。嘗曰：『世無周、程諸君子，吾不當在弟子之列。』及王公守仁開府虔南，春謂弟廷仁曰：『此孔孟嫡派也，吾輩當北面矣。』乃偕弟師事焉。」何春在正德六年闢觀善巖，日與同志談學，康熙雩都縣志卷一：「羅田巖，距縣五里，一名善山，兩旁有巖相通，古稱華巖禪院。左為仕學山房，屋巖下右曰觀善巖，陽明先生題筆，邑孝廉何春所闢也……學士大夫談道者集巖中。」何春記中所

第860页

云「廷仁」即何秦，字性之，號善山，何春弟；「正之」即黃弘綱，
字正之，號洛村。二人皆陽明弟子。按正德六年陽明在京師
吏部任職，為會試同考試官，受學弟子日多，疑是年何春、
何秦、[redacted]黃弘綱皆來京師參加會試，得識陽明，次年遂來
請陽明寫「觀善巖」大字及小序矣。
有札致父王華，談論家事國事，有「改南都」之圖。
陽明上海日翁大人札：「父親大人膝下：毛推官來，口大
人早晚起居出入之詳，不勝欣口。弟恙尚不平，而祖母
桑榆暮口，不能口。為楊公所留，養病致仕皆未能遂，
殆亦命之所遭也。人臣以身許國，見難而退，甚所不可

，但於時位出處中，較量輕重，則亦尚有可退之義，是
以未能忘情；不然，則亦竭忠盡道，極吾心力之可為者
死之而已，又何依違觀望於此，以求必去之路哉！昨有
一儒生，素不相識，以書抵男，責以「既不能直言切諫，
而又不能去，坐視亂亡，不知執事今日之仕為貧乎？為
道乎？不早自決，將舉平生而盡棄，異日雖悔，亦何所
及」等語，讀之良自愧嘆。交遊之中，往往有以此意相諷者
，皆由平日不務積德，而徒竊虛名，遂致今日。士大夫
不考其實，而謬相指目，適又當此進退兩難之地，終將
何以答之？反己自度，此殆欺世盜名者之報，易所謂負

且乘，致寇至者也。近聞及山東盜賊奔突，往來不常。河
南新失大將，賊勢愈張。邊軍久居內地，疲頓懈弛，皆
無斗志，且有怨言，邊將亦無如之何。兼多疾疫，又乏
糧餉，府庫內外空竭，朝廷費出日新月盛。養子、[redacted]
番僧、伶人、優婦居禁中以千數計，皆錦衣玉食。又為
養子蓋造王府，番僧崇飾塔寺，資費不給，則索之戚里
之家，索之中貴之家；又帥養子之屬，遍搜各監內臣所
蓄積；又索之皇太后。又使人請太后出飲，與諸優雜劇
求賞；或使人紿太后出遊，而密遣人入太后宮，檢所有
盡取之。太后欲還宮，令宮門毋納，固索錢若干，然後

放入。太后悲咽不自勝，復不得哭。又[redacted]數遣人請太后
，為左右所持，不敢不至；至即求厚賞不已。或時賂左
右，間得免請為幸。宮苑內外，鼓噪火炮之聲晝夜不絕
，惟大風雨或疾病，乃稍息一日二日。臣民視聽習熟，今
亦不勝駭異。永齋用事，勢漸難測，一門二伯，兩都督、
都指揮、指揮，十數千百戶，數十甲第、墳園、店舍，京
城之外，連亘數里，城中卅餘處，處處門面，動以百計
。谷馬之家，亦皆稱是，榱角相望，宮室土木之盛，古
未有也。大臣趨承奔走，漸復如劉瑾時事，其深奸老滑
甚於賊瑾，而歸怨於上，市恩於下，尚未知其志之所存

，終將何如。春間黃河忽請者三日，霸州諸處一日動地十二次，各省來奏山崩地動、星隕災變者，日日而有。十三省惟吾浙與南直隸無盜。近聞口中諸口頗黠桀，按兵不動，似有乘弊之謀，而各邊謀將又皆頓留內地，不得歸守疆場，是皆[redacted]有非人謀所能及者。七妹已到此，初見悲咽者久之，數日來喜極，病亦頓減，顏色遂平復。大抵皆因思念鄉土，欲見父母兄弟而不可得，遂致如此，本身卻無他疾；兼聞男有南圖，不久當得同歸，又甚喜，其恙想可勿藥而愈矣。又喜近復懷妊，當在八月間。曰仁考滿在六月間。曰仁以盜賊難為之，故深思脫

離州事。但欲改正京職，則又可惜虛卻三年歷俸；欲遷陞，則又覺年資尚淺。待渠考滿後，徐圖之。曰仁決意求南，此見亦誠是。男若得改南都，當遂與之同行矣。邃庵近日亦苦求退事，勢亦有不得不然。蓋張已盛極，決無不敗之理，而邃之始進，實由張引，覆轍可鑒，能無寒心乎？中間男亦有難言者，如啞子見鬼，不能為旁人道得，但自疑怖耳。西涯諸老，向為瑾賊立碑，槌磨未了，今又望塵莫及張德功，略無愧恥，雖邃老亦不免。禁中養子及小近習與大近習交搆，已成禍變之興，旦夕叵測，但得渡江而南，始復是自家首領耳。時事到此

，亦是氣數，家中凡百皆宜預為退藏之計。弟輩可使讀書學道，親農圃樸實之事，一應市囂虛詐之徒，勿使與接，親近忠信恬淡之賢，變化氣息，專以積善養福為務，退步讓人為心。未知三四十年間，天下事又當何如也。凡男所言，皆是實落見得如此，異時分毫走作不得，不比書生據紙上陳迹，騰口漫說。今時人亦見得及，但信不及耳。餘姚事，亦須早區畫，大人決不須避嫌，但信自己惻怛[redacted]心[redacted]、平直心、退步心，當時了卻，此最灑脫，牽纏不果，中間亦生病痛。歸侍雖漸可期，而歸途尚爾難必，翹首天南，不勝瞻戀。男守仁拜書。外山

中及包頭二封。」（式古堂書畫彙考書考卷二十五，陽明文集失載）

按：此札為陽明在京師致歸居紹興之父王華。札中所言「楊公」、「邃庵」、「邃老」，指楊一清，所謂「為楊公所留」，即錢德洪《陽明先生年譜》所云「正德六年十月……甘泉與黃綰言於冢宰楊一清，改留吏部」。陽明以楊一清薦得留京師，然其時朝政敗亂，又逾劉瑾時，故陽明萌生去意。札中所言「永齋」、「張」，即張永，「谷馬」，即御馬太監谷大用（與馬永成）。張永以除劉瑾立大功，勢焰熏天，[redacted]「一門二伯」者，明史卷三百零四張永傳：「英國公張懋、兵部尚書王敞等，奏永輯寧

中外，兩建奇勳，遂封永兄富為泰安伯，弟容為安定伯
」。札中所言事，多發生在正德六年冬至正德七年春之間
，如云「春間黃河忽清者三日，霸州諸處一日動地十二次」，
按國榷卷四十八：「正德六年八月壬寅，霸州地連震……十
二月丙申，黃河清，自清口至柳浦，凡九十餘里，連三日，
甲午、乙未、丙申……正德七年正月丁未朔，濮州地震有聲
……戊申，彰德地震有聲……丙寅，寧夏地震有聲……
二月丙戌，蒲州華陰同官地震……三月戊申，渭南地震有
聲……己酉，鄜州地震……丁巳，太原地震……」札中特言及
「河南新失大將，賊勢愈張」，按國榷卷四十八：「正德七
年三月庚午，盜圍河南三日，副總兵都督僉事舒城馮楨
及時源參將神周迎擊之。參將姚信失利先遁。楨敗死
，贈洛南伯，謚襄愍。子大金襲陞都督僉事。」據此，
陽明是札應作於正德七年四月中。又札中所言「養子」，指
「義子」，國榷卷四十八：「正德七年九月丙申，賜義子百二十
七人國姓，皆中官蒼頭及市猾，偶當上心，輒云『義子』。
永壽伯朱德、都督朱寧、朱安外，朱國、朱福、朱剛並都
督。朱春、朱翥、朱增、朱斌、朱政、朱海、朱岳、朱昇、
朱晟、朱彪、朱鏞、朱鈖並都指揮使。朱欽等指揮。朱
璋等千百戶、鎮撫或旗舍，列籍錦衣，騰驤諸衛。而朱

採、朱靜、朱濤、朱恩、朱寬，皆亡虜，亦至千戶。自後賜
姓日廣。」「西涯」，指李東陽。「皇太后」，指孝宗張皇后
，明史卷一百十四孝宗孝康張皇后傳：「孝宗孝康皇后
張氏，興濟人……孝宗即位，冊立為皇后……武宗即位，
尊為皇太后。」皇太后張氏遭虐待事，史皆無載，陽明此書，揭開了武宗非張氏所生之驚天秘密，札中又
言及「七妹已到此……又喜近復懷妊，當在八月間。曰仁考
滿在六月間」，按徐愛於正德七年六月祁州任考滿進京，
陽明作是札時，七妹已先進京候徐愛，而徐愛尚在祁州
未行。札中最後言「餘姚事」，即指餘姚故居分析事。前寓
都下上大人書中已云「餘姚分析事，不審如何？畢竟分
析為保全之謀耳」，知餘姚秘圖故居分析始於正德六年，
至是實已事成。此札為陽明所寫最長之家書，所述朝政
國事，皆陽明在都下所親見親聞，正史不載，直可補明史
之闕，亦為研究陽明思想之寶貴資料。陽明是年卒起「南
圖」之念，急於離都，改任南京太僕寺少卿，其真實原因由此書揭明。

五月，汪景顏來問學三月，授大名縣令而去，陽明有言贈
別。

王陽明全集卷四與王純甫書一：「汪景顏近亦出宰大名，
臨行請益。某告以變化氣質，『居常無所見，惟當利害，
經變故，遭屈辱，平時憤怒者到此能不憤怒，憂惶失措

若到此能不憂惶失措，始是能有得力處，亦便是用力處。天下事雖萬變，吾所以應之不出乎喜怒哀樂四者。此為學之要，而為政亦在其中矣」。景顏聞之，躍然如有所得也。」

黃綰集卷八贈汪景顏：「景顏學於陽明先生，三月而去，為大名令。同游之士數人，為醴酒而告之，曰：『育下事上之宜若是哉！軌物析爭之宜若是哉！備災捍患之宜若是哉！』云云未已。石龍子起而謂之曰：『子學於先生何耶？先生教子何耶？古者君子學道，即心無不通。且鷦鷯善巢，蜾蠃善房，人使之歟？抑生之然歟？子自謂二蟲

孰賢？子但盡子之心，堅子之志，則先生之道在子矣。予何言，予何言！』」

橫山遺集卷上送汪景顏尹大名：「時乎衆競仕，意氣輕皋夔。一或遭險巇，惶惑失所持。哀哉中無主，此心任物移。君獨志賢聖，力學同余師。天子命出宰，人悒君自怡。時務良艱難，一心運有餘。莫析政與學，皆當去支離。燕雀無遠懷，卑卑戀堂階。鴻鵠出塵埃，矯矯淩漢逵。霜雪鮮存木，請看松柏來。」

按：陽明此與王純甫書中有云「甘泉近有書來」，按陽明二月下旬有書致甘泉（見前），甘泉回書則在四、五月間（見下），可見陽明此與王純甫書約作在五月中，汪景顏即在五月出宰大名。汪景顏向不知何人，今按民國大名縣志卷十四「縣令」下有云：「正德，汪淵，大名，上饒進士。」卷十三：「汪淵，江西上饒人。正德六年進士，知大名縣。政事精煉，以才能調沂水，擢監察御史。官至大理少卿。邑民以賦役入京者，委曲處分，每遇新除大名令，必以利弊告之，其拳拳於大名如此。」由此可知汪淵字景顏，上饒人，正德六年進士，亦陽明弟子。國朝獻徵錄卷六十八有楊騏大理寺左寺丞汪公淵墓志銘，叙汪淵仕歷甚詳，然竟不言其字號里籍，致後世不知其人即汪景顏也。疑汪淵亦是正

德六年陽明所親錄取，故來問學三月，徐愛詩因稱「力學同余師」。徐愛此詩或即是汪景顏赴大名縣任途經祁州時作。

再致書湛甘泉，告講學之況與在朝無奈處境。

陽明與湛甘泉書二：「別後，屢得途中書，皆足為慰。此時計在增城已久，衝冒險阻之餘，憫時憂世，何能忘懷；然回視鄙人，則已出世間矣。純甫得應天教授，別去亦復三月，所與處惟宗賢一人，却喜宗賢工夫驟進，論議多所發明，亦不甚落寞也。往時朝夕多相處，觀感之益良多，然亦未免悠悠度日。至於我字亦欠體貼，近來

始覺少親切，未知異時回看今日，當復何如耳。習氣未除，此非細故，種種病原，皆從此發。究竟習氣未除之源，却又只消責志。近與宗賢論此，極為痛切，兄以為何如耶？太夫人起居萬福，慶甚！聞潮、廣亦頗有盜警。西湖十居之興，雖未能決，然扁舟往還之約，却亦終不可忘也。養病之舉，竟為楊公所抑，在告已踰三月。南都之說，忍未能與計，亦終必得之。而拘械束縛，眼前頗不可耐耳。如何，如何！況痾泊去，燈下草率，言莫能既，但遇風毋惜。」（嘉靖增城縣志卷十七外編雜文類，陽明文集失載）

按：書云「純甫得應天教授，別去亦復三月」，王道在三月一日除應天府教授而去，可見陽明此書作在五月。又書云「養病之舉，竟為楊公所抑，在告已踰三月」，按其上海日翁大人札亦云「為楊公所留，養病致仕皆未能遂」，「楊公」即楊一清。此當先是在二月陽明有上乞歸養之請，楊一清不允，乃在三月陞其為考功清吏司郎中，即所謂「竟為楊公所抑」。由二月至五月，即書所云「在告已踰三月」。所謂「南都之說，忍未能與計」，乃指陽明在京，目睹朝中危機四伏，不勝危懼，數欲求調往南都任職而未成，然卒在十二月得陞南京太僕寺少卿而去，即書所云「亦終必得之」

也。至所云「西湖十居之興，雖未能決，然扁舟往還之約，却亦終不可忘也」，乃指兩人卜居蕭山湘湖之約，然因甘泉出使安南而去，歸後湛母又卒，丁憂歸西樵；而陽明亦陞都察院左僉都御史赴江西，此「扁舟往還之約」終成空夢。

是月，上疏自劾不職，以明聖治事，不報。

王陽明全集卷二十八自劾不職以明聖治事疏：「臣聞之：主聖則臣直，上易知而下易治。今聖主在上，澤壅而未宣，怨積而不聞。臣等曾無一言，是甘為容悅，而上無以張主之聖，下無以解於百姓之惑也。伏惟陛下神明英武，自居春宮，萬姓仰德。及登大寶，四夷向風。不幸賊臣劉瑾，竊弄威柄，流毒生靈，潛謀僭逆，幾危郊社。賴祖宗上天之靈，俾張永等早發其奸，陛下奮雷霆之斷，誅滅黨與，剗滌兇穢，復祖宗之舊章，弔黎元之疾苦，任賢修政，與民更始。天下莫不懽忻鼓舞，謂陛下固愛民之主，而前次皆賊瑾之荼毒；知陛下固有為之君，而此前皆賊瑾之蒙蔽。日早跂足延頸，以望太平。奈何積暴所加，民痍未復，餘烈所煽，妖孽連興，幾及二

年，愈肆愈橫。兵屯不解，民困日[redacted]深。賊勢相連，殆遍
，財匱糧竭，旦夕[redacted]洶洶。臣等備位大臣，不能展一
籌以紓患害，寬一縛以[redacted]蘇倒懸。撫心反[redacted]己，自知之
罪，莫可究言。至其暴揚於天下，訾詈於道途，而尤難
掩飾者，大罪有三，請自陳其略，以伏厥辜：
「夫[redacted]朝以出政，政以成事。陛下每月視朝，朔望之外，
不過一二。豈不以臣[redacted]等分職於下，事苟無廢，不朝奚
損乎？然群臣百司，願時一睹聖顏而不獲，則憂思徬徨
，漸以懈弛。遠近之民，遂疑陛下不復念其困苦，而日
興怨懟；四方盜賊，亦謂陛下未嘗有意剪除，而益猖獗

。夫昧爽臨朝，不過頃刻，陛下何憚而不為？所以若此
，則實臣等不能備言天下洶洶之情，以悟陛下，是其大
罪一也；
「陛下[redacted]日於後苑訓練兵事，鼓噪之聲，震駭城域。豈
不以寇盜未平，思欲奮威講武乎？然此本亦將卒之事，
兼非宮禁所宜。況今前星未耀，震位猶虛，而乃勞力於
擊肘，耗氣於馳逐，群臣惶惑，兩宮憂危，宗社大本，
無急於是。而臣等不能力勸陛下蓄精養神，以衍皇儲之
慶，思患預防，以為燕翼之謀，是其大罪二也；
「夫日近儒臣，講論道德，涵泳義理，以培養本原，開發

志意，則耳目日以聰明，血氣日以和暢，窮天地之化，
盡萬物之情，優游泮渙，以與古先[redacted]神聖為伍，此亦天
下之至樂矣。陛下苟知此，則將樂之終身而不能以須臾
舍，奚暇遊戲之娛乎？今陛下自即位以來，經筵之御，
未能四五，而悦心於騎射疲勞之事，皆由臣等不能備陳
至樂，以易陛下之所好，是其大罪三也。
「……[redacted]伏願陛下繼自今昧爽以視朝，勵精而圖治。端
拱玄默以養天和，正關雎之風，毓麟趾之祥。日御經筵
，講求治道，務義理之悦心，去遊宴之敗度。正臣等不
職之罪，罷歸田里，舉耆德宿望之賢，與共天職。使天

下曉然皆知陛下憂憫元元之本心，由臣等不能極言切諫
，以至於斯。自茲以往，務在修養生息，無復有所騷擾
。躬修聖政，以弭天下之艱；屯廣聖嗣，以定天下之危
；疑勤聖學，以立天下之大本。其餘習染，以次洗刷。
則民生自遂，若陽氣至而萬物春；寇盜自消，若白日出
而魍魎滅。上以承祖宗之鴻休，下以垂子孫之統緒；近
以慰臣庶之憂惶，遠以答四方之觀向。……」
按：陽明是況重要上疏，向來無人言及，錢德洪陽明先生年
譜不載其事，遂成一大懸案，隱晦不明。今按陽明此疏云「積
暴所加，幾及二年，愈肆愈橫」，劉瑾伏誅在正德五年八月，以

「幾及二年」推算，則此疏上在正德七年八月前不久。此疏提及「經筵之御，未能四五」、「鼓噪之聲，震駭城域」（後苑訓練兵事）等，均是正德七年四、五月間事，已有大臣疏論。國榷卷四十八：「正德七年五月辛酉，吏部尚書楊一清等，以修省言：『陛下每月視朝不過一二，非所以聞於外夷，訓後世也。又常宿豹房，駐宿累日，後苑練兵，鼓砲之聲，震駭城市。以宗廟社稷之聲，不自慎惜，此群臣所以夙夜不能安也。』報聞。」按陽明乃由楊一清薦留京師任吏部文選清吏司員外郎，又在楊一清屬下任職陞考功清吏司郎中，故楊一清上疏論武宗事，陽明亦當上疏以相呼應也。又按陽明此疏與其四月所寫上海日翁大

第813頁

人札內容相同，連用語也一樣，如上海日翁大人札云：「宮苑內外，鼓噪火炮之聲，晝夜不絕，不勝駭異。」可以說陽明凡於疏中不便明言之事，已俱在上海日翁大人札中盡言之；而在上海日翁大人札中，陽明已吐露其上疏抗論之決心，札云：「昨有一儒生，素不相識，以書抵男，責以『既不能直言切諫，而又不能去，坐視亂亡，不知執事今日之仕為貧乎？為道乎？不早自決，將舉平生而盡棄，異日雖悔，亦何所及』等語，讀之良自愧嘆。交遊之中，往往有以此意相諷者，皆由平日不務積德，而徒竊虛名，遂至今日。」所云「有以此意相諷者」，疑即楊一清。陽明顯即在此人「相諷」下及某「儒生」以書抵責下

論事

，遂於五月上疏。陽明上此疏不報，然其旋在十二月出任南京太僕寺少卿，或與其上此疏批評武宗有關。

閏五月，聞廿四叔卒，再致札父王華，論家事國事。

陽明上大人書：「寓都下男王守仁百拜上父親大人膝下：杭州差人至，備詢大人起居遊覽之樂，不勝喜慰。尋得

第814頁

書，迺有廿四叔□□□□□□固自有數，胡迺遒□□時，信乎樂事不常，人生若寄。古之達人所以適情任性，優遊物表，遺身家之累，養真恬曠之鄉，良有以也。伏惟大人年近古稀，期功之制，禮所不逮，自宜安閒愉懌，放意林泉，木齋、雪湖諸老，時往一訪；稽山、鑑湖諸處，將出一遊。洗脫世垢，攝養天和，上以增祖母之壽，下以垂子孫之福，慶□□□。男等安居如常，七妹當在八月，身體比常甚佳。婦姑之間，近亦頗睦。曰仁考滿亦在出月初旬，出處去就，俟曰仁至，計議已定，然後奉報也。河南賊稍平，然隱伏者尚難測；山東

勢亦少減，而劉七竟未能獲；四川諸江（西）雖亦時有捷報，而起者亦復不少。至於糧餉之不繼，馬匹之乏絕，邊軍之日疲，流民之愈困，殆有不可勝言者。而廟堂之上，固已晏然，有坐享太平之樂，自是而後，將益輕禍患，愈肆盤遊，妖孽並興，讒諂日甚，有識者復何所望乎！守誠妻無可寄託，張妹夫只得自行送回。大娘子早晚無人，須搬渠來男處，將就同住。六弟聞已起程，至今尚未見到。聞餘姚居址亦已分析，各人管理，不致荒廢，此亦了當一事。今年造册，田業之下瘠者，親戚之寄託者，惟例從刊省，拒絕之為佳。時事如此，為子孫計者，但當遺之以安，田業鮮少，為累終寡耳。趙八田近因農民例開，必願上納，阻之不可。昨日已告通狀，想亦只在倉場之列。不久，當南還矣。九弟所患，不審近日如何？身體若未壯健，誦讀亦且宜緩，須遣之從黄司輿遊，得清心寡欲，將來不失為純良之士，亦何必務求官爵之榮哉！守文、守章，亦宜為擇道德之師，文字且不必作，只涵詠講明為要。男觀近世人家子弟之不能大有成就，皆由父兄之所以教之者陋而望之者淺。人來，說守文質性甚異，不可以小就待之也。因便報安，省侍未期，書畢，不勝瞻戀。閏五月十一日，守仁

第875页

百拜書」。（此書有陽明手迹石刻拓本藏貴州省博物館，另有拓本藏日本九州大學圖書館，蓬累軒姚江雜纂著録，陽明文集失載）

按：正德七年有閏五月。此書承前上海日翁大人札而來，相隔一月，叙事相接。如云「七妹當在八月」，是謂陽明妹妊娠在八月。「日仁考滿在出月初旬」，出月初旬即六月初旬，時徐愛仍未進京。「聞餘姚居址亦已分析，各人管理」，是謂餘姚故居分析事已辦成。札中所及之人，「趙八」即趙八舅，「木齋」為謝遷，字于喬；「雪湖」為馮蘭，字佩之，皆餘姚人。「六弟」為王守温，「九弟」為王守儉。「黄司輿」當為王司輿之誤。王司輿名文轅，號黄轝子，山陰人。「廿四叔」，按王倫（竹軒先生）生五子：長子王榮（半巖先生），次子王華（德輝），又次王衮（德章，易直先生），又次王德聲（廿一叔），又次即此二十四叔，不知名字。其於是年卒，後皆不言及。

六月，徐愛以祁州知州考滿進京，來論學受業。

錢德洪陽明先生年譜：「正德七年壬申，與徐愛論學。愛是年以祁州知州考滿進京，陞南京工部員外郎。」

黄綰徐曰仁祭文：「惟子在祁，數書來慰，情愛綢繆。既又踰歲，湛子使南，子來考績。乃相與選幽擇勝，交相設榻，晝談夕憩，盡究二子所得之奥。如是者，凡數月

第876页

而返，余亦遂東歸」。

周汝登聖學宗傳卷十三徐愛傳：「壬申，愛以知州考滿入京師，即同穆孔暉等朝夕受業。冬，陞南京工部員外郎」。

按：陽明上大人書云「曰仁考滿亦在此月初旬」，可見徐愛考滿進京在六月上旬。自六月至十二月歸越，徐愛在都下朝夕受業達半年之久，是徐愛受學陽明時間最長之一次，歸越後遂編定傳習錄（今傳習錄卷上前半），故可知其傳習錄實主要皆記正德七年在京受學之語錄，其傳習錄題辭云「愛朝夕炙門下」者，即主要指其是年在京朝夕受教也。

徐愛父徐璽亦隨徐愛進京來問學，呂枏特為作古真先生傳。

呂枏涇野先生文集卷三十四古真先生傳：「古真先生，姓徐氏，名璽，字克用，浙江餘姚人也。生而介特嚴正，不習淫媚。嘗為吏，亦不能吏行，終亦棄吏不仕。安於貧賤。乃叙曰：『璽行年十七，與從兄某菴君讀書積慶寺，為進士學以求榮。忽有司檄令監戍，從之瀨陽，乃推案慟哭而去。曆二年，得脫死而歸。自是家門多故，家人强起吾為吏，遂罷進士學。吾之為吏也，吾終身恥之，人或以為僞；吾之不得取進士科也，吾終身憾之，人或以為妄；吾志不欲貧賤，然不能術去而智解也，故吾終身貧賤，人或以為愚；吾志不欲孤獨，然不能肩脇

第877頁

而面從也，故吾終身孤獨，人或以為假；吾志不欲鄙陋……人或以為固……世之謂不知變者曰「古真」，今皆以古真目吾，故吾遂自號為「古真翁」，作古真歌以自艾……』初，先生年且幼稚，奉祖柩自外來，舟宿洑，野狐村舍作鬼事，火起延舟，舟人皆迷，先生神色自若。既從事兵曹，比滿空橐，假貸而歸。舟轉孟津，阻風彌月，浹旬禾爨，侍者慍見，先生曰：『命可死，不特饑餓，此江風亦不能殺人。』熙如也。後既謁選天曹，遇汪考功伯安，與語，大悅，乃遂不復仕矣。當其吏藩司也，得假省親，會父嬰嗽疾，身侍不去。人曰：『此風病耳，可無稽兩事為。』曰：『棄湯藥，以親簿書，璽不忍也。』居數月而父卒。在兵曹時，感噩夢，便理裝欲歸，至而母適訃，人以為孝念之先覺也。生一子，曰愛，予同年進士也。愛六歲時，嘗攜行田間，愛有所指曰：『吾後必得之。』即厲聲嗔曰：『小子即思黷貨耶？』比謁選時，以伯安講明濂洛之學，遂遣愛師事之。愛舉進士，出知祁州，適天下多故，廉能大聞於畿甸。而先生至祁，儉樸滋甚。人或語及貧富事，曰：『昔人教兒諂世且嗤之，吾將教兒貪耶？』……」

按：文稱「汪考功伯安」，乃是呂枏作此傳時陽明任考功清

第818頁

吏司郎中。文稱「先生至祁」，則徐璽亦在祁州，自隨徐愛一同進京，呂柟乃為作傳也。

祁生傅鳳亦隨徐愛進京，來受學。

王陽明全集卷八與傅生鳳：「祁生傅鳳，志在養親而苦於貧。徐曰仁之為祁也，憫其志，嘗育而教之。及曰仁去祁，生乃來京師謁予，遂從予而南。」

秋中，蔡宗兗歸山陰，朱節赴金華，有札致慰。

山陰令張煥考滿進京，告知

王陽明全集卷四寄希淵書一：「所遇如此，希淵歸計良是，但稍傷急迫。若再遲二三月，託疾而行，彼此形迹泯然，既不激怒於人，亦不失己之介矣。聖賢處末世，待人應物，有時而委曲，其道未嘗不直也。……區區叨厚祿，有地方之職責，欲脫身潛逃固難。若希淵所處，自宜進退綽然，今亦牽制若此，乃知古人掛冠解綬，其時亦不易值也。」

書二：「向得林蘇州書，知希顏在蘇州，其時守忠在山陰矣。近張山陰來，知希顏已還山陰矣，而守忠又有金華之出。往歲希顏居鄉而守忠客祁，今茲復爾，二友之每每相違，豈亦有數存焉邪！……外是子雍、明德輩相去數十里，決不能朝夕繼見，希顏無亦有獨立無與之嘆歟？「襄評半圭」，誠然誠然。方今山林枯槁之士，要亦未可多得，去之奔走聲利之場者則遠矣……」

橫山遺集卷上思賢敘：「予同年進士張侯五奎，來令山陰，獨樸然將以古道化民。予嘗因陽明先生善其治民曰黃文轅司輿、王琥世瑞者，二子之抱道懷才，不干聲利，予既信之。昔者，親眡侯以賓禮延二子，相與揖讓，獻酬於稽山書院之中，左右亡不惶汗駭顧，以為嘗所未見於侯之屈，而二子之抗也，君子曰古之道也。張侯，賢侯也；二子，賢民也。衰薄之世，然而侯獨焉其難矣。然山陰之賢，不止二子，蓋予未之盡識而聞之。禮亡，不眡二子而加焉。侯之擢安吉而去也，集山陰之賢而在下者，為文章歌詩，各致其慕念之意以贈別，殆成巨冊。予因覽焉，既嘆侯之得士心，輒題其端曰『思賢』……」

按：「張山陰」即山陰令張煥，字五奎。萬曆紹興府志卷三十八：「山陰令，張煥，正德五年。」卷三十八：「張煥，字主奎（按：當作五奎），太和人。正德中，知山陰。有雅量，政先大體。丁卯秋，海溢，死者相枕藉。煥躬詣巡省，吊死問生，力請當道寬其賦，且賑之。比歲登，令民築塘捍海，復於上流建匾拖閘，蓄泄以時，自是水少患。尤勤於造士，修復稽山書院，至今緝續恢弘，實其所更始也。」據此，可知張煥當是在正德七年考滿進京，來見陽明，徐愛乃為其思賢詩卷作敘。張煥為正德三年進士（明清進士錄失載），與徐燮爲同年，故陽明與張焕當早識。「半圭」即許璋，蓋與王文轅、王琥一類抱道懷才之「賢民」也。

編修陸深充副使封淮王，道訪王華，游陽明洞天。

陸深海日先生行狀：「深辱與新建公游處，出入門墻最久。每當侍側講道之際，觀法者多矣。正德壬申秋，以使事之餘，迂道拜先生於龍山里第。扁舟載酒，相與遊南鎮諸山，乃休於陽明洞天之下。執手命之曰：『此吾兒之志也。大業日遠，子必勉之。』臨望而别。」

辰州王晉叔、劉觀時來問學，多有面論講説，通信問答。

王晉叔在秋中歸，劉觀時在九月歸，陽明有書寄問。

陽明先生文録卷一與王晉叔書一：「昨見晉叔，已概其外；乃今又得其心也，吾非晉叔之徒與而誰與？晉叔夫何疑乎？當今之時，苟志於斯道者，雖在庸下，亦空谷之足音，吾猶欣然而喜也。况晉叔豪傑之士，無文王猶興者乎？吾非晉叔之徒與而誰與？晉叔又何疑乎？屬有客，不及詳悉。得暇，過此閑話。守仁頓首。」

同上，與王晉叔書二：「所惠文字，見晉叔筆力甚簡健。異時充養淵粹，到古人不難也。中間稍有過當處，却因守仁前在寺中説得太疏略所致。今寫一通去，從旁略下注脚。蓋毫釐之差耳，晉叔更詳之。得便，别寄一紙爲

按：許讚陸公深墓表：「壬辰（按：當作壬申），與經筵展書。充副使捧淮王，義不受餽」。（國朝獻徵録卷十八）知是年往封淮王，陸深充副使。陸深乃迂道訪王華。陸深亦陽明弟子，常侍側講道，其專訪王華或亦受陽明之託。

第881-1頁

浙江大学古籍研究所

佳。諸友詩，亦有欠穩者，意向却不碌碌。凡作詩，三百篇後，須從漢、晉求之，庶幾近古。唐詩李、杜之外，如王維、高適諸作，有可取者，要在不凡俗耳。聞及之。守仁頓首。」

同上，與王晉叔書三：「劉易仲來，備道諸友相念之厚，甚媿，甚媿！薄德亦何所取，皆諸友愛望之過也。古人有言：『他山之石，可以攻玉。』諸友則誠美璞矣，然非他山之石，則無以砥礪磨礲，而發其瑩然之光。諸友之取於區區者，當以是也。甚媿，甚媿！道不遠人，人之爲道而遠人，不可以爲道。諸友用功何如？路遠，無由面扣。易仲去，略致鄙懷，所欲告於諸友者，易仲當亦能道其大約，不盡，不盡！惟心亮之而已。九月望，守仁頓首。」

按：陽明此與王晉叔三書在陽明先生文録卷一中，此卷一中之文，文録原有注云：「右壬申、癸酉稿，時官吏部。」此當是陽明所注。所謂「時官吏部」，指陽明在朝任吏部驗封清吏司主事與文選清吏司員外郎。由此可以確知此三書作於正德七年秋中。王晉叔，無考。按與王晉叔書三中，劉觀時（易仲）爲辰州人，所謂「易仲去，略致鄙懷」，即指劉觀時歸辰州，見王晉叔轉致

第881-2頁

浙江大学古籍研究所

陽明情懷。由此可見王晉叔亦為辰州人，而所謂諸友則是指當年來虎溪隆興寺聽陽明講學之一班辰州士子也。可見王晉叔當也是來虎溪隆興寺聽陽明講學之一辰州士子。蓋正德五年陽明在虎溪隆興寺講學去後，受教辰州士子如劉觀時、王嘉秀、唐愈賢、吳鶴、唐詡等遂紛紛來從學。正德七年或即是王晉叔與劉觀時同來京師受教。

按：陽明先生文錄在陽明卒後廣刻流行，有嘉靖八年己丑陳文學、葉梧重校本、嘉靖十二年黃綰序刻本、嘉靖三十七年胡宗憲杭州刻本等，末有王世隆等作祭陽明先生文。疑王晉叔即此王世隆耶？

九月，黃綰謝病歸天台，作序贈之，並有詩送別。

王陽明全集卷七別黃宗賢歸天台序：「君子之學以明其心。其心本無昧也，而欲為之蔽，習為之害。故去蔽與害而明復，匪自外得也。心猶水也，污入之而流濁；猶鑒也，垢積之而光昧。孔子告顏淵『克己復禮為仁』，孟軻氏謂『萬物皆備於我』，『反身而誠』。夫己克，而誠固無待乎其外也。世俗既叛孔、孟之說，昧於大學『格致』之訓，而徒務博乎其外，以求益乎其內，皆入污以求清，積垢以求明者也，弗可得已。守仁幼不知學，陷溺於邪僻者二十年。疾疚之餘，求諸孔子、子思、孟軻之言，而恍若有見，其非守仁之能也。宗賢於我，自為童子，即知棄去舉業，勵志聖賢之學。循世儒之說而窮之，愈勤而益難，非宗賢之罪也。學之難易失得也有原，吾嘗為宗賢言之。宗賢於吾言，猶渴而飲，無弗入也，每見其溢於面。今既豁然，吾黨之良，莫有及者。謝病去，不忍予別而需予言。夫言之而莫予聽，倡之而莫予和，自今失吾助矣，吾則忍於宗賢之別而容無言乎？宗賢歸矣，為我結廬天台、雁蕩之間，吾將老焉，終不使宗賢獨往也。」

同上，卷二十贈別黃宗賢：「古人戒從惡，今人戒從善。從惡乃同污，從善翻滋怨。紛紛嫉媢興，指謫相非訕。自非篤信士，依違多背面。寧知竟漂流，淪胥亦污賤。卓哉汪陂子，奮身勇厥踐。拂衣還舊山，霧隱期豹變。嗟嗟吾黨賢，白黑匪難辯。」

橫山遺集卷上送黃宗賢謝病歸天台：「送子歸天台，天台深九重。一從主人出，赤城紫霞封。桃花笑溪洞，猿鶴哀長松。今日倦游詣，仰首望歸鴻。晨光雖已微，秋色還正濃。遠迹匪沉寂，適意良自充。山風出幽谷，海月流澄空。美人吹玉笛，渺渺碧霄中。知君已仙舉，羽翼亦有同。　送我到祁陽，伊祁流正長。淳樸會已散，儉嗇猶自將。憶當於變日，不識是陶唐。勝此巍巍岩，浮雲度空蒼。我亦何人斯，分治此一方。未能扉心量，焉足希小康？猶將負平生，感此良堪傷。悠哉潁濱叟，邈矣箕山郎。　巍巍陽明山，千古秘禹穴。靈藏自鬼護，杳杳無敢祭。孰知此山翁，精誠密求覓。皇天真有感，神啟不勞掘。雲雷震三日，龍虎互吼嘯。須臾古函開，洒一渾淪物。書文不可讀，字畫俱滅沒。山翁一

長嘯，群山灑晴雪。君如欲見之，耶溪訪秋月。　緬念無懷詩，澹然靡同異。古道嗟既遠，玄酒日無味。紛紛嗜穠華，高者逐名譽。如心本無非，却洒競其是。孰知天地化，渾渾原一氣。有我未為開，無我未為閑。而況長短間，卑卑亦可繫。艾草能除根，秋瓜看落蒂。　吾心含萬化，不潛亦不形。世人窺其隙，往往好立名。名亦玄凝人，因名復求情。易簡理既昧，支離從此生。誰知扣真學，而不觀音聲」。

同上，送黃宗賢謝病歸天台詩敘：「宗賢少業舉子，最博且精，自足發策決科，以趨世俗之所榮，而乃灑然棄之，就補祖父之蔭。既而官後軍為都事，以誠意才德受知於國師，言聽計從，足以得志行道，而乃決然違之，獨遂歸山之志。此其識量之弘毅，出處之正大，邈然非予所及，然而宗賢未嘗自有也。蓋予在陽明先生門下，而宗賢亦時聞教論，於是有以知志之所存與學之所居，有不約而同者。乃相與歡然契合者幾三月，而遂告別夫子，與宗賢似可亡言矣，而猶有言乎哉？縛曰：書不盡言，言不盡意。宗賢固得其意於予言之外者，則亦可謂亡言矣」。

黃綰祭徐曰仁文：「子來考績，乃相與選幽擇勝，交相設

榻，晝談夕憩，盡究二子所得之奧。如是者，凡數閱月而返，余亦遂東歸。予則假金贈詩，以壯其行。將謂王子得請共邀湛子及同志數人，結廬山中，大明斯道，以俟天下後世之知」。

李一瀚黃公綰行狀：「凡三年，疏乞養病歸田，與王公守仁、湛公若水訂終身盟，講明絕學，共扶世教，一意恬退。儲公巏、喬公宇、張公元禎咸以台之先哲、方正學者稱之，家居幾十年」。

黃綰陽明先生行狀：「壬申冬，予以疾告歸，公為文及詩送予，且託予結廬天台、雁蕩之間而共老焉。」

按：徐愛詩云「秋色還正濃」，「耶溪訪秋月」，「秋瓜看落蒂」，由顯時在秋九月。徐愛又云「相與歡然契合者幾三月」，由六月下推三月，亦在秋九月。黃綰云「壬申冬，予以疾告歸」，當是指其歸至天台在冬十月。

黃綰集卷八留別三友：「石龍子將歸天台，舜卿（王元正）、仲用（梁穀）、惟賢（顧應祥）二三子握其手，曰：『子去，我若何？』石龍子曰：『陽明先生在矣，子日親之，其終染乎！』曰：『先生志去，又將奈何？』曰：『離合，迹也；在離合矣而不為離合者，神也。二三子其為迹乎？其為神乎？為其迹，愛而得之，一臂掉而失之，其能忍不悲

第885頁

乎？為其神，六合之內以及六合之外，千古之上與千古之下，何往而非神哉！夫神，心之所存，理之發也。心存則神存，神存故動而天，隨天則一而無不同，無不同故彼此齊而離合亡矣。其不同者，雖劇卓鶩，人各其私，如面不一，或勢或利，或名或技，拘而從之。方其從也，聯席而寢，並匏而飲，口面與與，腹臟騑騑，轉項背而秦越分矣，矧去萬里而猶望有同哉？今二三子惟求之於心，切而弗懈，誠之以天，弗妄以人，則二三子與我與先生，皆將神契矣。神契則常而不變，二三子將何所不師先生而友予哉！況先生尚留數月，二三子勉以親之，毋徒戚戚！」

按：黃綰此文尤值得注意，文中云「先生志去」，「先生尚留數月」，可見陽明去意亦早決，其時已知將陞南京太僕少卿而去，黃綰亦知其數月後歸省回越，蓋是兩人所共約也。

十月，與南京户部左侍郎儲巏通書論學。

王陽明全集卷二十一答儲柴墟書一：「盛价來，適人事紛紜，不及細詢比來事。既還，却殊怏怏。……喻及交際之難，此殆謬於私意……仁者，心之德，人而不仁，不可以為人。輔仁，求以全心德也，如是而後友。今特以技藝文辭之工，地勢聲翼之重，而驚然欲以友乎賢者，

第886頁

賢者弗與也。……伊尹曰：『天之生斯民也，使先知覺後知，使先覺覺後覺。予，天民之先覺也，非予覺之而誰也？』是故大知覺於小知，小知覺於無知；大覺覺於小覺，小覺覺於無覺。夫已大知大覺矣，而後以覺於天下，不亦善乎？……雖然，君子有諸己而後求諸人，僕蓋未嘗有諸己也，而可以求諸人乎？……」

書二：「昨者草率奉報，意在求正，不覺蕪冗。承長箋批答，推許過感，殊增悚汗也。來喻責僕不以師道自處，恐亦未為誠心直道……往時僕與王寅之、劉景素同遊太學，每季考，寅之恒居景素前列，然寅之自以為講貫不及景素，一旦執

弟子禮師之。僕每嘆服，以為如寅之者，真可為豪傑之士。……曾子病革而易簀，子路臨絶而結纓，横渠撤虎皮而使其子弟從講於二程，惟天下之大勇無我者能之。今天下波頽風靡，為日已久，何異於病革臨絶之時，然又人是己見，莫肯相下求正。故居今之世，非有豪傑獨立之士的見性分之不容已，毅然以聖賢之道自任者，莫之從而求師也。……」

按：儲巏在正德七年正月出為南京户部左侍郎，次年正月即卒。國榷卷四十八：「正德七年正月壬戌，改養籍户部左侍郎儲巏於南京。」儲巏復王伯安書二云：「使來，承手翰，屢辱嘉惠，感感

。」是札作於正德七年十二月（見下），所云「手翰，屢辱嘉惠」，即指陽明此二書，由此可知陽明此二書作在十月、十一月間。

河南參政何孟春書來問祭禮，有答書。

王陽明全集卷二十一答何子元：「……古者天子有日官，諸侯有日御。日官居卿以底日，日御不失日以授百官之朝，豈有當祭之日而尚未知有日食者？夫子答曾子之問，竊意春秋之時，日官多失其職，固有日食而弗之知者矣。堯命羲和，敬授人時，何重也！仲康之時，去堯未遠，羲和已失其職，迷於天象，至日食罔聞知，故有胤之征。降及商、周，其職益輕。平王東遷，政教號令

第887頁

不及於天下。自是而後，官之失職，又可知矣。春秋所書日食三十有六，今以左傳考之，其以鼓用牲幣於社及其他變常失禮書者三之一，其以官失其職書者四之二，凡日食而不書朔日者，杜預皆以為官失之，故其必有考也。……古之祭者，七日戒，三日齋，致其誠敬以交於神明，謂之『當祭而日食』，則固已行禮矣。如是而中輟之，不可也。接者，疾速之義。其儀節固已簡慢，接祭則可兩全而無害矣。況此以天子嘗禘郊社而言，是乃國之大祀。若其他小祭則或自有可廢者，在權其輕重而處之。若祭於太廟，而太廟火，則亦似有不得不廢者。……」

按：羅欽順蒸泉何公孟春墓志銘：「……丁母憂。壬申，擢河南左參政，……入為太僕少卿，……戊寅，由太僕卿陞右副都御史，巡撫雲南。」（國朝獻徵録卷五十三）國榷卷四十九：「正德八年正月甲申，太僕寺少卿（何）孟春為右僉都御史，巡撫宣府。」據此，知何孟春在正德七年上半年服闋陞河南左參政，下半年入為太僕寺少卿。何孟春應是在河南參政任上致書來問禮，約在八、九月間。

貴陽諸生書來問候，有答書。

新刊陽明先生文録續編卷一寄貴陽諸生：「諸友書來，間有疑吾久不寄一字者。吾豈遂忘諸友哉？顧吾心方有去留之擾，又部中亦多事，率難遇便；遇便適複不暇，事

第888頁

固有相左者，是以闊焉許時。且得吾同年秦公為之宗主，諸友既得所依歸，凡吾所欲為諸友勸勵者，豈能有出於秦公之教哉？吾是可以無憂於諸友矣，諸友勉之！吾所以念諸友者，不在書之有無，諸友誠相勉於善，則凡書之所誦，夜之所思，孰非吾書札乎？不然，雖日至一書，徒取憧憧往來，何能有分寸之益於諸友也？為仁由己，而由乎人哉？諸友勉之！因便拾楮，不一。」

按：陽明此書所言「吾同年秦公」，即秦文，其時來任貴州提學副使，故陽明稱其「為之宗主」。秦文字從簡，號蘭軒，臨海人，弘治五年舉鄉試，六年中進士。陽明亦是弘治五年中浙江鄉試，故

稱秦文為同年。秦文來任貴州提學副使之時間，嘉靖貴州通志卷五將秦文放在陳恪之後，陳恪任貴州提學副使在正德五年，國榷卷四十八：「正德五年九月癸酉，議復謫籍五十三人，皆復官錄用：……副使劉遜、陳恪：……」秦文繼陳恪來任，鄭虔秦先生文基志：「正德中服闋，始遷刑部廣西司郎中……未幾，遷貴州提學副使。」據嘉靖貴州通志卷五著錄「正德間副使秦文重建貴州按察司記」：「皇帝五年，按察使、今巡撫湖廣都御史安福劉公至，初建大門，尋以遷秩，弗果訖工……六月，按察使滇南朱君璣至……以七年三月二十三日經始……越六月成」，可見秦文此記作在九、十月中。其時陽明亦方有去京師、歸南都之心，所謂「男有南圖」（詳下考），此即寄貴陽諸生所云「顧吾心方有去留之擾，又部中亦多事」。至十二月則乘舟歸越矣。故可知陽明此書作在十月中。

黃綰歸天台途中有書來問學。

黃綰集卷十八寄陽明先生書一：「登舟月餘，默驗此心，惟宿根難去，時或鬱鬱不樂，竟不知為何事。此道在人，誠不易得。苟非直前担當，難行能行，非忍能忍，惡可得哉！相去日遠，疑將誰質？行將誰考？言之不覺淚下。世事如此，先生歸計，亦易早決。嘗見世之父兄責子弟以榮勢，至死心猶不滅。堂堂天地，如此人品，古今有幾？不求自成，真可惜也！臨風，不勝瞻戀。」

十一月，徐愛陞南京兵部員外郎，編定傳習錄成。陽明再書告父王華，送呈傳習錄。

陽明又上海日翁大人札：「男守仁百拜父親大人膝下：會稽易主簿來，得書，備審起居萬福為慰。男與妹婿等俱平安。但北來邊報甚急，昨兵部得移文，調發鳳陽諸處

人馬入援，遠近人心未免倉皇。男與妹壻只待滿期，即發舟而東矣。行李須人照管，禎兒輩久不見到，令渠買畫絹，亦不見寄來。長孫之夭，骨肉至痛，老年懷抱，須自寬釋。幸祖母康强，弟輩年富，將來之福尚可積累。道弟近復如何？須好調攝，毋貽父母兄弟之憂念。錢清陳倫之回，草草報安。小録一冊奉覽，未能多寄。深太守一冊，續附山陰任主簿。廿八日，男守仁百拜。」（式古堂書畫彙考書考卷二十五，陽明文集失載）

按：蕭鳴鳳徐愛墓誌銘云：「壬申冬，陞南京兵部車駕員外郎……乙亥冬，陞南京工部都水郎中。」錢德洪陽明先生年譜謂「以

祁州知州考滿進京，陞南京工部員外郎」，乃誤。今按橫山遺集卷下應詔陳言上下同心以更化善治奏議即云：「南京兵部車駕清吏司員外郎臣徐愛奏……」，奏末亦署「南京兵部車駕清吏司員外郎臣徐愛」。顯可見蕭鳴鳳為是，錢德洪為非。黃宗羲明儒學案卷十一郎中徐橫山先生愛云：「出知祁州，陞南京工部員外郎，轉南京工部郎中……」緒山傳云「兵部」及「告病歸」，皆非。」其說亦誤。徐愛墓誌銘及諸家傳均籠統云徐愛壬申冬陞南京兵部員外郎，今據陽明此書，決可知徐愛乃在冬十一月陞南京兵部員外郎。蓋陽明此書作於十一月廿八日，所謂「男與妹壻只待滿期，即發舟而東」，「昨兵部得移文」，是謂其時徐愛陞南京兵部員外郎命已下，而陽明陞南京太僕寺少卿命尚未到，故在整裝

待；而徐愛因已陞南京兵部員外郎，故得見兵部移文也。

徐愛編定傳習録時間，歷來皆以為是在徐愛與陽明同舟歸越之時所編，錢德洪陽明先生年譜云：「與先生同舟歸越，論大學宗旨，聞之踴躍痛快，如狂如醒者數日，胸中混沌復開。仰思堯、舜、三王、孔、孟千聖立言，人各不同，其旨則一，今之傳習録首卷是也。」其說誤甚。按徐愛傳習録跋分明云：「愛始聞先生之教，實是駭愕不定……其後思之既久，不覺手舞足蹈。」是言其多年平時受教，久有感悟而手舞足蹈，非是在

歸越舟中受教時如醉如狂，「手舞足蹈」。又徐愛傳習録題辭亦分明云：「愛朝夕炙門下……故愛備録平日之所聞，私以示夫同志，相與考而正之。」是傳習録乃備録平日多年傳習所聞（按：主要為正德七年六月至十一月傳習所聞），並非記録歸越舟中所聞論大學宗旨語。今據陽明此書，決可知徐愛編定印刻傳習録在十一月中，書中所云「小録」即指傳習録，蓋是録僅徐愛所記一卷（即今傳習録卷上前半，五千餘字），故稱「小録」。後乃陸續增補他人所記語録。此徐愛編定傳習録一卷，可謂是陽明正德貶謫龍場驛以來思想之記録也。

書中所言之人，「易主簿」即易昶，萬曆紹興府志卷二十八：「會稽主簿，易昶。」「任主簿」即任頤，萬曆紹興府志卷二十八：「山陰丞，任頤。」陳倫與王華同年，萬曆紹興府志卷三十三：「成化十七年王華榜，餘姚陳倫，員外。」「梁太守」即紹興知府梁喬（見下）。「道弟」疑即王守道。「長孫之夭」，疑指徐愛之子夭亡。

第892-2頁

按陽明謂「妹妊娠在八月」，然其後未見生子。至錢德洪作壽徐橫山夫人五十序，云：「已而聞諸其家，孺人王，少寡而無子。」王華祭徐曰仁文亦祇云：「寡妻在室，何所瞻依？……我今葺理東邊房屋數楹，以居汝妻，以奉養汝父母。」可見徐愛確無子嗣，則當是八月其夫人妊娠生子後，即夭亡。

徐愛傳習錄序：「門人有私錄陽明先生之言者。先生聞之，謂之曰：『聖賢教人如醫用藥，皆因病立方，酌其虛實溫涼陰陽內外而時時加減之，要在去病，初無定說。若拘執一方，鮮不殺人矣。今某與諸君不過各就偏蔽箴切砥礪，但能改化，即吾言已為贅疣。若遂守為成訓，他日誤己誤人，某之罪過可復追贖乎？』愛既備錄先生之教，同門之友有以是相規者。愛因謂之曰：『如子之言，即又拘執一方，復失先生之意矣。孔子謂子貢，嘗曰「予欲無言」，他日則曰「吾與回言終日」，又何言之不一邪？蓋子貢專求聖人於言語之間，故孔子以無言警之，使之實體諸心，以求自得；顏子於孔子之言，默識心通，無不在己，故與之言終日，若決江河而之海也。故孔子於子貢之言不為少，於顏子終日言不為多，各當其可而已。今備錄先生之語，固非先生之所欲，使吾儕常在先生之門，亦何事於此，惟或有時而去側，同門之友又皆離群

第893頁

浙江大学古籍研究所

索居。當是之時，儀刑既遠而規切無聞，如愛之駑劣，非得先生之言時時對越警發之，其不摧墮靡廢者幾希矣。吾儕於先生之言，苟徒入耳出口，不體諸身，則愛之錄此，實先生之罪人矣；使能得之言意之表，而誠諸踐履之實，則斯錄也，固先生終日言之之心也，可少乎哉？錄成，因復識此於首篇以告同志。門人徐愛序。」

徐愛傳習錄題辭：「先生於大學格物諸說，悉以舊本為正，蓋先儒所謂誤本者也。愛始聞而駭，既而疑，已而殫精竭思，參乎錯縱以質於先生，然後知先生之說若水之寒，若火之熱，斷斷乎百世以俟聖人而不惑者也。先生明睿天授，然和樂坦易，不事邊幅。人見其少時豪邁不羈，又嘗泛濫於詞章，出入二氏之學，驟聞是說，皆目以為立異好奇，漫不省究。不知先生居夷三載，處困養靜，精一之功固已超入聖域，粹然大中至正之歸矣。愛朝夕炙門下，但見先生之道，即之若易而仰之愈高，見之若粗而探之愈精，就之若近而造之愈益無窮，十餘年來竟未能窺其藩籬。世之君子，或與先生僅交一面，或猶未聞其謦欬；或先懷忽易憤激之心，而遽欲於立談之間，傳聞之說，臆斷懸度，如之何其可得也？從遊之士，聞先生之教，往往得一而遺二，見其牝牡驪黃而棄

第894页

其所謂千里者。故愛備錄平日之所聞，私以示夫同志，相與考而正之，庶無負先生之教云。門人徐愛書。」

十二月八日，陞南京太僕寺少卿。

王陽明全集卷九給由疏：「正德七年三月內陞本部考功清吏司郎中。本年十二月初八日，蒙陞南京太僕寺少卿。」

國榷卷四十八：「正德七年十二月戊申，吏部郎中王守仁為南京太僕寺少卿。」

十二月中旬，便道歸省，與徐愛同舟返越。有書告南京户部左侍郎儲巏。

儲巏柴墟集卷十四復王伯安書二：「使來，承手翰，屢辱嘉惠，感感。縶艾護膝，尤荷遠念。嚴冬切骨，跪拜之餘，當益感故人之貺也。坐冗未得治筆研，卷子久留齋中，愧愧！近不幸哭一未彌月嬰兒，至今情思惝恍，使者又徒回。想公聞之，且為我惋惻，姑置稽遲不問也。聞使旆已出齊魯之境，諸寺僚先趣出之矣。時事日新，遞中多郵報，不具。奉瞻不遠，已寒珍嗇。不宣。」

按：儲巏作此書，已在陽明出齊魯、進入徐淮之時，故稱「奉瞻不遠」、「諸寺僚先趣出之」。「卷子」，疑即傳習錄。柴墟集卷十四另有與黃綰秀才云：「近世士大夫如蔡君介夫、汪君伯安，皆趨向正，造詣深，講明義理，不專為文字之學。今介夫致仕歸泉州

第895页

，伯安雅有山水之樂，計不久亦歸越中。以足下卓識高才，服闋後間出，往從之游，所得當益勝矣」。可見其時陽明與儲巏多有通信往返，故儲巏稔知其行踪。

陽明是次歸越，徐愛之外，亦多有弟子侍行。如陽明祭鄭朝朔文云：「幾年於茲，孰沿就繹？……當是之時，君疾已構，忍痛扶孱，精微日究。人或勸君：『盍亦休只？』君曰：『何哉？夕死可矣。』君遂疾告，我亦南行。君與世傑，訪予陽明。君疾亦篤，遂留杭城。」可見鄭一初、陳洸一同陪侍陽明歸越，訪游陽明洞，然後告別，留居杭城。又陽明與傅生鳳云：「及曰仁去祁，生乃來京師謁予，遂從予而南。聞予言，若有省，將從事於學。」是傅鳳亦隨陽明歸越。

一五一三　正德八年　癸酉　四十二歲

正月，歸經彭城，胡伯忠來會；別後有答書。

王陽明全集卷四與胡伯忠：「某往在京，雖極歆慕，彼此以事未及從容一叙，別去以為憾。期異時相遇，決當盡意劇談一番耳。昨未出京，即已預期彭城之會，謂所未決於心，在茲行矣。及相見又復匆匆而別，別又復以為恨。君子與小人居，決無苟同之理，不幸勢窮理極而為彼所中傷，則安之而已。處之未盡於道，或過於疾惡，或傷於憤激，無益於事，而致彼之怨恨讎毒，則

第896頁

皆君子之過也。昔人有言：『事之無害於義者，從俗可也。』君子皆輕於從俗，獨不以異俗為心耳。『與惡人居，如以朝衣朝冠坐於塗炭者』，伯夷之清也；『雖袒裼裸裎於我側，彼焉能浼我哉？』柳下惠之和也。君子以變化氣質為學，則惠之和，似亦執事之所宜從者。不以三公易其介，彼固未嘗無伯夷之清也。『德輶如毛，民鮮克舉之』，『我儀圖之，惟仲山甫舉之』。愛莫助之，僕於執事之謂矣。正人難得，正學難明，流俗難變，直道難容。臨筆惘然，如有所失，言不盡意，惟心亮。」

經南都，會儲巏、穆孔暉及太僕寺諸同僚。

按：儲巏復王伯安書二云「諸寺僚先趣出之」，「奉瞻不遠」，故陽明至南都必當見儲巏及諸寺僚。又穆孔暉其時先來為南京國子司業，國榷卷四十八：「正德七年七月庚子，翰林檢討穆孔暉為南京國子司業。」兩人必當相見。他如南京禮部尚書喬宇、南京太常寺少卿羅欽順、南京刑部右侍郎郭紳等，亦必當相見。故陽明在南都當逗留待時甚長也。（按：儲巏於是年七月卒）

經丹陽，訪雲谷湯禮敬，為祝壽作序。

王陽明全集卷二十二壽湯雲谷序：「……至是正德癸酉某月，予自吏部從官南太僕，再過丹陽，而雲谷已家居三年矣。訪之，迎謂予曰：『尚憶眉間之說乎？吾信吾之心

第897頁

，而不若子之見吾貌，何也？今果十年而始出於泥塗，是則信矣。然謂古之庶幾也，則貌益衰，年益逝，去道益遠，獨是若未之盡然耳。」予曰：「乃今則幾矣。今吾又聞子之言，見子之貌矣，又見子之廬矣，又見子之鄉人矣。」雲谷曰：「異哉！言貌既遠矣，廬與鄉人亦可以見我乎？」曰：「古之有道之士，外槁而中澤，處隘而心廣，累釋而無所撓其精，機忘而無所忤於俗。是故其色愉愉，其居于于，其所遭若清風之披物，而莫知其所從往也。今子之步徐髮改，而貌若益憊，然而其精藏矣；言下意懇，而氣若益衰，然而其神守矣；室廬無所增益於舊，

而志意擴然，其累釋矣；鄉之人相忘於賢愚貴賤，且以為慈母，且以為嬰兒，其機忘矣。夫精藏則太和流，神守則天光發，累釋則怡愉而靜，機忘則心純而一，四者道之證也。夫道無在而神無方，安常處順，其至矣，而又何人間之脱屣乎？」雲谷云：「有是哉！吾信吾之心，乃不若子之見吾廬與鄉人也。」於是雲谷年七十矣。是月，值其懸弧，鄉人方謀所以祝壽者。聞予至，皆來請言。予曰：「嘻，子之鄉先生既幾於道，而尚以壽為賀乎？夫壽不足以為子之鄉先生賀。子之鄉而有有道之士若子之鄉先生者，使爾鄉人之子弟皆有所矜式視效，出而事君

第898页

，則師其道以用世；入而家居，則師其道以善身，若射之有的，各中乃所向。則是先生之壽，乃於爾鄉之人復有足賀也已。」明年三月，予再官鴻臚，而鄉之人復以書來請，遂追書之。」

經毗陵，鄭善夫來問學。

鄭善夫少谷集卷二十上陽明先生書：「善夫蒙天不棄，癸酉歲得假毗陵之謁，猥承至教。奈以天質凡下，無有其地，因循歲年，幸再私淑諸人，稍知向道，是雖及先生之門，然竊念先生之恩，信與生我者同死不忘也。……」

橫山遺集卷上與鄭繼之書：「疇昔聞仰天假毗陵之會，過

辱傾蓋之誼，且訂約別後麗澤，喜慰以來，常愧歉負，雖時從士夫間達，何益也。今時士大夫皆知高執事，愚竊謂高之淺矣。彼所謂高者，誠以執事文以粹然、行之卓然也。然執事豈以是自高者？登東山者，魯人望之則以為高，躡其巔者則不自以為高，以見泰山之在前者。執事固望泰山者也。舍枝葉而務本根，抑華博而歸淵塞，不越身之間，而有超乎文行之外者，此固執事之今之志。然則時之高執事者，不為淺也耶？執事以為何如，便間不惜示教，以開未至。」

按：鄭善夫字繼之，號少谷，閩縣人。明清進士錄：「鄭善夫，弘

第899页

治十八年三甲一百八十二名進士。閩縣人，字繼之，號少谷。授戶部主事，以清操聞，後棄官去，築室金鰲峰下。起禮部主事，進員外郎，諫南巡受杖。明年，力請歸。嘉靖初，起南吏部郎中，便道游武夷，風雪絕糧，得病死。善夫敦行誼，所交盡名士。工畫，作詩力摹少陵。有經世要錄、少谷山人集。」鄭善夫弘治十八年中進士，當在其時與在京陽明相識。林釴少谷鄭公繼之墓碑云：「正德改元，纂修蘇松常鎮實錄成，隨繼居內外艱。積六年，起銓戶部主事，出理滸市關，識聞，不敗名，商人利之。」滸市關即滸墅關，在吳縣。按黃綰少谷子傳云：「少谷子為戶部主事，督稅吳江之滸墅。予過而遇之，握手與予語，竟日而別。」（黃綰集卷二十三）又黃綰家訓云：「鄭少谷善夫，字繼之，閩人也。予為後軍告病歸，過滸墅，始會繼之。繼之時為戶部主事，督稅滸墅，之舟中一拜遂定交。」（洞山黃氏宗譜卷一）可見鄭善夫乃在正德七年起任戶部主事，來毗陵督稅滸墅關。陽明正德八年自京歸經毗陵，鄭善夫遂來見問學，徐愛時亦在場也。

經蘇州，嘉定縣令王應鵬來問學，為其書卷題言。

王陽明全集卷八書王天宇卷：「徐曰仁數為予言天宇之為人，予既知之矣。今年春，始與相見於姑蘇，語通宵，益信曰仁之言。天宇誠忠心者也，才敏而沉潛者也。於是乎慨然有志於聖賢之學，非豪傑之士能然哉！出茲卷，請予言。予不敢虛，則為誦古人之言曰：『聖，誠而已矣。』君子之學以誠身。格物致知者，立誠之功也。譬之植焉，誠，其根也；格致，其培壅而灌溉之者也。後之言格致者，或異於是矣。不以植根而徒培壅焉、灌溉焉，敝精勞力而不知其終何所成矣。是故聞日博而心日外，識益廣而偽益增，涉獵考究之愈詳而所以緣飾其奸愈深以甚。是其為弊亦既可觀矣，顧猶泥其說而莫之察也，獨何歟？今之君子或疑予言之為禪矣，或疑予言之求異矣，然吾不敢苟避其說，而內以誣於己，外以誣於人也。非吾天宇之高明，其孰與信之！」

按：王應鵬字天宇，號定齋，鄞縣人。明清進士錄：「王應鵬，正德三年三甲二百一十三名進士。鄞縣人，字天宇。知嘉定縣，律己廉慎，鋤強扶弱，均徭役，寬賦稅，擢御史，直聲大著。嘉靖中，進左副都御史，因建言忤帝，下詔獄。」陽明此文題下原注「甲戌」作，顯誤。正德九年春陽明在滁州，決無往蘇州之事。國朝獻徵錄卷五十五有都察院右副都御史定齋王公應鵬家傳云：「戊辰，登進士，出宰嘉定（按：嘉定縣屬蘇州府）……吳郡通判、縣丞索長稅金，公白之當道，發其贓巨萬。……明年，流賊兵至狼山，吏民駭竄，公諭安之，築城拒守，三日而成，惠捍俗熙，民有遺思。蒞任三年，徵拜監察御史。」劉六、劉七圍於狼山兵敗被殺在正德七年八月，王應鵬在嘉定任三年，正德九年已陞監察御史入京。故可知陽明在蘇州見王應鵬必在正德八年春。且王應鵬與徐愛為同年，（兩人關係至密，）王應鵬祭徐曰仁文云：「鵬於曰仁同舉於鄉，同試於春宮，曰仁不予棄也，而復同之以道誼……」（橫山遺集附錄）故陽明、徐愛經蘇州，王應鵬必來見也。

第 902-1 页

經嘉興，東齋姚惟芹來訪，為其東齋風雨詩作跋。

王陽明全集卷二十四書東齋風雨卷後：「悲喜憂快之形於前，初亦何嘗之有哉？向之以為愁苦淒鬱之鄉，而今以為樂事者，有矣；向之歌舞歡愉之地，今過之而嘆息咨嗟，泫然而泣下者，有矣。二者之相尋於無窮，亦何以異於不能崇朝之風雨，而顧執而留之於胸中，無乃非達者之心歟？吾觀東齋風雨之作，固亦寫其一時之所感遇。風止雨息，而感遇之懷亦不知其所如矣，而猶諷咏嗟嘆於十年之後，得非類於夢為僕役，覺而涕泣者歟？夫其隱几於蓬窗之下，聽芹波之春響，而詠夜簷之寒聲，自今言之，但覺其有幽閑自得之趣，殊不見其有所苦也。借使東齋主人得時居顯要，一旦失勢，退處寂寞，其感念疇昔之懷，當與今日何如哉？然則錄而追味之，無亦將有洒然而樂、廓然而忘言者矣！而和者以為真有所苦，而類為垂楚不任之辭，是又不可以與言夢者，而與東齋主人之意，失之遠矣。」

吳昂東齋姚惟芹墓誌銘：「嘉靖丁亥，余在吉家食，時有姚生堦者，奉舅氏沈平齋先生所次狀來乞文銘，埋諸墓，固辭不獲。按狀，君諱惟芹，字惟誠，別號東齋，世為浙西嘉興人……君以民秀，選充邑博弟子員。正德戊辰

第 902-2 页

貢春官，遊南太學者三年，名籍天曹。歸，待選於家。及期，治裝將赴選，忽以疾終正寢，寔嘉靖丙寅五月廿二日，距所生成化己亥四月十日，享年四十有八。」（見東齋稿略後濟美錄摘略）

范言姚氏家傳：「……先是東齋娶於嘉善沈氏，有別業。又與其婦弟平齋子槩同筆硯，遂同選諸生。卒業，嘉善邑中諸生無弗與東齋懽也。未幾，貢太學，卒業南都，都下諸生亦無弗與東齋懽也。以故東齋聲望藉藉起章縫間。鴻臚捐館舍，母陶夫人在堂，色養幾三十年弗怠。病劇，瞀進股肉。夫人垂絕，猶喘息延二旬。時鵜涇典

教閭庠，弗及視含，東齋茹哀營殮葬，一不累鶴涇……！今上皇帝即位之五年，東齋慶際明時，思就祿仕，方治行李，竟病疽，卒年纔四十八。」（見東齋稿略後濟美錄摘略）

按：陽明此書東齋風雨卷後，集中注作於「癸酉」，文中所言「東齋主人」向不知何人。今據姚惟芹東齋稿略，可確知此東齋主人即姚惟芹。按今存有姚氏世刻一書（嘉靖三十六年嘉興姚氏刻本），題作「姚蘭、姚綬、姚旬、姚惟芹撰，姚堦編」。其中東齋稿略下注作「明國子生嘉興姚惟芹惟誠著」。前有海鹽沂川王文祿所作東齋稿略序云：「嘉郡子玉姚子，輯其先子東齋稿略成，請序於沂川生，沂川生曰：『稿何言乎東齋也？』曰：『志始學也。先子始學於齋中，曾祖穀庵顏其齋曰東齋，先子因自稱曰東齋，以齋名名其稿，故曰東齋，且崇祖命也。』曰：『東齋稿何言乎略也？』曰：『志感也。先子日劬詩文，延接海內名流相資麗，伯仲賡吟，塤篪遞響，不及試以沒。沒時，堦尚髫齡，稿隨散逸，僅充收其遺餘存者，蓋無幾，是以略也。緩不梓，略且盡亡云。』……」又沈棨作東齋稿略小序亦云：「穀庵先生以詩、字、畫聞海內，世紹箕裘，彷彿其全能者，仲孫東齋子也。東齋豐姿雅度，馳譽士林，日與其兄鶴涇子、季弟雪汀子倡和頡頏，蔚然為吳中勝事。予嘗謂東齋詩醞藉工致，宜讓鶴涇，而渾融曠爽之氣，乃若過之……」陽明稱姚惟芹之東齋風雨詩卷乃是諷咏嗟嘆於十年之後，感念疇昔之懷，可見東齋風雨詩卷當是姚惟芹追念十年前在東齋始學之風雨經歷與感受。今存東齋稿略當保存有東齋風雨詩卷中之篇什，惜無從查考矣。正德八年姚惟芹已卒業南雍歸養老母，故陽明此文當是是年其歸越經嘉興時所作。

二月，歸至紹興。

橫山遺集卷上同志考敘：「癸酉春，侍先生自北來南。」

錢德洪陽明先生年譜：「二月，至越。」

居陽明洞，鄭一初與陳洸來訪，旋以疾告歸。

王陽明全集卷二十五祭鄭朝朔文：「君遂疾告，我亦南行。君與世傑，訪予陽明。君疾亦篤，遂留杭城。」

橫山遺集卷上別鄭朝朔諸友：「絕學世不講，於今凡幾年？有志頗尋繹，時流辨蚩妍。諸君總英特，立幟三軍前。成名還遜學，得師開心天。鸞鳳出霄漢，飄飄自高騫。安能顧鳥雀，聚口相咄喧。我本朽劣姿，追陪後群賢。輝光才接膝，離別俄當筵。匪為兒女輩，窮素良足嘆。南山有一泉，千溪從此出。脉絡總分明，晝夜流不息。我於上四望，群派了然晰。攬艇試一弄，去來無順逆。有人不知源，却從下流覓。流急不可止，退易進無力。涕泣向千岐，眩亂終何適？」

同上，贈陳世傑：「桃李競芳晨，零落隨東風。芝蘭媚空谷，馨香惟自榮。豈無名業志？顧未根基崇。豺狼梗當道，風波阻長江。念歸匪不切，求道義獨降。黃鳥鳴嚶嚶，悠然感微衷。

登覽卧龍山，奇峰四森列。江海灣回互，仰見陽明穴。穴中有仙子，揚言出雲月。自稱將帝命，仙籍恣披閱。姓名一一存，天機未敢泄。佳期不遠時，群仙會屬茲。天心諒無爽，有情當自期。師言領至要，歸求秉避心。心屬固宜得，功進當自今。有待即為間，上帝不二臨。切磋復琢磨，可憚勤勞深。垂弦苟不更，焉希太古音？」

按：鄭一初因疾別陽明歸揭陽，後途中因疾篤，遂滯留杭城，卒在杭病故。

黃綰歸居紫霄山中，行辟穀之方，寄詩來告。

黃綰集卷二病中習辟穀寄陽明甘泉二首：「伏疴久未愈，

乃試辟穀方。山深易松柏，日採頗不忙。終朝未一粒，三咽充我饑。神爽絕超越，肝肺忽已香。從茲謝葷穢，并遣人間糧。瓊英與玉液，脫履皆堪嘗。邀我若耶子，招手西雲郎。與鋤三徑草，白日游玄荒。

遁世亦何有，辟穀諒可常。澹泊本素志，質性有相當。當年赤松子，遺我出世方。緬懷燧人上，煙火多未遑。今胡有玉食？草木猶足將。去去雲磴深，及此春日長。」

按：詩云「及此春日長」，當作在春間。「若耶子」指陽明，蓋黃綰辟穀於紫霄山與陽明養病於陽明洞遙相感應也。「西雲郎」即湛甘泉。

三月，傅鳳疾危歸祁，書言贈別。

王陽明全集卷八與傅生鳳：「……曰仁去祁，生乃來京師謁予，遂從予而南。聞予言，若有省，將從事於學。然痛其親之貧且老，其繼母弟又瞽而愚，無所資以為養，乃記誦訓詁，學文辭，冀以是干升斗之祿。日夜不息，遂以是得危疾，幾不可救。同門之士百計寬譬之，不能已，乃以質於予。予曰：「嘻！若生者亦誠可憐者也。若生之志誠出於孝親，然已陷於不孝而不之覺矣。若生者亦誠可憐者也。」生聞之悚然，來問曰：「家貧親老，而不為祿仕，得為孝乎？」予曰：「不得為孝矣。欲求祿仕而至於成疾，以殞其軀，得為孝乎？」生曰：「不得為孝矣。」「殞其軀而欲讀書學文以求祿仕，祿仕可得乎？」生曰：「不可

得祿仕矣。」曰：「然則爾何以能免於不孝？」於是泫然泣下，甚悔，且曰：「鳳何如而可以免於不孝？」予曰：「保爾精，毋絕爾生；正爾情，毋辱爾親；盡爾職，毋以得失為爾惕；安爾命，毋以外物戕爾性。斯可以免矣。」其父聞其疾危，來視，遂欲携之同歸。予憐鳳之志而不能成也，哀鳳之貧而不能賑也，憫鳳之去而不能留也，臨別，書此遺之。」

蕙皋徐天澤來問學。

光緒餘姚縣志卷二十三徐天澤傳：「徐天澤，字伯羽，號蕙皋。弘治十五年進士，授南京工部主事。時劉瑾柄政，千户石文義附瑾，為其伯父太監踰例求厚葬，天澤持不與。尋轉吏部驗封司郎中，遷知廣西太平府。太平去京師萬里，夷僮雜處，天澤興學校，明禮讓，俗為丕變。土官偃蹇，不就徵調，諭以忠義恩信，皆歡呼就道。江州黃清為亂，帥府懸賞急捕，累歲弗得。天澤定計，說土官伏兵誅之。御史以才薦，調桂林，會撫、按不協，方薦而劾，遂歸。天澤自幼豪銳，博聞强記，侃侃思表見於世。既歸，杜門讀書，遇佳山水輒留品題。時王守仁以道學倡東南，從弟從之遊，天澤數與辨難。既見守仁於會稽，親聞良知之教，喟然曰：「吾生平勞精竭慮，

博求於外，今反諸吾心，坦然有餘也。」錢德洪曰：「蕙皋近年進道甚銳，同志賴以奮發。惜不假年，以竟其成也。」卒年三十五。」

按：萬曆紹興府志卷三十二：「舉人，弘治十四年，餘姚徐天澤，順天中式。」卷三十三：「進士，弘治十五年康海榜，餘姚徐天澤，知府。」徐天澤弘治十五年舉進士，其在京師任吏部驗封司郎中時，陽明亦任兵部武選清吏司主事，兩人或已相識。徐天澤約在正德七年自太平府任上劾歸餘姚家居，其來從學陽明，傳稱「見守仁於會稽」，則必在正德八年陽明自京師歸會稽以後，約三、四月中。陽明寄蕙皋書札中已談及邀徐天澤共遊四明，

此書作於正德八年七月（見下），徐天澤因疾未能來往遊四明，可見其在三月來問學，於四月即回餘姚。

無錫修復東林書院成，縣令高文豸遣人來請記，為作東林書院記。

王陽明全集卷二十三東林書院記：「東林書院者，宋龜山楊先生講學之所也。龜山沒，其地化為僧區，而其學亦遂淪於佛老訓詁詞章者且四百年。成化間，今少司徒泉齋邵先生始以舉子復聚徒講誦於其間。先生既仕，而地址復荒，屬於邑之華氏。華氏，先生之門人也，以先生之故，仍讓其地為書院，以昭先生之迹，而復龜山之舊

。先生既已紀其廢興，則以記屬之某。當是時，遼陽高君文豸方來令茲邑，聞其事，謂表明賢人君子之迹，以風勵士習，此吾有司之責，而顧以勸諸生則何事？爰畢其所未備，而亦遣人來請。……夫龜山沒，使有若先生者相繼講明其間，龜山之學，邑之人將必有傳，豈遂淪入於老佛詞章而莫之知？求當時從龜山遊不無人矣，使有如華氏者相繼修葺之，縱其學未即明，其間必有因迹以求道者，則亦何至淪沒於四百年之久？又使其時有司有若高君者，以風勵士習為己任，書院將無因而圮，又何至化為浮屠之居而蕩為草莽之野？是三者

，皆宜書之以訓後。若夫龜山之學，得自程氏，以上接孔、孟，下啟羅、李、晦庵，其統緒相承，斷斷無可疑……先生樂易謙虛，德器溶然，不見其喜怒。人之悅而從之，若百川之趨海，論者以為有龜山之風，非有得於其學，宜弗能之。然而世之宗先生者，或以其文輪之工，或以其學術之邃，或以其政事之良，先生之心其殆未以是足也。從先生遊者，其以予言而深求先生之心，以先生之心而上求龜山之學，庶乎書院之復不為虛矣。書院在錫百瀆之上，東望梅村二十里而遥，周太伯之所從逃也。方華氏之讓地為院，鄉之人與其同門之士爭相趨事

，若恥於後。太伯之遺風，尚有存焉，特世無若先生者以倡之耳，是亦不可以無書。」

按：「泉齋邵先生」，即邵寶，時方以户部左侍郎歸養家居。「遼陽高君文豸」，無錫縣令，正德常州府志續集卷二：「無錫縣知縣，高文豸，字廷直，遼東都司籍，山東黄縣人。由進士，正德六年十一月二十六日任。」按陽明正德六年二月任會試同考試官，高文豸或是陽明親取錄耶？「華氏」，即華雲，康熙常州府志卷二十三：「華雲，字從龍，無錫人。師事邵文莊，遊王文成之門。嘉靖舉進士，權稅九江，秋毫無染。時嚴嵩用事，雲疏請改南，陞刑部郎中，遂乞休。雲家故饒於貲，乃能因之以行

義，由親逮疏，凡有窘急，悉需以濟。其於庶弟寡妹，恩禮尤篤，外家貧甚，日廩給之。晚歲仿范文正公義莊事，捐田千畝以贍族，肖先世孝子像其中，築真休園於宅傍，法書名畫，充牣其中。暇則放舟谿壑，倡咏忘歸。」國朝獻徵錄卷四十九有王慎中補菴華君雲墉誌。華雲為邵寶門人，亦為陽明弟子。高薙東林書院志卷十七著錄邵寶憶東林精舍示華生雲：「東林寺裏舊書堂，三十年來野草荒。百囀未忘初鳥韵，一枝猶剩晚柑香。山懷龍阜神俱遠，水問梅村脉故長。寄語雲生為磨石，客中新記已成章。」「新記」應即指陽明作東林書院記。按陽明記中稱邵寶「以記屬之某」，則當是陽

明正月經毗陵時與邵寶有一見，邵寶當面以記相囑，故陽明歸紹興後，高文豸即遣人來請記。

五月，訪日東正使了菴和尚堆雲桂悟，作序送歸國。

陽明送日東正使了菴和尚歸國序：「世之惡奔競而厭煩拏者，多遯而之釋焉。為釋有道，不曰清乎？撓而不濁，不曰潔乎？狎而不染，故必息慮以浣塵，獨行以離偶，斯為不詭於其道也。苟不如是，則雖皓其髮，緇其衣，梵其書，亦逃租繇而已耳，樂縱誕而已耳，其於道何如耶？今有日本正使堆雲桂悟字了菴者，年踰上壽，不倦為學，領彼國王之命，來貢珍於大明。舟抵鄞江之

滸，寓館於驛。予嘗過焉，見其法容潔修，律行堅巽，坐一室，左右經書，鉛朱自陶，皆楚楚可觀愛，非清然乎？與之辨空，則出所謂預修諸殿院之文，論教異同，以並吾聖人，遂心閑情安，不譁以肆，非淨然乎？且來得名山水而遊，賢士大夫而從，靡曼之色不接於目，淫哇之聲不入於耳，而奇邪之行不作於身，故其心日益清，志日益淨，偶不期離而自異，塵不待浣而已絕矣。茲有歸思，吾國與之文字以交者，若太宰公及諸紳輩，皆文儒之擇也，咸惜其去，各為詩章，以艷飾迥躅，固非貸而濫者，吾安得不序！皇明正德八年歲在癸酉五月既

浙江大学古籍研究所

望，餘姚王守仁序。」（伊藤松鄰交徵書初篇卷一，陽明文集失載）

按：堆雲桂悟為日本一著名高僧與詩僧。鄰交徵書於陽明是序下云：「桂悟，謚佛日，住南禪寺，退居大慈院，院在東福寺。永正中，為足利氏使入明。按籌海圖編，正德五年八月，夷船三隻，使僧桂悟貢方物，是也。」二篇卷二有徐楓岡送郎休師歸國序云：「昔專使了庵公，詩才為日域之冠，盛名播於遐邇。其徒即休師，嘉靖己亥來貢天子……其文之懿學，得了庵之傳也。」又三篇卷一有黃隆日本東福了庵和尚語錄序，對堆雲桂悟述之尤詳：「余聞日本東福和尚曰了庵者，乃大疑禪師之法子也。自八歲薙髮受本師業，抵今六十餘年。潛心遜志，於前道無不究竟。不涉聲利，不住形相。朝夕兢兢，罔敢逸怠。一玉之潔潤，而丹紫莫能渝其質；一松之堅勁，而雪霜莫能摧其操，其鐵中之錚錚歟？爰有了庵之社友東歸堅元，大明成化甲辰歲，承彼國命，浮海越舟，而來貢我皇上……今年乙巳返鄞四明，言旋而歸……東歸堅元命僮持一帙來，展之，即了庵和尚平日語錄也……後之人觀茲語錄，則知了庵之為人；觀了庵之為徒，則又足以見大疑之為師矣。遂書之以為序。大明成化乙巳歲孟秋既望，賜進士出身、中憲大夫、四川按察副使四明黃隆序。」成化二十年堆雲桂悟已六十餘歲，則其正德中出使來

明進貢當已九十餘歲，故陽明序稱其「年踰上壽」。按堆雲桂悟實嘗兩次出使來明，一在正德六年，一在正德八年。鄰交徵書初篇卷二有陽端夫詩云：「日本了庵禪師膺使命來我皇明，館於姑蘇，幾半載。凡士大夫之相與者，無不敬且重焉，以其齒德既高且學亦稱是故耳。昔王摩詰所謂『色空無得，而不物物；語默無際，而不言言』者，似為今日禪師道也。予接遇日久，因賦二詩以贈，一以詠號，一以送行云。……正德七年四月望日，姚江陽端夫稿。」此詩作在四月望日，以「半載」算，則堆雲桂悟應是在正德六年十月來明，館於姑蘇，其歸國亦有諸多縉紳文士作詩相送。第二次在正德八年初，鄰交徵書二篇卷一有黃相日東了庵禪師轉職育王寺疏並序云：「了庵，異域叢林之彥也。僧臘八十餘，龐眉鶴髮，動止雅恂，尤不苟於言笑，清齋習靜之餘，默究經典秘義而已。初在本國，大檀越征夷大將軍以瑞龍山南禪寺丈室乏人，特命主之，緇流允服。頃御國王之命，遠使中華，得窺聲名文物之盛。聞寧波有育王寺，琳宮梵宇，金璧焜煌，乃轉職此寺而居者。久之，大修教典，寺之懽騰，寧波府衛諸官僚，亦喜其能不墜迦葉而像教之中有人矣。……日本乃扶桑之鄰壤，而徐仙託蓬島以潛形，間生異土，今在了庵。飛錫瑞龍山，究一乘五律之道；浮杯育王寺，了八藏三篋之文……袖裏千年鐵柱骨，本

自西來，手中萬歲胡孫藤，行將東去。謹疏。正德八年癸酉四月吉日，賜進士出身、奉訓大夫、提督浙江司舶司事、華人黃相書於雙柏亭」。可見堆雲桂悟是次來明，嘗轉職寧波育王寺，大修教典，待時甚長。其歸國時間，鄭交徵書三篇卷一有張迪了庵語録後跋云：「叢林中佛印之風致或可少，而了庵能專對以不辱君命，其才與德則不可無。若其語録，則有定評，然亦無庸深較。正德癸酉歲，蒲月望後二日，四明山人、習齋居士張迪文訓跋。」「蒲月」即五月，此跋作於陽明作此序後一日，疑堆雲桂悟在五月因歸國事嘗自寧波來紹興，陽明遂得知往訪，即序所言「予嘗過焉」。蓋堆雲桂悟進京朝貢，為朝臣文士所矚目，

陽明自早有所知。堆雲桂悟離京歸國，都下朝臣文士多作詩相送，即陽明序中所云「若太宰公及諸縉紳輩……咸惜其去，各為詩章」。「太宰公」即楊一清，時為吏部尚書。陽明此序，顯即寫在此送別詩卷之上，故云「各為詩章……吾安得不序」。

偕徐愛赴餘姚龍泉山，避暑於清風亭，弟子皆來集，將作天台、雁蕩之游。

橫山遺集卷下遊雪竇因得龍溪諸山記：「正德癸酉夏，予從陽明北歸，過龍泉，避暑於清風亭。王世瑞、許半圭、蔡希顏、朱守中皆自越來，矢遂厥游。」

六月，偕弟子從上虞入四明，觀白水，尋龍溪之源，登杖錫，至雪竇，上千丈巖，至大埠，從寧波買舟還餘姚。

王陽明全集卷四與黃宗賢書二：「……僕到家，即欲與曰仁成雁蕩之約，宗族親友相牽絆，時刻弗能自由。五月終，決意往，值烈暑，阻者益眾且堅，復不果。時與曰仁稍尋傍近諸小山，其東南林壑最勝絕處，與數友相期，候宗賢一至即往。又月餘，曰仁憑限過甚，乃翁督促，勢不可復待。乃從上虞入四明，觀白水，尋龍溪之源；登杖錫，至於雪竇；上千丈巖，以望天姥、華頂，若可睹焉。欲遂從奉化取道至赤城，適彼中多旱，山田盡龜裂，道傍人家徬徨望雨，意慘然不樂，遂從寧波買舟還餘姚。往返亦半月餘……」

橫山遺集卷下遊雪竇因得龍溪諸山記：「……客星、燭溪，沿永樂寺，澄江峻（巍）壁，松高氣爽。諏雪竇所由路，人莫能識。衆欲泛江，而希顏疾，乃返棹。月夜，乘潮上通明。明日，達上虞，半圭、希顏辭去。詢道，虞人指羊厄嶺，實陰沮之也。予輩乃夜踰金沙、黃竹，曉入四明山。環區沃曠，中據數鳩族，意匪劉樊故地。晉訪汪叔憲，出遊白水宮，觀巖瀑潔涼瀉下，仍有三台屏風環之，幽好深靜，真仙隱也。再詢羊厄，人皆迂之，乃經妲溪。先生曰：「吾遠族居也，往焉。」世瑞欲返不

得，而叔憲偕行。踰大嶺，經下館，抵溪口。西峽峭峰三，遥記中峰下為浮屠，就眠乃石笱。南控仙橋洞，佇賞久之，午餔於族之新居，宗人咸來會。晚循溪上，止於祖居。泉石衝激，溪山環折，如鳳翔龍盤，勢睽而情麗。祖居前兩溪流匯，折東北，出湘渭。登石屋，望峽外峰芒赤浮動，詢乃三龍潭，為溪西源。東源靡窮，期返雪竇探之。既相與濯溪枕石，各賦詩識樂。叔憲嘆曰：奇乎幽哉！此溪乃于世泯泯。先生亦以謝腥瀑氣，於隘為勝。世瑞鄙如溪之名，宜更名曰文溪。先生曰：然。不如名龍溪。衆僉曰：善。龍潭，厥

第915页

源也，稱龍溪自此始矣。明日，叔憲、世瑞以誤食石撞骨結病，世瑞猶強與關往龍潭，芒鞋行十里，足焦，午鋈(餐?)而頳發喘，趨憩茆舍，亦勿竟。予獨矢曰：必竟！拂杖從先生，路益險，悸悸達下潭。潭圓廣，類立甑。東壁梯石下，掬泉驚齒，西壁飛瀑濺雪，寒氣逼人。須臾而出，兩潭尚隔絕巘，人稱三潭，中獨勝，以顛嵌橫石，飛瀑瀉下，石空應響，如瓊宮珠谿，外聆鈞韵，不可即矣。復遵磵緣藤，度棧上二里許，阻巖磴，半武莒没，逼峭壁，深淵莫測。予股慄止，先生坦然而去，予自恨弗及，有詩曰：息養期三年，神完復高飛。

志答也。憩陰崖久之，仰見先生自上飛下，且危且羨，由是益愛龍溪。次日，過祖居，西北有面溪，地稍平完，謀諸族人，乃定卜棲計。時先生困暑，守中傷足，衆復閧然欲沮雪竇之游，先生獨不撓。守中艴然曰：犯烈履險非樂，溺志老游非學。先生莞爾而笑曰：知樂知學，孰非樂非學也？然予既疲茶，不可強留，任守中、世瑞歸，獨二人成游。乃弗西往考石林、太平諸迹，遂東渡溪登嶺，十里躋巔，巔復平疇，稼穡瀰望，因族居止宿焉。居前溪折出北崖，瀑下仙姑洞。明發，望走馬岡，午食于孔石沈氏。孔石十五里西達四明，世傳石

第916页

窗所在者，鄮越之稱本此，故古以四明山心銘諸巖。恨路迷，竟趨韓採巖。巖西石嶠名釣魚臺，俗歸嚴子陵、韓湘子，未有考也。泉出石磴，入溪，覆石榧，坐濯不忍去。既行，下溪，溪色盡赤，夾之丹壁。予輩方樂甚，忽有樵子望而歌曰：群鶩之飛飛，不如我棲棲。女行爍火中，我在霞天湄。招欲與語，不顧竟去。暮渡溪，林深嶺絶，雨過泉鳴，聲類蛟吼。陟頂，見荒殿，榜曰杖錫寺。峰溪環抱如城池，俯眡四垂極險，絶人迹。僧困誅侵盡逋，新得吾邑僧文江來主，留余輩宿。夜忽風露作，寒寢不成寐。晨，南下無路，冥行深

第917頁

莳間，露沾蝮螯，賴江僧引達蜘蛛嶺，落徐凫巖。午，抵石橋，東望大仙坳樓臺與雲松參差者，云雪竇寺也。牧童引渡橋梯石下數百步，觀隱潭。潭龍最靈，祀禱輒應。潭上三峰離立，嘗於江南豪家見之，魏怪弗及矣。中峰北闕為瀑，南闕為道。然自此六七里，山皆龐厚若大陸，勢欲南伏，獨北有巨峰列障。西下峻阪，入橋亭，咸謂弗睹梵宇，何殊曠野，不意即雪竇也。蓋自萬峰南下，飫目倦思之餘，未愜所聞，悵然入寺少息，啜茗數碗，乃出周覽。始自東溪之源，發杖錫百餘里，隨山南奔，底雪竇，折而匯西溪。由西溪上雪竇，出橋峽東，淲淲有聲不巖，是為千丈巖。巖瀑輝映天日，蓋飛雪亭之勝也。橋内金鏡池已廢。寺後西峰之特高者，曰「妙高峰」；東行而忽平起者，曰「乳峰」。寺前環小阜，曰「珠林」。東北林中隱屋數椽，曰「玉泉庵」。庵外塘水澄碧，荷花爛漫，乃嘆曰：「未始不奇觀也！」蓋邈然其夷曠，淡然其沖穆矣。先生乃坐叔憲而論曰：「今日畢，素懷已中。所歷佳勝比比，獨不彰於古昔，乃今得與二三子觀焉。夫永樂諸山，可備游觀者也；四明，可居者也。龍溪，可以避地者也，然而近隘矣；杖錫者，可以隱德也，然而幾絕矣。乃若隱顯無恒，俯仰不拘，近而弗

第918頁

褻，遠而弗乖，可以致遠，可以發奇者，其惟雪竇乎！諸君耳目之所接，心志之所樂，其於山水已乎？」叔憲曰：「唯唯。」乃下山，至大埠，買舟泛江而歸，七月二日也。

橫山遺集卷上游永樂次陽明先生韻：「放舟始尋寺，師友興何長。古樹雲蘿濕，閑心夏日涼。江流隨地合，海色接天蒼。宴坐清茶罷，悠然月滿廊。」

按：陽明游永樂寺詩今佚。

同上，游白水宮殿次王世瑞韻：「四明山秀似千巒，飛舞回翔不盡看。白水巖根看瀑溜，劉仙祠下坐松寒。同心更喜麋群共，得意寧辭鳥道難？雲壑豈徒乘興到，結莳深處始身安。」

龍溪次世瑞韻：「性乖適俗耽林壑，況入名山眼更明。獨有神龍潭底蟄，已無凡鳥樹頭鳴。清溪白石經文水，翠壁丹崖結綺城。師友相將齊出處，卜棲兼得重宗盟。」

至杖錫有懷諸友：「松懸古洞蔓寒藤，隱地平開嶺上層。採藥巖前問韓子，釣魚臺下憶嚴陵。楓林忽聽丹溪鶴，逸興如驂碧海鵬。幽賞正思仙侶共，那堪杖錫晚重登。」

夜宿杖錫：「飛錫開山舊有名，林深草合路今生。巖溪萬疊畫圖寺，雷雨一番初放晴。石溜泠泠侵夜枕，風蟬歷歷動秋聲。夢魂迴與塵寰隔，煮茗焚香僧亦清。」

寺困侵誅因復次叔憲韻識

感：「百里何須訪寺名，峰頭時有白雲迎。雨來霧氣連天動，月霽溪光映海明。試問新參荒殿閣，為言舊榻傍江城。相逢猶說山僧好，松竹蕭蕭意自清。」　夢懷王世瑞朱守中次前韵：「清夢叫回松頂鶴，披衣靜倚竹窗看。天空星影搖秋白，地迥風聲動夜寒。一日芳尋真不易，百年嘉約會應難。猿啼鶴嘯猶求侶，怪得通宵睡未安。」巘雪竇道中漫興：「□□□朝來厭勞，還能披霧出林梢。雲歸蒼海峰皆列，秋入深山葉未凋。牛卧閑聞吹牧笛，溪清故得飲漁瓢。興人亦解山游樂，相和迎風過石橋。」　題雪竇：「肩輿飛下四明尖，衣拂林梢暑却炎。山盡南天開雪竇，水鍾西嶂結冰簾。長風萬里來江雨，濕霧千重出曉簷。耽僻山人亦何意，隱潭元自有龍潛。」

陽明詠釣臺石筍：「雲根奇怪起雙峰，慣歷風霜幾萬冬。春去已無斑籜落，雨餘惟見碧苔封。不隨衆卉生枝節，却笑繁花惹蝶蜂。借使放梢成翠竹，等閑應得化虬龍。」

（黃宗羲四明山志卷一，陽明文集失載）

陽明游雪竇：「平生性野多違俗，長望雲山嘆式微。暫向溪流濯塵冕，益憐蘿薜勝朝衣。林間煙起知僧往，巖下雲開見鳥飛。絕境自餘麋鹿伴，況聞休遠悟禪機。

窮山路斷獨來難，過盡千溪見石壇。高閣鳴鐘僧睡起，深林無暑葛衣寒。壑雷隱隱連巖瀑，山雨森森映竹竿。莫訝諸峰俱眼熟，當年曾向畫圖看。　僧居俯瞰萬山尖，六月涼飈早送炎。夜枕風溪鳴急雨，曉窗宿霧卷青簾。開池種藕當峰頂，架竹分泉過屋檐。幽谷時常思豹隱，深更猶自愧蛟潛。」（嘉靖寧波府志卷六，陽明文集失載）

王陽明全集卷二十四明觀白水二首，杖錫道中用張憲使韵，又用曰仁韵，書杖錫寺。

七月二日，自寧波歸餘姚，居永樂寺，弟子再來聚。

鄭滿勉齋先生遺稿卷三永樂寺同王伯安許半珪夜話二首：「曲曲江流小小山，禪房掩映茂林間。早潮晚汐舟來去，坐得清時不省還。　黃葉滿山秋後雨，青燈一夜樹聲中。連牀話到忘言處，寥廓長天陣陣風。」　早秋即事二首次王伯安年兄韵：「香銷晝永閱遺經，目轉松陰影半庭。雨後碧天渾似洗，南窗遙見數峰青。　晝靜閑觀山水經，白雲晴日照空庭。半生寂寞憑誰語，惟有好山來送青。」

按：詩作在初秋七月。許半珪在六月始游四明時即辭歸，是次當是陽明游四明歸止永樂寺時，其再來聚。除愛游雪竇因得龍溪諸山記云：「至大埠，買舟泛江而歸，七月二日也」，陽明與黃宗賢書二云「遂從寧波買舟還餘姚」，陽明是泛游四明、雪竇，蓋可謂始發於永樂寺，而終歸於永樂寺也。鄭滿，字守謙，慈谿人。弘治五年舉鄉試，主教山東臨清，歷官道州、濮州知州。其當亦是陽明游四明、雪竇歸止永樂寺時來見。陽明亦弘治五年舉鄉試，故稱「年兄」。勉齋先生遺稿後附勉齋府君家傳云：「府君諱滿，字守謙……其舉弘治壬子鄉試也，布政司使劉大夏首拔入闈，文行與餘姚孫燧、王守仁等齊名。」

自餘姚歸紹興。八月，黃綰遣使來問，有答書。

王陽明全集卷四與黃宗賢書二：「使至，知近來有如許忙，想亦因是大有得力處也……從寧波還餘姚，往返亦半月餘，相從諸友亦微有所得，然無大發明。其最所歉然，宗賢不同此行耳。歸又半月，曰仁行去，使來時已十餘日。思往時在京，每恨不得還故山，往返當益易，乃今益難。自後精神意氣當日不逮前，不知回視今日，又何如也！念之可嘆可懼。留居之說，竟成虛約。親友以曰仁既往，催促日至，滁陽之行，難更遲遲，亦不能出是月。聞彼中山水頗佳勝，事亦閑散。宗賢有惜陰之念，明春之期，亦既後矣。此間同往者，後輩中亦三四人，習氣已深，雖有美質，亦消化漸盡。此事正如淘沙，會有見金時，但目下未可必得耳。」

朱節遞來蔡宗兗手札，有答書，勸其一出赴南宮試。

王陽明全集卷四寄希淵書三：「希顔孝心純篤，哀傷過節，其素知一慰。聞友朋中多言希顔藐然在疚，道遠無因希顔者，宜為終身之慕，毋徒毀傷為也。守忠來，承手札喻及出處，此見希顔愛我之深，他人無此也。牽於世故，未能即日引決，為愧為怍……向見季明德書，觀其意向甚正，但未及與之細講耳。『學問之道無他，求其放心而已』，蓋一言而足……樓居已完否？餬口之出非得已，然其間亦有說。聞朋友中多欲希顔高尚不出，就中亦須權其輕重。使親老饘粥稍可繼，則不必言高尚，自不宜出。不然，卻恐正其私心，不可不察也。」

按：季本蔡公宗兗墓誌銘：「庚午，丁父憂。丁丑，始赴春官。」陽明書所云「哀傷」、「毀傷」，即指蔡宗兗丁父憂，時已服闋，故陽明勸其一出赴南宮試。朱節其時來見陽明，蓋亦為赴南宮試也。

蕙皋徐天澤書至，有答書，論楚魏交惡事。

陽明寄蕙皋書札：「四明之興甚劇，意與蕙皋必有數日之叙，乃竟為冗病所奪。承有歲暮湯餅之期，果得如是，良亦甚至願，尚未知天意何如耳。喻及楚之詿魏，近亦頗聞其事。然魏之樸實，人亦易見，上司當有能察之者。況楚有手筆可覆，誠偽終必有辨也。魏在薄惑，乃蒙垂念若此，彼此均感至情。楚亦素相愛，不意其心思至此，殊不忍言，可恨，可恨！使還，草草致謝，不盡。九日，守仁頓首，蕙皋郡伯道契兄文侍。六弟同致意。餘素。」（天香樓藏帖，陽明文集失載）

按：書所云「九日」，當指八月九日。「楚」指餘姚縣令楚書，「魏」指餘姚縣丞魏珊。萬曆紹興府志卷二十八：「餘姚縣令，楚書，寧夏人，嘉靖四年（按：當作正德四年），邑志有傳。」又：「餘姚縣丞，魏珊，陽州人，正德中。」時徐天澤方自太平府知府任上劾歸餘姚，故書稱其為「郡伯」。

黃宗明來問學，書語贈別。

王陽明全集卷四與黃誠甫：「立志之說，已近煩瀆，然為知己言，竟亦不能舍是也。志於道德者，功名不足以累其心；志於功名者，富貴不足以累其心。但近世所謂道德，功名而已；所謂功名，富貴而已。『仁人者，正其誼不謀其利，明其道不計其功』。一有謀計之心，則雖正誼明道，亦功利耳。諸友既索居，曰仁又將遠別，會中須時相警發，庶不就弛靡。誠甫之足，自當一日千里，任重道遠，吾非誠甫誰望耶？臨別數語，彼此闇然，終能不忘，乃為深愛。」

按：黃誠甫即黃宗明，號致齋，鄞縣人。霍韜致齋黃公宗明神道碑：「黃致齋，諱宗明，字誠甫。先祖薛姓，至致齋，乃復姓曰黃。……迨登第正德甲戌歲，首疏復黃姓。」（國朝獻徵錄卷三十五）明清進士錄：「黃宗明，正德九年二甲五十九名進士，鄞縣人，字誠甫，號致齋。授南京兵部主事，進員外郎。從王守仁論學。宸濠反，上防江三策。武宗南征，亢疏力諫。官終禮部侍郎。」黃宗明為鄞縣人，則當是七月陽明自寧波歸時，黃宗明隨其來紹興受學。所謂「曰仁又將遠別」，乃指徐愛歸餘姚，可見陽明此臨別贈言作在八月。王陽明全集將此文歸入書札，未當。蓋黃宗明受此陽明臨別贈言激發，歸家即赴南宮試而中舉矣。

九月，應良丁憂歸仙居，書來請作墓銘，陽明有答書。

陽明寄原忠太史：「歲欲一訪廬下，少伸問慰，遂為天台、雁蕩之遊；而冗病相縛，竟不得行。今伯載之往，又弗克偕，徒有悵快而已，可如何！如何！邇惟孝履天相，讀禮之餘，孰非進德之地？今冬大事克舉否？執紼之役，未能自決，則相見之期，亦未可先定也。離懷耿耿，病筆不能具，伯載當亦略能悉。九月三日，守仁拜手，原忠太史道契。

兄大孝莫次，令先翁墓文不敢違約，病患中望少遲之，然稽緩之罪已知不能逭矣。別錄二

冊奉覽。餘素。」（鄒顯吉湖北草堂藏帖第一冊王陽明先生守仁柬，陽明文集失載）

按：應良正德六年舉進士，授翰林院編修，故陽明稱「太史」。所謂「遂為天台、雁蕩之遊，而冗病相縛，竟不得行」，即指正德八年欲遊天台、雁蕩而未成行。是年應良丁憂歸居仙居，遣人來請陽明作墓銘，此「伯載」即往返於紹興、仙居者，疑即金克厚。民國台州府志卷一百零五：「金克厚，字宏載，號竹峰，仙居人。尚志砥行，困於科舉。聞王守仁之學，往事之。篤行力學，若水趨壑。嘉靖元年，守仁丈華卒，使門人子弟紀其喪，因材分任，克厚得監廚。

第925頁

是年舉與鄉，明年成進士。語人曰：『我學得司廚大益，且私自以取科第耳。』授六合知縣，應大猷為序送之。……」金克厚字宏載，或一字伯載。陽明此書所言「別錄二冊」，指徐愛所編傳習錄。

有秋興詩寄蕭山浮峰詩社。

王陽明全集卷二十寄浮峰詩社：「晚涼庭院坐新秋，微月初生亦滿樓。千里故人誰命駕？百年多病有孤舟。風霜草木驚時態，砧杵關河動遠愁。飲水曲肱吾自樂，茆堂今在越溪頭。」

按：王陽明全集將此詩歸入「滁州詩」，乃誤。此詩云「晚涼庭院坐新秋」，「風霜草木驚時態」，則作在秋九月中。陽明正德八年冬十月至滁州，正德九年夏四月回南京，故此詩非在滁作詩顯而易見。按此詩云「飲水曲肱吾自樂，茆堂今在越溪頭」，分明是陽明歸越時作，顯在正德八年九月也。

浮峰即牛峰，在山陰、蕭山間。浮峰詩社，指蕭山文士結詩社於浮峰吟詩作賦者，中多陽明弟子、故友。或是聞甘泉與陽明其時欲卜居蕭山湘湖，蕭山文士亦結詩社於浮峰，有詩寄陽明，陽明作此詩寄答。詩云「千里故人誰命駕」，即指甘泉（遠赴安南）；「百年多病有孤舟」，即陽明自謂（時在陽明洞歸

第926頁

養），蓋是告以不能來蕭山湘湖之緣故也。按陽明在蕭山

多有弟

予，今可考者有來弘振，民國蕭山縣志卷十五：「來弘振，字汝剛，號半山。年十二而孤，執喪禮如成人。長而輕財喜客，嘗遇醉者於西陵，持弘振手大詈，索長跪請謝，欣然從之。無何，醉人死，以忍辱得不坐。親友以急告，破產相賙，不恤也。陽明講學東南，升其堂，為高弟子。陽明歿，主教天真書院二十餘年。平居持論，以實修為真悟，頓教為色取。嘗語弟子曰：『先行二字，一生受用不盡。』人以為善學王氏者也。卒年六十九。著有《無長集》。」魏直，民國蕭山縣志卷十五：「魏直，字廷豹。能詩，以醫聞吳越間，治痘疹奇驗。所著有《博愛心鑑》一書。」浮峰詩社成員，蓋皆此輩文士也。

熊彰來問學，有詩贈別。

王陽明全集卷二十贈熊彰歸：「門徑荒涼蔓草生，相求深愧遠來情。千年絕學蒙塵土，何處澄江無月明？坐看遠山凝暮色，忽驚廢葉起秋聲。歸途望嶽多幽興，為問山田待耦耕。」

按：王陽明全集將此詩亦歸入「滁州詩」，謂「正德癸酉年到太僕寺作」，顯誤。按陽明正德八年冬十月到滁，次年四月即離滁陞南京鴻臚寺卿。此詩云「忽驚廢葉起秋聲」，作在秋九月，尚未赴滁州。熊彰其時別歸，蓋因陽明即將赴滁州任之故也。

舟中生日，弟子賦詩佑觴。

橫山遺集卷上九月晦舟中值陽明壽日賦以佑觴：「水落江湖秋氣清，仙舟忽動紫鸞笙。本來超出風塵客，漫道循環甲子更。絕學爭新瞻北斗，瑤天更喜煥南星。天將興道多情在，海嶽還教起鳳鳴。」和諸友舟中寫懷用韵：「春風浩蕩醲和平，絕勝時時聽管笙。岸菊行殘霜九月，江楓坐落露三更。靜窮妙道忘辭說，默識真文見日星。已得舟師操舵法，欲尋海窟看龍鳴。」

按：此為陽明生日與弟子載舟遊宴，弟子受教，如坐春風。陽明與黃宗賢書云「親友以日仁既往，催促日至，滁陽之行，難更遲遲，亦不能出是月」，蓋是次舟中遊宴後，徐愛即回餘姚赴南京兵部任。

十月二十二日，到滁州任，督馬政，諸生皆來集受學。

王陽明全集卷九給由疏：「蒙陞南京太僕少卿，正德八年十月二十二日到任。」

雷禮南京太僕寺志卷十五王守仁：「癸酉，陞南京太僕寺少卿。值留垌多暇，事以良知之旨訓後學，隨方而答，必暢本原。恒語諸生曰：『不患外面言謗，唯患諸生以身

（接下頁）

誘。拳拳以孝悌禮讓為貴，即閭閻小豎咸歆慕，思有所表，則欲殊於俗，滁水之上洋洋如也。」又因寺址距滁城二里，萑葦蔽楚，令軍民於馬場隙地自置房屋住。設總甲聯之，論丁巡警。及流賊蝟起，復即滁城尼寺改為寺倉，建官廳所，而擘畫所遺，莫非遠慮。……」卷九：「官倉，在滁城南門内左所右。初為宋乾、明尼寺。正德九年，因流賊之變，本寺少卿王守仁廢寺為太僕寺倉，建官廳一所，以備入滁憩息之地。」「新街：……街俱牧監點馬舊地。正德七年（九年？），流賊蝟起，本寺少卿王守仁因寺居滁城外二里孤懸，招集軍民二百餘家，自置房屋

第929页

居住，立總小甲，屬之照户，按日巡警防護，本寺免其地租。」

錢德洪陽明先生年譜：「冬十月，至滁州。滁山水佳勝，先生督馬政，地僻官閑，日與門人遨遊瑯琊、瀼泉之間。月夕則環龍潭而坐者數百人，歌聲振山谷。諸生隨地請正，踴躍歌舞。舊學之士皆日來臻，於是從遊之衆自滁始。」

按：南京太僕寺設在滁州，萬曆滁陽志卷六：「太僕寺，在城南龍潭東北。洪武六年建寺城中龍興寺東，十一年改建今址。」南京太僕寺志卷二：「國初，都金陵，設太僕寺董牧事。以江

北諸郡縣限於長江，馬至京難；又滁多曠土，饒薦草，芥水泉，利河牧，洪武六年，建寺於滁，領滁陽等八監驪駁等十八群，令近京軍民養馬母一匹，歲課息，蠲其科賦。」按陽明之來滁督馬政，實出於南京太僕寺少卿文森上馬政之疏，文徵明文公森行狀：「壬申，陞南京太僕寺少卿。於時民方苦科駒、責駒，徵銀及追陪倒死諸弊政，公移文諸屬，條列古今厩牧之法與今之利病所宜興革者，大略言：今日馬政，除補足種馬之外，上之所須，獨備用一事而已，豈有科賣徵解諸擾民之令哉？奈何有司沿故習而憚改革，以失事機，援例繳賣之文屬於途，聽民自便之條束於閣，妄傳點視，而使期集之不

第930页

暇，虛稱拘刷，以示科需之有名。是致一牝常隨兩駒、三駒之多，而一駒或養三年、四年之久。群醫牙販則請責駒於官，以謀撓法；吏書庫役則請收銀於官，以遂己私。不知官責之際，多估則買者陪販，而厩牧愈受其殃；少估則賣者虧損，而市井共饕其利。負欠或遭勢豪之手，徵求難免捶楚之刑，甚而官吏私相買易，而馬於是乎併去矣。此責駒於官之弊也。官收之時，法重有秤頭之積出，較閱有火耗之羨餘，券票有紙筆之需，伺候通攬先之賂，甚至上下轉相交代，而利於是乎併失矣，此收銀於官之弊也。況名雖補輳備用，而全科併派之數實不開除，陽雖變賣不堪，而倒失虧欠之逋，陰加併斂。凡所言，

皆切中當時之弊」。（國朝獻徵錄卷五十六）可見陽明實即按文森之說來滁督馬政，兩人同為南京太僕寺少卿，關係至密。

穆孔暉、寇天叙來論學。

涇野先生文集卷六贈玉溪石氏序：「……陽明子遷南太僕及鴻臚，而予再以病起。當是時，穆伯潛為司業於南監，寇子惇為府丞於應天，嘗寄書於二君曰：『陽明子講學，能發二程之意，可數會晤也。』……」

按：其時穆孔暉任南京國子司業，寇天叙任應天府丞。黄佐南廱志：「穆孔暉，字伯潛，山東堂邑人……壬申，陞本監司業……癸酉，改北監，罹艱歸。」穆孔暉陞南京國子

司業在正德七年七月，其改北監時間，據國榷卷四十九：「正德八年十月癸卯，翰林檢討汪偉為南京國子司業。」汪偉乃接替穆孔暉任，可知穆孔暉改北監在十一月，則穆孔暉、寇天叙之來論學當在十、十一月中。寇天叙，呂柟寇公天叙墓誌銘：「公諱天叙，字子惇，姓寇氏，别號涂水……同予舉正德戊辰進士，並仕南京大理寺評事。」明清進士錄：「寇天叙，正德三年三甲四十五名進士。山西榆次人，字子惇，號涂水。授南京大理評事，累擢應天府丞。武宗南巡，江彬等怙寵為虐，天叙力與之抗。嘉靖初，以禦敵功，擢刑部右侍郎，改兵部卒。」陽明陞南太僕少卿，寇天叙即來學；至陽明回南京任鴻臚寺卿，穆孔暉已

去，而寇天叙猶為應天府丞，更可來論學，故呂柟云「陽明子遷南太僕及鴻臚」也。

工部員外郎戴德孺擢蕪湖，經南京來相見，别後有答書。

王陽明全集卷四與戴子良：「汝成相見於滁，知吾兄之質，温然純粹者也……匆匆别來，所欲與吾兄言者百未及一。沿途歆嘆雅意，誠切怏怏。相會未卜，惟勇往直前，以遂成此志是望。」

按：戴子良即戴德孺，明清進士錄：「戴德孺，弘治十八年三甲一百八十八名進士。浙江臨海人，字子良。授工部員外郎，監蕪湖稅，有清名，累遷臨江知府。宸濠反，遣使收府印，德孺斬

之，誓死守，旋與王守仁共滅宸濠。以憂去。世宗以德孺馭軍最整，獨贈三秩。為雲南布政使，舟次徐州，覆水死，贈光禄寺卿。」戴德孺來監蕪湖稅之時間，明史卷二百戴德孺傳祇云「歷工部員外郎，監蕪湖稅，有清名。再遷臨江知府」。今按横山遺集卷上有送戴工部擢蕪湖歸序云：「予督逋江湖，自信吉、彭蠡、洞庭、瀟湘、荊漢諸巨商，所由靡不至，所至靡不聞，頌戴使君之擢諸蕪湖，必以寬政也。比其返也，遘是襄之商者、行者、宿者、歌者、哭者，胥載於道。」徐愛督逋江湖在正德九年，此序作在正德十年。由此可見戴德孺在正德八年十月出監蕪湖稅，途經南京與陽明相見，然後戴德孺南下赴蕪湖，陽明北上

往滁州。書所謂「匆匆別來」，即指兩人在南京匆匆相見而別；「沿途歆嘆雅意」，即指陽明別後在往滁州途中思念德孺也。

有書致黃綰，邀其與應良來滁論學。

王陽明全集卷四與黃宗賢書三：「滁陽之行，相從者亦二三子，兼復山水清遠，勝事閑曠，誠有足樂者。故人不忘久要，果能乘興一來耶？得應原忠書，誠如其言，亦大可喜。牽制文義，自宋儒已然，不獨今時。……自歸越後，時時默念年來交遊，益覺人才難得，如原忠者，豈易得哉！京師諸友，邇來略無消息。每因己私難克，輒

第933頁

為諸友憂慮一番。誠得相聚一堂，早晚當有多少砥礪切磋之益……」

十一月，汪汝成、梁用仲、王舜卿、蘇天秀、陳佑卿、顧惟賢、陳一鴻、劉觀時、孫存皆來問學。

王陽明全集卷四與戴子良：「汝成相見於滁……學之不明已非一日，皆由有志者少。好德，民之秉彝，可謂盡無其人乎？然不能勝其私欲，竟淪陷於習俗，則亦無志而已。故朋友之間，有志者甚可喜，然志之難立而易墜也，則亦甚可懼也。吾兄以為何如？宗賢已南還，相見且未有日。京師友朋如同年陳佑卿、顧惟賢，其他如汪汝成、梁用仲、王舜卿、蘇天秀，皆嘗相見，從事於此者。其餘尚三四人，吾兄與諸友當自識之。自古有志之士，未有不求助於師友……」

王陽明全集卷二十別易仲：「辰州劉易仲從予滁陽……久之，辭歸。……」

按：陽明此詩作於正德九年正月（見下），既稱「久之」，則劉觀時當在正德七年十一月即來滁。

夏東巖先生詩集卷六：「滁學陳一鴻以詩見餉，次韻復之。陽明官太僕時，一鴻輩從之講學官舍。　杏壇盟遠未應寒，也信從來取友端。道在吾心元自足，事當為處

第934頁

敢辭難？漱殘芳潤方知孔，語欠精詳或病韓。寄語同袍二三子，知行並進始能安。」

按：陽明與戴德孺十月相見於南京（見前考），此致戴書作於十一月。書中所及之人，除顧惟賢、梁用仲前有考外，其餘可考如下：

屠岐，字致道，全椒人，年二十來滁受學。楊道臣纂修全椒縣志卷三人物志：「屠岐，字致道。甫冠，值陽明先生倡學於滁，公受業其門，聞良知之旨，獨穎悟，多所發明。貢入太學，未仕而卒。

汪汝成，即汪玉。明清進士錄：「汪玉，正德三年二甲七十五名進士。鄞縣人，字汝成，號雷峰，一號嘿休。授刑部主事，擢至湖廣按察司僉事。宸濠反，陷九江，防禦有功。累升僉都御史，巡撫奉天。楊恭倡亂，玉以方略擒之。尋乞休歸。有四書粹義、書經存疑、雜錄記、澉篋留稿。」按張邦奇汪公玉墓志銘：「戊辰舉進士，授刑部江西司主事。轉雲南司員外郎，訊覈精敏，為同輩所推服。甲戌，陞湖廣按察司僉事。」據此，汪玉當是在陞湖廣按察司僉事之前，嘗歸省回鄞縣，途經滁州來問學。

蘇天秀，即蘇民，與戴德孺為同年。明清進士錄：「蘇民，弘治十八年三甲一百四十八名進士。浙江遂昌人，祖籍陝西秦州，字天秀，號乙峰。授榆次知縣，有惠績，徵為兵部主事。劉瑾構之，落職為梓潼驛丞，從勦叛蠻有功。瑾誅，復官工部主事。累遷南京兵部右侍郎。考滿入都，道經榆次，百姓邀迎入縣，遮道不得行。旋補刑部右侍郎，卒。」蘇民當是赴南京兵部右侍郎任途經滁州來見陽明。

王舜卿，即王元正，王元凱（堯卿）之弟。明清進士錄：「王元正，正德六年三甲二百一十八名進士。陝西盩厔人，字舜卿。選庶吉士，授檢討。以爭大禮，謫戍茂州，卒。」明史卷一百九十二有傳，簡略不明。按民國盩厔縣志卷六：「王元正，字舜卿，號玉壘。生四歲始言，十五歲善屬文。從兄元凱，淹通今古。正德丁卯，與弟元亨舉於鄉。時劉瑾竊政，羅致關中名士，正因避南山，不應公車。及瑾誅，與兄元凱登辛未進士。凱受兵科給事中，正受翰林院檢討，侍經筵。武宗幸宣大，駐蹕榆林，群臣累請，不報。正獨述尚書五子之歌以諫……亡何，帝旋蹕。寧庶人陰蓄異謀，賂江彬，誘帝南巡。群臣極言利害，言愈激，帝愈怒，言者多死。正更申前疏，辛收前詔。……嘉靖甲申，會議大禮，與楊慎遮留群臣金水橋南，曰：『萬世瞻仰，在此一舉。』既而收繫八臣，乃撼奉天門大哭，聲振禁中，遂廷杖四十。有旨自陳悔過者不究，正毅然不屈，再杖四十。……謫戍茂州。至則卜築灌口，鐵衣視事，凡講武，皆從帥辭免之，勿能得。正精韜略，善射，將士咸服。暇則講學，從而問業者如雲。……居茂二十年，竟卒。……所著有玉堂集、四樂同聲集，修四川總志、威茂通志、貢禹集要等書。」

陳佑卿，無考。陽明謂其與戴德孺為同年，按弘治十八年所舉進士有二名姓陳者：陳璋與陳鼎。明清進士錄：「陳鼎，弘治十八年三甲一百一十名進士。山東蓬萊人，字大器。為禮科給事中，奏劾廖堂子姪寅緣鄉薦。後以條陳弭盜機宜，忤權璫，斥歸。嘉

第935頁　第936頁

靖初，用薦起授陝西參議。累遷應天府卒。鼎廉介剛正，為時推服。」陳鼎為陽明弘治十七年在山東所親録士，時斥歸家居，故可來滁問學。疑陳鼎即陳佑卿，蓋其字佑卿也。

孫存。按孫存字性甫，號豐山，滁州人，邑庠生，故陽明一至滁，其即來受學。孫存是年秋中鄉試，即在冬十二月赴南宮試，陽明即託其攜書致楊廉，胡松河南左布政使孫公存行狀：「諱存，字性甫。生而慧穎，力學強記。甫冠，督學黃侍御如金試其文最，極加稱賞。正德癸酉年二十有三，領鄉薦。甲戌，賜進士出身，授禮部祠祭司主事……」（國朝獻徵録卷十二）按孫存楊公廉行狀云：「癸酉冬，存北上，陽明王先生附書抵公，稱為『君子有用之學者』以此。」（國朝獻徵録卷三十六）所謂「北上」，即指孫存北上赴南宮試。而陽明託其攜書抵楊廉，蓋以孫存為門下士也。

第937頁

與汪玉遊玉泉，論學大悟，為其格物卷題言。

王陽明全集卷八書汪汝成格物卷：「予於汝成『格物致知』之說、『博文約禮』之說、『博學篤行』之說、『一貫忠恕』之說，蓋不獨一論再論，五六論、數十論不止矣。汝成於吾言，始而駭以拂，既而疑焉，又既而大疑焉，又既而稍釋焉，而稍喜焉，而又疑焉。最後與予遊於玉泉，蓋論之連日夜，而始快然以釋，油然以喜，冥然以契。不知予言之非汝成也？不知汝成之言非予言也？於戲！若汝成，可謂不苟同於予，亦非苟異於予者矣。卷首汝成之請，蓋其時尚有疑於予；今既釋然，予可以無言也已，敘其所以而歸之。」

以靜坐教諸生，常往龍潭靜坐講學。

王陽明全集卷二十龍潭夜坐：「何處花香入夜清，石林茅屋隔溪聲。幽人月出每孤往，棲鳥山空時一鳴。草露不辭芒屨濕，松風偏與葛衣輕。臨流欲寫猗蘭意，江北江南無限情。」

按：詩云「草露不辭芒屨濕」，則作在十月陽明初到滁州時。太僕寺在城南龍潭東北，甚近，故陽明常偕諸生往龍潭靜坐講學，即錢德洪所云「月夕則環龍潭而坐者數百人，歌聲振山谷。諸生隨地請正，踴躍歌舞」。南滁會景編卷二有多首次韻陽明龍潭夜坐之詩，著録於下：

高澄次韻龍潭夜坐：「再過靈秋千氣清，春潮猶帶夜來聲。潭雲影□□□卧，野燒痕青馬欲鳴。竹葉幾巡詩思湧，梅花三弄□風輕。滁陽二月飛鴻盡，誰寄天南宦客情？」

汪宗元次韻龍潭夜坐：「郁郁松陰入坐清，重巖幽壑聽泉聲。壇高水碧龍何在？葉落林稀鳥自鳴。覽勝不辭安屐遠，衝寒猶覺晏裘輕。他鄉歲暮頻高望，燕北湘南總繫情。」

王交次韻龍潭夜坐：「龍池百尺見澄清，金石刊詞尚有聲。古柏舊經飛輦駐，春禽猶似上林鳴。靈含澤雨臨淵迴，

第938頁

地接煙雲轉蓋輕。總是垂髫看已遠，未忘惆悵百年情。」滁鏦次韻龍潭夜坐：「寥落秋岡雨後清，松風斜度遠灘聲。潭龍欲化還深蟄，山鳥歸飛且自鳴。樹繞蒼蘿雲影瘦，苔封石徑屐痕輕。賞心已入環滁趣，不是閑牽物外情。」

同上，梧桐江用韻：「鳳鳥久不至，梧桐生高岡。我來竟日坐，清陰灑衣裳。援琴俯流水，調短意苦長。遺音滿空谷，隨風遞悠揚。人生貴自得，外慕非所臧。顏子豈忘世？仲尼固遑遑。已矣復何事，吾道歸滄浪。」

按：此詩據詩意乃咏高岡梧桐，故題「梧桐江用韻」當是「梧桐用江韻」（或「梧桐岡用韻」）之誤（按：滁州并無梧桐江）。梧桐岡在龍潭，故南滁會景編卷二著錄此詩，題作坐龍潭梧桐岡用韻，蓋此詩亦為龍潭靜坐之咏也。

傳習錄卷下：「一友靜坐有見，馳問先生。答曰：『吾昔居滁時，見諸生多務知解，口耳異同，無益於得，姑教之靜坐。一時窺見光景，頗收近效。久之，漸有喜靜厭動，流入枯槁之病。或務為玄解妙覺，動人聽聞。故邇來只說致良知。良知明白，隨你去靜處體悟也好，隨你去事上磨鍊也好，良知本體原是無動無靜的，此便是學問頭腦。我這個話頭自滁州到今，亦較過幾番，只是致良知三字無病。』」

錢德洪與滁陽諸生書并問答語跋：「滁陽為師講學首地，四方弟子從遊日眾……當時師懲末俗卑污，引接學者多就高明一路，以救時弊。既後漸有流入空虛，為脫落新奇之論。在金陵時，已心切憂焉。……」（王陽明全集卷二十六）

錢德洪刻文錄叙說：「先生之學凡三變，其為教也亦三變……自滁陽後，多教學者靜坐……先生曰：『吾昔居滁時，見學者徒為口耳同異之辯，無益於得，且教之靜坐。一時學者亦若有悟，但久之漸有喜靜厭動，流入枯槁之病。故邇來只指破致良知工夫。學者真見得良知本體昭明洞徹，是是非非莫非天則，不論有事無事，精察克治，俱歸一路，方是格致實功，不落却一邊，故較來無出致良知話頭無病。何也？良知原無間動靜也。』」（王陽明全集卷四十一）

滁州士子朱勛、蕭惠、姚璞均來受學。

萬曆滁陽志卷十二朱勛傳：「朱勛，字汝德，指揮原中子。少從王陽明先生遊，涵養究邃。應正德十六年貢入都，上喬太宰瘦馬吟曰：『歷盡風沙古戰場，骨高毛竦減精光。櫪間斗粟何由飽，市上千金未許償。戀主肯辭勞汗血，逢人多是計驪黃。天寒日暮燕臺下，鳴向孫陽也自傷。』一時傳播縉紳間。授安福訓導，掌白鹿洞事。

歷陞泉州府教授，致仕歸。二十年執吟社牛耳，諸岡寺牧守及臺使者咸禮於其廬。所著有養生秘訣、金剛經解、遜泉詩集，為世所傳誦。」

王陽明全集卷二十答朱汝德用韵：「東去蓬瀛合有津，若為風雨動經句……[redacted]青鸞眇眇無消息，悵望煙花又暮春。」

按：陽明此詩作於正德九年春三月，可知朱勛來受學約在正德八年十一、二月間。

萬曆滁陽志卷十二蕭惠傳：「蕭惠，庠生，從陽明先生遊。甘貧嗜學，篤於倫理。素厭塵俗，時詣栢子潭樓趺坐。一日，衣冠而逝，立於水上，人皆異之。」

傳習錄卷上：「蕭惠好仙、釋，先生警之曰：『吾亦自幼篤志二氏，自謂既有所得，謂儒者為不足學。其後居夷三載，見得聖人之學若是其簡易廣大，始自嘆悔錯用了三十年氣力。大抵二氏之學，其妙與聖人只有毫釐之間。汝今所學乃其土苴，輒自信自好若此，真鴟鴞竊腐鼠耳！』惠請問二氏之妙，先生曰：『向汝說聖人之學簡易廣大，汝却不問我悟的，只問我悔的！』惠慚謝。請問聖人之學，先生曰：『已與汝一句道盡，汝尚自不會。』……蕭惠問死生之道，先生曰：『知晝夜即知死生。』問晝夜之道，曰：『知晝則知夜。』曰：『晝亦有所不知乎？』先生曰：『汝能知晝？懵懵而興，蠢蠢而食，行不著，習不察，終日昏昏，只是夢晝。惟息有養，瞬有存，此心惺惺明明，天理無一息間斷，才是能知晝。這便是天德，便是通乎晝夜之道，而知更有甚麼死生？』」

按：蕭惠為庠生，故可知其當是陽明一至滁州即來受學。傳習錄卷上中有關蕭惠語錄，顯是正德八年十一月至正德九年三月所記之語錄。

萬曆滁陽志卷十二姚瑛傳：「姚瑛，少凝重，不苟言笑。歷諸委俱有聲，尋佩印，不苟一介取予。已領漕，當道知其賢，欲大用，以母老辭。休日杜門，與其弟友稱觴，食飲自娛。陽明先生為太僕，聞嘉之，贈詩曰：『滁陽姚老將，有古孝廉風。流俗無知者，藏身隱市中。』以壽終。」

按：陽明此贈詩，載孟津編良知同然錄上冊。

光緒滁州志卷七之二：「姚成，唐姚鳳裔。洪武初，扈駕渡江。後討川廣，凱旋，上授滁州衛指揮使，卒，謚忠懿，傳世職。萬曆間（按：當作正德間），瑛襲爵居家，以孝友著，蒞官多政績。漕撫都御史蔡公上其事，欲大用之，詔至，瑛以母老致仕，闔門不出，日與其弟稱觴母前。時太僕寺卿王陽明先生與瑛交最善，贈以詩云：『滁陽姚老將，有古孝廉風。流俗無知者，藏身隱市中。』復贊云：『世胄之家，鮮克有禮。後之人有聞姚之名而興起者乎？』」

按：其時來滁受學諸生甚多，如王陽明全集（卷二十）中提及鄭伯興、德觀、王嘉秀、蕭琦、王性甫，卷七中提及劉韶等，皆在其時來見陽明，陽明瑯琊題名云「門人蔡宗兗、朱節輩二十有八人壺榼携至」，即指此輩來學諸生也。

孟源、孟津兄弟同來受學。

鄒守益集卷七陽明先生書院記：「陽明先生官滁陽，學者自遠而至。時孟友源伯生，偕弟津伯通，預切磋焉。逾四十年，而伯通令黃州之黃岡，以所聞師友者，與兩庠來學及諸縉紳宣暢之……而中丞方近沙任，舊學於予也，謀於諸縉紳曰：『陽明公歸自貴陽，諸生郭慶、吳良吉輩及門受學……』」

王陽明全集卷八書孟源卷：「向在滁陽論學，亦懲末俗卑污，未免專就高明一路開導引接。蓋矯枉救偏，以拯時弊，不得不然；若終陋習者，已無所責。其間亦多興起感發之士，一時趨向，皆有可喜。」

按：所謂「專就高明一路開導引接」，即以靜坐教諸生也，見下。

錢德洪陽明先生年譜：「冬十月，至滁州……從遊之眾自滁始。孟源問：『靜坐中思慮紛雜，不能強禁絕。』先生曰：『紛雜思慮，亦強禁絕不得，只就思慮萌動處省察克治，到天理精明後，有個物各付物的意思，自然精專無紛雜之念，大學所謂「知止而後有定」也。』」

萬曆滁陽志卷十二孟津傳：「孟津，字伯通（號兩峰）。端方嗜學，少同伯兄源師事王陽明先生。辛卯舉於鄉，授溫縣令。尋調黃岡，並有聲。陞寶慶同知，慶志謂其古貌古心，實德實政。歸，結咏歸亭，歌咏自適，絕不以牘於有司。與冏臺諸名公為真率會，闡明良知之學，矜式一時。著有兩峰集。」

按：南滁會景編卷六有孟津次韻詩云：「髫年曾此侍吾師，忽與仙郎共謁祠。」是孟津正德八年來受學於陽明時方在髫齡。

崔伯欒約在其時來問學，為作悔齋說贈之。

王陽明全集卷二十四悔齋說。

按：崔伯欒，無考。陽明稱為「吾友」，疑即南京太僕寺中人。陽明集於此悔齋說題下注作於「癸酉」。

十二月，蔡宗兗、朱節赴南宮春試，來滁陽問學。

王陽明全集卷二十送蔡希顔三首：「正德癸酉冬，希顔赴南宮試，訪予滁陽，遂留閲歲。」

同上，送守中至龍盤山中：「未盡師生六日情，天教風雪阻西行。茅堂豈有春風坐，江郭虚留一月程。……」

按：據陽明瑯琊題名，朱節在正德九年正月四日以後離滁陽赴京，以「留一月程」算，則朱節、蔡仲兗當在正德八年十二月上旬來滁陽。蓋明代士子赴南宮春試，多在前一年冬十二月啟程。正德九年南宮春試有不少陽明弟子舉進士，中如馬明衡、應典、林達、蕭鳴鳳、黄宗明等，疑皆在赴南宮春試前來滁陽見陽明。

王道書來論學不合，有答書。

王陽明全集卷四與王純甫書二：「純甫所問，辭則謙下，而語義之間，實自以為是矣。……吾初不欲答，恐答之亦無所入也。故前書因發其端，以俟明春渡江而悉。既而思之，人生聚散無常，純甫之自是，蓋其心尚有所惑而然，亦非自知其非而又故為自是以要我者，吾何可以遂已？故復備舉其説以告純甫。……純甫平日徒知存心之説，而未嘗實加克治之功，故未能動静合一，而遇事輒有紛擾之患。今乃能推究若此，必以漸悟往日之墮空虚矣。故曰純甫近來用功得力處在此，然已失之支離外馳而不覺矣。夫心主於身，性具於心，善原於性，孟子之言性善是也。善即吾之性，無形體可指，無方所可定，夫豈自為一物，可從何處得來者乎？故曰受病處亦在此。純甫之意，蓋未察夫聖門之實學，而尚狃於後世之訓詁，以為事事物物，各有至善，必須從事事物物求個至善，而後謂之明善。……夫在物為理，處物為義，在性為善，因所指而異其名，實皆吾之心也。心外無物，心外無事，心外無理，心外無義，心外無善。吾心之處事物，純乎理而無人僞之雜，謂之善，非在事物有定所之可求也。處物為義，是吾心之得其宜也，義非在外可襲而取也。格者，格此也；致者，致此也。必曰事事物物上求個至善，是離而二之也。……若區區之意，則以明善為誠身之功也。夫誠者，無妄之謂；誠身之誠，則欲其無妄之謂；誠之之功，則明善是也。……誠身之始，身猶未誠也，故謂之明善；明善之極，則身誠矣。若謂自有明善之功，又有誠身之功，是離而二之也，難乎免於毫釐千里之謬矣。……」

按：王道時為應天府學教授，所謂「俟明春渡江而悉」，是説至明年春由滁州渡江回南京來面論。可見此書當作於正德八年十二月間。

孫存入京赴南宮試，託其致書順天府尹楊廉，楊廉有答書。

孫存南京禮部尚書贈太子少保謚文恪楊公廉行狀：「公諱廉，字方震，姓楊氏，號月湖，一號畏軒，世家豫章之豐城……成化丁酉，舉鄉試第一……丁未，魁會試進士……辛未冬，陞順天府尹……癸酉冬，存北上，陽明王先生附書抵公，稱爲君子有用之學者以此。平生著述有月湖稿七卷、奏議、劄記、家規、新增伊洛淵源録、先天後天圖學考證、太極圖纂要、分類程氏遺書外書、二程年表、西銘旁通、皇極經世啟鑰、象山語類、洪範纂要、深衣纂要、大學衍義節略一卷，類有發明於志道者；皇明名臣言行録、皇明理學名臣言行録各一部，皆有補於據德者；禮樂書選註、風雅源流、唐詩詠史絶句、白沙定山詩、星略、算學發明、綴算舉例、醫學舉要、明醫録各一卷，皆有裨於游藝者。」（國朝獻徵録卷三十六）

楊廉楊文恪公文集卷四十六與王伯安書一：「論學難，論政亦難。大抵政事卑陋，皆由學術膚淺，爲世道計，不能不爲之憂也。門下近日可語者何人？留意收拾，使此道果明於下，則異日必有行之於上者。許大乾坤，豈終絶望也哉！吾人此後相見，皆未敢必。風便，幸無金玉是禱。」

第947页

一五一四　正德九年　甲戌　四十三歲

春正月，大雪，旱象解除，遂與太僕少卿文森登龍潭、瑯琊、豐山望祭。與門人浴沂詠歌而歸。

陽明瑯琊題名：「正德癸酉冬旱，滁人惶惶。迺正月乙丑雪，丁卯大雪。太僕少卿、白灣文宗嚴森與陽明子王守仁，同登龍潭之峰以望。再明日霽，又登瑯琊之峰以望，又登豐山之峰以望。見金陵、鳳陽諸山皆白，喜是雪之被廣矣。迴臨日觀、擇月洞，憩了了堂。風日融麗，泉湧鳥嚶，意興殊適。門人蔡宗兗、朱節輩二十有八人壺榼携至，遂下飲庶子泉上，及暮既醉，皆充然有得，相與盥濯，詠歌而歸，庶幾浴沂之風焉。」（南滁會景編卷八，陽明文集失載）

按：「望」者，望祭也，登山以祭山川。

王陽明全集卷二十瑯琊山中三首：「草堂寄放瑯琊間，溪鹿巖僧且共閑。冰雪能回草木死，春風不化山石頑。六經散地莫收拾，叢棘被道誰刋删？已矣驅馳二三子，鳳圖不出吾將還。

狂歌莫笑酒杯增，異境人間得未曾

第948页

。絕壁倒翻銀海浪，遠山真作玉龍騰。浮雲野思春前動，虛室清香靜後凝。懶拙惟餘林壑計，伐檀長自愧無能。

風景山中雪後增，看山雪後亦誰曾？隔溪巖犬迎人吠，飲澗飛猱踔樹騰。歸騎林間燈火動，鳴鐘谷口暮光凝。塵蹤正自韜籠在，一宿雲房尚未能。」

按：此三詩即陽明登瑯琊山望祭與門人「歌詠」之作，故南滁會景編卷八錄此三詩，題作雪後遊瑯琊用韵。

南滁會景編卷八朱勛陽明先生雪中登瑯琊山從遊次韵：「愛山豪興雪中增，立雪吟風舊有曾。落地瓊花渾粲爛，漫天柳絮亂飛騰。鳥投林樹迷雲暗，馬度溪橋怯凍凝。

莫厭衝寒登絕頂，晴郊遊衍是人能。」

按：朱勛應即陽明所云「門人二十八人」之一。

王陽明全集卷二十樓雲樓坐雪二首：「纔看庭樹玉森森，忽漫階除已許深。但得諸生通夕坐，不妨老子半酣吟。瓊花入座能欺酒，冰溜垂簷欲墮針。却憶征南諸將士，未禁寒夜鐵衣沈。

此日樓雲樓上雪，不知天意為誰深。忽然夜半一言覺，又動人間萬古吟。玉樹有花難結果，天機無線可通針。曉來不覺城頭鼓，老懶羲皇睡正沈。」

按：陽明瑯琊題名云：「正德癸酉冬、旱，滁人惶惶。適正月乙丑

雪，丁卯大雪。太僕少卿、白灣文宗巖森與陽明子王守仁，同登龍潭之峰以望。」此詩云「纔看庭樹玉森森，忽漫階除已許深」，則作在正月丁卯。樓雲樓，應即在龍潭。「諸生」，即瑯琊題名所云「門人蔡宗兗、朱節輩二十有八人」也。詩云「却憶征南諸將士，未禁寒夜鐵衣沈」，指其時南方正調兵征戰，國榷卷四十九：「正德九年正月乙丑朔，刑部左侍郎黃珂改兵部尚書，南京刑部右侍郎鄧璋為兵部右侍郎，右副都御史周南為右都御史，總督兩廣軍務兼巡撫。丙寅，命兩京大臣科道及外撫按各舉將才……甲戌，四川左布政使蔣昇為右副都御史，巡撫南、贛、汀、漳。」蓋其時陽明已關注南、贛、

汀、漳戰事矣。

朱節赴南宮試，蔡宗兗因疾歸山陰，皆有詩送行。王陽明全集卷二十送守中至龍盤山中：「未盡師生六日情，天教風雪阻西行。茅堂豈有春風生，江郭虛留一月程。客邸琴書燈火靜，故園風竹夢魂清。何年穩閉陽明洞，榾柮出爐煮石羹。」

龍蟠山中用韵：「無奈青山處處情，村沽日日辦山行。真慚廩食虛官守，只把山遊作課程。谷口亂雲隨騎遠，林間飛雪點衣輕。長思淡泊還真性，世味年來久絮羹。」

贈守中北行二首：「江北梅花

雪易殘，山窗一樹自家看。臨行掇贈聊數顆，珍重清香
是歲寒。 來何匆匆去何遲，來去何心莫漫疑。不為
高堂雙雪鬢，歲寒寧受北風欺？」
同上，送蔡希顏三首：「正德癸酉冬，希淵赴南宮試，訪
予滁陽，遂留閱歲。既而東歸，問其故，辭以疾。希淵
與予論學瑯琊之間，於斯道既釋然矣，別之以詩……」
同上，別希顏二首。
劉觀時歸辰州，有詩送之。
王陽明全集卷二十別易仲：「辰州劉易仲從予滁陽，一日
問：『道可言乎？』予曰：『啞子喫苦瓜，與你說不得。爾要
知我苦，還須你自喫。』易仲省然有悟。久之，辭歸，別
以詩。 迢遞滁山春，子行亦何遠。槩然良苦心，惝
恍不違飯。至道不外得，一悟失群闇。秋風洞庭波，遊
子歸已晚。結蘭意方動，寸草心先斷。末學久仳離，頹
波竟誰挽？歸哉念流光，一逝不復返。」
德觀歸省回山陰，贈詩送別。
王陽明全集卷二十送德觀歸省二首：「雪裏閉門十日坐，
開門一笑忽青天。茅簷正好負暄日，客子胡為思故園？
椿樹慣經霜雪老，梅花偏向歲寒妍。瑯琊春色如相憶，
好放山陰月下船。 瑯琊雪是故園雪，故園春亦瑯琊

春。天機動處即生意，世事到頭還俗塵。立雪浴沂傳故
事，吟風弄月是何人？到家好謝二三子，莫向長沮錯問津。」
按：德觀，無考。據詩云「瑯琊春色如相憶，好放山陰月下船」
，可見其■為山陰人。滁州一冬無雪旱甚，至正月初一下雪（方）
解旱情，此詩云「雪裏閉門十日坐」，則作在正月初十日。又詩云
「立雪浴沂傳故事」，與瑯琊題名同，可見德觀為「門人二十八人」之一。
鄭傑謝病還鹿門，有詩送別。
王陽明全集卷二十鄭伯興謝病還鹿門雪夜過別賦贈三首：
「之子將■去遠，雪夜來相尋。秉燭耿無寐，憐此歲寒心
。歲寒豈徒爾，何以贈遠行？聖路塞已久，千載無復尋
。豈無群儒迹？蹊徑榛莽深。濬流須■尋源，積土成高
岑。攬衣望遠道，請君從此征。 濬流須有源，植木
須有根。根源未濬植，枝派寧先蕃？謂勝通夕話，義利
分毫間。至理非外得，譬猶鏡本明，外塵蕩瑕垢，鏡體
自寂然。孔訓示克己，孟子垂反身。明明賢聖訓，請君
勿與諼。 鹿門在何許？君今鹿門去。千載龐德公，
猶存棲隱處。潔身非亂倫，其次乃避地。世人失其心，
顧瞻多外慕。安宅舍弗居，狂馳驚奔騖。高言詆獨善，
文非遂巧智。瑣瑣功利儒，寧復知此意？」
按：鄭伯興即鄭傑，襄陽人。

詩云「雪夜來相尋」，則作在正月可知。

王嘉秀、蕭琦歸辰陽，贈詩送別。

王陽明全集卷二十門人王嘉秀實夫蕭琦子玉告歸書此見別意兼寄聲辰陽諸賢：「王生兼養生，蕭生頗慕禪。迢迢數千里，拜我滁山前。吾道既匪佛，吾學亦非仙。坦然由簡易，日用匪深玄。始聞半疑信，既乃心豁然。譬彼土中鏡，闇闇光內全；外但去昏翳，精明燭媸妍。世學如剪彩，妝綴事蔓延。宛然具枝葉，生理終無緣。所以君子學，布種培根原，萌芽漸舒發，暢茂皆由天。秋風動歸思，共鼓湘江船。湘中富英彥，往往多及門。臨歧綴斯語，因之寄拳拳。」

從內兄諸用文以部運過南京，來滁相見，為其書卷題字，並屬徐愛作敘，有詩送別。

橫山遺集卷上宜齋敘：「陽明先生之從內兄有曰諸用文。用文既興崇仁幕，乃多閱練，益知人事之不可有違，違者，乃我與處之之道有未盡也。故欲求其宜，既以宜名齋以自勵。頃以部運過金陵，間過滁，為卷請陽明先生題且敘之。先生既題其端，而謂序可以屬諸門人愛者。

第953页

用文遂具以述，且白其意于予曰：『君毋以頌也，其以規乎！』予既弗能辭，則告之曰：『予固不知頌，亦焉知規？講言宜不宜之故，而用文自擇焉，可乎？』夫人所以不宜於物者，私害之也。是故吾之私得以加諸彼，則忮心生焉。忮心，好勝之類也，凡天下計較、忌妒、驕淫、狠傲、攘奪、暴亂之惡，皆從之矣。吾之私得以藉諸彼，則求心生焉。求心，好屈之類也，凡天下阿比、諂佞、柔懦、燕溺、污辱、吮咀之惡，皆從之矣。二私交於中，則我所以為應感之地者，非公平正大之體矣……故以處君臣，則忠誠薄，上下乖，而不宜於義；以處父子，則真愛衰，矯偽勝，而不宜於親；以處兄弟，則天敘迷，爭犯作，而不宜於序；以處夫婦，則內外紊，名分瀆，而不宜於別；以處朋友，則欺詐生，睽合易，而不宜於信。皆二私之為也……夫天下之道，莫大於五倫；天下之惡，莫大於二私。致私由於壹貪，致貪由於三欲。今人誠能省三欲，抑一貪，以絕天下之大惡，成天下之大道，亦在反之本心而已矣。本心既得，而雖以處天下，有弗宜者乎！……」

按：諸用文即諸經。徐愛二月即行部江南出南都，故可知諸用文之來滁在正月中。

第954页

王陽明全集卷二十諸用文歸用子美韵為別：「一別煙雲歲月深，天涯相見二毛侵。孤帆江上親朋意，樽酒燈前故國心。冷雪晴林還作雨，鳥聲幽谷自成吟。飲餘莫上峰頭望，煙樹迷茫思不禁。」

按：滁陽正月始降大雪，此詩云「冷雪晴林還作雨」，顯作在正德九年正月。王陽明全集將此詩錄入「南都詩」，謂「正德甲戌年四月陞南京鴻臚寺卿作」，誤甚。

黃岡郭慶、吳良吉來滁受學。

鄒守益集卷七陽明先生書院記：「陽明先生官滁陽，學者自遠而至……中丞方近沙任，舊學於予也，謀於諸

第955頁

縉紳曰：『陽明公歸自貴陽，諸生郭慶、吳良吉輩及門受學，請尸祝公為矜式。』……」

按：錢德洪陽明先生年譜云正德九年五月陽明至南京後，郭慶來受學，乃誤。鄒守益明言陽明在滁時郭慶、吳良吉來受學，則當在正德九年春間。郭慶字善甫，黃岡人。吳良吉字仲修，黃岡人。王陽明全集卷七有贈郭善甫歸省序云：「郭子自黃來學，踰年而告歸。」是序作於正德十年，可見郭慶後又隨陽明至南京再受教，至正德十年方歸。問津書院志稱郭慶正德丁卯舉於鄉，「聞王陽明倡道東南，徒步往，從之三年。講學問津，充然有得。」謂「從之三年」乃誤。耿定向先進遺風卷下：「郭孝廉慶字善甫者，敦樸篤行人也，從先生遊最久。既歸，則以其聞諸先生者接引里中後生。里有茂才吳良吉，字仲修，性資視孝廉頗高明，因發志鬻產為資，附孝廉舟往滁中謁先生。」按：傳習錄欄外書有云：「黃岡郭善甫挈其徒良吉，來滁受學。」可見吳良吉原為郭慶弟子，兩人多次來受學於陽明。

薛侃研幾錄：「先生奚廢書乎？昔者郭善甫見先生於南臺，善甫嗜書者也，先生戒之曰：『子姑靜坐。』善甫坐餘月，無所事，復告之曰：『子姑讀書。』善甫憝而過我曰：『吾滋惑矣。始也教慶以廢書而靜坐，終也教慶以廢坐而讀書，吾將奚適矣？』侃告之曰：『是可思而入矣。』……」

按：薛侃於是年五月來南京受學於陽明，此記蓋其親所見也。

第956頁

光緒黃州縣志卷十九儒林：「郭慶，字善甫。正德丁卯舉人，質方力學。時王守仁倡道東南，慶徒步往從之。三年始歸，充然有得也。授清平知縣，有冰檗，稱勤於撫字，捐俸給貧民牛種。後乞休歸，民不忍舍，為立祠祀之。家居不治垣屋，澹泊自守，戚里有困匱，輒賙給焉。耽吟詠，每詩成，常自削稿，故著述不多見云。吳良吉，字仲修，號石梁。師事王守仁，講良知學。家貧，授生徒，矍鑠嶷然，而純粹可掬，學者暱就之。作詩歌，有邵堯夫風。孟津宰黃岡，延之書院。有暮夜懷金請間者，力卻之。及卒，耿定向借棺斂之，為作傳。知府瞿汝稷誌其墓。著有居湖集。」

第957頁

二月，湛甘泉奉使安南歸，經滁陽來見，論儒釋之道。

湛若水陽明先生墓誌銘：「陽明公遷貳南太僕，聚徒講學，有聲。甘泉子還，期會於滁陽之間。夜論儒釋之道。」

湛若水奠王陽明先生文：「奉使安南，我行兄止。兄遷太僕，我南兄北。一晤滁陽，斯理究極。兄言迦、聃，道德高博，焉與聖異？子言莫錯。我謂高廣，在聖範圖，佛無我有，中庸精微；同體異根，大小公私，斁敘彝倫，一夏一夷。夜分就寢，晨興兄嘻。夜談子時，吾亦一疑。分呼南北，我還京圻。」

湛若水陽明先生墓誌銘：「人或告曰：『陽明公至浙，沉於江矣，至福建始起矣。登鼓山詩曰：「海上曾為滄水使，山中又拜武夷君。」有徵矣。』甘泉子聞之笑曰：『此佯狂避世也。』故為之作詩，有云：『佯狂欲浮海，說夢癡人前。』及後數年，會於滁，乃吐實。彼誇虛執有以為神奇者，烏足以知公者哉！」

按：湛甘泉是次自安南歸，沿途所行甚緩慢。泉翁大全集卷四十有詩癸酉除夕寓貴溪道中，可見其正德八年除夕方至貴溪。又有詩甲戌正月十七日潘仲魯黃門諸友遊金華雙龍赤松諸洞二道：「念彼同懷子，睽別令心傷。天地尚迴轉，日月會有常。咫尺乃千里，何況道路長。滁雲耽懸榻，婺雨暗山房。摩娑舊題句，中夜夢連牀。」可見其正德九年正月十七日方至金華，以是推之，湛甘泉至滁陽而與陽明相會當在二月中旬。

泉翁大全集卷四十北都自嚴寄陽明子：「玉臺有名果，成之三千春。當其未成時，凡品不足珍。持以贈世人，澀口反見嗔。白璧按劍起，青蠅止棘頻。聖人誠囊括，明哲貴保身。雲龍會有時，感應豈無因？不惜知音寡，所惜不能琴。」

按：湛甘泉三月到京，此詩即其到京師後所作。詩將陽明比之為玉臺名果，雲龍會終有時，蓋針對陽明時下跼蹐滁陽而言也。

第958頁

三月，朱勛渡海赴東瀛，有答韻送之。

王陽明全集卷二十答朱汝德用韻：「東去蓬瀛合有津，若為風雨動經旬。同來海岸登舟在，俱是塵寰欲渡人。弱水洪濤非世險，長年三老定誰真？青鸞眇眇無消息，悵望煙花又暮春。」

按：是次朱勛之出處行蹤不明。按詩云「東去蓬瀛合有津」，是謂東赴日本，「同來海岸登舟在」，是謂日本有使來朝貢，「弱水洪濤非世險」，是謂浮海東渡。故可知朱勛是次別陽明當是為渡海赴東瀛。所謂「同來海岸登舟」，疑指宋素卿或堆雲桂悟之輩來朝貢。按宋素卿原名朱縞，鄞縣人。後逃入日本，為日本國王女壻，改名宋素卿，正德中常來明入貢經商。朱氏為鄞縣名族（如其時鄞縣亦有名朱源及其子名朱勛者，見康熙鄞縣志），疑此滁陽士子朱勛（字汝德）祖籍即鄞縣人，甚或與朱縞有宗族關係，故得知日本有使自寧波入貢，亦欲隨使自寧波渡海赴東瀛，所謂「同來海岸」，必是指從寧波出入下海也。萬曆滁陽志中朱勛傳，自其正德九年從陽明遊至正德十六年貢入都，為一大段空白，令人啟疑，今可知其必是此時眇眇渡海去東瀛，其後自隱其事，世人遂不知此一段經歷也。

冀元亨歸武陵，有詩送別。

王陽明全集卷二十送惟乾二首：「獨見長年思避地，相從千里欲移家。慚予豈有萬間庇？借爾剛餘一席沙。古洞幽期攀桂樹，春溪歸路問桃花。故人勞念還相慰，回雁新秋寄彩霞。　簦笈連年愧遠求，本來無物若為酬。春城驛路聊相送，夜雪空山且復留。江浦雲開廬嶽曙，洞庭湖闊九疑浮。懸知再鼓瀟湘柁，應是芙蓉湘水秋。」

橫山遺集卷上送冀惟乾二首：「同心離居，羈懷若惘，興言幽期，已動歡襟。人有心盟，天靡爽鑒，君子所貴遠慮，寧以近憂？諒在有道，能概斯情。故次韻二首，不妨贈行云。　飄泊乾坤吾未定，憐君風雨獨還家。愁

聽雙雁遺寒侶，更看孤鷗度遠沙。道未探真觀逝水，身猶浮世歎飛花。金華亦是仙人地，莫問桃源沮落霞。　嚶嚶山鳥亦何求，幽谷喬遷願已酬。江上扁舟知我始，滁陽三月羨君留。陳良先得北方學，尼叟曾思東海浮。明月洞庭如有約，送君飛下楚天秋。」

太僕少卿（文森）刻文山別集，為作序。

王陽明全集卷二十二文山別集序：「文山別集者，宋丞相文山先生自述其勤王之所經歷，後人因而採集之以成者也。……古之君子之忠於其君，求盡吾心焉以自慊而已，亦豈屑屑言之，以蘄知於世？然而仁人之心忠於其君，亦欲夫人之忠於其君也。忠於其君，則盡心焉已。欲夫人忠於其君，而思以吾之忠於其君者啟其良心，固有人弗及知之者，非自言之，何由以及人乎？斯先生之所為自述，將以教世之忠也。……先生之裔孫，今太僕少卿公宗嚴，復刻是集而屬某為之序。某之為廬陵也，公之族弟某（按：即文澍）嘗以序謀，茲故不可得而辭。……」

丹陽湯禮敬書來請補作壽序，為書壽湯雲谷序。

王陽明全集卷二十二壽湯雲谷序：「……明年三月，予再官鴻臚，而鄉之人復以書來請，遂追書之。」

按：陽明陞南京鴻臚寺卿，到任在四月，此處稱「三月予再官鴻臚」，蓋陞南京鴻臚寺卿命下在三月也。

三月二十四日，與張鈇、李校、徐愛、單麟再遊瑯琊，遂題名刻石，與諸生春遊滁山，有詩感懷。

陽明瑯琊題名：「後三月丁亥，御史張鈇、行人李校、員外徐愛、寺丞單麟復同遊，始刻石以紀。餘姚王守仁伯安題。」（南滁會景編卷八，陽明文集失載）

王陽明全集卷二十山中示諸生五首：「路絕春山久廢尋，野人扶病強登臨。同遊仙侶須乘興，共採花源莫厭深。鳴鳥遊絲俱自得，閑雲流水亦何心。從前却恨牽文句，展轉支離嘆陸沉。　滁流亦沂水，童冠得幾人？莫負詠歸興，溪山正暮春。　桃源在何許？西峰最深處。不用問漁人，沿溪踏花去。　池上偶然到，紅花間白花。小亭閑可坐，不必問誰家。　溪邊坐流水，水流心共閑。不知山月上，松影落衣斑。」

商貢士受學歸浮山，有詩送別。

王陽明全集卷二十與商貢士二首：「見說浮山麓，深林遠石溪。何時拂衣去，三十六巖棲。　見說浮山勝，心與浮山期。三十六巖內，為選一巖奇。」

按：此詩在王陽明全集中置於「滁州詩」之末，則當作在四月陽明

離滁赴南京鴻臚寺卿任前夕。浮山在桐城，嘉靖安慶府志卷五：「桐城東九十里曰浮山，又曰浮渡山。自地視之如瀋，自江視之如浮。不峻不麗，其中巖壑相屬，多石，多屈曲可觀。其崖三百有五十，其最著者三十有六，其峰七十有二。」浮山志卷一：「吴一卞代甑山張老師刻王陽明先生詩二於朝陽洞，詩題云：『桐城生高上舍來訪，談浮山之勝，書此。』」商貢士，康熙安慶府志卷七：「明貢士，望江，商佑，成安主簿。」

有書致應天府學教授王道，論辯朱陸二學，不合。

王陽明全集卷四與王純甫書三：「得曰仁書，知純甫近來用工甚力，可喜可喜！學以明善誠身，只兀兀守此昏昧雜擾之心，却是坐禪入定，非所謂『必有事焉』者矣。聖門寧有是哉？但其毫釐之差，千里之謬，非實地用功，則亦未易辯別。後世之學，瑣屑支離，正所謂採摘汲引，其間亦寧無小補？然終非積本求原之學。句句是，字字合，然而終不可入堯舜之道也。」

按：此書題下原注「甲戌」作。蓋其時王道在南都任應天府學教授，徐愛在南都任兵部車駕清吏司員外郎，故熟知王道情況。陽明則在滁而不在南都，故徐愛寫信來告知王道情況。由此可知陽明此書作在正德九年

第963頁

春在滁之時。王道崇信朱學，時在南都與魏校講論朱
學，與陽明思想漸行漸遠。陽明此書真意即在批評王道
之好朱學，書所謂「後世之學，瑣屑支離」，即暗指朱學，
而所謂「句句是，字字合」，則微諷王道之規規朱說也。陽
明後在與黄宗賢中云：「僕在留都，與純甫住密邇，或
一月一見，或間月不一見，輒有所規切，皆發於誠愛懇惻，
中心未嘗懷纖毫計較。純甫或有所疏外，此心直可質諸
鬼神。其後純甫轉官北上，始覺其有恝然者。」可見陽
明在南都已察覺王道受魏校影響轉向朱學。故可說陽
明在南都對王道（旁及魏校）之批評，乃是後來魏校、王
道在京與陽明弟子展開朱陸論戰之前奏曲（見下），亦是
促使陽明作朱子晚年定論之真正動因與背景也。

是月，編定手書遊海詩一卷，授門人孫允輝。

李彭山先生文集卷四跋陽明先生遊海詩後：「此陽明先生
記遊海時所作也。正德丁卯，先生以言事謫官龍場，病
於杭之勝果寺，云有二青衣者至，欲擒之沈於江，漂於
海，海神曰『吴君高者救之』，得生。於是入建陽，遊武夷

第964頁

，歷廣信，而復歸於杭。往來數千里之間，距其初行，
纔七日耳。所至之地，必有題詠；所遇之人，必有唱酬
，篇章累積，不可勝紀。既畢之暇，則手書一卷，以授
其徒孫君允輝，允輝以授余。是歲，余携之遊南雍。時
同舍孫君朝信，平湖人也，異而愛之，中分之而各取其
半，此其所存也。嗚呼！遊海之事茫昧幽渺，世所罕有
，豈先生忠義之氣有所感歟？不然，或其有為而自託焉
，未可知也。然詞翰瀟灑，飄然出塵，則固有不易得者
矣。」

按：季本遊南雍在正德九年五月。考季彭山先生文集卷三祭同
年薛尚謙文云：「惟公時起嶺南……及遊南雍，見聞彌廣。惟時
先師，教鐸方響，分合知行，如指諸掌……余與公同學鴻臚之舍
，同登丁丑之榜……」所謂「同學鴻臚之舍」，即指季本正德九年與
薛侃同入南雍，時陽明任南京鴻臚寺卿，故二人同居鴻臚之舍
受教也。據薛侃行狀，薛侃是歲赴南宫不第，聞陽明官南京
鴻臚寺卿，遂來就南雍師事于陽明（參見饒宗頤薛中離年譜）。實則
季本亦是是歲赴南宫試不第，乃來遊南雍，受教於陽明。
錢德洪陽明先生年譜：「正德九年五月，至南京。自徐愛來南都
，同志日親，黄宗明、薛侃……季本……同聚師門，日夕漬礪不懈
。」此即是指季本、薛侃來遊南雍，得以日夕受教也。孫允輝，

當是陽明早年弟子，隱居不仕者。據陽明與徐曰仁書云：「黃與
阿觀近如何？……世瑞、允輝、商佐、勉之、半珪凡越中諸友，
皆不及作書。」(見下)可見孫允輝為山陰人，是如山陰王文轅(黃轝
子)、許璋(半珪)、王琥(世瑞)一類好道之士，故陽明特將遊
海詩授孫允輝也。此必是正德九年春孫允輝嘗自山陰來滁
見陽明，受得陽明遊海詩而歸。而季本因南宮試失利，亦歸山陰
，得見孫允輝所有遊海詩，遂携之往遊南雍。蓋陽明忽於
其時手定遊海詩舊稿，乃受湛甘泉之激發。二月湛甘泉來滁見陽明
，論儒釋之異，湛甘泉當面專談及陽明「遊海」之說乃「佯狂避世」，「說
夢癡人前」。陽明亦不得不「吐實」，承認「遊海」之說乃虛構妄造；然猶認為

第965頁

釋迦、老聃道德高博，與儒聖不異。依舊不以「遊海」之說為非。
故湛甘泉一去，便編定手書遊海詩，以授「抱道之士」孫允輝。其
後不久陸相來見陽明，陽明更向其口授詳細「遊海」故事，陸相遂作陽明山人浮
海傳廣傳矣。陸相陽明山人浮海傳之廣傳於世，何以陽明不置一詞，
陽明眾多弟子亦無異議，蓋皆心知肚明故也。
孫朝信，即孫璽，號峰溪道人，平湖人。兩浙名賢錄卷三十
七山西按察僉事孫朝信璽：「孫璽，字朝信，平湖人。正德戊辰
進士，初授興化縣知縣。四年，陞揚州府同知。轉南京宗人府
經歷，居艱。起復，陞山東按察司僉事，提督京畿屯飼。
調雲南僉事，坐撫、按搆怨，奏逮二司。時璽已陞山西參
議矣，仍落山西僉事。無何，入覲，以年老罷歸。前後仕途二十八
年，歸十年而卒，年七十有一。璽為人寬厚持重，內剛而外和，
其所居官，不擇劇易，不計利害智巧所避，毅然任之。其有蹉
跌，亦不悔。自為令時，即力芟大豪。及在薊州、洱海、大同，倥
傯盜賊，蠻夷反側，兵戈之間，而勘皇莊地土，則尤以一文吏，
與貂璫肺腑爭氣力上下，璽處之未嘗不辨，竟以不能俯仰，
故不至大官。……為山東僉事時，以屯田居京師。張永嘉為相，故
交也，而同年桂萼為冢宰，未嘗一私向其門。……平生自俸資
外，無所取。卒之日，篋笥敝衣而已。性尤喜詩，自罷歸居閑，
則詩益多。有雲山履歷稿，藏於家。」按孫璽與徐愛為同年

第966頁

，正德九年其任南京宗人府經歷，與徐愛、陽明自關係甚密，
季本稱「同舍孫君朝信」，則孫璽當亦常來問學陽明可知矣。

四月二十一日，陞南京鴻臚寺卿。

王陽明全集卷九給由疏：「至正德九年四月二十一日止，
歷俸六個月。本日到任吏部劄付，蒙陞南京鴻臚寺卿，
本月二十五日到任。」

按：館閣漫錄卷十：「正德九年二月己巳，陞南京太僕寺少卿王
守仁為南京鴻臚寺卿。」此說當有所據，然查是年二月無己巳，
而三月六日為己巳，則此「二月」當是三月之誤。蓋是次朝廷命
除陽明南京鴻臚寺卿在三月六日，吏部劄到南京則在四月二
十一日。憲章類編卷三十七則云：「正德九年正月，陞南京太僕

寺少卿王守仁為南京鴻臚卿。」此云「正月」，當為「三月」之誤。大致陽明是次陞南京鴻臚寺卿，朝廷命下在三月六日（己巳），吏部劄到滁陽在四月二十一日，陽明到南京鴻臚寺卿任在四月二十五日。錢德洪陽明先生年譜謂「四月，陞南京鴻臚寺卿。五月，至南京」，亦誤，陽明明言四月二十五日到南京鴻臚寺卿任，非在五月。蓋滁陽與南京僅一江之隔，到南京毋須一日程也。

滁陽諸生送至江浦，有詩相別。

王陽明全集卷二十滁陽別諸友：「滁陽諸友從遊，送予至烏衣，不能別。及暮，王性甫汝德諸友送至江浦，必留居，候予渡江。因書此促之歸，并寄諸賢，庶幾共進此學，以慰離索耳。

滁之水，入江流，江潮日復來滁州。相思若潮水，來往何時休？空相思，亦何益？欲慰相思情，不如崇令德。掘地見泉水，隨處無弗得。何必驅馳為，千里遠相即。君不見，堯羹與舜墻；又不見，孔與跖，對面不相識。逆旅主人多殷勤，出門轉盼成路人。」

按：此「衣烏」指滁陽衣烏渡，萬曆滁陽志卷一：「烏衣河渡，八都……烏衣河南岸屬州，北岸屬來安縣。居民稠密，絡繹往來。」

第967頁

(20×25=500)

五月，在南都，門人學子來聚，日夕講學不懈。

王陽明全集卷二十七與顧惟賢：「陸（澄）與潮人薛侃皆來南都從學，二子並佳士……向在南都相與者，曰仁之外，尚有太常博士馬明衡、兵部主事黃宗明、見素之子林達，有御史陳傑、舉人蔡宗兗、饒文璧之屬，蔡今亦舉進士，其時凡二三十人，日覺有相長之益。」

錢德洪陽明先生年譜：「自徐愛來南都，同志日親，黃宗明、薛侃、馬明衡、陸澄、季本、許相卿、王激、諸偁、林達、張寰、唐愈賢、饒文璧、劉觀時、鄭騮、周積、郭慶、欒惠、劉曉、何鰲、陳傑、楊杓（按：當作楊杓）、白說、彭一之、朱篪輩，同聚師門，日夕漬礪不懈。」

按：自陽明陞南京鴻臚寺卿，四方學子遂多來聚南都，講論學問。今傳習錄卷上後半部，即由陸澄、薛侃其時在南都受教所記錄，全面反映陽明在南都任鴻臚寺卿時講學之況。大致其時來受學者包括五類人：一類為是年科舉中進士而來南都任職者，如黃宗明、林達等；一類為是年科舉落第而來南都受學者，如薛侃、陸澄、季本等；一類為昔日弟子而再來南都問學者，如唐愈賢、楊杓、劉曉等；一類為由原弟子或友人介紹新來受學者，如馬明

第968頁

衡、郭慶、何鰲等；一類為原即在南都任職者，如穆孔暉、王道等。錢德洪所述不全，具體來學時間亦不明。下多有詳考。

揭陽薛侃南宮下第，來遊南雍，師事陽明。

薛僑中離公行狀：「先生諱侃，字尚謙，薛氏其姓也。陽明公因其質虛，贈號曰中離……中庚午亞魁，刻文以傳。主司爭欲先生為首選者，及見先生，曰：『大才即宜北上』。時年二十有五。越甲戌，赴南宮不第，聞陽明先生官南畿鴻臚，講孔孟周程之學，遂就南監師事焉。」（薛侃集附錄三）

何維柏中離薛君傳：「庚午，舉於鄉。甲戌，赴南宮不第，聞陽明先生講學，往師焉。」（天山草堂存稿卷六）

季彭山先生文集卷三祭同年薛尚謙文：「惟公時起嶺南，昂藏倜儻……及遊南雍，見聞彌廣。惟時先師，教鐸方響。分合知行，如指諸掌。公在門牆，朝諏夕訪。豈徒

空言，力行不渝。芟削枝條，抹殺伎倆。一登靈臺，八窗始豁。……」

王陽明全集卷二十五祭國子助教薛尚哲文：「潮陽在南海之濱，聞其間亦有特然知向之士，而未及與見。間有來相見者，則又去來無常。自君之弟尚謙始從予於留都，朝夕相與者三年。……」

季本來遊南雍，得遊海詩卷，居鴻臚舍受學。

季彭山先生文集卷四跋陽明先生遊海詩後：「既畢之暇，則手書一卷以授其徒孫君允輝，允輝以授余。是歲，余攜之遊南雍。時同舍孫君朝信，平湖人也，異而愛之，

中分之而各取其半。」

同上，卷三祭同年薛尚謙文：「及遊南雍，見聞彌廣。惟時先師，教鐸方響……余與公同學鴻臚之舍，同登丁丑之榜。」

陸澄南宮不第，來南都居鴻臚舍受學。

橫山全集卷下送陸子清伯行序：「始客有語清伯於科舉之學，蚤作夜思，食忘味，寢忘寐，出忘容，對客忘言，博考精會，非徒欲獵近義，繪時文，其專有如此者；以六經之義奧，非專門莫究，乃不恥屈己以師同輩焉，其謙有如此者。予曰：『惜哉！何不務是以求道？』客曰：

「彼將有所利也。今之言道，莫陽明夫子若，而世方鬨然詆議，彼苟有慕，人將畏而違之，何利焉？」予曰：「不然。清伯且來，未可知。不曰專乎？專者，志之聚也，專而不達，不變；不曰謙乎？謙者，氣之虛也，謙而弗應，必反。夫道也者，虛其體也，一其用也。唯克己可以致虛，故謙者，克之萌也；唯凝神可以致一，故專者，凝之漸也。其機則然，故曰清伯且來。」越數日，清伯果齋潔執弟子禮，來叩陽明夫子之門，夫子納焉。先定之以立志，次培之以濯□，見乃密之以存養省察之功。自天地之變化，群言之同異，雖靡所不辯，而恒化□以不言之教。久之，清伯憮然曰：「微夫子，幾不喪吾生！……」

王陽明全集卷七贈陸清伯歸省序：「……或曰：清伯始見夫子，一月一至；既而旬一至；又既而五六日、三四日而一至；又既而遷居於夫子之傍；後乃請於夫子掃廡下之室而旦暮侍焉。……」

按：所謂「廡下之室」，即指鴻臚寺倉。

傳習錄卷上：「澄在鴻臚寺倉居，忽家信至，言兒病危，澄心甚憂悶不能堪。先生曰：『此時正宜用功。若此時放過，閑時講學何用？人正要在此等時磨鍊。父之愛子，自是至情。然天理亦自有個中和處，過即是私意。人

第 971 頁

於此處多認做天理當憂，則一向憂苦，不知已是有所憂患，不得其正。大抵七情所感，多只是過，少不及者。才過便非心之本體，必須調停適中始得。』……」

按：陸澄字清伯，一字原靜，歸安人，明史列傳卷六十八有傳。今傳習錄卷上下半部，主要即陸澄居鴻臚寺倉所記。

兩浙名賢錄卷四陸元靜先生：「陸澄，字元靜，歸安人。始謁文成於留都，月一至。已益親，後請掃廡下之堂而旦暮侍焉。性故豪邁，後日雍默自持，慊慊自以為不足也。其記文成語，首云：『持志如心痛，一心在痛上，豈有工夫說閑話、管閑事？』蓋其篤也。已欲屏絕文字，專於學。文成曰：『此恐志不堅定，為世習所撓之故而云然。使在我果無功利之心，雖錢穀兵甲、搬柴運水，何往而非實學？何事而非天理？況子、史、詩、文之類乎！使在我尚存功利之心，雖日講道德仁義，亦直功利之事，況子、史、詩、文之類乎？顧一洗俗見，還復初志，當釋然融解矣。』……」

永嘉王激南宮下第，來南都受學。

光緒永嘉縣志卷十五王激傳：「王激，字子揚，號鶴山，鉦次子。天姿英邁，丰儀秀偉，書過目成誦。正德丁卯，以春秋舉省試第二人。初嗜仙釋氏語，後與陽明高弟

第 972 頁

徐曰仁、金汝白諸君子相友善切磨，而張純、項喬又從澂受業。嘉靖癸未，以詩經成進士，授吉水知縣，不恃文法，民自從令。擢吏部文選司主事。戊子，主廣東鄉試。庚寅，遷考功郎中，振拔幽滯，黜陟惟允。滿考，擢南京通政司右通政。尋召主謄黃。未幾，改國子祭酒，經筵講官。因親老，屢疏乞歸養。海鹽鄭端曉為張文忠孚敬所嫉，澂為陰掖之。及澂卒，曉為位而哭，並為之傳。澂風致魁岸，過於澡潔，視一切委瑣若有所浼。方際通顯，而力於求退，不欲以親援為口實也。詩文操筆立就，為藝林推重。所著有文江集、鶴山文集若干卷。（萬曆志、甌東錄）」

同上，王澈傳：「王澈，字子明，號東厓，鉦長子，與弟澂並負時望。正德癸酉舉於鄉，授禮部司務，歷遷兵部武庫司郎中。時母舅張少師孚敬秉鈞，乃退然斂抑，陰扶善類，縉紳至今稱之。張延齡之獄，少師力爭，其端自澈發之，而少師長子遜志贊成之，人莫知也。以親老歸省。擢福建布政司左參議，不赴，林居二十年。性寬容莊重，與人誠意懇至，望之知為長者。推贏振乏，敦禮舉義，創宗祠，修譜牒，著族約，凡鄉鄰急難及境內利病，力所能為者，悉以身肩之。乙巳歲大饑，減價出糶，仍廣施糜粥，日就食者千餘人，兩月而罷。嘉靖口口卒，年七十九。（萬曆府志）」

按：錢德洪陽明先生年譜祇泛云王澂是年來受學。今按王澂正德二年舉鄉試，以後五赴南宮試俱不第；而王澈正德八年舉鄉試，則王澈與王澂當於正德九年春同赴南宮試，而二人皆南宮落第，乃皆來南都受學於陽明。錢德洪所叙，遺漏王澈其人。

項喬書文江集後：「文江集者，喬同年羅達夫集予師王子暘先生令文江時所作也。先生舉業，足以早發科，而晚方登第；詞章足以晉儲翰苑，而出令外邑……然先生素有希聖之志，又得與陽明高弟徐公曰仁、朱公守忠、蔡公希顏、金公汝白、應公邦升及與王定齋、許杞山諸公素相友善切磨，宜其翺翔諸中而彪諸外，自有不可掩之實也。……」（光緒永嘉縣志卷二十八）

張時徹鶴山詩文序：「鶴山先生者，永嘉王子揚氏也。少負奇質，於書無所不讀。方頭未角也，而騁鶩藝林，儆睨宇內，學士先生已心下之矣。正德丁卯，發解有司。已乃五絀春官，衆咸異之。嘉靖癸未，始舉進士……時余甫弱冠，未有聞也。一日，公騎馬過之，曰：子知所以來乎？澂平生無泛交，若殷近夫、朱守忠、許台仲、高汝白、應邦升，則所嘗與出肺腑者也……」公嘗自言曰：「鶴山之勝，煙霞在戶，松栝流蔭於尊前，鶯燕弄聲於几上，繁花雜卉，四時不歇，游斯息斯，可以忘老。」每下第歸，則倒橐中金，買鶴揚州以歸。蒼頭報至，乃翁未之見也，輒曰：「吾兒又載鶴來乎？」故自號白鶴山人……」（光緒永嘉縣志卷二十八）

按：觀序中云「五綴春官」，「每下第歸，買鶴揚州」，尤可見王激乃是正德九年南宮春試下第後來南都受學於陽明。今按跋、序中所提及之人如高汝白、應邦升、王定齋、許杞山等，皆實在是年南宮試後來南都問學於陽明，錢德洪陽明先生年譜

多遺漏。如高汝白，即金賁亨，字汝白（原姓高）。明清進士錄：「金賁亨，正德九年二甲五十五名進士。台州臨海人，字汝白，號一所，初姓高。官至江西提學副使。著台學源流，自除中行迄明方孝孺、陳選，各為其傳。另有道南錄、學易說、一所詩文集等。」可見王激當是同金賁亨同赴南宮試，又南宮試後同來南都見陽明（金賁亨是中進士後歸省），故王激稱得與金賁亨「素相友善切磨」者。又如應邦升，即應大猷，明清進士錄：「應大猷，正德九年二甲一百一十二名進士。浙江仙居人，字邦升。歷官刑部尚書，時年九十六。隆慶、萬曆兩詔存問。」再如應典，明清進士錄：「應典，正德九年二甲二

十一名進士。浙江永康人，字天彝。性沉篤，刻志學問。授職方司主事，與友論學有悟，引疾歸。與應良、黃綰相講切，又從王守仁講致良知之旨，建書院於壽山，集諸生講學。再起車駕司主事，以母病不起。」王定齋、許杞山見下。

杞山許相卿來受學。

許相卿雲村集卷七家則序：「吾幼志於學，長從陽明先生遊。」

按：錢德洪陽明先生年譜謂許相卿正德九年來南都受學。今按許聞造（許相卿子）禮科給事中許公相卿行述：「諫議年十六，受詩鄞人張先生福。正德二年舉於鄉，十二年成進士，告歸。」

（國朝獻徵錄卷八十）明清進士錄：「許相卿，正德十二年二甲一百一十二名進士。浙江海寧人，字伯台，一字台仲，號雲村。世宗時，授兵科給事中。宦官張銳、張忠有罪論死，帝欲寬之，相卿切諫，言天下望陛下為孝皇，陛下應自處以正德。帝又蔭中官張欽義子李賢為錦衣世襲指揮，相卿言于謙子止錦衣千戶，王守仁子止錦衣百戶，若近幸奴，誰不解體。言皆切至。為給事三年，所言皆不聽，遂謝病歸。有史漢方駕、革朝志、雲村文集等。」許相卿正德二年舉鄉試，以後每屆南宮春試皆赴考，卒至正德十二年成進士。可見當是正德九年許相卿赴南宮春試下第，乃來南都受學於陽明。頃喬所謂王激與許杞山

諸公「相友善切磨」，張時徹所謂王澈與許台仲相交「與出肺腑」者，即在其時也。

永嘉張璁南宮試不第，南歸過南京來謁，有詩韻唱和。

張璁咏萬詩：「品物形容別，君門萬里多。藏三生幾許，掛一漏如何？對策言難盡，封侯户豈過？獨欣歌聖壽，列國似星羅。

陽明先生有咏一之作，書於畫面，余得之珍重，復咏萬以和之。羅峰。」（見唐長孺跋明張璁書扇，學林漫録十一集；又張璁集詩文輯佚）

按：張璁咏萬詩不見張璁集中，系書於泥金扇面手迹，唐長孺得之於北京琉璃廠肆，乃作跋明張璁書扇以記其事。

第977頁

今人或以為張璁來南京謁陽明在正德十一年，乃非。今按：細審咏萬詩，「品物形容別」，指品彙萬物；「君門萬里多」，指疆土萬里；「藏三生幾許」，指三生萬歲；「掛一漏如何」，指掛一漏萬；「對策言難盡」，指萬言對策；「封侯户豈過」，指封萬户侯；「獨欣歌聖壽」，指萬壽無疆；「列國似星羅」，指萬國來朝。詩乃以「萬」字頌揚武宗聖朝，而又自咏其正德九年南宮春試未舉也。國榷卷四十九：「正德九年正月戊寅，上御奉天殿，大宴群臣夷使，至暮，駕始臨，席各舉燭。」即張璁有朝奉天殿詩云：「三朝日暖開宮殿，五色雲深舞鳳凰。答謝無言慚草莽，朝隨有例雜冠裳。珠簾高映天顏近，玉漏稀聞晝刻長。明試從容忘宴罷，聖明原只愛忠良。」（張璁集詩稿卷二）此詩即咏萬詩所言「獨欣歌聖壽」，二詩咏意全同，可見張璁來南京謁陽明作咏萬詩當在正德九年五月。蓋正德九年陽明有衆多弟子赴南宮試，張璁可與之相識，其來南京謁陽明或即出陽明弟子介紹。如蕭鳴鳳即於是年中進士，授御史。明史卷一百九十六張璁傳：「張璁，字秉用，永嘉人。舉於鄉，七試不第。將謁選，御史蕭鳴鳳善星術，語之曰：『從此三載成進士，又三載當驟貴。』」按張璁與蕭鳴鳳即在正德九年春在都下相識，張璁之來謁陽明或即出蕭鳴鳳介紹。

第978頁

沅溪何鰲南宮不第，來南都受學。

王畿集卷十九祭何沅溪文：「……弱冠奮庸，筮仕刑書……緊走與公，先後師門，此志相應，臭味相同。……」

按：錢德洪陽明先生年譜祇泛言何鰲是年來聚師門。今按李本沅溪何公鰲墓志銘：「公諱鰲，字巨卿，工部尚書、贈太子少保諱詔之次子也……既長，穎異絕倫，父子間自為知己。正德癸酉舉於鄉，丁丑進士第。初授刑部主事。」（國朝獻徵録卷四十五）何鰲正德八年舉鄉試，則次年當赴南宮試，蓋科舉失利歸山陰，途經南都，遂來見陽明受學。至正德十二年再赴南宮試，遂中進士（與陸澄同）。

黃宗明、林達中進士，赴南都任職，皆來受學。

明清進士錄：「黃宗明，正德九年二甲五十九名進士。鄞縣人，字誠甫，號致齋。授南京兵部主事，進員外郎，從王守仁論學。宸濠反，上防江三策。武宗南征，亢疏力諫。官終禮部侍郎。」「林達，正德九年二甲四十一名進士。福建莆田人，字志道，號愧吾。歷官南京吏部考功郎中。善書能詩文。有自考集。父俊，舉成化進士」。

按：傳習錄卷上中有「志道問」（志道即林達）與「黃誠甫問」語錄，即其時在南都所記。

全椒戚賢來南都問學。

第979頁

王畿集卷二十刑科都給事中南玄戚君墓志銘：「君諱賢，字秀夫，別號南山，晚年更號南玄……嘉靖壬午，補學生。乙酉中南畿鄉試。丙戌，會試，三原馬公理賞其文，遂舉進士……先是，陽明先師為滁州太僕少卿，君嘗於諸生中旅見，未信其學。甲申歲，有傳先生論學諸書，讀之，有契於心……」

同上，卷十九祭戚南玄文：「兄未第時，嘗見先師於南都。及官歸安，復拜於越。」

按：王陽明全集卷六與戚秀夫云：「追憶留都之會，恍若夢寐中矣。」此即指正德九年戚賢來南都問學。王畿謂「陽明先師為滁州太僕少卿，君嘗於諸生中旅見」，此當是戚賢（正德九年春）先來滁見陽明，至四月則隨陽明回南都再問學也。

臨川饒瑄南宮下第，遂遊南雍，來南都受學。

陳九川明水陳先生文集卷四造士行齋饒先生墓志銘：「先生諱瑄，字文璧，世為臨川人。後以字易名，復字德溫，號行齋以厲志，學者稱為行齋先生……弱冠，始以一經為弟子員……從遊甚衆，諸生競以時文雜説，以資剽

第980頁

竊，先生悉火之，使自抽新意。時皆倣李西涯俗書，先生刻蘭亭帖以易之，一時文體字學為之一變。正德己巳，先生年二十八，開講於南郊西塔寺，相傳為臨汝書院遺址也。……明年，川始受業於茲，五歲未嘗去門。……正德癸酉賓興，川也實從其後，因侍以北。先生下第，入南雍，川始離師門，凡粗有所悟，實皆先生發之。初，先生宗考亭格物之訓，凡天文地理、律曆筭數、兵法丹經、陰陽醫卜諸書，莫不廣購而精究之，已乃覺其博而寡要，乃獨體服禮經，善橫渠之教，曰：『如有用我，執此以往。』已復覺其器而不通，慕邵子之靜坐百源，乃捐

第981页

書習靜，澄心立本以應變，若有得也。猶覺甚判而不一，在南雍聞陽明先生講聖學於鴻臚，遂執弟子禮，勇就正焉。即渙然契悟合一，知萬化生於心，始有定見矣。自是歸山，絶意仕進，不復會試。日尊象山之學，信從者益眾，爭相延致。先生隨地教授，多先之以靜坐，四方遊門者，因材而成之。……」

王畿集卷十四贈前峰羅公壽言：「陽明先師開講鴻臚，時公之鄉先生饒文璧者從之遊。歸，以所學訓其鄉之後進。公得聞所未聞，師友淵源，有自來矣。」

羅汝芳集貳文集類卷四先府君前峰公行狀：「……時開臨川饒行齋先生得良知心傳於東越，乃命先君負笈走百里相從。行齋悅其篤實，因就敝鄉龍池山中館居年餘，日以德誼訓迪。」

第982页

白悅、白誼來受學。時白圻重修應天府儒學，為作記。

陽明敬齋白公墓志銘：「正德丁丑十月二十二日，右副都御史白公卒。戊寅秋，其子說、誼卜葬於邑烏龍岡之原，得庚辰二月之甲申，奉其母何淑人之命，具疏狀走數千里來虔，請銘於守仁。昔公先公康敏君，京師與家君為比鄰，及余官留都，又與公居密邇，說、誼皆嘗及門，通家之好三世矣，銘而可辭？乃為之銘。」（皇明名臣墓銘，陽明文集失載）

按：陽明陞鴻臚寺卿至南都時，白圻方為應天府尹，兩人相居密邇，有通家之誼，故可知陽明一至南都，白圻即遣白說、白誼二子來受學。陽明白說字貞夫說云：「敬齋曰：『是兒也，嘗辱子之門，又辱臨其冠，敢請字而教諸。』」「嘗辱子之門」即指白說正德九年來受學。又白說白洛原遺稿卷八有復陽明中丞云：「宗黨之欲加侮於孤者，則又曰：『二孤昔師於王中丞，今中丞且子之矣！』」此亦指白說、白誼正德九年來受學。錢德洪陽明先生年譜祇謂白說是年來受學，蓋遺漏白誼也。

白圻，字輔之，號敬齋，武進人，成化二十年進士。國朝獻徵錄卷五十九有王鏊白公圻神道碑。白説，字貞夫，號洛原，登嘉靖十一年進士。王維禎洛原白公悦墓碑銘：「嘉靖壬午，白公舉順天鄉試，推蔭與弟。又十年，舉壬辰進士。」此「弟」即指白誼。按天一閣藏明代科舉錄選刊登科錄四函嘉靖十一年進士登科錄：「白悦，貫錦衣衛官籍，直隸，常州府武進人，國子生。治詩經。字貞夫，行六。年三十四，十二月二十五日生。曾祖珂（教諭，贈光禄大夫、柱國、太子太保、刑部尚書），祖昂（光禄大夫、柱國、太子太傅、刑部尚書致仕，贈特進太保，謚康敏）。父圻（通議大夫、都察院右副都御史），母何氏（封淑人）。永感下。兄諫（監生）、詔（鴻臚寺序班）、詡（監生）、訑（監生），弟誨（監生）、怡（官生）、譜（監生）。娶鄭氏，繼娶楊氏。順天府鄉試第二十名，會試第十八名。」又嘉靖十一年進士同年序齒錄：「南直隸，白悦，字貞夫。治詩經。己未年十二月二十五日生。錦衣衛籍。武進縣人（觀都院政，授主事，改禮部。歷員外郎中，改左司）。壬午鄉試二十名（直謫通判，陞經歷南吏部郎中、尚寶司丞）。號洛原。會試十八名。……」均未言及其弟白誼，或白誼後來夭亡。

第983頁

王陽明全集卷二十三應天府重修儒學記：「應天，京兆也。其學為東南教本，國初以為太學。洪武辛酉，始改創焉。再修於正德之己酉。自是而後，浸以敝圮。正德壬申，府尹張公宗厚始議新之，未成而遷中丞以去。白公輔之相繼為尹，乃克易朽興頹，大完其所未備，而又自以俸餘增置石欄若干楹於櫺星門之外。於是府丞趙公時憲亦悉心贊畫，故數十年之廢一旦修舉，煥然改觀。師模士氣亦皆鼓動興起，廟學一新。教授張雲龍等與合學之士二百有若干人撰序二公之績，徵予文為記。予既不獲辭，則謂之曰：多師多士，若知二公修學之為功矣，亦知自修其學以成二公之功者乎？……聖賢之學，心學也。道德以為之地，忠信以為之基，仁以為宅，義以為路，禮以為門，廉恥以為垣墻，六經以為戶牖，四子以為階梯。求之於心，而無假於雕飾也，其功不亦簡乎？措之於行，而無所不該也，其用不亦大乎？……應天為

第984頁

首善之地，豪傑俊偉，先後[redacted]相望。其文采之炳蔚，科甲之盛多，乃其所素餘，有不屑於言者。故吾因新學之舉，嘉多師多士忻然有維新之志，而將進之聖賢之學也，於是乎言。」

馬明衡中進士，由鄭善夫薦，來南都受學。

鄭善夫少谷集卷二十上陽明先生書：「善夫蒙天不棄，癸酉歲得假毗陵之謁，猥承至教。奈以天質凡下，無有其地，因循歲年。幸再私淑諸人，稍知向道，雖未及先生之門，然竊念先生之恩，信與生我者同死不忘也。第恨立志不堅，時作時輟。比來業不加修，病不加少，恐一旦即死，與草木同朽，不及終志門下，不無負無涯之憾矣。去秋擬出門，再沮於大病，至今未復。區區摳趨，寸忱未有一日放下也。子莘往，敬布下意，萬冀不棄絶於門下，不勝幸甚！」

明清進士録：「馬明衡，正德九年三甲一百零五名進士。福建莆田人，字子莘，授太常博士。世宗時，官御史，以論救鄧繼曾及爭慈壽太后誕辰免朝事得罪，終身廢棄。初受業於王守仁，閩中有王氏學，自明衡始。有尚書疑義。父思聰，中弘治進士。」

按：明史卷二百零七有馬明衡傳，謂「明衡登正德十二年進士」，誤甚。

傳習録卷上：「馬子莘[redacted]問：『修道之教，舊説謂聖人品節，吾性之固有，以為法於天下，若禮樂刑政之屬，此意如何？』先生曰：『道即性即命，本是完完全全，增減不得，不假修飾的，何須要聖人品節？却是不全的物件。禮樂刑政是治天下之法，固亦可謂之教，但不是子思本旨。若如先儒之説，下面由教入道的，緣何舍了聖人禮樂刑政之教，別説出一段戒慎恐懼工夫，却是聖人之教爲虛設矣。』子莘[redacted]請問，先生曰：『子思性、道、教，皆從本原上説。天命[redacted]於人，則命便謂之性；率性而行，則性便謂之道；修道而學，則道便謂之教。率性是誠者事，所謂自誠明謂之性也；修道是誠之者事，所謂自明誠謂之教也。聖人率性而行，即是道；聖人以下，未能率性於道，未免有過不及，故須修道。修道則賢知者不得而過，愚不肖者不得而不及，都要循着這個道，則道便是個教。此「教」字與「天道至教」、「風雨霜露無非教也」之「教」同。「修道」字與「修道以仁」同。人能修道，然後能不違於道，以復其性之本體，則亦是聖人率性之道矣。下面戒慎恐懼便是修道的工夫，中和便是復其性之本體，如易所謂「窮理盡性以至於命」，中和位育便是盡性至命。』」

按：此一則重要語録，即是正德九年馬明衡來南都受教所記。馬明衡為莆田人，鄭善夫為閩縣人，鄭善夫書云：「子莘往，敬布下意」，可見當是馬明衡正月自莆田赴南宮試，經閩縣得鄭善夫書，携入京師；至科舉中進士，授南京太常博士，遂來南都見陽明受學，並呈上鄭善夫書也。詹仰庇明文林郎山東道監察御史師山馬公墓志銘：「二十三舉薦書，越年第進士，官太常。時王文成倡學東南，侍御公往從講業。及丁忠節公憂服除，如京，復取道卒業文成。」（馬忠節父子合集附録）

朱篪南宮失利，來南都受學。

按：錢德洪陽明先生年譜祇云朱篪正德九年來南都受學，其人不明。今按萬曆紹興府志卷三十二：「舉人，正德八年，山陰

朱篪，導之子：……正德十一年，山陰朱簠，篪之兄。」卷三十三：「進士，嘉靖五年，山陰朱簠，見父導傳。朱篪，御史，見父導傳。」卷四十五：「朱導，字顯文，山陰人。弘治己酉領鄉薦，仕終通江令。力敦孝友，以義方訓其子弟。二子簠、篪及猶子節、鎣，并取科第，為顯官。而雍雍和睦，長幼內外無間言，居鄉儉樸，非公事不入城府。山陰稱孝義之族者，必曰白洋朱氏云。」據此，知朱篪山陰人，朱導子，與朱節為堂兄弟。其正德八年舉鄉試，則次年當與朱節一起赴南宮試。朱節中進士，朱篪則落第，遂南歸至南都受學於陽明。

西安欒惠來南都受學，後有詩送歸。

王陽明全集卷二十次欒子仁韻送別四首：「子仁歸，以四詩請用其韻答之，言亦有過者，蓋因子仁之病而藥之，病已則去其藥。從來尼父欲無言，須信無言已躍然。悟到鳶魚飛躍處，工夫原不在陳編。操持存養本非禪，矯枉寧知已過偏？此去好從根脚起，竿頭百尺未須前。野夫非不愛吟詩，才欲吟詩即亂思。未會性情涵詠地，二南還合是淫辭。道聽塗傳影響前，可憐絶學遂多年。正須閉口林間坐，莫道青山不解言。」傳習録卷上：「子仁問：『學而時習之，不亦説乎？先儒以學為效先覺之所為，如何？』先生曰：『學是學去人欲，

存天理；從事於去人欲，存天理，則自正。諸先覺考諸古訓，自下許多問辨思索存省克治工夫，然不過欲去此心之人欲，存吾心之天理耳。若曰效先覺之所為，則只説得學中一件事，亦似專求諸外了。「時習」者，坐如尸，非專習坐也，坐時習此心也；立如齋，非專習立也，立時習此心也。「説」是「理義之説我心」之「説」，人心本自説理義，如目本説色，耳本説聲，惟為人欲所蔽所累，始有不説。今人欲日去，則理義日洽浹，安得不説？』」

按：欒惠字子仁，西安人。泉翁大全集卷三十一答問：「甘泉子反自交南，過蘭溪，西安欒生惠子仁遇之，請學焉，往從於浙

之許。甘泉子問曰：「子之學也，將為鄉善人乎？將為聖人乎？」欒生默然久之，曰：「固將為聖人也。」甘泉子曰：「欲將為聖人也，必將求變化氣質也。」欒生曰：「有要乎？」曰：「有。子欲問學，須學樹木，先之以立根，沃之以培灌。根不立，灌焉者死矣；根雖立，而不灌焉者死矣。是故君子敬以立其本，問學以滋其生，生則不息，不息則不可禦，不可禦則變，變則化。君子者以此盛德而生大業。孔子曰：『立則見其參於前也，在輿則見其倚於衡也。』其基之之類乎？易曰：『君子多識前言往行以畜其德。』其灌之之類乎？內外夾持，上達天德，夫然後優入聖域。」湛甘泉到蘭溪在正月十七日（見前），由此可知欒惠先在正月邂逅湛甘泉於蘭溪，得學聖

人之要，歸西安後，即赴南都受學於陽明。兩浙名賢錄卷六欒子仁惠：「欒惠，字子仁，西安人。師事王文成，潛心理學。事父母曲盡孝道，母嘗患瘋疾，手足拘攣者十三年。惠溫衾扇枕，飲食撫摩必躬必親，始終不怠。及父母相繼卒，與妻吳氏負土襄事，廬墓三載，朝夕哭奠，衰絰頃刻不去身。一夜風雨，虎入其廬，馴擾若畜犬然。服闋，南冑移書，請為六堂學長，辭不赴。時龍遊水北梗化，郡邑申之監司，請惠往布行鄉約，梗化者革心。自是深居寡出，而四方學者雲集，無慮數百人。以壽卒於家。

党以平舉進士，授戶部廣西司主事，管倉淮安，清餉事，來

南都受學。傳習錄卷上：「守衡問：『大學工夫只是誠意，誠意工夫只是格物。修齊治平，只誠意盡矣。又有正心之功，有所忿懥好樂，則不得其正，何也？』先生曰：『此要自思得之，知此則知未發之中矣。』守衡再三請。曰：『為學工夫有淺深。初時若不着實用意去好善惡惡，如何能為善去惡？這着實用意便是誠意。然不知心之本體原無一物，一向着意去好善惡惡，便又多了這分意思，便不是廓然大公。書所謂無有作好作惡，方是本體。所以說有所忿懥好樂，則不得其正。正心只是誠意工夫裏面體當自家

心體，常要鑑空衡平，這便是未發之中。』」

按：「守衡」即党以平，字守衡，號穎東，青州人，正德九年進士。明清進士錄：「党以平，正德九年二甲九十九名進士。河南鈞州人，字守衡，號穎東。授戶部主事，官至右副都御史，有按邊功。卒年八十餘。」在傳習錄中，此條守衡問語錄由薛侃、陸澄記錄，與劉觀時、蕭惠同時。今按張鼎文穎東党公以平行狀：「……十三歲入郡庠。十六，學憲王公勑餼公歲廩。尋取入大梁書院讀書，視如己子。王公以道學倡中原，大抵以虛靜為宗，公得其性命道德之傳，遂抗志古人，闊視天下，窮深極微，慨然有求道之志，然而去舉業遠矣。學正取古今書，

令熟誦之，反求六經。大參藩馬公紀勤學強記，與太淑人中表之親。公同研席，夙夜討習，博綜精詣，計所讀，牛馬勝載。繇是文思日進……二十二，以尚書中河南鄉舉。正德甲戌，第進士，授户部廣西司主事，管倉淮安，餉事清簡，日與諸生講學論文，東南高士多從游者。……」（國朝獻徵錄卷五十五）

可見梲以平舉進士後，授户部廣西司主事，即來淮安管倉清餉，遂得至南京問學於陽明（其來淮安管倉清餉，當駐南京），所謂「日與諸生講學論文，東南高士多從游者」，即包含梲以平問學於陽明及與陽明弟子講學在其中矣。

南京太常少卿羅欽順多來論學，不合。

羅欽順困知記附錄與王陽明書：「某無似，往在南都，嘗蒙誨益。第苦多病，怯於話言，未克傾吐所懷，以求歸於一是，恒用為歉。……」

按：陽明正德五年過螺川與羅用俊、羅欽順父子有一見。至正德七年八月羅欽順任南京太常少卿。故陽明一到南京任鴻臚寺卿，羅欽順必當來訪論學，即所謂「往在南都，嘗蒙誨益」也。羅欽順直至正德十一年三月纔解南京工部事歸居（見整庵履歷記），故兩人在南都當多有往返論學。

第991页

劉曉任新寧令，過南都來受學。為其竹江劉氏族譜作跋，贈詩送歸。

王陽明全集卷二十送劉伯光：「五月茅茨靜竹扉，論心方洽忽辭歸。滄江獨棹衝新暑，白髮高堂戀夕暉。謾道六經皆注腳，還誰一語悟真機？相知若問年來意，已傍西湖買釣磯。」

郭景昌吉州人文紀略卷一理學：「布衣劉公文敏，字宜充，號兩峰，安福人……從子曉，見陽明王公於南都歸，得所録論學語數條，喫緊於格物致知，與宋儒異……」

按：明儒學案卷十九縣令劉梅源先生曉：「劉曉，字伯光，號梅源，安福人。鄉舉為新寧令，見陽明於南京，遂稟受焉。陽明贈詩：『謾道六經皆注腳，還誰一語悟真機？』歸，集同志為惜陰會，吉安之多學者，先生為之五丁也。」可見劉曉乃在赴新寧令前，先來南都見陽明，蓋欲請陽明為竹江劉氏族譜作跋也。

王陽明全集卷二十四竹江劉氏族譜跋：「劉氏之盛，散於天下。其在安成者，出長沙定王發。今昔所傳，有自來矣。竹江之譜，斷自竹溪翁而下，不及於定王……若竹江之譜，其可以為世法也哉！孔子曰：『斯民也，三代之所以直道而行。』充是心，雖以復三代之淳可也。且竹溪翁之後，其聞於世者歷歷爾；至其十一祖敬齋公而遂以清節大顯於當代，錄名臣者以首廉吏。敬齋之孫南峰公又以清節文學顯，德業聲光，方為天下所屬望。竹江

第992页

之後，祖敬齋而宗南峰焉，亦不一足矣，況其世賢之多也，而又奚必長沙之為重也夫！」

費宏集卷十四竹江劉氏族譜序：「安成多大族，劉姓居十五焉……今工部右侍郎兼都察院右僉都御史南峰先生文煥之族，則世居邑東之竹江，而宋宣教竹溪翁則其始遷之祖也……初，竹江有世系圖、宗派錄，南峰十一世族祖梅所翁蓋嘗修之。學古欲蹟為未竟，而以命南峰昆季。南峰昆季亦以遊宦故，久未及成。頃受制命，贈敬齋、學古皆如南峰今官，南峰慨念慶源，冀流澤之遠也，乃取其譜輯之。其圖與錄一從歐例，有史諸名公序之，亦既詳矣。於是南峰以使節往來荊、蜀，復使人自鄂渚走鵝湖，督予言。豈以予忝同年，有世講之好，不可以無言耶？……嗚呼！立如敬齋，吾信其死而不朽矣。南峰父子又克從而振之。為其後者，盍思所以嗣續於無窮，以為斯譜重乎？」

按：敬齋即劉寶，字嘉秀，號敬齋，堅白，安福人。南峰即劉丙，字文煥，劉寶孫。明清進士錄：「劉丙，成化二十二年三甲一百六十四名進士。江西安福人，字文煥。累官右副都御史，巡撫湖南，討平貴州等處苗亂，官至工部侍郎。丙操履清介，所至嚴明，法令修舉。卒謚『恭襄』。祖父寶，舉進士。」明史卷一百七十三有傳，國朝獻徵錄卷五十九有工部右侍郎劉丙傳。王陽明全集於此跋題下注「甲戌」作，按費宏所云「南峰以使節往來荊、蜀」，指劉丙以右副都御史巡撫湖廣，明史本傳云：「正德六年，以右副都御史巡撫湖廣。所部鎮溪千户所、筸子坪長官司與貴州銅仁、四川酉陽、梅桐諸土司，犬牙相錯……連攻破之。前後擒童保等三百人，斬首八百九十餘級。」可見費宏序與陽明跋同作在正德九年。按劉曉亦安福人，竹溪劉氏族人，故可斷定此南峰竹溪劉氏族譜當是劉曉攜來至南都，請陽明作跋。費宏序中云南峰「復使人自鄂渚走鵝湖」，此「使人」應即劉曉。大致南峰遣劉曉先至鉛山鵝湖，請費宏作序；然後由鵝湖再至南都，請陽明作跋。

江山周積卒業南雍，來受學。

趙鏜德府左長史周公積行狀：「公諱積，字以善，別號二峰……公幼受業家庭，稍長，慨然有志於學。元峰心異之，挾公偕遊蘭溪章先生之門。後之官莆田，復遣公受易學於晉江蔡先生。二先生當代大儒，盛有所稱許。公歸自晉江，遂以易學擅於鄉。歲庚午，領鄉薦。次年，卒業南雍。聞陽明先生倡道東南，亟師事之。初聞知行合一之說，不能無疑。及先生反覆示以立誠之道

，且悔且喜，遂超然有悟。……」（國朝獻徵錄卷一百零五）

兩浙名賢錄卷四周以善先生：「……蚤師章楓山，繼受業於蔡虛齋。舉鄉薦，師王陽明。其友王龍溪序其文集曰：『君子之學貴於聞道。君於楓山得其廣，於虛齋得其博，於先師得立誠之旨，多所發明，可謂信道有聞者也。』著讀易管見、啟奧錄、山中日錄圖說、二峰摘稿諸集。歷南安推官，沅州知州，皆有惠愛於民，民為立石頌德，仕至長史。」

莆田陳傑陞南京湖廣道監察御史，來南都受學。

柯維騏南京湖廣道御史陳傑傳：「陳傑，字國英，號方巖……登正德戊辰進士，授景寧縣知縣，潔己惠民，民咸戴之。……甲戌，徵拜南京湖廣道監察御史……時王陽明講學南都，傑從之遊……其語諸生曰：『辨義利，審真偽，斯為聖賢實學，彼科舉，特筌蹄耳。』……既滿考，念父耄齡，遂疏病歸養。……家居凡九年，卒，得年僅五十有六。陽明嘗稱其『篤信好學，高潔自守』，其不誣矣。……」（國朝獻徵錄卷六十六）

石川張寰來受學，為其書卷題言。

歸有光通政使司右參議張公寰墓表：「公姓張氏，諱寰，字允清，世為蘇州崑山人……公登嘉靖辛丑進士，明年

知濟寧州……自陽明歿後，學者稍稍離散。公嘗遊其門，至是吉水鄒謙之、餘姚錢德洪以師門高弟，會講懷玉之山，公欣然赴之。欲以明年為大嶽之遊，而遘疾不起矣，實嘉靖四十年正月二十四日，年七十有六。……」（國朝獻徵錄卷六十七）

按：歸有光謂張寰嘉靖二十年進士，乃誤。明清進士錄：「張寰，正德十六年二甲七十一名進士。江蘇昆山人，字允清，號石川。授濟寧知州。官至通政司右參議。有兩山遊錄。」

王陽明全集卷八書石川卷：「先儒之學得有淺深，則其為言亦不能無同異。學者惟當反之於心，不必苟於其同，亦不必故求其異，要在於是而已。……某之於道，雖亦略有所見，未敢盡以為是也；其於後儒之說，雖亦時有異同，未敢盡以為非也。朋友之來問者，皆相愛者也，何敢以不盡吾所見？正期體之於心，務期真有所見，其孰是孰非而身發明之，庶有益於斯道也。若徒入耳出口，互相標立門戶，以為能學，則非某之初心，其所以見罪之者至矣。……」

王嘉秀再來南都受學，為其書卷題言，并有詩韵唱酬。

王陽明全集卷八書王嘉秀請益卷：「仁者以天地萬物為一體，莫非己也，故曰：『己欲立而立人，己欲達而達人

。……君子之學，為己之學也。為己故必克己，克己則無己。無己者，無我也。世之學者執其自私自利之心，而自任以為為己；漭焉入於隳墮斷滅之中，而自任以為無我者，吾見亦多矣。嗚呼！自以為有志聖人之學，乃墮於末世佛、老邪僻之見而弗覺，亦可哀也夫！……『恕』之一言，最學者所喫緊。其在吾子，則猶對病之良藥，宜時時勤服之也。『見賢思齊焉，見不賢而內自省。』夫能見不賢而內自省，則躬自厚而薄責於人矣，此遠怨之道也。」

同上，卷二十用實夫韵，題王實夫畫。

按：唐愈賢、楊礿、劉觀時與王嘉秀皆辰州人，疑在同時來南都受學。

歙縣畢珊、洪侹來南都受學。

王畿集卷十四友梅畢君八袠序：「歙之城北，有友梅君者，予聞其人矣，自幼穎異倜儻，長通毛氏詩，補邑庠弟子員，屢試不售，泊然不以得失為念。正德間，聞陽明先生講學於南都，徒步往受業焉，與聞古人為學之旨。久之，若有所得，將歸卒業，先生嘉其志，賦風月章以期之。」

按：據「屢試不售」，似畢珊是年赴南宮春試不第，遂再來

第997页

南都受學。

王陽明全集卷二十送徽州洪侹承瑞：「平生舉業最疏慵，挾冊虛煩五月從。竹院檢方時論藥，茆堂放鶴或開籠。愛時漫有孤忠在，好古全無一藝工。念我還能來夜雪，逢人休說坐春風。」

按：嘉靖徽州府志卷十二：「歲貢，洪侹，字廷瑞，歙人。豐城教諭。」洪侹與畢珊皆歙縣人，疑同在五月來南都。

東所張詡除南京通政司左參議，來南都見陽明，別後有詩寄懷。

王陽明全集卷二十寄張東所次前韵：「遠趨君命忽中違，此意年來識者稀。黃綺曾為炎祚出，子陵終向富春歸。江船一話千年闊，塵夢今驚四十非。何日孤帆過天目，海門春浪掃漁磯。」

黃佐南京通政司左參議張公詡傳：「張詡，字廷實……成化甲辰登進士。……北上授户部主事。尋丁艱歸，隱居二十餘年。……正德初，御史程材、王昱上前後疏，詡少從陳獻章講學，祖濂洛正脉，為嶺南學者所宗，師友淵源，踐履純篤。……詡復辭。……癸酉，御史高公韶疏『詡學有體用，不為一偏之行』以聞，有旨起用之。甲戌，拜南京通政司左參議。檄下，趨上道。先是具疏辭，遂

第998页

抱疾赴南畿，謁孝陵而歸。抵家不閱旬，卒，年六十。」（國朝獻徵錄卷六十七）

按：張詡南海人，白沙弟子，故為陽明所重。據黃佐傳，當是正德八年冬，高公韶疏薦張詡，張詡遂在正德九年春赴南畿，至南都見陽明當已在五月。「千年」疑為十年之誤。

顧璘有書來薦其弟顧璟受學門下。

顧華玉集卷二十七息園存稿文八與王伯安鴻臚：「自覲時相別，至今已五閱歲，僅僅一通書問。痛念人生能得幾回別也！璘往年過杭，不欲與達者將迎，因止湖上寺中

。後聞執事在城中，亦不敢復通，執事或不知璘在外也，遂失良晤，於今為悔。謫來頗與靜便，唯思親一念，唯曰耿耿，正思執事往日談滇中之樂，於時漫為悲喜，迺今始知其味也。南都甚優裕，第長才重望，不得久安。即今諸相知，幾人得聚？遠方不相聞，亟欲知之。家尊書來，道執事下眷甚勤，感不可言。家弟璟亦稍知所向，倘得侍左右，何任通家之愛也！」

按：書所謂「自覲時相別」，指正德五年冬陽明入覲，與顧璘一見而別。下推五閱歲，則在正德九年。所謂「往年過杭」，「遂失良晤」，指正德八年二月顧璘謫授廣西全州知州過杭，時陽明亦歸省回越經杭，兩人未能一見。京學志南京刑部尚書顧公璘傳：「正德庚午，出知河南開封府。癸酉，謫授廣西全州知州。丙子，起知浙江台州府。」故書所謂「謫來頗與靜便」、「遠方不相聞」，即指其遠謫在廣西全州，顧璘此書乃發自全州。按顧璟是年舉進士，來南京任工部主事，遂可受學於陽明，所謂「得侍左右」也。明清進士錄：「顧璟，正德九年二甲七十名進士。江蘇蘇州人，一作南京人，字英玉。歷南京兵部郎中、河南副使，以正直為同官所惡，罷歸。居一小樓，教授自給，縱酒無度。然時有客豪飲，使樂雜作，呼璟，璟終不赴，其孤介如此。有松寒齋稿。」按顧璘號東橋，顧璟號橫涇，祖籍吳縣，移居上元（南京）。陳舜仁河南憲副顧橫涇先生璟小傳：「先生清介端毅人也。仲兄東橋，文章事業，一時名流之冠。先生齠年崛起，一往便詣，時稱「江東雙玉」。……先世蘇之吳縣人……年十八，補弟子員，每督學者校士，輒首先生。莆田黃公帛書「天下奇才」表先生門，其賞識如此。正德甲戌，舉進士，授南京工部主事，旋改兵部。……」（國朝獻徵錄卷九十二）顧璟之來問學陽明，即在其來南京工部主事與兵部主事時。

(20×25=500)